Niall Ferguson · Der falsche Krieg

Niall Ferguson

Der falsche Krieg

Der Erste Weltkrieg und das 20. Jahrhundert

Aus dem Englischen von Klaus Kochmann

Deutsche Verlags-Anstalt
Stuttgart

Die Originalausgabe erschien 1998
unter dem Titel »The Pity of War« bei Allen Lane /
The Penguin Press, London

Für die deutsche Ausgabe wurde der Text
leicht gekürzt und überarbeitet

Die Deutsche Bibliothek – CIP-Einheitsaufnahme

Ferguson, Niall:
Der falsche Krieg : der Erste Weltkrieg und das
20. Jahrhundert / Niall Ferguson. Aus dem
Engl. von Klaus Kochmann. – Text für die dt. Ausg.
leicht gekürzt und überarb. – 3. Aufl.
Stuttgart : Deutsche Verlags-Anstalt, 1999
Einheitssacht.: The pity of war <dt.>
ISBN 3-421-05175-5

3. Auflage 1999
© 1998 Allen Lane
© 1999 Deutsche Verlags-Anstalt GmbH, Stuttgart
für die deutsche Ausgabe
Alle Rechte vorbehalten
Druck und Bindearbeiten: Clausen & Bosse, Leck
Printed in Germany
ISBN 3-421-05175-5

Inhalt

Einleitung 7

1 Die Mythen des Militarismus 35

2 Imperien, Bündnisse und das Vorkriegs-Appeasement 66

3 Großbritanniens Krieg der Illusionen 92

4 Waffen und Soldaten 121

5 Öffentliche Finanzen und nationale Sicherheit 143

6 Die letzten Tage der Menschheit: 28. Juni bis 4. August 1914 . . 188

7 Augusttage: Mythos »Kriegsbegeisterung« 216

8 Wirtschaftliche Leistungsfähigkeit: Der vergeudete Vorteil . . . 246

9 Strategie, Taktik und Verluste 271

10 »Maximales Blutbad zu minimalen Kosten«:
   Kriegsfinanzierung 296

11 Der Todesinstinkt: Warum Soldaten kämpften 311

12 Kapitulation und Gefangennahme 335

Schluß 380

Anhang

Anmerkungen 403

Bibliographie 459

Personenregister 503

Einleitung

John Gilmour Ferguson war gerade 16 Jahre alt geworden, als der Erste Weltkrieg[1] ausbrach. Der Werbesergeant glaubte ihm – oder wollte ihm glauben –, als er hinsichtlich seines Alters log, aber bevor die Formalitäten des Eintritts in die Armee geregelt werden konnten, tauchte die Mutter des jungen Mannes auf und schleifte ihn nach Haus. Falls der Junge aus dem schottischen Fife in diesem Moment fürchtete, daß er das Kriegsgeschehen nun nicht mehr miterleben werde, sollte sich diese Besorgnis jedoch als ungerechtfertigt herausstellen. Als er sich schließlich im nächsten Jahr den Streitkräften anschließen konnte, war bereits jeder Gedanke daran verschwunden, daß es sich hier um einen kurzen Krieg handeln würde. Nach den üblichen Monaten der Ausbildung schickte man ihn in die Schützengräben als gemeinen Soldaten (Personalnummer S/22933) im 2. Bataillon der Seaforth Highlanders, die zur 26. Brigade in der 9. Division der britischen Expeditionsstreitkräfte gehörten. Er war einer von 557 618 Schotten, die während des Ersten Weltkriegs in die britische Armee eintraten. Von diesen verloren mehr als ein Viertel – 26,4 Prozent – ihr Leben. Nur die serbische und die türkische Armee mußten ebenso schwere Verluste hinnehmen.[2] Aus meiner Sicht erfreulicherweise gehörte mein Großvater zu den glücklicheren 73,6 Prozent.

Über den Krieg meines Großvaters sind nicht viele Aufzeichnungen erhalten geblieben. Wie die überwältigende Mehrheit der Millionen Soldaten, die im Ersten Weltkrieg kämpften, veröffentlichte er weder Gedichte noch Kriegserinnerungen. Auch seine Briefe in die Heimat sind nicht mehr vorhanden. Seine Dienstakte bleibt unauffindbar, und die Regimentsakten bieten nur die allerspärlichsten Informationen.[3] Neben seinem Rang und seiner Personalnummer besteht das wenige anschauliche Material, über das ich verfüge, aus einer kleinen Schachtel mit einer winzigen Bibel, drei Orden und einigen wenigen Fotos von ihm in Uniform – auf diesen erscheint er als ein sehr versteinert dreinblickender

Bursche mit einem Kilt. Der erste Orden, die British Medal, zeigt einen nackten Mann auf dem Rücken eines Pferdes. Hinter dem Reiter befindet sich die Jahreszahl 1914; und an den Nüstern des Rosses ist das traditionell als Kriegsende betrachtete Jahr 1918 verzeichnet. Unter den Hinterhufen des Tieres kann man einen Schädel sehen – der bald zerschmettert werden wird. Die andere Seite der Medaille erinnert lediglich an eine alte Münze. Sie trägt das gramvolle Profil des Königs und die Inschrift:

GEORGIUS V. BRITTONN. REX. ET. IND. IMP

Die Bildersprache der Victory Medal ist ebenfalls klassisch. Vorn sieht man einen geflügelten Engel, der einen Olivenzweig in der rechten Hand trägt und mit der linken winkt. Doch es ist nicht ganz deutlich, ob dieses Wesen die britische Frauenwelt versinnbildlicht, die den Überlebenden daheim willkommen heißt, oder den Todesengel repräsentiert, der zum Abschied grüßt. Die Inschrift auf der anderen Seite lautet (diesmal in englischer Sprache)

DER GROSSE KRIEG FÜR DIE ZIVILISATION 1914 bis 1919[4]

Der dritte Orden, über den mein Großvater verfügte, war ein Eisernes Kreuz – ein Andenken, von einem toten oder gefangengenommenen Deutschen mitgenommen. Ich habe mich oft gefragt, wem diese Auszeichnung gehört haben mag – einem von zwei Millionen deutschen Soldaten, die den Krieg nicht überlebten.

Der Erste Weltkrieg wird heute in Deutschland und in Großbritannien mit anderen Augen gesehen. In Deutschland erscheint er als ein Ereignis, das von seinen eigenen Konsequenzen überschattet wird, und es hat daher seine historische Identität fast vollständig verloren. Und es gibt Anzeichen dafür, daß der Erste Weltkrieg von den deutschen Historikern als der Keim für die Novemberrevolution von 1918, für den Sturz der Weimarer Republik, den Aufstieg des Nationalsozialismus oder die Kriegsverbrechen des Dritten Reichs betrachtet wird.

Zwar handelt dieses Buch genausosehr von Deutschland wie von Großbritannien, und es verdankt tatsächlich vieles deutscher Gelehrtenarbeit, dennoch kommt der britischen Perspektive eine große Bedeutung zu. Es mag sich daher lohnen, dem deutschen Leser die ganz andersartige Bedeutung dieses Krieges für Großbritannien zu erklären, wo er in vielfacher Weise den Zweiten Weltkrieg im öffentlichen Bewußtsein in den Schatten stellt. Ich bezweifle zum Beispiel, ob viele deutsche Historiker behaupten können, sowohl mit ihrer Grundschule als auch mit ihrer Sekundarschule eine Kriegergedenkstätte besucht zu haben, die dem Andenken der Gefallenen des Ersten Weltkriegs gewidmet war. Genauso aber war es mit meiner Schule, der Glasgow Academy, die offiziell kurz nach dem Kriege in ein »lebendes« Kriegsdenkmal verwandelt wurde. Jeden Morgen war das erste, was ich sah, wenn ich mich der Schule näherte, eine blasse Granitplatte, die an der Ecke Great Western Road und Colebrooke Terrace stand, und sie trug die Namen früherer Schüler dieser Schule, die während des Krieges gefallen waren. Eine ähnliche »Ehrenliste« gab es in der zweiten Etage des Hauptgebäudes der Schule, eines höhlenartigen neoklassischen Gebäudes, und über all diesen Namen von Toten in Großbuchstaben befand sich die Inschrift, die ich als das Vaterunser kennenlernen sollte, das wir jeden Morgen gemeinsam murmelten, wenn wir uns versammelten:

SAY NOT THAT THE BRAVE DIE.
[Laß nicht zu, daß die Tapferen sterben][5]

Ich denke, mein erster ernsthafter historischer Gedanke war ein Einwand gegen jene unbeugsame Aufforderung zur Unterlassung. Aber sie *waren doch gestorben*. Warum sollte man dies leugnen?

Selbstverständlich sah ich im Fernsehen mehr über den Zweiten Weltkrieg. Aber vielleicht erschien mir gerade aus diesem Grund der Erste Weltkrieg als eine viel ernsthaftere Angelegenheit, noch bevor ich erfuhr, daß im Ersten Weltkrieg mehr als doppelt so viele Briten getötet worden waren als im Zweiten.[6]

Wie so viele britische Schulkinder meiner Generation wurde ich in einem sehr frühen Alter (nämlich mit 14 Jahren) in die Dichtung von Wilfred Owen (1893-1918) eingeführt – sein »Dulce et decorum est«, das den »süßen Tod« fürs Vaterland als »alte Lüge« entlarvt, geht mir immer noch schneidend kalt durch den Kopf:

Gas! GAS! Quick boys! (...)
If you could hear, at every jolt, the blood
Come gargling from the froth-corrupted lungs,
Obscene as cancer, bitter as cud
Of vile, incurable sores on innocent tongues, –

My friend, you would not tell with such high zest
To children ardent for some desperat glory,
The old Lie. Dulce et decorum est
Pro patria mori.

[Gas!GAS! Schnell Jungs! (…)
Kommt gurgelnd aus den schaumverdorbenen Lungen;
Obszön wie Krebs, bitter wie Wiedergekäutes
Von abscheulichen Wunden auf unschuldigen Zungen, –
Mein Freund, du würdest nicht reden mit so hoher Begeisterung
zu Kindern, die glühen nach irgendeinem verzweifelten Ruhm,
Die alte Lüge: Dulce et decorum est
Pro patria mori:
– Süß und ehrenhaft ist es
für das Vaterland zu sterben.]

Siegfried Sassoons (1886-1967) »Memoirs of a Fox-Hunting Man« zählte zum Unterrichtsstoff in der fünften oder sechsten Klasse. Ich erinnere mich auch, Robert von Ranke-Graves (1895-1985) »Goodbye to All That« und Ernest Hemingways »Farewell to Arms« [deutsch: »In einem anderen Land«] gelesen zu haben; und ich habe eine recht gute, weil zurückhaltende Fernsehadaption von Vera Brittains »Testament of Youth« gesehen. Am Bildschirm lernte ich auch die Filmversionen von »Im Westen nichts Neues« kennen, meine erste Bekanntschaft mit der Erfahrung der Deutschen. Aber es war »Dulce et decorum est« – mit seiner pädagogischen Botschaft, so unverblümt vom Erstickungstod eines *Knaben* handelnd –, das mich prägte. Ich fand es seltsam, daß man von uns erwartete, dieses Gedicht am Morgen auswendig zu lernen, um danach die Uniform des Kadettenkorps anzuziehen und am gleichen Nachmittag in dieser Kluft auf dem Schulhof zu paradieren.

Trotz der Tatsache, daß ich etwa 50 Jahre nach seinem Ausbruch geboren wurde, übte der Erste Weltkrieg auf mich eine Wirkung aus – wie auf viele andere junge Briten, die zu jung waren, um Erinnerungen aus erster Hand daran zu besitzen. Es war jedoch eine Begegnung mit der *deutschen* Literatur, die aus dem Krieg hervorgegangen war, die mich als jungen Studenten zur Geschichtswissenschaft führte. Beim Edinburgh Festival im Jahre 1983 sah ich eine Vorstellung des Glasgow Citizen's

Theatre, es führte das Schauspiel »Die letzten Tage der Menschheit« des Wiener Satirikers Karl Kraus auf. Hier wurde der Erste Weltkrieg in seiner grotesken Absurdität lebendig, gesehen aus der Kaffeehausperspektive von Karl Kraus' scharfzüngigem Nörgler. Ich war von der zentralen These des Stücks tief beeindruckt, daß der Krieg eine Art von gewaltigem Medienereignis darstellte, der seinen Ursprung und seine Fortsetzung den Verfälschungen der Sprache und damit der Wirklichkeit durch die Presse verdankte. Es war ganz offensichtlich, daß Kraus' beißende Kriegskritik kein Gegenstück in englischer Sprache besaß. Als ich an jenem Abend das Theater verließ, faßte ich den Vorsatz, deutsch zu lernen, um das Drama im Original zu lesen. Damals ging mir zum ersten Mal der Gedanke durch den Kopf, etwas über den Ersten Weltkrieg zu schreiben.

Eine spätere und weniger heftig wirkende Begegnung mit John Maynard Keynes' Werk »General Theory of Interest, Employment and Money« [deutsch: »Allgemeine Theorie der Beschäftigung, des Zinses und des Geldes«, München 1936] veranlaßte mich, neben Geschichte das Studium der Wirtschaftswissenschaften aufzunehmen. Das Ergebnis dieser beiden Entscheidungen war eine Doktorarbeit über die ökonomischen Folgen des Krieges – insbesondere über die Inflation – im »deutschen Glasgow«, nämlich in der Stadt Hamburg. Diese Dissertation[7] stand am Anfang eines Jahrzehnts, in dem ich über ökonomische Aspekte des Ersten Weltkriegs, seine Ursprünge, seinen Verlauf und seine Folgen arbeitete. Einige meiner Ergebnisse sind bereits in wissenschaftlichen Zeitschriften erschienen, und einiges Weitere ist einem noch kleineren Publikum bei akademischen Tagungen, Vorlesungen oder Lehrveranstaltungen zugänglich gemacht worden.[8] Das vorliegende Buch strebt danach, die Resultate dieser Beschäftigung in etwas umzuformen, das jener schwer faßbaren Person des interessierten Lesers außerhalb der Fachgrenzen zugänglich ist, die anzusprechen ich als die erste Pflicht jedes Historikers betrachte.

Fragen an die Geschichte

Der Grund, ein weiteres Buch über den Ersten Weltkrieg zu schreiben, liegt naturgemäß nicht darin, in anderem Gewand das zu wiederholen, was andere zuvor schon gesagt haben. Bei diesem Buch handelt es sich ganz ausdrücklich nicht um ein Lehrbuch oder um einen Leitfaden. Mein

Vorhaben zielt nicht auf eine ins einzelne gehende erzählende Darstellung des Krieges, das kann man anderswo finden.[9] Auch versuche ich nicht, »die ungeheuer große Zahl der Gesichter des Krieges« zu behandeln[10]: Viele Aspekte der Auseinandersetzung und einige Kriegsschauplätze kommen in dem Buch gar nicht oder nur am Rande vor. Andererseits – und dem Risiko ins Auge blickend, in einem interdisziplinären Niemandsland harsche Kritik zu ernten – habe ich mich bemüht, aus den tiefen Schützengräben der akademischen Spezialisierung hinauszutreten. Vor allem habe ich versucht, Wirtschafts- und Sozialgeschichte enger als gewöhnlich mit diplomatischer und militärischer Geschichte zu verbinden. Militärhistoriker haben bislang eine Neigung zu erkennen gegeben, strategische und taktische Fragen zu erörtern, ohne angemessene Aufmerksamkeit auf die wirtschaftlichen Zwänge zu lenken, unter denen Generäle Entscheidungen treffen mußten. Wirtschafts- und Sozialhistoriker tendierten indes besonders in Deutschland dazu, das unmittelbare Kampfgeschehen zu vernachlässigen. Bewußt oder unbewußt gingen sie davon aus, daß der Krieg an der »Heimatfront« und nicht auf dem Schlachtfeld entschieden wurde.[11] Und die meisten Historiker neigen immer noch dazu, den Krieg aus dem Blickwinkel eines einzelnen Nationalstaats zu untersuchen. Nirgends ist dies offensichtlicher als in jenen Werken, die die Auswirkungen des Krieges in der Literatur behandeln.[12] Aber es ist auch ein Grundzug vieler kürzlich erschienener Bände mit Essays und Konferenzberichten, die die Arbeit von Spezialisten vereinigen, ohne Synthesen zu formulieren.[13]

Mein Ansatz ist ein analytischer. Die folgenden acht Fragen möchte ich gern beantworten:

1. War der Krieg aufgrund des Militarismus, des Imperialismus, der Geheimdiplomatie oder des Rüstungswettlaufs unvermeidbar? (Kapitel eins bis vier)?

2. Warum setzte die deutsche Führung auf Risiko, indem sie sich 1914 für den Krieg entschied (Kapitel fünf)?

3. Aus welchen Beweggründen entschied sich die britische Führung zum Eingreifen, als der Krieg auf dem Kontinent ausbrach (Kapitel sechs)?

4. Wurde der Krieg, wie oftmals behauptet wird, wirklich mit allseitiger Begeisterung begrüßt (Kapitel sieben)?

5. Warum reichte die gewaltige wirtschaftliche Überlegenheit des

British Empire nicht aus, den Mittelmächten schneller und ohne amerikanisches Eingreifen eine Niederlage beizubringen (Kapitel acht und zehn)?

6. Warum gelang es dem deutschen Heer trotz seiner militärischen Überlegenheit nicht, den Sieg über die britischen und französischen Armeen an der Westfront ebenso zu erreichen, wie es den Sieg über Serbien, Rumänien und Rußland errang (Kapitel neun)?

7. Was veranlaßte die Soldaten, den Kampf fortzusetzen, wenn die Lebensumstände auf dem Schlachtfeld, wie den Schilderungen der Kriegsliteratur zu entnehmen ist, unvorstellbarem Grauen gleichen (Kapitel elf)?

8. Warum erlahmte schließlich die Kampfkraft der Soldaten (Kapitel zwölf)?

Im Rahmen einer Einleitung und um zu zeigen, warum sich auf diese Fragen neue Antworten finden lassen, möchte ich die widersprüchliche Natur der Ansichten, die über dieses Thema am weitesten verbreitet sind, und die Art und Weise, wie man sich daran erinnert, hervorheben. Erstens heißt es, der Krieg sei grausam gewesen. Zweitens sagt man, er sei dennoch unvermeidlich gewesen. Es lohnt sich zu fragen, woher diese Vorstellungen stammen. Historiker tun gut daran, sich ins Gedächtnis zu rufen, daß sie tatsächlich der eigenen Zunft nur sehr wenig verdanken.

Der Krieg – das Böse

Das Fortleben der Vorstellung, der Krieg sei »eine schlechte Sache« gewesen, verdankt einer literarischen Gattung sehr viel, die gemeinhin als »Kriegsliteratur«, genauer als »Antikriegsliteratur« bezeichnet wird.

Einige Zeit vor Ende des Krieges begannen britische Soldaten Gedichte zu schreiben, die die traditionelle romantische, pastoral-elegische Diktion der Viktorianer, Edwardianer und Georgianer vermieden.[14] Siegfried Sassoon verfaßte sein erstes Kriegsgedicht »In the Pink« im Februar 1916[15] und veröffentlichte dann in dem Band »The Old Huntsman« im Mai des folgenden Jahres weitere Kriegslyrik. Der Band »Counter-Attack« erschien 1918, dem gleichen Jahr, da Richard Aldingtons »The Blood of the Young Men« (– »Wir sind das Blut leid, den Geschmack und den Anblick« –) herauskam.[16] Zum Zeitpunkt seines Todes im Jahre 1918 hatte Owen mehr als 100 Gedichte geschrieben, doch erst nach dem

Krieg begann sein Werk ein größeres Publikum zu finden.[17] Edmund Blundens »Third Ypres« [Die dritte Schlacht von Ypern] wurde ebenfalls nach dem Krieg veröffentlicht[18], wie auch Ivor Gurneys »Strange Hells«.[19]

Auf der anderen Seite der Frontlinie traten Dichter wie Wilhelm Klemm, Carl Zuckmayer und der blutjunge Alfred Lichtenstein, der im September 1914 in Vermandovillers bei Reims fiel, hervor, die mit ihren Texten eine denen von Sassoon und Owen vergleichbare Botschaft verkündeten. Tatsächlich kann man Lichtenstein als einen der ersten Antikriegsdichter betrachten. Sein »Gebet vor der Schlacht« nimmt Sassoons Stilwechsel um anderthalb Jahre voraus:

Inbrünstig singt die Mannschaft, jeder für sich:
Gott, behüte mich vor Unglück,
Vater, Sohn und heilger Geist,
Daß mich nicht Granaten treffen,
Daß die Luder, unsre Feinde,
Mich nicht fangen, nicht erschießen,
Daß ich nicht wie'n Hund verrecke
Für das teure Vaterland.

Sieh, ich möchte gern noch leben,
Kühe melken, Mädchen stopfen
Und den Schuft, den Sepp, verprügeln,
Mich noch manches Mal besaufen
Bis zu meinem selgen Ende.
Sieh, ich bete gut und gerne
Täglich sieben Rosenkränze,
Wenn du, Gott, in deiner Gnade
Meinen Freund, den Huber oder
Meier, tötest, mich verschonst.

Aber muß ich doch dran glauben,
Laß mich nicht zu schwer verwunden.
Schick mir einen leichten Beinschuß,
Eine kleine Armverletzung,
Daß ich als Held zurückkehr,
Der etwas erzählen kann.

Carl Zuckmayers Verse von 1917 über das Los des jungen Soldaten – Hunger, Tod, Läuse, Trinken, Kämpfen und Onanieren – bilden das Grauen der Wirklichkeit im Krieg dichter ab als alles, was Owen geschrieben hat.[20] Die Kriegsdichtung war also keine englische Besonderheit, wie man hin und wieder angenommen hat.[21] Eine kürzlich erschienene Poesiesammlung aus dem Ersten Weltkrieg enthält Werke von über 50 Autoren, die fast alle am Krieg teilnehmenden Staaten repräsentieren.[22]

Sodann ist die Antikriegsprosa zu nennen: die Kampfschriften, Kriegserinnerungen und Kriegsromane, von denen einige so autobiographisch sind, daß sie im weiteren Sinne Memoiren darstellen. In Großbritannien waren die ersten Autoren, die sich kritisch mit dem Phänomen des Krieges in Prosa-Texten beschäftigten, die, die am Kampf nicht teilgenommen hatten. George Bernard Shaw verbrachte den Winter 1914 damit, die offiziellen Rechtfertigungsschriften der einander bekämpfenden Mächte zu studieren, bevor er sein Werk »Common Sense about the War« [deutsch: Der gesunde Menschenverstand im Krieg, Zürich 1919] schrieb, in dem sozialistische und eigene Überzeugungen ineinandergreifen. Vorausgegangen war ein Zeitungsartikel, in dem er Soldaten beider Seiten drängte: »Erschießt Eure Offiziere und geht nach Hause.«[23] Ein Artikel von Francis Maynells beschwor Dezember 1914 unter dem Titel »Der Krieg ist ein Verbrechen« lebhafte Bilder von den »schrillen, verstümmelten und stinkenden Schrecken des Schlachtfeldes« und »dem Schlachten und Zermalmen und Schänden unschuldiger Menschen« herauf. Clive Bells »Peace at Once« (1915) war in einem nüchterneren Ton gehalten. Bell teilte Shaws Überzeugung, daß der Krieg nur »einigen wenigen Kapitalisten« nützen würde.[24] Und Ford Madox Ford beschrieb dicht am Geschehen verblüfft – er beobachtete die Schlacht an der Somme von einem Beobachtungspunkt aus –: »… eine Million Soldaten, die sich gegeneinander bewegen (…) in eine Hölle der Angst hinein.«[25]

Der erste bedeutsame Versuch eines britischen Autors, in Romanform Kritik zu üben, war »Mr. Britling Sees It Through« (1916), in dem H.G. Wells die Frage stellte: »Für was haben wir eigentlich gekämpft? Für was kämpfen wir jetzt? Kann das irgend jemand sagen?« Nach zwei Jahren Dauer, so legte Wells nahe, war der Krieg bloß zu einer »monströsen Anstrengung und Verschwendung« geworden.[26] Zwei Frauen – Agnes Hamilton und Rose Allatini – formulierten ihre Einwände gegen den

Krieg 1916 beziehungsweise 1918 noch heftiger.[27] Und in den Jahren 1916/1917 beklagte D.H. Lawrence die »Gewalttätigkeit und Ungerechtigkeit und Zerstörung«, die der Krieg mit sich brachte, und sagte voraus: »Die Sintflut des herabregnenden Eisens wird die Welt hier vollkommen zerstören«. Der Krieg habe »die lang gewachsene europäische Zivilisation zerstört.«[28]

War der Krieg vorüber, schlugen zuweilen selbst Propagandisten einen anderen Ton an. In »The Realities of War« (1920) widerrief der frühere Kriegskorrespondent Philip Gibbs seine eigenen Berichte aus der Kriegszeit, es habe ein

»großes Zerlegen des Fleisches unserer jungen Männer (gegeben), während die alten Männer ihre Opferung hinnahmen und die Profitmacher reich wurden und die Feuer des Hasses durch patriotische Bankette und in Redaktionssesseln angefacht wurden (…). Die moderne Zivilisation wurde auf diesen von Feuern brennenden Feldern zerstört (…). [Es gab] ein monströses Massaker an menschlichen Wesen, die zum selben Gott beteten, die dieselben Freuden des Lebens liebten und einander nicht haßten, solange der Haß nicht durch ihre Beherrscher, ihre Philosophen und ihre Zeitungen ausgelöst und entflammt wurde. Der deutsche Soldat verfluchte den Militarismus, der ihn in dieses Entsetzen getrieben hatte. Der britische Soldat (…) schaute auf seiner Seite der Linie zurück und sah (…) die Übel der Geheimdiplomatie, die mit dem Leben einfacher Menschen jonglierte, so daß der Krieg ohne ihr Wissen oder ihre Zustimmung auf sie herabkam, er sah das Übel der Herrscher, die den deutschen Militarismus (…) wegen seiner Stärke im Wettbewerb haßten, und das Unheil einer Torheit in den Köpfen von Männern, die sie gelehrt hatten, den Krieg als glorreiches Abenteuer zu betrachten (…).«[29]

Gibbs war nicht der einzige Journalist, der sein Tun bedauerte. Für einen anderen Journalisten, für Harold Begbie war der Krieg »solch ein Zerfleischen durch Metzelei, solch eine unterschiedslose Anarchie der Schlächterei und der Verstümmelung, solch ein Gemetzel, das an Schmutz und ans Tollhaus erinnerte, wie es seit Beginn aller Zeiten noch niemand erlebt hat«.[30]

Wie Samuel Hynes, der Herausgeber der Kriegstexte, gezeigt hat, gab es in der britischen Belletristik der 20er Jahre eine Fülle von Werken dieser Art. Ford Madox Fords Held Christopher Tietjens in der Romanserie »Parade's End« personifiziert den Niedergang und Fall der englischen Elite, die von den politischen Abenteurern daheim betrogen wird.[31] In Michael Arlens »The Green Hat« (1924) gibt es ein ähnliches aristokratisches Opfer.[32] Und Virginia Woolf führt in »Mrs. Dalloway« ein weiteres Kriegsopfer vor: den zum Selbstmord neigenden Exsoldaten Septimus Smith, er ist der Urtyp eines »Mannes, für den die Dinge erledigt sind«, aus dessen Sicht der Krieg die Welt um jede Bedeutung gebracht hat.[33]

Besonders fällt auf, wie weit die Nachkriegsschwermut über den literarischen Bloomsbury-Kreis hinausreichte. Selbst ein chauvinistischer Autor wie John Buchan – dessen Kriegserzählung »Greenmantle« [deutsch: »Grünmantel«, Zürich 1971] ein Vorbote des Mythos von »Lawrence of Arabia« war – war nicht immun dagegen. In Buchans Werk »A Prince of the Captivity« (1933) gibt es eine zentrale Gestalt, Adam Melfort, einen asketischen Kriegshelden, der darum kämpft, in der Nachkriegswelt voller Kosmopoliten und Proletarier eine nützliche Verwendung für seine zwanghafte, aufopfernde Tapferkeit zu finden.[34] Zu diesem Zeitpunkt drängte es Buchan, sich selbst davon zu überzeugen, daß der Krieg nicht umsonst gewesen war. Und Autoren, die zu jung waren, um irgendeine Rolle im Krieg zu spielen, sahen ihre Aufgabe in der Parteinahme gegen den Krieg. Ein Schlüsselereignis in Lewis Grassic Gibbons »A Scots Quair« (1932-1934) ist die Hinrichtung des Ehemanns der Heldin Chris Ewan wegen Fahnenflucht.[35] C.S. Foresters »The General« (1936) leistete eine ganze Menge zur Propagierung des Stereotyps vom vertrottelten, britischen Befehlshaber.[36]

Doch das (oft halbfiktionale) Zeugnis von ehemaligen Soldaten hat sich als einflußreicher erwiesen als alle belletristischen Werke. Einer der frühesten und langlebigsten Romane eines britischen Veteranen, A.P. Herberts »The Secret Battle« (1919), stützte sich auf den Fall von Edwin Dyett, einem Unterleutnant der Marine, der wegen Feigheit erschossen wurde: Der Kern des Geschehens besteht darin, daß »Harry Penrose« ein tapferer Mann war, dessen Nerven zerrüttet waren, weil er lange den Schrecken des Kampfes ausgesetzt war.[37] Ferner veröffentlichte der Leitartikler des *Guardian* und Kriegsveteran C.E. Montague 1922 unter dem Titel »Disenchantment« seine polemischen Erinnerungen, in Großbritannien ganz sicher die einflußreichste aller Veröffentlichungen nach dem Kriege. Als Ergebnis des Krieges, so prägte er eine Formulierung, die immer noch nachhallt, »spürten die Löwen, daß sie die Esel durchschaut hatten«.[38]

Als 1926 Montagues Roman »Rough Justice« erschien, war er Teil einer

Welle von britischer Kriegsliteratur, es schien, als habe man ein Jahrzehnt gebraucht, um die Erfahrung verständlich zu machen oder zumindest zum Ausdruck bringen zu können. T.E. Lawrence' Werk »Seven Pillars of Wisdom [deutsch: Die sieben Säulen der Weisheit, Stuttgart 1931] erschien 1926 als Privatdruck und wurde in bearbeiteter Form im folgenden Jahr unter dem Titel »Revolt in the Desert« allgemein zugänglich. Ebenfalls 1926 kam es zur Veröffentlichung von Herbert Reads »In Retreat«, und es folgte eine stattliche Zahl weiterer Werke.[39] Sassoons bitteres Wort, »der Krieg war ein schmutziger Trick, der gegen mich und meine Generation angewandt worden ist«, zählt zu den vielen Selbsterkundungsversuchen, die man aus den Büchern dieser Zeit zitieren könnte.

Die Verdammnis des Kriegs hallte auch anderswo nach. Henri Barbusse' »Le Feu« (1916) – von dem bis Kriegsende 300 000 Exemplare verkauft wurden – setzte einen frühen Maßstab für den Ekel der Franzosen angesichts des Kriegs an der Westfront. Übertroffen wurde dieses Werk nur durch die niederdrückenden ersten Kapitel des Werks seines politischen Gegners, Louis-Ferdinand Célines »Voyage au bout de la nuit« [deutsch: Reise ans Ende der Nacht, Leipzig 1932].[40] Im Jahre 1936 ließ Roger Martin du Gard sein Werk »Sommer 1914« erscheinen, der vorletzte Band seiner großen Familienromanserie »Die Thibaults«. Jacques Thibault stirbt, während er im August 1914 versucht, pazifistische Flugblätter an französische und deutsche Soldaten zu verteilen. In dem Jahr, da dieses Buch erschien, schrieb der Autor an einen Freund: »Alles lieber als Krieg! Alles! (…) Nichts, keine Heimsuchung, keine Knechtschaft kann mit dem Krieg verglichen werden (…).«[41]

In Deutschland erschien der berühmteste aller Antikriegsromane, Erich Maria Remarques »Im Westen nichts Neues« (1929). Aber Remarque war nicht der einzige Antikriegsautor der Weimarer Zeit. Ähnliche Gefühle wurden in Ludwig Renns »Krieg«, das ein Jahr zuvor erschienen war, zum Ausdruck gebracht. In Österreich erschien Andreas Latzkos »Menschen im Krieg« (1917). Wien brachte auch die schärfste Kritik des Krieges hervor, die für das »Marstheater« (Karl Kraus) verfaßt wurde: Karl Kraus' »Die letzten Tage der Menschheit«, ein Werk, das der Autor 1915 begonnen hatte und schließlich im Mai 1922 publizierte.[42]

Die Erinnerung an die Schrecken des Krieges lebt auch in der Malerei in schauerlichen Bildern fort. Paul Nash wollte, daß seine unheimlichen, schlammerfüllten Landschaften wie »The Menin Road« (1919) »die Worte von Männern in Erinnerung rufen, die für jene kämpfen, die unentwegt weiter machen wollen (...) und möge es in ihren lausigen Seelen brennen«.[43] Max Beckmanns kurze und traumatische Soldatenkarriere veränderte seinen Stil als Künstler vollkommen, ein Wandel, der von erschütternden Zeichnungen verwundeter Kameraden eingeleitet wurde.[44] Auch das Werk von George Grosz war von seinen Erfahrungen als Kriegsfreiwilliger beeinflußt. Seine groteske Zeichnung »Die Glaubensheiler« (datiert 1918) zeigt einen Sanitätsoffizier, der ein Skelett als »kriegsverwendungsfähig« deklariert. Die vom Krieg inspirierten Bilder der Avantgarde haben bis heute ihre schockierende Wirkung nicht verloren. George Leroux' Bild »Hölle« (1917-1918) ist wahrhaftig ein Abbild des Infernos, mit seinen Gasmasken tragenden *poilus* (Spitzname für den französischen Soldaten im Ersten Weltkrieg) und Leichen, die in einer Landschaft von Schlamm, Wasser und dunklem Rauch kaum mehr sichtbar sind.[45] Und es ist kaum vorstellbar, daß eine künstlerische Gestaltung die in Max Slevogts »Die Mütter« ausgedrückte Qual einer unendlichen Kolonne wehklagender Frauen längs eines endlosen Grabens voll toter Männer übertreffen könnte.[46]

Notwendiger Krieg?

Ein Historiker vor allen anderen richtete das Augenmerk auf die Immoralität des »Großen Krieges« und verschaffte dieser Auffassung damit breite Anerkennung. A.J.P. Taylors zuerst 1963 publiziertes Werk »The First World War« bleibt bis heute das erfolgreichste aller Bücher zu diesem Thema: Ende der 80er Jahre waren mindestens eine viertel Million Exemplare davon verkauft.[47] Es war das erste für Erwachsene geschriebene historische Werk, das ich als Knabe gelesen habe. Das Foto eines abscheulich verwesten Soldatenleichnams auf dem Umschlag des Exemplars meiner Eltern bedeutete für mich die erste Begegnung mit einem toten Körper. Taylor widmete dem Krieg eine Untersuchung über Torheit und Sinnlosigkeit: »Die Staatsmänner wurden überwältigt von der Größe der Ereignisse. Auch die Generäle wurden überwältigt (...). Sie alle irrten mehr oder weniger hilflos umher (...). Niemand fragte, was Sinn und Zweck des Krieges war. Die Deutschen hatten den Krieg begonnen, um ihn zu gewinnen; die Alliierten kämpften so, daß sie ihn nicht verloren (...). Den Krieg zu gewinnen war Selbstzweck.«[48] Dieser sinnlose Krieg wurde außerdem auf unvernünftige und verschwenderische Art geführt: Um Verdun kämpfte man »buchstäblich um des Kämpfens willen«, die dritte Schlacht von Ypern war »die blindeste Schlächterei eines blinden Krieges«. Taylor neigte keineswegs zur Sentimentalität; aber genau durch seinen scharfen – und zuweilen sarkastischen – Ton ergänzte er die anschaulich erzählten Darstellungen, die kurz vorher in englischer Sprache erschienen waren: Sie stammten von Leon Wolff, Barbara Tuchman, Alan Clark und Alistair Horne.[49] Zu jener Zeit, da diese Bücher erschienen, wetterte Robert Kee gegen den »gigantischen Schwindel, durch den führende Politiker und Generäle (...) mächtiger und wohlhabender wurden (...) auf Kosten von Millionen Männern in einer Hölle (...) die in gewisser Hinsicht den Konzentrationslagern entsprach, die für NS-Deutschland unverzichtbar waren«, eine Analogie, die kein deutscher Autor ziehen würde.[50] In den Jahren, die seitdem vergangen sind, ist diese Leidenschaft nicht erloschen. Sich auf die Erinnerungen von Kriegsveteranen und die Entrüstung ihres Autors stützend, haben Lyn Macdonalds Bände über die entscheidenden Phasen des Krieges an der Westfront dazu beigetragen, die Vorstellung zu bekräftigen, daß der Krieg die schiere Hölle darstellte und die Soldaten deren Opfer waren.[51] Und britische Generäle werden weiterhin als »Metzger und Stümper« bezeichnet.[52]

Es ist jedoch wichtig zu erkennen, daß all diese Positionen innerhalb der historischen Zunft nur von einer Minderheit vertreten werden. Tatsächlich hat eine überraschend große Zahl von Historikern darauf bestanden und pocht immer noch darauf, daß der Erste Weltkrieg nicht »sinnlos« war. Wenn er eine grauenvolle Seite besaß, dann handelte es sich dabei in ihren Augen um ein notwendiges Übel.

Selbstverständlich hat man seit Beginn des Ersten Weltkrieges immer wieder versucht, diesen zu rechtfertigen. Die verschiedenen am Krieg beteiligten Regierungen hatten es eilig, ihre eigenen offiziellen Erklärungen für den Kriegsausbruch in Büchern in verschiedenen Schattierungen zu publizieren: Es gab das belgische Graubuch, das österreichische Rotbuch, das russische Schwarzbuch und das deutsche Weißbuch.[53] Zeitungen und Verlage schickten sich hastig an, den Krieg zu rechtfertigen. Allein in Großbritannien gab es bis Ende 1915 bereits sieben Geschichtsserien: diejenigen der *Times* und des *Guardian* sowie auch aus dem Augenblick heraus entstandene Geschichtswerke von anerkannten Autoren wie John Buchan, Sir Arthur Conan Doyle, William Le Queux, sogar von Edgar Wallace. Bis Kriegsende hatte es Buchan geschafft, nicht weniger als 24 Bände auf den Markt zu bringen. Das war sogar mehr, als die *Times* zuwege brachte (sie lag mit 21 Bänden an zweiter Stelle).[54] Was all diese Bände gemeinsam haben, ist ein unerschütterliches Vertrauen in die Unanfechtbarkeit der britischen Sache.

Dasselbe läßt sich über die nach dem Krieg publizierten offiziellen Kriegsgeschichten sagen. Es ist unmöglich, deren Spielraum und Umfang hier gerecht zu werden. Für Großbritannien stellt Sir James Edmonds 14bändige Darstellung des Landkrieges an der Westfront das umfangreichste Unternehmen dar.[55] Für die Sieger war der Krieg verhältnismäßig leicht zu rechtfertigen: Aus britischer Sicht hatte Deutschland eine Bedrohung des Empire dargestellt, und das britische Weltreich war der Herausforderung erfolgreich begegnet. Unter den Umständen, die sich in Deutschland aus Niederlage und Revolution ergaben, war die Aufgabe schwieriger. Dennoch ist das 14bändige Reichsarchiv-Werk »Der Weltkrieg« von hartnäckigem Stolz auf die operativen Erfolge der Deutschen erfüllt. Bezeichnenderweise erblickte der Schlußband des Reihenwerkes nicht vor Ende des Zweiten Weltkriegs das Licht der Öffentlichkeit.[56]

Weniger apologetisch waren ihrer Natur nach Dokumentensammlungen, die nach 1918 veröffentlicht wurden. Selbstverständlich stellte die bolschewistische Regierung in Rußland die von ihr herausgegebenen Dokumente gemäß ihrer Perspektive auf das Geschehen zusammen: Hier wurde der Krieg als eine imperialistische Selbstmordtat hingestellt.[57] Aus ähnlichem politischen Blickwinkel legten der deutsche Sozialdemokrat Karl Kautsky und andere Autoren eine Dokumentensammlung vor.[58] Zwiespältiger waren die Ergebnisse der Untersuchungsausschüsse der deutschen Nationalversammlung und des Reichstags über die Ursachen des deutschen Zusammenbruchs, wobei die führenden Verantwortlichen Deutschlands aus der Zeit vor der Revolution 1918 die Chance erhielten, belastende Fragen zu beantworten.[59] Die Deutschen setzten mit dem gewaltigen Werk »Große Politik der europäischen Kabinette« einen neuen Maßstab (40 Bände in 54 Teilbänden, veröffentlicht zwischen 1922 und 1926, die den gesamten Zeitraum von 1871 bis 1914 behandeln). Das Gesamtwerk war ursprünglich als Antwort auf die »Kriegsschuld«-Klausel des Versailler Vertrags geplant und traf daher auf subtile Weise eine Auswahl zugunsten des wilhelminischen Deutschland. Dennoch war und bleibt die »Große Politik« der Ausgangspunkt für die Arbeit aller Diplomatiehistoriker.[60] Der Erfolg dieses Werkes drängte Großbritannien und Frankreich zu eigenen Großprojekten. Diese bestanden einerseits in den elf Bänden der Dokumente des englischen Außenministeriums, des Foreign Office, herausgegeben von G.P. Gooch und H. Temperley, »British Documents on the Origins of the War, 1898-1914« (1926-1938)[61], und andererseits in den weniger schnell produzierten »Documents diplomatiques français« (1929-1959) auf französischer Seite.[62]

Schließlich liegen die Memoiren der Verantwortlichen – mit vielfältigen Rechtfertigungsversuchen – vor. Die »führenden Militärs« waren am schnellsten mit ihren Memoiren auf dem Markt. Sir John French veröffentlichte sein Buch »1914« ein Jahr nach dem Waffenstillstand. Sir Ian Hamiltons »Gallipoli Diary« erschien 1920; während Sir William Robertsons »Soldiers and Statesmen« sechs Jahre später herauskam.[63] Auf deutscher Seite veröffentlichten Erich Ludendorff und Alfred Tirpitz bereits 1919 ihre Erinnerungen, gefolgt von Erich von Falkenhayn 1920.[64] Die Politiker schrieben langsamer. Theobald von Bethmann Hollweg, Reichskanzler 1909-1917, besaß gute Gründe für eine rasche Rechtfertigung: Die zweibändigen »Betrachtungen zum Weltkrieg« erschienen bereits 1919/1921.[65] Der deutsche Kaiser Wilhelm II. hinkte mit seinem Erinnerungsband »Ereignisse und Gestalten« (1922) nur wenig hinterher und bestand darauf, daß die Ententemächte einen Angriffskrieg gegen ein unschuldiges Deutschland geplant hätten.[66] Winston Churchill (1908 Wirtschaftsminister, 1910 Innenminister, 1911-1915 Erster Lord der Admiralität) brachte den ersten Band seines Werkes »The World Crisis« ebenfalls 1922 heraus; der liberale britische Ministerpräsident (1908-1916) Herbert Asquith publizierte »The Genesis of the War« im Jahre 1923, es folgten 1928 seine »Memories and Reflections«; Außenminister (1905-1916) Sir Edward Grey, der nun Viscount Grey of Falloden hieß, veröffentlichte im Jahre 1925 »Twenty-Five Years«; und der konservative Politiker und Zeitungsbesitzer (und 1918 Informationsminister) Lord Beaverbrook ließ sein Buch »Politicians and the War« im Jahre 1928 erscheinen.[67] Der Ministerpräsident (1916-1922) und vormalige Schatzkanzler (1908-1915) David Lloyd George bildete mit seinen sechsbändigen »War Memoirs« (1933 bis 1936) den Schlußpunkt in dieser Reihe.[68]

Nur wenige der Memoirenschreiber wagten die Greuel des Krieges zu verniedlichen, jedoch bestanden fast alle auf seiner Unabwendbarkeit. Die von britischen Politikern am häufigsten zum Ausdruck gebrachte Ansicht lautete, der Krieg sei das Ergebnis von derart gewaltigen historischen Kräften gewesen, daß kein menschliches Tun ihn hätte verhindern können. »Die Nationen schlitterten in den kochenden Kessel des Krieges hinein«, schrieb Lloyd George in einer berühmten Passage seiner Kriegserinnerungen. Und dies war keineswegs die einzige Metapher, die er bemühte, um die gewaltigen, unpersönlichen Kräfte zu veranschaulichen.[69] Und Churchill benutzte in seiner »World Crisis« dasselbe Sternengleichnis:

»Man muß sich den Verkehr der Nationen in jenen Tagen (…) als eine erstaunliche Organisation der Kräfte (…) vorstellen, (…) die wie Himmelskörper sich einander im Raume nicht ohne (…) tiefgreifende magnetische Reaktionen annähern konnten. Gerieten sie zu nahe aneinander, dann wurden die Blitze ausgelöst, und über einen bestimmten Punkt hinweg, konnten sie ganz und gar aus den Umlaufbahnen herausgezogen werden, (…) in denen sie sich bewegten, und miteinander kollidieren.«[70]

Bildkräftige Vergleiche mit klimatischen Erscheinungen waren gleichfalls beliebt. So erinnerte sich Churchill an »eine seltsame Stimmung in der Luft«, Grey schob einen Teil der Schuld auf die »miserable und ungesunde Atmosphäre«. Ein dubioser deutscher Kriegsveteran gebrauchte in seinen Erinnerungen an den Krieg weitgehend dieselbe Sprache:

»Was mir einst als Junge wie faules Siechtum erschien, empfand ich nun als Ruhe vor dem Sturme. Schon während meiner Wiener Zeit lag über dem Balkan jene fahle Schwüle, die den Orkan anzuzeigen pflegte, und schon zuckte manchmal auch ein hellerer Lichtschein auf, um jedoch rasch in das unheimliche Dunkel sich wieder zurückzuverlieren. Dann aber kam der Balkankrieg, und mit ihm fegte der erste Windstoß über das nervös gewordene Europa hinweg. Die nun kommende Zeit lag wie ein schwerer Alpdruck auf den Menschen, brütend wie fiebrige Tropenglut, so daß das Gefühl der herannahenden Katastrophe infolge der ewigen Sorge endlich zur Sehnsucht wurde: der Himmel möge endlich dem Schicksal, das nicht mehr zu hemmen war, den freien Lauf gewähren. Da fuhr denn auch schon der gewaltige Blitzstrahl auf die Erde nieder: Das Wetter brach los und in den Donner des Himmels mengte sich das Dröhnen der Batterien des Weltkriegs.«[71]

So Adolf Hitler im fünften Kapitel von »Mein Kampf«.

Für die Politiker, die den Krieg »gemacht« hatten – im Unterschied zu jenen, die wie Hitler durch ihn »gemacht« wurden –, ist es leicht zu erklären, warum die auf eine Naturkatastrophe anspielenden Bilder sie so sehr ansprachen. Zu einem Zeitpunkt, da man den Krieg als das größte Unheil der modernen Zeit betrachtete, dienten diese Metaphern dazu, die Behauptung der Politiker zu illustrieren, es habe jenseits ihrer Macht gestanden, den Weltkrieg zu verhindern. Grey stellte expressis verbis fest, daß der Krieg »unvermeidlich« gewesen sei.[72] Bereits im Mai 1915 hatte er eingestanden, eines »seiner stärksten Gefühle« während der Julikrise 1914 sei es gewesen, »daß er selber keine Macht habe, politische Entscheidungen zu treffen«.[73] »Ich pflegte mich selber zu quälen«, gab er im April 1918 zu, »indem ich mich fragte, ob ich durch Vorsicht oder Weisheit den Krieg hätte vermeiden können, aber ich bin zu der Überzeugung gelangt, daß kein Mensch ihn hätte verhindern können.«[74] Zwei Monate zuvor hatte sich Bethmann Hollweg ähnlich geäußert: Er habe sich immer wieder gefragt, was er hätte unternehmen können, um den Krieg zu verhindern, und ob er überhaupt aufzuhalten war.[75] Es nimmt nicht wunder, daß für ihn eine Alternative unvorstellbar war.

Einige Historiker schreiben die Anspielungen auf die Naturkräfte fort, die die großen Mächte in den Abgrund trieben. Eric Hobsbawm hat den Ausbruch des Krieges mit einem Feuer und einem Gewitter verglichen. Corelli Barnett hat die britische Regierung mit »einem Mann [gleichgesetzt], der in einem Faß den Niagarafall hinuntertreibt«, und Norman Davies hat das Gleichnis von einem Erdbeben benutzt, das durch eine Verschiebung von Kontinentalplatten verursacht worden ist.[76]

Andere stellen die Unvermeidbarkeit des Krieges heraus, ohne auf derartige Bilder zurückzugreifen. Unermüdliche Sozialdarwinisten teilten beispielsweise die Ansicht des früheren österreichischen Generalstabschefs (1906-1911; 1912-1917) Franz Conrad von Hötzendorf: Aufgrund des »treibenden Prinzips [des] (…) Daseinskampfs der Menschheit (…) hat sich unvermeidbar und unaufhaltbar die Katastrophe des Weltkriegs vollzogen«.[77] Einige deutsche Historiker der Zwischenkriegszeit fanden Gefallen an der geopolitischen Interpretation, daß Deutschland als das »Land in der Mitte« besonders verwundbar gegenüber einer Einkreisung war und daher zwischen bismarckschen »Notbehelfen« und einem wilhelminischen Präventivkrieg zu wählen hatte.[78] Auch Historiker außerhalb Deutschlands stellten abstraktere, überpersönliche Hypothesen auf oder entwickelten Systemtheorien. Der Amerikaner Sidney Fay verbreitete sich über Präsident Woodrow Wilsons These, der Krieg sei das Ergebnis von Fehlern im internationalen System gewesen, es hätte nur geheime, vertraglich bindende Allianzen gegeben und Mangel an unabhängigen Verhandlungsmechanismen geherrscht.[79] Andere Autoren folgten Lenins Ansicht, daß der Krieg eine Folge imperialistischer Wirtschaftsrivalitäten sei, die den Arbeitern Europas durch kapitalistische Interessen aufgezwungen wurden – eine bemerkenswerte argumentative Umstellung der Richtung, die in der Vorkriegszeit Männer der Linken von Karl Kautsky bis J.A. Hobson vertraten, denen zufolge die Kapitalisten zu gerissen seien, um ihre eigene Selbstzerstörung zu beabsichtigen.[80] Dieser Ansatz – der sich in der Geschichtsschreibung der Deutschen Demokratischen Republik zu einem Dogma verhärtete – besitzt immer noch einige verstreute Anhänger.[81]

Als die Welt später am Rande eines dritten und letzten Weltkriegs zu stehen schien, tauchte im Kielwasser des globalen Konfliktes das Argument auf, die Pläne, die von den Generalstäben als Antwort auf technische Wandlungsprozesse entwickelt worden seien, hätten einen Krieg »nach Fahrplan« von einem bestimmten Punkt an unabwendbar gemacht: »Alle Beteiligten sind von einem bestimmten Punkt an gleichsam zu Gefangenen der Genialität ihrer Vorbereitungen geworden.«[82] Arno Mayer versuchte, vom deutschen Beispiel ausgehend, eine Generalisierung und deutete an, der Krieg sei durch inneren politischen Druck in allen wichtigen Teilnehmerstaaten verursacht worden, in denen allerorten aristokratische Eliten danach strebten, die Bedrohung durch Demokratie und Sozialismus abzuwehren, indem sie eine Art von Teufelspakt mit dem radikalen Nationalismus schlossen.[83] Einer demographischen Erklärung zufolge trug der Krieg dazu bei, »die Überfüllung in ländlichen Gebieten abzubauen«.[84] Schließlich gibt es das kulturelle Interpretationswerkzeug, demzufolge der Krieg das Produkt komplexer Ideengebilde wie dem des »Nationalismus«, des »Irrationalismus« und des »Militarismus« war.[85] Diese Gedanken waren von niemand anderem als vom deutschen Reichskanzler Bethmann Hollweg im August 1914 vorweggenommen worden.[86]

Für Bethmann Hollweg, den die Frage quälte, ob man den Krieg »hätte vermeiden können«, gab es nur eine zulässige Schlußfolgerung: Die Schuld mußte allen Nationen zufallen. Aber, so setzte er hinzu, auch Deutschland trage einen beträchtlichen Teil der Verantwortung.[87]

Eine ganz andere Deutung von weitgreifender Wirkung lautete freilich, der Erste Weltkrieg sei gerade wegen des Verhaltens der deutschen Führung einschließlich Bethmann Hollwegs unvermeidlich gewesen.

Die meisten britischen Politiker neigten in ihren Erinnerungen ähnlich wie im August 1914 zu der Behauptung, Großbritannien habe unter einer moralischen und vertraglichen Verpflichtung gestanden, die Neutralität Belgiens gegen einen deutschen Angriff zu verteidigen. Asquith hat dies so erklärt: »Für Menschen unseres Blutes und unserer Geschichte ist es unmöglich danebenzustehen, (…) während ein großer, brutaler Kerl sich daran macht, ein Opfer, das ihn nicht provoziert hat, zu verprügeln und zu Boden zu trampeln.«[88] Lloyd George teilte diese Ansicht.[89] Das Argument, die britische Intervention sei wegen der Verletzung der belgischen Neutralität unvermeidlich gewesen, ist seitdem von Historikern stets erneut vorgetragen worden.[90]

Dennoch von größerer Bedeutung war – gewiß für Grey und Churchill – ein zweites Argument: Großbritannien »konnte um unserer eigenen Sicherheit und Unabhängigkeit willen nicht zulassen, daß Frankreich durch aggressives Handeln Deutschlands vernichtet werde«.[91] Für Churchill strebte ein »kontinentaler Tyrann« nach der »Weltherrschaft«.[92] In seinen Memoiren nahm Grey beide Argumente auf: »Unser sofortiger und auf Einigkeit beruhender Eintritt in den Krieg war auf den Angriff gegen Belgien zurückzuführen.«[93] Und er fuhr fort: »Mein eigenes instinktives Gefühl [jedoch] sagte mir, daß (…) wir Frankreich zu Hilfe eilen sollten.«[94] Hätte Großbritannien abseits gestanden, »dann würde Deutschland den gesamten europäischen Kontinent und Kleinasien beherrscht haben, denn die Türken hätten auf der Seite eines siegreichen Deutschlands gestanden.«[95] »Beiseite zu stehen, würde die Knechtung durch Deutschland bedeutet haben; die Unterwerfung Frankreichs und Rußlands; die Isolierung Großbritanniens, den Haß auf [Großbritannien] seitens jener, die sein Eingreifen gefürchtet, und jener, die es gewünscht hatten; und letztendlich hätte dies dazu geführt, daß Deutschland die gesamte Macht auf dem Kontinent ausüben würde.«[96] Nach K.M. Wilson war dieses auf den eigenen Nutzen bedachte Motiv wichtiger als das Schicksal Belgiens, das hauptsächlich durch die britische Regierung in den Vordergrund gestellt wurde, um das Gewissen wankender Kabinettsmitglieder zu beschwichtigen und die Opposition aus den Regierungsgeschäften herauszuhalten. Mehr als alles andere sei der Krieg deswegen ausgefochten worden, weil es in Großbritanniens Interesse lag, Frankreich und Rußland zu verteidigen und »die Stabilisierung Europas unter einem potentiell feindseligen Regime« zu verhüten.[97] David French vertritt eine ähnliche Ansicht[98]; das gleiche gilt für die meisten Synthesen aus jüngster Zeit[99] sowie für Paul Kennedys Werk »The Rise of the Anglo-German Antagonism«.[100] Nach Trevor Wilsons Auffassung strebte Deutschland »nach einer europäischen Hegemonie, die mit der Unabhängigkeit Großbritanniens nicht zu vereinbaren war«.[101]

Es stellt wohl keine allzu große Überraschung dar, daß britische Historiker in dieser Art und Weise argumentiert haben. Zur Zeit der Ereignisse lautete die am häufigsten geäußerte Rechtfertigung für den Krieg, es sei notwendig gewesen, dem preußischen Militarismus eine Niederlage zu bereiten. Zusätzlich wies man auf die »Abscheulichkeit« des Preußentums hin, die sich beispielsweise an den Greueln zeigen sollte, die das deutsche Heer gegen die belgische Zivilbevölkerung beging. Dies war eine Argumentation, die Liberale, Konservative und Sozialisten gleicherweise ansprach; es war außerdem eine Erklärung, die mit einer Abneigung gegenüber der Schlächterei des Krieges vereinbart werden konnte. Die Auffassung, Deutschland habe einfach Einhalt geboten werden müssen, hätte nicht solange fortleben können, wäre ihr nicht in den 60er Jahren von der deutschen Wissenschaft Unterstützung zugewachsen. Die Publikation von Fritz Fischers grundlegendem Werk »Griff nach der Weltmacht« 1961 löste innerhalb der deutschen Historikerzunft einen tiefen Schock bei den konservativeren Zeitgenossen aus, gelangte Fischer in seinem Buch doch zu der Schlußfolgerung, die deutschen Kriegsziele im Ersten Weltkrieg hätten sich kaum von jenen unterschieden, die Hitler im Zweiten verfolgte.[102] Für die britischen Leser bestärkte das nur eine alte Hypothese: daß das wilhelminische Deutschland in der Tat nach einer Weltmachtstellung gestrebt habe, die nur auf Kosten Großbritanniens erreicht werden konnte. Für deutsche Historiker jedoch schien die »Kontinuitätsthese« nicht nur die »Kriegsschuld«-Paragraphen des Versailler Vertrages mit neuem Leben zu erfüllen. Ernster zu nehmen war, daß sie das Argument bekräftigte, die Jahre 1933 bis 1945 hätten innerhalb der modernen deutschen Geschichte keineswegs einen Schritt vom Wege dargestellt, sondern sie seien nur der Gipfelpunkt einer tief verwurzelten, dauerhaften Abweichung von irgendeiner anglo-amerikanischen Norm gewesen.[103] *Alles war falsch* – sogar das Bismarckreich.

Fischers Beweisführung stützte sich auf Dokumente, die er in den damals ostdeutschen Archiven in Potsdam einsehen konnte. Und auf den ersten Blick schien es einigen Kritikern im Westen, daß er die marxistisch-leninistischen Deutungsmuster rechtfertige. Doch seine Forschungsarbeiten besaßen eine gewaltige Überzeugungskraft für eine jüngere Generation von Historikern in Westdeutschland, die darin eine nachholende Bestätigung von Anschauungen sah, die Eckart Kehr in den 20er Jahren über die Mißstände des Reichs vor 1914 geäußert hatte. Fischer persönlich folgte den Fingerzeigen einiger dieser jüngeren Autoren, indem er Deutschlands expansionistische Außenpolitik zur Innenpolitik in Beziehung setzte. Letztere war danach durch den übermäßigen politischen Einfluß der reaktionären Aristokratie, der ostelbischen Junker und der antisozialistischen Industriellen an der Ruhr geprägt. Kehr hatte die Fehler der wilhelminischen Außenpolitik vor 1914 auf das Primat der sehr engen ökonomischen Interessen dieser Gruppen zurückgeführt.[104] Nun bot sich die Gelegenheit, diese These auf den Krieg auszudehnen.

Es war denkbar, Fischers Beweisführung im Hinblick auf eine ganze Reihe von Einzelpunkten und Interpretationen zu kritisieren. Gab es wirklich, wie Fischer in seinem Buch »Krieg der Illusionen« zu zeigen versuchte, einen Kriegsplan, der auf den Dezember 1912 zurückging und sich auf die Überzeugung gründete, bei einem Eroberungskrieg gegen Rußland und Frankreich könne die Neutralität Großbritanniens sichergestellt werden?[105] Oder ging der deutsche Reichskanzler Bethmann Hollweg eine Art von »kalkuliertem Risiko« ein, indem er mit einem örtlich begrenzten Krieg spielte, um die »Handlungsfreiheit« des Reichs zu erhalten – wenn nicht, um das Reich selber zu bewahren?[106] Oder versuchte er vielmehr, ein Kolonialreich in Afrika zu erlangen, indem er Frankreich auf den Schlachtfeldern Europas schlug, und hoffte er dabei, Großbritannien auf irgendeine Weise neutral halten zu können?[107]

Das andere Gegenargument zur These von der deutschen »Alleinschuld« lautet, daß alle europäischen Staaten ihre imperialistischen Kriegsziele verfolgten und daß ihre militaristischen Eliten das ebenfalls taten. In den vergangenen Jahrzehnten sind eine Reihe von Einzelstudien erschienen, die sich mit der Außen- und Militärpolitik der wichtigsten am Krieg teilnehmenden Staaten beschäftigen.[108] Ausgehend von diesen Untersuchungen, gelangten andere Historiker zu einer neuen Einschätzung der Ursprünge des Krieges aus internationaler Perspektive.[109] Für eine Reihe von Fischers Kritikern hat die Ausdifferenzierung in den Forschungsergebnissen eine willkommene Schwerpunktverlagerung weg von der »These der Alleinverantwortung« dargestellt.[110]

Doch bereits im Jahre 1965 hatte es sich Immanuel Geiss mit seiner einflußreichen Sammlung von Dokumenten zur Julikrise 1914 zum Ziel gesetzt, den Vorwurf zurückzuweisen, daß Fischers These sich allein auf Deutschland konzentriere. Die Dokumentation stützte sich auf die Sammelbände, die von den kriegführenden Mächten in den 20er Jahren und später veröffentlicht worden waren. Geiss gelangte zu dem Schluß, die unmittelbaren Kriegsursachen hätten zwar in der Unterstützung der deutschen Regierung für eine österreichische Strafmaßnahme gegen Serbien gelegen, der Krieg habe aber seine Wurzeln in der deutschen *Weltpolitik* gehabt, die von Großbritannien als eine Bedrohung empfunden werden mußte. »Deutschland [war] der Angreifer (…), denn die deutsche Politik des kalkulierten Risikos und der gezielten Provokation gegen Rußland in Gestalt des von Österreich gegen Serbien exekutierten lokalen Blitzkrieges trieb Rußland, Frankreich und England in eine Position hinein, in der sie nicht anders handeln konnten, wollten sie nicht vor dem massiven deutschen Machtanspruch zurückweichen und als Großmächte abdanken.«[111] Geiss' spätere Synthese »Der lange Weg in die Katastrophe. Die Vorgeschichte des Ersten Weltkriegs 1815-1914«, langt noch weiter und argumentiert, daß der Erste Weltkrieg das unvermeidliche Ergebnis der nahezu ein halbes Jahrhundert zuvor erfolgten deutschen Vereinigung war.[112] Deutschland war der »signifikanteste Krisenpunkt« im Jahre 1848, war Schauplatz der »extremsten Version« des europäischen Nationa-lismus in den 1860er Jahren, und, nachdem es einmal vereinigt war, die »stärkste Macht auf dem Kontinent«.[113] Für Geiss besaß die deutsche »Weltpolitik (…) direkt in den Ersten Weltkrieg führende Konsequenzen (…). Indem sich die Deutschen nach der Kontinentalpolitik Bismarcks auch weltpolitisch exponierten, schufen sie selbst die entscheidenden Konflikte, die zum Ersten Weltkrieg eskalierten (…).«[114] All das legt die Schlußfolgerung nahe, daß es der zentrale Fehler der deutschen Außenpolitik gewesen sei, die Möglichkeit eines *rapprochement* mit England zu verschmähen: »Weltpolitisch kam schon allein der Bau der zweitstärksten Schlachtflotte durch die stärkste Militärmacht einer Kriegserklärung an England und den Rest der Welt gleich.«[115] Inzwischen bestehen einige eher konservativ gesonnene

Historiker darauf, daß diese Herausfor-derung Großbritanniens legitim war. Aber die Realität dieser Kampfansage wird für sich genommen nicht in Zweifel gezogen.[116] Die deutsch-britische Konfrontation ist auf diese Weise zu einem der am stärksten überschätzten Ereignisse der modernen Geschichte geworden.

Vermeidbarer Krieg?

Bedeutet dies also, daß die Kriegerdenkmale in Großbritannien recht haben? Starben die »vielen«, an die durch den unbekannten Soldaten in Westminster Abbey erinnert wird, wirklich

FÜR KÖNIG UND VATERLAND
FÜR IHRE LIEBEN DAHEIM UND DAS EMPIRE
FÜR DIE HEILIGE SACHE DER GERECHTIGKEIT UND
DIE FREIHEIT DER WELT

Hatten die früheren Mitschüler, an die im Ehrenhof von Winchester College erinnert wird, wirklich »ihr Leben für die Menschheit hingegeben«, ganz zu schweigen von Gott, ihrem Land und ihrer Schule?[117] Sind die ehemaligen Schüler der Hampton School wirklich gestorben, »um alles zu verteidigen, was dem Herz des Engländers teuer ist, unser Ehrenwort (…) Freiheit (…) [und] konstitutionelle Freiheiten«?[118]

Die meisten (wenn nicht alle) Kriegerdenkmäler, die sich auf Plätzen, Schulen und Kirchhöfen überall in Europa befinden, ob sie nun idealisierte Krieger oder trauernde Frauen porträtieren oder (wie in Thiepval) nur Namen in Stein oder Bronze auflisten, erhärten die Überlieferung, daß jene, die im Krieg den Tod fanden, nicht umsonst gestorben sind.[119] »Morts pour la Patric« ist die am häufigsten vorkommende Inschrift auf den französischen »monuments aux morts«, ob sie nun dem Heldengedenken, politischen Zwecken oder als Friedhöfe dienen.[120] »Deutschland muß leben, auch wenn wir sterben müssen«, so die Inschrift am Hamburger Kriegerehrenmal am Dammtor, an dem ich jeden Tag vorbeikam, als ich in Hamburg studierte. Nur wenige Kriegerdenkmäler deuten darauf hin, daß das »Opfer« jener, an die sie erinnern, vergebens war.[121]

Die Grundfrage, die dieses Buch zu beantworten sucht, entspricht also jener, die sich jeder Besucher in Thiepval, Douaumont oder Langemark stellt: *lohnten* sich all diese Opfer – insgesamt mehr als neun Millionen Tote – wirklich? Diese Frage drängt sich auf, aber sie ist in vielfacher Hinsicht komplexer, als es den Anschein hat. Um genau zu sein: War Großbritannien im Jahre 1914 wirklich mit einer derartigen Bedrohung seiner Sicherheit konfrontiert, daß es notwendig war, Millionen von kaum ausgebildeten Rekruten über den Kanal und noch weiter fortzuschicken, um Deutschland und seine Verbündeten zu zermürben? Was genau war es denn, was die britische Regierung zu erreichen suchte, indem sie in den Krieg eintrat? Das sind die Fragen, denen in den ersten sechs Kapiteln dieses Buches nachgespürt wird, in denen es darum geht, die Gefährdungen einzuschätzen, denen jede Seite gegenüberstand oder gegenüberzustehen meinte.

Diese Bedrohungen hatten die Tendenz, aus dem Gesichtskreis zu rücken, sobald der Krieg ausgebrochen war. Nachdem sie den Krieg begonnen hatten, wurde es für die führenden Politiker und Generäle, wie Taylor gesagt hat, immer mehr Selbstzweck, ihn zu gewinnen. Gleichzeitig verleitete die Verbindung von Zensur und spontaner Kampfbegeisterung viele Zeitungen dazu, Absichten, die auf Kompromisse abzielten, zu diskreditieren und Forderungen nach Annexionen und anderen »Kriegszielen« zu unterstützen, die nur durch einen uneingeschränkten Krieg erreichbar waren. In Kapitel sieben wird untersucht, wie weit die Unterstützung der Bevölkerung für den Krieg reichte, auf die sich die Historiker zumindest für die Anfangsphase so oft berufen, und stellte diese etwa ein Ergebnis der Bemühungen der modernen Massenmedien dar?

Warum erwies sich ein eindeutiger Sieg als derart unerreichbar? Die Ressourcen waren auf beiden Seiten begrenzt: Ein Land, das sich in finanzieller und materieller Hinsicht übernahm, um kurzfristige Erfolge auf den Schlachtfeldern zu erzielen, konnte bei einem lang andauernden Konflikt am Ende verlieren. Der Nachschub an Munition konnte ausbleiben. Das Angebot an Arbeitskräften – insbesondere qualifizierten – konnte sich erschöpfen, die Arbeiterschaft in den Streik treten. Die Nahrungsquellen für Uniformierte und Zivilisten konnten ebenfalls versiegen. Die innere und die äußere Verschuldung konnte soweit ansteigen, daß ein Land unter der Schuldenlast zusammenbrach. Weil die genannten Faktoren eine ebenso große Rolle spielten wie das, was auf dem Schlachtfeld geschah, stellt der Erste Weltkrieg gleichermaßen eine Herausforderung für die Wirtschafts- wie für die Militärgeschichte dar. Aber ökonomisch gesehen war der Krieg eine von vornherein entschiedene Angelegenheit – oder hätte es zumindest sein sollen –, so ungeheuer groß waren die Ressourcen des Bündnisses unter der Führung von Großbritannien, Frankreich und Rußland im Vergleich zu Deutschland und seinen Verbündeten. Kapitel acht versucht zu ergründen, warum dieser Vorteil nicht schon ohne die amerikanische Unterstützung den Sieg herbeiführte, und meldet Zweifel an der weitverbreiteten Ansicht an, daß die deutsche Kriegswirtschaft nicht effizient organisiert war.

Stellte die Strategie den Schlüssel zum Ergebnis des Krieges dar? Dieser Frage widmet sich Kapitel neun. In mancher Hinsicht waren das Patt an der Westfront und die Ergebnisse des »indirekten Vorgehens« auf anderen Kriegsschauplätzen, das keine Entscheidung herbeiführte, unvermeidliche Konsequenzen der Militärtechnik. Doch die Strategie, die sich beim Ausbleiben entscheidender Durchbrüche mehr oder weniger zwangsläufig ergab – nämlich die Ermattungs- oder Zermürbungsstrategie –, konnte nicht zum Erfolg führen. Eine gemeinsame Schlußfolgerung, die unterdessen in der Pattsituation von Generälen auf beiden Seiten gezogen wurde, lautete, daß ihr Ziel darin bestehen müsse, über die Zahl der eigenen Verluste hinaus feindliche Soldaten zu töten. Auf dieser Basis ist es möglich, den Wert des Opfers an Menschenleben in strikt militärischen Begriffen anzugeben, indem man »den Nettoverlust« berechnet, die Anzahl der Getöteten auf der einen Seite minus die Anzahl der Getöteten auf der anderen. Unter Benutzung von monatlichen und anderen detaillierten Opferzahlen erfolgt die Bestimmung der militärischen Effektivität. Militärisch kann der Wert des Todes eines bestimmten Soldaten durch die Zahl der feindlichen Soldaten ausgedrückt werden, die er seinerseits durchschnittlich direkt oder indirekt zu töten imstande war, bevor er selber das Leben verlor. Die Einschätzung militärischer Effizienz auf diese Art ist ein makabres Geschäft, aber die Logik hat ihre Wurzeln in den Köpfen der Generäle und Politiker jener Zeit. Nach diesen Maßstäben beurteilt, erfreuten sich die Mittelmächte einer beträchtlichen Überlegenheit, was die Frage aufwirft, warum *sie* den Krieg verloren. Eine weitere Möglichkeit (sie wird in Kapitel zehn untersucht) besteht darin, daß die beiden Maßstäbe – ökonomische Effizienz und militärische Effektivität – kombiniert in einer Betrachtung untersucht werden. Mit anderen Worten: Es ist möglich, daß es nicht nur wichtig war, wie viele

Leute auf der gegnerischen Seite man tötete, sondern auch, wieviel es kostete, sie zu töten. Wenngleich aus dieser Sichtweise die Mittelmächte noch erfolgreicher hätten sein müssen.

Um die Frage zu beantworten, warum die Deutschen den Krieg verloren haben, müssen wir darum über die nackten Nettoverlustzahlen hinausblicken. Wir müssen auch kleinere Opfer in Betracht ziehen, die von Soldaten gemacht wurden, die nicht getötet, sondern nur verwundet oder gefangengenommen wurden. Die letzteren spielen in meiner Analyse eine besondere Rolle. Denn obwohl ihr Schicksal von ihrem persönlichen Standpunkt aus jenem ihrer toten oder verstümmelten Kameraden vorzuziehen war, bedeutete aus der Perspektive der Generäle ein gefangengenommener Soldat ebensosehr einen Verlust wie ein getöteter. In gewisser Hinsicht stellte er sogar einen noch schwerwiegenderen Verlust dar: Lebend konnte er nämlich dem Feind Informationen liefern oder billige Arbeitskraft zur Verfügung stellen. Bei der Einschätzung der Verluste, die die eine Seite der anderen zufügte, müssen wir die Soldaten in Gefangenschaft genauer betrachten als Verwundete, weil ein beträchtlicher Teil der Verwundeten wieder in die kämpfenden Truppen integriert werden konnte. Das führt zu einigen fundamentalen Fragen nach den Motiven der einzelnen Soldaten. Falls die Bedingungen in den Schützengräben so schrecklich waren, wie die Antikriegsliteratur es nahelegt, warum kämpften die Soldaten dann weiter? Warum haben nicht mehr von ihnen Fahnenflucht begangen, gemeutert oder sich ergeben? Diese Fragen werden in Kapitel elf und zwölf behandelt.

Wenn ich mich auf die Suche nach Antworten auf die oben gestellten Fragen begebe, wird der Leser bemerken, daß ich mich immer wieder auf »kontrafaktische« Szenarien beziehe, mir also vorzustellen versuche, wie sich die Ereignisse hätten entwickeln können, wenn die Umstände auf die eine oder andere Art anders gewesen wären. Tatsächlich ist es möglich, dieses Buch als eine Auseinandersetzung mit den vielen möglichen alternativen Ergebnissen dieses Krieges zu lesen. Was wäre gewesen, wenn Großbritannien gegenüber Frankreich und Rußland in imperialen und später nach dem Jahre 1905 in kontinentalen Fragen keine Beschwichtigung betrieben hätte? Welche Wirkungen hätten sich ergeben, wenn Deutschland imstande gewesen wäre, sich vor 1914 durch Steigerung seiner Verteidigungsfähigkeit eine größere Sicherheit zu schaffen, was es sich durchaus hätte leisten können? Was wäre gewesen, wenn Großbritannien im August 1914 nicht eingegriffen hätte, wie es die Mehrheit der Kabinettsminister möglicherweise vorgezogen hätte? Was wäre gewesen, wenn es der französischen Armee nicht gelungen wäre, die Deutschen an der Marne zum Stehen zu bringen, was nach all den Verlusten, die sie bereits erlitten hatte, verständlich gewesen wäre? Was wäre gewesen, wenn Großbritannien seine gesamten Expeditionsstreitkräfte für den Einsatz gegen die Türkei reserviert und infolgedessen den Vorstoß bei Gallipoli mit mehr Erfolg durchgeführt hätte? Was wäre gewesen, wenn die Russen rational gehandelt und einen Separatfrieden mit den Deutschen geschlossen hätten? Was wäre gewesen, wenn es im Jahre 1917 mehr Meutereien sowohl in der britischen als auch in der französischen Armee gegeben hätte? Was wäre gewesen, wenn die Deutschen nicht im uneingeschränkten U-Boot-Krieg Zuflucht gesucht hätten; oder wenn sie nicht durch Ludendorffs Offensive im Jahre 1918 alles auf eine Karte gesetzt hätten? Und was wäre gewesen, wenn Deutschland im Jahre 1919 ein härterer Friede auferlegt worden wäre? Oder möglicherweise auch ein milderer Friede? Wie ich anderswo dargelegt habe, helfen uns kontrafaktische Überlegungen dieser Art in doppelter Weise: Zur Verdeutlichung der Ungewißheit, in der die Entscheidungsträger, für die die Zukunft bloß aus einer Reihe von Möglichkeiten bestand, in der Vergangenheit steckten; und um einschätzen zu können, ob die optimalen Entscheidungen gefällt wurden.[122] Ich verrate nicht zuviel über das, was noch folgen wird, wenn ich sage, daß alles in allem diese optimalen Entscheidungen nicht gefällt wurden.

1 Die Mythen des Militarismus

Propheten

Es wird oftmals behauptet, daß der Erste Weltkrieg auf kulturelle Ursachen – um genau zu sein: auf die Kultur des Militarismus – zurückzuführen sei: Diese soll die Menschen so gut auf den Krieg vorbereitet haben, daß sie sich geradezu nach ihm sehnten. Einige Menschen sahen den Krieg gewiß voraus, aber ob viele ihn mit Freude begrüßten, ist zweifelhaft.

Falls es richtig ist, daß der Erste Weltkrieg durch die Art von Prophezeiungen verursacht wurde, die selber für ihre Erfüllung sorgen, dann war einer seiner ersten Propheten ein gewisser Headon Hill, dessen Roman »The Spies of Wight« (1899) sich um die Machenschaften deutscher Spione gegen Großbritannien dreht.[1] Dies war der Anfang einer Flut von Vorwegnahmen eines zukünftigen englisch-deutschen Krieges in der Kunstform literarischer Darstellung. A.C. Curtis' »A New Trafalgar« (1902) war einer der ersten Romane, der von einer Blitzattacke der deutschen Marine gegen Großbritannien in Abwesenheit des britischen Kanalgeschwaders handelte; glücklicherweise hat die Royal Navy jedoch ein todbringendes neues Schlachtschiff in Reserve, das die Entscheidung zugunsten Großbritanniens herbeiführt.[2] In Erskine Childers berühmter Abenteuergeschichte »Das Rätsel der Sandbank« [»The Riddle of the Sands«] (1903) stoßen die beiden Helden Carruthers und Davies auf Beweise für die Existenz eines deutschen Schlachtplans, der vorsieht, daß »eine Vielzahl seetüchtiger Leichter, voll beladen mit Soldaten (…) gleichzeitig in sieben geordneten Flotten aus sieben Fahrrinnen hervorkommt und unter dem Geleitschutz der Kaiserlichen Marine die Nordsee überquert und sich auf die Küsten Englands wirft«.[3]

Nach einem ähnlichen Angriff muß Jack Montmorency, ein Schuljunge und der Held von L. James »The Boy Galloper« (1903), den Raum des

Aufsichtsschülers verlassen und seine Kadettenuniform anziehen, um den Deutschen entgegenzutreten.[4] Vielleicht die berühmteste Darstellung einer deutschen Invasion in Romanform lieferte William Le Queux in seinem Bestseller »Die Invasion von 1910« (deutsch: Berlin 1907), der zuerst 1906 als Fortsetzungsroman in der *Daily Mail* erschien. Hier wurde ein erfolgreicher Angriff auf England durch ein deutsches Heer von 40 000 Soldaten dargestellt, auf den »Die Schlacht von Royston« und »Die Bombardierung Londons« folgen.[5] Doch erst in A. J. Dawsons »The Message« (1907) mußten die Briten einem nicht wieder auszugleichenden Mißerfolg – der zu Besetzung, Reparationen und Verlust einiger Kolonien führt – ins Antlitz blicken. Der Feind war in Dawsons Buch ein innerer und ein äußerer zugleich: Während im Londoner Intellektuellenviertel Bloomsbury Pazifisten für die Abrüstung demonstrieren, sagt ein deutscher Kellner zum Helden dieses Romans: »*Vaire shtrong, sare, ze Sherman Armay.*« (Die deutsche Armee ist stark, Sir.) Es stellt sich heraus, daß dieser Kellner und Tausende andere deutsche Einwanderer als Spione an der Vorbereitung einer Invasion mitgewirkt haben. Sie hatten den Auftrag, dafür zu sorgen, daß »die deutsche Armee beinahe bis zum letzten Heuhaufen wußte, was an Trockenfutter zwischen London und der Küste zu finden war«.[6] In E. Phillips Oppenheims »A Maker of History« (1905) erklärt Hauptmann X, der Chef der deutschen Spionage in London:

»Es gibt in diesem Land 290 000 junge Landsmänner von uns, die gedient haben und schießen können (…). Angestellte, Kellner und Friseure (…), jeder von ihnen hat seine Aufgabe. Die Festungen, die diese große Stadt schützen, mögen von außen nicht einzunehmen sein, aber von innen – da liegt die Sache ganz anders.«[7]

Ähnlich gibt es in Walter Woods »The Enemy in our Midst« (1906) »einen deutschen Ausschuß für geheime Vorbereitungen«, der im Verborgenen die Grundlagen für einen Putsch in London legt. Und zu diesem Thema tauchten zahllose Variationen auf, so viele, daß der Ausdruck »Spionagefieber« in diesem Zusammenhang angebracht erscheint. 1909 kam der wohl einflußreichste dieser Romane heraus, William Le Queux' »Spies of the Kaiser«, der von der Existenz eines geheimen Netzwerks deutscher Spione im Inselreich erzählt.[8] Zeitgleich wurde Hauptmann Curties, »When England Slept«, 1909 publiziert. In diesem Roman wird London über Nacht durch ein deutsches Heer besetzt, das im Laufe einiger Wochen unbemerkt in das britische Königreich eingedrungen war.[9]

Selbst Saki (das ist Hector Hugh Munro) – einer der wenigen Erfolgs-
autoren jener Zeit, den man immer noch mit einer gewissen Hochschät-
zung lesen kann – versuchte sich in diesem Genre. In seinem Werk »When
William Came: A Story of London under the Hohenzollerns« (1913)
kehrt der Held, Murrey Yeovil – »der als Mitglied einer Herrscherrasse
zur Welt gekommen und aufgewachsen ist« –, aus dem finstersten Win-
kel Asiens zurück und findet daheim ein besiegtes Großbritannien vor:
»eingegliedert in das Reich der Hohenzollern (…) als ein Reichsland nach
dem Vorbild von Elsaß-Lothringen, doch an den Ufern der Nordsee, statt
an jenen des Rheins«. Hier gibt es nun in der »Regentstraße« Cafés im
kontinentalen Stil, und wenn man den Rasen des Hyde Park betritt, wird
sogleich eine Strafe fällig.[10] Während Yeovil fieberhaft danach strebt,
Widerstand gegen die deutsche Besatzungsmacht zu leisten, muß er
feststellen, daß ihn die Tories seiner Zeit im Stich lassen. Sie sind (gemeinsam mit König George V.) nach Delhi geflohen und haben eine ver-
abscheuungswürdige Mannschaft von Kollaborateuren zurückgelassen,
darunter befinden sich Yeovils eigene moralisch verkommene Ehefrau,
ihre Freunde aus Kreisen der Boheme, verschiedene kleine Bürokraten
und die »allgegenwärtigen« Juden.[11] Ernest Oldmeadows schon früher
erschienener Roman »North Sea Bubble« (1906) stellte sogar dar, wie
die Deutschen ihre neuen Vasallen durch Verteilung von Weihnachts-
geschenken und subventionierte Nahrungsmittel zu umwerben suchen.
Tatsächlich bestanden die schlimmsten Greueltaten, die die Besatzer
in Oldmeadows deutschem Britannien ihren Opfern antaten, in der
Einführung eines neuen Speiseplans, der sich weitgehend auf Würste
und Sauerkraut stützte. Außerdem setzten die Deutschen durch, daß
der Name »Handel« in Konzertprogrammen richtig als Händel zu
schreiben sei.[12]

Auch die Deutschen produzierten Visionen zukünftiger Kriege. Karl
Eisenharts »Die Abrechnung mit England« (1900) geht von einem Inselreich aus, das im Burenkrieg eine Niederlage erlitten hat und nun von
Frankreich angegriffen wird. Britannien verkündet eine Seeblockade und
ignoriert dabei die Rechte der neutralen Schiffahrt, und genau dies führt
zum Krieg zwischen Großbritannien und Deutschland. Eine deutsche
Geheimwaffe (ein Schlachtschiff mit Elektromotor) entscheidet den Krieg
zugunsten der Deutschen, und voller Freude eignen sich diese eine reiche Ernte an britischen Kolonien, darunter auch Gibraltar, an.[13] In seinem

Werk »Der Weltkrieg. Deutsche Träume« (1904) stellte sich August Niemann vor, daß die Heere und Flotten Deutschlands, Frankreichs und Rußlands zusammen gegen den gemeinsamen Feind – nämlich Großbritannien – vorgehen, der den Globus mit seinen Polypenarmen umfängt. Die deutsche und die französische Flotte besiegen schließlich gemeinsam die Royal Navy, und am Firth of Forth landet eine Invasionsstreitmacht.[14] Max Heinrichka sah in »100 Jahre deutsche Zukunft« (Leipzig 1913) einen anglo-deutschen Krieg voraus, bei dem es um Holland ging und der wiederum in einer erfolgreichen deutschen Invasion seinen Höhepunkt fand. Wie bei Niemann gestattet es der Sieg den Deutschen auch hier, sich die erlesensten Teile des Empire anzueignen.[15] Doch muß man an dieser Stelle einräumen, daß nicht alle deutschen Autoren von einem derart gewaltigen Selbstvertrauen geprägt waren. In einem weiteren, 1905 erschienenen Buch sind die Rollen umgekehrt verteilt: Hier ist es die britische Marine, die der deutschen »ein neues Kopenhagen« – analog zum Präventivschlag, den die britische Flotte 1807 gegen die dänische durchführte – zufügt, und es ist die Stadt Hamburg, die eine britische Invasion zu erdulden hat.[16]

Auf der Grundlage derartigen Materials ließe sich leicht behaupten, der Erste Weltkrieg sei zumindest teilweise deshalb entfacht worden, weil die Menschen dieses Ereignis eben erwarteten. Nachdem die Prophezeiung sich bereits erfüllt hatte, riß die literarische Produktion nicht ab. Ende 1914 ließ Le Queux mit »The German Spy: A Present Day Story« einen literarischen »Schnellschuß« erscheinen, und Gaumonts zuvor verbotene verfilmte Version von »The Invasion of 1910« wurde nun unter dem Titel »If England Were Invaded« zur Vorführung freigegeben. Paul Georg Münchs »Hindenburgs Einmarsch in London«, in dem dargestellt wurde, wie der Sieger von Tannenberg eine erfolgreiche Invasion über den Kanal leitet, erschien in Deutschland 1915.[17]

Doch muß man derlei Phantasien in einem weiteren Zusammenhang betrachten. Nicht alle Propheten eines bevorstehenden Krieges erwarteten, daß sich dieser zwischen England und Deutschland abspielen werde. In nur wenigen vor 1900 in Großbritannien erschienenen Werken ging es um einen deutschen Feind, und Frankreich und Rußland mußten darin häufig die Schurkenrolle übernehmen.

Auch bei den deutschen Erzeugnissen der Zukunftsliteratur finden sich ähnliche Varianten. Rudolf Martins phantastischer Roman »Berlin-

Bagdad« (1907) handelte, so der Untertitel, vom »deutschen Weltreich im Zeitalter der Luftschiffahrt 1910-1931«; hier liegt der Hauptkonflikt zwischen Deutschland und einem nach-revolutionären Rußland. Ein Ultimatum an England – das der vollständigen Vereinigung Europas unter deutscher Führung vorangeht – taucht als eine Art von nachträglicher Erklärung auf und ist bald vergessen, als die Russen ihren Luftangriff auf Indien einleiten.[18]

Einige Deutsche waren durchaus imstande, die Absurdität von Kriegsprophezeiungen zu erkennen. Es existiert eine offensichtlich spaßhaft gemeinte Weltkarte von 1907, in der das Britische Empire nur noch Island umfaßt, der Rest aber – einschließlich des »Kgl. Preuss. Reg. Bez. Großbritannien« – gehört zu Deutschland.[19] Und der Autor Carl Siwinna entlarvt 1908 auf recht schwerfällige, aber dennoch eindrucksvolle Art die Kriegspropheten auf beiden Seiten des Ärmelkanals.[20]

Besonders die Kriegstreiber unter den Propheten eines kommenden Konflikts müssen gemeinsam mit jenen eher pessimistischen Autoren betrachtet werden, die – höchst scharfsichtig – voraussahen, daß ein großer europäischer Krieg eine Katastrophe bedeuten würde. H.G. Wells »War in the Air« (1908) [deutsch: »Der Luftkrieg« (1909)] behandelt – anders als Rudolf Martin – eine Apokalypse, in der die europäische Zivilisation durch Bombardements von Luftschiffen »gesprengt wird«, die nur »Ruinen und unbestattete Tote und geschrumpfte, gelbgesichtige Überlebende in tödlicher Apathie« zurücklassen.[21] Eines der einflußreichsten unter den britischen Büchern zum Thema eines zukünftigen Krieges argumentierte, die Konsequenzen auf wirtschaftlichem Gebiet würden derart katastrophal sein, daß es einfach nicht zum Kriege kommen würde: Norman Angells Werk »The Great Illusion« [deutsch: »Die große Täuschung« (1910)] wurde zumindest von vielen Lesern so verstanden.

Nicht alle deutschen Kriegspropheten zählten gleichermaßen zu den »Falken«. In seinem Werk »Der Zusammenbruch der alten Welt« (1906) sagte »Seestern« (das ist: Ferdinand H. Grauthoff, der Herausgeber der *Leipziger Neuesten Nachrichten*) voraus, daß eine recht unbedeutende Auseinandersetzung zwischen Deutschland und Großbritannien wegen einer kolonialen Streitfrage - etwa um Samoa - zum »Zusammenbruch und Ruin« und gar zur »Auslöschung« der »friedlichen Zivilisation« führen könne. Als Vergeltungsmaßnahme greift schließlich die Royal Navy Cuxhaven an und entfesselt damit einen europäischen Krieg. Dieser erweist sich für beide Seiten in katastrophaler Weise als kostspielig. Die Geschichte endet mit einer hellsichtigen Prophezeiung, die von dem konservativen Premierminister Arthur Balfour formuliert wird:

»Diese beiden Tatsachen bedeuten nichts mehr und nichts weniger, als daß die Entscheidung über die Geschicke der Welt nicht mehr in der Hand der beiden Seemächte der germanischen Völker liegt, nicht mehr bei England und Deutschland steht, sondern zu Lande Rußland zugefallen ist und zur See von der amerikanischen Union abhängt.« [22]

Aus einer ähnlichen Gemütslage heraus faßte Karl Bleibtreu in seinem Werk »Die ›Offensiv-Invasion‹ gegen England« (1907) einen katastrophalen Schlag der deutschen Flotte gegen britische Marinestützpunkte ins Auge.[23] Obwohl sie dem Gegner schwere Verluste zufügen, können bei Bleibtreu die Deutschen angesichts der britischen Blockade nicht durchhalten, das Ergebnis ist wiederum eine Schwächung beider Seiten.[24] Die erwähnten Bücher von Grauthoff und Bleibtreu enden jeweils mit feurigen und recht modern klingenden Aufrufen zur europäischen Einheit.

Ganz offensichtlich kann uns die Tatsache, daß so viele unterschiedliche Autoren die Notwendigkeit spürten, sich irgendeine Art von zukünftigem Krieg vorzustellen, leicht zu dem Schluß führen, daß im zweiten Jahrzehnt des 20. Jahrhunderts ein Krieg höchstwahrscheinlich war. Wie wir noch sehen werden, war die Erwartung eines Angriffs der Deutschen auf die Britischen Inseln das populärste aller Szenarien, doch die strategische Wirklichkeit sah anders aus. 90 Prozent der literarischen Darstellungen eines zukünftigen Krieges ignorieren die technischen Zwänge, denen sich die Heere, Seestreitkräfte und Luftflotten aller Seiten stellen mußten. Nur einige wenige Vorkriegsautoren haben mit einem gewissen Grad von Genauigkeit vorhergesagt, wie ein zukünftiger Krieg aussehen würde.

Einer von ihnen war Friedrich Engels, der im Jahre 1887 folgende Vorstellung entwickelte:

«Und endlich ist kein anderer Krieg für Preußen-Deutschland mehr möglich als ein Weltkrieg, und zwar ein Weltkrieg von einer bisher nie geahnten Ausdehnung und Heftigkeit. Acht bis zehn Millionen Soldaten werden sich untereinander abwürgen und dabei ganz Europa so kahlfressen, wie noch nie ein Heuschreckenschwarm. Die Verwüstungen des Dreißigjährigen Kriegs zusammengedrängt in drei bis vier Jahre und über den ganzen Kontinent verbreitet; Hungersnot, Seuchen, allgemeine, durch akute Not hervorgerufene Verwilderung der Heere wie der Volksmassen; rettungslose Verwirrung unsres künstlichen Betriebs in Handel, Industrie und Kredit, endend im allgemeinen Bankrott; Zusammenbruch der alten Staaten und ihrer traditionellen Staatsweisheit, derart, daß die Kronen zu Dutzenden über das Straßenpflaster rollen und niemand sich findet, der sie aufhebt; absolute Unmöglichkeit, vorherzusehn, wie das alles enden und wer als Sieger aus dem Kampf hervorgehen wird; nur ein Resultat ist absolut sicher: die allgemeine Erschöpfung und die Herstellung der Bedingungen des schließlichen Siegs der Arbeiterklasse.«[25]

1890 umriß Helmut Moltke d.Ä., der frühere Chef des deutschen Generalstabs, bei seiner letzten Reichstagsrede eine nicht unähnliche Vorstellung von einer gewaltigen Katastrophe:

»Die Zeit der Kabinettskriege liegt hinter uns – wir haben jetzt nur noch den Volkskrieg... Meine Herren, wenn der Krieg, der jetzt schon mehr als zehn Jahre lang wie ein Damoklesschwert über unseren Häuptern schwebt – wenn dieser Krieg zum Ausbruch kommt, so ist seine Dauer und sein Ende nicht abzusehen. Es sind die größten Mächte Europas, welche, gerüstet wie nie zuvor, gegeneinander in den Kampf treten; keine derselben kann in einem oder in zwei Feldzügen so vollständig niedergeworfen werden, daß sie sich für überwunden erklärte, daß sie auf harte Bedingungen hin Frieden schließen müßte, daß sie sich nicht wieder aufrichten sollte, wenn auch erst nach Jahresfrist, um den Kampf zu erneuern. Meine Herren, es kann ein siebenjähriger, es kann ein dreißigjähriger Krieg werden – und wehe dem, der Europa in Brand steckt, der zuerst die Lunte in das Pulverfaß schleudert!«[26]

Die detaillierteste unter diesen richtigen Vorhersagen über einen zukünftigen Krieg stellte das Werk eines Mannes dar, der weder Sozialist noch Soldat war. In seinem Werk »Die ökonomischen Erschütterungen und materiellen Verluste des Zukunftskrieges« (Band 4 des sechsbändigen Werks »Der Krieg«, 1899) gab der Warschauer Ivan Stanislavovich Bloch (Johann von Bloch) zwei Gründe an, warum ein zukünftiger großer europäischer Krieg in bezug auf seinen Umfang und seine Destruktivität beispiellos sein würde.[27] Erstens habe die Entwicklung der Militärtechnik das Wesen des Krieges in einer Art und Weise verändert, die den schnellen Sieg eines Angreifers ausschließe. »Die Tage des Bajonetts seien gezählt«; auch Kavallerieangriffe seien nicht mehr vorstellbar. Dank der gesteigerten Schnelligkeit und Genauigkeit des Gewehrfeuers, der Einführung von Schießpulver mit schwacher Rauchentwicklung, der erhöhten Durchschlagskraft von Geschossen und der größeren Reichweite und Stärke von Hinterladungskanonen könne es nicht mehr zu den herkömmlichen, mit Akribie geplanten Schlachten kommen. Anstelle des Kampfes Mann gegen Mann würden die Soldaten, die das Schicksal im offenen Feld ereile, »einfach fallen und sterben, ohne überhaupt irgend etwas zu sehen oder zu hören«. Aus diesem Grunde werde »der nächste Krieg ein gewaltiger Grabenkrieg sein«. Nach Blochs sorgfältigen Berechnungen würden 100 Männer in einem Graben imstande sein, eine angreifende Einheit zu töten, die bis zu 400 Soldaten umfaßte, wenn die Angreifer versuchten, eine etwa 300 Meter breite »Feuerzone« zu durchqueren. Zweitens bedeute das Wachstum der europäischen Armeen, daß in jeden Krieg zehn Millionen Mann hineingezogen und die Kämpfe sich »über eine enorme Front hinziehen« würden. Obgleich, besonders unter den Offizieren, gewaltige Todesraten zu erwarten seien, »werde der nächste Krieg ein lang dauernder Krieg sein«.[28] Drittens und infolge von all dem würden die ökonomischen Faktoren das »vorherrschende und entscheidende Element« sein. Der Krieg würde »die Erschütterung der gesamtem Industrie und die Abtrennung von allen Versorgungsquellen [mit sich bringen] (…). Der zukünftige Krieg [bedeute] nicht Kampf, sondern Hunger, nicht das Dahinschlachten von Menschen, sondern den Bankrott von Staaten und die Auflösung der gesamten gesellschaftlichen Organisation.«[29]

Die Unterbrechung des Handels würde die Nahrungsmittelversorgung in jenen Ländern treffen, die von der Einfuhr von Getreide und anderen Nahrungsmitteln abhängig sind. Das Verteilungssystem würde schwer gestört. Es käme außerdem zu gravierenden finanziellen Belastungen, zur Knappheit an Arbeitskräften und schließlich zu sozialer Instabilität.

All dies erwies sich als weitsichtig. Doch selbst Bloch irrte im Hinblick auf mehrere wichtige Punkte. Er hatte zum Beispiel unrecht, wenn er meinte, der nächste Krieg würde von Rußland und Frankreich auf der einen Seite und auf der anderen von Deutschland, Österreich-Ungarn und Italien geführt werden – doch war dieser Irrtum 1899 verständlich. Er lag auch falsch, wenn er meinte, »der Stadtmensch unserer Zeit sei nicht in dem Maße wie der Bauer fähig, seine Nächte in feuchten und wenig Schutz bietenden Stellungen im Freien zu verbringen«, und aus diesem Grunde und wegen seiner Fähigkeit zur Selbstversorgung aus der eigenen Landwirtschaft »würde Rußland besser imstande sein, einen Krieg auszuhalten als die höher organisierten Nationen«.[30] Bloch überschätzte auch die britische Dominanz zur See. Eine Seestreitkraft, die kleiner als die britische sei, so argumentierte er, sei »vollkommen wertlos (...); eine Flotte, die nicht überlegen ist, stellt nur eine Geisel in den Händen der Macht dar, die die Seeherrschaft innehat«. Aus diesen Gründen gehöre Großbritannien »in eine andere Kategorie als alle anderen Nationen«.[31] Es stellte sich die Frage: Was sollte eine andere Macht daran hindern, eine Flotte zu bauen, die groß genug war, um die britische Seeherrschaft herauszufordern? Die Schlußfolgerung, die Bloch aus seiner Analyse zog, war letzten Endes allzu optimistisch. Sie lautete nämlich, ein Weltkrieg sei nicht »machbar«, und jeder Versuch, ihn dennoch zu realisieren, werde einem Selbstmord gleichkommen.[32]

Die Rezeption hat Bloch Züge eines naiven Idealisten zugeschrieben, zu Unrecht, wie der von ihm angefügte Zusatz unterstreicht, schließlich könnten Staaten sich und ihre Nachbarn in eine entsetzliche Reihe von Katastrophen stürzen, die möglicherweise zum Ende aller zivilisierten und geordneten Herrschaftsformen führen würden.[33]

Lohnschreiber und Spukgeister

Jene, die versuchten, ein anschauliches Bild von einem zukünftigen Krieg zu entwickeln, hatten vornehmlich zwei Motive: Sie wollten eine hohe Auflage ihrer Bücher (oder der Zeitungen, die die Texte in Fortsetzung abdruckten) erreichen, und sie wollten eine bestimmte politische Sichtweise propagieren. So kommt es, daß William Le Queux' überspannte Phantasien für den englischen Zeitungsunternehmer Lord Northcliffe gutes Material abgaben. (Der Verleger veränderte die Marschroute der einmarschierenden Deutschen in der Zeitungsversion des Romans, so daß sie durch Städte führte, in denen eine große potentielle Leserschaft des *Daily Mail* lebte.) Sein Konkurrent D. C. Thompson veröffentlichte »Spies of the Kaiser« in den *Weekly News;* zuvor ließ er Anzeigen erscheinen, in denen er den Lesern zehn Pfund für Informationen über »ausländische Spione in Großbritannien« bot.[34] »Was fördert den Verkauf einer Zeitung?« wurde einmal einer der Redakteure von Lord Northcliffe gefragt. Er erwiderte: »Die erste Antwort lautet ›Krieg‹. Der Krieg bringt nicht nur Nachrichten hervor, sondern er schafft auch eine Nachfrage. Die Faszination durch einen Krieg und alle Dinge, die damit zusammenhängen, ist so tief verwurzelt, daß (...) eine Zeitung nur in der Lage zu sein braucht, auf ihrem Werbeplakat ›eine große Schlacht‹ zu verkünden, damit ihre Verkaufszahlen ansteigen.«[35] Nach dem Burenkrieg herrschte eine gewisse Knappheit an echten Kriegen, die für die britischen Leser interessant waren. Le Queux und seinesgleichen versorgten die Presse mit Ersatzstoff in Romanform. (Man empfindet Sympathie mit jenem deutschen Beamten, der sich weigerte, einem Mitarbeiter der *Daily Mail* in Berlin einen Paß auszustellen, »weil er glaubte, daß dieser Mann hauptsächlich daran arbeite, einen Krieg anzuzetteln«.)[36]

Die Gerüchtefabrikanten trugen in Großbritannien auch dazu bei, das politische Anliegen der Heeresreform voranzutreiben. Le Queux' »Invasion of 1910« befürwortete ganz offen ein System der allgemeinen Wehrpflicht, »mit der es niemals zu einer derartig entsetzlichen Katastrophe gekommen wäre«. Außerdem konnten die britischen Panikmacher indirekt eine Politik der Einwanderungsbeschränkung propagieren, indem sie Ausländer mit Spionen gleichsetzten: »Das kommt dabei heraus, wenn man London zur Zufluchtsstätte für sämtlichen ausländischen Abschaum der Erde macht«, rief der Held von Oppenheims »A Maker of History« aus.[37]

Autoren wie Le Queux spielten auch eine außerordentlich wichtige Rolle bei der Schaffung eines modernen Nachrichtendienstes in Großbritannien. Es kam zu einer unheiligen Allianz zwischen Schreiberlingen wie Le Queux und militärischen Karrieristen wie Oberstleutnant James Edmonds (dem späteren Autor der offiziellen britischen Kriegsgeschichte der Westfront) und Hauptmann Vernon Kell (»Major K«). Es war vor allem auf die gemeinsame politische Beeinflussungstätigkeit dieser beiden Gruppierungen zurückzuführen, daß eine neue Gegenspionageinstitution, das »Secret Service Bureau« [Geheimdienstbüro] MO(t) [später MO5(g)] eingerichtet wurde. Es war weitgehend auf diese unheilige Allianz zurückzuführen, daß viele der in Großbritannien zu Vorkriegszeiten eingehenden Nachrichten über Deutschland durch journalistische Spekulationen und das Wunschdenken von Möchtegern-Spionfängern entstellt wurden.[38]

Damit soll nicht behauptet werden, daß auf den Britischen Inseln überhaupt nicht spioniert wurde. Ganz gewiß verfügte die deutsche Marineführung über eine Anzahl von Agenten, deren Aufgabe es war, Nachrichten über die Royal Navy nach Berlin zu übermitteln. Zwischen August 1911 und dem Kriegsausbruch verhaftete MO5 etwa zehn der Spionage Verdächtige, und sechs dieser Verhafteten wurden zu Gefängnisstrafen verurteilt.[39] Die britischen Abwehragenten entdeckten auch einen Ring von 22 Spitzeln, die für Gustav Steinhauer arbeiteten, den deutschen Marineoffizier, der für Spionageoperationen in Großbritannien zuständig war; bis auf einen wurden sie alle am 4. August 1914 verhaftet, doch wurde nur einem von ihnen der Prozeß gemacht.[40] Wie Christopher Andrew festgestellt hat, errangen Kell und sein Stab von elf Mitarbeitern einen »vollständigen Sieg« über die deutsche Agentengefahr, wenn diese auch nur eine Bedrohung »drittklassiger« Art darstellte.[41] Weitere 31 angebliche deutsche Spione wurden zwischen Oktober 1914 und September 1917 gefaßt, von ihnen wurden 19 zum Tode und zehn zu Gefängnisstrafen verurteilt; bei 354 Ausländern wurde schließlich »die Ausweisung empfohlen«.[42] Daneben verfügten die Deutschen ebenfalls über ein Netzwerk von militärischen Kundschaftern, die in der Nähe der West- wie der Ostgrenzen des Reiches in Gegenden, wo im Kriegsfall deutsche Truppen in Stellung gehen würden, Material zusammentrugen. Dieses Netzwerk bewährte sich in höchstem Maße, als es darum ging, die deutsche Regierung im August 1914 auf die russische Mobilmachung aufmerksam zu machen.[43]

Auf der anderen Seite hatten auch die Briten Spione zur Informationsbeschaffung ins Ausland geschickt. Im Jahre 1907 hatte das Kriegsministerium damit begonnen, Berichte über die Umgebung von Charleroi in Belgien anfertigen zu lassen, wo im Falle eines Krieges mit Deutschland möglicherweise eine britische Landungsarmee würde kämpfen müssen.[44] Gleichzeitig versuchte James Edmonds ein Netz von Spionen des MO5 in Deutschland aufzubauen.[45] Seit 1910 war Fregattenkapitän Mansfield Smith-Cumming (ein pensionierter Marineoffizier, der sich für schnelle Autos und Flugzeuge begeisterte) offiziell von MO5 mit der Auslandsspionage beauftragt worden: Seine Auslandsabteilung war gleichsam der Embryo von SIS (der späteren legendären MI6).[46] In den Jahren 1910 und 1911 wurden in Deutschland der Agent Max Schultz (ein Schiffshändler aus Southampton, der die britische Staatsbürgerschaft erworben hatte) und vier deutsche Informanten verhaftet, sie alle kamen ins Gefängnis. Ein weiterer Agent, John Herbert-Spottiswood, wurde ebenfalls festgenommen, desgleichen zwei aus schierer Begeisterung handelnde Offiziere, die nicht dem Befehl von MO5 unterstanden und auf eigene Faust beschlossen hatten, während ihres Urlaubs die deutsche Küstenverteidigung zu inspizieren; und schließlich versuchte ein Anwalt, der ein ehemaliger Eton-Schüler war, ohne Erfolg, die Rolle eines Doppelagenten zu spielen.[47] Überdies gab es britische Spione in Rotterdam, Brüssel und St. Petersburg.[48] Die Akten der Auslandsabteilung bleiben weiterhin unzugänglich, so daß kaum zu beurteilen ist, wie gut Großbritannien über die deutschen Kriegsplanungen informiert war. (Es war darüber nicht besonders gut informiert, wenn die Schwierigkeiten der britischen Landungstruppen im Jahre 1914, den Feind überhaupt auszumachen, einen Hinweis in dieser Richtung geben.) Die meisten Informationen, die von britischen Agenten zusammengetragen wurden, scheinen mit Unterseebooten und Zeppelinen zu tun gehabt zu haben. Jedoch hielt es auf britischer Seite niemand für lohnend (oder mit den Regeln des Anstands für vereinbar), die Code-Schlüssel zu knacken, die fremde Mächte bei ihren militärischen Funksprüchen benutzten.

Überraschend ist, wie ernst die Behauptungen der Panikmacher von höheren britischen Beamten und von Ministern genommen wurden. In einem Bericht aus dem Jahre 1903 an das »Committee of Imperial Defence«, ein ziviles Organ, das den Kontakt zwischen militärischen Planern und führenden Politikern gewährleisten sollte, führte Oberst William Robertson von der Spionageabteilung des Kriegsministeriums aus, daß im Falle eines Krieges gegen Großbritannien Deutschlands »beste, wenn nicht einzige Chance für ein günstiges Ergebnis bei dieser Auseinandersetzung darin bestehen würde, einen Stich ins Herz des britischen Imperiums auszuführen, bevor die britische Flotte ihre volle Stärke zur Geltung bringen und Deutschland in die Defensive drängen könne, daher müsse man [Deutschlands] Flotte blockieren, seinen Handelsverkehr unterbinden und sein gewaltiges Heer überflüssig machen«. Zwar gab Robertson zu, »daß Angriffe über das Meer hinweg unter allen Umständen sehr schwierige Unternehmungen darstellen; daß der Gegner dabei auf jeden Fall einen Hinweis auf die drohende Gefahr erhalte, da er über die Vorbereitungen nicht völlig im Ungewissen gehalten werden könne; und daß selbst, wenn die Überquerung des Meeres sicher gelänge, eine Streitmacht, die nach England eindringe, schließlich würde feststellen müssen, daß ihre Fernmeldeverbindungen unterbrochen worden sind«, dennoch, so hob er mit Nachdruck hervor, würden die Deutschen imstande sein, »eine Streitmacht von 150000 bis 300000 Mann (...) an der britischen Ostküste« an Land zu bringen:

»Wenn die Invasionstruppen einmal gelandet sind, könnten sie sich aus dem Lande heraus versorgen und mehrere Wochen lang ohne Unterstützung von außen auskommen. In der Zwischenzeit könne man darauf hoffen, daß die moralischen Auswirkungen auf die dicht zusammenlebende englische Bevölkerung und die Erschütterung des Ansehens Großbritanniens nicht zu einer vollständigen Unterwerfung, sondern zu einer vertraglichen Abmachung führen werde, durch die England zu einem Satelliten Deutschlands würde.«[49]

Selbst König Edward VII. machte sich im Jahre 1908 Sorgen, daß sein Cousin, der Kaiser, einen »Plan« habe, »ein oder zwei Armeecorps nach England hinüber zu werfen und zu proklamieren, daß er nicht als Feind des Königs, sondern als der Enkel von Königin Victoria gekommen sei, um ihn [König Edward] vor der sozialistischen Bande zu retten, die im Begriff sei, das Land zu ruinieren«.[50] Höhere Beamte des britischen Außenministeriums teilten die gleiche Befürchtung: Der Unterstaatssekretär, Sir Charles Hardinge, der in Deutschland geborene Eyre Crowe und der Außenminister Sir Edward Grey höchstselbst gingen allesamt davon aus, daß »die Deutschen die Frage einer Invasion studiert haben und weiterhin studieren«.[51]

Der britische Außenminister Grey zweifelte auch nicht daran, daß »eine große Anzahl deutscher Offiziere ihren Urlaub in diesem Lande verbringt, und zwar an verschiedenen Stellen entlang der Ost- und der Südküste (…) wo sie sich zu keinem anderen Zweck aufhalten, als strategisch bedeutsame Aufzeichnungen über unsere Küsten anzufertigen«.[52] Der britische Kriegsminister Richard Haldane stellte ähnliche Vermutungen an.

Wenn auch sein Vorgänger als Premierminister in aller Öffentlichkeit William Le Queux' Behauptungen als Blödsinn abgetan hatte, so wies doch Asquith im Jahre 1909 einen speziellen Unterausschuß des »Committee of Imperial Defence« an, die Behauptungen von Le Queux und anderen über die Spionagetätigkeit fremder Mächte zu untersuchen. Auf der Grundlage des geheimen Berichts dieses Unterausschusses wurde schließlich MO(t) gegründet.[53] In dem Bericht hieß es unter anderem: »Das Beweismaterial, das vorgelegt wurde, ließ bei dem Unterausschuß keinen Zweifel bestehen, daß in diesem Lande ein ausgedehntes System deutscher Spionage existiert.«[54] Winston Churchill befahl als Innenminister während der zweiten Marokkokrise im Juli 1911 die Aufstellung von Soldaten an den Marinemagazinen rund um London, damit nicht

»20 entschlossene Deutsche (...) während einer Nacht gut bewaffnet auf der Bildfläche erschienen«.[55] In der Realität gab es in Großbritannien, ungeachtet aller Bemühungen von Kell und seinen Kollegen, die gefürchtete Schar aufzuspüren, keine Agenten des deutschen Heeres (im Unterschied zu solchen der Marine des Reiches).[56] Wie dem auch sei, waren die meisten der Informationen, von denen Le Queux und seinesgleichen annahmen, daß deutsche Spione sie zu beschaffen versuchten, ohne weiteres gegen ein geringes Entgelt in Form von Karten des amtlichen Landvermessungsdienstes und der Admiralität käuflich zu erwerben. Unmittelbar nach Kriegsausbruch wurden etwa 8000 verdächtige Ausländer auf der Grundlage einer Liste von 28 830 Einwanderern, die im vorangegangenen April fertiggestellt worden war, überprüft; rasch wurde deutlich, daß diese Leute von keiner militärischen Organisation gesteuert wurden.[57] Doch im Dezember 1914 sprach der Sekretär des »Committee of Imperial Defence«, Maurice Hankey, die Warnung aus, daß »sich 25 000 Deutsche und Österreicher im Vollbesitz ihrer körperlichen Kräfte in London auf freiem Fuße« befänden und imstande sein könnten, »auf einen Streich die meisten Kabinettsminister totzuschlagen«.[58] Diese angebliche Geheimarmee nahm jedoch nie eine wahrnehmbare Gestalt an. Ebenso vergeblich war die Suche nach verborgenen Betonsockeln, auf denen, so wurde behauptet, die Deutschen imstande sein würden, die schweren Belagerungsgeschütze ihrer Artillerie aufzustellen.

In Deutschland verfügten Schriftsteller der sogenannten »Kriegspartei« gleichfalls über ein politisches wie über ein kommerzielles Motiv für ihre Arbeit. Ein klassisches Beispiel in dieser Hinsicht stellte General Friedrich von Bernhardi dar, dessen Buch »Deutschland und der nächste Krieg« (1912) viel dazu beitrug, die britischen Befürchtungen über die Absichten Deutschlands zu steigern. Bernhardi, Militärschriftsteller und ehemaliger Gereralstabsoffizier, bevor er sich dann früh in den Ruhestand zurückzog, verfügte über enge Verbindungen zu August Keim, dem Führer des Deutschen Wehrvereins, eines Interessenverbandes, der für die Vergrößerung des Heeres eintrat. Bernhardis Buch, das oftmals als klassischer Text des preußischen Militarismus angesehen wird, muß man nachgerade als Propagandaschrift des Wehrvereins verstehen, die nicht nur den Pazifismus und Antimilitarismus der Linken angreift, sondern auch die angebliche Verzagtheit der Reichsregierung während der zweiten

Marokkokrise, und die – vor allem – die Argumente attackiert, die von konservativen Kreisen innerhalb des preußischen Militärs für die Beibehaltung eines relativ kleinen Heeres vorgebracht wurden.[59]

Die Politik des Militarismus

Der wichtige Gesichtspunkt, der hier zu beachten ist, besteht darin, daß sowohl in Großbritannien als auch in Deutschland die Befürworter einer gesteigerten Bereitschaft zur militärischen Konfrontation nur begrenzten Erfolg hatten und es ihnen sicherlich nicht gelang, die Mehrheit der Wähler auf ihre Seite zu ziehen. In Großbritannien stießen die Argumente für eine Verbesserung der »nationalen Leistungsfähigkeit« zweifellos nach den Enttäuschungen des Burenkrieges auf ein weit verbreitetes Interesse in allen Facetten des politischen Spektrums.[60] Doch wenn konkrete Vorschläge zur Steigerung der militärischen Einsatzkraft Großbritanniens – wie etwa die Einführung der Wehrpflicht – vorgebracht wurden, erwiesen sich diese als politisch unpopulär. Die »National Service League« [Verband für allgemeine Wehrpflicht], gegründet von George Shee, zählte auf dem Höhepunkt ihrer Entwicklung im Jahre 1912 98 931 Mitglieder und weitere 218 513 »Unterstützer« (die gerade einen Penny zahlten). Nicht mehr als 2,7 Prozent der männlichen Bevölkerung zwischen 15 und 49 Jahren gehörten dem Volunteer Force [Freiwilligen-Korps] an.[61] Und die von Baden-Powell geschaffenen Boy Scouts [Pfadfinder] hatten im Jahre 1913 150 000 Mitglieder: Das war nur ein Bruchteil der männlichen Jugend der Nation.[62] Der Gedanke an eine allgemeine Wehrpflicht sprach eine seltsame Mischung von pensionierten Offizieren, Sozialisten und Geistlichen an (wie etwa jenen Vikar in Hampshire, der seine 2000 Pfarrkinder mit einem Pamphlet unter dem Titel »Religiöses Denken und Wehrpflicht« beglückte). Wie Summers eingeräumt hat, besaßen die verschiedenen patriotischen Verbände buchstäblich »keinerlei Bedeutung bei Wahlen«.[63]

In Frankreich ertönten unter der Regierung von Raymond Poincaré (Januar 1912 bis Januar 1913) und während der darauffolgenden Zeit seiner Präsidentschaft nicht nur Forderungen nach einem *réveil national*, sondern man handelte, und es war – höchst symbolträchtig – ein Nationalfeiertag zu Ehren von Jeanne d'Arc eingeführt worden. General Joseph Joffre wurde zum »Chef d'état-major général« ernannt, ein neugeschaffener Posten, der ihm das Oberkommando über das Heer in Kriegszeiten sicherte. Außerdem wurde ein Gesetz verabschiedet, das die militärische Dienstpflicht von zwei auf drei Jahre verlängerte. Die Lehrergewerkschaft »Syndicat des instituteurs« wurde aufgelöst, weil sie eine antimilitaristische Organisation, die »Sou du Soldat«, unterstützte.[64] Gleichwohl sollte die Wiederbelebung des Nationalismus nicht überbewertet werden. All dies hatte weniger mit auswärtigen Angelegenheiten zu tun als mit innenpolitischen Auseinandersetzungen über eine Reform des Wahlrechts und des Steuersystems. Es gab keinen Versuch, den Handelsvertrag zunichte zu machen, den Joseph Caillaux als Finanzminister unter Georges Clemenceau im Jahre 1911 mit Deutschland ausgehandelt hatte, und es war Italien und nicht Deutschland, mit dem sich Poincaré nach einem kleinen Flottenzwischenfall Anfang 1912 auf eine Konfrontation einließ. Die Möglichkeit der Wahl eines antideutschen Ministerpräsidenten in der Person von Théophile Delcassé wurde nicht wahrgenommen. Nur eine Minderheit der Abgeordneten – etwas mehr als 200 von 654 – sind als Anhänger eines Wiederauflebens des Nationalismus zu bezeichnen, und nicht weniger als 236 Deputierte verweigerten dem Gesetz über die dreijährige Wehrpflicht ihre Zustimmung.[65]

Naturgemäß ist weit mehr historische Forschung über die deutsche radikale Rechte getrieben worden, da man deren Bestandteile als Vorläufer des Nationalsozialismus ansehen kann. Die Arbeiten von Geoff Eley, Roger Chickering und anderen über das Wesen der radikal-nationalistischen Organisationen, die vor 1914 für eine forcierte Aufrüstung eintraten, haben sicherlich vieles geleistet, um die Ansicht in Frage zu stellen, daß es sich hier bloß um Chiffren für die konservativen Eliten handelte. Selbst wenn sie (wie im Falle des Flottenvereins) gegründet wurden, um in der Öffentlichkeit in einer Art und Weise Unterstützung für die Regierungspolitik zu mobilisieren, die man durchaus als »manipulativ« bezeichnen kann, so zogen Organisationen dieser Art doch Anhänger an, deren militaristische Neigungen über die offiziellen Intentionen so sehr hinausschossen, daß sie sich allmählich zu einer Art von »nationaler Opposition« entwickelten. Eley zufolge zeigte sich hier die Mobilisierung bislang politisch apathischer Gruppen hauptsächlich des Kleinbürgertums – es handelte sich also um ein populistisches Element, das die Dominanz der »Eliten von Besitz und Bildung« im bürgerlichen Vereinsleben herausforderte.[66] Dies war Bestandteil einer »Neugestaltung« der Rechten, die Eleys Ansicht nach eine Präfiguration der dann in der Nachkriegszeit stattfindenden Verschmelzung zwischen konservativen Eliten, radikalen Nationalisten, Interessengruppen der unteren Mittelklasse und Antisemiten zu einer einzigen politischen Bewegung - nämlich dem Nationalsozialismus - bedeutete.[67]

Die Vorstellung, daß sich die ungeheure Vielzahl der beteiligten politischen Interessenverbände allmählich zu einer homogenen Einheit verschmolz, die man »die Rechte« nennen kann, berücksichtigt nicht in ausreichendem Maße die Komplexität, ja sogar Vieldeutigkeit des radikalen Nationalismus. Hinzu kommt: Wenn man versucht, die radikale Rechte mit einer bestimmten gesellschaftlichen Gruppe – nämlich dem Kleinbürgertum – gleichzusetzen, dann ignoriert man die fortwährende Dominanz der Elite des *Bildungsbürgertums* nicht nur in radikal-nationalistischen Organisationen, sondern auch bei der Entwicklung der radikalen nationalistischen Ideologie.

An den Höhepunkten ihrer Entwicklung behaupteten die wichtigsten deutschen radikal-nationalistischen Organisationen 540 000 Mitglieder zu besitzen, die Mehrheit davon (nämlich 331 900) gehörte dem Flotten-verein an.[68] Diese Zahl läßt jedoch das Niveau der Teilhabe als allzu beträchtlich erscheinen: Einige Leute waren enthusiastische Mitglieder von mehr als einem dieser Verbände oder Organisationen[69], während andere bloß »Karteileichen« darstellten, die sich aufgrund der sehr niedrigen Mitgliedsbeiträge zum Beitritt hatten überreden lassen.[70] Die soziale Zusammensetzung der Mitgliedschaft des Wehrvereins ist nicht geeignet, die Auffassung zu bestätigen, hier handele es sich um eine Massenbewegung der unteren Mittelschichten. Von den 28 Männern, die dem Vorstand des Stuttgarter Ortsvereins angehörten, waren acht Heeres-offiziere, weitere acht höhere Beamte und sieben Geschäftsleute; und als sich die Organisation in manchen Städten Brandenburgs, Sachsens, den hanseatischen Hafenstädten und darüber hinaus ausbreitete, zog sie »Notabeln« ähnlicher Art an: Beamte in Posen; Akademiker in Tübingen; Geschäftsleute in Oberhausen.[71] Das Bild, das der Alldeutsche Verband bietet, ist nicht viel anders; zwei Drittel seiner Mitglieder waren Aka-demiker.[72]

Dagegen war der einzige »volkstümliche« nationalistische Verband, der Wehrverein, was seine Ideologie betraf, alles andere als radikal – diesem

Verband konnte jeder beitreten, der seinen Militärdienst geleistet hatte. Und hier handelte es sich um den größten aller deutschen Vereine: Er hatte 2,8 Millionen Mitglieder, und 1912 übertraf seine Mitgliederzahl sogar die SPD, die größte politische Partei in Europa. Doch wie sich an seinen Treueiden auf den Monarchen und seinen Festzügen am Sedanstag zeigte, war der Kriegerverein ideologisch durch und durch konservativ. Nach den Worten des preußischen Innenministers im Jahre 1875 stellte er »ein nicht hoch genug zu schätzendes Mittel [dar] (…) um die loyale Gesinnung (…) in den unteren Mittelklassen rege zu halten«[73].

Ein anderer wichtiger Aspekt ist die Bedeutung radikaler Ausprägungen des Protestantismus für den radikalen Nationalismus der wilhelminischen Zeit. In protestantischen Predigten zum Thema Krieg zwischen 1870 und 1914 entwickelte sich »Gottes Fügung« schrittweise zu »Gottes Führung«, und es verdient festgehalten zu werden, daß militaristische Stimmungen keineswegs das Monopol orthodox-protestantischer Geistlicher wie Reinhold Seeberg waren: Liberale Theologen wie Otto Baumgarten beriefen sich besonders gern auf einen sogenannten »Jesu-Patriotismus«.[74] Angesichts einer solchen Konkurrenz fühlten sich auch Teile der deutschen Katholiken zu dem Bekenntnis aufgerufen, daß sie sich »von niemanden an Liebe zu Fürst und Vaterland übertreffen lassen«.[75]

Die Ansichten auf seiten der »Diener des Herrn« sollten sich als einflußreich erweisen. Ein Großteil der Rhetorik des Alldeutschen Verbands beispielsweise spielte mit Entschiedenheit auf die »letzten Dinge« an. So erklärte Heinrich Class, einer der radikalsten Führer des Verbandes: »Heilig sei uns der Krieg, wie das läuternde Schicksal, denn er wird alles Große und Opferbereite, alles Selbstlose wecken in unserem Volke und seine Seele reinigen von den Schlacken der selbstischen Kleinheit.«[76] Der Wehrverein stellte einen überwiegend protestantischen Verband dar; sein Gründer war ein Mann, der aus dem Flottenverein ausgeschlossen worden war, weil er die katholische Zentrumspartei angegriffen hatte. Doch nicht nur radikale Nationalisten spiegelten den Tonfall des zeitgenössischen Protestantismus wider. Der jüngere Moltke war durch seine Frau und seine Tochter mit dem Theosophen Rudolf Steiner in Berührung gekommen. Sein Vorgänger Graf Alfred von Schlieffen war dagegen Anhänger des asketischen Herrnhuter Pietismus.[77] Auch ist es keineswegs irrelevant, daß Schlieffen seine Korrespondenz gern nach Art eines Akademikers mit »Dr. Graf Schlieffen« unterzeichnete: Viele Elemente des Vorkriegsmilitarismus und des radikalen Nationalismus hatten im gleichen Maße in den Universitäten wie in den Kirchen ihre Wurzeln. Dies sollte jedoch selbstverständlich nicht überbetont werden. Die deutschen Akademiker waren keineswegs eine homogene »Leibgarde des Hauses Hohenzollern«; und »Medienstars« unter den wilhelminischen Gelehrten wie der Alldeutsche Dietrich Schäfer stellten in vielfacher Hinsicht eine Ausnahme dar, wenn sie selbst in ihren Antrittsvorlesungen radikal-nationalistische Attitüden pflegten.[78]

Auf der anderen Seite gab es viele Zweige der Wissenschaft und nicht zuletzt die Geschichtswissenschaft, die bedeutende Beiträge zur Entwicklung der radikal-nationalistischen Ideologie lieferten. Die Geopolitik, ein Abkömmling der Geographie wie auch der Geschichte, war ungemein einflußreich, insbesondere durch die Verbreitung der Vorstellung einer »Einkreisung«. Ein studierter Philosoph wie Bethmann Hollwegs Privatsekretär Kurt Riezler konnte in seinem unter dem Pseudonym J.J. Ruedorffer erschienenen Werk »Grundzüge der Weltpolitik« den als unvermeidlich angesehenen Machtkonflikt zwischen den Staaten in Begriffen erörtern, die von Schopenhauer stammten.[79] Für andere stellten Rassentheorien eine Rechtfertigung des Krieges dar. Admiral Georg von Müller sprach davon, daß man die germanische Rasse gegen die Slawen und Romanen schützen müsse.[80]

Es gab schließlich an den Universitäten Germanisten, die im Jahre 1913 einen Kongreß über das Thema abhielten: »Die Vernichtung des undeutschen (...) und (...) die Propagierung der Überlegenheit des deutschen Wesens.«[81] Zu den Mitgliedern des Wehrvereins zählten unter anderem Archäologen und Ophthalmologen.[82] Und als der Alldeutsche Otto Schmidt-Gibichenfels in der Zeitschrift *Politisch Anthropologische Revue* den Krieg als unverzichtbaren Kulturfaktor bezeichnete, faßte er damit dessen Bedeutung für die deutsche Bildungselite mustergültig zusammen.[83] Während des Weltkrieges gab Kurd von Stranz, ein weiteres Mitglied des Wehrvereins, etwas von sich, was in solchen Zirkeln ein Gemeinplatz darstellte, als er erklärte, es komme nicht auf den Verlust von ein paar Kolonien oder ein paar Milliarden an, es gehe vielmehr um etwas Geistiges.[84]

Thomas Manns »Betrachtungen eines Unpolitischen« wurden zum klassischen Dokument der Kriegszeit, in dem die Überzeugung artikuliert wurde, daß Deutschland gegen Englands trübselige, salbungsvolle, materialistische *Zivilisation* und damit für die *Kultur* zum Kampf antrete.[85]

Die Anfälligkeit der gebildeten Mittelschicht für den radikalen Nationalismus erklärt das hohe Maß an Kontinuität innerhalb der Entwicklung, die vom deutschen Nationalliberalismus zum radikalen Nationalismus führte.[86] Max Webers Freiburger Antrittsvorlesung ist ein berühmtes Beispiel für den Ruf nach einer neuen Ära des Nationalliberalismus, der den Anforderungen der *Weltpolitik* zu entsprechen habe.[87] Es lassen sich noch viele andere Resonanzen dieser Art ausmachen, Versuche, einen Vereinigungsmythos zu beschwören, die für die Nationalliberalen enorme Bedeutung besaßen. So stammte beispielsweise ein bedeutender Beitrag aus dem Kreis der historischen Wissenschaft. So riefen wilhelminische Verfechter der Vorstellung von *Mitteleuropa* als einer von Deutschland beherrschten Zollunion – später eines der offiziellen Kriegsziele Deutschlands – die Rolle des Deutschen Zollvereins unter Führung Preußens beim deutschen Vereinigungsprozeß wieder wach.[88] Vor allem arbeiteten die Nationalliberale Partei und der Wehrverein bei den Auseinandersetzungen um die Wehrvorlagen von 1912 und 1913 eng zusammen. Keim selber mag durchaus den Anspruch erhoben haben, daß militärische Angelegenheiten nichts mit Parteipolitik zu tun haben, und er mag versucht haben, sowohl in den konservativen Parteien als auch bei den Nationalliberalen Reichstagsabgeordnete anzuwerben; aber die Rhetorik des »Unpolitischen« zählte zum alten Betriebskapital der deutschen Nationalisten, und in der Praxis hatte er die größten Erfolgschancen durch enge Zusammenarbeit mit dem nationalliberalen Führer Ernst Bassermann. Das Motto des letztgenannten, Bismarck lebe im Volke, aber nicht in der Regierung weiter, vermittelt ein Gefühl für den nationalliberalen Kern des »radikalen Nationalismus«, der Historiker Friedrich Meinecke bediente sich einer ähnlichen Sprache.[89] Und es war der badische Nationalliberale Edmund Rebmann, der im Februar 1913 erklärte: »Wir haben unsere Waffen, und wir wollen sie brauchen, der Teufel soll uns holen, wenn wir nicht wieder dieselbe Sache erhalten wie im Jahre 1870.«[90] Es gab im Bereich des deutschen radikalen Nationalismus überhaupt bemerkenswert wenig, was wirklich neu war: Im Kern setzte er sich wie in den 1870er Jahren aus geschichtsbewußten Notabeln der oberen Mittelschicht zusammen.

Selbstverständlich gab es zudem jene, die sich durch ihre revolutionären Impulse weit über die politischen Grenzen des altehrwürdigen deutschen Liberalismus hinaustreiben ließen. Aus heutiger Sicht erschreckend sicher vorausschauend behauptete Heinrich Claß, seit 1908 der Führer der radikalen Alldeutschen, selbst ein verlorener Krieg sei willkommen, denn er würde »die heutige innere Zerrissenheit (…) zum Chaos steigern« und so dem »machtvollen Willen eines Diktators« zum Durchbruch verhelfen.[91] Angesichts all dessen kann es kaum überraschen, daß Angehörige des Wehrvereins schließlich in den 20er Jahren in den Armen der NSDAP landeten.[92] Selbst der Kaiser wählte sich Napoleon zum Vorbild, wenn er sich in seinen Tagträumen mit einer diktatorischen Macht beschäftigte, über die er gar nicht verfügte.[93] In diesem Lichte betrachtet, ist Modris Eksteins auf flüchtigen Eindrücken beruhende Behauptung, der Erste Weltkrieg sei das Resultat einer kulturellen Konfrontation zwischen einem revolutionären, modernistischen Deutschland und einem konservativen Großbritannien gewesen (welche andere Bedenken man auch immer in dieser Hinsicht haben mag), der älteren Ansicht vorzuziehen, die darauf hinausläuft, daß der Krieg durch die Entschlossenheit eines konservativen Deutschlands verursacht wurde, das dynastische Staatsideal gegen das moderne, revolutionäre und nationaldemokratische Prinzip der Volkssouveränität zu verteidigen. Diese Konfrontation machte sich erst geltend, nachdem US-Präsident Woodrow Wilson im Oktober 1918 zu erkennen gab, Vorbedingung eines Waffenstillstands sei die deutsche Revolution.[94] Es bleibt dennoch die Frage, wie weit der radikale Nationalismus in Deutschland sich vor 1914 wirklich vom Chauvinismus in anderen europäischen Ländern unterschied. Nach Ekstein gibt es gute Gründe für die Annahme, daß die Ähnlichkeiten größer waren als die Unterschiede.[95]

Antimilitarismus

Sich offen als solcher deklarierender »Pazifismus« – das Wort wurde 1901 geprägt – zählte ohne Zweifel zu den am wenigsten erfolgreichen politischen Bewegungen des frühen 20. Jahrhunderts.[96] Doch wenn man sich in diesem Zusammenhang nur mit jenen beschäftigt, die sich selber als Pazifisten bezeichnen, dann unterschätzt man das Ausmaß des volkstümlichen Antimilitarismus in Europa.

In Großbritannien gewann die liberale Partei drei Wahlen hintereinander, nämlich die von 1906 sowie jene von Januar und Dezember 1910 (die dritte allerdings zugegebenermaßen mit Unterstützung der Labour Party und der irischen Nationalisten) gegen eine deutlich militaristischer gesonnene Opposition von Konservativen und Unionisten. Das nonkonformistische Gewissen, der sich auf Cobden berufende Glaube an den Freihandel und den Frieden, die von Gladstone (1809-1898) geprägte Bevorzugung des Völkerrechts gegenüber der Realpolitik sowie die Abneigung des großen alten Mannes gegen übermäßige Militärausgaben und die historisch gewachsene Ablehnung einer großen Armee – all dies zählte zu den liberalen Traditionen, die eine Friedenspolitik zur Folge zu haben schienen. Zusätzlich könnte man dann noch die beständige und höchst erregte vorrangige Beschäftigung der Partei mit Irland und mit der Reform des Parlamentarismus erwähnen.[97] All dies ergänzte der »neue Liberalismus« der edwardianischen Epoche noch um ein Interesse an umverteilender öffentlicher Finanzpolitik und an »sozialen« Fragen sowie durch eine Vielzahl von einflußreichen Theorien, wie jene von J. A. Hobson über die bösartige Beziehung zwischen Finanzinteressen, Imperialismus und Krieg oder die von H. W. Massingham über die Gefahren der Geheimdiplomatie und die Unredlichkeit der Doktrin vom Gleichgewicht der Kräfte. Solche Ideen waren in der liberalen Presse ungeheuer stark verbreitet – dies gilt insbesondere für den *Manchester Guardian*, den *Speaker* und die *Nation*.[98]

Einige liberale Autoren in Großbritannien waren allerdings weniger pazifistisch eingestellt, als man manchmal meint. Eine der bekanntesten Ausdrucksformen liberaler Stimmungen in der Zeit von 1914 stellt Norman Angells Traktat »The Great Illusion« (erstmals 1910 unter diesem Titel publiziert), »Die große Täuschung. Eine Studie über das Verhältnis zwischen Militärmacht und Wohlstand der Völker« (1910) dar.[99] Oberflächlich betrachtet wirkt Angells Buch geradezu als ein Muster pazifistischer Argumentationsweise. Krieg, so seine Annahme, sei ökonomisch irrational: Die Belastungen der Staatshaushalte durch die Rüstung sind übermäßig hoch, es erweist sich immer wieder als schwierig, Entschädigungen aus besiegten Ländern zu »kassieren«, »der Handel kann durch militärische Macht weder zerstört noch erobert werden«, und die Kolonien stellen keine Einnahmequelle für Steuern dar. »Worin besteht die eigentliche, die wirkliche Garantie eines guten Verhältnisses zwischen zwei Staaten?« fragt Angell und gibt die Antwort: »Es ist die komplizierte, gegenseitige Abhängigkeit, die, nicht im wirtschaftlichen Sinne allein, sondern in jedem Sinne überhaupt, verursacht, daß der unentschuldbare, ungerechtfertigte Angriff des einen Staates auf die Rechte des anderen unvermeidlich auf die Interessen des angreifenden Staates zurückwirkt.«[100] Darüber hinaus ist ein Krieg auch in sozialer Hinsicht irrational, da die kollektiven Interessen, die die einzelnen Nationen zusammenhalten, weniger real sind als jene, die die Klassen untereinander verbinden, »[so] daß es sich eigentlich gar nicht um einen Streit zwischen Engländern und Russen handelt, sondern um einen Gegensatz der Interessen aller Fortschrittsfreunde - Russen sowohl wie Engländer – auf der einen Seite gegen Unterdrückung, Korruption und Unfähigkeit auf der anderen (…). Wir werden sehen, daß jedem Konflikt zwischen den Heeren oder Regierungen Englands und Deutschlands keineswegs der Gegensatz zwischen ›deutschen‹ und ›englischen‹ Interessen, sondern der Gegensatz zwischen Demokratie und Autokratie in beiden Staaten oder zwischen Sozialismus und Individualismus, Reaktion und Fortschritt zugrunde liegt, wie immer man ihn je nach dem soziologischen Standpunkt klassifizieren will.«[101]

Außerdem stellt Angell die Ansicht in Frage, daß die allgemeine Wehrpflicht in irgendeiner Weise den moralischen Gesundheitszustand einer Nation verbessern würde: Die allgemeine Wehrpflicht bedeute im Gegenteil eine »Germanisierung Englands, ohne daß je ein deutscher Soldat unseren Boden betritt«. Daß der Autor dieses Buches später ein entschiedener Befürworter des Völkerbunds, ein Unterhausabgeordneter der Labour Party und Friedensnobelpreisträger 1933 wurde, hat gewiß den pazifistischen Ruf seines Werkes befördert, wenngleich dessen Kernargument lautete, daß Deutschland Großbritannien nicht besiegen könne.

Viscount Esher – eine Schlüsselfigur im »Committee of Imperial Defence« und ein Mann, dessen »Hauptziel« es war (wie er im Januar 1911 schrieb), »die überwältigende Überlegenheit der britischen Imperial Navy aufrechtzuerhalten« – übernahm Angells Ideen mit Begeisterung.[102] Admiral Fisher bezeichnete »Die große Illusion« als »himmlisches Manna (…). Auf diese Weise erhielt der Mensch eine Kostprobe der Nahrung der Engel.«[103] Der wichtigste Leitartikler und stellvertretende Herausgeber der *Daily Mail,* H. W. Wilson, legte seinen Finger auf die entscheidende Stelle, als er Northcliffe gegenüber spöttisch bemerkte: »Sehr clever, und es wäre schwierig, ein besseres Buch zur Verteidigung dieser bestimmten Thesen zu schreiben als das seine; wir wollen hoffen, daß es ihm besser gelingt, die Deutschen zum Narren zu halten, als mich zu überzeugen.«[104]

Weiter links im politischen Spektrum jedoch, in der Labour Party, lag der Hort des echten Antimilitarismus. Fenner Brockways Schauspiel »The Devil's Business« [»Das Geschäft des Teufels«], das 1914 verfaßt wurde, nahm anschaulich die Entscheidung der Regierung Asquith für den Krieg vorweg, wie sie sich einige Monate später ereignen sollte, doch das Stück schilderte das Kabinett als eine Versammlung bloßer Marionetten der internationalen Rüstungsindustrie.[105] Die »Krämer des Todes« waren die Zielscheibe der Kritik von Henry Noel Brailsfords Buch »The War of Steel and Gold« (1914). Keir Hardie und Ramsay MacDonald zählten zu jenen in der britischen Labour-Bewegung, die den Gedanken an einen Generalstreik als Methode zur Verhinderung eines imperialistischen Krieges unterstützten. Gleichzeitig veranlaßten seine Abneigung gegenüber dem zaristischen Rußland und seine Sympathien für die deutsche Sozialdemokratie MacDonald dazu, vor 1914 gegen Außenminister Sir Edward Greys deutschfeindliche Politik aufzutreten. Die SPD, so erklärte Ramsay Macdonald im Jahre 1909, habe »niemals einen Groschen für den Aufbau der deutschen Flotte bewilligt«; die Partei unternehme vielmehr »großartige Bemühungen (...) Freundschaft zwischen Deutschland und uns zu schaffen«.[106] Deutschfreundlichkeit war unter den Fabiern (Angehörige der gemäßigt-sozialistischen Fabian Society) weitverbreitet, die nicht nur die SPD, sondern auch das deutsche System der Sozialversicherung als nachahmenswert betrachteten. Bezeichnenderweise waren Sidney und Beatrice Webb gerade im Begriff, zu einer halbjährigen Reise nach Deutschland aufzubrechen, um »Entwicklungen im staatlichen Handeln und im deutschen Genossenschaftswesen, den Gewerkschaften und den Berufsverbänden« zu untersuchen, als der Krieg im August 1914 ausbrach, und sie hatten einen großen Teil des Monats Juli damit zugebracht, mit G.D.H. Cole und einer Gruppe von geradezu berauschten Oxforder »Gildensozialisten« über die Vorzüge der Sozialversicherung zu diskutieren.[107] George Bernard Shaw, ein Verehrer Richard Wagners, »befürwortete« 1912 »ein Bündnis mit Deutschland«, modifizierte dies im folgenden Jahr insofern, als er eine

Dreierallianz gegen den Krieg zwischen England, Frankreich und Deutschland vorschlug und sich für eine Doppelvereinbarung aussprach: »Wenn Frankreich Deutschland angreift, dann verbinden wir uns mit Deutschland, um Frankreich eine Niederlage beizubringen, und wenn Deutschland Frankreich angreift, dann verbinden wir uns mit Frankreich, um Deutschland zu zerschmettern.«[108]

In der Vorkriegszeit blühte die Deutschfreundlichkeit in Großbritannien nicht nur auf der Linken. Als der deutsche Liberale Harry Graf Kessler den Austausch von Freundschaftsbekundungen zwischen deutschen und britischen Intellektuellen anregte, wurde sein Aufruf von britischer Seite durch die Unterschriften des Romanciers Thomas Hardy und des Komponisten Edward Elgar unterstützt. An den großen alten Universitäten studierten Deutsche und Engländer in aufgeschlossenem Geist zusammen. Die Kriegsgegnerschaft von Bertrand Russell in Cambridge ist bekannt. In Oxford waren zwischen 1899 und 1914 335 deutsche Studenten immatrikuliert, davon im letzten Friedensjahr 33, von denen etwa ein Sechstel Rhodes-Stipendiaten waren. Zu den deutschen Oxfordstudenten zählten die Söhne des preußischen Ministers Fürst Hohenlohe, des Vizeadmirals Moritz von Heeringen und des Reichskanzlers Bethmann Hollweg (Balliol, 1908). Die Existenz von Studentenvereinigungen wie dem Hanover Club, der German Literary Society und der Anglo-German Society, die 1909 300 Mitglieder hatten, zeugt davon, daß es nach Überzeugung wenigstens eines Teils der britischen Studenten eine »*Wahlverwandtschaft* zwischen deutschem *Geist* und Oxforder *Kultur*« gab.[109] Die Mehrzahl der 1914 in Oxford verliehenen Ehrendoktorwürden erhielten Deutsche: Richard Strauss, Ludwig Mitteis (der Dresdener Klassizist), der Botschafter Fürst Lichnowsky und der Herzog von Sachsen-Coburg-Gotha; die Auszeichnung ehrte auch den österreichischen Völkerrechtler Heinrich Lammasch.[110] 1907 war der Kaiser auf diese Art geehrt worden. Das Portrait, das zur Erinnerung an die Verleihung der Ehrendoktorwürde an den deutschen Monarchen entstand, wurde in den 80er Jahren des 20. Jahrhunderts wieder aufgehängt, nachdem es lange Zeit an einem unbekannten Ort aufbewahrt worden war.[111]

Der hohe Prozentsatz (28 Prozent) der Deutschen in Oxford, die dem Adelsstand angehörten, erinnert an die Verbindungen zwischen der deutschen und der britischen Hocharistokratie, die – insbesondere in der königlichen Familie und ihrer Umgebung – naturgemäß außerordentlich eng waren. Königin Victoria, die zur Hälfte deutscher Abstammung war, hatte ihren deutschen Vetter Albert von Sachsen-Coburg-Gotha geheiratet; zu ihren Schwiegersöhnen zählten der deutsche Kaiser Friedrich III., Prinz Christian von Schleswig-Holstein und Heinrich von Battenberg; und unter ihren Enkeln befanden sich der deutsche Kaiser Wilhelm II. und Prinz Heinrich von Preußen. Ähnliche dynastische Verbindungen existierten zwischen den Finanzeliten der beiden Länder: Dies gilt nicht nur für die Rothschilds, sondern auch für die Schröders, Huths und Kleinworts; sie alle waren führende Bankiersfamilien der Londoner City, die aus Deutschland stammten. Die Rothschilds pflegten weiterhin Verbindungen zu ihren deutschen Verwandten. Lord Rothschild war mit einer Verwandten aus Frankfurt verheiratet.[112]

In Deutschland hatte der Pazifismus zwar keine tief reichenden Wurzeln, und der deutschen Sozialdemokratie wurde eine »negative Integration« unterstellt (also eine Tendenz zum Konformismus angesichts der Verfolgung von staatlicher Seite).[113] Es bleibt jedoch eine Tatsache, daß nur eine Minderheit unter den Deutschen Militaristen und von diesen wiederum nur eine Minderheit Englandfeinde waren. Im Jahre 1906 hatte der Reichskanzler Fürst Bülow jeden Gedanken an einen Präventivkrieg auf den Zeitpunkt vertagt, da sich ein Grund ergibt, der das deutsche Volk dazu inspiriert.[114]

Zu den Ergebnissen des sogenannten »Kriegsrats« des Kaisers im Dezember 1912 zählte die Tatsache, daß alle anwesenden führenden Militärs bezweifelten, ob Serbien solch einen Kriegsgrund darstelle[115]; und Untersuchungen über die Volksmeinung von 1914 (im Gegensatz zu jener der gebildeten Mittelschichten) legen nahe, daß die späteren Versuche, den »Mann auf der Straße« wegen der deutschen Interessen in der Balkanfrage in Alarmbereitschaft zu versetzen, wenig erreichten.[116] Neben dem Deutschland der radikal-nationalistischen Verbände gab es auch ein »anderes Deutschland« – ein Deutschland, dessen hervorragende Universitäten, leistungsfähige Stadtverwaltungen und unabhängige Presseleute zu Vergleichen mit der letzten Macht, die in den Krieg eintreten sollte, nämlich mit den Vereinigten Staaten von Amerika, einluden.[117]

Darüber hinaus gab es das Deutschland der organisierten Arbeiterklasse, deren Führer zu den schärfsten Kritikern des Militarismus in

Europa zählten. Man darf niemals vergessen, daß die bei Wahlen mit Abstand erfolgreichste Partei der Vorkriegszeit die SPD war (die eine Vielzahl der Stimmen in den Mittelschichten gewann). Die SPD errang ihren größten Wahlerfolg 1912 mit einer Kampagne, in der die Folgen des Militarismus im Hinblick auf den hohen Brotpreis ausgespielt wurden. Insgesamt konnte die SPD bei den Reichstagswahlen von 1912 4,25 Millionen Stimmen gewinnen – 34,8 Prozent aller abgegebenen Stimmen – verglichen mit 13,6 Prozent für die Nationalliberalen, jener Partei also, die am stärksten einer aggressiven Außenpolitik und wachsenden Militärausgaben verpflichtet war. Keine andere Partei konnte sich im Kaiserreich jemals einen so hohen Anteil an den Wählerstimmen sichern wie die SPD.

Unter den Theoretikern der SPD zählte Karl Liebknecht zu den radikalsten Antimilitaristen. Für Liebknecht stellte der Militarismus ein janusköpfiges Phänomen dar: Das deutsche Heer, so argumentierte er, stellte zum einen ein Instrument zur Förderung kapitalistischer Interessen jenseits der Grenzen dar und sei zugleich ein Mittel zur Beherrschung der deutschen Arbeiterklasse – und zwar direkt durch Zwang und indirekt durch militaristische Indoktrination. Der Militarismus erfülle »die Aufgabe des Schutzes der herrschenden Gesellschaftsordnung, einer Stütze des Kapitalismus und aller Reaktion gegenüber dem Befreiungskampf der Arbeiterklasse (...) und [hinzu kommt,] daß der preußisch-deutsche Militarismus durch die besonderen halbabsolutistischen, feudal-bürokratischen Verhältnisse Deutschlands zu einer ganz besonderen Blüte gediehen ist«.[118]

Ein gewisses Problem besteht für die Historiker darin, daß es zwar der Kampagne der SPD gegen den Militarismus letztendlich nicht gelang, den Ersten Weltkrieg zu verhindern, daß sie sich aber dennoch als höchst einflußreich erweisen sollte, was die wissenschaftliche Interpretation der Ereignisse in der Zukunft anging. Paradoxerweise waren die Antimilitaristen in der wilhelminischen Gesellschaft so zahlreich und so stimmgewaltig, daß wir uns daran gewöhnt haben, ihren Klagen über den Militarismus in Deutschland zu glauben, statt zu erkennen, daß bereits der Umfang ihrer Klagen einen Beweis dafür darstellt, daß die Dinge ganz anders lagen. Daher gibt es inzwischen einen breit fließenden Strom von Literatur über den deutschen Militarismus, wobei viele Beiträge dazu nicht eingestehen, daß der Begriff selbst aus der Propaganda der politischen Linken hervorgegangen ist.[119] Historiker, die der marxistisch-leninistischen Tradition verpflichtet waren, pflegten Liebknechts Argumente noch bis zu Beginn der neunziger Jahre immer wieder papageienhaft nachzubeten, nach dem DDR-Autor Zilch etwa »entsprach [der Militarismus] dem aggressiven Charakter der mit dem Junkertum verbündeten Bourgeoisie« und deren »reaktionären und gefährlichen Bestrebungen«.[120]

Noch stärkeren Einfluß auf die nicht-marxistische Geschichtsschreibung übten die Analysen von Eckart Kehr aus. Kehr akzeptierte die Behauptung der SPD aus der Vorkriegszeit, wonach es im wilhelminischen Reich eine Allianz zwischen Agrariern und Industriellen gab, die unter anderem eine militaristische Politik gefördert habe. Im Rahmen dieser Auffassung trug Kehr zwei Modifikationen vor: Erstens bewahrte die preußische Aristokratie ihre Vormachtstellung gegenüber ihren Juniorpartnern unter den Industriellen und anderen bürgerlich-reaktionären Gruppen; zweitens sei der Militarismus eine Schöpfung autonomer staatlicher Institutionen. Mit anderen Worten entwickelte Kehr eine Argumentationskette, in der es für bürokratische und ressortbezogene Eigeninteressen genauso wie für Klasseninteressen einen Platz gab. Aber diese Kautelen unterscheiden Kehrs Ansatz nicht radikal von dem der orthodoxen Marxisten. Wenn er sich von seiner eigenen Grundthese hinreißen ließ – daß nämlich alle außenpolitischen Entscheidungen sich aus innenpolitischen, sozioökonomischen Faktoren ergeben –, dann war Kehr durchaus imstande, in einer Sprache zu schreiben, die sich kaum von jener seiner marxistischen Zeitgenossen unterschied.

Kehrs Argumente, die von der deutschen Historikerschaft nach seinem frühen Tod als Dreißigjähriger im Jahre 1933 mit durchschlagender Wirkung zu Grabe getragen wurden, erlebten in den 60er Jahren eine Wiederbelebung durch Hans-Ulrich Wehler und wurden von Fritz Fischer übernommen.[121] Nach Wehlers klassischem »kehristischen« Leitfaden über das wilhelminische Deutschland diente der Militarismus nicht nur dem ökonomischen Zweck, Rüstungsaufträge für die Industrie zu beschaffen, sondern er bedeutete auch eine Zuflucht im Kampf gegen die Sozialdemokratie und war Sammelpunkt für jenen volkstümlichen Chauvinismus, der vom »antidemokratischen« Charakter des politischen System des Reiches ablenkte.[122]

Gewiß war die Vorstellung, daß eine aggressive Außenpolitik der

Reichsregierung dabei helfen könne, mit inneren politischen Schwierigkeiten fertig zu werden, nicht bloß eine Hypothese von Kehr, sondern sie fand ihren Niederschlag in strategischen Erwägungen der deutschen Regierung. Der preußische Finanzminister Johannes Miquel und Fürst Bülow, Bethmann Hollwegs Vorgänger als Reichskanzler, ließen sich zweifellos auf ein gewisses Maß an »Säbelrasseln« ein, um die Stellung der »staatstragenden« konservativen und nationalliberalen Parteien im Reichstag zu stärken, wie es auch Bismarck vor ihnen bereits getan hatte. Und tatsächlich glaubte 1914 mancher, der Krieg würde »die patriarchalische Ordnung und Mentalität stärken« und »dem Vormarsch der Sozialdemokratie Einhalt gebieten«.[123]

An dieser Stelle sind gewisse Einschränkungen angebracht. Der Gedanke, eine aggressive Außenpolitik würde die innenpolitische Herausforderung von seiten der Linken schwächen, stellte kaum eine Erfindung der deutschen Rechten dar. Er hatte bereits in Frankreich unter Napoleon III. einen Gemeinplatz dargestellt, und um die Jahrhundertwende diente er zur gleichsam universellen Rechtfertigung für imperiale Formen der Politik. Darüber hinaus war die Übereinstimmung zwischen deutschen Politikern, Generälen, Agrariern und Industriellen keineswegs so umfassend, wie es manchmal behauptet worden ist.[124] Beispielsweise wurden mindestens zwei nationalliberale Abgeordnete (Paasche und Dewitz) von ihren Anhängern aus ländlichen Wahlkreisen gezwungen, aus dem Wehrverein auszutreten, galt doch für den Bund der Landwirte das Eintreten des Wehrvereins für ein größeres Heer als ein in gefährlicher Weise radikales Unterfangen. Dies beleuchtet einen wichtigen Aspekt, auf den noch zurückzukommen sein wird: Selbst innerhalb des preußischen Konservatismus wirkten Kräfte des Antimilitarismus. Ebensowenig können Interpretationen überzeugen, die in Potsdam und Berlin im Juli und August 1914 gefallene Entscheidungen einer radikalen »nationalen Opposition« zuschreiben. So hat Bethmann einmal über die äußerste Rechte gesagt, mit »diesen Idioten« könne man keine Außenpolitik machen; die Erinnerungen an die zweite Marokkokrise war immer noch frisch; damals war der Außenminister Alfred von Kiderlen-Wächter durch die ungeduldigen Forderungen der radikal-nationalistischen Presse in Verlegenheit gebracht worden.[125]

Schließlich waren sich die deutschen Reichskanzler der Tatsache bewußt, daß der Militarismus ein höchst gefährliches Spielzeug darstellte.

Im Jahre 1908 sagte Reichskanzler Bernhard Fürst von Bülow zum Kronprinzen:

»Vor allem darf nicht vergessen werden, daß man in unserer Zeit Kriege nur dann führen kann, wenn das Volk davon überzeugt ist, daß der Krieg notwendig und daß er gerecht ist. Ein in frivoler und leichtsinniger Weise hervorgerufener Krieg würde, selbst wenn er glücklich ausliefe, im Innern nicht günstig wirken. Ein Krieg, der, in solcher Voraussetzung, schief ausginge, würde nach menschlicher Voraussicht eine Katastrophe für die Dynastie bedeuten. Die Geschichte lehrt, daß auf jeden großen Krieg eine liberale Ära folgt.«[126]

Im Juli 1914 sagte Bülows Nachfolger Theobald von Bethmann Hollweg persönlich voraus, daß »ein Weltkrieg mit seinen gar nicht zu übersehenden Folgen die Macht der Sozialdemokratie, weil sie den Frieden predigt, gewaltig steigern und manche Throne stürzen werde«.[127] Beide Reichskanzler dachten dabei an die russischen Erfahrungen von 1905 – und das gleiche tat der russische Innenminister Pjotr Durnowo, als er im Februar 1914 den Zaren Nikolaus II. warnte: »Eine soziale Revolution der extremsten Art wird unvermeidlich sein, wenn der Krieg sich ungünstig entwickelt.«[128]

Am Vorabend des Ersten Weltkriegs war der Militarismus also bei weitem nicht die dominierende Kraft in der europäischen Politik. Ganz im Gegenteil: Er befand sich politisch im Niedergang, und dies war nicht zuletzt eine unmittelbare Konsequenz der weiträumig und vielfältig sich vollziehenden Demokratisierung. In allen Schlüsselländern war das Wahlrecht in der letzten Hälfte des 19. Jahrhunderts erweitert worden, und am Vorabend des Krieges befanden sich antimilitaristische, sozialistische Parteien bei Wahlen in den meisten der später am Krieg teilnehmenden Länder im Aufstieg.

In Frankreich ergab die Wahl vom April 1914 eine Mehrheit der Linken, und der französische Staatspräsident Raymond Poincaré mußte den Sozialisten René Viviani mit der Regierungsbildung beauftragen. Jean Jaurès, der deutschfreundliche Sozialist, befand sich auf dem Höhepunkt seines Einflusses.

In Rußland gab es einen drei Wochen dauernden Streik in den Putilow-werken in Petrograd, der am 18. Juli auf Riga, Moskau und Tiflis übersprang. Mehr als 1,3 Millionen Arbeiter – etwa 65 Prozent aller russischen Fabrikarbeiter – waren im Laufe des Jahres 1914 an Streiks beteiligt.[129] Selbst dort, wo die Sozialisten nicht besonders stark waren, gab es keine

Mehrheit: In Belgien leistete die vorherrschende katholische Partei Widerstand gegen Bemühungen zur Steigerung der Kriegsbereitschaft im Lande. Nirgends war die antimilitaristische Linke stärker als in Deutschland, das eines der demokratischsten Wahlgesetze Europas besaß. Doch die fortgesetzte Wiederholung der Behauptungen der Antimilitaristen im Vorkriegsdeutschland war von so durchschlagendem Erfolg, daß man ihre Thesen bis heute in historischen Standardwerken findet. Und dies führt zu der paradoxen Situation, daß der Umfang genau dieses Antimilitarismus zu jener Zeit stets unterschätzt wird. Die Beweislage ist eindeutig: Die Europäer marschierten damals nicht auf den Krieg zu, sondern sie wandten sich vom Militarismus ab.

2 Imperien, Bündnisse und das Vorkriegs-Appeasement

Imperialismus: Wirtschaft und Macht

Die Resolution gegen Militarismus und Imperialismus, welche die sozialistischen Parteien der Zweiten Internationale auf ihrem Stuttgarter Kongreß von 1907 verabschiedeten, gab in klassischer Weise die marxistische Theorie von den Ursprüngen des Krieges wieder:

»Kriege zwischen Staaten, die auf der kapitalistischen Wirtschaftsordnung beruhen, sind in der Regel Folgen ihres Konkurrenzkampfes auf dem Weltmarkt; denn jeder Staat ist bestrebt, seine Absatzgebiete nicht nur zu sichern, sondern auch neue zu erobern (...).

Kriege liegen also im Wesen des Kapitalismus; sie werden erst aufhören, wenn die kapitalistische Wirtschaftsordnung beseitigt ist (...).«[1]

Nach Aussage des »revolutionären Defätisten« Lenin (er war einer der wenigen sozialistischen Führer, die ganz offen auf eine Niederlage ihres eigenen Landes hofften) stellte der Krieg das Produkt des Imperialismus dar. Der Wettbewerb der großen Mächte um Märkte in Übersee, der durch die fallende Profitrate in der Wirtschaft ihrer eigenen Länder verschärft wurde, konnte nur in einem selbstmörderischen Krieg enden; die sozialen Konsequenzen dieser Feuersbrunst wiederum würden die lange erwartete internationale proletarische Revolution und den »Bürgerkrieg« gegen die herrschenden Klassen herbeiführen, auf die Lenin drängte, sobald der Krieg einmal begonnen hatte.[2]

Bis die Revolutionen der Jahre 1989 bis 1991 den zweifelhaften Errungenschaften Lenins und seiner Genossen ein Ende bereiteten, hörten die Historiker im kommunistischen Lager nie auf, in dieser Weise zu argumentieren. In einem Buch, das ein Jahr nach dem Fall der Berliner Mauer veröffentlicht wurde, befindet der ostdeutsche Historiker Willibald Gutsche, es sei im Jahre 1914 so weit gewesen, daß »neben den Montanmonopolisten (...) nun auch einflußreiche Repräsentanten der

Großbanken, der Elektro- und Schiffahrtsmonopole (...) einer nicht-friedlichen Disposition zu[neigten] (...).«[3] Sein Kollege Zilch kritisierte die »eindeutig aggressiven Ziele« des Reichsbankpräsidenten Rudolf Havenstein am Vorabend des Krieges.[4]

Oberflächlich betrachtet, gibt es Gründe für die Annahme, der Krieg hätte kapitalistischen Interessen gedient. Die Rüstungsindustrie mußte einfach von großen Aufträgen profitieren, falls es zu einer großen Konfrontation kam. Der britische Zweig des Bankhauses Rothschild, das für Marxisten wie für Antisemiten gleichermaßen als Ausdrucksform der finsteren Macht des internationalen Kapitals galt, hatte finanzielle Verbindungen zur Firma Maxim-Nordenfelt, deren Maschinengewehre von Hilaire Belloc als Schlüssel zur Vorherrschaft in Europa angesehen wurden. Das Haus Rothschild half 1897 bei der Finanzierung der Übernahme dieses Unternehmens durch die Firma Vickers Brothers.[5] Die österreichischen Rothschilds besaßen ebenfalls Interessen in der Rüstungsindustrie: Ihre Stahlwerke Witkowitz waren bedeutende Lieferanten von Eisen und Stahl für die österreichische Flotte und später von Munition für das österreichische Heer. In Deutschland verschaffte das Flottenprogramm des Großadmirals Alfred von Tirpitz deutschen Schiffswerften große Regierungsaufträge. Insgesamt 63 von 86 Kriegsschiffen, die zwischen 1898 und 1913 in Auftrag gegeben wurden, baute eine kleine Gruppe von Privatunternehmen. Über ein Fünftel der Produktion der Hamburger Schiffsbaufirma Blohm & Voss, die für den Bau großer Kreuzer geradezu ein Monopol besaß, diente dem Bedarf der Flotte.[6]

Zum Mißfallen der marxistischen Theoretiker gibt es jedoch keinen stichhaltigen Beweis dafür, daß diese Interessenlage Geschäftsleute veranlassen konnte, einen großen europäischen Krieg zu *wünschen*. In London war die überwiegende Mehrheit der Bankiers entsetzt über derartige Aussichten, und dies nicht zuletzt deshalb, weil der Krieg eine Bankrottdrohung für die meisten, wenn nicht alle wichtigen Wechselbanken bedeutete, die sich mit der Finanzierung des internationalen Handels beschäftigten. Die Rothschilds versuchten vergeblich, einen englisch-deutschen Konflikt abzuwenden, und für all ihre Mühen wurden sie vom außenpolitischen Redakteur der *Times*, Henry Wickham Steed, wegen »eines schmutzigen Versuchs deutsch-jüdischer internationaler Finanzkreise« angeklagt, »uns zur Befürwortung einer Neutralitätspolitik zu drängen«.[7] Unter den wenigen deutschen Unternehmern, die während der Julikrise 1914 über einige Aspekte der Entwicklung informiert blieben, befanden sich der Reeder Albert Ballin und der Bankier Max Warburg, die beide nicht dafür eintraten, Krieg zu führen. Am 21. Juni 1914 gab der Kaiser persönlich nach einem Bankett in Hamburg Warburg gegenüber eine Analyse der »allgemeinen Lage (...) an deren Ende er darauf anspielte, ob es nicht besser sein würde, jetzt gegen Rußland und Frankreich loszuschlagen, statt abzuwarten«. Warburg sprach sich entschieden für ein Abwarten aus, da Deutschland stärker und seine Gegner schwächer werden würden.[8]

1913 veröffentlichte Karl Helfferich, ein Direktor der Deutschen Bank, das Buch »Deutschlands Volkswohlstand 1888-1913«, das genau dies beweisen sollte. Die deutsche Eisen- und Stahlproduktion habe diejenige Großbritanniens überholt; das Nationaleinkommen des Landes sei nun größer als dasjenige Frankreichs. Es gibt keinen Hinweis darauf, daß Helfferich irgendeine Ahnung von dem bevorstehenden Unheil hatte, das jenes Wachstum derart katastrophal hemmen würde: Er war ganz und gar in Anspruch genommen von den Verhandlungen über die Genehmigung zum Bau der Bagdadbahn.[9] Trotz seines Interesses an der Frage der wirtschaftlichen Mobilisierung war Walther Rathenau, der Leiter der allgemeinen Elektrizitätswerke, außerstande, führende Reichsbeamte für seine Idee eines wirtschaftlichen Generalstabs zu gewinnen, und Bethmann Hollweg ignorierte 1914 seine Einwände gegen einen Kriegseintritt um Österreichs willen.[10] Als umgekehrt Reichsbankpräsident Havenstein am 18. Juni 1914 acht Direktoren der wichtigsten Bankaktiengesellschaften in die Reichsbank bestellte, um sie zu bitten, ihre Barreserven zu erhöhen (um die Gefahr einer Geldkrise im Kriegsfall zu reduzieren), hatten sie ihm höflich, aber mit Nachdruck deutlich gemacht, »daß die Reichsbank gegen die Bankmonopole wenig erreichen konnte«.[11] Der einzige Beweis, den Gutsche für eine kapitalistische Kriegslüsternheit vorlegen kann, besteht in einem Zitat des Alldeutschen Alfred Hugenberg, dem Direktor des Waffenherstellers Krupp. Den Schwerindustriellen Hugo Stinnes interessierte der Gedanke an einen Krieg so wenig, daß er im Jahre 1914 im britischen Doncaster die Union Mining Company in der Absicht gründete, deutsche Techniken im britischen Kohlenbergbau anzuwenden.[12]

Die marxistische Interpretation der Ursachen des Krieges gehört gemeinsam mit den politischen Regimes, die sie am eifrigsten hegten und pflegten, auf den Schutthaufen der Geschichte. Gleichwohl existiert weiterhin ein anderes – weitgehend unbeschädigtes – Modell von der Rolle der Ökonomie im Jahre 1914. Insbesondere das Werk von Paul Kennedy hat viel zur Propagierung der Vorstellung geleistet, daß die Wirtschaft eine der »Realitäten hinter der Diplomatie« darstelle – daß sie eine bestimmende Kraft sei, die in Begriffen wie Bevölkerung, industrieller Produktionsausstoß, Eisen- und Stahlproduktion und Energieverbrauch zum Ausdruck kommen kann. So gesehen verfügen die Politiker über mehr »freien Willen«, sie können durchaus eine imperialistische Expansion anstreben, ohne notwendigerweise den Interessen der »Wirtschaft« untergeordnet zu sein; doch die ökonomischen Ressourcen ihrer Länder stellen die letzte Beschränkung dieser Expansion dar, die über einen bestimmten Punkt hinaus nicht mehr voranzutreiben ist.[13] In dieser Perspektive stellte Großbritannien im Jahre 1914 eine im Abstieg befindliche Macht dar, die unter imperialer »Überdehnung« litt; Deutschland dagegen war ein Konkurrent, der sich unaufhaltsam im Aufstieg befand. Kennedy und seine zahlreichen Anhänger weisen auf Indikatoren des Wachstums von Ökonomie, Industrie und Export hin, um den Eindruck zu erzeugen, daß eine Konfrontation zwischen dem sich im Niedergang befindenden Großbritannien und dem aufsteigenden Deutschland zumindest wahrscheinlich, wenn nicht gar unvermeidlich war.[14]

Typisch für diesen Ansatz ist das von Immanuel Geiss vorgebrachte Argument, daß Deutschland die »kontinentale Super-Großmacht« geworden war, weil es »die stärkste modernste Industriewirtschaft« entwickelt hatte:

»In seiner enormen und noch weiter anwachsenden Macht war Deutschland wie ein Schneller Brüter ohne Berstschutz (...). Das ökonomische Kraftgefühl steigerte das neue Selbstbewußtsein seit der Reichsgründung bis zu jener Selbstüberschätzung, die das Deutsche Reich über die Weltpolitik in den Ersten Weltkrieg trieb.«[15]

Die Vereinigung von 1870/1871 brachte Deutschland »buchstäblich über Nacht (...) zur Position der zumindest latenten Hegemonie [in Europa] empor. Nur den Deutschen fiel, allein durch ihren vollständigen Zusammenschluß in einem Staat, automatisch die Hegemonie in ihrer Region zu.« Die Befürworter eines von Deutschland beherrschten Europa hatten daher zumindest theoretisch recht: »Deutschland und der europäische

Kontinent westlich von Rußland würden sich gegenüber den schon bestehenden und hinter ihnen aufsteigenden Weltmächten nur durch einen Zusammenschluß behaupten können. Die Führung eines geeinten Europas aber würde automatisch der stärksten Macht auf dem Kontinent zufallen – Deutschland.«[16] Die Geschichte Europas zwischen 1870 und 1914 erscheint weiterhin als eine Geschichte ökonomischer Rivalitäten mit Deutschland und Großbritannien als den Hauptkontrahenten. Doch dieses Modell der Beziehung zwischen Wirtschaft und Macht ist brüchig.

Es stimmt durchaus, daß Deutschlands Exporte zwischen 1890 und 1913 schneller wuchsen als jene seiner europäischen Rivalen und daß seine Bruttokapitalbildung im Inland die höchste in Europa darstellte. Welche Herausforderung Deutschland für Großbritannien bedeutete, läßt sich sogar statistisch nachweisen. Wenn man darüber hinaus die Wachstumsraten der deutschen Bevölkerung (1,34 Prozent pro Jahr), des Bruttosozialprodukts (2,78 Prozent) und der Stahlproduktion (6,54 Prozent) miteinbezieht, sind keine Zweifel zulässig, daß Deutschland zwischen 1890 und 1914 im Begriff war, sowohl Großbritannien als auch Frankreich zu überflügeln.[17] Doch das Wachstum der deutschen Wirtschaftskraft war überhaupt nicht der wichtigste wirtschaftliche Faktor in der Weltpolitik des frühen 20. Jahrhunderts. Weit wichtiger war das ungeheure Ausmaß der britischen *Finanzmacht*.

Bereits in den 1850er Jahren hatten die britischen Investitionen in Übersee insgesamt etwa 200 Millionen Pfund Sterling erreicht.[18] In der zweiten Hälfte des Jahrhunderts folgten dann noch einmal drei weitere große Wellen des Kapitalexportes. Zwischen 1861 und 1872 stiegen die Nettoinvestitionen im Ausland von 1,4 Prozent auf 7,7 Prozent des Bruttosozialprodukts, um dann schließlich auf 0,8 Prozent im Jahre 1877 zurückzufallen. Sodann gab es erneut einen mehr oder weniger stetigen Anstieg auf 7,3 Prozent im Jahre 1890, anschließend folgte abermals ein Absturz auf weniger als ein Prozent im Jahre 1901. Beim dritten Aufschwung erreichten die Auslandsinvestitionen den Höchstwert von 9,1 Prozent im Jahre 1913 – ein Niveau, das auch in der Folge bis in die 1990er Jahre nicht wieder übertroffen werden sollte.[19] Absolut betrachtet, führte dies zu einer gewaltigen Akkumulation von Devisenwerten. Diese stiegen um mehr als ein Zehnfaches an: von 370 Millionen Pfund Sterling 1860 auf 3,9 Milliarden 1913 – und dies stellte ein Drittel des britischen Gesamtkapitalvermögens dar. Kein anderes Land erreichte auch nur annähernd dieses Niveau an Auslandsinvestitionen. Frankreich kam Großbritannien am nächsten und verfügte über Aktiva im Ausland, die weniger als die Hälfte der britischen wert waren, Deutschland besaß nur etwas mehr als ein Viertel.

Am Vorabend des Ersten Weltkriegs verfügte Großbritannien über etwa 44 Prozent sämtlicher Auslandsinvestitionen.[20] Die meisten Auslandsanlagen Großbritanniens waren außerhalb Europas erfolgt; ein weit größerer Anteil der deutschen Investitionen wurde dagegen innerhalb des Kontinents getätigt. Im Jahre 1910 bezeichnete Bethmann Hollweg England als den »entscheidenden Rivalen Deutschlands in den Fragen der expansiven Wirtschaftspolitik.«[21] Dies war richtig, wenn Bethmann Hollweg Anlagen in Übersee meinte – es stimmte allerdings nicht, wenn er an das Exportwachstum dachte, denn die britische Freihandelspolitik führte dazu, daß die deutschen Exporteure nicht daran gehindert wurden, mit britischen Firmen auf den Märkten des Britischen Empire (und sogar auf dem heimischen Markt der Britischen Inseln) zu konkurrieren. Diese Handelskonkurrenz blieb selbstverständlich nicht unbemerkt; aber es wäre absurd, in journalistischen Kampagnen gegen Produkte mit dem Etikett »Made in Germany« die Vorboten eines englisch-deutschen Krieges zu sehen. Genausowenig kündigte schließlich etwa das Gerede im Amerika der 1980er Jahren über eine ökonomische »Bedrohung« durch Japan einen militärischen Konflikt an.[22]

Einige Wirtschaftshistoriker haben behauptet, das hohe Niveau des Kapitalexports habe die britische Wirtschaft geschwächt. In Wirklichkeit aber läßt sich nur dann die These vertreten, daß der britischen Industrie durch Kapitalexporte die Grundlagen für notwendige Investitionen entzogen wurden, wenn man nachweisen kann, daß es eine Kapitalknappheit gab, die Unternehmen daran hinderte, ihre Anlagen zu modernisieren. Es gibt kaum Belege, die dafür sprechen.[23] Obwohl es gewiß ein reziprokes Verhältnis zwischen dem Zyklus der Auslandsinvestitionen und jenem der inländischen Anlageinvestitionen gab, bedeutete der Kapitalexport nicht wirklich einen »Abfluß« von Kapital aus der britischen Wirtschaft.

Hohe Niveaus des Kapitalexports aus Großbritannien waren auch ein integraler Bestandteil der globalen Rolle der britischen Wirtschaft als Exporteur von Industriegütern, als Importeur von Nahrungsmitteln und anderen Grundstoffen sowie als Haupt»exporteur« von Menschen: Insgesamt erreichte die Nettoemigration aus Großbritannien zwischen 1900 und 1914 die erstaunliche Zahl von 2,4 Millionen Menschen.[24] Und wenn Not am Mann war, dann war die Bank von England auch *der* Geldgeber im internationalen Währungssystem: Im Jahre 1868 galt nur noch in Großbritannien und Portugal der Goldstandard, der in Großbritannien seit dem 18. Jahrhundert verankert war; im Jahre 1908 dagegen stützten sich alle Währungen Europas auf das Gold (wenn auch die Währungen von Österreich-Ungarn, Italien, Spanien und Portugal nicht uneingeschränkt in Münzen konvertierbar waren).[25]

In vielfacher Hinsicht war der Imperialismus die politische Begleiterscheinung von wirtschaftlichen Entwicklungen im späten 19. Jahrhundert, die Ähnlichkeiten mit dem aufwiesen, was wir gegen Ende des 20. Jahrhunderts als »Globalisierung« bezeichnen. Wie in unserer Zeit war die Globalisierung damals mit dem Aufstieg einer einzigen Supermacht auf der Welt verbunden: Heute sind das die Vereinigten Staaten von Amerika, damals war es Großbritannien – der Unterschied besteht darin, daß die britische Dominanz einen sehr viel stärker formalen Charakter besaß. Im Jahre 1860 betrug der territoriale Umfang des britischen Weltreichs etwa 24,5 Millionen Quadratkilometer; 1909 waren es dann bereits 33 Millionen. Etwa 444 Millionen Menschen lebten am Vorabend des Ersten Weltkriegs unter irgendeiner Form britischer Herrschaft, davon nur zehn Prozent im Vereinigten Königreich selber. Und bei diesen Zahlenangaben ist nicht berücksichtigt, daß Großbritannien mehr oder weniger die Weltmeere beherrschte, da es über die größte Kriegsmarine (gemessen in der Tonnage der Kriegsschiffe war sie im Jahre 1914 doppelt so stark wie die deutsche Flotte) und über die größte Handelsmarine der Welt verfügte. Es handelte sich hier, wie J.L. Garvin 1905 formulierte, um »ein Ausmaß und eine Größe eines Herrschaftsgebiets, das über alles Natürliche hinausreichte«. Aus dem Blickwinkel der anderen großen Mächte erschien dies als Ungleichgewicht. »Wir können nicht von Eroberung und Zupacken reden«, gibt sogar der Romanheld Carruthers in Erskine Childers »Das Rätsel der Sandbank« zu. »Wir haben uns einen prächtigen Anteil an der Welt gesichert, und die anderen haben jedes Recht, neidisch zu sein.«[26]

Doch in einer Zeit, die durch eine beispiellose und bislang nicht wieder erreichte Freiheit der Bewegung für Menschen, Güter und Kapital geprägt war, wurde nicht unmittelbar deutlich, wie irgendeine Macht die globale

Supermacht herausfordern könne. Während Großbritannien in den beiden Jahrzehnten vor dem Kriege eine wachsende Emigration und einen steigenden Kapitalexport erlebte, hörte Deutschland auf, Deutsche »zu exportieren«, und es führte auch nur einen ganz winzigen Bruchteil des neu gebildeten Kapitals aus.[27] Ob diese Divergenz durch Unterschiede in der heimischen wirtschaftlichen Leistung der beiden Länder verursacht wurde oder selber diese Differenzen auslöste, ist unklar, aber die Konsequenzen im Hinblick auf die relative internationale Macht sind offensichtlich. Wie Avner Offer kürzlich angedeutet hat, schufen die hohen Auswandererzahlen aus Großbritannien verwandtschaftliche Verbindungen, die die Loyalität der Dominions gegenüber dem Mutterland sicherstellten.[28] Im Gegensatz dazu führten die sinkende Geburtenrate und die wachsende Einwanderung in Deutschland zu einer gesteigerten Wahrnehmung der Überlegenheit Osteuropas im Hinblick auf das quantitative Angebot an menschlicher Arbeitskraft. Zwar schien Deutschlands wachsender Erfolg als Exporteur eine Bedrohung der britischen Interessen darzustellen, jedoch befürchteten die Deutschen, dieses Exportwachstum (und die damit verbundene fortwährende Abhängigkeit von importierten Rohstoffen) könne durch eine protektionistische Politik der erfolgreicheren Kolonialmächte gefährdet werden.[29] Obwohl Großbritannien vor 1914 weiterhin in seinem gesamten Empire eine Freihandelspolitik verfolgte, eröffnete die Debatte über Empire-Präferenzen und Reformen der Zolltarife, die durch Joseph Chamberlain ausgelöst worden war, besorgniserregende Perspektiven, die andere exportorientierte Volkswirtschaften kaum ignorieren konnten.

Schließlich steigerten die britischen und französischen Kapitalexporte zweifellos den internationalen politischen Einfluß dieser Länder.

Wirtschaftshistoriker loben oftmals die Vorliebe der deutschen Banken für Investitionen im Inland; aber derlei Investitionen leisteten nichts zur Vergrößerung der Machtstellung Deutschlands in Übersee. Der internationale Einfluß Deutschlands war daher begrenzt; das dramatische Niveau des industriellen Wachstums seit 1895 führte paradoxerweise in gewisser Hinsicht zur Schwächung der internationalen Verhandlungsposition des Landes.

Programmierte Kriege

Wenn es überhaupt einen Krieg gab, den der Imperialismus hätte verursachen können, dann war es jener Krieg zwischen Großbritannien und Rußland, der in den 1870er und 1880er Jahren eben nicht ausbrach. Oder es war der Krieg zwischen Großbritannien und Frankreich, der in den 1880er oder 1890er Jahren unterblieb. Diese drei Mächte waren schließlich die wirklichen imperialen Rivalen, und sie gerieten von Konstantinopel bis Kabul (Großbritannien und Rußland), vom Sudan bis Siam (Großbritannien und Frankreich) wiederholt in Konflikt miteinander. Wenige Zeitgenossen hätten wohl im Jahre 1895 die Voraussage gewagt, daß keine 20 Jahre vergehen würden, bis sie Seite an Seite in einem Krieg kämpfen würden. Schließlich beherrschten wiederkehrende Konflikte die gemeinsame Erinnerung an das vorangegangene Jahrhundert auf dem Felde der Diplomatiegeschichte zwischen Großbritannien, Frankreich und Rußland.

Man vergißt allzu leicht, wie schlecht die Beziehungen zwischen Großbritannien einerseits und sowohl Rußland als auch Frankreich andererseits in den 1880er und 1890er Jahren waren. Die militärische Besetzung Ägyptens durch Großbritannien im Jahre 1882 sollte ursprünglich dem Zweck dienen (und erfüllte diesen auch), die ägyptischen Finanzen zu stabilisieren, und dies nicht nur im Interesse britischer Investoren, sondern europäischer Anleger überhaupt. Im Gefolge des britischen Unterfangens setzten langwierige diplomatische Verwicklungen ein. Zwischen 1882 und 1922 fühlte sich Großbritannien veranlaßt, den anderen Mächten nicht weniger als 66mal zu versprechen, daß es die Besetzung Ägyptens beenden würde. Dies geschah nicht, und von dem Augenblick an, da Ägypten besetzt war, befand sich Großbritannien im Nachteil, wenn es versuchte, ähnlich geartete Ausdehnungsbestrebungen seiner beiden wichtigsten imperialen Rivalen einzudämmen.

Es gab mindestens zwei Regionen, Zentralasien und der Balkan, wo Rußland legitimerweise ähnliche Forderungen stellen konnte. In keinem dieser Fälle war es ganz und gar glaubwürdig, wenn Großbritannien Widerstand leistete. Im April 1885, während der Untergangsphase des zweiten Kabinetts Gladstone, drohte nach dem russischen Sieg über afghanische Streitkräfte bei Pendjeh ein anglo-russischer Konflikt auszubrechen. Ähnliches ereignete sich gleichfalls 1885, als die russische

Regierung eingriff, um den bulgarischen König Alexander daran zu hindern, Bulgarien und Ostrumelien seinen Vorstellungen entsprechend zu vereinigen. Frankreich reagierte sogar noch aggressiver angesichts der Übernahme Ägyptens durch Großbritannien: Tatsächlich war der anglo-französische Gegensatz in vielfacher Hinsicht der wichtigste Grundzug der diplomatischen Szene der 1880er und 1890er Jahre. Im Jahre 1886, zur Zeit der französischen Expedition nach Tonkin (in Indochina), sagten die Rothschilds beunruhigt, Herbert von Bismarck, dem Sohn des Reichskanzlers Otto von Bismarck, voraus, »der nächste Krieg werde sich zwischen England und Frankreich abspielen«.[30] Obwohl einige Beobachter hofften, daß die Wiederkehr des liberalen Earl of Rosebery als Außenminister im Jahre 1892 die Lage verbessern würde, sollte sehr bald deutlich werden, daß Rosebery dazu neigte, die frankreichfeindliche Politik der vorangegangenen Regierung anderweitig fortzusetzen. Nach einem Flottenzusammenstoß auf dem Mekongfluß tauchten im Juli 1893 Gerüchte auf, Frankreich wolle sich Siam einverleiben. Im folgenden Januar reagierte Rosebery auf österreichische Besorgnisse wegen russischer Pläne an den Meerengen, indem er dem österreichischen Botschafter versicherte, er »werde nicht vor der Gefahr zurückschrecken, England in einen Krieg mit Rußland zu verwickeln«.[31]

Ägypten und sein südlicher Nachbar, der Sudan, sollten die Hauptursache des anglo-französischen Gegensatzes darstellen – dies ging so weit, daß ein Krieg zwischen England und Frankreich im Jahre 1895 als reale Möglichkeit erschien. Bereits Anfang 1894 war es deutlich, daß die französische Regierung beabsichtigte, Anspruch auf die Kontrolle von Faschoda am Oberlauf des Nils anzumelden. Den Briten war es darum zu tun, Frankreich in Faschoda Einhalt zu gebieten, und Rosebery – der im März 1894 Premierminister wurde – schloß in höchster Eile eine Vereinbarung mit dem belgischen König, das Gebiet südlich von Faschoda an den Belgischen Kongo im Austausch gegen einen Landstreifen des westlichen Kongos zu verpachten. Dies geschah offensichtlich in der Absicht, Frankreich den Zugang nach Faschoda zu blockieren. Als sich eine Expedition unter Führung des französischen Entdeckers Marchand in Bewegung setzte, um an den oberen Nil zu reisen, bezeichnete Roseberys parlamentarischer Unterstaatssekretär im Foreign Office, Sir Edward Grey, dies als »einen unfreundlichen Akt«. In diesem kritischen Augenblick (Juni 1895) trat Rosebery zurück und ließ Großbritannien in einer Position diplomatischer Isolierung zurück.

Faschoda ist hier von Interesse, weil es uns einen Krieg zwischen den großen Mächten in Erinnerung ruft, zu dem es nie kam, der aber so sehr wohl möglich gewesen wäre. In ähnlicher Weise ist es wichtig, sich daran zu erinnern, daß in den Jahren 1895 und 1896 sowohl Großbritannien als auch Rußland mit dem Gedanken spielten, ihre Flotten einzusetzen, um sich einen Zugang zu den Meerengen zu erzwingen, die das Schwarze Meer mit dem Mittelmeer verbinden, und sich die direkte Kontrolle über Konstantinopel zu sichern. Schließlich aber war sich keine der beiden Seiten ihrer maritimen Stärke in ausreichendem Maße sicher, um solch einen Schritt zu riskieren. Wäre er unternommen worden, dann hätte es zumindest eine schwerwiegende diplomatische Krise gegeben. Auch hier erwächst im Sturmschritt der Ereignisse die Möglichkeit eines Krieges zwischen Großbritannien und Rußland, der niemals Realität wurde. Das Vorangegangene soll eines demonstrieren: Wenn wir erklären wollen, warum schließlich ein Krieg ausbrach, bei dem Großbritannien, Frankreich und Rußland auf der gleichen Seite kämpften, dann ist es sehr unwahrscheinlich, daß »der Imperialismus« eine Antwort auf diese Frage liefert.

Es war günstig für Großbritannien, daß seine beiden imperialen Konkurrenten zu diesem Zeitpunkt einander nicht nahe genug standen, um ihre Kräfte zu vereinigen. Sankt Petersburg wäre niemals bereit gewesen, Paris in afrikanischen Angelegenheiten zu unterstützen, und ebensowenig wäre Paris geneigt gewesen, Petersburg in der Frage der Meerengen Beistand zu gewähren. Frankreich war eine Republik, es besaß eine der demokratischsten Wahlrechtsordnungen Europas, Rußland war die letzte absolutistische Monarchie. Dennoch wäre ein französisch-russisches Bündnis sowohl strategisch als auch wirtschaftlich sinnvoll gewesen. Frankreich und Rußland hatten schließlich gemeinsame Feinde: Deutschland, das zwischen ihnen lag, und Großbritannien, das sich um sie herum allerorten breitmachte.[32] Überdies war Frankreich ein Kapitalexporteur, während Rußland im Zuge des anlaufenden Industrialisierungsprozesses großen Bedarf für ausländische Anleihen entwickelte. Gemäß diesem Befund scheint es nachvollziehbar, daß 1880 französische Diplomaten und Bankiers die Möglichkeit einer französisch-russischen Entente, gestützt auf französisches Kapital, erörterten. Bismarcks Entscheidung, die Verwendung russischer Staatsschuldverschreibungen als Sicherheit für Reichsbankdarlehen zu verbieten (das berühmte »Lombardverbot«), wird üblicherweise als Auslöser einer mehr oder weniger unvermeidlichen Umorientierung betrachtet.[33]

Es gab außerdem eine Anzahl nicht-finanzieller Gründe für engere französisch-russische Verbindungen, dazu zählt nicht zuletzt die in wachsendem Maße unfreundliche Haltung der deutschen Regierung nach der Thronbesteigung Wilhelms II. im Jahre 1888 und der Entlassung Bismarcks zwei Jahre darauf. Die Versicherungen Wilhelms und des neuen Kanzlers, General Leo von Caprivi, Deutschland würde Österreich im Falle eines Krieges mit Rußland unterstützen, und ihre blanke Weigerung, den geheimen Rückversicherungsvertrag zu erneuern, machte finanzielle Anreize überflüssig: Logischerweise stand zu erwarten, daß sich Frankreich und Rußland nun wahrscheinlich aufeinander zu bewegen würden, wenn auch die Hemmnisse unübersehbar blieben. Die andauernden Instabilitäten an der Pariser Börse – die Krise der Union Générale von 1882, auf die 1889 der Zusammenbruch des Comptoir d'Escompte folgte, und schließlich die Panamakanalkrise von 1893 – lassen Zweifel an Frankreichs Fähigkeit aufkommen, überhaupt Transaktionen großen Umfangs in oder mit Rußland zu bewältigen. Erst in den Jahren 1894 bis 1897 wurde der Rubel schließlich auf den Goldstandard gebracht, der französische Aktienmarkt blieb gegenüber russischen Anleihen zögerlich.

Die erste wichtige französische Anleihe an Rußland wurde im Herbst 1888 an der Börse zu Paris in Umlauf gebracht.[34] Im folgenden Jahr erklärten sich die Pariser Rothschilds bereit, zwei bedeutsame russische Anleiheemissionen mit einem Gesamtnennwert von etwa 77 Millionen Pfund zu betreuen, und eine dritte Emission von zwölf Millionen folgte im Jahr darauf.[35] Im Jahre 1894 wurde eine weitere Anleihe im Wert von 16 Millionen Pfund ausgegeben[36]; und eine weitere über denselben Betrag folgte im Jahre 1896.[37] Zu jenem Zeitpunkt begann der Anstieg der russischen Anleihen den Eindruck der Nachhaltigkeit zu erwecken, obwohl die zweite Anleihe nur langsam bei den Investoren untergebracht werden konnte – und dies selbst angesichts der zeitlich gut abgestimmten Unterstützung durch einen Zarenbesuch in Paris.[38] Jetzt wurden die deutschen Banken durch das Auswärtige Amt ausdrücklich dazu ermutigt, sich an den russischen Anleihen von 1894 und 1896 zu beteiligen, in der Absicht, ein französisches Monopol im russischen Finanzwesen zu vermeiden.[39] Doch dafür war es bereits zu spät. Als das neue Jahrhundert begann, gab es nirgends sonst zwischenstaatliche Beziehungen, die auf solideren Grundlagen ruhten, als das französisch-russische Bündnis. Es bleibt das klassische Beispiel einer internationalen Verbindung, die sich auf Kredit und Schulden gründete. Insgesamt betrugen die französischen Anleihen an Rußland 1914 mehr als drei Milliarden Rubel, und dies waren 80 Prozent der gesamten Auslandsschulden des Landes.[40] Nahezu 28 Prozent aller französischen Auslandsinvestitionen waren in Rußland angelegt, und diese fast alle in Staatsschuldverschreibungen.

Wirtschaftshistoriker urteilen gemeinhin kritisch über der Strategie der russischen Regierung, Geld im Ausland zu leihen, um die Industrialisierung daheim zu finanzieren. Aber es fällt schwer, an den Ergebnissen irgend etwas auszusetzen. Fraglos hat sich die russische Wirtschaft in den drei Jahrzehnten vor 1914 mit außerordentlicher Geschwindigkeit industrialisiert. Das Nettosozialprodukt zwischen 1885 und 1913 wuchs im Jahr durchschnittlich um 3,3 Prozent. Die jährlichen Investitionen stiegen von acht Prozent des Volkseinkommens auf zehn Prozent. Zwischen 1890 und 1913 wuchs die Kapitalbildung pro Kopf um 55 Prozent. Die Industrieproduktion erhöhte sich jährlich um vier bis fünf Prozent. In der Zeit von 1898 bis 1913 stieg die Produktion von Roheisen um mehr als 100 Prozent; der Ausbau des Eisenbahnnetzes um 57 Prozent, der Verbrauch von Rohbaumwolle erhöhte sich um 82 Prozent in diesem Zeitraum.[41] Zwischen 1860 und 1914 wuchsen die landwirtschaftlichen Erträge im Durchschnitt jährlich um zwei Prozent. Der Anstieg erfolgte bedeutend rascher als das Bevölkerungswachstum (1,5 Prozent jährlich). Die Bevölkerung vergrößerte sich zwischen 1900 und 1913 um etwa 26 Prozent, und das Gesamtvolkseinkommen verdoppelte sich beinahe.

Nicht Deutschland, sondern Rußland war vor 1914 das Reich mit der am schnellsten wachsenden Volkswirtschaft.

Unter den Historikern, die sich mit den russischen Revolutionen des Jahres 1917 beschäftigen, ist es liebgewordene Gepflogenheit, mit ihrer Darstellung in den 1890er Jahren zu beginnen. Der Wirtschaftshistoriker kann zu jener Zeit wenig Anzeichen für eine bevorstehende Katastrophe entdecken. Im Durchschnitt stand der Russe 1913 in Wahrheit besser da als 15 Jahre zuvor: Das Pro-Kopf-Einkommen stieg in dieser Phase um etwa 56 Prozent. Die Todesrate fiel von 35,7 Promille in den späten 1870er Jahren auf 29,5 Promille im Zeitraum von 1906 bis 1910; ebenso sank die Kindersterblichkeit (von 275 auf Tausend Lebendgeburten auf 247). Die Alphabetisierungsrate stieg in den Jahren zwischen 1897 und 1914 von 21 Prozent der Bevölkerung auf 40 Prozent an. Die schnelle Industrialisierung führte tendenziell zur Verschärfung sozialer Spannungen in den russischen Städten, ohne jene im ländlichen Rußland zu verkleinern, wo immer noch 80 Prozent der Bevölkerung lebten. Andererseits schien die Industrialisierung genau das Ergebnis hervorzubringen, das die russische Führung sich am sehnlichsten von ihr erwartete: ein Anwachsen der militärischen Stärke. 1914 bedeckte Rußland 22,3 Millionen Quadratkilometer und erstreckte sich von den Karpaten bis an die Grenzen Chinas.

Gegen den wichtigsten imperialen Gegner, gegen Großbritannien, wurde das französisch-russische Bündnis nicht ernsthaft erprobt. Die Möglichkeit wurde in Großbritannien durchaus ernst genommen, und dies nicht nur von Fanatikern wie William Le Queux. Als der liberale Politiker Sir Charles Dilke 1888 über die Herausforderungen nachdachte, die sich der britischen Armee in der Zukunft stellen könnten, erwähnte er »nur Rußland und Frankreich« als mögliche Feinde: »Zwischen uns und Frankreich gibt es immer wieder Differenzen, und zwischen uns und Rußland wird es ganz gewiß eines Tages Krieg geben.«[42] Noch 1901 hielt in Großbritannien der Erste Seelord, der Earl of Selborne, die Warnung für angebracht, daß die vereinigten Schlachtflotten Frankreichs und Rußlands gemeinsam bald derjenigen der Royal Navy ebenbürtig sein würden.[43]

Die Vorstellung von einem ganz anderen Weltkrieg, bei dem Großbritannien sowohl gegen Frankreich als auch gegen Rußland auf Kriegsschauplätzen hätte kämpfen müssen, die so weit entfernt lagen wie das Mittelmeer, der Bosporus, Ägypten und Afghanistan, erscheint uns heute unfaßbar. Aber zu jener Zeit war solch ein Szenario durchaus plausibler als der Gedanke an Bündnisse Großbritanniens mit Frankreich und Rußland, beide waren jahrelang unmöglich erschienen – »zum Scheitern verdammt«, wie Chamberlain es ausdrückte.

Der Löwe und der Adler

Starke wirtschaftliche und politische Kräfte trieben Frankreich und Rußland in ihre Allianz. Das gleiche kann man gewiß von Großbritannien und Deutschland nicht sagen; aber man kann auch nicht behaupten, daß es unüberwindliche Kräfte gab, die zu einem letztendlich mörderischen anglo-deutschen Antagonismus führen mußten. Tatsächlich schien das genaue Gegenteil nicht nur wünschenswert, sondern auch möglich: ein anglo-deutsches Übereinkommen, wenn auch keine Allianz. Schließlich war nicht nur Sir Charles Dilke der Ansicht, daß Deutschland »keine Interessen hatte, die sich genügend von unseren eigenen unterschieden, um mit einiger Wahrscheinlichkeit zu einer Auseinandersetzung zu führen«.

Für die Historiker besteht immer eine starke Versuchung, sich herablassend über diplomatische Initiativen, die schließlich scheiterten, zu äußern, in der Annahme, daß diese eben fehlschlagen mußten. Die Bemühungen, in den Jahren vor dem Ausbruch des Ersten Weltkriegs zu irgendeiner Art von Übereinkunft zwischen Großbritannien und Deutschland zu gelangen, waren oftmals Gegenstand derartiger Herablassung. Günstigstenfalls wird die Vorstellung von einem anglo-deutschen Bündnis so betrachtet, als habe sie allzu einwandfrei den Vorstellungen der Bankiers in der City of London entsprochen, insbesondere jener unter ihnen, die deutschen und jüdischen Ursprungs zugleich waren – eine Ansicht, die zu vertreten deutschfeindliche Zeitgenossen selbstverständlich nicht anstanden.[44] Doch der Niedergang der Beziehungen zwischen Deutschland und Großbritannien, der schließlich in den Krieg führte, sollte im Rückblick nicht als ganz und gar unvermeidlich dargestellt werden. In vielfacher Hinsicht waren die Argumente für irgendeine Art von Verständigung nämlich in den gemeinsamen außenpolitischen Interessen begründet. *A priori* gibt es keinen erkennbaren Grund dafür, warum eine »überdehnte« Macht (als die Großbritannien sich selbst begriff) und eine »unterforderte« Macht (wie Deutschland sich selber sah) nicht auf außenpolitischem Gebiet hätten zusammenarbeiten sollen. Es ist einfach nicht richtig, daß »die fundamentalen Prioritäten der Politik der beiden Länder einander gegenseitig ausschlossen«.[45] Auf diese Weise soll nicht das alte Argument von den »verpaßten Chancen« in den deutsch-englischen Beziehungen, deren Ergreifen das Blutopfer im

Grabenkrieg hätte vermeiden können, wieder zum Leben erweckt werden. Diese Annahme stützt sich allzuoft auf angeblich besseres Wissen im nachhinein und auf unzuverlässige Erinnerungen.[46] Hier soll nur angedeutet werden, daß das Nichtzustandekommen eines anglo-deutschen Bündnisses eher ein zufallsbedingtes denn ein vorherbestimmtes Ergebnis war. Die Möglichkeit einer anglo-deutschen Entente hatte tiefe Wurzeln. Schließlich war Großbritannien 1870/1871 neutral geblieben, als Deutschland Frankreich eine erniedrigende Niederlage beibrachte. Die Schwierigkeiten Großbritanniens mit Rußland in den 1880er Jahren hatten ebenfalls positive Konsequenzen für die Beziehungen Londons zu Deutschland. Wenn auch ein Vorschlag Bismarcks für eine anglo-deutsche Allianz im Jahre 1887 zu keinem Ergebnis führte, bedeutete die geheime Triple-Entente Großbritanniens mit Italien und Österreich zur Erhaltung des Status quo im Mittelmeerraum und am Schwarzen Meer eine indirekte Verbindung nach Berlin über den Dreibund unter deutscher Führung, dem Italien, Österreich und Deutschland angehörten.

Afrika stand natürlich auf der Agenda des deutschen Reichskanzlers im Schatten Europas und der deutschen Innenpolitik. Dennoch spielte er die deutschen Ambitionen auf jenem Kontinent hoch, um Großbritanniens Verwundbarkeit wegen Ägypten auszunutzen. Ab 1884 benutzte Bismarck Ägypten als Vorwand für eine Reihe recht aggressiver deutscher Interventionen in der Region, dabei bedrohte er Großbritannien mit einer französisch-deutschen »Liga der Neutralen« in Afrika; er setzte die deutsche Kontrolle über Angra Pequena in Südafrika durch und forderte alle Gebiete zwischen der Kapkolonie und Portugiesisch-Westafrika. Die britische Reaktion lief darauf hinaus, Deutschland zu beruhigen, indem Großbritannien die Tatsache einer deutschen Kolonie Südwestafrika akzeptierte und mit weiteren territorialen Erwerbungen Deutschlands in Kamerun und Ostafrika einverstanden war. Die Sansibarfrage, die der deutsche Botschafter Paul von Hatzfeldt im Jahre 1886 aufwarf, war für die allgemeine Lage kennzeichnend: Deutschland hatte keine ökonomischen Interessen nennenswerter Art in Sansibar (und tauschte die Insel tatsächlich 1890 gegen die Nordseeinsel Helgoland); aber es lohnte sich für die Deutschen, die Forderung zu erheben, da Großbritannien buchstäblich bereit war, Boden preiszugeben. Die Vereinbarung zwischen Deutschland und Großbritannien im Jahre 1890 verschaffte Großbritannien Sansibar im Austausch gegen die Nordseeinsel

Helgoland und einen schmalen Landstreifen, der Deutsch-Südwest-Afrika den Zugang zum Sambesifluß sicherte.

Im Hinblick auf China schien es am wahrscheinlichsten, daß sich irgendeine Form von anglo-deutscher Kooperation auf dem Finanzsektor entwickeln würde. Seit 1874, dem Zeitpunkt der ersten Auslandsanleihe des chinesischen Kaiserreichs, stellten zwei britischen Firmen mit Sitz in Hongkong die wichtigste Quelle der Außenfinanzierung für die chinesische Regierung dar: Dies waren die Hong Kong & Shanghai Banking Corporation und die Firma Jardine, Matheson & Co.[47] Im März 1885 unterbreitete der deutsche Bankier Adolph Hansemann der Hong Kong & Shanghai Bank einen Vorschlag, die Finanzierung der chinesischen Regierung und der chinesischen Eisenbahnen gleichmäßig zwischen britischen und deutschen Mitgliedern eines neuen Syndikats aufzuteilen. Die darauffolgenden Verhandlungen gipfelten im Februar 1889 in der Schaffung der Deutsch-Asiatischen Bank, eines Gemeinschaftsunternehmens, an dem mehr als 13 führende deutsche Banken beteiligt waren.[48]

Der japanische Sieg über China von 1894/1895 legte ein Anwachsen des russischen Einflusses im Fernen Osten nahe, eine perfekte Gelegenheit zur Kooperation zwischen Berlin und London. Im wesentlichen versuchten die Bankiers Hansemann und Rothschild eine Partnerschaft zwischen der Hong Kong & Shanghai-Bank und der neuen Deutsch-Asiatischen Bank zu fördern. Die Partnerschaft sollte, vorausgesetzt sie erhielte eine angemessene offizielle Unterstützung durch die jeweiligen Regierungen, die Ausweitung des russischen Einflusses auf China verhindern. Gewiß unterschieden sich die Bestrebungen der Bankiers von jenen der Diplomaten und Politiker. Friedrich von Holstein, die »graue Eminenz« im Auswärtigen Amt in der Wilhelmstraße, wünschte, daß sich Deutschland mit Rußland und Frankreich und nicht mit Großbritannien verbinde, und schloß sich den Einwänden dieser Mächte gegen die Annexion des chinesischen Liaotung durch Japan an. Die Ereignisse sollten den Bankiers recht geben.[49] Die im Mai 1895 erfolgende Ankündigung, daß China seine Entschädigungszahlungen an Japan mit Hilfe einer russisch-französischen Anleihe finanzieren würde, bedeutete einen Schlag sowohl gegen die britische als auch gegen die deutsche Regierung. Angesichts der Tatsache, daß Rußland ein internationaler Schuldner war, konnte die Anleihe selbstverständlich nicht von Rußland allein finanziert werden. Eigentlich handelte es sich um eine französische Anleihe, und die Vorteile kamen Rußland und Frankreich gleichermaßen zugute. Sankt Petersburg gewann das Recht, den Bau seiner Transsibirischen Eisenbahn durch mandschurisches Gebiet voranzutreiben, und Paris sicherte sich Eisenbahnkonzessionen in China. Es gab sogar eine neue russisch-chinesische Bank, die sich wiederum auf französisches Kapital stützte, und im Mai 1896 schlossen Rußland und China ein Abkommen.[50] Im Zuge dieser Entwicklung wuchs Hansemanns Vorschlag, die Hong Kong & Shanghai Bank solle ihre Kräfte mit jenen der Deutsch-Asiatischen Bank vereinigen, noch zwingendere Plausibilität zu. Im Juli 1895 wurde eine Vereinbarung zwischen den beiden Banken unterzeichnet, das Hauptziel der Verbindung bestand in der Beendigung des Wettlaufs zwischen den Großmächten, indem man die chinesischen Auslands-anleihen in die Hände eines einzigen multinationalen Konsortiums legte, wie es bereits in der Vergangenheit im Hinblick auf Griechenland und die Türkei geschehen war. Dennoch sicherte das Modell Deutschen und Briten größere Einflußmöglichkeiten als den anderen Partnern. Nach zahlreichen diplomatischen Manövern wurden die Vereinbarungen in die Wirklichkeit umgesetzt, als im Jahre 1898 eine zweite chinesische Anleihe aufgelegt wurde.

Zwar waren die Schwierigkeiten damit nicht ausgeräumt. Der britische Premierminister Salisbury weigerte sich, eine Regierungsgarantie für diese Anleihe zu erteilen, was dazu führte, daß es sehr schwierig war, den britischen Anteil unterzubringen. Im November 1897 besetzten die Deutschen Kiautschou, den wichtigsten Hafen der Provinz Shantung, und darauf folgte eine Auseinandersetzung zwischen der Hong Kong & Shanghai Bank und Hansemann wegen einer Eisenbahnkonzession in Shantung.[51] Anfang September einigte man sich auf einer Konferenz von Bankiers und Politikern in London darauf, China zum Zweck der Zutei-lung von Eisenbahnkonzessionen in »Einflußsphären« aufzuteilen. Über das Yangtsetal sollten die britischen Banken verfügen, die Deutschen über Shantung.[52] Die Auseinandersetzungen über Eisenbahnangelegenheiten dauerten an, aber das Muster einer Zusammenarbeit war geschaffen.[53] Als die Deutschen nach dem Boxeraufstand in China Streitkräfte dorthin entsandten und die Russen im Jahre 1900 die Mandschurei besetzt hatten, versicherten die Deutschen London, daß »die Russen keinen Krieg riskieren würden«, und im Oktober unterzeichneten Großbritannien und

Deutschland eine neue Vereinbarung, um die Integrität des chinesischen Reichs und eine Handelspolitik der »offenen Tür« zu sichern.[54] Es bedeutete den Höhepunkt der anglo-deutschen politischen Zusammenarbeit in China; und die geschäftliche Zusammenarbeit setzte sich noch einige Jahre lang fort. Weitere Unstimmigkeiten zwischen Deutschen und Engländern (veranlaßt durch das Eindringen des sogenannten »Peking-Syndikats« in die Region Hoangho) wurden bei einer Bankierskonferenz in Berlin im Jahre 1902 aus der Welt geschafft.[55]

Allem Anschein nach geschah es bei einem offiziellen Essen zur Zeit der Port Arthur-Krise, daß der deutsche Botschafter in London Paul von Hatzfeldt die Möglichkeit einer anglo-deutschen Allianz mit Kolonialminister Joseph Chamberlain erörterte. Der britische Staatssekretär Arthur Balfour erinnert sich:

»Joe ist sehr impulsiv: und die Kabinettsdiskussion der vorangegangenen Tage [über Port Arthur] hat ihm unsere isolierte und daher gelegentlich schwierige diplomatische Stellung deutlich gemacht. Er ging gewiß sehr weit und brachte seine persönliche Neigung zu einer Verbindung mit Deutschland zum Ausdruck; er widersprach der Auffassung, daß unsere Art von parlamentarischer Regierung eine solche Allianz schwierig machen würde (eine Auffassung, die offensichtlich bei den Deutschen eine große Rolle spielt), und ich glaube, er machte sogar einen vagen Vorschlag im Hinblick auf die Form, die ein Arrangement zwischen den beiden Ländern annehmen könnte.«

Wie sich Balfour erinnert, kam es »unmittelbar darauf« zu einer Antwort des deutschen Außenministers Bülow:

»Seine telegrafische Antwort (…) beschäftigte sich erneut mit den Schwierigkeiten im Hinblick auf den Parlamentarismus – sie brachte aber auch mit beglückender Offenheit die deutsche Ansicht über Englands Stellung im europäischen System zum Ausdruck. Man meint dort, so scheint es, daß wir für Frankreich einen gleichwertigen Gegner darstellen, daß wir aber Rußland und Frankreich zusammen nicht gewachsen sind. Das Ergebnis einer derartigen Auseinandersetzung wäre zweifelhaft. [Die Deutschen] könnten es sich nicht leisten mitanzusehen, wie wir unterliegen – und dies gelte nicht deshalb, weil sie uns liebten, sondern weil sie wissen, daß sie die nächsten Opfer sein würden – und so weiter. Der gesamte Tenor der Konversation lief (wie er mir berichtet wurde) auf eine engere Verbindung zwischen beiden Ländern hinaus.«[56]

Im April folgten Gespräche zwischen Chamberlain und Freiherr Hermann von Eckardstein, dem ersten Sekretär der deutschen Botschaft in London, den der Kaiser angewiesen hatte, »die offizielle Stimmung in England für uns günstig und hoffnungvoll zu erhalten«. Eckardstein trug nun im Namen des Kaisers den Vorschlag »einer möglichen Allianz zwischen England und Deutschland [vor] (...) [deren] Grundlage eine Garantie beider Mächte für den Besitzstand der jeweils anderen sein würde«. Zu den Bestandteilen des Pakets, das er Großbritannien anbot, zählte »eine freie Hand in Ägypten und Transvaal«, und er deutete an, daß »ein direktes Verteidigungsbündnis (...) später zustande kommen könne«. »Ein derartiger Vertrag«, hielt Kolonialminister Chamberlain für den britischen Premier Salisbury fest, »würde für Frieden sorgen und könnte gegenwärtig ausgehandelt werden.«[57] Dieser Gedanke tauchte 1901 in ähnlicher Form erneut auf.[58]

Warum scheiterte die Idee eines anglo-deutschen Bündnisses schließlich? Eine recht einfache Antwort gründet sich auf die Persönlichkeiten der Beteiligten. In diesem Zusammenhang ist gelegentlich von der Frankreichfreundlichkeit des britischen Königs Edward VII. und ebenfalls von der grundsätzlichen Unzuverlässigkeit Eckardsteins die Rede.[59] Gewiß haben Bülow und Holstein die Schwäche der britischen Verhandlungsposition übertrieben.[60] Aber ein ernsteres politisches Hindernis war möglicherweise (wie die Deutschen ahnten) der Mangel an Begeisterung auf seiten Salisburys.[61] Auch Chamberlain trug zum Scheitern seines eigenen Plans bei. Privat sprach er von einem begrenzten »Vertrag oder einer Vereinbarung zwischen Deutschland und Großbritannien für eine bestimmte Anzahl von Jahren (...) mit Defensivcharakter, gegründet auf gegenseitiges Einverständnis im Hinblick auf die Politik in China und anderswo«.[62] In der Öffentlichkeit aber tönte er großsprecherisch von einer »neuen Dreierallianz zwischen der teutonischen Rasse und den beiden großen Zweigen der angelsächsischen Rasse«, und – ganz und gar wirklichkeitsfremd – er erwartete von den Deutschen, daß sie im gleichen Geist der Überschwenglichkeit antworten würden. Als Bülow in einer Reichstagsrede vom 11. Dezember 1899 seine Bereitschaft zum Ausdruck brachte: »Und was England angeht, so sind wir gern bereit, auf der Basis voller Gegenseitigkeit und gegenseitiger Rücksichtnahme in Frieden und Eintracht mit ihm zu leben«[63], da tat Chamberlain dies verdrießlich ab, als habe man ihm die »kalte Schulter« gezeigt.[64] Wenn Schwierigkeiten auftauchten, verlor Chamberlain die Geduld: »Wenn [die Deutschen] so engstirnig sind«, bemerkte er verdrossen, »und nicht sehen können, daß es hier um den Aufstieg einer neuen Konstellation auf der Welt geht, dann kann man ihnen eben nicht helfen.«[65] Es gab jedoch andere Faktoren, die möglicherweise wichtiger waren als bloße Unzulänglichkeiten und persönlicher Eigensinn. Ein bekannter Einwand lautet, daß Kolonialauseinandersetzungen sich gegen eine anglo-deutsche Annäherung auswirkten. Oftmals wird in diesem Zusammenhang ein Artikel des Historikers Hans von Delbrück aus dem Jahre 1899 zitiert, in dem jener erklärte: »Wir können diese Politik [Kolonialpolitik] aber machen sowohl mit England als gegen England. Mit England – bedeutet im Frieden; gegen England bedeutet – durch Krieg.«[66]

Aber die Realität sah anders aus: Deutschland war weitgehend imstande, seine Kolonialpolitik *mit* England durchzuführen (und die richtige Schlußfolgerung aus Delbrücks Artikel hätte gelautet, daß Deutschland dies würde tun müssen). So endeten die langwierigen Streitereien mit Portugal über die Zukunft seiner afrikanischen Kolonien (und insbesondere über die Delagoa Bay) schließlich 1898 mit einer Vereinbarung, derzufolge Großbritannien und Deutschland gemeinsam Portugal Geld liehen und damit dessen Kolonialbesitz sicherten, aber in einer geheimen Zusatzklausel wurde das portugiesische Territorium zwischen den beiden Mächten in Einflußsphären aufgeteilt.[67] Auch in Westafrika gab es keine Interessenkonflikte.[68] Im Pazifik wurde die Samoakrise, die im April 1899 ausbrach, am Jahresende beigelegt.[69] Die beiden Länder kooperierten sogar trotz lauten Geschreis in der britischen Presse, als es im Jahre 1902 um die Auslandsschulden Venezuelas ging.[70]

Eine andere, strategisch wichtigere Region, in der eine britisch-deutsche Partnerschaft vorstellbar war, stellte das Osmanische Reich dar, ein Gebiet, das für die deutsche Geschäftswelt bereits vor dem ersten Besuch des Kaisers 1889 in Konstantinopel von wachsendem Interesse war. Solange Rußland die Meerengen zu bedrohen schien, blieben die Aussichten auf irgendeine Art von anglo-deutscher Kooperation in dieser Region gut. Nach dem militärischen Sieg der Türkei über Griechenland im Jahre 1897 arbeiteten die beiden Länder eng zusammen und setzten die Details einer neuen Finanzkontrolle über Athen durch. Eine bekanntere Gelegenheit zur Kooperation ergab sich 1899 – ein Jahr nach dem zweiten Besuch des deutschen Kaisers am Bosporus –, als der Sultan dem Vorschlag zum Bau einer Kaiserlich-Osmanischen Bagdadbahn zustimmte. Das Projekt war aus einer Idee von Georg von Siemens von der Deutschen Bank hervorgegangen (daher auch »Berlin-Bagdad-Bahn«). Siemens und sein Nachfolger Arthur von Gwinner verfolgten stets die Absicht, sich sowohl eine britische als auch eine französische Beteiligung an diesem Unternehmen zu sichern; das Problem bestand im mangelnden Interesse der Londoner City, die weitgehend den Glauben an die Zukunft des osmanischen Regimes verloren hatte.[71] Im März 1903 wurde eine Vereinbarung für die Weiterführung der Eisenbahnlinie bis nach Basra entworfen, welche den britischen Mitgliedern eines Konsortiums – unter Führung von Sir Ernest Cassel und Lord Revelstoke – 25 Prozent gesichert hätte; aber die Tatsache, daß deutsche Investoren über 35 Prozent verfügen sollten, führte zu einem Sperrfeuer der Kritik in rechtsgerichteten Blättern wie dem *Spectator* und der *National Review*, und Balfour – der jetzt Premierminister war – machte einen Rückzieher.[72]

In einer Region war ein anglo-deutscher Konflikt denkbar, nämlich Südafrika. Kaiser Wilhelms II. Telegramm nach dem Fehlschlag des »Jameson Raid«, [bewaffneter Einfall der Briten von Betschuanaland nach Transvaal], in dem der Kaiser dem südafrikanischen Präsidenten Kruger gratulierte, weil er die Invasoren zurückgeschlagen hatte, löste in London gewiß Unwillen aus; und als die Deutschen in dem Krieg, der 1899 mit der Republik Transvaal ausbrach, Sympathie für die Buren zum Ausdruck brachten, war dies ein weiterer Grund für Spannungen zwischen London und Berlin. Londons Vereinbarung mit Deutschland über Portugiesisch-Mozambique von 1898 sollte wohl unter anderem dazu dienen, Berlin davon abzuhalten, auf Krugers Seite zu treten, aber der Ausbruch des Krieges schien Zweifel am Wert dieses Arrangements zu wecken. Wenig hilfreich war in dieser Situation Ende 1899 erneutes Gerede von deutscher Seite über eine »Kontinentalliga« gegen Großbritannien und ebenso das britische Vorgehen gegen deutsche Postdampfer in südafrikanischen Gewässern im Januar 1900. Dennoch fügte der Burenkrieg den anglo-deutschen Beziehungen nicht so viel Schaden zu, wie einige gefürchtet hatten. Deutsche Banken hatten nach dem Krieg keinerlei Vorbehalte, sich um einen Anteil an der britischen Transvaalanleihe zu bewerben.

Vielleicht noch wichtiger war, daß der Krieg, indem er das britische Selbstvertrauen schwächte, die Argumente für eine Beendigung der diplomatischen Isolation stärkte. Alles Gerede über »nationale Leistungsstärke« und die Bemühungen der militaristischen Verbände konnte die Ängste nicht vergessen machen, die der Krieg im Hinblick auf die Kosten der Aufrechterhaltung des riesigen britischen Überseeimperiums geweckt hatte – dies zeigt sich beispielsweise an Balfours Behauptung, daß »wir in jeder praktischen Hinsicht im Augenblick nur eine drittrangige Macht darstellen«.[73] Innerhalb des immer komplexer werdenden institutionellen Rahmens, in dem die Strategie des Empire »gemacht« wurde und den zu vereinfachen das neue »Committee of Imperial Defence« und der »Imperial General Staff« wenig beitrugen[74], bildete sich ein Konsens heraus. Weil es für London finanziell und strategisch unmöglich zu sein schien, gleichzeitig das Empire und sich selber zu verteidigen, konnte es sich eine Isolation nicht mehr länger leisten – es mußten diplomatische Übereinkünfte mit einem oder mehreren der imperialen Rivalen Großbritanniens erzielt werden. Und tatsächlich geschah es während des Burenkrieges – in den ersten Monaten des Jahres 1901 –, daß eine erneute Bemühung erfolgte, Chamberlain und den neuen Außenminister Lord Lansdowne mit deutschen Vertretern auf der Basis von (in Chamberlains Worten) einer »Zusammenarbeit mit Deutschland und Festhalten am Dreibund« zusammenzubringen.[75]

Das Gebiet, über das nun ernsthaft gesprochen wurde – Joseph Chamberlain hatte diese Diskussion erstmals 1899 auf die Tagesordnung gebracht –, war Marokko. Aufgrund späterer Ereignisse ist es wohl leicht anzunehmen, daß den Meinungsverschiedenheiten zwischen Großbritannien und Deutschland über Marokko eine gewisse Unvermeidlichkeit zugrunde lag; aber diese Konflikte erschienen im Jahre 1901 als wenig wahrscheinlich. Tatsächlich ergab sich der Eindruck, als würden die französischen Pläne in der gesamten nordwest-afrikanischen Region (die durch eine geheime Vereinbarung mit Italien 1900 weiter vorangetrieben wurden) dazu führen, irgendeine Art von gemeinsamem Handeln im positiven Sinne zu fördern. Großbritannien war bereits wegen spanischer Befestigungsbauten in Algeciras besorgt, die eine Bedrohung Gibraltars, des höchst wichtigen Tors zum Mittelmeer, darzustellen schienen. Die Möglichkeit einer gemeinsamen »Liquidation« Marokkos durch Frankreich und Spanien war nur allzu real. Die offensichtliche Alternative dazu bestand darin, Marokko in britische und deutsche Einflußbereiche zu unterteilen, dabei hätte dann Großbritannien Tanger und Deutschland die Atlantikküste übernommen. Dies war die Grundrichtung eines Vereinbarungsentwurfs, der im Mai und nochmals im Dezember 1901 diskutiert wurde. Die Diskussionen zogen sich dann sporadisch bis ins Jahr 1902

hin. Es war tatsächlich der *Mangel* an deutschem Interesse in Marokko –
wie er durch Bülow und den Kaiser gleichermaßen Anfang 1903 eindeutig zum Ausdruck gebracht wurde – der es verhinderte, daß irgendein Plan dieser Art realisiert wurde.[76]

Die Logik des Appeasement

Die wirkliche Erklärung für das Scheitern eines anglo-deutschen Bünd-
nisprojekts lag nicht in der Stärke, sondern in der *Schwäche* Deutschlands.
Es waren allerdings schließlich im gleichen Umfang die Briten wie die
Deutschen, die der Vorstellung von einer Allianz ein Ende bereiteten.[77]
Und die Briten taten dies nicht, weil Deutschland anfing, eine Bedrohung
für Großbritannien darzustellen, sondern weil sie im Gegenteil erkannten,
daß von Deutschland eine derartige Bedrohung *nicht* ausging.

Das Hauptinteresse Londons hatte selbstverständlich darin bestanden,
die Wahrscheinlichkeit kostspieliger Konflikte in Übersee nicht zu
erhöhen, sondern zu vermindern. Trotz aller Wahnvorstellungen auf
deutscher Seite waren derlei Auseinandersetzungen mit Mächten, die
bereits über große Imperien verfügten, wahrscheinlicher, als mit einer
Macht, die bloß den Erwerb eines solchen anstrebte. Aus diesem Grunde
überrascht es nicht, daß schließlich von britischer Seite Frankreich und
Rußland gegenüber weit fruchtbarere diplomatische Bemühungen unternommen wurden. Wie der Unterstaatssekretär des Foreign Office, Francis
Bertie, im November 1901 sagte, lautete das beste Argument gegen ein
britisch-deutsches Bündnis: Wenn ein solches abgeschlossen würde, dann
würden »wir niemals mit Frankreich auf gutem Fuße stehen, unserem
Nachbarn in Europa und in vielen Teilen der Welt, oder mit Rußland,
dessen Grenzen sich in großen Teilen Asiens mit den unseren direkt oder
beinahe berühren«.[78] Salisbury und Selborne vertraten sehr ähnliche
Ansichten über die relative Bedeutung Frankreichs und Deutschlands.
Das deutsche Zögern, die britische Politik in China im Jahre 1901 zu
unterstützen, das auf der Furcht beruhte, in einen Gegensatz zu Rußland
zu geraten, bestätigte nur die britische Ansicht: trotz all seines Gepolters
war Deutschland schwach.[79]

Im Vergleich dazu konnte Frankreich eine weit beeindruckendere Liste
von imperialen Streitfragen anbieten, über die Vereinbarungen erzielt
werden könnten.[80] Beispielsweise hatten die Franzosen den Briten ein

bestimmtes, weit größeres und besseres Entgegenkommen anzubieten, als die Deutschen es je bieten konnten: nämlich die endgültige Anerkennung der britischen Stellung in Ägypten. Nach mehr als 20 Jahren immer wiederkehrender Spannungen bedeutete dies ein wichtiges diplomatisches Nachgeben des französischen Außenministers Delcassé, und es ist leicht zu erkennen, warum der brititsche Außenminister Lansdowne es sehr eilig hatte, all dies zu Papier zu bringen. Der Preis dieser Vereinbarung bestand darin, daß Frankreich das Recht erwarb, »die Ordnung in Marokko aufrechtzuerhalten und Hilfe zum Zwecke aller administrativen, ökonomischen, finanziellen und militärischen Reformen zur Verfügung zu stellen, derer dieses Land bedürfen möge« – eine Konzession, die die Franzosen so einschätzten, als gebe sie ihnen *de facto* die gleiche Macht über Marokko, wie Großbritannien sie seit 1882 über Ägypten besaß. In den folgenden Auseinandersetzungen über Marokko waren die Deutschen tatsächlich oftmals im Recht; aber es war eine Tatsache, daß Großbritannien sich für Frankreich entschieden und daher Anlaß hatte, die französischen Forderungen selbst dann zu unterstützen, wenn sie über den rechtlichen Status quo hinausgingen.

Die anglo-französische *Entente Cordiale* vom 8. April 1904 führte also schließlich zu einem kolonialen Tauschgeschäft (auch die Siamfrage wurde geregelt[81]), das noch zwei andere Konsequenzen zeitigte. Erstens verminderte die *Entente* für Großbritannien die Bedeutung guter Beziehungen zu Deutschland, wie während der ersten Marokkokrise deutlich wurde, die mit der Landung des Kaisers in Tanger am 31. März 1905 und der Forderung nach einer internationalen Konferenz zur Bestätigung der marokkanischen Unabhängigkeit begann. Weit davon entfernt, die deutschen Forderungen nach einer »offenen Tür« in Marokko zu unterstützen, machte sich Lansdowne Sorgen, daß die Krise möglicherweise Delcassé stürzen und mit einem französischen Rückzug enden könne.[82]

Zweitens führte die anglo-französische Entente wegen der engen Verbindungen zwischen Paris und St. Petersburg zu besseren Beziehungen zwischen England und Rußland.[83] Rasch aufeinanderfolgend deutete Großbritannien seine Bereitschaft an, Rußland gegenüber im Hinblick auf die Mandschurei und Tibet nachzugeben und unnötige Spannungen wegen der Meerengen, Persiens und wegen Afghanistans zu vermeiden.[84] Es ist möglich, daß dieser Beweggrund für gute Beziehungen früher oder später zu einer formalen Vereinbarung geführt hätte, wie es im Falle Frankreichs geschah, würde nicht Rußland eine Niederlage gegen Japan erlitten haben. Als die russische Regierung einen Kompromiß hinsichtlich der Mandschurei verweigerte, wandte sich Tokio bereitwillig an London, und im Jahre 1902 wurde ein Defensivbündnis zwischen London und Tokio geschlossen.

Die britische Außenpolitik zielte stets darauf, den Starken Zugeständnisse zu machen, dies Grundprinzip kam auch im Verhältnis zu den USA zur Anwendung. Die USA waren eine aggressive Macht, die auf dem Atlantik und dem Pazifik eine direkte Bedrohung Großbritanniens darstellte. Obgleich es zwischen den USA und Großbritannien seit 1812 keinen handgreiflichen Streit mehr gegeben hatte, vergißt man allzuleicht, wie viele Gründe für Auseinandersetzungen sie in den 1890er Jahren besaßen. Die Vereinigten Staaten stritten sich mit Großbritannien wegen der Grenze zwischen Venezuela und Britisch-Guayana, und der Konflikt wurde erst 1899 geregelt. Sie führten wegen Kuba einen Krieg mit Spanien und eroberten im Zusammenhang mit dieser Auseinandersetzung im Jahre 1898 die Philippinen, Puerto Rico und Guam, im gleichen Jahr annektierten sie Hawaii. Sie fochten auf den Philippinen zwischen 1899 und 1902 einen blutigen Kolonialkrieg aus; und eigneten sich 1899 einige Inseln des Samoa-Archipels an, und sie wirkten mit Eifer an der ökonomischen Aufteilung Chinas mit. Die nächste Stufe der amerikanischen imperialen Expansion bestand darin, einen Kanal quer durch den zentralamerikanischen Isthmus zu bauen. Im Vergleich zu den USA stellte Deutschland eine ausgesprochen friedfertige Macht dar. Und wieder einmal gab Großbritannien dem Starken gegenüber nach.

Die britische Außenpolitik zwischen 1900 und 1906 diente also der Beschwichtigung jener Mächte, die die größte Bedrohung für die eigene Position Großbritanniens darzustellen schienen, und dies geschah selbst um den Preis guter Beziehungen zu weniger wichtigen Mächten. Verfolgt man die Entwicklung der Jahrhundertwende, zählte Deutschland offenkundig zur letztgenannten Kategorie – Frankreich, Rußland und die Vereinigten Staaten dagegen zählten zu den starken Mächten.

3 Großbritanniens Krieg der Illusionen

Der Angler

Wie am Ende des vorangegangenen Kapitels dargestellt, sah in Großbritannien das außenpolitische Erbe aus, das die Liberalen nach Balfours Rücktritt im Dezember 1905 und ihrem darauffolgenden erdrutschartigen Wahlsieg übernahmen. Es ist wichtig zu betonen, daß dieses Erbe Großbritannien in keiner Weise dazu verdammte, den Ersten Weltkrieg zu führen. Gewiß aber legte es die diplomatischen Prioritäten Großbritanniens gegenüber den anderen großen Mächten – in der Reihenfolge: Frankreich, Rußland, Deutschland – fest. Aber es verpflichtete Großbritannien nicht unwiderruflich zur Verteidigung Frankreichs und noch weniger Rußlands im Falle eines deutschen Angriffs auf einen dieser Staaten oder auf beide. Dieses Erbe machte, kurz gesagt, einen Krieg zwischen Großbritannien und Deutschland nicht unvermeidlich, wie einige wenige Pessimisten fürchteten.[1] Hinzu kommt, daß es bei einer liberalen Regierung – besonders bei einer von der Art, wie sie von Sir Henry Campbell-Bannerman geführt wurde – sehr viel weniger wahrscheinlich war als bei ihren Vorgängerinnen, daß sie mit Deutschland in Streit geraten würde, ebensowenig sprach viel dafür, daß sie sich Frankreich oder Rußland anpassen würde.

Die neue Regierung trat mit dem Vorhaben an, »die gigantischen Rüstungsausgaben zu reduzieren, die durch die Hemmungslosigkeit unserer Vorgänger entstanden sind«.[2] Das Gesetz von der Durchsetzungskraft der unbeabsichtigten Folgen zeigt jedoch zwangsläufig Wirkung, wenn eine Regierung in sich derart fundamental gespalten ist, wie es diese liberale Regierung schrittweise werden sollte.

Bereits im September 1905 waren die Politiker Herbert Asquith, Edward Grey und Richard Haldane übereingekommen, gemeinsam als »Liberal League« (eine de facto imperialistische Gruppierung) innerhalb der neuen Administration zu agieren, um Tendenzen entgegenzutreten, die unter anderem vom König gefürchtet wurden.[3] Die Ernennung Greys zum Außenminister bedeutete einen der ersten und wichtigsten Erfolge dieser Gruppierung.

Sir Edward Grey – dritter Baronet und später Viscount Grey of Falloden – taucht in historischen Werken gemeinhin als eine tragische Gestalt auf. Im Jahre 1908 charakterisierte ihn der Chefredakteur der *Daily News*, A. G. Gardiner, weitgehend zutreffend, wie folgt:

»Sein Starrsinn, der keineswegs durch großes Wissen oder durch eine schnelle Auffassungsgabe angesichts von Ereignissen, die die Menschheit in höchstem Maße erregen, gemildert wird, stellt eine Gefahr für die Zukunft dar. Seine Ziele sind hochgesteckt, seine Ehre ist unbefleckt; aber die geringe Beweglichkeit seines Geistes und sein unbedingtes Vertrauen in die Ehrlichkeit jener, auf die er sich verlassen muß, können leicht dazu führen, daß er Wege einschlägt, die bei einem phantasiebegabteren Geist und einem schnelleren Instinkt dazu führen würden, Fragen zu stellen und [Antworten] zurückzuweisen.«[4]

Nachdem Grey im Jahre 1914 die schlimmsten Befürchtungen des Chefredakteurs der Daily News bestätigt hat, was wohl nicht überraschend geschah, wurde er weiterhin in dieser Weise eingeschätzt. David Lloyd Georges postumes Portrait Greys brachte Ähnliches auf sarkastische Weise zum Ausdruck: Grey besitze »eine hohe Intelligenz, aber von einer (…) alltäglichen Beschaffenheit«. Seine Reden seien »klar, korrekt und ordentlich«, aber sie »wiesen keinerlei Besonderheiten der Sprache oder des Denkens auf«. »Es mangelte ihm an dem Wissen, (…) der Vorstellungskraft, der Phantasie, der geistigen Weite und an jenem hohen Mut, der an Kühnheit grenzt, die seine ungeheure Aufgabe erforderte.« Er war »ein Lotse, dessen Hand zitterte, er war von Sorgen gelähmt und nicht fähig, die Hebel zu ergreifen und sie mit starker und klarer Zielbewußtheit zu bedienen (…). Er wartete vielmehr darauf, daß die öffentliche Meinung ihm seine Richtung vorgebe«.[5] Und so wiederholt sich das schmerzliche Urteil immer und immer wieder: »Wirklich tragisch (…), im Herzen ein Menschenfreund, ein Mann des Friedens.« »Einen hochherzigeren Apostel des Sittengesetzes hat es nie gegeben.« »Er konnte mit Fragen umgehen, auf die es rationale Antworten gab; wenn er mit dem Unerklärlichen konfrontiert wurde, dann neigte er zum Rückzug.«[6]

Zweifellos umwehte Grey ein Hauch von Tragik. Er war zwei Monate

Außenminister, da verlor er seine Ehefrau, die er sehr geliebt hatte. Sein berühmtester Ausspruch war eine Metapher, in der es um ausgehende Beleuchtung ging («In Europa gehen die Lichter aus»); und es liegt eine gewisse grausame Ironie darin, daß er im Laufe des Krieges beinahe vollständig erblindete. Das Wissen um diese Schicksalsschläge sollte nicht davon ablenken, daß er sich vor dem Kriege durch die Klarheit seines diplomatischen Weitblicks auszeichnete. Als Parlamentarischer Unterstaatssekretär im Foreign Office hatte er sich in der Phase der Isolierung, die in der Faschodakrise ihren Höhepunkt fand, einen Namen gemacht. Doch obwohl er den Burenkrieg unterstützte und Verdächtigungen seiner Kritiker in der radikalen Presse auf sich zog, war Grey keineswegs ein glühender Imperialist. Er teilte den Wunsch der Radikalen, »eine europäische Politik zu betreiben, ohne eine große Armee zu unterhalten«.[7] Allerdings war diese Einstellung nur eine Konsequenz seiner tonangebenden und bereits 1902 von ihm vertretenen Überzeugung, daß Großbritannien sich gegen Deutschland orientieren solle. Zur Enttäuschung von Bertrand Russell äußerte er sich im Dezember 1902 bei der Veranstaltung einer (…) Diskussionsgruppe in diesem Sinne.[8] Im Januar 1903 sagte er dem Dichter Henry Newbolt: »Ich bin zu der Überzeugung gelangt, daß Deutschland unser schlimmster Feind ist und die größte Gefahr für uns darstellt (…). Ich glaube, die deutsche Politik läuft darauf hinaus, sich unserer ohne Gegenleistung zu bedienen: uns isoliert zu halten, damit sie [die Deutschen] mit ansehen können, wie wir voll aufs Kreuz fallen.«[9] »Wenn uns irgendeine Regierung ins deutsche Netz zurückzieht«, erklärte er dem liberalen Parlamentsmitglied Ronald Munro-Ferguson im August 1905, »werde ich dem offen und um jeden Preis entgegentreten.« Zwei Monate später, kurz bevor er Außenminister wurde, unterstrich er diese Festlegung:

»Ich fürchte, es ist von interessierten Kreisen mit einigem Erfolg der Eindruck verbreitet worden, daß eine liberale Regierung das Einvernehmen mit Frankreich in Frage stellen und sich Deutschland zuwenden würde. Ich werde alles in meiner Kraft Stehende tun, um dagegen anzukämpfen.«[10]

Und zwei Tage später verkündete er einem Publikum in der City: »Nichts, was wir im Hinblick auf unsere Beziehung zu Deutschland tun, darf in irgendeiner Weise unsere bestehenden guten Beziehungen zu Frankreich schädigen.«[11]

Greys Deutschfeindlichkeit und sein Streben nach einer Entente mit Frankreich standen von Anfang an im Gegensatz zur Einstellung der Mehrheit des liberalen Kabinetts. Diese Auffassungsunterschiede hätten eigentlich schon viel früher, als sie es dann schließlich taten, zu Schwierigkeiten führen müssen. Doch Campbell-Bannerman war ein Premierminister, der wenig außenpolitischen Scharfblick besaß. Während Asquith – der im April 1908 seine Nachfolge antrat – geschickt Greys Position deckte.[12] Asquith sollte von seinen Bewunderern bald als ein Meister »in der Kunst [betrachtet werden], die eine Seite gegen die andere auszuspielen«; in den Augen seiner Kritiker »verband [er eine] beispiellose parlamentarische Führungsfähigkeit mit vollständiger Unfähigkeit, sich den Tatsachen zu stellen oder irgendwann einmal rechtzeitig auf ihrer Grundlage eine Entscheidung zu fällen«.[13]

Es war typisch für Grey, sich über liberale Parlamentsabgeordnete zu beklagen, wie er es im Oktober 1906 tat: Diese hätten sich inzwischen »die Kunst Fragen zu stellen und Debatten auszulösen angeeignet, und dabei gibt es in den auswärtigen Angelegenheiten so vieles, was Aufmerksamkeit auf sich zieht und was man doch besser nicht behandeln sollte«. Wenn sich andere Regierungsmitglieder zu außenpolitischen Fragen äußerten, dann versuchte Grey »sie zu überzeugen, daß sie auf diese Weise nur mit dem Kopf gegen Wände anrennen würden«.[14]

Und bei all dem kam ihm zweifellos die stillschweigende Zustimmung der Opposition für seine Politik entgegen. Man muß sich stets vor Augen halten, daß die liberale Mehrheit in Großbritannien zwischen 1906 und 1914 in ständig wachsendem Maße zusammenschmolz. Unter solchen Umständen mußte der Einfluß der Opposition einfach steigen. Wäre die konservative Führung nicht mit Greys Politik einverstanden gewesen, dann hätte sie ihm das Leben genauso schwer machen können, wie sie es Lloyd George mit seiner Finanzpolitik machte, mit der sie nicht einverstanden war, und Asquith mit seiner Irlandpolitik, die sie verabscheute. Aber das taten die Führer der Konservativen nicht. Sie glaubten vielmehr, daß Grey ihre eigene Politik fortsetze. Wie der Einpeitscher der Tories, Lord Balcarres, im Mai 1912 formulierte, hatte seine Partei »Grey sechs Jahre lang unter der Voraussetzung unterstützt, daß er die anglofranzösische Entente fortsetze, die Lord Lansdowne geschaffen hatte, und die anglo-russische Entente [vollende], zu der Lord Lansdowne den Weg geebnet hatte«.[15] Zwischen Grey und den Wortführern der Opposition herrschte mehr Übereinstimmung als innerhalb des Kabinetts, ganz zu schweigen von der liberalen Partei insgesamt. Tatsächlich verteidigte schließlich die konservative Presse während der zweiten Marokkokrise 1911 Grey gegen seine radikalen Kritiker.[16] Und dies bedeutete, daß die Details der Greyschen Politik vom Parlament nicht kritisch genug unter die Lupe genommen wurden.

Das verschaffte Grey einen viel breiteren Handlungsspielraum, als er in seinen Memoiren zu erkennen gibt. Auch sollte man bedenken, daß er den Umgang mit Situationen, in denen er volle Entscheidungsfreiheit besaß, nicht gelernt hatte. Während seiner Ausbildung offenbarte er eine chronische Leistungsschwäche (er war zeitweise wegen Faulheit von der Universität verwiesen worden und erzielte nur eine sehr mäßige Abschlußnote als Jurist). Greys lebenslange Leidenschaft war das Fischen nach Forellen und Lachsen.[17] Und das Fliegenfischen ist, wie jene Leser, die sich darin versucht haben, wissen werden, keine Beschäftigung, die für eine entschlußfreudige Geisteshaltung förderlich ist.[18] In seinem Buch zu diesem Thema, das Grey 1899 veröffentlichte, geriet er in lyrisches Entzücken, wenn es um die ungewissen, unvorhersehbaren Freuden bei dieser Beschäftigung ging. Eine Stelle, wo der er den Fang eines acht Pfund schweren Lachses beschreibt, verdient es, zitiert zu werden:

»Es gab keinen unmittelbaren Anlaß, eine Katastrophe zu befürchten (…). Aber (…) es überfiel mich das grausige Bewußtsein, daß die ganze Angelegenheit sich sehr lange hinziehen werde und daß der schwierigste Teil ganz am Ende kommen werde, und zwar nicht beim Einfangen des Fisches, sondern dabei, ihn an Land zu bringen (…). Es schien so, als würde jeder Versuch, den Fisch mit [meinem Netz] ans Ufer zu schaffen, eine Katastrophe herbeiführen, die ich nicht mit ansehen könnte. Ja schrecklicher noch, ich hatte das Gefühl, daß jedes Versagen meinerseits entsetzlich sein würde (…). Ich persönlich kenne nichts, was dem erregenden Gefühl gleichkommt, einen unerwartet großen Fisch an der Angel zu haben.«[19]

Selbst angesichts des Risikos, die Analogie zu weit zu treiben, möchte man behaupten, daß sich der englische Außenminister bei vielem, was in jener Zeit – und insbesondere während der Julikrise – geschah, persönlich genauso wie der von ihm geschilderte Angler am Fluß verhielt. Er hoffte, den Fisch an Land befördern zu können, aber er kannte die Risiken einer »Katastrophe«.

In einer Hinsicht allerdings führt die Analogie in die Irre. Bei seinem

Umgang mit Rußland und Frankreich war Grey der Fisch, der an den Haken der anderen endete. Im russischen Fall behauptete Grey später, er habe die Entspannungspolitik seines Vorgängers erfolgreich fortgesetzt, obwohl die Radikalen das zaristische Regime mit Abscheu betrachtet hätten.[20] Sieht man sich die Angelegenheit jedoch genauer an, so muß man feststellen, daß er bedeutend weiter ging. Die Schwächung Rußlands nach der Niederlage im Krieg gegen Japan und der Revolution von 1905 machte die Dinge für ihn leicht. Ging es um Kürzungen der Mittel für Indiens Verteidigung, konnte er sich über jene Kreise im Kriegsministerium und in der Indischen Regierung hinwegsetzen, für die Rußland weiterhin eine Bedrohung an der Nordwestgrenze des Subkontinents darstellte.[21] Und Grey fand Unterstützung von Oberst William Robertson von der Spionageabteilung des Kriegsministeriums, der sich gegen ein verstärktes militärisches Engagement der Briten in Persien oder an der Grenze zu Afghanistan aussprach, da doch Deutschland eine weit ernsthaftere militärische Bedrohung darstelle:

»Jahrhundertelang haben wir in der Vergangenheit (...) jede Macht in die Schranken gewiesen, die nach der Vorherrschaft auf dem Kontinent strebte; und dementsprechend und als Konsequenz dessen haben wir unsere eigene Sphäre imperialer Vorherrschaft gefestigt (...). Eine neue Dominanz wächst nun heran, deren Schwerpunkt in Berlin liegt. Alles, (...) was uns helfen könnte, gegen diese neue und höchst schreckliche Gefahr Widerstand zu leisten, dürfte für uns von Wert sein.«[22]

Dies lieferte Grey das Stichwort, um einige tiefgreifende Veränderungen der britischen Außenpolitik vorzunehmen.

Die zunächst geschlossenen Abkommen vom 31. August 1907 betrafen Tibet und Persien. Ersteres wurde ein Pufferstaat; letzteres teilte man in Einflußsphären auf – der Norden des Landes ging an Rußland, die Mitte blieb neutral, und der Südosten galt als britische Interessensphäre. Nach den Worten von Sir Eyre Crowe aus dem Foreign Office sollte »die Fiktion eines unabhängigen und vereinigten Persien (...) geopfert werden«, um jede Art von »Streit« mit Rußland zu vermeiden.[23] »Seit Jahrhunderten« – um hier Robertsons Formulierung zu übernehmen – hatte Großbritannien danach gestrebt, einer russischen Expansion in Richtung auf die Ausgänge des Schwarzen Meers ebenso Widerstand entgegenzusetzen wie einer solchen nach Persien und Afghanistan hinein. Nun konnte diese Grundhaltung, um guter Beziehungen zu Rußland willen, aufgegeben werden. »Wenn die Dinge in Asien günstig geregelt sind«, sagte Grey zu seinem Unterstaatssekretär Sir Arthur Nicolson, »werden die Russen mit uns keine Schwierigkeiten wegen des Eingangs zum Schwarzen Meer haben.«[24] »Die alte Politik, die Meerengen für [Rußland] verschlossen zu halten und bei jeder Konferenz der Großen Mächte gegen [Rußland] aufzutreten«, solle »aufgegeben« werden – wobei Grey sich allerdings weigerte zu sagen, wann genau dies geschehen solle.[25] Um Rußlands Stellung als »Gegengewicht gegen Deutschland zu Lande« zu stärken, gab Grey sich oftmals den Anschein, als begünstige er die traditionellen Ambitionen Rußlands auf dem Balkan.[26] Tatsächlich waren einige seiner Beamten *plus russe que le Czar*. Als Rußland die Annexion von Bosnien-Herzegowina durch Österreich im Jahre 1909 akzeptierte, war im Foreign Office Unterstaatssekretär Nicolson höchst empört.[27] Grey sanktionierte die Förderung des Nationalismus der Balkanslawen durch Rußland, wie er im November 1908 in einem Brief an seinen Botschafter in Berlin, Sir William Goschen, deutlich machte:

»In Rußland haben sich starke slawische Gefühle entwickelt. Zwar scheint diese Stimmung zur Zeit durchaus gebändigt, aber jegliches Blutvergießen zwischen Österreich und Serbien würde sie in Rußland gewiß auf einen gefährlichen Höhepunkt treiben; und der Gedanke, daß der Friede von der Zurückhaltung Serbiens abhängt, ist nicht gerade beruhigend.«[28]

Greys russischer Kollege Sergej Sasonow war optimistisch. Im Hinblick auf Persien formulierte er im Oktober 1910: »Die Engländer verfolgen lebenswichtige politische Ziele in Europa und werden, wenn es notwendig ist, gewisse Interessen in Asien aufgeben, und dies einfach, um die Übereinkunft mit uns aufrechtzuerhalten, die für sie so wichtig ist.«[29] Doch die Lage in London war heikler, als ihm bekannt war. Als Grey erfuhr, daß die Russen und die Deutschen in Potsdam eine Vereinbarung über das Osmanische Reich und Persien abgeschlossen hatten, dachte er zunächst an einen Rücktritt, um für einen deutschfreundlichen Außenminister Platz zu machen, der gegen russische Ansprüche in Persien und in der Türkei Widerstand leisten konnte.[30] Die Beziehungen verschlechterten sich noch weiter, als die Russen vorschlugen, die Meerengen für russische Kriegsschiffe zu öffnen, um ein Gegengewicht gegen einen italienischen Angriff auf die Türkei in Tripolis zu schaffen, und am 2. Dezember 1911 drohte Grey erneut mit dem Rücktritt. Das äußerste, was er anzubieten bereit war, war die Öffnung der Meerengen für alle;

jede andere Lösung würde die Radikalen im eigenen Lager in Zorn versetzt haben.[31] Unmittelbar vor Kriegsausbruch setzten die Russen erneut die Frage der Meerengen auf die Tagesordnung; tatsächlich hatte Sasonow, ohne daß Grey davon wußte, den alten russischen Traum von der Eroberung Konstantinopels wieder zum Leben erweckt.[32] Gewiß hätte Grey dem keinen Widerstand entgegengesetzt, wäre Rußland imstande gewesen, dies während des Krieges zu erreichen – tatsächlich akzeptierte er es als legitimes russisches Kriegsziel. All dies bedeutete einen deutlichen Umschwung in der britischen Außenpolitik. Ganz besonders bemerkenswert erscheint angesichts des Abscheu erregenden Rufs der russischen Regierung wegen ihres Antisemitismus und anderer illiberaler Gepflogenheiten, daß dieser Kurswechsel durch einen liberalen Außenminister vollzogen wurde.[33] Dies war Appeasement in Reinkultur in jenem verächtlichen Sinne, den das Wort später annehmen sollte.

Für einen liberalen Außenminister war eine frankreichfreundliche Politik viel leichter als eine rußlandfreundliche durchzuführen. Und wie wir gesehen haben, hatte Grey bereits, bevor er sein Amt übernahm, seine Absicht deutlich gemacht, eine profranzösische Linie zu verfolgen. Erneut entstand hier der Eindruck, als handele es sich dabei um eine Fortsetzung der Tory-Politik. Aber wiederum ging Grey – wie er selber bekannte – bedeutend »weiter als die vorangegangene Regierung hier gehen mußte«.[34] Insbesondere förderte er die Entwicklung einer militärischen »Ergänzung« der anglo-französischen Entente.

Bereits bevor die Liberalen die Regierung übernahmen, hatten britische Militärplaner damit begonnen, ernsthaft über eine Unterstützung für Frankreich zur See und zu Lande im Falle eines Krieges mit Deutschland nachzudenken. Die Pläne für eine Seeblockade gegen Deutschland waren selbstverständlich bereits formuliert.[35] Dennoch dachte der Generalstab nicht vor September 1905 erstmals ernsthaft daran, im Falle eines Krieges zwischen Frankreich und Deutschland eine »Expeditionsstreitmacht« auf den Kontinent zu entsenden, womit sich die Problematik der Neutralität Belgiens stellte. Obwohl die Generäle es für »unwahrscheinlich« hielten, »daß Belgien während der ersten Kampfhandlungen einen Teil des Kriegsschauplatzes bilden« würde, führten sie aus, »daß die Entwicklung der Auseinandersetzung zu einer Situation führen könne, die es für einen der Kriegführenden (eher allerdings für Deutschland) fast zwingend mache, die belgische Neutralität zu mißachten«. Trat dieser Fall ein, so ihre Einschätzung, könnten innerhalb von 23 Tagen zwei Armeekorps nach Belgien transportiert werden. Dies hatte den Vorzug, Großbritannien eine wirksamere und selbständigere Rolle spielen zu lassen, als wenn es nur »ein kleines Kontingent für eine große [französische] Kontinentalarmee (...) zur Verfügung stellen würde, (...) [was] in diesem Lande unpopulär sein dürfte«.[36] Bis zum Dezember 1905 stellte das wenig mehr als harmlose Gedankenspiele dar. Aber die neue Regierung hatte kaum die Geschäfte übernommen, da traf der Chef der militärischen Operationsabteilung, Generalleutnant James Grierson, bereits mit dem französischen Militärattaché Huguet zusammen, um über eine solche Landungsstreitmacht zu beraten.[37]

Der Zeitpunkt dieser Erörterungen – die neuen Minister waren gerade dabei, sich in ihre Amtsgeschäfte einzuarbeiten – hat selbstverständlich den Verdacht aufkommen lassen, daß die Militärs, wie auch auf dem Kontinent, versuchten, die Dinge zu beschleunigen. Doch jene, die bei der sogenannten Whitehall-Gardens-Konferenz anwesend waren, die gleichzeitig in den Amtsräumen des Generalstabs stattfand, legten ein bemerkenswertes Maß an Vorsicht an den Tag. So gelangten sie beispielsweise zu dem Schluß, daß Großbritannien im Falle einer Verletzung der belgischen Neutralität zwar ein »Interventionsrecht« besitze, jedoch nicht zum Eingreifen verpflichtet sei.[38] Nach Aussage von Sir Thomas Sanderson, dem ständigen Unterstaatssekretär im Foreign Office, enthielt der Vertrag von 1839 keine »positive Verpflichtung, (...) *unter allen Umständen und bei jedem Risiko* materielle Gewalt für die Aufrechterhaltung der Garantie [der Neutralität] einzusetzen«. Dies würde ja auch, so fügte er hinzu »geradezu das beinhalten, was zu versprechen von keiner Regierung vernünftigerweise erwartet werden kann«.[39] Jedenfalls schätzte Fisher – der bis 1910 der Erste Seelord bleiben sollte – die Vorstellung überhaupt nicht, das Heer über den Kanal zu transportieren, und befürwortete weiterhin eine reine Seestrategie im Falle eines Krieges mit Deutschland oder stellte sich äußerstenfalls eine Art von amphibischer Operation vor, um Truppen an der deutschen Küste zu landen.[40]

Grey war es, der den Verfechtern des Einsatzes von Expeditionsstreitkräften einen hilfreichen Anstoß lieferte. Am 9. Januar 1906, auf dem Höhepunkt der Verhandlungen über Marokko, deren Führung er von Lansdowne übernahm, sagte er dem deutschen Botschafter, Graf

Metternich, falls »Frankreich in Schwierigkeiten geriete« wegen Marokko, »wäre in England die Stimmung und die Sympathie für Frankreich (…) so stark, daß es für jede Regierung unmöglich sein würde, neutral zu bleiben«. In seinem Bericht über dieses Gespräch an den Premierminister fuhr er dann fort: »Das Kriegsministerium (…) sollte darauf vorbereitet sein, eine Antwort auf die Frage zu geben, was es unternehmen könnte, falls wir gegen Deutschland einschreiten müßten, wenn beispielsweise die belgische Neutralität verletzt würde.«[41]

Greys oberstes Gebot war Vorsicht: Er bestand darauf, daß militärische Gespräche mit den Franzosen einen inoffiziellen Charakter haben sollten – und sie waren dann derart vertraulich, daß zu Anfang nicht einmal Campbell-Bannerman informiert wurde.[42] Der Außenminister und seine Beamten sprachen in enigmatischer Form davon, Frankreich »mehr als (…) [nur] diplomatische Unterstützung« zu geben. Immer wieder behaupteten sie, die Gespräche der Militärs seien nicht »bindend«; Eyre Crowe versicherte sogar, daß »ein britisches Versprechen bewaffneter Hilfeleistung keine praktischen Konsequenzen haben« würde.[43] Sichtlich vorschnell urteilte Grey in dieser Angelegenheit: »Man sagt mir, daß 80 000 Mann mit guten Waffen alles ist [sic], was wir in Europa ins Feld schicken können«, informierte er Bertie, der jetzt Botschafter in Paris war, am 15. Januar 1906. Am nächsten Tag schrieb er an Lord Tweedmouth, den Ersten Lord der Admiralität: »Wir haben jede Art von Hilfe *versprochen*, aber es ist ganz richtig, daß unsere Verantwortlichen für Marine und Heer die Frage auf diese Weise erörtern sollten (…) und bereit sein sollten, Antworten zu geben, wenn sie gefragt werden oder falls sie überhaupt gefragt werden.«[44] Dieses hastig hinzugefügte »falls« spricht Bände. Im Februar 1906 waren die anglo-französischen Gespräche weit fortgeschritten, die Anzahl der Soldaten, die der Generalstab ins Feld zu schicken versprach, hatte sich auf 105 000 erhöht, und führende Offiziere wie Robertson und John Spencer Ewart, der neue Leiter der militärischen Operationsabteilung, begannen bereits damit, »bewaffnete Zusammenstöße« mit Deutschland als unvermeidlich zu betrachten.[45] Grey gab dazu folgenden Kommentar ab:

»Falls es einen Krieg zwischen Frankreich und Deutschland gibt, wird es für uns schwierig sein, uns herauszuhalten, falls die Entente und noch stärker die ständigen und emphatischen Demonstrationen der Zuneigung (…) in Frankreich die Überzeugung geschaffen haben, daß wir [dieses Land] bei seinen Kriegsbemühungen unterstützen sollten (...). Alle französischen Offiziere halten dies für selbstverständlich (...). Wenn diese Erwartung enttäuscht wird, wird Frankreich uns niemals vergeben (...). Je intensiver ich die Lage betrachte, desto deutlicher scheint es mir, daß wir uns nicht [aus einem Krieg heraushalten können], ohne unseren guten Ruf und unsere Freunde zu verlieren und unsere Politik und unsere Stellung in der Welt zu zerstören.«[46]

Im Juni 1906 besiegelten die wichtigsten Mitglieder des »Committee of Imperial Defence« die neue Politik, indem sie sich gegen Fisher und die »Flottenpartei« entschieden:

»a. Eine große Expeditionsstreitmacht in den Ostseeraum zu schicken, wäre nicht machbar, solange sich die Situation auf See nicht geklärt hat. Ein derartiger Operationsplan könnte nicht in Kraft treten, solange nicht an der Front große Schlachten geschlagen worden sind.
b. Jede militärische Kooperation seitens der britischen Armee muß, falls sie zu Beginn des Krieges unternommen wird, entweder die Form einer Expedition nach Belgien oder einer direkten Teilnahme an der Verteidigung der französischen Grenze annehmen.
c. Sollte Deutschland belgische territoriale Hoheitsrechte verletzen, würde dies offensichtlich die zuerst genannte Variante notwendig machen. Die Möglichkeit, daß es zu einer solchen Verletzung mit Zustimmung der belgischen Regierung kommt, darf nicht außer Betracht gelassen werden.
d. Auf jeden Fall muß man sich mit den Ansichten der Franzosen auseinandersetzen, denn es ist von höchster Wichtigkeit, daß jeder Schritt der Zusammenarbeit von unserer Seite mit ihren strategischen Plänen übereinstimmt.
e. Welchen Kurs man auch immer steuern will, so wäre zu Beginn eine Landung an der Nordwestküste Frankreichs auf jeden Fall von Vorteil.«[47]

Grey war also kaum ein halbes Jahr im Amt, da hatte er bereits die führende Rolle bei der Umgestaltung der Entente mit Frankreich gespielt, die als ein Versuch zur Regelung außereuropäischer Konflikte in einem wirklichen Defensivbündnis zustande gekommen war.[48] Er hatte den Franzosen vermittelt, daß Großbritannien bereit sein würde, im Kriegsfall mit ihnen zusammen gegen Deutschland zu kämpfen. Und die militärischen Planer hatten nun mehr oder weniger genau darüber entschieden, welche Form die Unterstützung für Frankreich annehmen sollte.[49] (Grey behauptete später, die Einzelheiten der anglo-französischen Gespräche auf militärischer Ebene nicht gekannt zu haben; aber dies scheint höchst unwahrscheinlich).[50] Trotz ständiger Störversuche Fishers und trotz der Bedenken Eshers, einem Mitglied des CID, im Hinblick auf den Umfang der geplanten Expeditionsstreitmacht wurde die Kontinentalstrategie im Jahre 1909 durch den Unterausschuß des CID über die militärischen Bedürfnisse des Empire bestätigt.[51]

Man könnte sogar die Vermutung äußern – und damit die Thesen von Fritz Fischer auf den Kopf stellen –, daß die CID-Konferenz vom 23. August 1911 und eben nicht das berüchtigte Treffen zwischen dem Kaiser und seinen führenden Militärs 16 Monate später der wirkliche »Kriegsrat« war, der den Kurs in Richtung auf eine militärische Konfrontation zwischen Großbritannien und Deutschland festlegte. In einer Denkschrift, die vor dieser Konferenz ausgearbeitet wurde, lehnte der Generalstab die Vorstellung (die unter anderem Winston Churchill vertrat) ab, die französische Armee habe auch ohne Hilfe berechtigte Hoffnung, einem deutschen Angriff standhalten zu können:

»Falls wir neutral bleiben, wird Deutschland allein gegen Frankreich kämpfen. Die Heere und Flotten Deutschlands sind weit stärker als jene Frankreichs, und an den Ergebnissen eines derartigen Krieges kann es kaum Zweifel geben (...). Sollte Frankreich allein kämpfen, würde es aller Wahrscheinlichkeit nach eine Niederlage erleiden.«[52]

Werde aber auf der anderen Seite »England ein aktiver Verbündeter Frankreichs«, dann könne die Kombination von Überlegenheit zur See und schneller Übersetzung einer Streitmacht, die aus einer ganzen regulären Armee mit sechs Infanteriedivisionen und einer Kavalleriedivision besteht, die Kräfteverhältnisse – insbesondere langfristig – umkehren.[53]

Wie der britische Premierminister Herbert Asquith mit einer Spur von Skepsis darlegte, war »die Frage der Zeit von höchster Bedeutung für diesen Plan«. Aber die Position des Generalstabs wurde höchst wirkungsvoll von Henry Wilson, Ewarts Nachfolger als Leiter der militärischen Operationsabteilung, verteidigt, der voraussagte, der Krieg würde durch einen Zusammenstoß zwischen der deutschen Angriffsspitze von 40 Divisionen, die zwischen Maubeuge und Verdun durchstoßen werde, und einer französischen Streitmacht von höchstens 39 Divisionen entschieden werden, »so daß es recht wahrscheinlich sei, daß unsere sechs Divisionen den ausschlaggebenden Faktor darstellen werden«. Wilson »stellte sich recht grob« der (von Grey vorgetragenen) Vermutung entgegen, daß die Russen imstande sein könnten, das Ergebnis zu beeinflussen, und »nach langem (...) und ergebnislosem Gerede«

(so Wilsons Worte) ließ der General die Sache auf sich beruhen: »Erstens (...) *müssen* wir uns den Franzosen anschließen. Zweitens (...) *müssen* wir am gleichen Tage mobil machen wie die Franzosen. Drittens (...) *müssen* wir die vollständigen sechs Divisionen schicken.«[54]

Die umfassende Kritik der Kriegsmarine an diesem Plan (vorgetragen vom Ersten Seelord, Arthur Wilson, und Reginald McKenna, Nachfolger von Tweedmouth als Erster Lord der Admiralität) war nicht überzeugend.[55] Schlimmer noch, die konkurrierenden Pläne der Admiralität für eine dichte Blockade der wichtigsten deutschen Flußmündungen und für die Landung einer Division an der norddeutschen Küste wurden vom Generalstabschef Feldmarschall Sir William Nicholson schonungslos als nicht mehr zeitgemäß zerpflückt.[56]

Grey gab sich damit zufrieden und zog den Schluß, daß »die dargelegten kombinierten Operationen für den Erfolg zur See nicht wesentlich seien und der Kampf an Land entscheidend sein würde«. Und die Argumente genügten auch Herbert Asquith, der Arthur Wilsons Pläne als »kindisch« und »ganz und gar unbrauchbar« abtat. Der einzige Vorbehalt der Politiker lief darauf hinaus, daß zwei der Heeresdivisionen zunächst daheim bleiben sollten.[57] Maurice Hankey vom CID lag, wie er später selber zugab, völlig falsch mit der Behauptung, daß bei dieser Konferenz kein Ergebnis erzielt worden sei.[58] Und Esher gelangte am 4. Oktober bedrückt zu der Erkenntnis: »Die bloße Tatsache, daß der lan des Kriegsministeriums bis in die Details hinein gemeinsam mit dem französischen Generalstab ausgearbeitet worden ist, hat uns gewiß zum Kämpfen verpflichtet (...).«[59]

Ein Grund, warum sich die Admiralität schließlich mit der strategischen Entscheidung für eine britische Expeditionsstreitmacht einverstanden erklärte, lag darin, daß diese nicht mit der alternativen Strategie der Marine zu einer Fernblockade Deutschlands unvereinbar war. Daran glaubte allerdings in der Marine nicht jeder – Arthur Wilson zweifelte im stillen daran, ob eine Blockade das Ergebnis eines französisch-deutschen Kriegs beeinflussen könne[60] – ebenso waren im Kriegsministerium nicht alle von der Richtigkeit der Entscheidung für ein Expeditionskorps überzeugt. Auf der anderen Seite ist es wichtig festzuhalten, daß die erstgenannte Strategie bedeutsame Rückwirkungen auf die letztere hatte. Im Dezember 1912 vertraten Winston Churchill und Lloyd George bei einer anderen Zusammenkunft des CID mit Nachdruck die Ansicht, es würde im Falle eines Krieges »für die Niederlande und Belgien ganz unmöglich sein, ihre Neutralität zu bewahren (...). Sie müßten entweder Freunde oder Feinde sein.« »Dieses Land würde es sich nicht leisten können, einfach abzuwarten, was jene Länder schließlich tun würden«, behauptete Lloyd George:

> »Aufgrund der geographischen Lage der Niederlande und Belgiens würde deren Haltung in einem Krieg zwischen dem Britischen Empire gemeinsam mit Frankreich und Rußland auf der einen Seite gegen den Dreibund auf der anderen von ungeheurer Bedeutung sein. Wenn sie neutral blieben und ihre Neutralität voll akzeptiert würde, dann wären wir nicht imstande, wirkungsvollen wirtschaftlichen Druck auf sie auszuüben. Es wäre aber entscheidend, daß wir dies täten.«

Es beunruhigte auch General Sir John French, Nicholsons Nachfolger als Generalstabschef des Empire, daß die Belgier bereit sein könnten, eine begrenzte Verletzung ihres Territoriums in Kauf zu nehmen. Die Konferenz kam in diesem Zusammenhang zu dem Schluß:

> »Um den größtmöglichen Druck auf Deutschland auszuüben, ist es entscheidend, daß die Niederlande und Belgien sich uns gegenüber entweder uneingeschränkt freundlich verhalten, und in diesem Fall sollten wir ihren Überseehandel begrenzen, oder daß sie definitiv unsere Feinde sind, in dem Fall sollten wir die Blockade auf ihre Häfen ausdehnen.«[61]

Mit anderen Worten: Hätte Deutschland nicht im Jahre 1914 die belgische Neutralität verletzt, dann würde Großbritannien dies getan haben. Dies läßt die vielgepriesene moralische Überlegenheit der britischen Regierung im Kampf »für die belgische Neutralität« in einem anderen Licht erscheinen.

Im April 1912 brachte Oberstleutnant Bridges die Ansicht zum Ausdruck: Wäre es im Vorjahr zu einem Krieg wegen Marokko gekommen, dann wären britische Truppen an der belgischen Küste gelandet. Der belgischen Auffassung zufolge war eine derartige Intervention nur dann legitim, wenn das Land die Garantiemächte des Vertrags von 1839 dringend dazu aufforderte. (Die Briten zweifelten durchaus daran, daß ein solcher Appell erfolgen würde, insbesondere falls, was immer noch für möglich gehalten wurde, ein deutscher Vorstoß nur durch einen Teil des Landes hindurch, etwa südlich von Lüttich, erfolgte.) Als die Holländer im Jahre 1910 vorschlugen, in Flushing eine neue Festung zu errichten, die ihnen die Beherrschung der Mündung des Scheldeflusses ermöglichen sollte, führte dies in London zu Bestürzung, bedrohte eine derartige Befestigung doch den Zugang der britischen Flotte nach Antwerpen. Die Belgier jedoch trugen gegen all das keine heftigen Einwände vor; sie fürchteten eine Verletzung ihrer Neutralität durch die britische Flotte ebensosehr wie eine solche durch das deutsche Heer.[62]

Angesichts all dessen scheinen die deutschen Sorgen vor einer Einkreisung weniger von Verfolgungswahn als von Realismus zu zeugen. Als Reichskanzler Bülow am 14. November 1906 im Reichstag die Bemühungen anprangerte, »einen Kreis von Mächten um Deutschland zu bilden, um es zu isolieren und lahmzulegen«, erwies er sich nicht – wie britische Staatsmänner später in ihren Memoiren nachdrücklich betonten – als ein krankhafter Phantast.[63] Verglichen mit den entsprechenden deutschen Konferenzen waren die Erörterungen militärischer Fragen auf britischer Seite stärker entscheidungsorientiert. Und warum wurde der sogenannte »Kriegsrat« ins Leben gerufen, den der Kaiser im Dezember 1912 zusammenrief? Auslöser war eine Mitteilung von Lord Haldane, die *über* den deutschen Botschafter nach Berlin gelangte: »England könne es nicht dulden, daß Deutschland die Vormacht des Kontinents werde und *der* [Kontinent] unter seiner Führung sich vereinige.« Der Einwand des Kaisers: »England wird aus Neid und Haß gegen Deutschland unbedingt Frankreich u[nd] Rußland gegen uns beistehen«, war nicht falsch; und dies bestätigte nur, wie Bethmann dazu bemerkte, was ohnehin seit einiger Zeit bekannt war.[64]

Die Napoleonneurose

Herkömmlicherweise ist die antideutsche Politik Greys von Historikern damit gerechtfertigt worden, daß Deutschlands *Weltpolitik* nunmehr in London als eine wachsende Bedrohung für britische Interessen in Afrika, Asien und dem Nahen Osten betrachtet wurde. Wichtiger aber noch sei, daß Deutschlands Flottenbauprogramm eine ernsthafte Herausforderung für die Sicherheit Großbritanniens bedeutet habe. Jedoch spitzten sich bei genauerem Zusehen vor 1914 weder Kolonial- noch Flottenangelegenheiten unabwendbar in Form eines anglo-deutschen Entscheidungskampfs zu.

Winston Churchill schrieb in der Rückschau: »Wir waren nicht die

Feinde einer deutschen Kolonialexpansion.«[65] Eine Vereinbarung zwischen Großbritannien und Deutschland, die den Weg zu einem größeren deutschen Einfluß in den früheren Kolonien Portugals im Süden Afrikas geöffnet hätte, war einem Abschluß nahe gekommen.[66] Grey selber sagte 1911, daß es keine »sehr große Rolle spiele, ob wir Deutschland oder Frankreich in Afrika zum Nachbarn haben«. Er war darauf bedacht, »so bald wie möglich (...) [und] in einem prodeutschen Geiste« eine »Aufteilung« der »vernachlässigten« portugiesischen Kolonien herbeizuführen.[67] Diese Abmachung scheiterte 1914 bloß am Widerstand der Beamten des britischen Außenministeriums – der sich als ein Zögern darstellte, öffentlich britische Verpflichtungen gegenüber Portugal, die 16 Jahre zuvor eingegangen worden waren, zu verleugnen, aber in Wirklichkeit war das Handeln dieser Leute auf ihre zwanghafte Deutschfeindlichkeit zurückzuführen. Die deutschen Banken (vor allem M.M. Warburg & Co.), die an all dem beteiligt waren, hatten keine Ahnung vom Widerwillen gegenüber diesem Projekt, wie er von Männern wie Bertie zum Ausdruck gebracht wurde.[68] Selbst dort, wo Grey dazu neigte, einen Vorrang der französischen Interessen anzuerkennen – nämlich in Marokko –, gab es keine vollkommen ausweglose Situation, was Deutschland anging. Im Jahre 1906 war Grey bereit gewesen, Deutschland eine Kohlenstation an der Atlantikküste dieses Landes zuzugestehen.[69] Es stimmt, daß die britische Regierung 1911, also während der zweiten Marokkokrise, eine recht aggressive Linie verfolgte und Berlin davor warnte, Großbritannien so zu behandeln, »als wäre es ohne Geltung im Rate der Völker« (so Lloyd Georges Formulierung bei seiner Rede im Mansion House am 21. Juli).[70] Aber selbst Grey mußte akzeptieren, daß »wir hinsichtlich der Westküste Marokkos nicht unversöhnlich sein müssen und können«. Und am Tage vor der Rede Lloyd Georges sagte er zu Bertie: »Die Franzosen sind in Schwierigkeiten geraten, ohne wirklich zu wissen, welchen Weg sie gehen wollen (...). Wir sind zu diplomatischer Unterstützung verpflichtet und bereit, aber wir können nicht in einen Krieg eintreten, um die Abmachungen von Algeciras zu revidieren [die nach der ersten Marokkokrise zustande gekommen waren] und Frankreich den tatsächlichen Besitz von Marokko verschaffen.« Der erreichte Kompromiß – »eine Abmachung zwischen Frankreich und Deutschland, die sich auf einige Zugeständnisse in Französisch-Kongo gründete« – spiegelte diesen Mangel an britischem

Interesse wider, und Grey drängte die Franzosen, das Ergebnis zu akzeptieren.[71]

Als die deutsche Regierung ihre Aufmerksamkeit der Türkei zuwandte, war es für Grey noch schwieriger, eine entschieden antideutsche Politik zu betreiben, ohne den Russen im Hinblick auf die Meerengen in die Hände zu spielen. Jedenfalls hatte Grey keine Klagen über die Art und Weise vorzubringen, wie sich die Deutschen während der Balkankriege von 1912/1913 verhielten, und er war relativ unbesorgt, angesichts der Affäre um Liman von Sanders (die Ernennung eines deutschen Generals zum Generalinspekteur des türkischen Heeres). Die Beziehungen verbesserten sich durch Deutschlands beschwichtigende Reaktion auf britische Besorgnisse wegen der Berlin-Bagdad-Bahn noch weiter.[72] Reichskanzler Bethmann Hollweg hatte im Januar 1913 gesagt, daß »Kolonialfragen der Zukunft eine Zusammenarbeit mit England nahelegen«, obwohl die Abmachungen über die portugiesischen Kolonien nie in Kraft traten.[73]

Als er im März 1914 in Tring mit dem deutschen Botschafter zusammentraf, sagte Lord Rothschild »zweifellos gebe es, soweit er die Lage beurteilen könne und Bescheid wisse, keinen Grund für Kriegsängste, und es seien keinerlei Verwicklungen zu erwarten«.[74] Beispielhaft für die guten finanziellen Beziehungen, die damals zwischen Großbritannien und Deutschland herrschten, unternahm Warburg drei verschiedene Reisen nach London, um die Rolle seines Unternehmens in den Abmachungen über die portugiesischen Kolonien endgültig zu klären.[75] In jenem Sommer berichteten die Zeitungen von der Anwesenheit höherer britischer Marineoffiziere bei der Kieler Woche, und sie erwähnten Admiral von Koesters Bemerkung, daß »die Beziehungen zwischen den britischen und den deutschen Marineangehörigen gar nicht besser sein könnten«.[76] Am 27. Juni 1914 – dem Vorabend des Attentats von Sarajewo – meinte man im Foreign Office, die deutsche Regierung sei »in friedlicher Stimmung und (...) sehr um gute Beziehungen zu England bemüht«.[77] Auch Warburg hatte Gerüchte gehört, daß »zwischen den Engländern und den Deutschen (...) eine wahnsinnige Liebe (...) ausgebrochen sein soll«..[78] Und noch am 23. Juli äußerte sich Lloyd George positiv über die Verbesserung der englisch-deutschen Beziehungen.[79]

In die Irre führt auch die Annahme, die Flottenbaukonkurrenz als eine »Ursache« des Ersten Weltkriegs zu betrachten. Auf beiden Seiten gab es starke Argumente für eine Flottenvereinbarung. Beide Regierungen fanden es schwierig, mit den politischen Folgen wachsender Ausgaben für die Seestreitkräfte fertig zu werden. Varianten für die Rüstungsbegrenzung tauchten immer wieder auf: im Dezember 1907, als die Deutschen eine Nordseekonvention mit Großbritannien und Frankreich vorschlugen[80]; im Februar 1908, als der Kaiser an Lord Tweedmouth schrieb und ausdrücklich in Abrede stellte, daß Deutschland das Ziel verfolge, »die britische Überlegenheit zur See herauszufordern«[81]; sechs Monate später, als er den Unterstaatssekretär im Foreign Office, Sir Charles Hardinge, in Kronberg traf[82]; 1909/1910, als Bethmann Hollweg Goschen »eine Marinekonvention (...) als Teil eines Plans für gute Zusammenarbeit« vorschlug[83]; und im März 1911, als der Kaiser »eine politische Verständigung und ein Flottenabkommen mit dem Ziel der Begrenzung der Marineausgaben« forderte.[84] Die bekannteste Gelegenheit ergab sich im Februar 1912, als der englische Kriegsminister Haldane auf Vorschlag der Geschäftsleute Sir Ernest Cassel und Albert Ballin nach Berlin reiste, dies geschah angeblich wegen Universitätsangelegenheiten, in Wirklichkeit ging es um Gespräche mit Bethmann Hollweg, Tirpitz und dem Kaiser über die Möglichkeit einer Vereinbarung über Marine- und Kolonialfragen sowie über ein Nichtangriffsabkommen.[85] Im Jahre 1913 setzte Churchill die Vorstellung eines »Schiffsbauurlaubs« in der Öffentlichkeit in Umlauf[86]; und im Sommer 1914 unternahmen Cassel und Ballin eine letzte vergebliche Bemühung in dieser Hinsicht.[87]

Warum aber gab es dennoch keine Vereinbarungen? Die herkömmliche Antwort lautet, die Deutschen seien nur bereit gewesen, mit den Briten über Flottenfragen zu verhandeln, wenn sie zuvor eine bedingungslose britische Verpflichtung zur Neutralität im Falle eines französisch-deutschen Kriegs erhalten hätten. Doch dies stellt nur die halbe Wahrheit dar. Asquith hat später behauptet, das deutsche Verständnis von Neutralität hätte »uns daran gehindert, Frankreich zu Hilfe zu kommen, sollte Deutschland es unter irgendeinem Vorwand angreifen«. Tatsächlich hieß es in Bethmanns Entwurf:

»Die hohen vertragsschließenden Parteien (...) werden keine unprovozierten Angriffe gegeneinander durchführen oder sich Kombinationen oder Plänen gegen die jeweils andere anschließen, die Angriffe zum Zweck haben (...). Wenn eine von ihnen in einen Krieg verwickelt wird, in dem sie nicht als Angreifer betrachtet werden kann, wird die andere Seite ihr gegenüber zumindest eine Haltung der wohlwollenden Neutralität einnehmen.«[88]

Diese Klausel sollte als nicht rechtsgültig betrachtet werden, »insoweit sie mit bestehenden Verpflichtungen nicht zu vereinbaren ist«. Das äußerste jedoch, was Grey anzubieten bereit war, war eine Verpflichtung, »einen unprovozierten Angriff auf Deutschland weder zu unternehmen noch sich [ihm] anzuschließen«, weil nach seinen Worten »das Wort Neutralität (…) den Eindruck vermitteln würde, als seien uns die Hände gebunden«.[89] Dies entsprach (wie der Kolonialminister Lewis Harcourt darlegte) einfach nicht dem Sinn der Bethmannschen Formel.

Die andere Erklärung für das Scheitern der Mission des englischen Kriegsministers Richard Haldane im Februar 1913 beruht auf der Annahme, daß Tirpitz und der Kaiser das Angebot durch die Einleitung einer zusätzlichen Flottenerweiterung am Vorabend von Haldanes Ankunft vereitelten, wodurch sie »(…) das Verhältnis zu England ein für allemal ruinierten«. Nach den Worten von Immanuel Geiss »blockierte (…) nur Deutschlands Weigerung, sich auf eine Begrenzung des kostspieligen und Konflikte produzierenden Wettrüstens zur See einzulassen (…), die Verständigung zwischen beiden Staaten«.[90] Die britische Regierung vertrat damals weitgehend die gleiche Ansicht.[91] Auch dieses Erklärungsmuster weckt Zweifel. Die Deutschen waren bereit, als Gegenleistung für eine Neutralitätsverpflichtung eine Flottenvereinbarung zu treffen; und es war die Frage der Neutralität, an der die Gespräche wirklich scheiterten. Es läßt sich durchaus behaupten, daß die britische Haltung die unnachgiebigere war – dies war keineswegs überraschend, da sie sich auf eine unangefochtene Position der Stärke stützte. 1913 faßte Sir Edward Grey den britischen Standpunkt mit folgenden Worten zusammen: »Wenn man über eine absolute Flottenstärke verfügt, die diejenigen aller anderen europäischen Flotten zusammen übertrifft (…), dann ist es vergleichsweise einfach, Außenpolitik zu betreiben.«[92] Entsprechend gering war seine Handlungsbereitschaft: Bethmann Hollweg wünschte indes eine Gegenleistung für die Anerkennung einer »ständigen [britischen] Flottenüberlegenheit« – oder, wie es Sir Edward Greys erster Privatsekretär William Tyrrell formulierte: »… das Prinzip unserer absoluten Vorherrschaft auf See.« Aber warum sollte Großbritannien um etwas verhandeln, was es bereits besaß?[93] Und so ist es leicht zu verstehen, warum Bethmann Hollwegs Forderung einer Gegenleistung für die Verlangsamung des Flottenbaus unverzüglich abgelehnt wurde.

Obschon Deutschland weder im Hinblick auf die Kolonial- noch auf die Flottenpolitik für Großbritannien eine Bedrohung darstellte, stand für Sir Edward Grey jede Annäherung unter einem grundsätzlichen Vorbehalt. Wie seine Vorgänger aus den Reihen der Tories räumte er dem Erhalt guter Beziehungen zu Frankreich und Rußland oberste Priorität ein. »Nichts was wir in unseren Beziehungen zu Deutschland tun«, erklärte er im Oktober 1905, »darf in irgendeiner Weise unsere bestehenden guten Beziehungen zu Frankreich gefährden.« »Die Gefahr, die damit verbunden sein kann, wenn man in Berlin gesittete Worte spricht«, so schrieb er im Januar 1906, »liegt darin, daß sie möglicherweise (...) von Frankreich so interpretiert werden könnten, als würden wir in unserer Unterstützung der Entente nachlassen.«[94] Und im April 1910 unterstrich er gegenüber dem englischen Botschafter Goschen in Berlin: »Wir können uns nicht auf eine politische Verständigung mit Deutschland einlassen, die uns von Rußland und Frankreich trennen würde.«[95] Doch indem Grey sagte, eine Übereinkunft mit Deutschland hätte »in Übereinstimmung mit der Erhaltung [unserer bestehenden] Beziehungen und Freundschaften mit anderen Mächten« zu stehen, schloß er damit praktisch eine derartige Verständigung aus.[96] Sir Edward Greys Bedenken waren grundsätzlicher Natur: Weil die Entente mit Frankreich derart »vage« sei, würde »jede Vereinbarung mit Deutschland notwendigerweise die Tendenz haben, [sie] zu ersetzen, und komme daher nicht in Frage«.[97] Dies war eine Ansicht, die von hohen Beamten des Foreign Office stets bekräftigt wurde. Unterstaatssekretär Nicolson im Foreign Office sprach sich 1912 beispielsweise gegen die Idee einer Vereinbarung mit Deutschland aus, weil sie »ernsthaft unsere Beziehungen [zu Frankreich] schädigen [würde] – und ein derartiges Ergebnis würde gleichzeitig Auswirkungen auf unsere Beziehungen zu Rußland haben«.[98]

Sieht man sich Greys Beurteilung näher an, erkennt man, daß sie auf tönernen Füßen stand. Zunächst entbehrte seine Vorstellung, daß schlechte Beziehungen zu Frankreich und Rußland schließlich zu einem Krieg führen könnten, jeder rational faßbaren Begründung. Es gab in dieser Hinsicht einen großen Unterschied zwischen seiner Amtszeit und der seiner konservativen Vorgänger. Zu jener Zeit erkannte Grey selber an, daß Rußlands Erholung von den Verheerungen durch Niederlage und

Revolution ein ganzes Jahrzehnt in Anspruch nehmen würde. Auch betrachtete er Frankreich nicht als eine Bedrohung: Wie er 1906 dem amerikanischen Präsidenten Theodore Roosevelt darlegte, war Frankreich »friedlich und weder aggressiv noch unruhig«.[99] Der ursprüngliche Zweck der Entente bestand in der Beilegung der Differenzen mit Frankreich und Rußland in Übersee. Nachdem dies geschehen war, deutete wenig auf einen Krieg zwischen Großbritannien und einer dieser Mächte hin. Es war ein Hirngespinst, wenn Grey gegenüber dem Chefredakteur des *Manchester Guardian,* C. P. Scott, im September 1912 meinte: »Wenn Frankreich nicht gegen Deutschland unterstützt wird, dann wird es sich mit ihm und dem Rest Europas zu einem Angriff gegen uns verbinden.«[100] Nur etwas weniger weltfremd war die Angst, daß Frankreich oder Rußland »zu den Mittelmächten überlaufen« könnten.[101] Doch diese Befürchtung beschäftigte das Foreign Office unaufhörlich. Bereits 1905 fürchtete Grey, »Frankreich zu verlieren und Deutschland nicht zu gewinnen, das uns nicht würde haben wollen, wenn es Frankreich von uns loslösen könne«. Grey und seine Beamten im Foreign Office fürchteten sich geradezu besessen davor, »ihren Wert als Freunde« zu verlieren und am Schluß *alleine* – ohne Freunde – dazustehen«. Unablässig quälte sie der Alptraum, daß Rußland oder Frankreich angesichts »der deutschen Umarmung« nachgeben und damit Großbritannien allein lassen würden, und es stünde dann »den vereinigten Flotten Europas« gegenüber. Aus diesem Grunde neigten sie alle dazu, der deutschen Politik zu unterstellen, sie ziele darauf ab, »die Tripel-Entente zu zerschmettern«.[102] Dafür waren die folgenden Überlegungen Greys typisch:

»Wenn (…) unsere Entente mit Frankreich aufgrund irgendeines Mißgeschicks oder eines groben Fehlers zerbricht, wird Frankreich eigene Vereinbarungen mit Deutschland treffen müssen. Und Deutschland wird dann wieder imstande sein, uns schlechte Beziehungen zu Frankreich und Rußland aufzudrängen und selber die Vormachtstellung auf dem Kontinent zu übernehmen. Dann wird es früher oder später einen Krieg zwischen uns und Deutschland geben.«[103]

Die analoge Befürchtung lautete, daß »Deutschland nach Sankt Petersburg gehen und vorschlagen [würde], Österreich in Schach zu halten, falls Rußland die Entente verlasse (…). Wir machen uns ernsthaft Sorgen, daß (…) Rußland sich den Mittelmächten anschließen könnte.«[104]

Doch in seiner Entschlossenheit, die Entente mit Frankreich zu erhalten, war der britische Außenminister Grey willens, militärische Verpflichtungen einzugehen, die einen Krieg mit Deutschland früher oder später wahrscheinlich machten. Der Wunsch, den er hegte, glich einem Zirkelschluß: Großbritannien sollte auf einen zukünftigen Krieg mit Deutschland verpflichtet werden – denn anderenfalls könnte es einen Krieg mit Deutschland geben. Die Beschwichtigung Frankreichs und Rußlands hatte einmal einen Sinn gehabt; aber Grey verlängerte die Lebensdauer dieser Politik weit über den Zeitpunkt hinaus, da sie in der politischen Realität eine Grundlage besessen hatte.

Die stärkste Rechtfertigung dieser Politik stützte sich natürlich auf die angebliche Tatsache, daß Deutschland imperialistische Ambitionen verfolgte, die nicht nur eine Bedrohung für Frankreich, sondern auch für Großbritannien selbst darstellten. Diese Ansicht wurde in deutschfeindlichen Kreisen weithin geteilt. In einer berühmten Denkschrift vom November 1907 warnte Eyre Crowe vor Deutschlands Streben danach, »eine Rolle auf der Weltbühne zu spielen, die weit größer und dominanter als jene ist, die es angesichts der gegenwärtigen Kräfteverteilung zuerkannt bekommen hat«, könne das Land dazu veranlassen, »durch Ausdehnung seines Herrschaftsgebiets und Behinderung der Zusammenarbeit anderer Staaten die Macht all seiner Rivalen zu schmälern, um die eigene Macht zu vergrößern, und am Ende stehe dann das Zerbrechen und Verdrängen des britischen Empire«.[105] Grundlegend für Crowes Analyse war die historische Parallele zu der Herausforderung, die das nachrevolutionäre Frankreich für Großbritannien dargestellt hatte. Nicolson formulierte diese Position Anfang 1909 in einem Brief an Grey: »Die Endziele Deutschlands enthalten im Kern das Streben nach Vorherrschaft auf dem europäischen Kontinent, um, wenn es dann stark genug ist, in einen Wettbewerb mit uns um die Vorherrschaft auf den Weltmeeren einzutreten.« Goschen und Tyrrell sagten weitgehend dasselbe. Deutschland wolle eben »die Hegemonie in Europa«.[106] 1911 war es soweit, daß Grey persönlich vor einer Bedrohung von »napoleonischem« Ausmaß in Europa warnte. Falls Großbritannien es »gestattete, daß Frankreich bekämpft werde, dann werden wir später zu kämpfen haben«. Es gebe, so sagte er dem kanadischen Premierminister 1912, »keine Grenzen der Ambitionen, die Deutschland möglicherweise verfolge«.[107]

Nicht nur diplomatische Kreise hingen dieser Argumentation an. Als er sich für eine Landungsarmee auf dem Kontinent aussprach, bediente sich der Generalstab derselben Analogie: »Es ist ein Fehler«, hieß es in seinem Memorandum von 1909 an den Unterausschuß des CID, »zu vermuten, daß die Herrschaft über die Meere notwendigerweise unmittelbar das Ergebnis eines großen Kampfes zu Lande beeinflussen muß. Das Ergebnis der Seeschlacht von Trafalgar hinderte Napoleon nicht daran, die Schlachten von Austerlitz und Jena zu gewinnen und Preußen und Österreich niederzuwerfen.«[108] Dieses Argument wurde zwei Jahre später im CID wiederholt. Im Falle eines deutschen Sieges über Frankreich und Rußland, so hieß es, »(...) werden Holland und Belgien möglicherweise von Deutschland annektiert und Frankreich eine große Entschädigungssumme auferlegt, und es werde auch einige seiner Kolonien verlieren. Kurzum, das Ergebnis eines solchen Krieges würde so aussehen, daß Deutschland jene Vormachtstellung erringen würde, von der bereits festgestellt worden ist, daß sie den Interessen unseres Landes schaden würde.«

Dies »würde [Deutschland] (...) ein Übergewicht an Streitkräften zu Wasser und zu Lande verschaffen, das das Ansehen des Vereinigten Königreichs und die Integrität des britischen Empire« bedrohen würde.[109] Ohne die Marine, so fürchtete Churchill, würde Europa »nach einem plötzlichen Krampf (...) in den eisernen Griff der Teutonen und all dessen, was das teutonische System bedeutet«, übergehen. In diese Motivreihe reihte sich Unterstaatssekretär Robertson im Dezember 1916 mit einer weiteren Übertreibung ein: »Deutschlands Ambitionen, ein Reich zu errichten, das sich über ganz Europa, die Nordsee, die Ostsee, das Schwarze Meer und die Ägäis hinweg sowie möglicherweise sogar bis zum Persischen Golf und zum Indischen Ozean erstreckt, sind seit mindestens 20 [sic] Jahren oder mehr bekannt.«[110]

Wäre all dies realistisch gewesen, dann könnte man sagen, Grey habe sich darauf eingelassen, die falschen Mächte zu beruhigen. Die Bündnisse mit Frankreich und Rußland hatten ihren Sinn gehabt, als jene Mächte das Empire bedrohten. Aber wenn die Gefahr im Jahre 1912 eindeutig von Deutschland ausging, dann hätten die Argumente für ein Bündnis mit Deutschland ernster genommen werden müssen. Es ist eine bemerkenswerte Tatsache, daß die beunruhigenden Behauptungen, Deutschland verfolge napoleonische Pläne, weitgehend nicht mit den nachrichtendienstlichen Informationen übereinstimmten, die aus Deutschland eingingen. Und genau dies ist bislang von Historikern vernachlässigt worden. Zwar ist die Qualität der militärischen Geheiminformationen über Deutschland vor 1914 nicht einzuschätzen; aber der englische Botschafter in Berlin war ein zuverlässiger, gut informierter Beobachter, und die Berichte der britischen Konsuln aus Deutschland bewiesen hohe Qualität. Eine weit bessere Analyse als jene Crowes von 1907 war diejenige Churchills vom November 1909, in der es – wohl mit Sicherheit auf der Grundlage solcher Berichte – hieß, daß Deutschland tatsächlich unter akuten Finanzproblemen leide. Dies ist nur ein Beispiel unter vielen Expertenaussagen, die in die gleiche Richtung weisen. Warum beschworen Grey und die höchsten Beamten im Foreign Office und im Generalstab dennoch angebliche Pläne Deutschlands zur Erringung einer Machtstellung nach dem Vorbild Napoleons herauf, von der eine direkte Bedrohung für Großbritannien ausgehen sollte? Möglicherweise übertrieben sie solch eine Gefahr, um die militärische Verpflichtung gegenüber Frankreich zu rechtfertigen, die sie bevorzugten. Mit anderen Worten: Gerade *weil* sie wünschten, daß Großbritannien mit Frankreich und Rußland verbündet bleibe, war es notwendig, den Deutschen monströse Pläne für die Beherrschung Europas zu unterstellen.

Keine Festlegung auf dem Kontinent

Dennoch wäre es falsch, den Schluß zu ziehen, die Außenpolitik und die militärische Planung Großbritanniens hätten unausweichlich zum Krieg geführt. Denn in Wirklichkeit war es so, daß die britischen Verpflichtungen auf dem Kontinent – die auf der Ebene der Diplomatie und der großen Strategie unstrittig vorhanden waren – im Bereich der parlamentarischen Politik ohne Widerhall blieben.

Von Anfang an war die Mehrheit der Kabinettsmitglieder, vom Parlament ganz zu schweigen, über die Diskussionen mit den Franzosen in Unwissenheit gehalten worden. Wie es der ständige Unterstaatssekretär Sanderson gegenüber Cambon formulierte, gab der Begriff der militärischen Verpflichtung gegenüber Frankreich »Anlaß zu Meinungsverschiedenheiten« – »alles, was verbindlicherer Natur ist, würde sogleich von der Regierung zurückgewiesen werden«. Ungewöhnlicherweise wurde, wie wir bereits gesehen haben, sogar der Premierminister Campbell-Bannerman zunächst im Ungewissen gelassen; und als man ihn informierte, gab er seinen Befürchtungen Ausdruck, daß »der Nachdruck, der auf unsere gemeinsamen Vorbereitungen gelegt wird (...), ganz nahe an ein Ehrenwort heranreicht«. Dementsprechend mußte Kriegsminister

Richard Haldane gegenüber Generalstabschef Neville Lyttleton »deutlich« machen, »daß wir in keiner Weise verpflichtet sind, weil wir uns in Gespräche eingelassen haben«.[111] Die amtliche Linie des britischen Außenministeriums war eindeutig: »Falls Deutschland Feindseligkeiten mit Frankreich provoziert, dann ist die Frage des bewaffneten Eingreifens Großbritanniens eine Angelegenheit, *über die im Kabinett entschieden werden muß.*«[112] Und Hardinge betonte bei seinen Darlegungen vor dem Unterausschuß des CID im März 1909:

»Wir sind keine Verpflichtung eingegangen, [den Franzosen] auf dem Lande zu helfen, und (…) die einzige Basis, auf die die Franzosen irgendwelche Hoffnungen auf militärische Hilfe setzen können, gründet sich auf die halboffiziellen Gespräche, die zwischen dem französischen Militärattaché und unserem Generalstab stattgefunden haben.«

Dementsprechend gelangte der Unterausschuß zu dem Schluß, ob »im Falle eines deutschen Angriffs auf Frankreich militärische Streitkräfte ins Ausland geschickt werden sollten oder ob man sich in diesem Falle nur auf die Möglichkeiten der Marine verläßt, ist *eine politische Angelegenheit, die, wenn sich die Notwendigkeit dazu ergibt, nur durch die Regierung entschieden werden kann, die zu diesem Zeitpunkt Verantwortung trägt*«.[113] Der britische Premierminister Herbert Asquith betonte dies im Mai 1911, als er das CID als »eine reine Beratungskörperschaft« bezeichnete und seine Mitglieder daran erinnerte, daß die Regierung nicht »im geringsten durch irgendeine seiner Entscheidungen verpflichtet« sei.[114] Als man ihn nach der Beschaffenheit der britischen Verpflichtung über Frankreich fragte, äußerte sich Grey außerordentlich vorsichtig.[115]

Abwiegeln, wenn von Verpflichtungen auf dem Kontinent die Rede war, wurde zu einer beliebten Haltung, je mehr Greys Amtsführung Verdacht bei der radikalen Presse und bei seinen Parteikollegen erregte. So nahm F. W. Hirst, der Chefredakteur des *Economist*, am Vorabend von Lloyd Georges Rede im Mansion House 1911 im *Guardian* die Sprache eines späteren diplomatischen Fiaskos vorweg, als er es als »überspannt« bezeichnete, sich vorzustellen, ein britischer Minister würde »Millionen seiner unschuldigen Landsleute auffordern, ihr Leben für den kontinentalen Zankapfel hinzugeben, wovon sie nichts wissen und der ihnen völlig gleichgültig ist«. Die *Nation* beschuldigte Grey, Großbritannien bis an »den Rand des Abgrunds (…) [zu führen, und dies] für nicht-britische Interessen«, sowie das Land »einer ständigen Erpressung von seiten verbündeter Mächte« auszusetzen.[116] Ähnliche Ansichten begannen sich in der neuen Kommission für auswärtige Angelegenheiten von Hinterbänklern der liberalen Partei zu entwickeln, die durch die Abgeordneten Arthur Ponsonby und Noel Buxton im November jenes Jahres ins Leben gerufen wurde.[117] Im Januar 1912 schrieb der Ortsverband der liberalen Partei der Stadt York – Unterhausabgeordneter war hier Arnold Rowntree – an Grey und brachte die Hoffnung zum Ausdruck, »daß die britische Regierung alle erdenklichen Bemühungen unternehmen möge«, um Freundschaft und Herzlichkeit zwischen Großbritannien und Deutschland zu fördern. Gleichzeitig wurde »das aggressive und ungerechtfertigte Handeln Rußlands in Persien« abgelehnt.[118]

Ausgerechnet im Kabinett stieß der britische Außenminister Grey auf die härteste Opposition. Soweit den Ministern bekannt (wenn sie überhaupt irgend etwas wußten), wurden über die Option einer militärischen Intervention nur Überlegungen angestellt und ihre logistischen Konsequenzen untersucht. Das Kabinett und nicht Grey würde die endgültige Entscheidung zu fällen haben, und die Regierung war nach Greys Worten in ihrem Handeln »vollkommen frei«.[119] In Lord Chancellor Loreburns Augen war ein Eingreifen in »rein französische Auseinandersetzungen« deshalb unvorstellbar, weil dies nur unter ganz bestimmten politischen Voraussetzungen geschehen könne. Nämlich, wie er es Grey gegenüber ausdrückte, mit »einer Mehrheit, die sich weitgehend aus Konservativen zusammensetzte und die einen großen Teil der Regierungspartei gegen sich hätte (...). Dies würde bedeuten, daß die gegenwärtige Regierung nicht weitermachen könne.«[120] Unmittelbar nach dem »Kriegsrat« des CID vom August 1911 waren sich Lewis Harcourt und Sir Walter Runciman, der Minister für Landwirtschaft und Fischerei, einig, daß die Vorstellung, britische Truppen im Kriegsfall nach Frankreich zu schicken, eine »kriminelle Torheit« sei.[121] Der britische Premierminister Herbert Asquith schwenkte auch diesmal wieder um und warnte Grey, Gespräche mit Frankreich auf militärischer Ebene seien »recht gefährlich (...), insbesondere in jenen Teilen, die sich auf die britische Hilfe beziehen«.[122] Nur mit Schwierigkeiten konnte Grey dem Druck widerstehen, weitere anglo-französische Militärgespräche zu verbieten.[123] Anfang November 1911 wurde er im Kabinett deutlich überstimmt (mit 15 gegen fünf Stimmen), als Viscount Morley folgendes zur Sprache brachte: »... die Frage von (...) Gesprächen, die ohne vorheriges Wissen (...) des Kabinetts zwischen dem Generalstab des Kriegsministeriums und dem Generalstab fremder Staaten, etwa Frankreich, über denkbare militärische Operationen abgehalten oder gestattet werden.«

Eilig versicherte Asquith Morley, daß »alle politischen Grundsatzfragen Gegenstand von Kabinettsentscheidungen seien und als solche angesehen werden müssen und daß es überhaupt nicht Aufgabe von Heeres- oder Marineoffizieren sein kann, in solchen Angelegenheiten Vorentscheidungen zu treffen«. Doch diese Diskussion war für Grey eine höchst ungemütliche Affäre.[124] Obgleich Haldane meinte, er sei aus der entscheidenden Sitzung »in allen wesentlichen Punkten frei« hervorgegangen, faßte Asquith den Kabinettsbeschluß vom November 1911 dem König gegenüber ganz anders zusammen:

»Es sollten keinerlei Gespräche zwischen dem Generalstab und den Stäben anderer Länder stattfinden, die uns direkt oder indirekt gegenüber einem Lande zu Armee- oder Marineintervention verpflichten könnten (…). Solche Gespräche sollten, wenn sie sich auf gemeinsame Aktionen zu Lande oder zu Wasser beziehen, nicht ohne die vorherige Zustimmung des Kabinetts begonnen werden.«[125]

Und in erniedrigender Weise war Grey gezwungen, vor dem Unterhaus festzustellen: »Solche Verabredungen, die wirklich das Parlament zu irgend etwas von dieser Art verpflichten [zum Beispiel Intervention in einem Kontinentalkrieg], sind in Verträgen und Vereinbarungen enthalten, die dem Haus vorgelegt worden sind (…). Wir haben nicht einen einzigen geheimen Artikel, welcher Art auch immer, vereinbart, seit wir ins Amt gelangt sind.«[126] In den Augen der Opposition befand sich der Außenminister nun auf dem »Rückzug«, und seine Politik erinnerte an ein »Wrack«.[127] Dies machte es durchaus verständlich, daß der französische Militärattaché in Berlin annahm, in einem Krieg mit Deutschland würde Großbritannien »für uns nur eine sehr geringe Hilfe darstellen«.

Unter diesen Umständen hatte Grey keine andere Möglichkeit, als höchst vorsichtig der französischen und der russischen Regierung Bericht zu erstatten. Der russische Außenminister Sasonow wurde informiert, die Regierung habe »entschieden, uns die Hände freizuhalten«, doch hieß es andererseits: »Wenn Deutschland die Politik auf dem Kontinent dominiere, dann würde das für uns nicht akzeptabel sein.«[128] Dem französischen Außenminister versicherte Grey, es gebe keine »Verpflichtung, die eine der beiden Regierungen darauf festlege (...), im Krieg zusammenzuarbeiten«.[129] Am 11. Juni 1914 – nur wenige Tage vor dem Attentat von Sarajevo – mußte er vor dem Unterhaus seine Versicherung wiederholen:

»Falls es zu einem Krieg zwischen den europäischen Mächten komme, werde es keine unveröffentlichten Vereinbarungen geben, die die Freiheit der Regierung oder des Parlaments einschränken oder behindern, darüber zu entscheiden, ob Großbritannien an einem Krieg teilnehmen solle oder nicht. Es sind auch keine derartigen Verhandlungen im Gange, und es ist, soweit ich das beurteilen kann, auch nicht damit zu rechnen, daß solche eingeleitet werden.«[130]

Und damit schwand die einzige plausible Rechtfertigung für Greys Strategie – daß sie nämlich Deutschland vor einem Angriff auf Frankreich abschrecken werde – dahin. »Eine Entente zwischen Rußland, Frankreich und uns wird absolut sicher sein«, hatte er im Februar 1906, kurz nachdem er Außenminister geworden war, erklärt. »Wenn sie notwendig ist, Deutschland in Schranken zu halten, dann könne dies geschehen.«[131] Das war die Basis für seine, des britischen Kriegsministers Richard Haldanes und sogar des Königs Stellungnahmen gegenüber verschiedenen deutschen Vertretern im Jahre 1912 gewesen, die alle der Vorsatz kennzeichnete, »daß die englische Politik (...) unter keinen Umständen eine Niederwerfung der Franzosen dulden könne«.[132] Diese Stellungnahmen sind von Historikern oftmals als kategorische Verpflichtungen angesehen worden, die zu ignorieren von den Deutschen geradezu lebensbedrohlich war. Aber die Wahrheit, die der deutschen Regierung sicher kaum verborgen bleiben konnte, lautete, daß die britischen Bündnisse nicht »absolut sicher« waren. Die Opposition gegenüber Verpflichtungen auf dem Kontinent innerhalb seiner eigenen Partei hatte es für Grey unmöglich gemacht, einen Schritt in Richtung auf ein offizielles Bündnis mit Frankreich und vielleicht auch mit Rußland zu gehen, wie er von diplomatischen »Falken« wie Mallet, Nicolson und Crowe befürwortet wurde, so wie auch Winston Churchill im August 1911 darauf drängte.[133]

Die Franzosen mochten sich selber damit beruhigen, daß England »durch seine eigenen Interessen gebunden sei, Frankreich zu unterstützen, wenn es nicht selber angegriffen werden wolle«.[134] Aber politisch konnten sie sich auf nichts weiter verlassen, als auf Greys *vertrauliche* Bürgschaft, »(...) keine britische Regierung würde [Frankreich] die Hilfe von Heer und Marine verweigern, sollte es ungerechtfertigterweise bedroht und angegriffen werden«.[135] In Wirklichkeit aber war es so, daß eine britische Intervention nur zustande kommen konnte, falls Grey die Mehrheit des Kabinetts zu seinem Standpunkt bekehrte. Und dies war etwas, was ihm 1911 gänzlich mißlang. Wenn ihm das nicht gelänge, dann müßte er und möglicherweise die gesamte Regierung eben zurücktreten – und dies würde den Deutschen kaum Sorge bereiten.[136]

In ihren Memoiren versuchten jene, die für die britische Außenpolitik zwischen 1906 und 1914 die Verantwortung trugen, ihr Bestes zur Rechtfertigung dieser außerordentlichen Mischung von diplomatischen und strategischen Verpflichtungen sowie praktischen und politischen Nicht-Verpflichtungen.[137] Ihre Argumente können allerdings nicht überzeugen. Die Ungewißheit der britischen Position machte einen Kontinentalkrieg eher wahrscheinlicher als unwahrscheinlicher, indem er die Deutschen ermutigte, einen Präventivschlag in Betracht zu ziehen.[138] Was die britische Politik ganz gewiß nicht erreichte, war ein britisches Eingreifen in solch einen Krieg unvermeidlich zu machen, sie machte dieses vielmehr fast unmöglich.

4 Waffen und Soldaten

Wettlauf zum Krieg?

Anfang 1914 veröffentlichte Bethmann Hollwegs Sekretär Kurt Riezler unter dem Pseudonym J.J. Ruedorffer ein Buch mit dem Titel »Grundzüge der Weltpolitik«. In diesem Werk behauptete Riezler, das beispiellose Rüstungsniveau in Europa sei »vielleicht das am meisten erörterte, eindringlichste und schwierigste Problem der Politik der Gegenwart«. (S. 217)

Sir Edward Grey, der immer an Erklärungen für den Krieg interessiert war, die die Bedeutung des menschlichen Faktors als möglichst unerheblich erscheinen ließen, sollte dem später zustimmen. »Das enorme Rüstungswachstum in Europa«, schrieb er in seinen Nachkriegserinnerungen, »das Gefühl der Unsicherheit und Furcht, das dadurch verursacht wurde – all dies war es, was den Krieg unvermeidlich machte. Hierin liegt, so scheint mir, die wahrheitsgemäßeste Deutung der Geschichte (…) die wirkliche und endgültige Deutung der Ursprünge des Großen Kriegs.«[1]

Historiker, die für große Ereignisse allzugern große Ursachen als Erklärung heranziehen, neigen dazu, den Rüstungswettlauf der Vorkriegszeit als eine mögliche Erklärung für den Ersten Weltkrieg anzusehen. Der Autor David Stevenson hat das so formuliert: »Ein sich selbst stets verstärkender Zyklus erhöhter militärischer Bereitschaft (…) war ein wesentliches Element bei dem Zusammentreffen von Umständen, die zur Katastrophe geführt haben (…). Der Rüstungswettlauf (…) war eine notwendige Voraussetzung für den Ausbruch der Feindseligkeiten.«[2] David Herrmann geht noch weiter: Nach seiner Ansicht führte der Rüstungswettlauf zwangsläufig in den Ersten Weltkrieg, indem er die Hoffnung, einen Krieg siegreich zu beenden, immer unmöglicher machte Wäre der österreichische Erzherzog Franz Ferdinand 1904 oder selbst noch 1911 ermordet worden, so spekuliert Herrmann, dann wäre es nicht zum Krieg gekommen. Es waren »der Rüstungswettlauf (...) und die Spekulation über nahe bevorstehende oder präventiv zu führende Kriege«, die Franz Ferdinands Tod im Jahre 1914 zum Auslöser des Krieges machten.[3]

Doch gibt es, wie sowohl Stevenson als auch Hermann zugeben, kein historisches Gesetz, demzufolge ein Rüstungswettlauf unausweichlich in einem Krieg enden müßte. Die 1930er Jahre verdeutlichten die Risiken, die man dann eingeht, wenn man sich *nicht* auf einen Rüstungswettlauf einläßt: Hätten Großbritannien und Frankreich nach 1933 mit der deutschen Wiederaufrüstung Schritt gehalten, dann würde Hitler sehr viel größere Schwierigkeiten gehabt haben, seine Generäle zu überzeugen, wieder deutsche Truppen im Rheinland zu stationieren und wegen der Tschechoslowakei einen Krieg zu riskieren.

Der Schlüssel zum Verständnis des Rüstungswettlaufs vor 1914 liegt darin, daß eine Seite im Begriff war, den Wettkampf zu verlieren, oder daß sie zumindest glaubte, dabei ins Hintertreffen zu geraten. Es war diese Überzeugung, die die politischen Führer dieser Seite dazu veranlaßte, das Kriegsrisiko einzugehen, bevor sie zu weit zurückfiel. Riezler irrte sich, wenn er argumentierte: »(...) je mehr gerüstet wird, desto größer muß die Überlegenheit des einen über den anderen sein, wenn die Kalkulation zugunsten eines Krieges sprechen soll.« (S. 220)

Ganz im Gegenteil galt vielmehr: Der Rückstand mußte äußerst gering sein – vielleicht durfte es sich sogar bloß um einen nur in der eigenen Vorstellung bestehenden Rückstand handeln –, damit die Seite, die den Wettlauf tendenziell verlor, dennoch den Krieg riskierte. Das Paradox liegt darin, daß die Macht, die selber einer bevorstehenden Niederlage im Rüstungswettlauf ins Auge sah, genau die Macht war, die am stärksten im Rufe eines exzessiven Militarismus stand – und dies war Deutschland.

Schlachtschiff

Abgesehen von den wirtschaftlichen und machtpolitischen Rivalitäten, die in den vorangegangenen Kapiteln erörtert wurden, wird das deutsche Flottenprogramm, maßgeblich unter der Führung von Alfred von Tirpitz ersonnen, irrtümlicherweise von den Historikern als die prinzipielle Ursache der Verschlechterung der britisch-deutschen Beziehungen angesehen.[4] Die britische Reaktion jedoch zeigte sehr schnell, daß diese Herausforderung kaum Erfolgschancen besaß. Tatsächlich war der britische Sieg im Flottenrüstungswettlauf eindeutig, so daß man diesen kaum ernsthaft als einen Anlaß für den Ersten Weltkrieg ansehen kann.

Im Jahr 1900 hatte der Erste Lord der Admiralität, der Earl of Selborne, trübsinnig seine Überzeugung geäußert, daß ein »formelles Bündnis mit Deutschland (...) die einzige Alternative zu einer immer weiter wachsenden Marine und einem stetig wachsenden Marinebudget« sei.[5] 1902 hatte er seine Ansicht revidiert, nun war er davon »überzeugt, daß die neue deutsche Flotte in der Absicht gebaut worden sei, einen Krieg gegen uns zu führen«.[6] Dies war eine durchaus verständliche Schlußfolgerung. Bereits im Jahre 1896 hatte der deutsche Korvettenkapitän (und spätere Admiral) Georg von Müller das Ziel der deutschen *Weltpolitik* als das »Brechen der englischen Weltherrschaft und damit das Freilegen des notwendigen Kolonialbesitzes für die ausdehnungsbedürftigen mitteleuropäischen Staaten« zusammengefaßt.[7]

Tirpitz' Flottenprogramm lief nicht notwendigerweise auf einen Krieg zu. Sein Ziel war teilweise defensiv – und ganz und gar nicht irrational angesichts der Gefahr einer britischen Seeblockade im Falle eines Krieges mit Deutschland.[8] Die geplante Angriffsfähigkeit der deutschen Flotte war also begrenzt. Im Höchstfall zielte Tirpitz darauf ab, eine Flotte zu bauen, die (mit 60 Schiffen) groß genug war, um das Risiko eines deutsch-englischen Krieges für die Royal Navy inakzeptabel hoch zu machen. Dies, so erklärte Tirpitz dem Kaiser im Jahre 1899, würde die Briten dazu veranlassen, Deutschland ein solches Maß an Einfluß zur See zuzugestehen, daß es ihm möglich wird, Großmachtpolitik in Übersee zu treiben, – mit anderen Worten also: So würde deutsche Weltpolitik ohne Kampf möglich werden.[9]

In Wirklichkeit stellte die deutsche Flotte nicht mehr als eine Gefährdung der beinahe monopolistischen Stellung der britischen Seemacht dar, oder besser gesagt: Sie hätte eine Bedrohung dargestellt, hätte sie vollendet werden können, ohne daß irgend jemand in London dies bemerkte. Während die Flotte aufgebaut wurde, war Deutschland, wie Bernhard von Bülow meinte, mit einer Raupe zu vergleichen, die noch nicht zu einem Schmetterling geworden war.[10]

Aber die Schmetterlingspuppe war bereits allzu deutlich sichtbar (wenn selbst der leistungsschwache und wenig effektive britische Geheimdienst den Bau eines Schlachtschiffs bemerkte, und dies galt insbesondere, da es sich um einen Schritt handelte, der vom Reichstag genehmigt worden war).

1905, als in Großbritannien die ersten von Fishers Marinereformen vollendet waren, konnte der Leiter der Marinespionage vertraulich die »Vorherrschaft zur See« gegenüber Deutschland als »überwältigend« bezeichnen.[11] Und dies entsprach den Tatsachen: Die Zahl der deutschen Schlachtschiffe stieg zwischen 1898 und 1905 von 13 auf 16, während die britische Schlachtschiffflotte von 29 auf 44 Schiffe wuchs. Das für Deutschland ungünstige Verhältnis rief Berlin die britische Gefahr ins Gedächtnis – daraus resultiert auch die Panik im Hinblick auf einen denkbaren britischen Präventivschlag zur See, die Berlin 1904/1905 ergriff.[12] Tirpitz' ursprüngliches Ziel war ein Kräfteverhältnis von 1,5 zu 1 zwischen Großbritannien und Deutschland. Doch er geriet niemals auch nur in die Nähe der Verwirklichung dieses Ziels.

Die Kampagne, die von der rechtsgerichteten Presse in Großbritannien im Jahre 1909 durchgeführt wurde, machte deutlich, daß die britischen Alarmschreier glaubten, Deutschland ziele darauf ab, sein »Bautempo« innerhalb von wenigen Jahren derart zu steigern, daß es schließlich mehr Schlachtschiffe als die Royal Navy haben würde.[13] Tatsächlich verfügte Deutschland 1912 insgesamt über neun »Dreadnoughts«, während Großbritannien 15 dieser Schlachtschiffe besaß.[14] Bei Kriegsausbruch hatten die Mächte der Tripel-Entente, Großbritannien, Frankreich und Rußland, insgesamt 43 große Kriegsschiffe; die Mittelmächte, Deutschland und Österreich-Ungarn, verfügten gerade einmal über 20.[15]

Die Deutschen wußten, daß sie diesen Wettlauf verloren hatten. Bereits im November 1908 veröffentlichte die in diesen Angelegenheiten maßgebliche *Marine-Rundschau* einen anonymen Artikel, der einräumte, Deutschland besitze nicht das wirtschaftliche Potential, eine Flotte zu bauen, die der britischen ebenbürtig sei, und gleichzeitig die stärkste Armee der Welt zu unterhalten.[16] So konnte Tirpitz auf Bülows Frage vom Juni 1909, wann Deutschland an einen Krieg gegen die Briten denken könne, nur antworten, dies werde frühestens in fünf oder sechs Jahren möglich sein. Moltke schloß aus dieser lauen Antwort, daß Deutschland in keinem Falle bei einem Krieg mit Großbritannien eine Chance haben werde, und drängte daher auf eine Verständigung mit England.[17] Der im Dezember 1912 vom Kaiser zusammengerufene »Kriegsrat« führender Militärs bedeutete tatsächlich alles andere als einen Schritt in dieser Richtung. Obwohl Moltke für einen möglichst baldigen Krieg eintrat, bat Tirpitz um weitere 18 Monate Aufschub, weil seine Marine immer noch nicht bereit sei.

Die fortdauernde Überlegenheit der Briten auf den Weltmeeren ermutigte die Londoner Admiralität zur Überheblichkeit. Deutsche Befürchtungen wegen eines neuen »Kopenhagen« waren nicht nur bloße Hirngespinste: Admiral Sir John Fisher versicherte Lord Lansdowne im April 1905, die Navy könne mit französischer Unterstützung »die deutsche Flotte, den Nordostseekanal und Schleswig-Holstein innerhalb von 14 Tagen haben«. In gleicher Weise vertraute Fisher unerschütterlich auf die Fähigkeit Großbritanniens, eine wirksame Handelsblockade gegen Deutschland durchzuführen. »Es ist schon etwas besonderes, daß die Vorsehung dafür gesorgt hat, daß England eine Art riesiger Wellenbrecher gegen den deutschen Handel darstellt«, bemerkte er im April 1906. »Unsere Überlegenheit zur See ist derart, daß wir 800 deutsche Handelsdampfer ›säubern‹ können. Man stelle sich einmal diesen K.O.-Schlag gegen den Handel und die Finanzen Deutschlands vor. (…).«[18] Die Ansicht, man könne einen Krieg entscheiden, indem man die deutschen Nahrungsmittelimporte nachhaltig dezimierte, hatte sich 1907 in britischen Marinekreisen weitgehend durchgesetzt.[19] Aus diesem Grunde gab es soviel Widerstand gegen die auf der Zweiten Haager Friedenskonferenz in jenem Jahr entworfenen Resolutionen zur Einschränkung des Einsatzes von Blockaden bei Feindseligkeiten.[20] Wie Sir Charles Ottley, der frühere Chef der Marinespionage und Sekretär des »Committee of Imperial Defence« im Dezember 1908 erklärte, vertrat die Admiralität die Ansicht, daß »(in einem lange dauernden Krieg) die Räder unserer Seemacht (die deutsche Bevölkerung, wenn auch langsam) ›immer kleiner‹ mahlen würden – früher oder später würde auf den Straßen von Hamburg Gras wachsen und weitverbreiteter Mangel und Zerstörung würden die Folge sein.«[21]

Die britische Überlegenheit schien derart überwältigend, daß überzeugte Anhänger der »Flottenpartei« die Vorstellung befremdlich fanden, Deutschland könne einen Seekrieg riskieren.[22] Tirpitz war sich der drohenden Gefahr wohl bewußt: Im Januar 1907 warnte er, Deutschland würde in einem Krieg, von dem er annahm, daß er sehr lange – nämlich bis zu eineinhalb Jahren – dauern würde, ernsthaft unter Nahrungsmittelknappheit leiden müssen.[23]

Auch britische Politiker weigerten sich, die Legitimität einer Herausforderung der »absoluten Vorherrschaft« ihres Landes auf den Ozeanen anzuerkennen. Für Haldane schien der Zwei-Mächte-Standard sakrosankt, und Deutschland war in seiner Sichtweise an den steigenden Kosten seiner Aufrechterhaltung schuld, weil es versuchte, den Abstand zu verringern.[24] Für Churchill war die britische Marine »eine Notwendigkeit«, von der Großbritanniens »Existenz« abhing. Während die deutsche Marine bloß einen »Luxus« darstelle und ihr Ziel nur »Expansion« sein könne – welch entsetzlicher Unsinn, wenn man Großbritanniens Blockadepläne berücksichtigt.[25] Nach seinem Wechsel in die Admiralität im Oktober 1911 erhöhte Churchill sogar den Einsatz, indem er nun darauf abzielte, einen neuen »60-Prozent-Standard zu verfechten (...) [und dies] in Beziehung nicht nur zu Deutschland, sondern zum Rest der Welt«.[26] »Die Tripelallianz wird jetzt zu einer Tripel-Entente ausgebaut«, triumphierte er gegenüber Grey im Oktober 1913.[27] »Warum«, so fragte er schroff im folgenden Monat »sollte man annehmen, daß wir nicht imstande sein würden, [Deutschland] zu besiegen? Eine vergleichende Untersuchung der Flottenstärke in der vordersten Linie wird beruhigende Ergebnisse haben.«[28] Und 1914 erinnerte sich Churchill: »Die Flottenrivalität hatte für den Augenblick aufgehört, eine Ursache der Reibung zu sein. Wir traten mit der Serie unserer Bauprogramme ohne jeden Abzug ins dritte Jahr. (...). Daß wir (...) nicht überholt werden konnten, war gewiß.«[29]

Selbst Asquith gab später zu, »der Großbritannien von Deutschland aufgezwungene Wettbewerb in den Flottenausgaben war, obgleich drückend für den englischen Steuerzahler, an sich keine unmittelbare Gefahr. Wir hatten uns fest entschlossen, die für uns notwendige Vorherrschaft zur See zu erhalten, und wir waren wohl fähig, diesen Beschluß auszuführen.«[30] Lloyd George ging soweit, daß er den Flottenwettbewerb im Januar 1914 in einem Gespräch mit den *Daily News* für beendet erklärte:

»Die Beziehungen zu Deutschland sind weit besser, als sie es seit Jahren gewesen sind (...). Deutschland besitzt nichts, was auch nur annähernd einem Zwei-Mächte-Standard entspricht (...). Und darum bin ich überzeugt: Selbst wenn Deutschland jemals Absichten verfolgt haben sollte, unsere Überlegenheit zur See herauszufordern, dann haben die dringlichen Erfordernisse der gegenwärtigen Situation ihm dies vollständig aus dem Kopf getrieben.«[31]

Das Vertrauen der britischen »Flottenpartei« in Großbritanniens Überlegenheit gegenüber Deutschland kann man auch an der Art und Weise erkennen, wie ihre Anhänger die Gefahr einer deutschen Invasion – dieses Lieblingsschreckgespenst aller Panikmacher – einschätzten. Das »Committee of Imperial Defence« ließ sich nicht durch William Robertsons alarmierende Vorlage von 1903 überzeugen, und eine Vorlage des Generalstabs von 1906 urteilte ebenfalls skeptisch im Hinblick auf die Durchführbarkeit einer deutschen Invasion.[32] Nachdem im Jahre 1907 ein Unterausschuß des CID zur Untersuchung des Themas gegründet worden war (als Reaktion auf Lord Roberts öffentliche Bestätigung einer »drohenden« Invasion), gelangte dieser in seinem Bericht zu dem eindeutigen Schluß: »Die Grundidee, daß Deutschland sich die Vorherrschaft über die Nordsee für einen Zeitraum sichern könne, der lange genug dauert, um die ungestörte Durchfahrt der Transporte zu gewährleisten, muß als unrealistisch abgelehnt werden.«[33] Als die Möglichkeit einer deutschen Invasion 1914 erneut Gesprächsstoff lieferte, schien sie noch nicht wahrscheinlicher geworden zu sein.[34] Und dies war richtig: Die Deutschen hatten diesen Gedanken tatsächlich bereits zehn Jahre zuvor fallengelassen.[35]

Das Fenster schließt sich

In Deutschland herrschten ähnliche Befürchtungen, was die Situation zu Lande betraf, besonders nachdem die französisch-russische Allianz vereinbart worden war. Selbst bevor dies geschah, hatte der zähe französische Widerstand nach der Niederlage von Sedan im Jahre 1870 den älteren Moltke davon überzeugt, daß Deutschland im Falle eines Kriegs gegen diese beiden Mächte, nicht hoffen könne, einen der beiden Feinde durch eine plötzliche und erfolgreiche Offensive schnell zu erledigen, so daß es die Freiheit hätte, dann mit dem anderen fertig zu werden.[36]

Moltkes Schüler Colmar von der Goltz gab dessen Urteil in dem Buch »Das Volk in Waffen« wieder, in welchem er die Meinung vertrat, daß der Krieg in nächster Zukunft nicht viel vom Element der Beweglichkeit verlieren darf, welches in einem weiten Ausmaß Moltkes Feldzüge charakterisiert habe.[37]

Die vielleicht niederschmetterndste Warnung, daß die Tage kurzer, begrenzter Kriege vorbei seien, erfolgte 1895 durch den Quartiermeister des Generalstabs, Generalmajor Köpke. Im Falle eines Zwei-Fronten-Kriegs, sah Köpke in einer geheimen Denkschrift, deren Original inzwischen verlorengegangen ist, den Stellungskrieg voraus:

»Selbst mit der offensivsten Einstellung (...) ist nicht mehr zu erreichen als – hier und da durch einen gewöhnlichen Angriff im Belagerungsstil – ein zähes, blutiges und langsames Vorankriechen mit dem Ziel, einige Vorteile zu erringen. Schnelle und entscheidende Siege können wir nicht erwarten. Heer und Volk müssen sich an diese Vorstellung gewöhnen, um einen beunruhigenden Pessimismus zu Kriegsbeginn zu vermeiden. (...) Ein allgemeiner Stellungskrieg, der Kampf an langen, befestigten Fronten, die Belagerung großer Festungen müssen erfolgreich durchgeführt werden. Sonst können wir gegen die Franzosen keine Erfolge erzielen. Hoffentlich mangelt es auf unserer Seite nicht an den notwendigen geistigen und materiellen Vorbereitungen, damit wir im entscheidenden Augenblick für diese Form des Kampfes gut ausgebildet und ausgerüstet sind.«[38]

Köpkes Analyse stützte sich auf die Bedeutung von Schützengräben im russisch-japanischen Krieg. Es war die Überzeugung, daß die russischen Befestigungen schlechter als die französischen seien und daß Rußlands Mobilmachung langsamer ablaufe, die Moltke und den Chef des Generalstabs Alfred Graf von Waldersee in den Jahren 1887 bis 1890 zu der Idee eines deutsch-österreichischen Präventivkriegs gegen Rußland bewog.[39]

Bekanntlich versuchte Schlieffen, als Nachfolger von Waldersee, das Problem der französischen Verteidigungsanlagen durch deren Umgehung und durch einen Angriff auf Frankreich von Norden her zu lösen. Bereits 1897 entwickelte er die Idee einer Westoffensive über Luxemburg und Belgien; 1904/1905 war er soweit, daß er die Kernelemente einer großen Flankenbewegung skizziert hatte, die nun auch durch Holland führen sollte, und im Dezember 1905, am Vorabend seiner Pensionierung, schloß er seine berühmte »Große Denkschrift« ab. Er faßte eine gewaltige Offensive mit rund zwei Dritteln des deutschen Heeres (33 und eine halbe Division) durch Belgien und Holland nach Nordfrankreich ins Auge. Elsaß-Lothringen und Ostpreußen waren unter diesen Umständen kaum zu verteidigen: In der letztgenannten Provinz sollte nur eine Division zurückbleiben, um sie gegen den zu erwartenden russischen Vorstoß zu verteidigen. Das Ziel bestand in nicht weniger als der »Vernichtung« der französischen Armee innerhalb von sechs Wochen. Danach würde man die feindlichen Truppen, die auf deutsches Gebiet eingedrungen waren, »wegwischen«.[40]

Von Anfang an und bis zum Ausbruch des Krieges 1914 litt dieser Plan unter einem gravierenden Mangel: Der Schlieffen-Plan sah eine Zahl von Divisionen vor, die in Deutschland nicht zu erreichen war. Seit langem kennen die Historiker die Argumente, die innerhalb des militärischen Establishments gegen eine Vergrößerung des Heeres vorgebracht wurden: Eckhart Kehr teilte sie in den 1920er Jahren detailliert mit.[41] Wie Stig Förster dargelegt hat, gab es in Deutschland so etwas wie einen »doppelten Militarismus« – es sind also zwei verschiedenartige Militarismen zu unterscheiden: ein reaktionärer »historisch älterer, auf altpreußischen Traditionen beruhender konservativer Militarismus von oben«, der zwischen 1890 und 1905 dominierte, und ein »bürgerlicher« Militarismus »von unten« der politisch »von rechtsradikaler Seite getragen« wurde und hernach triumphierte.[42] In den Augen der ersten Richtung war es, wie Waldersee 1897 formulierte, entscheidend, »die Armee intakt zu halten«.[43] Es umschreibt damit das Bestreben, den Prozentsatz der adligen Offiziere bei etwa 60 Prozent festzuschreiben. Der Anteil aus ländlichen Gebieten stammender Unteroffiziere und anderer Ränge sollte auf dem hergebrachten Niveau bleiben, um auf diese Weise, »demokratische und sonstige Elemente (…), die für den [Soldaten-] Stand nicht passen« von der Armee fernzuhalten.[44] In dieser Hinsicht konnten sich die konservativen Militärs mit Tirpitz und anderen Befürwortern des Aufbaus einer großen deutschen Kriegsflotte verbinden. Ein Kriegsminister nach dem anderen akzeptierte ohne nachdrücklichen Widerspruch die Unterordnung des Heeres unter die Marine, wenn es um Erhöhungen des Militärbudgets und um Zustimmung zu einem maßvollen Wachstum der Landstreitkräfte ging. Zwischen 1877 und 1889 stagnierte die Friedensstärke des deutschen Heeres auf einer Höhe von ungefähr 468 400 Mann. In den darauffolgenden sieben Jahren stieg sie trotz zweier Versuche zur Einführung einer allgemeinen Wehrpflicht, welche im Jahre 1890 eine zusätzliche Heeresstärke von 150 200 Mann bedeutet hätte, nur auf 557 430. 1904 lag die Friedensstärke des deutschen Heeres bei 588 000 Mann. Die untrüglichsten Anzeichen für eine Zurückdrängung des deutschen Militarismus sind im Konservatismus des deutschen Heeres auszumachen.

Doch im Dezember 1912 – nahezu zwanzig Jahre nach dem fehlgeschlagenen Versuch von Reichskanzler Caprivi, die allgemeine Wehrpflicht durchzusetzen – hatte sich innerhalb der Armee trotz beharrlicher Bemühungen der Konservativen viel geändert. Gewiß war die Zahl der

Generäle, die der Aristokratie entstammten, nur ganz leicht gesunken und die höheren Ränge waren weiter mit Bülows, Arnims und ihresgleichen besetzt.[45] Gleichwohl war der Anteil der Aristokraten unter den Heeresoffizieren insgesamt von 65 Prozent auf 30 Prozent gesunken, und diese Veränderung wurde besonders im Generalstab deutlich, der sich 1913 zu 70 Prozent aus Nichtaristokraten zusammensetzte, während einige seiner Abteilungen – besonders die wichtige Eisenbahnabteilung – fast vollständig aus Angehörigen der Mittelschicht bestanden.[46] Die Geisteshaltung in dieser Gruppe trug eher technokratische als konservative Züge, und die Hauptsorge galt eher dem äußeren als dem inneren Feind – nicht zuletzt ausgelöst von der Bedrohung, die von der Truppenstärke des französischen und russischen Heeres ausging. Die dynamischste Gestalt der neuen militärischen »Leistungselite« war Erich Ludendorff, der bereits im Juli 1910 die Feststellung getroffen hatte, daß »jeder Staat, der mit äußerster Energie um seinen Bestand ringt, alle Kräfte und Hilfsmittel einsetzen [muß], wenn er den höchsten Pflichten genügen will«.[47]

Im November 1912 sprach sich Ludendorff für die Durchsetzung der allgemeinen Wehrpflicht in einer Diktion aus, die auf die Epoche der Befreiungskriege zurückgriff: »Wir müssen wieder das Volk in Waffen werden.«[48] Ludendorffs »Große Denkschrift« von Dezember 1912 forderte, zusätzliche 30 Prozent der Wehrfähigen in den Militärdienst aufzunehmen (das hätte den Anteil der Dienenden von 52 auf 82 Prozent gesteigert und also auf das französische Niveau gebracht), dies hätte einen Anstieg um insgesamt 300000 Rekruten in einem Zeitraum von zwei Jahren bedeutet.[49] Selbst Bethmann Hollweg schien von Ludendorffs Vorschlag überzeugt zu sein: »Wir können es uns nicht erlauben, auf irgendeinen Rekruten zu verzichten, der imstande ist, einen Helm zu tragen«, erklärte er.[50] Die konservativen Militärs im Kriegsministerium waren sich der radikalen Folgewirkung des Ludendorffschen Plans klar. General Franz von Wandel meinte barsch: »Wenn Sie es so weiter treiben mit Ihren Rüstungsforderungen, dann bringen Sie das Deutsche Volk zur Revolution.«[51]

Wenn es auch bei der Zusammenkunft des sogenannten »Kriegsrats« vom Dezember 1912 den Anschein hatte, als unterstütze Wilhelm II. die Idee eines neuen Heeresgesetzes, zögerte der Kriegsminister Josias von Heeringen, »weil die gesamte Heeresstruktur, Ausbilder, Kasernen und so weiter nicht mehr Rekruten aufnehmen können«.[52]

Ludendorffs Plan tat er als »Demokratisierung« der Armee ab und sorgte für dessen Versetzung als Regimentskommandeur nach Düsseldorf. In einem eigenen Alternativentwurf sah Heeringen einen Truppenzuwachs von 117 000 Mann vor.[53]

Sodann steigerten Gesetze von 1912 und 1913 ganz in Ludendorffs Sinn, die Friedensstärke des deutschen Heeres auf 748 000 Mann. Aber die Streitkräfte Rußlands und Frankreichs waren in den vorangegangenen Jahren stärker gewachsen, die russischen und französischen Armeen erreichten 1913/1914 eine Gesamtstärke in Friedenszeiten von 2 170 000 Mann, dagegen betrug die entsprechende Gesamtzahl der Deutschen und der Österreicher 1 242 000. 1912 betrug dieser Unterschied nur 794 665, 1904 hatte er 260 982 betragen.[54] Das hieß, daß das deutsche Heer im Kriegsfall über eine Gesamtstärke von ungefähr 2,15 Millionen Mann verfügte, hinzu kamen 1,3 Millionen Soldaten des Habsburgerreiches. Die Gesamtstärke der Streitkräfte Serbiens, Rußlands, Belgiens und Frankreichs belief sich im Kriegsfall auf 5,6 Millionen.[55]

Die wachsende Unterlegenheit der deutschen Seite wird ebenso deutlich, wenn man die Gesamtzahl der Eingezogenen in den Jahren 1913/1914 in Betracht zieht: Das Verhältnis lautete 585 000 zu 383 000. Nach Feststellungen des deutschen Generalstabs leisteten 83 Prozent der Diensttauglichen in Frankreich ihren Wehrdienst, in Deutschland nur 53 Prozent.[56] Zwar kann nicht in Abrede gestellt werden, daß in Rußland nur jeweils 20 Prozent der Angehörigen eines Jahrgangs einberufen wurden. Aber unter Berücksichtigung der hohen absoluten Zahlen bedeutete dies für Berlin kaum eine Beruhigung.[57] Darauf hatte Schlieffen 1905 hingewiesen: »Wir pochen noch immer auf unsere hohe Einwohnerzahl, auf die Volksmassen, die uns zu Gebote stehen, aber diese Massen sind nicht in der vollen Zahl der Brauchbaren ausgebildet und bewaffnet.«[58]

Und im Mai 1914 konnte Moltke dem österreichischen Generalstabschef Franz Conrad von Hötzendorf auf seine ängstliche Frage: »Was fangen Sie an, wenn Sie im Westen keinen Erfolg haben und im Osten Ihnen die Russen derart in den Rücken kommen?« nur erwidern: »Ja, ich werde machen, was ich kann. Wir sind den Franzosen nicht überlegen.«[59]

Die Armeen Frankreichs und Rußlands waren zusammengenommen am Vorabend des Krieges weit stärker als jene Deutschlands und Österreich-Ungarns. Die Betrachtung der Gesamtstärke des Personalbestands von Heer und Marine im Verhältnis zur Gesamtbevölkerung der fünf großen Mächte zwischen 1890 und 1913/1914 legt den Schluß nahe, daß die am stärksten militarisierte Gesellschaft – wenn man dies am Anteil der Bevölkerung, der unter Waffen steht, mißt – im Vorkriegseuropa die französische war. 2,29 Prozent der Bevölkerung gehörten in Frankreich der Armee oder der Marine an. Die dreijährige Militärdienstpflicht, die im Juli 1913 beschlossen wurde, beförderte den Ausbau und die Festigung der Spitzenstellung.[60] An nächster Stelle kam Deutschland (1,33 Prozent), es folgte in geringem Abstand Großbritannien (1,17 Prozent). Allein schon diese Zahlen bestätigen, daß Norman Angell Recht hatte, als er schrieb, daß Deutschland »ganz zu Unrecht in dem Ruf stand, die militaristischste Nation in Europa zu sein«.[61]

Indessen verliert diese Konstellation an Deutlichkeit, wenn man andere Faktoren insbesondere das Verhältnis zwischen Offizieren, Unteroffizieren und Waffen zu Soldaten mit einbezieht. Innerhalb des deutschen Militärs drehte sich die Debatte zwischen Konservativen und Radikalen genauso stark um die Waffentechnik wie um die Mannschaftsstärke. Es ging um Fragen wie der nach der modernen Kavallerieverwendung, der Notwendigkeit einer verbesserten Artillerie und der Unumgänglichkeit einer Ausrüstung des Heeres mit Maschinengewehren. Was die Radikalen im deutschen Generalstab besonders umtrieb, war die künftige Rolle der Eisenbahnen.

Gewiß hatte man in dieser Hinsicht bereits große Schritte unternommen. 1870 dauerte es 27 Tage, die preußische Armee gegen Frankreich zu mobilisieren; noch im Jahre 1891 war bei einer Mobilmachung innerhalb der Reichsgrenzen die Existenz von fünf unterschiedlichen Zeitzonen zu berücksichtigen. Der Generalstab sorgte in den folgenden Jahrzehnten für eine Verbesserung der Situation. Zwar bereitete der Generalstab Manöver (»Kaisermanöver«) vor, erstellte Kartenwerke, studierte die Lektionen der Militärgeschichte[62], doch das Erstellen und die stetige Verbesserung von militärischen Transportplänen – der entscheidenden fünften Stufe einer deutschen Mobilmachung – besaßen Priorität. In einer der späteren Versionen seines Plans wählte Schlieffen die Schlacht von Cannae als Modell eines »zukünftigen Vernichtungskrieges« gegen Frankreich; aber es waren Technokraten wie Wilhelm Groener, die sich darum kümmern mußten, wie man das deutsche Heer schnellstmöglich in Stellung bringen konnte. Hier zählte die Kenntnis der Klassiker weit weniger als die Vertrautheit mit den Streckennetzen und Fahrplänen der Eisenbahn. Am Vorabend des Krieges war der militärische Transportplan auf ein Manöver von 312 Stunden reduziert worden, dabei hatten 11 000 Züge zwei Millionen Mann, 600 000 Pferde und die notwendigen Versorgungsgüter zu transportieren.[63]

Doch selbst angesichts dieser bemerkenswerten logistischen Leistungen konnten die Deutschen sich nicht zufrieden zurücklehnen. Neben der russischen Mannschaftsstärke und der russischen Artillerie boten die Eisenbahnen des Zarenreiches 1914 in Berlin einen akuten Grund zur Sorge.[64] Solche Befürchtungen nahmen in General Groeners Stellungnahme vor dem Haushaltsausschuß des Reichstags im April 1913 breiten Raum ein, als Groener auf den großen Rückstand Deutschlands im Eisenbahnbau gegenüber Rußland und Frankreich hinwies.[65] Zwischen 1900 und 1914 war die Zahl der Züge, die Rußland an einem einzigen Tage nach Westen schicken konnte, von 200 auf 360 angestiegen. Für September 1914 beabsichtigten die Russen die Einführung eines neuen Mobilisierungsplanes, der die benötigte Zeit, um 75 Infanteriedivisionen ins Feld zu bringen, von 30 auf 18 Tage reduzierte.[66]

Zweifellos überschätzten die Deutschen ihre Feinde auch in einigen Aspekten. Die Russen waren den Deutschen quantitativ haushoch überlegen, aber entsetzlich schlecht ausgerüstet. Die Franzosen waren trotz ihres militärischen Engagements durch eine geradezu verrückte Strategie gehandikapt: Plan XVIII, die *attaque brusquée* auf Elsaß-Lothringen, von Joffre entworfen und im Mai 1913 verabschiedet, fußte auf der Voraussetzung, daß die Offensive (in Form von Kavallerieangriffen und einem Vormarsch in dichten Reihen mit fixierten Bajonetten) die beste Form der Verteidigung sei.[67] Insbesondere die Überzeugung der französischen Generäle, daß nach der Formulierung des Artilleriespezialisten Hippolyte Langlois von 1904 »das ständige Wachsen der Stärke der Artillerie stets den Angriff erleichtert«, führte sie in den ersten Monaten des Krieges in einem derart gewaltigen Ausmaß zur Verschwendung von Menschenleben, daß sie deshalb beinahe den Deutschen den Sieg überlassen mußten.[68] In sogar noch kurzsichtigerer Weise machten die Franzosen überhaupt keinen Versuch zu verhindern, daß das lebenswichtige Gebiet um Briey (wo beinahe drei Viertel des französischen Eisenerzes gewonnen wurde) in feindliche Hände fiel.[69]

Auf der anderen Seite ist die Ansicht irrig, die Befürchtung der Deutschen hinsichtlich eines relativen militärischen Niedergangs ihres Landes sei unbegründet gewesen. Es scheint in wachsendem Maße deutlich zu werden, daß jene, die im deutschen Generalstab Bescheid wußten, erkannten, daß man den Schlieffenplan nicht in der ursprünglich beabsichtigten Weise umsetzen konnte. Um gegen einen französischen Angriff gegen Lothringen Widerstand zu leisten, dachte der Chef des Generalstabs Helmuth von Moltke (der Jüngere) daran, Truppen vom rechten Flügel, der eigentlich dafür vorgesehen war, Paris einzukreisen, abzuziehen, ihn durch Belgien zu schleusen und damit Holland unberührt zu lassen. Und um die Österreicher zu unterstützen, sah er den Einsatz der 8. Armee in der Anfangsoffensive gegen Rußland vor. So wie der Plan im Jahre 1914 aussah, war es beinahe sicher, daß man auf diese Weise das französische Heer nicht vernichten konnte, denn nicht zuletzt konnte keine Armee so weit und so schnell vorwärts marschieren, wie man es von der 1. Armee am entfernten rechten Flügel erwartete – nämlich etwa 500 Kilometer in einem Monat – ohne völliger körperlicher Erschöpfung anheimzufallen.[70] Das mag der Grund dafür gewesen sein, warum sich Moltke dafür entschied, die Durchquerung Hollands zu vermeiden, so daß dieses Land weiterhin als neutrales Durchzugsgebiet für deutsche Importe dienen konnte. Moltke hatte den Kaiser bereits im Januar 1905 gewarnt, ein Krieg gegen Frankreich könne nicht auf einen Schlag gewonnen werden, sondern werde sich zu einem langen und zähen Kampf in einem Land entwickeln, das nicht aufgeben wird, bevor seine Kraft total gebrochen ist. Auch das deutsche Volk werde totaler Erschöpfung anheim fallen, *selbst wenn* es siegen sollte. Diese Analyse war bestätigt worden durch einen Bericht der Dritten Abteilung des Generalstabs vom Mai 1910. Moltke und Ludendorff hatten sogar im November 1912 eine schriftliche Warnung an das Kriegsministerium gerichtet, um auch nur *einen* seiner Feinde zu besiegen, werde Deutschland lange und schwer kämpfen müssen; noch belastender werde es sein, an mehreren Kriegsschauplätzen im Osten und Westen hintereinander zu siegen, da man aus einer Position der Unterlegenheit antreten müsse. Absolut notwendig sei die Bereithaltung von genügend Munition für einen langen Kampf. [71]

Dies war ihre zweite Bitte für eine gesteigerte Vorratshaltung an Munition. Am 14. Mai 1914 hatte Moltke den Staatssekretär des Inneren Delbrück ausdrücklich gewarnt, daß ein lange währender Zweifrontenkrieg nur durch ein wirtschaftlich starkes Volk durchgehalten werden kann.[72]

Oftmals haben sich Historiker gefragt, warum die militärischen und politischen Führer Deutschlands in den Jahren vor dem Ersten Weltkrieg eine derart pessimistische Haltung einnahmen. So befürchtete beispielsweise Tirpitz im Jahre 1909 einen Blitzschlag der britischen Marine gegen seine Flotte; während der im Ruhestand lebende Schlieffen unter Alpträumen litt, die einen abgestimmten Angriff auf die Mittelmächte durch Frankreich, Rußland, Großbritannien und Italien betrafen.[73]

Seinem Tagebuch vertraute der labile, nervöse Moltke an: »Wir alle leben unter einem dumpfen Druck, der die Schaffensfreude ertötet, und kaum jemals kann man etwas beginnen, ohne die innere Stimme zu hören: Wozu, es ist ja doch vergebens.«[74]

Für ihn bedeutete der Krieg, selbst als er die deutsche Offensive entfesselte, das gegenseitige Zerfleischen der zivilisierten Nationen Europas und die Zerstörung der Zivilisation nahezu überall in Europa für kommende Jahrzehnte.[75] Nach seinem Scheitern und seinem Rücktritt erklärte er im September 1914: »[Dieser Krieg] zeigt, wie die Kulturepochen sich in fortschreitender Folge ablösen, wie jedes Volk seine bestimmte Aufgabe in der Weltentwicklung zu erfüllen hat und wie diese Entwicklung sich in aufsteigender Linie vollzieht (…). Wollte man annehmen, daß Deutschland in diesem Kriege vernichtet würde, so wäre damit das deutsche Geistesleben, das für die spirituelle Weiterentwicklung der Menschheit notwendig ist, und die deutsche Kultur ausgeschaltet; die Menschheit würde in ihrer Gesamtentwicklung in unheilvollster Weise zurückgeworfen werden.«[76]

Der gleiche fatalistische Wirrwarr läßt sich an späteren Bemerkungen von Moltkes österreichischem Kollegen Conrad entdecken.[77] Und selbst ein so hitzköpfiger Militarist wie Friedrich von Bernhardi mußte versuchen, die Möglichkeit einer Niederlage im »nächsten Krieg« zu rationalisieren, indem er meinte, selbst die Niederlage könne eine reiche Ernte mit sich bringen.[78] General Erich von Falkenhayn, der Nachfolger Moltkes, brachte es am 4. August 1914 mit den Worten zum Ausdruck: »Wenn wir auch darüber zugrunde gehen, schön war's doch.«[79] Deutschlands führende Militärs am Vorabend des Krieges fühlten sich schwach und nicht stark. Und dies gilt nicht nur für seine militärischen Führer. Denn niemand spürte diesen Pessimismus stärker als Reichskanzler Bethmann Hollweg. Er war, wie er 1912 zugab, recht sorgenvoll wegen der relativen Stärke Deutschlands im Kriegsfall. Man könne nur ruhig schlafen mit einem großen Gottvertrauen und dem Glauben an eine bevorstehende Revolution in Rußland.[80] Im Juni 1913 räumte er ein, jetzt bereits des Kriegsgeschreis und der Vorbereitungen auf den Ernstfall müde zu sein.[81]

Und gegenüber dem nationalliberalen Führer Ernst Bassermann meinte er resigniert, im Falle eines Krieges mit Frankreich werde auch der letzte Engländer gegen Deutschland marschieren.[82]

Bethmann Hollwegs Sekretär Kurt Riezler hielt einige der Betrachtungen seines Chefs unter dem Datum des 7. Juli 1914 in seinem Tagebuch fest:

»Der Kanzler erwartet von einem Krieg, wie er auch ausgeht, eine Umwälzung alles Bestehenden. Das Bestehende sehr überlebt, ideenlos. ›Alles so sehr alt geworden‹. Überhaupt ringsherum Verblendung, dicker Nebel über dem Volke. In ganz Europa das gleiche. Die Zukunft gehört Rußland, das wächst und wächst und sich als immer schwerer werdender Alb auf uns legt. Der Kanzler sehr pessimistisch über den geistigen Zustand Deutschlands.«[83]

Am 20. Juli kam Bethmann voller Pessimismus auf das Thema Rußland zurück. Und eine Woche später sagte er zu Riezler, er sehe »ein Fatum, größer als Menschenmacht, über der Lage Europas und über unserem Volke liegen.«[84] Diese in Verzweiflung wabernde Stimmung wird von Kulturhistorikern oftmals auf die große Anziehungskraft und Nachwirkung der Werke von Nietzsche, Wagner und Schopenhauer zurückgeführt. Sie ist aber nur nachzuvollziehen, wenn man die militärischen Realitäten des Jahres 1914 in Betracht zieht.

Was die Analyse der Deutschen über ihren strategischen Niedergang um so zwingender machte, war die noch schlimmere militärische Verfassung ihrer Verbündeten. Der österreichisch-ungarische Generalstabschef Conrad warnte Moltke im Februar 1913 vor einem Zustand, da die »Gegnerschaft« zwischen Österreich-Ungarn und Rußland die »Form des Rassenkampfes annehmen« werde, dann könne das Habsburgerreich »kaum mehr darauf zählen (...), daß unsere Slawen, die 47 Prozent der Einwohner betragen, sich für den Kampf gegen ihre Stammesgenossen begeistern werden. Jetzt waltet noch das Gefühl historischer Zusammengehörigkeit und der Kitt der Disziplin im Heere vor; ob dies im obengedachten Falle in Hinkunft auch noch zutreffen würde, ist fraglich.«[85]

Davon ging nicht gerade eine beruhigende Wirkung aus. Bereits im Januar 1913 rechnete der Generalstab »mit der Notwendigkeit für

Deutschland, sich allein gegen Frankreich, Rußland und England wehren zu müssen«.[86]

In der Anfangsphase des Krieges mußte jedoch Österreich-Ungarn buchstäblich ohne jede Hilfe von außen kämpfen, weil dem Schlieffenplan entsprechend der größte Teil des deutschen Heeres im Westen eingesetzt wurde. Als ein Meisterstück habsburgischer Großmannssucht schickte Conrad spontan vier seiner zwölf Reservedivisionen nach Serbien, mußte sie dann aber, als deutlich wurde, daß ihm die deutsche 8. Armee nicht gegen die Russen beistehen würde, zurückrufen und nach Galizien umdirigieren.[87]

Obendrein hatte sich die Unfähigkeit des Heeres und der Flotte Italiens bereits bei dem verunglückten Überfall auf Tripolis (Libyen) im Jahre 1911 erwiesen.[88] Zuvor hatten britische Diplomaten bereits ihre Witze darüber gemacht, daß es »eigentlich viel besser wäre, wenn Italien im Dreibund bliebe und dort eine Quelle der Schwäche darstelle«.[89] Augenscheinlich erwarteten auch die Deutschen nicht ernsthaft, daß die Italiener im Jahre 1914 kämpfen würden.[90]

Es gab zwei mögliche Reaktionen auf dieses Gefühl abnehmender militärischer Macht. Eine Reaktion bestand darin, Krieg zu vermeiden und die andere Seite am Angriff zu hindern. Dies war die letzte Schlußfolgerung des älteren Moltke. Die andere bestand darin, einen Präventivkrieg zu führen, bevor die Lage sich noch weiter verschlechterte. Der ältere Moltke hatte Bismarck gedrängt, Frankreich 1875 erneut anzugreifen, und zwölf Jahre später sprach er sich für genau diese Vorgehensweise gegen Rußland aus.[91] Sein Nachfolger, Graf Waldersee, war ein noch entschiedenerer Befürworter des Erstschlags. Selbst Schlieffen drängte auf einen Angriff gegen Frankreich, solange Rußland durch den Krieg mit Japan abgelenkt war.[92] Auch der österreichisch-ungarische Generalstabschef Conrad war ein ergebener Anhänger der Mentalität des Präventivschlags: 1907 und 1911 schlug er Schläge gegen Italien vor, und 1913 drängte er: »Die Süd- und Westslawen müssen sich in der österreichisch-ungarischen Monarchie ausleben können, es muß vermieden werden, daß sie sich den Nord- und Ostslawen anschließen.« Dahinter steckte ein Plädoyer für einen Erstschlag gegen Serbien.[93]

In den Jahren vor 1914 wiesen die Politiker derlei Vorschläge zurück. 1914 schien sich dies allerdings geändert zu haben. Im April 1914 kündigte der Kronprinz dem amerikanischen Diplomaten Joseph Grew an:

»Deutschland werde bald gegen Rußland kämpfen.«[94] Und Generalstabs-chef Moltke sagte am 12. Mai 1914 zu Conrad in Karlsbad, »daß jedes Zuwarten eine Verminderung unserer Chancen bedeute; mit Rußland könne man eine Konkurrenz in bezug auf Massen nicht eingehen«. Er bekräftigte seine Meinung acht Tage später gegenüber dem deutschen Außenminister Gottlieb von Jagow auf der Fahrt von Potsdam nach Berlin: »In 2 bis 3 Jahren werde Rußland seine Rüstungen beendet haben. Die militärische Übermacht unserer Feinde wäre dann so groß, daß er nicht wüßte, wie wir ihrer Herr werden könnten. Es blieb seiner Ansicht nach nichts übrig, als einen Präventivkrieg zu führen, um den Gegner zu schlagen, solange wir den Kampf noch einigermaßen bestehen könnten.«[95] Einen Monat später betete Wilhelm II. diese Analyse nach einem Bankett in Hamburg im Gespräch mit dem Bankier Max Warburg nach: »[Der Kaiser] schien mir nervöser als sonst. Die Rüstungen Rußlands, die großen russischen Bahnbauten waren seiner Ansicht nach Vorbereitun-gen für einen Krieg, der im Jahre 1916 ausbrechen könnte. Er klagte, daß wir zu wenig Bahnen an der Westfront gegen Frankreich hätten; bedrängt von seinen Sorgen erwog er sogar, ob es nicht besser wäre, loszuschlagen, anstatt zu warten. [96]

Dies geschah genau eine Woche vor den Attentaten von Sarajevo. Mit anderen Worten: Die Argumente für einen Präventivschlag hatten sich in Berlin bereits weitgehend durchgesetzt, bevor die diplomatische Krise einen nahezu perfekten Vorwand lieferte (einen *casus belli*, vor dem sich Wien nicht drücken wollte). Im historischen Bewußtsein hat dieser Umstand seinen festen Platz. Die Historiker haben jedoch nicht immer anerkannt, daß die Befürchtungen des deutschen Generalstabs berechtigt waren. Die britische Zeitschrift *The Nation* rückte die Dinge im März 1914 ins richtige Licht, als sie schrieb: »Das preußische Militär wäre keine menschliche Institution, würde es nicht davon träumen, einer alles zer-schmetternden Ansammlung von Macht zuvorzukommen.«[97] Im fol-genden Monat wollte der britische Außenminister Grey die Angelegen-heit unbedingt anders sehen. Er zweifelte daran »daß Deutschland einen aggressiven und bedrohlichen Überfall auf Rußland durchführen würde«, weil »Deutschland zwar zu Beginn Erfolge haben könne, die russischen Ressourcen seien aber so groß, daß Deutschland langfristig überanstrengt werden würde«.[98] Aber Lord Bryce, der später als Autor des offiziellen britischen Berichtes über die deutschen Kriegsgreuel in Belgien berühmt werden sollte, befand im Juni, daß Deutschland »recht hatte, sich zu bewaffnen und (...) jeden Mann brauchen würde« gegen Rußland, das im Begriff sei, »schnell zu einer Bedrohung für Europa zu werden«.[99]

Weiterhin wird die Frage diskutiert: Verfolgte Deutschland 1914 nur die Absicht, einen diplomatischen Erfolg zu erzielen, indem es die Mächte der Entente spaltete, oder strebte es stets danach, ob nun »präventiv« oder eher entschieden expansionistisch, einen europäischen Krieg in Gang zu setzen? In diesem Zusammenhang sollte man sich deutlich machen, daß zu dem Zeitpunkt, da der Kronprinz seine Voraussage gegenüber Joseph Grew machte, der Generalstab den Ausbau der Eisenbahn unter strategischen Gesichtspunkten verfolgte, Arbeiten, die den Planungen zufolge mehrere Jahre bis zu ihrer Vollendung brauchen würden, und die, wie der Kanzler im April 1914 festhielt, nicht vor 1915 beginnen sollten.[100] Zumindest bestand Klarheit darüber, daß die deutsche Militärführung entgegen einer weitverbreiteten Legende von der »Illusion eines kurzen Krieges« im August 1914 nicht in der Erwartung in den Krieg zog, das Weihnachtsfest auf den Champs Elysées zu feiern.[101]

Die Unentschlossenen

Die Deutschen konnten nun darauf setzen, daß einige ihrer potentiellen Gegner noch bedeutend weniger auf den Krieg vorbereitet waren als sie selbst. Die belgische Armee beispielsweise war ganz und gar nicht darauf vorbereitet, Widerstand gegen einen deutschen Angriff zu leisten. Ihre französisch sprechenden Offiziere hatten zu den flämisch sprechenden Mannschaften ein ähnliches Verhältnis wie österreichische Offiziere zum »Braven Soldaten Schwejk«. Zeitgenössische Berechnungen zeigen, daß die belgische Armee 1840 noch etwa ein Neuntel der Größe der preußischen und ein Fünftel der französischen Armee umfaßte, 1912 lauteten die entsprechenden Größenverhältnisse ein Vierzigstel und ein Fünfunddreißigstel. Pro Kopf der Bevölkerung gaben die Schweizer 50 Prozent mehr für ihre Verteidigung aus als die Belgier, die Holländer 100 Prozent mehr und die Franzosen das Vierfache. 1909 wurde trotz heftigen Widerstands der flämischen Katholiken die Militärdienstpflicht, zumindest für einen Sohn in jeder Familie, eingeführt. Gleichzeitig wurde die Dienstzeit auf 15 Monate reduziert und das Heeresbudget blieb unverändert. Am 30. August 1913 folgte die Verabschiedung eines Milizgesetzes, das die jährliche Aufnahme an Rekruten von 15 000 auf 33 000 erhöhte. Das Ziel war eine Armee, die im Kriegsfall über 340 000 Mann verfügte. Gleichzeitig fand eine Reorganisation der Divisionstruktur der Armee statt, wenngleich zu wenig Zeit blieb, die Reformen ins Werk zu setzen: Die Gesamtzahl der im Juli 1914 mobilisierten Soldaten betrug 200 000, sie verfügten gerade einmal über 120 Maschinengewehre und keinerlei schwere Artillerie.[102]

Nicht viel kriegsbereiter war die Macht, die sich öffentlich verpflichtet hatte, die belgische Neutralität zu verteidigen. Trotz der Erfahrungen des Burenkrieges, die ernsthafte Mängel in der britischen Armee verdeutlicht hatten, geschah in Großbritannien vor 1914 bemerkenswert wenig, um die Dinge zu verbessern.[103] In den Augen der Liberalen war die Wehrpflicht – die in drei aufeinanderfolgenden Untersuchungen empfohlen worden war – ein Tabuthema. Das Äußerste, was Haldane als Kriegsminister erreichen konnte, war die Schaffung der Territorialarmee, einer Reservestreitmacht mit Teilzeitsoldaten. Diese sowie die Reservisten, die Marine und die britischen Soldaten der indischen Armee eingeschlossen, betrug die Zahl an britischen Männern, die »zum militärischen Dienst in Friedenszeiten verpflichtet« waren, ungefähr 750 000.[104] Sozialhistorischen Studien zufolge haben acht Prozent der männlichen Bevölkerung irgendeine Art von militärischem Dienst mitgemacht, darunter waren auch die Yeomanry [freiwillige Kavallerietruppe] und später die Territorials, und daß zwei Fünftel aller männlichen Jugendlichen am Vorabend des Krieges quasi-militärischen Jugendorganisationen wie den Jungenbrigaden oder den Pfadfindern angehörten. Insgesamt konnte das kaum als eine ernst zu nehmende Reserve für die reguläre Armee betrachtet werden, um so mehr als nur sieben Prozent der Territorialsoldaten darauf vorbereitet waren, außerhalb der Britischen Inseln zu dienen.[105] Als Eyre Crowe gegenüber Henry Wilson vorschlug, die Territorials könne man ja auch im Kriegsfalle nach Frankreich schicken, da explodierte letzterer förmlich: »Was für eine ungeheuerliche Ignoranz in Hinblick auf den Krieg! Keine Offiziere, kein Transport, keine Mobilität, keine Verpflichtung, dem Marschbefehl zu folgen, keine Disziplin, unzulängliche Waffen, keine Pferde und so weiter.«[106] Die reguläre Armee, von der die Erfüllung der britischen Verpflichtungen auf dem Kontinent abhing, blieb eine Zwergenstreitmacht von sieben Divisionen (davon eine Kavalleriedivision) gegenüber Deutschlands 98 1/2 Divisionen. Wie Sir Henry Wilson zu Roberts sagte, waren dies »50 zuwenig«. Der Lordkanzler Earl Loreburn brachte im Januar 1912 das gleiche zum Ausdruck: »Sollte es zum Krieg kommen, dann können wir nicht verhindern, daß [Frankreich] überrannt wird. Wenn wir die gegenwärtige Politik fortsetzen, dann müssen wir nicht 150 000 Soldaten, sondern mindestens eine Million hinschicken, um irgend etwas zu erreichen.«[107] Überdies kamen die Rekruten weitgehend aus jenen Kreisen der Bevölkerung, die der deutsche Botschafter 1901 »als Bodensatz [der Gesellschaft] (...) moralisch Verkommene, Idioten, Zwerge und erbarmungswürdige Geschöpfe« bezeichnet hatte.[108] Trotz des überspitzten, harschen Urteils war es nicht zu leugnen, daß die britische Armee vorwiegend halb analphabetische, ungelernte Jugendliche aus der Arbeiterklasse rekrutierte.[109] Und das Offizierskorps dominierten Männer, deren wichtigste Fähigkeit darin bestand, auf einem Jagdpferd eine gute Figur zu machen.[110] Es gab beträchtlichen Widerstand gegen die Anschaffung von Maschinengewehren, und die Munitionsreserven bemaß man weiterhin nach den südafrikanischen Erfahrungen.[111] Naheliegende ökonomische Lehren aus dem Burenkrieg zu ziehen kam niemandem in den Sinn. Das War Office verließ sich weiterhin auf einen kleinen Kreis von Vertragspartnern zur Belieferung mit dem Notwendigen.[112] Kurz und gut, es wurde kaum etwas unternommen, um sicherzustellen, daß Großbritannien imstande sein würde, beim erwarteten französisch-deutschen Krieg auf französischer Seite einen effektiven Beitrag zu leisten. Großbritannien war auf den Krieg einfach »nicht vorbereitet«.[113] Allmählich und trotz (oder vielleicht wegen) der Bemühungen Eshers, die kontinentalen Verpflichtungen loszuwerden, hörte das »Committee of Imperial Defence« auf, ein Forum großer strategischer Debatten zu sein. Statt dessen entwickelte sich hier eine technokratische Besessenheit mit logistischen Fragen, wie sie in »Kriegshandbüchern« ihren Niederschlag fanden, mit dem Ergebnis, daß Meinungsverschiedenheiten der miteinander rivalisierenden Streitkräfte nicht beigelegt werden konnten, bevor der Krieg begann.[114]

Während und nach der Juli-Krise 1914 argumentierte die französische Regierung stets, daß eine eindeutige Stellungnahme zugunsten einer Unterstützung Frankreichs durch Großbritannien in einem frühen Stadium genügt haben würde, Deutschland abzuschrecken – eine Behauptung, die später von Kritikern Greys, darunter Lloyd George und Lansdowne, sowie von Albertini, dem bedeutendsten Chronisten der unmittelbaren Anlässe des Krieges, wiederholt wurde.[115] Dagegen spricht die Tatsache, daß die britische Expeditionsstreitmacht nicht groß genug war, um dem deutschen Generalstab Sorgen zu bereiten.[116] Wie J.M. Hobson argumentierte, hätte nur eine größere Verpflichtung auf dem Kontinent – im Sinne einer größeren regulären britischen Armee – Deutschland abschrecken können, zuerst Frankreich anzugreifen.[117] Und alles bündelt sich sozusagen in dem zeitgenössischen Argument für die Wehrpflicht.[118] Wie Lloyd George im August 1910 zu Balfour (zum Zeitpunkt ihres ersten Liebäugelns mit dem Gedanken an eine Koalitionsregierung) sagte, kam die Wehrpflicht überhaupt nicht in Frage »wegen der heftigen Vorurteile, die angespornt werden würden, wenn auch nur angenommen würde, daß die Regierung über die Möglichkeit der Durchsetzung von irgend etwas von dieser Art nachdenke«.[119] Noch am 25. August 1914 trat Churchill im britischen Kabinett für »die Notwendigkeit einer Wehrpflicht« ein, was von allen Anwesenden, einschließlich Asquith und Lloyd George, abgelehnt wurde, weil »das Volk auf solche Vorschläge nicht hören werde«.[120] Die britische Politik bestand folglich, wie Grey sagte, darin, »eine europäische Politik zu betreiben, ohne eine große Armee zu unterhalten«.[121] Die Vorstellung, daß dies realisierbar sei, verkörperte möglicherweise die größte aller britischen Illusionen.

5 Öffentliche Finanzen und nationale Sicherheit

Die Verteidigungslasten

Wenn das militärische Fachpersonal sowohl in Großbritannien als auch in Deutschland Kenntnis davon hatte, daß es ihnen für ihre Pläne an den notwendigen Ressourcen mangelte, warum wurden dann diese Mängel nicht ausgeglichen? Offenkundig lautet die Antwort darauf, daß innenpolitische Faktoren dem Aufbau großer Heere, von denen Männer wie Erich Ludendorff und Henry Wilson träumten, im Wege standen. Wie schwer wog in Wirklichkeit die »Belastung« durch die Rüstungsanstrengungen für das jeweilige Land? Wie »gewaltig« waren die Ausgaben? Für Sir Edward Grey waren sie, als er im März 1911 vor dem Unterhaus sprach, bereits dabei, »nicht mehr tolerierbar zu werden« – so unerträglich, daß sie »langfristig gesehen, die Zivilisation zum Zusammenbruch bringen [und] zum Krieg führen müssen«.[1] Es gibt jedoch ein scheinbares Paradox, das der Erklärung bedarf: Die Kosten des Rüstungswettlaufs waren in Wirklichkeit nicht besonders hoch.

Es ist ein außerordentlich schwieriges Unterfangen, vergleichswürdige Zahlen über militärische Angaben zu ermitteln, denn die in den verschiedenen Staatshaushalten verwendeten Definitionen beruhen auf unterschiedlichen Berechnungsschlüsseln. Um hierzu ein Beispiel zu geben: Die Schätzungen der deutschen Militärausgaben im Jahr 1913/1914 schwanken je nach Berechnungsmethode zwischen 1664 und 2406 Millionen Mark. Die unten genannte Zahl von 2095 Millionen Mark ist durch Ausschluß von Ausgabepositionen zustande gekommen, die im Haushaltsplan nicht als spezifisch militärischen Zwecken dienend ausgewiesen werden, zum Beispiel Ausgaben für Eisenbahnen und Kanäle, es sind aber andere Positionen eingeschlossen, die nicht in den Armee- und den Marinebudgets auftauchen, aber dennoch ganz offensichtlich den Militärausgaben zuzurechnen sind.[2] Ähnliche Probleme ergeben sich für die anderen Länder. In jüngster Zeit haben es Wissenschaftler unternommen, diese Probleme bis ins Detail zu klären, so daß es inzwischen möglich ist, die Kosten des Rüstungswettlaufs recht präzise zu berechnen.[3]

Ungefähr bis 1890 erforderte der Unterhalt von See- und Heeresstreitkräften keinen unmäßig hohen Aufwand, das galt selbst für die Erbauer großer Reiche wie Großbritannien. Die Militärbudgets der großen Mächte waren Anfang der 1890er Jahre nicht viel höher, als sie es in den frühen 1870er Jahren gewesen waren, jedoch änderte sich dies in den beiden Jahrzehnten vor 1914. Faßt man Großbritannien, Frankreich und Rußland zusammen, wuchsen die Verteidigungsausgaben (in Pfund Sterling) insgesamt um 57 Prozent, für Deutschland und Österreich zusammen war der Anstieg noch höher – er betrug etwa 160 Prozent.

In den Jahren vor 1914 lagen das deutsche, französische, russische und britische Militärbudget in absoluten Zahlen nicht weit auseinander (wenn man die Auswirkungen des Burenkriegs und des russisch-japanischen Kriegs herausrechnet). Deutschland überholte Frankreich zwischen 1900 und 1907, was ein Resultat des Flottenwettlaufs mit Großbritannien war. Nach 1909 ist ein beschleunigter Anstieg der Budgets aller Großmächte mit Ausnahme Österreich-Ungarns zu verzeichnen. Betrachtet man jedoch die Ausgaben pro Kopf der Bevölkerung, dann lag Deutschland hinter Großbritannien und Frankreich: Die Verteidigungsausgaben pro Kopf betrugen 1913 im Deutschen Reich 28 Mark im Vergleich zu 31 Mark in Frankreich und 32 Mark in Großbritannien. Deutschland verwendete auch einen geringeren Anteil der öffentlichen Ausgaben für die Verteidigung: 29 Prozent im Jahre 1913, verglichen mit jeweils 43 Prozent in Frankreich und in Großbritannien.[4] Noch auffallender ist der Unterschied, wenn man die Budgets von Großbritannien und Frankreich auf der einen Seite und von Deutschland, Österreich-Ungarn und Italien auf der anderen Seite addiert. Nimmt man den Zeitraum von 1907 bis 1913, dann gaben die Entente-Mächte im Durchschnitt jährlich 83 Millionen Pfund mehr als die Mächte des Dreibundes aus.

Der korrekte Richtwert für die Verteidigungsbelastung besteht jedoch nicht in den absoluten Gesamtausgaben – oder gar der Pro-Kopf-Ausgaben –, sondern im Anteil des Sozialprodukts, der für die Verteidigung ausgegeben wird.[5] Im Unterschied zu den »von außen vorgegebenen Möglichkeiten und Grenzen« der Geographie, die die konservativeren unter den deutschen Historikern faszinieren, ist dieser Faktor keine feste

Größe, sondern über ihn wird politisch entschieden. In der jüngsten Gegenwart, zum Zeitpunkt der Konfrontation zwischen den Supermächten, gab Großbritannien 1984 etwa 5,3 Prozent seines Bruttosozialprodukts für die Verteidigung aus, zum Zeitpunkt der Abfassung dieses Buches, da es keine erkennbare äußere Bedrohung für die Sicherheit Großbritanniens gibt, ist dieser Prozentsatz auf etwa 3,7 gefallen.[6] Im Gegensatz dazu beschleunigte die Sowjetunion wahrscheinlich ihren eigenen Zusammenbruch, indem sie 15 Prozent ihrer gesamten Einkünfte für die Verteidigung ausgab.[7] Die Ausgaben Deutschlands für das Militärwesen haben im letzten Jahrhundert extrem geschwankt, sie liegen zwischen einem Prozent in der Weimarer Republik (und etwas mehr als 1,9 Prozent 1991) und 20 Prozent vor dem Zweiten Weltkrieg.[8]

Die vorliegenden Zahlen wecken starke Zweifel an der Auffassung, daß der Rüstungswettbewerb vor 1914 eine »gewaltige« finanzielle Belastung für jedes Land bedeutete. Das deutsche Reich wendete 1913 – nach der Verabschiedung von zwei Heeresvorlagen – 3,9 Prozent des Nettosozialprodukts für Verteidigung auf. Das war mehr als die Ausgaben des Verbündeten Österreich-Ungarn (2,0 Prozent) und Großbritanniens (3,2 Prozent), aber beträchtlich weniger als die Frankreichs (4,8 Prozent) und Rußlands (5,1 Prozent). Italien hatte ebenfalls eine hohe Belastung durch die Militärausgaben zu tragen, nämlich am Vorabend des Krieges 5,1 Prozent des Nettosozialprodukts.[9]

Historisch betrachtet erscheinen diese Belastungen nicht als exzessiv. Ja, wenn man etwa das Großbritannien des 18. Jahrhunderts zum Vergleich heranzieht, dann scheinen sie recht niedrig zu sein.[10] Doch die Finanzierung dieser zunehmenden Belastungen zählte zu den zentralen politischen Problemen jener Zeit. Das Wachsen der öffentlichen Ausgaben war seit Ende des 19. Jahrhunderts in Europa eine in allen Ländern sich machtvoll durchsetzende Tendenz; Adolph Wagner sprach in diesem Zusammenhang von einem »Gesetz der wachsenden Staatsausgaben«.[11]

Ob es nun um die Beruhigung politisch machtvoller (oder potentiell gefährlicher) sozialer Gruppen oder um die Steigerung der »nationalen Leistungsfähigkeit« ging, die Regierungen gaben mehr Geld für die Infrastruktur, die Erziehung, die Versorgung der Kranken, Unbeschäftigten, Armen und Alten aus. Wenn auch die Beträge, um die es dabei ging, nach modernen Maßstäben bescheiden waren, so lag doch der jeweilige Anstieg der Ausgaben in Verbindung mit anschwellenden Militärausgaben im allgemeinen über denen des gesamten Wirtschaftswachstums. Bethmann Hollweg hat dies in einem Gespräch mit der Baronin Spitzemberg so ausgedrückt: »[Um Englands Weltstellung zu brechen] bedarf es einer Flotte; um sie zu haben, vielen Geldes, und da nur ein reiches Land dies geben kann, soll Deutschland reich werden.«[12]

Wie wir gesehen haben, wurde Deutschland reich. Doch nicht einmal die prosperierende deutsche Wirtschaft war imstande, schneller zu wachsen als der deutsche Staatshaushalt.

Die britischen Staatshaushalte wurden auf eine relativ strenge Weise aufgestellt, so daß der Erste Schatzlord und der Schatzkanzler im allgemeinen in der Lage waren, eine effektive Kontrolle über die anderen Ressorts der Regierung auszuüben, während die Finanzpolitik einer relativ strengen parlamentarischen Kontrolle ausgesetzt war. Auf Peel zurückgehende Lehren über ausgeglichene Budgets, gesundes Geld und die Ermäßigung von Steuern erklären, warum die Bruttostaatsausgaben im Vergleich zum Bruttosozialprodukt während der längsten Zeit des 19. Jahrhunderts in Großbritannien zum Sinken tendierten und auch nach 1890 nur langsam anstiegen. In der Zeit nach 1870 gab es ein regelmäßiges Anwachsen der öffentlichen Ausgaben von nominal ungefähr 70 Millionen Pfund auf rund 180 Millionen am Vorabend des Krieges. Die öffentlichen Ausgaben insgesamt stiegen zwischen 1890 und 1913 mit einer Rate von 3,8 Prozent, und sie wuchsen als Anteil am Bruttosozialprodukt von 9,4 Prozent auf 13,1 Prozent. Dies war nicht nur auf die steigenden Verteidigungskosten des Empire zurückzuführen (insbesondere den Burenkrieg und das Flottenbauprogramm), sondern auch auf die Ausweitung nicht-militärischer Ausgaben. Die Grafschaftsräte, die Salisbury 1899 geschaffen hatte, entwickelten sich dahin, die Verantwortlichkeit für das Wohnungswesen und die Erziehung zu übernehmen. Das neue System einer freien Elementarschulbildung; die Landreform in Irland (Zuschüsse an bäuerliche Landkäufer); das System der beitragsfreien Alterspension, das in den Jahren 1907 und 1908 eingeführt wurde; das subventionierte System der staatlichen Versicherung gegen Krankheit und Arbeitslosigkeit – all diese Faktoren führten zu einem bedeutsamen Ansteigen nicht-militärischer öffentlicher Ausgaben, insbesondere auf der zuvor ganz unbedeutenden örtlichen Ebene. Dennoch waren am Vorabend des Krieges immer noch 55 Prozent der Gesamtausgaben solche der Zentralregierung, und die Verteidigungsausgaben machten 43 Prozent der gesamten Belastungen der Londoner Regierung aus. Mit anderen Worten: Obwohl politischer Druck zu wachsenden Sozialausgaben führte, geschah dies nicht auf Kosten der Ausgaben für das Militärwesen.[13]

In diesem Zusammenhang sind auch die politischen Schwierigkeiten zu sehen, in die Winston Churchill 1913 wegen seiner Etatvorschläge für die Marine geriet. Die Liberalen hatten sich inzwischen dazu durchgerungen, ihre Wahlversprechen von 1909, die Rüstungsausgaben zu kürzen, nicht mehr einzulösen, was weitgehend auf die Scharfmacher der Presse zurückzuführen war.[14] 1913 verlangte Churchill, obwohl er sich durchaus bewußt war, »welch starke Vorbehalte in der liberalen Partei gegen steigende Verschuldung bestehen«, eine Summe von über 50 Millionen Pfund sowie den Bau von vier Großkampfschiffen in den Jahren 1914/1915.[15] Als Churchill die neuen Zahlen bekanntgab, provozierte er damit eine ausgewachsene Revolte der Parlamentsfraktion und des Kabinetts. Am Ende gelangte man zu einem wackligen Kompromiß. Und Churchill versprach, die Forderungen der Admiralität für die Jahre 1915 und 1916 zu mäßigen. Aber die Krise verschärfte sich beinahe bis zu dem Punkt, da entweder Churchills Rücktritt oder andernfalls das Abtreten von Lloyd George notwendig geworden wäre.[16] Der Gang der Ereignisse hätte also in einem »Wendepunkt« kulminieren können, allein die Geschichte hat es versäumt, die Wende zu vollziehen: Wäre Churchill oder Lloyd George gegangen, dann dürfte das Kabinett, wie wir noch sehen werden, sich im August des darauffolgenden Jahres anders verhalten haben. Eine andere Variante bot die Auflösung des Parlaments und Neuwahlen, die die Liberalen damals mit an Sicherheit grenzender Wahrscheinlichkeit verloren hätten.[17]

Über die französischen Militärausgaben an sich gab es im allgemeinen weniger Auseinandersetzungen als über die Mittelbeschaffung. Unter allen Großmächten war Frankreich die erfolgreichste im Hinblick auf die Drosselung der öffentlichen Ausgaben auf einen Anstieg von jährlich 1,9 Prozent zwischen 1890 und 1913, womit der Rückgang des Anteils der öffentlichen Ausgaben am Bruttosozialprodukt von einem relativ hohen Niveau von 19 Prozent im Jahre 1890 auf 17 Prozent im Jahre 1913 einherging.[18] Der einzige Sektor des Haushalts, dem keine Zügel angelegt wurden, war das Militärbudget: Zwischen 1873 und 1913 stieg der Anteil an den Gesamtausgaben der Zentralregierung von 25 auf 42 Prozent.[19]

Man sollte in diesem Zusammenhang jedoch darauf aufmerksam machen, daß das französische Finanzwesen stärker zentralistisch ausgerichtet war als das britische. Sowohl die Haushalte der Departements als auch der Gemeinden bedurften der Zustimmung der Zentralregierung.[20]

In Rußland stiegen die öffentlichen Ausgaben jährlich im Durchschnitt um 6,1 Prozent zwischen 1890 und 1913, und sie vervierfachten sich damit nominell von etwas über einer Milliarde auf vier Milliarden Rubel. Anteilig am Nationaleinkommen machte dies jedoch ein relativ bescheidenes Anwachsen von ungefähr 17 Prozent auf 20 Prozent aus, und hierin spiegelte sich das schnelle Wachstum der russischen Wirtschaft insgesamt wider.[21] Das genaue Ausmaß der militärischen Belastungen ist kaum zahlenmäßig zu erfassen. Nach den Haushaltsstatistiken für die Jahre 1900 bis 1913 erhielten das Heer und die Flotte nur 20,5 Prozent der Ausgaben, aber diese Zahlen berücksichtigen nicht verschiedene militärische Ausgaben, die außerhalb des Militärbudgets getätigt und als »außerordentlich« klassifiziert wurden. Tatsächlich wurden etwa 33 Prozent der gesamten Regierungsausgaben für militärische Zwecke eingesetzt[22], was nicht viel mehr als bei den anderen großen Mächten ist. Der größte Unterschied zwischen Rußland und seinen unmittelbaren Nachbarn lag in der stark zentralisierten Ausgabenkontrolle, die hier sogar noch höher war als in Frankreich, so hatten die Lokalverwaltungen nur über 13 Prozent der gesamten Ausgaben der öffentlichen Hand zu bestimmen.

Die Mächte der Entente waren also, wenn auch in verschiedenem Ausmaß, zentralisierte Staaten, die ihre finanzwirtschaftlichen Obliegenheiten auf zwei Regierungsebenen entschieden. Zudem hatten Großbritannien und Rußland innerhalb der eineinhalb Jahrzehnte vor 1914 Kriege ausgefochten – und daher ihre finanziellen Reserven stark beansprucht. Großbritannien hatte für den Burenkrieg (1899-1902) schätzungsweise 217 Millionen Pfund Sterling ausgegeben, was 1912 12 Prozent des Bruttosozialprodukts entsprach. Der russisch-japanische Krieg hatte Rußland etwa 2,6 Milliarden Rubel oder ungefähr 20 Prozent des Nettosozialprodukts von 1904 gekostet.[23]

Bei den Mittelmächten sowohl in Deutschland als auch in Österreich-Ungarn galten *bundesstaatliche* Verfassungsordnungen. Bismarcks Bestreben, »staatenbündische Elemente in eine ohnehin nicht sehr stark ausgeprägte bundesstaatliche Verfassung einzufügen«[24], führte dazu, daß das Reich bedeutend weniger als die Summe seiner Teile verkörperte, was mit Blick auf die Finanzen von besonderer Relevanz war. Die Einzelstaaten behielten die Kontrolle über viele Bereiche der Regierungstätigkeit – Erziehung, Polizeiwesen, Volksgesundheit, Steuereinnahme. In keinem Staat verlief das Wachstum der öffentlichen Ausgaben so stetig wie in Deutschland.[25] Den neuralgischen Punkt jedoch stellte das Wachstum der nicht-militärischen Ausgaben dar, wobei sich die Gewichtsverteilung der fiskalischen Zuständigkeiten im bundesstaatlichen System zeigte. Die Errungenschaft öffentlicher Auftragstradition hatte dazu geführt, daß die deutschen Einzelstaaten beträchtliche Beträge für Eisenbahnen und andere Infrastrukturmaßnahmen ausgaben: Derartige Ausgaben machten beispielsweise ungefähr die Hälfte des preußischen Staatshaushaltes von 1913 aus. In den Einzelstaaten und Kommunen stiegen die Ausgaben für soziale und schulische Einrichtungen fortlaufend und beliefen sich 1913 auf 28 Prozent der öffentlichen Ausgaben. Dagegen sank der Anteil der Verteidigungsausgaben an den öffentlichen Gesamtausgaben von ungefähr 25 auf 20 Prozent. Darin spiegelte sich ganz deutlich der Zugang der Einzelstaaten zu ausdehnungsfähigeren Einkommensquellen wider, denn den größeren Einzelstaaten floß 1913 zwischen 40 und 75 Prozent aus direkten Steuern der Einkommensteuer zu.[26]

Daneben zeigten sich in Berlin institutionelle Probleme. Das Reichsschatzamt war unzureichend ausgestattet, um die deutschen Finanzen zu kontrollieren: Es verfügte 1880 nur über 55 Beamte, war lediglich für 30 Prozent der gesamten öffentlichen Ausgaben verantwortlich und besaß bloß eine begrenzte Autorität gegenüber den Ressorts, die mit dem Militärwesen befaßt waren.[27] Zu noch mehr Kontroversen führte die Tatsache, daß nicht eindeutig geklärt war, wie groß das Maß an Kontrolle war, das die zweite Kammer des Parlaments, der Reichstag, über den Prozeß der Verabschiedung des Haushalts auszuüben hatte. Unter den Historikern besteht weiterhin eine tiefe Kluft zwischen jenen, die die Macht des Reichstags für außerordentlich begrenzt halten – in ihm einen Teil des »Scheinkonstitutionalismus« des Reichs sehen –, und jenen, die bereits für die Zeit vor 1914 von einem allmählichen fortschreitenden Prozeß der Parlamentarisierung sprechen – wenn sich auch das englische System der Verantwortlichkeit der Minister gegenüber dem Parlament noch nicht durchgesetzt hatte.[28] Gewiß wäre es höchst seltsam gewesen, wenn ausgerechnet Bismarck, den Wilhelm I. als Reichskanzler ernannt hatte, um gegen jede Beschneidung der Heeresstärke durch den preußischen Landtag in den 1860er Jahren Widerstand zu leisten, in den siebziger Jahren dem Reichstag weitgehende Kontrollrechte über das Militärbudget zugestanden hätte. Jene Historiker, die sich an Bismarcks zeitgenössischen linksliberalen Kritikern orientieren, haben die Wirksamkeit der Einschränkungen, die Bismarck im Hinblick auf das Haushaltsbewilligungsrecht des Reichstags durchzusetzen imstande war, häufig übertrieben. Unstrittig sind die Befugnisse, die Artikel 63 der Reichsverfassung dem Kaiser bei der Bestimmung der Friedensstärke und des Heeresaufbaus einräumte. Dennoch bleibt die Frage der Finanzierung, die weit komplexere Antworten verlangt. In den Jahren 1867 bis 1874 wurde die Angelegenheit vertagt, weil zeitweise die Regelung galt, daß die Größe der Armee einem Prozent der Bevölkerungszahl des Reichs entsprechen sollte. Gleichwohl legte Artikel 62 der Verfassung eindeutig fest, daß Veränderungen im Militärhaushalt der Zustimmung der Legislative bedurften. Die endgültige Entscheidung entsprach ganz und gar nicht dem Ideal des deutschen Monarchen von einem »immerwährenden« Militärbudget: Verschiedene Sieben-Jahres- (später Fünf-Jahres-) Militärbudgets führten zur Ausgliederung der Verteidigungsausgaben aus den jährlichen Haushalten, schafften aber nicht die Kontrolle des Reichstags ab. Der Reichstag konnte folglich die Haushaltsgesetzentwürfe der Regierung abändern, und das tat er auch.[29] In der Praxis galt daher: Wenn die Regierungen mehr für die Verteidigung – oder auch für ihre zivilen Aufgaben – ausgeben wollten, dann benötigten sie die Zustimmung des Reichstags für beide Arten von Ausgaben, und wenn diese die vorhandenen Einnahmen überschritten, bedurfte es der Bewilligung der Mittel zu ihrer Finanzierung.

Die Tatsache, daß der Reichstag unter den Parlamenten des kaiserlichen Deutschlands die demokratischste Körperschaft war, während verschiedene Bundesstaaten unterschiedliche Arten von eingeschränktem Wahlrecht beibehielten, brachte eine besonders ausweglose Situation hervor. Eine demokratische Versammlung war gleichzeitig befugt, das Niveau der indirekten Konsumentensteuern zu beeinflussen und militärische Ausgaben zu bewilligen, während quasi vordemokratische Entscheidungsgremien für hauptsächlich zivile Zwecke die direkten Steuern auf Einkommen und Besitz festlegten.

Bismarcks Entscheidung zur Einführung des allgemeinen männlichen Wahlrechts für den Reichstag war in der Absicht erfolgt, den Liberalismus auf der Grundlage der Annahme zu schwächen, daß unterhalb eines bestimmten Einkommensniveaus neun Zehntel der Bevölkerung konservativ sind. Tatsächlich waren die Nutznießer aber Katholizismus und Sozialismus. Auf ihre Vorteile erpicht, kritisierten sie die Reichsfinanzpolitik, ob sie nun Sonderrechte für süddeutsche Bauern und kleine Geschäftsleute forderten[30] oder ob sie die regressive Besteuerung der Konsumenten aus der Arbeiterklasse anprangerten.[31] Regierungen, die mehr für die Verteidigung ausgeben wollten, befanden sich daher zwischen der Scylla der partikularistischen Regierungen der Einzelstaaten und der Charybdis der erfolgreichsten Reichstagsparteien, nämlich des Zentrums und der Sozialdemokraten. Bismarck und seine Nachfolger waren höchst erfinderisch, wenn es darum ging, Strategien zur Schwächung dieser »reichsfeindlichen Parteien« zu entwickeln und die eher »staatstragenden« konservativen und nationalliberalen Parteien zu stärken. So war der Appell zum Aufbau der Flotte und zum Erwerb von Kolonien – vermeintlich »nationale Taten«, die patriotische Gefühle wecken und ökonomische Unzufriedenheit mildern sollten – verbunden mit kostspieligen Wählergeschenken wie Steuernachlässen und Sozialversicherungsgesetzen. Weit davon entfernt, die Stellung der Regierung zu verbessern, stärkten solche Debatten die Schlüsselstellung der Zentrumspartei im Reichstag. In dem gleichen Maße profitierte die Sozialdemokratie von dem günstigen Klima für erhöhte Staatsausgaben. Dagegen trieb die Notwendigkeit, die Staatseinnahmen zu erhöhen, die Regierungsparteien in eine Zerreißprobe und führte tendenziell zur Spaltung.

Das dualistische System Österreich-Ungarns litt unter ähnlichen Problemen. Im Kern schuf der Ausgleich zwischen Österreich und Ungarn 1867 eine gemeinsame Außen- und Vereidigungspolitik. Das Militärbudget nahm mit Abstand den höchsten Stellenwert ein, denn es beanspruchte 96 Prozent des gemeinsamen Haushalts.[32] Anteilig am Bruttosozialprodukt stiegen die Gesamtstaatsausgaben sowohl in Österreich als auch in Ungarn von etwa elf Prozent zwischen 1895 und 1902 auf 19 Prozent 1913 – ein stetiges Wachstum von ungefähr 3,2 Prozent jährlich. Doch wuchsen die jeweiligen Staatsausgaben der beiden Länder weit schneller als die »gemeinsamen« Ausgaben: zwischen 1868 und 1913 steigerte sich das gemeinsame Budget um einen Faktor von 4,3, das ungarische Budget aber vervielfachte sich um einen Faktor von 7,9 und das österreichische um einen Faktor von 10,6. Im Gefolge der stark wachsenden Einzelhaushalte blieben die Militärausgaben als wichtigster Posten im gemeinsamen Haushalt auf verhältnismäßig niedrigem Stand. Sie entsprachen 1913 etwa 2,8 Prozent des gemeinsamen Bruttosozialprodukts – trotz der gewachsenen Kosten des Flottenbaus und der Annexion von Bosnien-Herzegowina. Der Anteil des österreichischen Budgets, der für das Militär aufgewandt wurde, fiel von 24 Prozent der Staatsausgaben (1870) auf 16 Prozent (1910).

Steuern

Die wachsenden Ausgaben zu finanzieren, standen zwei Modelle zur Verfügung, in beiden Fällen rief die Anwendung tiefgreifende politische Konsequenzen hervor. Eine Methode zur Steigerung der öffentlichen Einnahmen bestand, wie zu erwarten, darin, die Steuerlast zu erhöhen: Die große Frage lautete dann, ob dies über indirekte Steuern (in erster Linie in Form von Abgaben auf Konsumartikel vom Brot bis zum Bier) oder durch direkte Steuern (auf höhere Einkommen oder Eigentum) erfolgen sollte.

Mit der ersten Methode, der Steuererhöhung, war die Frage verknüpft, ob eine Konsumenten- oder eine Besitzsteuer zu erheben war. Im Unterschied zu den meisten europäischen Staaten hatte sich im Großbritannien des 19. Jahrhundert bereits eine Einkommensteuer etabliert. Doch 1892 war sie auf sechseinhalb Pence pro Pfund Sterling ermäßigt worden, und die Vertreter der reinen Lehre unter den Liberalen (wie der alternde Gladstone) träumten immer noch von der Abschaffung dieser Steuer. Die Besitzsteuer blieb zuerst gering, denn um das Haushaltsdefizit auszugleichen, wurde in Großbritannien zunächst eine Vermögenssteuer eingeführt und schließlich 1894 die Erbschaftssteuer durchgesetzt.

Als Folge der Staatshaushalte von 1907 und 1909/1910 stieg der Anteil der Einnahmen der britischen Regierung aus direkten Steuern auf 39 Prozent. Im Jahre 1913 setzte sich das Regierungseinkommen insgesamt beinahe zu gleichen Teilen aus Steuern, Zöllen und Abgaben zusammen, und die neue Einkommensteuer brachte mehr als 40 Millionen Pfund im Jahr ein.

Die Ansicht, rein fiskalisch betrachtet, hätte Großbritannien es sich leisten können, durch Steuererhöhung eine Wehrpflichtigenarmee von ein bis zwei Millionen Mann zu schaffen[33], vernachlässigt den politischen Zündstoff, den die liberale Finanzpolitik barg. Wie wir bereits dargestellt haben, waren die Liberalen in Großbritannien mit dem Versprechen an die Macht gekommen, die Rüstungsausgaben zu reduzieren, und angesichts dessen konnten sie weder ihre Hinterbänkler noch die radikale Presse so ohne weiteres für die Erhöhung der Mittel für die Marine gewinnen. Obwohl progressiv ansteigende Steuersätze in jenen Kreisen populär waren, hielt sich Lloyd Georges Budget sehr stark zurück, um die Wohlhabenderen unter den Wählern nicht in die Arme der Konservativen zurückzutreiben. Bei den letzten Vorkriegswahlen im Dezember 1910 hatten die Liberalen und die Tories je 272 Unterhaussitze gewonnen, so daß die Regierung sich, um eine Mehrheit zustande zu bringen, auf die 42 Abgeordneten der Labour Party stützen mußte. Da die Konservativen in der Folgezeit bis zum Juli 1914 16 von 20 Nachwahlen gewannen, reduzierte sich die liberale Regierungsmehrheit auf zwölf Abgeordnete.[34]

Indessen sind die politischen Konflikte, die aus Debatten um vermehrte Rüstungsausgaben resultierten, in Großbritannien leichter zu entschärfen gewesen als auf dem Kontinent. Ohnedies fehlen in Großbritannien Quellenbelege für eine innenpolitische Krise, die die englische Regierung 1914 hätte ermutigen können, sich für einen Krieg zu entscheiden.

In Frankreich dagegen blieb die Besteuerung in ihren Auswirkungen bis zum Vorabend des Krieges in bemerkenswertem Maße regressiv. Dies war teilweise auf die revolutionäre Tradition zurückzuführen, die das Einkommen und den Besitz des Bürgers vor staatlicher Überprüfung schützte, daher zog man es vor, sogenannte *contributions* einzuziehen, und dies geschah auf der Basis von angeblich »objektiven« Einschätzungen der durchschnittlichen Zahlungsfähigkeit. Und teilweise stützte sich die regressive Besteuerung auf das Prinzip der Gleichheit (der Belastung), das progressive Steuersätze ausschloß. Am Vorabend des Krieges sorgten Einfuhrabgaben, die 1872 nach nur zwölf Jahren Freihandelspolitik wieder eingeführt worden waren, für etwa 18 Prozent der Steuereinnahmen der Regierung, Konsumsteuern (hauptsächlich auf Getränke, Salz und Tabak, für die die Regierung ein Monopol besaß) kamen für ein Drittel auf. Die zweite Hauptquelle für Einnahmen bestand aus verschiedenen Stempelsteuern, die bei kleinen amtlichen Handlungen zu bezahlen waren. Sie erbrachten ungefähr ein Viertel der Steuereinnahmen von 1913. Direkte Steuern lieferten 1913 14 Prozent des gesamten ordentlichen

Staatseinkommens.[35] Versuche zur Einführung einer modernen Einkommensteuer erlitten angesichts heftiger Opposition im Parlament immer wieder Niederlagen, so 1896, 1907 und erneut 1911. Erst unmittelbar vor Kriegsausbruch konnte dieser Widerstand im Parlament überwunden werden. Im März 1914 wurden die alten Finanzzölle reformiert, und im Juli 1914 wurde schließlich eine allgemeine Einkommensteuer auf Einkommen von über 7000 Franc im Jahr eingeführt. Der Ausbruch des Krieges führte jedoch dazu, daß diese Steuer nicht vor Januar 1916 eingetrieben wurde.

Das russische System war in noch größerem Maße von Einnahmen aus indirekten Steuern abhängig: Nur ein kleiner Anteil der Staatseinkünfte (zwischen 1900 und 1913 rund sieben Prozent) stammte aus direkten Steuern. Der Widerstand der besitzenden Schicht in der Duma führte dazu, daß es keine Einkommensteuer gab. Die Regierungstätigkeit wurde überwiegend aus den Einnahmen staatlicher Unternehmen (die Nettoeinnahmen der Eisenbahn betrugen 1913 etwa 270 Millionen Rubel) und durch die Besteuerung wichtiger Konsumgüter wie Kerosin, Streichhölzer, Zucker und Wodka finanziert. Die wichtigste dieser Verbrauchssteuern war zweifellos die auf Wodka erhobene Abgabe, auf den Verkauf dieses Getränks besaß der Staat seit den späten 1890er Jahren ein Monopol. Die Nettoeinkünfte aus dem Wodkamonopol waren um etwa das Zweieinhalbfache höher als diejenigen aus den staatlichen Eisenbahnen. Die Bruttoeinnahmen daraus (im Jahre 1913 900 Millionen Rubel) sorgten für mehr als ein Viertel aller Staatseinnahmen.

In Deutschland erfreuten sich die Bundesstaaten eines effektiven Monopols an direkten Steuern, und Versuche Bismarcks, das Kräfteverhältnis zugunsten des Reiches zu verschieben, scheiterten immer wieder.[36] Tatsächlich gab es in einigen Jahren Nettotransfers vom Reich zu den Einzelstaaten – sie betrugen in den 1890er Jahren durchschnittlich pro Jahr 350 Millionen Mark. Während die Länder (und die Gemeinden) ihre fiskalischen Systeme durch Einführung von Einkommensteuern modernisieren konnten[37], blieb das Reich dagegen in den 1890er Jahren fast völlig (für 90 Prozent seiner Einkünfte) von den alten Steuern auf Verbrauch und Importe abhängig. Das Reich blieb, wie Bülow einmal im Anschluß an Bismarck formulierte, gleichsam ein »armer Reisender, der mit großer Hartnäckigkeit als höchst unerwünschter Gast an die Tür der Einzelstaaten klopft, um sich seinen Lebensunterhalt zu fordern«.[38]

Dem Reich waren enge Grenzen gesteckt, es mußte das deutsche Heer und die deutsche Flotte durch indirekte Steuern finanzieren, und der Anstieg der Militärausgaben zog steigende Zollabgaben nach sich. Aber die Unzufriedenheit in der Bevölkerung angesichts dieser Kombination von »teurem Brot« und »Militarismus« spielte politisch den Sozialdemokraten in die Hand, die für die Einführung von Besitzsteuern auf Reichsebene eintraten. Im Gegensatz zu weitverbreiteten Annahmen bei der deutschen Rechten konnte die SPD Kapital aus steigenden Ausgaben für Heer und Marine schlagen..[39] Auf der Rechten überschnitten sich jedoch die ökonomischen Interessen mit den Parteigrenzen, und die Koalitionen, die sich auf wirtschaftliche Allianzen gründeten, neigten dazu, sich von Fragestellung zu Fragestellung zu verschieben – so kam es beispielsweise dazu, daß viele jener Unternehmergruppierungen, die 1912 für eine direkte Besteuerung eintraten, schließlich 1913 das Endergebnis als in seinen Auswirkungen allzu progressiv ablehnten. Obendrein ging es in der Diskussion untergründig um unterschiedliche Verfassungsvorstellungen – zwischen Partikularisten und den Befürwortern eines stärker zentralisierten Reiches – sowie um monarchische Vorrechte und Ausweitung der parlamentarischen Rechte. Ökonomische Aspekte wurden häufig überspitzt, um verfassungspolitische Standpunkte zu unterstreichen. Zusätzlich war die Auseinandersetzung mit historischen Grundpositionen der unterschiedlichen Parteien befrachtet, die antipreußische Haltung des Zentrums, der Antimilitarismus der SPD, die Sozialistenfeindschaft der Nationalliberalen und die Regierungsfreundlichkeit der Konservativen wirkten hier zusammen und kamen allesamt beinahe gleichzeitig ins Spiel.

Die deutsche Innenpolitik vor 1912 steckte daher auf vielen Gebieten in einer finanzpolitischen Sackgasse: Die Länder leisteten Widerstand gegen die Ansprüche des Reiches auf einen Anteil an den direkten Einkünften aus Besitzsteuern. Das Reichsschatzamt kämpfte erfolglos darum, die konkurrierenden ausgabefreudigen Ministerien an die Leine zu nehmen, die Regierung war im wachsenden Maße gezwungen, finanzpolitische Fragen im Reichstag zu diskutieren, und die Reichstagsparteien lagen in ihren steuerpolitischen Zielsetzungen weit auseinander. Der hohe Wahlsieg der Sozialdemokraten 1912 und die darauffolgende Einführung von zwei neuen direkten Steuern zur Finanzierung der Wehrvorlage von 1913 sind oft von Historikern als Zuspitzung dieser völlig verfahrenen

Lage interpretiert worden; doch die Meinungen darüber, ob sich das Reich damals an einem »Wendepunkt« befand, ob es in einer »Sackgasse steckte« oder eine »latente Krise« durchlebte, gehen weit auseinander.[40] Gewiß änderte sich die Atmosphäre durch die Wahl von 1912 – deren Ergebnis von sozialdemokratischer Seite in bezeichnender Weise als Plebiszit gegen indirekte Steuern interpretiert wurde.[41]

Im Rahmen einer Neuorientierung verbanden sich die Nationalliberalen mit dem Zentrum, der linksliberalen Fortschrittspartei und der SPD (in der sogenannten Lex Bassermann-Erzberger, die nach den Parteiführern der Nationalliberalen und des Zentrums benannt worden ist) zur gemeinsamen Forderung nach Schaffung einer »Besitzsteuer« auf Reichsebene bis April 1913. Tatsächlich gingen die Nationalliberalen sogar soweit, einen Antrag der SPD zu unterstützen, in dem es hieß, daß die neue Steuer jährlich festgelegt werden sollte, und ebenso stimmten sie einem Antrag der Fortschrittlichen zu, in dem eine erneute Reduktion der Zuckersteuer gefordert und das Inkrafttreten des Gesetzes über die Ausweitung der Erbschaftssteuer von 1909 verlangt wurde.[42] Eine zweite wichtige Veränderung ergab sich aus der wachsenden Bereitschaft des Zentrums und der Sozialdemokratie, steigende Militärausgaben zu unterstützen. Matthias Erzberger (Zentrum) wandelte sich von einem Kritiker der Kolonialausgaben zum Unterstützer von Marineausgaben, und die Sozialdemokraten ließen 1912 in einer charakteristischen Stellungnahme verlauten:

»Wir Sozialdemokraten bewilligen für den Militarismus (…) keinen Mann und keinen Groschen. Wenn wir aber (…) erreichen können, daß eine indirekte Steuer durch eine direkte ersetzt werden kann, sind wir bereit, für eine solche direkte (…) zu stimmen.«

Die Ereignisse von 1913 können auch als Höhepunkt des Kampfes um die Abschaffung der finanzpolitischen Unterordnung des Reiches unter die Länder gesehen werden. Gewiß zweifelte Bethmann Hollweg nicht daran, daß durch die Lex Bassermann-Erzberger die politischen Hürden höher gelegt worden waren. Die Länder hatten nun die Wahl, entweder die Vermögenszuwachssteuer des Reiches, wie sie nun von der Regierung vorgeschlagen wurde, zu akzeptieren oder »der Reichs- und damit auch der einzelstaatlichen Politik eine Wendung zu geben, die den Zwist unter den bürgerlichen Parteien verschärft und verewigt und zu einem positiven Abschlusse nur führen kann, wenn den radikalen Elementen ein Einfluß auf die Regierung und auf die Politik eingeräumt wird, der mit der Vergangenheit der Politik im Reich und in allen Einzelstaaten bricht«.

Darauf konnte der preußische Finanzminister – nach Beratung mit den Führern der Konservativen – erwidern, eine Beendigung des Ländermonopols auf direkte Steuern würde »ein verhängnisvoller Schritt auf dem Wege zur Parlamentsherrschaft sein«. Das entscheidende bei all dem sei, daß Preußen Preußen bleiben sollte. Noch unnachgiebiger äußerte sich der sächsische Monarch Friedrich August, der in der Vermögenszuwachssteuer ein Werkzeug des Einheitswillens sah. Als die Maßnahme schließlich gegen die Stimmen Sachsens im Bundesrat und mit den Stimmen der Nationalliberalen und der Sozialdemokraten im Reichstag beschlossen wurde, waren die Reaktionen noch heftiger. Nach Ansicht des konservativen Politikers Graf Westarp befand sich das Reich nun auf dem Wege zu »einem demokratisch regierten Einheitsstaat«. Die Oppositionsparteien proklamierten einen »Wendepunkt« und mit beißender Ironie »ein Stück Weltuntergang.[43]

Man behauptet, diese innenpolitische Krise habe die herrschenden Eliten des Reichs von der Notwendigkeit überzeugt, einen Krieg zu führen: Hier handelte es sich demnach um eine »Flucht nach vorn«, die Flucht vor der ansteigenden Flut der Sozialdemokratie.[44] Doch wie wir gesehen haben, spielte all dies in Bethmann Hollwegs Überlegungen keine Rolle. Damit soll allerdings nicht gesagt werden, daß das finanzpolitische Ringen 1908-1914 keine Bedeutung für die Entstehungszusammenhänge des Weltkriegs hatte. Bei näherem Zusehen mag der wirkliche Stellenwert dieser Vorgänge gerade in ihrer finanziellen Bedeutungslosigkeit liegen, denn unter dem Strich ist wenig Substantielles erreicht worden. Die Wehrvorlage hatte einmalige Kosten von 996 Millionen Mark und einem durchschnittlichen jährlichen Anstieg von 194 Millionen Mark vorgesehen. Die Debatte im Haushaltsausschuß drehte sich ohnehin um die unterschiedliche Behandlung verschiedener wirtschaftlicher Interessengruppen und erst in zweiter Linie um eine konkrete Neubestimmung des Einnahmen- und Ausgaben-Verhältnisses. Den Sieg einer fortschrittlichen Koalition gegen die Kräfte der Reaktion ist aus diesen Vorgängen aber nicht abzuleiten. Die Verabschiedung der Verteidigungs- und Finanzgesetze offenbarte im Grunde das Ausmaß der Entzweiung zwischen den Parteien.[45] Wenn der sehr geringfügige politische Durchbruch, den die Verabschiedung einer direkten Reichssteuer bedeutete, eine Veränderung einleitete, dann am ehesten die Neuformierung konservativer Strömungen, wenngleich vieles auf den Fortbestand der hergebrachten Parteienkonstellation hindeutet.[46] Insofern sind durchaus Zweifel an Eckart Kehrs These anzumelden, nach dem starken Anstieg der Einnahmen im Reich 1912 und 1913 hätten die »militarisierten und feudalisierten« Mitglieder des Reichstags Ludendorffs »große Denkschrift«, wäre sie ihnen vorgelegt worden, gebilligt.[47] Die Regierung hätte zur Bewilligung höherer Steuern für das Ludendorff-Projekt eine parlamentarische Mehrheit mobilisieren müssen, wozu ihr eine mehrheitsfähige parlamentarische Plattform fehlte.

Österreich-Ungarn sah sich in bezug auf die Einnahmen mit ähnlichen Problemen konfrontiert wie das Reich. Der gemeinsame Haushalt (der vorwiegend der Verteidigung diente) wurde durch die gemeinschaftlichen Einkünfte aus Zöllen und zusätzliche Beiträge der beiden Königreiche finanziert. Andere Regierungsausgaben wurden entweder durch die Königreiche oder durch die ihnen untergeordneten Länder und Kommunen aufgebracht. Aus der Sicht der Zeitgenossen war Österreich der Zahlmeister, einer Berechnung zufolge gingen im Jahre 1900 14,6 Prozent des österreichischen Staatsbudgets und 9,5 Prozent des ungarischen Haushalts in die gemeinsame Staatskasse. In beiden Reichshälften dominierte die indirekte Besteuerung, Hauptquelle der gemeinsamen Einnahmen waren Zollabgaben, die 25 Prozent des gemeinsamen Einkommens im Jahr 1913 einbrachten. Insgesamt kamen in Österreich-Ungarn nur 13 Prozent der gesamten öffentlichen Einnahmen aus direkten Steuern.

Zusammenfassend läßt sich also feststellen, daß alle Staaten des europäischen Kontinents geschwächt von antiquierten Steuersystemen die Finanzierung ihrer Rüstung und anderer Ausgaben prinzipiell durch regressive Steuern bewerkstelligen mußten. In Deutschland und Österreich-Ungarn jedoch enthielt das politische System mehr Hemmnisse für eine Verbesserung des Systems, was vornehmlich auf die Spannungen zwischen zentralen und regionalen Regierungen des bundesstaatlichen Regierungsmodells zurückzuführen war..

Schulden

Den zweiten Weg, steigenden Kosten für innen- und außenpolitische Zwecke zu decken, die Kreditaufnahme, beschritten vorzugsweise Deutschland und Rußland. In Deutschland stieg die Schuldenbelastung in der Zeit seit 1887 um mehr als das Doppelte, in Rußland zwischen 1890 und 1913 um zwei Drittel. In Frankreich war die Kreditaufnahme in absoluten Zahlen von vornherein höher als in Deutschland. Großbritannien bildete einen ungewöhnlichen Fall im Kreise der großen Mächte, da es das Niveau seiner Staatsschulden zwischen 1887 und 1913 senkte, trotz der Kosten des Burenkriegs. All das war in einer Phase beispiellosen wirtschaftlichen Wachstums keine erdrückende Belastung. In allen vier Ländern sank die Gesamtverschuldung tendenziell im Verhältnis zum Nettosozialprodukt.

Anteilig am Volkseinkommen gemessen, befand sich die öffentliche Verschuldung Großbritanniens am Vorabend des Ersten Weltkriegs auf einem historischen Tiefpunkt: Sie betrug 28 Prozent und lag weit unter den entsprechenden Zahlen für die anderen großen Mächte. Die Gesamtverschuldung umfaßte nicht mehr als das Dreifache der Gesamteinnahmen, die Schuldenlast machte zehn Prozent der Gesamtausgaben aus. Hinzu kam, daß Großbritannien über den größten und differenziertesten Geldmarkt der Welt verfügte, den die Bank von England und eine informelle Elite in den Privat- und Aktienbanken »managten«.

Nach modernen Maßstäben verfügte Frankreich über ein einzigartig hohes Niveau an öffentlicher Verschuldung, die 1913 etwa 86 Prozent des Volkseinkommens entsprach und seit 1887 um beinahe 40 Prozent gestiegen war. Unter allen Großmächten war in Frankreich der Schuldenstand am höchsten, der Schuldendienst hatte den höchsten Anteil an allen Ausgaben der Zentralregierung.[48] Bei keiner politischen Partei in Frankreich stieß das hohe Haushaltsdefizit auf Widerspruch, es wurde hingenommen. Bis ins 20. Jahrhundert hinein vermochten die Franzosen nur in wenigen Jahren, den Staatshaushalt auszugleichen, so daß die Schulden sich, ausgehend von einem relativ niedrigen Niveau 1815, unaufhaltsam anhäuften. Eine relativ große öffentliche Verschuldung kam auch dem Geschmack der französischen Sparer entgegen, die eine Zuneigung zu *rentes perpétuelles* (den unkündbaren französischen Staatsobligationen) entwickelten. Steuervorteile ermutigten auch zu der Gewohnheit, der Regierung im Austausch gegen niedrige, aber verläßliche Zinszahlungen langfristige Kredite zu gewähren. Von der Gepflogenheit im Frankreich des 19. Jahrhunderts, von Kapitalanlagen zu leben, stammt schließlich die moderne Form der *rentiers*.

In Rußland steigerte die Gesamtverschuldung der öffentlichen Hand sich nominell in der zweiten Hälfte des 19. Jahrhunderts ebenfalls stark: Sie verdoppelte sich zwischen 1886 und 1913 von 4,4 Milliarden auf 8,8 Milliarden Rubel. Das russische Wirtschaftswachstum entwickelte sich so rasant, daß die Schuldenbelastung des Landes von etwa 65 Prozent des Volkseinkommens auf 47 Prozent am Vorabend des Krieges sank. Ferner war das Verhältnis der Gesamtschulden zu den Steuereinnahmen in Rußland niedriger (2,6 zu 1) als in Frankreich (6,5 zu 1) oder in Großbritannien (3,3 zu 1). Der Schuldendienst machte etwa 13 Prozent der Ausgaben der Zentralregierung zwischen 1900 und 1913 aus, dies war etwas weniger als in Großbritannien.[49]

In Deutschland galt der finanzwissenschaftliche Lehrsatz, daß nicht nur außerordentliche Ausgaben wie etwa Kriegskosten, sondern auch »produktive« Ausgaben wie Investitionen in Staatsunternehmen eher durch Kredite als durch laufende Einnahmen finanziert werden sollten. Die Ansicht, daß der deutsche Flottenbau in Friedenszeiten Zinsen abwerfen würde, rechtfertigte es, Tirpitz' Flottenbauprogramm auf diese Weise zu finanzieren.[50] Während die Ausgaben für die Flotte von 86 Millionen Mark jährlich in den fünf Jahren von 1891 bis 1895 auf 228 Millionen Mark in der Zeit zwischen 1901 und 1905 anstiegen, erhöhte sich deshalb auch die Reichsverschuldung von 1,1 Milliarden auf 2,3 Milliarden Mark.[51] Zwischen 1901 und 1907 stammten durchschnittlich etwa 15 Prozent der gesamten Reichseinkünfte aus Krediten, 1905 kam mehr als ein Fünftel der Einnahmen aus dieser Quelle.[52] Die Kosten des Schuldendienstes wuchsen proportional zu den Gesamtausgaben des Reiches, und dies führte zu politischen Beschwerden über »Tributzahlungen an das Kapital, die zuletzt immer von der schaffenden Arbeit getragen werden müssen«.[53] Stets neu aufreißende Haushaltslöcher führten im Reich zum Anstieg der Aufnahme von kurzfristigen Krediten, ihr Anteil an der Gesamtverschuldung stieg von vier auf neun Prozent.

Der Anstieg der Kreditaufnahme im Reich ging mit einem gewaltigen Anstieg der Kreditaufnahme durch die Bundesstaaten einher. 1890 betrug die Gesamtschuld des Reiches 1,3 Milliarden Mark, was nur geringfügig die der Kommunen (1,0 Milliarden) überschritt. Die Gesamtschulden der deutschen Länder betrugen 9,2 Milliarden Mark, zwei Drittel entfielen auf Preußen. Und hierin kann man durchaus einen Hinweis auf Verdrängung sehen. Zwischen 1896 und 1913 steigerte sich das Volumen der Staatsemissionen um 166 Prozent, dagegen betrug der Anstieg der Emis-

1. John Gilmore Ferguson,
gemeiner Soldat
(Personalnummer S/22933)
im 2. Bataillon des
Seaforth Highlanders.
Der Großvater des Autors
war einer von etwa
500 000 Schotten,
die während des
Ersten Weltkriegs in der
britischen Armee dienten.

2. »Seine Majestät des König und der König von Belgien«; aus dem Album
von General R.H. Butler. Offiziell kämpften die Untertanen Georgs V. um die
Bewahrung der Neutralität des Königreiches von Albert II.
Großbritannien würde jedoch die Neutralität Belgiens selber verletzt haben,
hätten die Deutschen dies nicht getan.

161

Die Westfront (3, 4,) Die mythische
Landschaft des Niemandslandes;
aus einem Album des akkreditierten
australischen Fotografen
James Francis (Frank) Hurley.
Die Soldaten müssen recht weit
von der Front entfernt fotografiert
worden sein, da sie sich bei Tageslicht
ohne Helm zeigten.

4. Eine idealisierte Darstellung aus
dem Album von Frank Hurley.
Gute Beziehungen zwischen
Offizieren und Soldaten waren zur
Aufrechterhaltung der Moral
notwendig, aber die von Gleichheit
oder gar Freundlichkeit geprägte
Beziehung, die dieses Bild andeutet,
war ungewöhnlich.

Die Ostfront (5, 6) Deutsche Soldaten
posieren an einem unbekannten Ort
mit Dorfbewohnern –
aus einem deutschen Soldatenalbum.

6. Deutsche als apokalyptische Reiter, aus dem Album eines Soldaten der 84. Infanteriedivision. Die homoerotische Komponente spielt hier wohl keine Rolle. Entscheidend war, daß der Soldat an der Ostfront die Gelegenheit zu einem Ausritt und zu einem Bad hatte.

7. »Stapel an Proviant und so weiter«, aus dem Album von Richard Harte Butler, Stellvertretender Stabschef von Douglas Haig. Gute und reichliche Verpflegung war wesentlich für die Aufrechterhaltung der Kampfmoral. Die Mächte der Entente hatten in dieser Hinsicht deutliche Vorteile, wenn auch die Taktik einer Blockade Deutschlands zur Einschränkung seiner Nahrungsmitteleinfuhren weniger erfolgreich war, als die Anhänger der »Flottenpartei« in der Vorkriegszeit erhofft hatten.

Granaten (8, 9, 10, 11)
»Eichabteilung Nr. 2«:
Frauen bei der Produktion von
Geschützgranaten in
der Firma Suckling Ltd.,
die zu Kingsway House War
Production gehörte.
Man beachte die männlichen
Vorarbeiter.

9. »Ein britischer Unteroffizier überprüft
Granaten bei der Ankunft mit einer Kleinbahn.«
Ein Photo, das vom offiziellen Press Bureau
verbreitet wurde.

10. »Dies spricht für sich selbst«, aus dem
Album von Richard Harte Butler. Soldaten auf
beiden Seiten waren oft durch Rachegefühle
motiviert und dies nicht nur um gefallener
Freunde willen. 1915 hatte Kapitän Charles Fryatt
versucht, ein deutsches U-Boot zu rammen, um
sein Schiff, den Kanaldampfer *Brussels*, zu retten.
Er geriet später in Gefangenschaft und wurde
durch ein Kriegsgericht wegen Piraterie verurteilt –
ein in der Presse ausführlich behandeltes Beispiel
deutscher »Grausamkeit«.

11. Verbrauchte Granaten;
aus dem Album von Frank Hurley.

12. Die Deutschen bereiten sich darauf
vor zurückzuschlagen. Ein deutscher
Junge posiert in Uniform vor
Granaten, die zur Verwendung bei
Ludendorffs Frühjahrsoffensive 1918
vorgesehen sind; aus dem Album
eines Kanoniers.

Tod (13, 14, 15, 16, 17, 18)

»Realistische Reisen, Nr. 152«
[Bildunterschrift nicht zu entziffern]:
Deutsche Leichen in einem britischen
Drahtverhau. Dieses Foto war eines
von vielen Werken offizieller britischer
Bildberichterstatter, die zu stereoskopischer Betrachtung reproduziert
wurden. Die Schrecken des Krieges
wurden vom Publikum weniger fern-
gehalten, als oft angenommen wird.

14. »Realistische Reisen, Nr. 23: Der Preis der Tapferen bei Ypern.« Reproduktion zu stereoskopischer Betrachtung. Die Zahl der britischen Opfer (neun von 17) ist für ein offizielles Foto ungewöhnlich hoch.

15. »Ein toter Hunne, zusammengerollt
in einem Granattrichter, der leicht als
Grab dienen kann.«
Aus dem Album von Frank Hurley.

16. »Toter Schotte bei Fosse 8«; aus dem Album eines deutschen Soldaten. Ordentliche deutsche Soldaten fertigten oftmals Schnappschüsse – vielleicht als Trophäen? – feindlicher Leichen an.

17. *(folgende Seite)* »Eroberte englische Gräben: keine Schießscharten, wenig Unterstände, schmutzig, unordentlich.« Eine Seite aus dem Album eines deutschen Soldaten, Langemark. Das Gefühl soldatischer Überlegenheit bei den Deutschen wurde verstärkt, wenn sie sahen, wieviel schäbiger die englischen und französischen Gräben im Vergleich zu ihren eigenen waren.

12

Eroberte englisc.

9

Kleine Schiesscharten, wenig Unterstände,
schmutzig, unordentlich.

äben

18. Postkarten, auf denen »tote
Boches« zu sehen sind; aus dem Album
eines amerikanischen Matrosen.
Soldaten waren vom Tod fasziniert.
Fotos feindlicher Leichen waren
weit verbreitet und tauchten in vielen
solcher Alben auf, doch seltener
eine ganze Seite wie hier.

176

sionen auf dem Privatsektor nur etwas mehr als 26 Prozent, nach 1901 machten die öffentlichen Emissionen durchschnittlich 45 bis 50 Prozent des nominalen Gesamtwerts aller Börsenemissionen aus.[54] 1913 wuchs die Verschuldung des öffentlichen Sektors auf 32,8 Milliarden Mark, mehr als der Hälfte davon waren Schulden der Einzelstaaten, im Vergleich dazu betrugen die Verbindlichkeiten des Reiches 16 Prozent, der Rest waren Schulden der Gemeinden.[55] Im Unterschied zu Großbritannien und Frankreich war Deutschland zur Finanzierung der Kreditbedürfnisse seines öffentlichen Sektors auf ausländische Kapitalgeber angewiesen. Von der Gesamtverschuldung 1913 bestanden beinahe 20 Prozent in Verpflichtungen gegenüber ausländischen Anlegern. Wie wir noch sehen werden, löste dies auf die Zeitgenossen durchaus Verwirrung aus. Doch es ist wichtig, die Schuldenbelastungen Deutschlands in der richtigen Perspektive zu sehen. Die öffentliche Gesamtverschuldung am Vorabend des Weltkriegs entsprach etwa 60 Prozent des Bruttosozialprodukts, die wachsende Belastung durch den Schuldendienst beanspruchte 1913 elf Prozent der öffentlichen Gesamtausgaben. Setzt man die Schulden der Zentralregierungen der drei Ententemächte mit den Gesamtschulden des Reichs und der Länder in Relation, dann waren letztere niedriger als die Staatsschulden Rußlands und Frankreichs.

Die Bedrohung durch einen bevorstehenden fiskalischen Zusammenbruch weckte auch in Österreich-Ungarn Befürchtungen, die Doppelmonarchie »lebe über ihre Verhältnisse«.

Naturgemäß sangen die Österreicher darüber ihr Klagelied, daß die Ungarn ihren Anteil nicht bezahlten. Der ungarische Beitrag zum gemeinsamen Schuldendienst war auf eine feste Summe von 2,9 Millionen Gulden pro Jahr bestimmt worden, was zur Folge hatte, daß die westliche Hälfte der Doppelmonarchie die Belastungen aus jeder zusätzlichen Kreditaufnahme zu tragen hatte. Dennoch scheinen die Befürchtungen der Zeitgenossen wenn nicht grundlos so doch übertrieben, denn die öffentliche Gesamtverschuldung lag 1913 unter 40 Prozent des Staatseinkommens. Im Vergleich zu dem Zeitraum vor 1867 zeigte sich hier eine außerordentliche fiskalische Enthaltsamkeit. Der Schuldendienst beanspruchte 1907 14 Prozent der Ausgaben Österreichs gegenüber etwa 33 Prozent in den 50er und 60er Jahren des vorangegangenen Jahrhunderts.[56] All dies führt zu der Schlußfolgerung, daß die Auswirkungen des Rüstungswettlaufs auf die öffentliche Kreditaufnahme relativ unerheblich waren: Trotz des Rüstungswettrennens weisen die Schuldenlasten eine abnehmende Tendenz auf. Dennoch bereitete den Zeitgenossen das absolute Anwachsen der Kreditaufnahme durch die Regierungen Kopfzerbrechen. Ein wichtiger Grund dafür lag darin, daß es den Anschein hatte, all dies führe zu einem Ansteigen der *Kosten* für die Kreditaufnahme der Regierungen, wenn man den Preis (oder den Ertrag) von Staatsschuldverschreibungen als Maßstab nimmt.

Im Laufe des 19. Jahrhunderts hatte sich der internationale Markt für festverzinsliche Papiere zu einem unvergleichlich sensiblen Barometer der ökonomischen und politischen Stimmungen im Kapitalismus entwickelt. In den ersten Jahren des 19. Jahrhunderts gab es einen ungeheuren Umsatz an Geldmitteln für Investitionen, angelegt wurden dabei hauptsächlich die Ersparnisse des Besitzbürgertums der westlichen Welt, und angesichts des damals immer noch überproportionalen politischen Einflusses dieser Kreise verdienen die Fluktuationen auf diesem Gebiet sehr viel mehr Aufmerksamkeit, als die Historiker ihnen bislang im allgemeinen gezollt haben. Es handelte sich hier um einen relativ leistungsfähigen Markt, auf dem bis 1914 die Anzahl der Einzelakteure und Institutionen, die dort als Käufer und Verkäufer auftauchten, sehr groß geworden und die Transaktionskosten relativ bescheiden waren. Dank der gewaltigen Fortschritte der internationalen Kommunikation – vor allem durch den Telegrafen – war es ein Markt, der unmittelbar auf politische Nachrichten reagierte. Der Niedergang der Preise für festverzinsliche Wertpapiere – oder der Anstieg der Erträge –, der sich um das Jahr 1890 zu erkennen gab, wurde weithin als Anzeichen einer fiskalischen »Überspannung« gedeutet.

Die zentrale Ursache für den Niedergang lag in der Beschleunigung der Inflation, was auf den Anstieg der Goldförderung und, was noch wichtiger war, auf die schnelle Entwicklung der Vermittlungstätigkeit der Banken, zurückzuführen war, wodurch sich der Einsatz von Papiergeld und von unbaren Transaktionsmodi (insbesondere durch Verrechnungsvorgänge zwischen den Banken) erhöhte. Die Zeitgenossen interpretierten die steigenden Erträge von festverzinslichen Papieren als Protest des Marktes gegen allzu lasche Praktiken der Finanzpolitik. Bei den Erträgen der Staatsobligationen treten zwischen den verschiedenen Ländern deutliche Unterschiede zutage. Diese Ertragsunterschiede brachten real die auf dem Markt herrschenden Einschätzungen zum Ausdruck, bezogen nicht nur auf die Finanzpolitik, sondern allgemeiner auch auf die politische Stabilität und die Außenpolitik, unter Einbeziehung der Verflechtung politischer Unbill wie Revolution und Krieg mit der Zahlungs(un)fähigkeit eines Landes. Auf der Skala der Länder mit einem hohen Kreditrisiko rangierte Rußland seit den Erfahrungen des Jahres 1905 ganz oben.

Aufschluß über allgemeine Einschätzungen auch der politischen Kräfteverhältnisse liefert der deutliche Ertragsunterschied deutscher Anleihen im Vergleich mit französischen und englischen. Offenkundig war unter den Investoren die Überzeugung vorherrschend, das wilhelminische Deutschland sei nicht so finanzkräftig wie seine westlichen Rivalen.

Aus historischen Gründen schwankten die Nominalzinsen auf Staatspapiere, die von den Großmächten ausgegeben wurden. Die britischen Konsols brachten im 19. Jahrhundert lange Zeit drei Prozent Zinsen, diese reduzierten sich 1888 auf 2,75 Prozent und 1903 auf 2,5 Prozent. Bis in die 1890er Jahre hatten die deutschen und französischen Staatsobligationen drei Prozent erbracht, auf die russischen Papiere erhielt man vier Prozent, nach der Revolution von 1905 kamen dort Staatsanleihen heraus, die mit fünf Prozent verzinst wurden. Vorrangiges Interesse der Investoren war der Ertrag, gleichzeitig sorgten sie dafür, daß die Preise sich in Übereinstimmung mit der Zahlungsfähigkeit der jeweiligen Staaten bewegten. Um Vergleiche leichter zu machen, habe ich mich entschieden auf der Grundlage von Ertragsrelationen die Preise von Staatspapieren der wichtigsten Mächte mit einem einheitlichen Zinswert von drei Prozent neu zu berechnen. Zieht man sodann den Vergleich zwischen dem durchschnittlichen Monatspreis britischer Konsols zwischen 1900 und 1914 und den wöchentlichen Abschlußpreis von deutschen und russischen Staatsanleihen, so erzielten die deutschen Staatsanleihen beträchtlich schlechtere Preise – sie lagen im Durchschnitt etwa zehn Prozent niedriger – als die britischen und französischen Papiere. Auch wenn technische Berechnungsfaktoren zum Teil in die Wertung einfließen, spiegelten die unterschiedlichen Preise für Staatspapiere mehr als alles andere die Vorstellung von den Risiken wider, mit denen die deutschen Papiere im Vergleich zu den britischen behaftet zu sein schienen. Die Differenz zwischen den deutschen und russischen Anleihepreisen ist ebenfalls aufschlußreich. Während des russisch-japanischen Krieges und der darauffolgenden Revolution nahm sie stetig zu, bis der Abstand 1910 wieder geringer wurde.[57]

Als Emissionen des Reichs und Preußens in Höhe von 1,28 Milliarden Mark 1909/1910 an der Börse nur unter Schwierigkeiten unterzubringen waren, stimmten viele Beobachter, mit dem Staatssekretär des Reichsschatzamtes, Adolf Wermuth, überein, »daß die *finanzielle Rüstung* Deutschlands seiner *militärischen Rüstung* nicht entspreche«.[58] Das Problem der steigenden Erträge deutscher Papiere beunruhigte in Deutschland internationale Bankiers wie Max Warburg[59], der 1903 auf Anregung von Reichskanzler Bülow versuchte, dieses Thema im Anschluß an ein offizielles Diner mit dem Kaiser zu erörtern. Der Kaiser beschied ihn lapidar mit den Worten: »Die Russen gehen demnächst pleite.«[60]

1912 schrieb Warburg für den Allgemeinen Deutschen Bankierstag eine Arbeit unter dem Titel »Geeignete und ungeeignete Mittel zur Hebung des Kurses der Staatspapiere«[61]; und im Jahr darauf trat der Ökonom Otto Schwartz der früheren Behauptung des Kaisers entgegen, indem er feststellte, die Finanzen Deutschlands seien nun schwächer als diejenigen Rußlands.[62] Als 1908 eine deutsche Staatsanleihe mit hoher Dividende emittiert wurde, wagten Kommentatoren in der Londoner City den Verdacht, es handele sich hier um eine »Kriegsanleihe«.[63]

Von der fiskalischen Sackgasse zur strategischen Verzweiflung

Die Wahrnehmung der relativen finanziellen Schwäche Deutschlands und Österreich-Ungarns sollte wegen ihrer Auswirkungen auf zukünftige Militärausgaben weitreichende historische Konsequenzen zeitigen. Wie wir gesehen haben, gab es wegen des Einflusses der preußischen Konservativen auf das Kriegsministerium Einschränkungen des Tempos, in dem die deutsche Armee expandieren konnte. Aber selbst wenn man Ludendorff freie Hand zur Durchsetzung einer nahezu vollständigen Wehrpflicht gegeben hätte, ist ungewiß, ob man sich dies hätte leisten können. Denn einer Aufstockung des Verteidigungsbudgets standen vielfache Widerstände entgegen: einerseits solche des bundesstaatlichen Systems, die finanzpolitischen Zentralismus verhinderten, andererseits die Blockade gegen eine höhere Besteuerung im Reichstag und schließlich die Unmöglichkeit, weitere Kredite aufzunehmen, ohne die Ertragsdifferenzen der Staatspapiere zwischen Deutschland und seinen westlichen Konkurrenten zu vergrößern. Unfähig zur Reduzierung des Bundesstaatenanteils an den Gesamteinnahmen der öffentlichen Hand, außerstande ein

Ausmaß der direkten Besteuerung, wie es in Großbritannien existierte, oder einer indirekten Besteuerung, wie es sie in Rußland gab, durchzusetzen, ebenso außerstande, Kredite so billig aufzunehmen, wie Großbritannien und Frankreich dies tun konnten, schien das Reich dazu verurteilt, den Rüstungswettbewerb aus finanzpolitischen Gründen zu verlieren.

Den Zeitgenossen wurde dieses Problem immer deutlicher. »Was nützt ein schlagfertiges Heer, eine kriegsbereite Marine, wenn die Finanzen versagen?«[64] fragte Wilhelm Gerloff, ein führender Kenner des Finanzsystems des Reiches, und Bülow forderte, man müsse »dem deutschen Volk (…) klarmachen, daß es sich bei dieser Finanz-Reform moralisch [und] materiell um Sein oder Nichtsein handelt«.[65]

Reichsbankpräsident Havenstein äußerte sich nicht weniger drastisch über die finanzielle Grundlage der Abschreckung. Am 18. Juni 1914 erklärte er, Deutschland könne den Frieden nur bewahren, wenn es finanziell ebenso stark wie militärisch sei. Doch die politischen Hindernisse blieben unüberwindlich.

Und Max Warburg sprach im November 1908 die Warnung aus: »Setzen wir aber unsere Finanzpolitik in gleicher Weise fort, so treiben wir in finanzieller Beziehung Raubbau und werden eines schönen Tages die Fehler nicht ohne die allergrößten Opfer, wenn überhaupt gutmachen können.«[66] Die Finanzreform, so stellte Albert Ballin im folgenden Jahr fest, könne eine grundlegende Wende in der Innenpolitik einleiten.[67]

Die steuerpolitische Sackgasse mündete in einer strategischen Verzweiflung. 1912 veröffentliche die *Ostdeutsche Buchdruckerei und Verlagsanstalt* ein Pamphlet, in dem dargelegt wurde, daß Deutschland durch seine Finanzlage daran gehindert werde, seine gesamte Volkskraft für sein Heer zu mobilisieren.[68] Auch Ballin lamentierte, gegen die viel wohlhabenderen Briten könne sich Deutschland einen Wettlauf im Schlachtschiffbau nicht leisten.[69] 1909 akzeptierte auch der Kaiser, daß man berechtigte Forderungen »der Front« nicht erfüllen könne.[70] Selbst Moltke erkannte im Dezember 1912, daß Deutschlands Gegner wegen ihrer besseren finanziellen Ausstattung energischer aufrüsten konnten.[71] Und im gleichen Monat erklärte der Kaiser, das deutsche Volk sei um der Rüstung willen zu allen steuerlichen Opfern bereit,[72] womit der Kaiser einem für die wilhelminische Periode bezeichnenden Irrtum erlag.

Obwohl die englische Massenpresse Schreckbilder vom Aufschwung der industriellen und kommerziellen Kraft Deutschlands vor 1914 an die Wand malte, waren informierte Zeitgenossen sich durchaus der Tatsache bewußt, daß die Finanzkraft des Reiches nicht beeindruckend war. Im November 1909 behauptete Winston Churchill der damals das Handelsministerium leitete, daß »die wachsenden Schwierigkeiten der Geldbeschaffung« im Begriff seien, »starke Auswirkungen« als »Hemmschuh der deutschen Flottenexpansion« zu zeigen. In seiner Denkschrift beleuchtete er scharfsinnig und weitsichtig die innenpolitischen Probleme Deutschlands.

»Die überhöhten Ausgaben des Deutschen Reiches beanspruchen jeden Deich, durch den die soziale und politische Einheit Deutschlands aufrechterhalten wird, auf das Äußerste und gefährden ihn. Die hohen Zollabgaben sind weitgehend durch Handelsverträge nicht anpassungsfähig geworden(…). Die hohen Abgaben auf Nahrungsmittel, aus dem sich der größte Anteil der Zolleinnahmen ergibt, haben einen tiefen Riß zwischen den Agrariern und den Industriellen verursacht(…). Der großartige Besitz der staatlichen Eisenbahnen steht unter Druck, weil er ständig zu einem bloßen Besteuerungsinstrument herabgesetzt wird. Das Gebiet der direkten Besteuerung ist weitgehend besetzt durch die Systeme der Länder und Gemeinden. Der zu erwartende Angriff des durch allgemeines Wahlrecht zustande gekommenen Parlaments gegen das Reich auf diesem ausgelaugten Feld vereinigt die besitzenden Klassen, ob es sich nun um Imperialisten oder um Partikularisten handelt, in einer gemeinsamen Befürchtung, der die Regierenden eine gewisse Sympathie entgegenbringen (…). In der Zwischenzeit hat sich die Verschuldung des Deutschen Reichs in den letzten 13 Jahren ungestörten Friedens mehr als verdoppelt (…). Die Auswirkungen von sich stets wiederholenden Kreditaufnahmen zur Deckung der normalen jährlichen Ausgaben haben die wohltätigen Prozesse von Auslandsinvestitionen blockiert und die Illusion zerstört, (…) daß Berlin London als das Zentrum des Kreditwesens auf der Welt ersetzen könne. Der Kredit des Deutschen Reiches ist auf das Niveau desjenigen Italiens gefallen (…). Diese Umstände zwingen zu der Schlußfolgerung, daß in Deutschland eine Phase starker innerer Spannungen bevorsteht.«[73]

Nicht nur Churchill erkannte die Finanzschwäche Deutschlands. Bereits im April 1908 hatte Grey persönlich dargelegt, »daß das Finanzwesen Deutschland im Laufe der nächsten paar Jahre ernsthafte Schwierigkeiten bereiten und auf das Land einen mäßigenden Einfluß ausüben könne«. Graf Metternich, der deutsche Botschafter in London, lenkte im folgenden Jahr Greys Aufmerksamkeit auf den innenpolitischen »Widerstand« gegen die Flottenausgaben.[74] Sein britischer Kollege in Berlin, Goschen, berichtete von öffentlichem »Murren« gegen die Flottenausgaben 1911 und nahm es stirnrunzelnd hin, als der Kaiser »die allgemeine Vorstellung im Ausland, daß Deutschland kein Geld habe«, zurückzuweisen versuchte.[75] Zur Zeit der Heeresvorlage von 1913 hielt er fest, »jede Schicht sei (...) glücklich mit anzusehen, wie die finanziellen Belastungen den Schultern anderer und nicht den eigenen auferlegt werden«.[76]

Ähnliche Ansichten vertraten Deutschlandkenner in der Londoner City. Sehr schnell nahm Lord Rothschild die Schwäche Deutschlands wahr. »Die deutsche Regierung steckt in gewaltigen Schwierigkeiten«, bemerkte Rothschild, als im April 1906 eine weitere Reichsanleihe emittiert wurde.[77] Er übersah auch nicht die Schwierigkeiten der Reichsbank während der internationalen Finanzkrise von 1907, die in vielfacher Hinsicht ernsthafter waren als alles, was man in London je erlebt hatte.[78] Rothschild reagierte mit skeptischem Erstaunen auf die für die Deutschen bestehende Notwendigkeit, Staatsanleihen auf ausländischen Kapitalmärkten zu verkaufen, was Großbritannien und Frankreich in Friedenszeiten hatten stets vermeiden können.[79] Der Eindruck einer Überbelastung des Reiches wurde weiterhin durch die große preußische Anleihe im April 1908 und durch das Defizit des Reichshaushalts bekräftigt.[80] Die Rothschilds wie auch die Warburgs in Hamburg hegten folglich die Erwartung, daß die deutsche Regierung zu irgendeiner Entscheidung hinsichtlich der Begrenzung des Flottenbaus kommen werde.[81] Die zweite Marokkokrise 1911 unterstrich die Verwundbarkeit des Berliner Marktes angesichts von Rückzugsbewegungen ausländischen Kapitals.[82] In den Augen der Bankiers war Deutschland also schwach und keineswegs stark. Der amerikanische Diplomat John Leishman war ein anderer ausländischer Beobachter, der die Bedeutung der Heeresvorlage von 1913 richtig zu deuten verstand:

»Obwohl die Meinung durchaus richtig ist, daß Deutschlands Handeln nicht durch irgendwelche versteckten Intentionen bestimmt wurde, irgendeine andere Nation mit Krieg zu überziehen, und wenn auch das Gefühl weiter in den allerhöchsten Bereichen vorherrscht, daß selbst ein erfolgreicher Krieg Deutschland um 50 Jahre in seiner kommerziellen Entwicklung zurückwerfen würde, so wird die Aktion des Kaisers doch gewiß bei den anderen Mächten Verdacht und Zweifel wecken, und auf die Vergrößerung der deutschen Streitkräfte wird sicher ein relatives Anwachsen sowohl der französischen als auch der russischen Armee folgen, und es ist schwierig, sich vorzustellen, wie die deutsche Regierung sich ausmalen kann, überhaupt einen Vorteil aus all dem zu ziehen, der mit den enorm gewachsenen Belastungen vereinbar ist. Noch schwieriger ist es zu verstehen, wie die bereits im Übermaß von Steuern belastete Bevölkerung sich derart demütig solch schwer gesteigerten Belastungen unterwerfen könnte. Obwohl Deutschland, aufgrund der Lage, in der es sich befindet, selbstverständlich gezwungen ist, eine gewisse militärische Stärke aufrecht zu erhalten, (…) kann diese Verteidigung oder sogenannte Sicherung nicht zu weit getrieben werden, ohne schwerwiegende ökonomische Störungen zu riskieren (…).«

Dennoch befürchtete Leishman, »eine starke Militärpartei« könne »ein Land trotz der auf den Frieden zielenden Bemühungen der Regierung in einen Krieg stürzen, und ein weniger fähiger und weitsichtiger Monarch, als es der gegenwärtige deutsche Kaiser ist, könne dann in die Lage geraten, dem Druck der Kriegspartei nicht widerstehen zu können«.[83] Der US-Botschafter Walter Page warnte im Februar 1914 das US-Außenministerium: »Irgendeine Regierung (möglicherweise die deutsche) wird feststellen müssen, daß sie dem Bankrott ins Auge blickt, und der einfachste Ausweg wird dann ein großer Krieg sein. Bankrott vor einem Krieg würde als schändlich gelten; doch nach einem Krieg würde er als ›glorreich‹ betrachtet werden.«

Die Gefahr bestand – nach Churchills Worten – darin, daß die deutsche Regierung, statt danach zu streben, »die innere Lage zu mildern«, eher versuchen würde, »einen Ausweg aus dieser Situation durch ein äußeres Abenteuer zu finden«. Auch die Rothschilds erkannten, daß finanzielle Zwänge die deutsche Regierung zu einer aggressiven Außenpolitik ermutigen könnten, und dies selbst angesichts des Risikos, »neue Heeres- und Marineausgaben im großen Ausmaße auf sich zu laden«.[84] Der SPD-Führer August Bebel sagte in einer bemerkenswerten Reichstagsrede am 9. November 1911 im wesentlichen dasselbe:

»So wird man eben von allen Seiten rüsten und wieder rüsten, man wird rüsten bis zu dem Punkte, daß der eine oder andere Teil eines Tages sagt: lieber ein Ende mit Schrecken als ein Schrecken ohne Ende.

Es kann aber auch kommen, wie es zwischen Japan und Rußland gekommen ist, eines Tages kann die eine Seite sagen: halt, wenn wir länger warten, dann geht es uns schlecht, dann sind wir der Schwächere statt der Stärkere. Dann kommt die Katastrophe. Alsdann wird in Europa der große Generalmarsch geschlagen, auf den hin 16 bis 18 Millionen Männer, die Männerblüte der verschiedenen Nationen, ausgerüstet mit den besten Mordwerkzeugen, gegeneinander als Feinde ins Feld rücken. Aber nach meiner Überzeugung steht hinter dem großen Generalmarsch der große Kladderadatsch.«[85]

Nicht umsonst argumentierte Moltke im März 1913, man müsse die Dinge so darstellen, daß der Krieg als Erlösung von großen Rüstungsanstrengungen, finanziellen Belastungen und politischen Spannungen erscheine.[86]

Nach landläufiger Meinung spricht man heute nicht mehr von den innenpolitischen Ursachen des Ersten Weltkriegs.[87] Dennoch scheint es legitim, weiterhin von den inneren Ursprüngen des Krieges, wenn auch nicht vom *Primat* der Innenpolitik, zu reden. Die innenpolitisch bestimmten finanziellen Schranken der deutschen Militärkraft waren 1914 ein – ja vielleicht sogar *der* – entscheidender Faktor in den Überlegungen des deutschen Generalstabs.

Ludendorffs kontrafaktische Überlegungen

Wäre ohne die auf den vorangegangenen Seiten geschilderte Blockade eine effektivere Finanzierung ökonomisch realistisch gewesen? Die Heeresvorlage von 1913 faßte eine Vergrößerung des Heeres um 117 000 Mann bei Kosten von 1,9 Milliarden Mark im Laufe von fünf Jahren ins Auge. Hinzu kam die zusätzliche Belastung durch das Budget von 1913, die 512 Millionen Mark betrug. Gemäß diesen Werten würde nach dem Ludendorffschen Maximalplan in der »Großen Denkschrift« eine Steigerung um 300 000 Mann im Verlauf von fünf Jahren 4,9 Milliarden Mark gekostet haben. In absoluten Zahlen hätte das deutsche Militärbudget um etwa 33 Prozent über dem russischen gelegen; in relativen Zahlen, ob nun als Anteil am Bruttosozialprodukt (der auf 5,1 Prozent gestiegen wäre) oder im Verhältnis zu den Gesamtausgaben der öffentlichen Hand würden die Ausgaben Deutschlands nicht bedeutend größer gewesen sein als jene der anderen Mächte.

Es sind durchaus Mittel und Wege denkbar, mit denen dies hätte finanziert werden können. Wenn der Zuwachs nur durch Kredite bezahlt worden wäre, dann wäre die deutsche Verschuldung im Verhältnis zum

Bruttosozialprodukt immer noch geringer gewesen als die französische und die russische, und der Schuldendienst wäre als ein Anteil der nicht-örtlichen Ausgaben der öffentlichen Hand geringer gewesen als in Frankreich und Großbritannien. Wenn dagegen der *Wehrbeitrag* von 996 Millionen Mark auf 2554 Millionen Mark und die jährlichen Erlöse aus der Kapitalertragssteuer von 100 Millionen Mark auf 469 Millionen Mark erhöht worden wären – oder wenn man zusätzliche Steuern verabschiedet hätte –, dann hätten die erhöhten Ausgaben ausschließlich durch direkte Steuern finanziert werden können. Mit anderen Worten: obwohl politisch nicht durchsetzbar, lagen die gesteigerten Militärausgaben, wie sie in Ludendorffs »Großer Denkschrift« gefordert wurden, im Bereich des wirtschaftlich Machbaren, wie es sich an den Staatshaushalten der Konkurrenten Deutschlands zeigt. Ein weiterer Punkt sollte hinzugefügt werden: daß nämlich eine expansivere Geldpolitik der deutschen Reichsbank die Belastung durch die Finanzierung wachsender Militärausgaben kurzfristig hätte mindern können. Die Reichsbank hortete zu einer Zeit wirtschaftlichen Niedergangs Gold; sie hätte mit Leichtigkeit einen substantiellen Anteil an kurzfristigen Schatzanweisungen erstehen können, ohne ihre Mindestreserve zu gefährden.[88]

Ein weiterer Nachweis für diese Hypothese kann erbracht werden, wenn man den Gang der Ereignisse nach 1914 in den Blick nimmt. Nachdem der Krieg ausgebrochen war, stürzten, wie wir noch sehen werden, sowohl die fiskalischen als auch die monetären Schranken der Verteidigungsausgaben rasch zusammen, und so offenbarte sich, wozu das Reich auch zuvor schon fähig gewesen wäre. Im Jahre 1917 waren die Gesamtausgaben der öffentlichen Hand auf mehr als 70 Prozent des Bruttosozialprodukts gestiegen, Deutschland hatte seinen Anteil an den Staatseinnahmen und -ausgaben erheblich erhöht, und die Reichsbank unterstützte die Kriegsanstrengungen durch kurzfristige Kredite an die Regierung.[89] Zwangsläufig wiesen der sinkende Produktionsausstoß und die steigende Inflation der deutschen Wirtschaftskraft ihre Grenzen auf. Aber die Tatsache, daß das Reich imstande war, die Kosten für einen totalen Krieg an drei Fronten über drei Jahre hinweg zu tragen, legt nahe, daß es ohne Schwierigkeiten fähig gewesen wäre, die weit geringeren Kosten der *Verhütung* eines Krieges ohne weiteres aufzubringen. Die Tatsache, daß dies sich ohne die Atmosphäre der nationalen Solidarität, wie sie durch den Krieg geschaffen wurde, als politisch unmöglich erwies, zeugt von der

Schwäche des so sehr kritisierten Militarismus des wilhelminischen Deutschland, wenn es um praktische Dinge ging. Die paradoxe Schlußfolgerung aus all dem lautet, daß höhere Militärausgaben Deutschlands vor dem Juli 1914 – in anderen Worten: ein *stärker* militaristisches Deutschland – keineswegs den Ersten Weltkrieg hätten verursachen müssen, sondern ihn hätte verhüten können.

6 Die letzten Tage der Menschheit: 28. Juni bis 4. August 1914

Warum Bosnien?

Während des gesamten 19. Jahrhunderts spielte Preußen und später Deutschland so gut wie keine Rolle in dem Drama mit dem Titel »Die orientalische Frage«. Gemeint ist damit der fortwährende Kampf mit dem Ziel, das Osmanische Reich aus Europa zu vertreiben, ein Kampf, bei dem sowohl Großmachtrivalitäten als auch der Nationalismus auf dem Balkan eine Rolle spielten. Die entscheidende Frage lautete dabei: Wer sollte am Ende das Erbe der Türken übernehmen? Bismarck war so weise, die Knochen seiner pommerschen Grenadiere für die Verwendung in nördlicheren Klimazonen vorzusehen. Um die Jahrhundertwende kam es allerdings zu einer Neuorientierung. Angesichts des Fehlens einer ernsthaften russischen Flottenpräsenz im Schwarzen Meer verlor Großbritannien sein Interesse an der Kontrolle über die Meerengen. Deutschland hatte seinerseits begonnen, ein wirtschaftliches und politisches Interesse für die Türkei zu entwickeln, das symbolisch in der geplanten Eisenbahn von Berlin nach Bagdad sichtbar wurde. Entscheidend war, daß die Balkanstaaten, die ihre Unabhängigkeit von der osmanischen Herrschaft im 19. Jahrhundert errungen (oder erhalten) hatten, einsetzten, eine Politik zu betreiben, die gleichzeitig aggressiver und autonomer war. Die serbische Regierung unterwarf sich nie St. Petersburg, und ihre Politik war auf aggressive Weise nationalistisch und expansionistisch. Was Griechenland in den 1820er Jahren auf dem Peloponnes, was Belgien in den 1830er Jahren in Flandern, was Piemont in den 1850er Jahren in Italien und Preußen in den 1860er Jahren in Deutschland getan hatte – das wollten nun die Serben im ersten Jahrzehnt des 20. Jahrhunderts auf dem Balkan vollziehen: nämlich ihr Territorium im Namen eines »südslawischen« Nationalismus ausdehnen.

Der Erfolg oder Mißerfolg kleiner Staaten beim Streben nach Unabhängigkeit oder territorialer Vergrößerung hing stets von der politischen Konstellation der Großmächte ab. Entscheidend war stets das Gleichgewicht oder der Mangel an Gleichgewicht zwischen Leopold von Rankes »Pentarchie« der Großmächte. So waren die Griechen und Serben in den 1820er Jahren (teilweise) erfolgreich gegen die Türken – doch nur soweit ihnen die anderen Mächte dies gestatteten. Typisch für die Art und Weise, wie neue Staaten geschaffen wurden, war die internationale Vereinbarung von 1830, durch die Griechenland zu einer zahmen Monarchie mit einem deutschen König an der Spitze wurde. Das gleiche wiederholte sich in den 1830er Jahren, als Belgien sich von den Niederlanden löste: Erst 1839 war es soweit, daß die zueinander im Widerspruch stehenden Interessen der Großmächte in einer schicksalhaften Vereinbarung harmonisiert werden konnten, die zur Neutralität des neuen Staates führte. Die Schaffung von Rumänien aus den Provinzen Moldawien und Walachei 1856 – die einzige dauerhafte Konsequenz der Verwicklungen auf der Krim – ist ein anderer exemplarischer Fall.

Piemont und Preußen waren dagegen die Nutznießer von internationalen Streitigkeiten. Cavour erreichte seine norditalienische Föderation mit Unterstützung Napoleon III., die spätere Erwerbung der Staaten Neapel und Siziliens zählte zu den wenigen Gelegenheiten, bei denen eine kleine Schar von wirklichen Nationalisten – in diesem Falle Garibaldis »Tausend« – den Kampf für sich entscheiden konnte. Preußen dagegen einte das Deutsche Reich teilweise durch Siege über Dänemark, Österreich und Frankreich, eine Ursache des Erfolgs war die Zurückhaltung Großbritanniens und Rußlands. Daß all die genannten neuen Staaten Monarchien und die meisten der neuen Throne mit Abkömmlingen etablierter Königshäuser besetzt wurden, bezeugt, wie weit dem revolutionären Potential des Nationalismus die Erfüllung versagt blieb. Nur zwei Republiken wurden in Europa errichtet: die französische 1870 und die portugiesische 1910 – und in beiden Fällen handelte es sich um seit langem schon existierende Nationalstaaten.

Keiner der neuen Staaten war ein ethnisch homogener Nationalstaat, wie es der Phantasie eines Mazzini entsprach. Belgien bildete sprachlich einen Flickenteppich, viele Rumänen lebten außerhalb Rumäniens und kaum ein Italiener bezeichnete sich selbst als Italiener oder fühlte sich als ein solcher, was besonders für den Süden gilt, der zu einer piemontesischen Kolonie wurde. Nahezu zehn Millionen Deutsche lebten außerhalb der Reichsgrenzen, gleichzeitig lebten viele Polen und Dänen im Land. Ohnedies kam auf jedes gelungene Projekt der Staatenbildung ein anderes, das scheiterte. Den Iren gelang es nicht einmal, wieder ihr Parlament zurückzuerhalten, obwohl sie kurz vor Erreichung dieses Ziels standen, als der Weltkrieg ausbrach. Die heroischen Bestrebungen der Polen wurden weiterhin von Rußland und Preußen niedergehalten: Nachdem das Land viermal geteilt worden war (1772, 1793, 1795 und 1815), unternahm Polen 1830 und 1863 zwei Versuche zur Erlangung der Unabhängigkeit, die von der Armee des Zaren zerschlagen wurden. Die Selbstverwaltung blieb auch für jene Kroaten, Rumänen und Deutschen ein Traum, die den uneingeschränkten Chauvinismus der Madjarenherrschaft in Ungarn ertragen mußten. Andere Minderheiten wurden noch stärker unter russischer Knute geknechtet: Dies gilt für Finnen, Esten, Letten, Litauer, Ukrainer und andere. Und jenseits des Atlantiks entstand ein neuer Staat, der sofort wieder vernichtet wurde: Der Konföderation der Südstaaten gelang es nicht, ihre Unabhängigkeit von den Vereinigten Staaten durchzusetzen. Wenn Bismarck den deutschen »Bürgerkrieg« gewann, dann verlor Jefferson Davis den »Einigungskrieg« des Südens.

Daneben sind vor 1914 die nationalen Minderheiten zu nennen, die keinen starken Unabhängigkeitswillen entwickelten, Minderheiten, die zum Teil erst später ihr Recht forderten. Zu dieser Gruppe zählten Tschechen und Slowaken in Österreich-Ungarn und dort lebende Juden, ausgenommen die Zionisten, Und in einem anderen multinationalen Königreich mangelte es den Schotten, die in ihrer Mehrheit offensichtlich materielle Vorteile aus der Union und dem Empire zogen, an nationalem Empfinden.

Schließlich sollten wir uns auch an das Fortbestehen »anormaler« Staaten und Kleinstaaten erinnern, deren staatliche Gefüge mit den Prinzipien des Nationalismus überhaupt nicht zu vereinbaren waren: Hier wären die Schweiz, eine vielsprachige Konföderation, oder Luxemburg, ein winziges, aber unabhängiges Großherzogtum, das sich derselben internationalen Stellung wie Belgien erfreute, zu nennen. Es gab keine zwingende Kraft mit Namen Nationalismus, die besagte, daß Bosnien-Herzegowina nicht bleiben konnte, was es war: eine religiös-heterogene Provinz, früher des Osmanischen Reiches und dann, nach der Entscheidung des Berliner Kongresses von 1878, von Österreich-Ungarn verwaltet und besetzt und schließlich als Kronland unter der Kontrolle des

»gemeinsamen« Österreich-ungarischen Finanzministeriums der Habsburger Monarchie formell angegliedert.

Die Österreicher schickten in großen Mengen Soldaten und Bürokraten nach Bosnien, legten verbrecherischen Banden das Handwerk, errichteten 200 Grundschulen, bauten 1000 Kilometer Eisenbahngeleise und 2000 Kilometer Straßen und versuchten mit geringem Erfolg, die Landwirtschaft zu fördern.

1910 richteten die Österreicher ein bosnisches Parlament ein und versuchten – allerdings vergeblich – die Angehörigen der drei religiösen Gemeinschaften zu bewegen, sich gemeinsam als *Bosniaken* zu verstehen. Zwischen Orthodoxen, Katholiken und Muslimen herrschte nur in einem Punkt Einvernehmen: für die österreichische Herrschaft hatten sie nichts übrig. Beispielswese setzte sich die Mlada Bosna (Jungbosnien), eine studentische Terrorgruppe, aus Mitgliedern aller drei religiösen Gemeinschaften zusammen. Je schärfer die Österreicher vorgingen, um so entschiedener fiel die Reaktion der jungen Terroristen aus.

Als Erzherzog Franz Ferdinand und seine junge Frau Sophie, Herzogin von Hohenberg, beschlossen, am 28. Juni Sarajevo zu besuchen, faßten Angehörige der Mlada Bosna den Plan, die beiden zu ermorden. Beim zweiten Versuch und dank einer der berüchtigtsten falschen Wendungen der Geschichte hatte ein serbischer Student namens Gavrilo Princip dabei Erfolg.[1] Die serbische Regierung hat dieses Attentat nicht geplant, doch hatten Princip und seine Genossen zweifellos Hilfe von der allserbischen Gesellschaft der Schwarzen Hand erhalten, die Verbindungen zum Chef der serbischen Militärspionage, Oberst Apis, besaß. Dessen Vorgesetzte gaben sich nicht der Täuschung hin, daß ihre Chancen, Bosnien-Herzegowina ihrem Königreich anzuschließen, durch einen Krieg gegen das militärisch überlegene Österreich-Ungarn steigen würden. Auf der anderen Seite nahmen sie an, ein allgemeiner europäischer Krieg könne ihren Zwecken dienlich sein. Diesen Gedanken kleidete ein serbischer Journalist 1898 am Vorabend der Haager Friedenskonferenz gegenüber dem britischen Gesandten in Belgrad in folgende Worte:

»Der Abrüstungsgedanke gefällt unserem Volk überhaupt nicht. Die serbische Rasse lebt zersplittert unter sieben oder acht unterschiedlichen ausländischen Regierungen, und wir können nicht zufrieden sein, solange dieser Zustand anhält. Wir leben in der Hoffnung, aus einem allgemeinen Zusammenstoß etwas für uns herauszuholen, wann auch immer es dazu kommen mag.«[2]

Der serbischen Außenpolitik eignete, in nationalistischer Abwandlung etwas vom leninschen Prinzip »je schlimmer, desto besser«. Und der serbische Außenminister befand: »Wenn die Auflösung Österreich-Ungarns zur gleichen Zeit stattfinden könnte wie die Liquidierung der Türkei, würde dies die Bewältigung [des Problems] sehr stark vereinfachen.«[3] Damit dies geschehen konnte, mußte das Vorgehen Österreichs eine russische Reaktion provozieren.

Zunächst blieb bis zur österreichischen Annexion Bosniens 1908 die Instabilität für die Großmächte ohne ernsthafte Folgen. Seit 1897 hatten sich Österreich und Rußland dahingehend geeinigt, Differenzen, die ihrer Konkurrenz in dieser Region entsprangen, nicht auszutragen. Tatsächlich hatte der österreichische Außenminister Baron Aehrenthal seinen russischen Kollegen Alexander Iswolsky vor der Annexion Bosniens konsultiert. Sicherlich gab es 1908/1909 ein paar Rauchwölkchen. Iswolsky hatte in der Frage der Meerengen von Österreich Konzessionen als Gegenleistung erwartet. Als nichts in dieser Richtung geschah, forderte er, daß eine internationale Konferenz der Annexion zustimmen müsse. Deutschland, lange Zeit nur Zaungast der Balkanwirren, unterstützte nun mit aller Kraft Wien.[4] Moltke versicherte dem österreichischen Generalstabschef Conrad, wenn Rußland mobil mache, werde Deutschland seine gesamte Armee mobilisieren.[5]

Unmittelbar wirkte die deutsche Einmischung mindernd auf das Kriegsrisiko: Die Russen waren kurz nach ihrer Erniedrigung durch Japan längst noch nicht auf einen weiteren Krieg vorbereitet. Sie gaben nach, sobald deutlich wurde, daß sie weder auf die Sympathien der Briten noch auf jene der Franzosen zählen konnten. Etwas Ähnliches ereignete sich nach dem ersten Balkankrieg im Herbst 1912, als Serbien und Bulgarien mit Unterstützung Montenegros und Griechenlands, die Türken aus dem Kosovo und aus Mazedonien vertrieben, jenen Gebieten also, die nach dem Berliner Kongreß 1878 in osmanischen Händen verblieben waren. Allerdings machte Poincaré klar: »Falls Rußland in den Krieg zieht, wird es Frankreich auch tun«; und der Leiter der deutschen Außenpolitik, Kiderlen-Waechter, sagte den Österreichern »uneingeschränkte Unterstützung« zu. In Wahrheit wünschten weder St. Petersburg noch Wien den Krieg. Als Aehrenthals Nachfolger, Graf Berchtold, seine Bedingungen verkündete – ein unabhängiges Albanien (zur höchsten Überraschung der Albaner) und das Verbot der Errichtung eines serbischen Seehafens an der Adria –, sicherte der russische Außenminister Sasonow den Serben nur eingeschränkte Unterstützung zu. In diesem Zusammenhang ist festzuhalten, daß die Russen nicht vertraglich verpflichtet waren, Serbien im Kriegsfall zu unterstützen.[6] Allerdings hatten die Russen ihren Einsatz im Rüstungswettlauf erhöht, indem sie jene Wehrpflichtigen nicht nach Hause entließen, die ihren Wehrdienst zum Jahresende abgeschlossen hatten, aber die Reaktion war eher kurzfristig und reflexartiger Natur. Ihre wirkliche Sorge ging dahin, daß die Bulgaren – über die sie seit langem keine Kontrolle mehr ausüben konnten – sie durch einen Vorstoß nach Konstantinopel überrumpeln könnten. Bethmann Hollweg sprach sich damals, im Februar 1913, Berchtold gegenüber dagegen aus, zu diesem Zeitpunkt eine Gewaltlösung anzustreben, solange auch nur die geringste Chance bestünde, sich unter günstigeren Umständen auf diesen Konflikt einzulassen.[7]

Weshalb nahmen die Dinge 1914 eine andere Wendung? Ein Teil der Antwort hängt mit direkten deutschen Interessen an einer Konsolidierung des Verhältnisses mit der Türkei zusammen, wie sie durch die deutsche Militärmission nach Konstantinopel unter Führung des Generals Liman von Sanders zum Ausdruck kamen; 1913/14 wurde der deutsche Offizier Generalinspekteur der türkischen Armee und Befehlshaber des Gebietes um Konstantinopel: Dies erschreckte die Russen zutiefst, waren sie doch, so geschwächt ihre eigene Schwarzmeerflotte war, und so kraftlos die Türkei nach dem Balkankriegen aussah, wirtschaftlich davon abhängig, daß ihre Getreideexporte durch die Meerengen verschifft werden konnten. Tatsächlich stellte dies eines der Argumente für die französisch-russische Vereinbarung über den Eisenbahnbau im Januar 1914 und für das Aufrüstungsprogramm, dem die Duma sechs Monate später zustimmte, dar. Zum anderen hatten sich die Dinge nach dem Tod von Franz Ferdinand, der den Feuerkopf Conrad im Zaum gehalten hatte, verändert. Aber wesentlich war das deutsche Handlungsziel, einen österreichischen Militärschlag gegen Serbien zu unterstützen, ja sogar dazu anzustacheln, um der großserbischen Bedrohung ein Ende zu bereiten, die vom »Piemont der Südslawen« ausging: Nach den Worten von Kaiser Franz Joseph ging es darum, Serbien als politischen Faktor auf dem Balkan auszuschalten. Sowohl der deutsche Kaiser als auch Bethmann Hollweg gaben dem österreichischen Botschafter, Graf Szögyéni-Marich, und dem Grafen Hoyos, den Berchtold eigens geschickt hatte, die klare

Versicherung, selbst wenn es zu einem Krieg zwischen Österreich und Rußland kommen sollte, werde Deutschland Wien zur Seite stehen.[8] Das Problem der Historiker hat in diesem Zusammenhang stets darin bestanden zu erklären, warum die Regierung in Berlin mit ihrem risikoreichen Unterfangen fortfuhr, obwohl genügend Hinweise darauf vorlagen, daß alles auf einen europäischen Krieg zulief.

Die Spieler

Es stimmt, daß die deutschen Entscheidungsträger im Laufe des Juli 1914 mehrfach der Hoffnung Ausdruck verliehen, der Konflikt könne örtlich eingegrenzt werden. Sie setzten also auf Österreichs Vermögen, Serbien ohne russisches Eingreifen zu besiegen.[9] Doch es fällt schwer, derartige Bestrebungen mit den anderswo immer wieder auftauchenden Andeutungen der Wahrscheinlichkeit eines allgemeineren Zusammenstoßes in Einklang zu bringen. Im Februar 1913 beispielsweise hatte Bethmann Hollweg die Vorstellung eines Präventivkriegs gegen Serbien mit der folgenden Begründung zurückgewiesen:

»Die Folgen eines russischen Eingreifens liegen (…) offen zutage. Sie würden auf einen kriegerischen Konflikt des (…) Dreibundes gegen die Tripel-Entente hinauslaufen, bei dem Deutschland das ganze Schwergewicht des französischen und englischen Angriffs zu tragen hätte.«[10]

Bedenkenswert ist auch, daß der deutsche Kaiser Max Warburg gegenüber einen Präventivkrieg erwähnte, wobei der Bankier ganz eindeutig den Eindruck gewann, daß er damit einen Krieg gegen Rußland, Frankreich und Großbritannien meinte – trotz einiger Versuche, eine Annäherung zwischen Deutschland und Großbritannien in kolonialen Angelegenheiten anzubahnen.

Die Deutschen hatten gute Gründe zu der Befürchtung, ein österreichischer Schritt gegen Serbien könnte, falls er von Deutschland unterstützt würde, zu einem umfassenden europäischen Krieg führen. Von dem Augenblick an, da das österreichische Ultimatum veröffentlicht worden war, machte Sasonow deutlich, daß Rußland reagieren würde, während Grey am 25. und 29. Juli 1914 die britische Position von Dezember 1912 bestätigte: Sollte »die Großmachtstellung Frankreichs« bedroht werden, dann würde England nicht beiseite stehen.[11] Die zahlreichen

Indizien, daß der Krieg nicht lokalisiert werden könne, gaben Berlin genügend Möglichkeiten zu einem Rückzieher.[12] Doch die ursprünglichen, der Erhaltung des Friedens dienenden Initiativen Großbritanniens wurden von Deutschland nur höchst unaufrichtig unterstützt.[13] Die Deutschen trieben die Österreicher zur Eile an, und nach dem 26. Juli wiesen sie jegliche diplomatische Alternative offen zurück.[14] In allerletzter Stunde begann man in Berlin nun die Nerven zu verlieren: zuerst der Kaiser am 28. Juli[15], dann folgte Bethmann Hollweg, der, nachdem er von Greys Warnung gegenüber dem deutschen Botschafter, Fürst Lichnowsky, vom 29. erfahren hatte, die Österreicher stürmisch ermahnte, auf die Bremse zu treten.[16] Berchtold bemühte sich, diesen Wünschen zu entsprechen, doch es waren die deutschen Militärs, die letztlich durch eine Kombination von Überzeugungskraft und Trotz die Mobilisierungsbefehle, Ultimaten und Kriegserklärungen durchsetzten, die den Konflikt entfesselten.[17]

Es ist behauptet worden, daß die russische Entscheidung für eine teilweise oder umfassende Mobilmachung bei der Auslösung des Konflikts eine Rolle gespielt habe.[18] Doch der Standpunkt Rußlands, die eigene Mobilisierung stelle nicht das gleiche wie die deutsche dar und bedeute noch keinen Krieg, wurde von Moltke und Bethmann Hollweg insgeheim akzeptiert. Am 27. Juli war schließlich deutlich, daß für die Deutschen das Hauptinteresse darin bestand, wie Admiral Georg Alexander von Müller, der Chef des Marinekabinetts formulierte, Rußland ins Unrecht zu setzen und dann nicht vor dem Krieg zurückzuschrecken – mit anderen Worten: die Tatsache der russischen Mobilmachung als Beweis für einen Angriff gegen Deutschland darzustellen.[19]

Die deutsche Militärspionage erzielte den ersten Aufklärungserfolg des Krieges, indem sie den Beweis für die russische Mobilmachung erbringen konnte. Erste Anzeichen aus Rußland, daß die Kriegsvorbereitungsperiode am Abend des 25. Juli 1914 proklamiert worden war, erreichten Berlin am Montagmorgen, also am 27. Juli, obwohl Bethmann Hollweg bereits in seinem Fernschreiben an Lichnowsky vom vorangegangenen Nachmittag »unbestätigte Nachrichten« darüber »aus einer zuverlässigen Quelle« erwähnt hatte.[20] Meldungen über eine Anordnung der allgemeinen Mobilmachung durch den Zaren erreichten Berlin am Abend des 30. Juli, doch erst am folgenden Morgen war Moltke von ihrer Richtigkeit überzeugt. Er bestand darauf, daß man eines der roten russischen

Mobilisierungsplakate beschaffe und ihm dessen Text laut über das Telefon vorlese.[21] Eine Stunde später proklamierten die Deutschen die »unmittelbar bevorstehende Kriegsgefahr«.

Warum haben die Deutschen so gehandelt? Die Antwort der Diplomatiehistoriker verweist auf die Struktur der europäischen Bündnisse, die sich an der Jahrhundertwende ganz eindeutig gegen Berlin verschoben hatte. Rußland, Frankreich und Großbritannien vermochten untereinander über bestimmte strittige Punkte Einigkeit erzielen, aber Deutschland war mehrfach bei dem Versuch gescheitert, Bündnisse einzugehen oder hatte sie nicht schließen wollen. Die wenigen Verbündeten, die die Deutschen besaßen – das im Niedergang befindliche Österreich, das unzuverlässige Italien –, gaben Anlaß zu Zweifeln: Man kann daher behaupten, daß die Deutschen eine Konfrontation auf dem Balkan als ein Mittel betrachteten, ihr eigenes brüchiges Bündnis zu bewahren, möglicherweise sogar, um ein gegen Rußland gerichtetes Balkanbündnis zu schaffen und vielleicht sogar die Tripel-Entente zu spalten.[22] Derartige Überlegungen waren keineswegs unrealistisch. Wie die Ereignisse zeigten, gab es gute Gründe an der Zuverlässigkeit des Dreibundes zu zweifeln; und die Tripel-Entente war in der Tat brüchig, insbesondere was England anbetraf.[23] Bereits vor Beginn der Julikrise erkannte Oberst House, Woodrow Wilsons Abgesandter in Europa: »Was Deutschland wirklich wünscht, ist, daß England sich von der Tripel-Entente löst.«[24] Selbst die Unterstützung Frankreichs für Rußland schien am 30. Juli und 1. August zu wanken, obwohl sie mit Begeisterung von Botschafter Maurice Paléologue und von Joffre bekräftigt wurde.[25] Es ist daher möglich, daß Bethmann Hollweg und der Leiter des Auswärtigen Amtes Jagow, obwohl sie sich durchaus der Konsequenzen des Krieges im Hinblick auf Belgien bewußt waren, Hinweise auf Meinungsverschiedenheiten innerhalb der Tripel-Entente entdeckten, womit die Hoffnung auf eine britische Neutralität andauerte. Sie kannten die Risiken im Hinblick auf Belgien: Am 28. April 1913 hatte sich Jagow persönlich geweigert, dem Haushaltsausschuß des Reichstags eine Garantie für die Respektierung der belgischen Neutralität zu geben, da dies Frankreich einen zu deutlichen Hinweis gewähren würde.[26] Aber Bethmann Hollweg und Jagow entschieden sich für ein risikoreiches Spiel, um einen diplomatischen Sieg zu erringen.[27]

Nichts von all dem kann in befriedigender Weise erklären, warum die deutschen Generäle derart entschlossen waren, in den Krieg zu ziehen und den Kampf fortzusetzen, *selbst wenn die Tripelentente Bestand hatte*; und dies ist der entscheidende Punkt, denn sie waren es, die auf eine Mobilmachung drängten, nachdem das diplomatische Vabanque gescheitert war. Aus militärhistorischer Sicht stützte sich der deutsche Generalstab in seiner Argumentation für einen Präventivkrieg auf Berechnungen über die relative und zukünftige Stärke der europäischen Armeen. In den vergangenen Jahren war dieses Denkmodell wiederholt zurückgewiesen worden. Doch im Sommer 1914 stand es wieder auf der Tagesordnung, als Moltke sich auf eine Kampagne mit dem Ziel einließ, den Kaiser, die zivilen Stellen und die Österreicher davon zu überzeugen, daß Deutschland aufgrund neuer Rüstungsprogramme in Frankreich und Rußland innerhalb weniger Jahre seinen Gegnern hilflos gegenüberstehen würde. Bessere Aussichten werde Deutschland in Zukunft nie wieder haben, argumentierte der stellvertretende Chef des Generalstabs, Georg Graf Waldersee, am 3. Juli und bezog sich dabei auf die mangelnde Kriegsbereitschaft Rußlands. Drei Tage darauf war aus dem Mund des Kaisers dieselbe Ansicht zu hören.[28] Am 6./7. Juli hielt der Sekretär Bethmann Hollwegs, Kurt Riezler, in seinem Tagebuch fest, daß die Militärspionage ein erschütterndes Bild vermittle:

»Rußlands militärische Macht schnell wachsend; bei strategischem Ausbau [der Eisenbahnen] Polens die Lage unhaltbar. Österreich immer schwächer und unbeweglicher (...). Die Entente weiß, daß wir infolgedessen völlig lahmgelegt (sind).«[29]

Szögyéni berichtete am 12. Juli an Berchtold über die deutsche Haltung: »Und sollte das Zarenreich sich doch dazu entschließen [Serbien beizustehen], so ist es zur Zeit noch lange nicht militärisch fertig und lange nicht so stark, wie es voraussichtlich in einigen Jahren sein wird.«[30]

Ordnungsgemäß leitete Jagow die deutsche Ansicht am 18. Juli an Lichnowsky nach London weiter:

»Einiges Gepolter in Petersburg wird zwar nicht ausbleiben, aber im Grunde ist Rußland jetzt nicht schlagfertig (...). In einigen Jahren wird Rußland nach aller kompetenten Annahme schlagfertig sein. Dann erdrückt es uns durch die Zahl seiner Soldaten, dann hat es seine Ostseeflotte und seine strategischen Bahnen gebaut.«[31]

Und am 25. Juli erfuhr der Journalist Theodor Wolff von Jagow: »Weder Rußland noch Frankreich, noch England wollten den Krieg. Und wenn es sein müsse (lächelnd) - einmal werde der Krieg ja doch kommen, wenn wir die Dinge gehen ließen, und in zwei Jahren sei Rußland stärker als jetzt.«[32]

Auch von anderer Seite wurde Wolff versichert: »Wie Jagow sagt er [Wilhelm von Stumm, Unterstaatssekretär im Auswärtigen Amt], daß der Krieg in zwei Jahren unvermeidlich sei, wenn wir uns jetzt nicht aus dieser Situation befreiten (…). Eine so gute Situation komme nicht wieder.«[33] Als Moltke am nächsten Tag nach Berlin zurückkehrte, war der Boden daher für seine Argumentation vorbereitet, die Situation werde nie wieder so günstig für einen Präventivschlag sein, denn die Erweiterung des französischen und russischen Heeres sei jetzt noch nicht abgeschlossen.[34] Und auch Bethmann Hollweg war schließlich überzeugt worden, daß man besser jetzt als in zwei Jahren zuschlage.[35] Wann immer der Kanzler während der nächsten Tage Zeichen von Unsicherheit erkennen ließ, schickte Moltke sich an, die Zweifel zu zerstreuen:

»Die militärische Lage wird dadurch für uns von Tag zu Tag ungünstiger und kann, wenn unsere voraussichtlichen Gegner sich weiter in aller Ruhe vorbereiten, zu verhängnisvollen Folgen für uns führen.«[36] Was sich ursprünglich als Befürwortung eines Krieges entwickelt hatte, der besser in diesem Jahr als in zwei Jahren beginnen würde, verselbständigte sich nun als Forderung nach einer Mobilmachung, die besser heute als morgen stattfinden solle.

Daß die Deutschen solche Gedanken anstellten, blieb niemandem verborgen. Der britische Außenminister Grey persönlich äußerte sich im Juli 1914 zweimal zur Logik eines deutschen Präventivschlags gegen Rußland und Frankreich, rechtzeitig bevor sich das militärische Gleichgewicht weiterhin zu Ungunsten des Reichs verschoben hätte:

»Die Wahrheit ist folgende: Während die deutsche Regierung früher aggressive Absichten hatte, (…) ist sie jetzt wirklich höchst beunruhigt, wegen der militärischen Vorbereitungen in Rußland, wegen der bevorstehenden Vergrößerung der Streitkräfte dieses Landes und insbesondere wegen des beabsichtigten Baus von strategischen Eisenbahnen – auf Insistieren der französischen Regierung und mit französischem Geld –, die an der deutschen Grenze zusammenlaufen (…). Deutschland war in der Vergangenheit nicht furchtsam, weil es überzeugt war, daß sein Heer unverwundbar sei, aber es ängstigte sich davor, daß es sich in einigen Jahren von jetzt aus gesehen wird fürchten müssen (…). Deutschland hatte also Angst vor der Zukunft.«

Greys einziger Irrtum bestand darin, daß er meinte, all dies würde die deutsche Regierung »in einer friedlichen Stimmung« halten.[37] Am 30. Juli sagte der deutsche Diplomat Kanitz zum amerikanischen Botschafter, daß »Deutschland in den Krieg ziehen solle, wenn es darauf vorbereitet sei, und nicht warten, bis Rußland seinen Plan verwirklicht habe, eine Friedensstärke von 2,4 Millionen Soldaten zu erreichen«. Oberst House berichtete am 1. August an Woodrow Wilson, Deutschland wisse, »daß seine größte Chance darin liege, schnell und kräftig zuzuschlagen«; es könne sich zu einem »präventiven Handeln als Mittel zur Schaffung von Sicherheit« entschließen.[38] Mit Blick auf die allgemeine Lage schrieb House bereits am 29. Mai 1914 an den amerikanischen Präsidenten Woodrow Wilson:

»Die Situation ist außerordentlich. Es handelt sich um einen geradezu verrückt gewordenen Chauvinismus. Solange es nicht jemand, der in ihrem Auftrag handelt, schafft, ein anderes Verständnis der Dinge durchzusetzen, wird es eines Tages eine schreckliche Katastrophe geben. Niemand in Europa kann das verhindern. Dort gibt es zuviel Haß, zu viele Eifersüchteleien. Wann immer England dem zustimmt, werden Frankreich und Rußland über Deutschland und Österreich herfallen.«

House lehnte später Behauptungen ab, denen zufolge die Briten »für Belgien kämpfen«. Großbritannien habe sich vielmehr »in erster Linie« mit Frankreich und Rußland verbunden, »weil Deutschland darauf bestand, ein dominierendes Heer und eine dominierende Flotte zu haben, was Großbritannien aus eigenem Sicherheitsbedürfnis heraus nicht tolerieren konnte«. Und der amerikanische Oberst war keineswegs ein Freund der Deutschen: Nach seinem Besuch in Berlin bemerkte er, er habe »den kriegerischen Geist niemals so gefördert und glorifiziert gesehen, wie es dort geschieht (…). Man denkt dort nur daran, industrielle Fortschritte zu machen und den Krieg zu glorifizieren.« House war außerdem ein früher Vertreter der Theorie, daß Deutschland unter anderem deshalb in den Krieg gezogen sei, damit die »Gruppe von Militaristen und Finanziers«, die das Land beherrschte, »ihre selbstsüchtigen Interessen bewahren« könne. Aber seine Analyse ließ Platz für die Möglichkeit, daß die Sicherheitsinteressen Deutschlands wirklich bedroht worden seien.[39]
 Es besteht daher keine Notwendigkeit, wie Fritz Fischer schrieb, die Existenz von deutschen Kriegsplänen zur Schaffung von Einflußsphären in Mitteleuropa und Afrika, zur Zerstörung Frankreichs als Großmacht

und zur Aufgliederung der westlichen Gebiete des russischen Reiches vorauszusetzen.[40] Die Quellenlage deutet in viel überzeugenderer Weise auf die dominierende Doktrin von einem militärischen »Erstschlag« hin, in der Absicht, einer Verschlechterung der militärischen Stellung Deutschlands zuvorzukommen – wenn dies auch durchaus nicht mit der Vorstellung unvereinbar ist, daß das Ergebnis eines solchen Schlags im Erfolgsfalle eine deutsche Hegemonie in Europa bedeutet haben würde. Die einzig wichtige Frage lautet, ob dieses Kalkül wirklich die entschuldigende Bezeichnung »Präventivkriegsstrategie« verdient.[41] Es zeugt von posthumer Hochnäsigkeit gegenüber den deutschen Entscheidungsträgern, wenn man sie in verzerrender Weise als irrationale Kampfhähne darstellt, die »in einem Anfall von Zorn« um eines veralteten Ehrgefühls willen in den Krieg ziehen. Es ging den Deutschen keineswegs einfach nur darum, nicht das »Gesicht« zu verlieren. Man war vielmehr in tiefer Sorge, der Unterlegene im Rüstungswettlauf zu sein.[42]

Das Telefon zerschmettern

Die kriegsentscheidende Frage 1914 lautete, was Großbritannien unternehmen würde. Unterdessen schien dies für viele der wichtigsten Entscheidungsträger auf dem Kontinent bedeutungslos zu sein. Zwar träumte Bethmann Hollweg hin und wieder von der britischen Neutralität, aber die deutschen Generäle legten eine gleichgültige Haltung an den Tag. Sie zweifelten daran, daß das kleine britische Heer den Ausgang eines Krieges beeinflussen könne. Und auch die französischen Generäle trugen Gelassenheit zur Schau. Joffre war starrköpfig genug, um zu glauben, daß er ohne Hilfe von außen den Krieg im Westen gewinnen könne.

Als unmittelbar nach den Attentaten von Sarajevo in London ins Bewußtsein drang, daß die österreichische Regierung die Absicht hegte »einige Kompensationen« zu verlangen, die Serbien in gewisser Weise »erniedrigen« würden, bestand Greys erster Gedanke darin, sich Sorgen über die Reaktion Rußlands zu machen. Da er eine Konfrontation zwischen Österreich und Rußland für möglich hielt, versuchte er *via* Berlin indirekten Druck auszuüben, um alle denkbaren Vergeltungsakte Österreichs zu dämpfen, in der Hoffnung, den Erfolg seines diplomatischen Handelns auf dem Balkan vom Vorjahr zu wiederholen. Der russische Botschafter in Wien machte bereits am 8. Juli deutlich, daß »Rußland gezwungen sein würde, zur Verteidigung Serbiens zu den Waffen zu greifen«, falls Österreich »in einen Krieg stürme«.

Von Anfang an zögerte Grey, irgendeinen Hinweis darauf zu geben, wie Großbritannien möglicherweise auf eine Eskalation des Konflikts reagieren würde. Er wußte: Wenn Österreich mit deutscher Unterstützung extreme Forderungen gegen Belgrad erhob und Rußland eine Mobilmachung zur Verteidigung Serbiens durchführte, dann würde wohl auch Frankreich in die Sache hineingezogen werden – dies entsprach dem Wesen der französisch-russischen Entente und der deutschen Militärstrategie, soweit sie in London bekannt war. Ein Teilaspekt von Greys Strategie zu versuchen, die freundschaftlichen Beziehungen mit Frankreich und Rußland in ein Bündnis zu verwandeln, hatte darin bestanden, Deutschland davon abzuschrecken, einen Krieg zu riskieren. Nun fürchtete Grey, ein zu starkes Unterstützungssignal für Frankreich und Rußland könne die Russen dazu ermutigen, genau dieses Risiko einzugehen. So steckte er taktisch in einer Zwickmühle. An die Adresse Österreichs sprach Grey die Warnung aus, es werde London nicht gleichgültig sein, sollte Frankreich in den Krieg hineingezogen werden. Der britische König vertrat eine ähnlich zweideutige Linie, als er sich am 26. Juli mit dem deutschen Kronprinzen traf:

»Ich weiß nicht, was wir tun sollen, wir haben keinerlei Streit mit irgend jemand, und ich hoffe, wir werden neutral bleiben. Aber wenn Deutschland gegen Rußland den Krieg erklärt und sich Frankreich mit Rußland verbindet, dann, so fürchte ich, werden wir hineingezogen werden. Aber sie können sicher sein, daß ich und meine Regierung alles tun werden, um einen europäischen Krieg zu vermeiden.«

Der Kronprinz gelangte zu der Schlußfolgerung, daß England zu Anfang neutral bleiben werde, obwohl er daran zweifelte, ob es angesichts seiner Beziehungen zu Frankreich langfristig dazu fähig sein würde.[43]

Doch war eine kurzfristige Neutralität möglicherweise alles, was die deutsche Regierung benötigte, falls ihr Heer eine ausreichend starke Stellung auf dem Kontinent durchsetzen konnte. Kurzum, die britische Politik war so unklar, daß man sie mehr oder weniger nach Belieben interpretieren konnte. Am Sonntag, den 26. Juli 1914, waren die Franzosen davon überzeugt, auf die Briten zählen zu können, während die Deutschen sich der englischen Neutralität »sicher« waren. Die deutsche Regierung setzte, ohne abgeschreckt zu werden, ihre Politik fort, sie legte zugleich ein Scheininteresse an Greys Vermittlungsvorschlägen an den Tag, denen zu folgen, sie nicht die Absicht hatte.[44]

Greys Taktik einer wohlüberlegten Zweideutigkeit hätte sich fast ausgezahlt. Die serbische Regierung empfand die Behandlung in einem Maße als Preisgabe, daß sie – trotz Greys Enttäuschung über Wiens »gewaltige« Forderungen – beinahe das österreichische Ultimatum akzeptiert hätte und nur die allerbeschränktesten Modifikationen anstrebte.[45] Obendrein bejubelte der Kaiser zur Enttäuschung sowohl Bethmann Hollwegs als auch Moltkes, die darauf gedrängt hatten, daß die Österreicher Greys Vermittlungsvorschlag nicht ernst nehmen sollten, die serbische Antwort als diplomatischen Triumph. Davon überzeugt, daß nun »jeder Grund zum Kriege entfällt«, drängte er Wien einfach zum »Bleiben in Belgrad«, mit anderen Worten dazu, zeitweilig die serbische Hauptstadt zu besetzen, so wie Preußen im Jahre 1870 Nordfrankreich besetzt hatte »als Faustpfand für die Erzwingung und Durchführung der Versprechungen«. Dies vergrößerte noch die Verwirrung, die Jagow durch die Feststellung hervorgerufen hatte, Deutschland werde *nicht* handeln, falls Rußland nur im Süden mobilisiere (das heißt gegen Österreich, aber nicht gegen Deutschland).[46] Gleichzeitig änderte der russische Außenminister Sasonow überraschend seine Auffassung über die Möglichkeit bilateraler Gespräche zwischen Österreich und Rußland, eine Idee, auf die Grey sogleich zurückkam, als deutlich wurde, daß die deutsche Regierung nicht wirklich seinen Plan einer Vier-Mächte-Konferenz befürwortete. Nicolson kommentierte dies verärgert: »Man weiß nicht wirklich, woran man mit Herrn Sasonow ist.«[47] (Aber man wußte auch nicht, woran man mit den Deutschen war: Jagow behauptete nun, eine Vierer-Konferenz würde zu einer Schiedsgerichtsentscheidung führen und Österreich und Serbien auf die gleiche Stufe stellen, während gleichzeitig Bethmann Hollweg es bewußt unterließ, Sasonows Vorschlag für zweiseitige Gespräche gegenüber Lichnowsky zu erwähnen, und dies aus dem Grunde, daß der Botschafter Grey über alles unterrichte.)[48]

Für einen kurzen Augenblick hatte es den Anschein, als sei ein europäischer Krieg vermieden worden. Allerdings hatte Sasonow nicht die Absicht, die Besetzung Belgrads durch Österreich zu akzeptieren, denn diese würde in seinen Augen einen ernsthaften Rückschlag für den russischen Einfluß auf dem Balkan bedeuten.[49] Aber er erklärte sich bereit, die Mobilmachung zu stoppen, »wenn Österreich (…) sich bereit erklärt, aus seinem Ultimatum die Punkte zu entfernen, die den Souveränitäts-rechten Serbiens zu nahe treten«. Ein immer verzweifelter werdender Bethmann Hollweg stützte sich auf diese Formulierung als Grundlage für Verhandlungen, und tatsächlich akzeptierte die österreichische Regierung Sasonows Gesprächsangebot für den 30. Juli.[50]

Unglücklicherweise trat die militärische Logik nun an die Stelle diplo-matischer Überlegungen. Schon vor der österreichischen Beschießung Belgrads gaben Sasonow und seine militärischen Kollegen Befehle für Teilmobilmachungen heraus, die sie dann hastig in eine volle Mobil-machung umzuwandeln versuchten, als sie die Warnung erhielten, Deutschland beabsichtige, auch im Falle einer russischen Teilmobil-machung zu mobilisieren. Tatsächlich begannen die Russen mit ihrer Mobilmachung in den südlichen Bezirken Odessa, Kiew, Moskau und Kasan am 29. Juli – dies beruhte auf einer Entscheidung, von der der Zar später behauptete, sie sei vier Tage zuvor gefallen –, und damit überzeugte er den deutschen Botschafter davon, daß diese Vorgänge bei weitem noch keinen Krieg bedeuteten. Doch als die Russen erfuhren, daß Deutschland sich dennoch zur Mobilmachung gezwungen sehe und in diesem Fall sofort zum Angriff übergehen würde, betrachteten sie eine Teilmobil-machung als unzureichend. Es folgte eine Reihe von fieberhaft einberu-fenen Zusammenkünften und Telefongesprächen, bei denen Sasonow und seine Kollegen den schwankenden Zaren zu überreden suchten, einer umfassenden Gesamtmobilmachung zuzustimmen. Dies tat er schließlich am 30. Juli um 14 Uhr, und die Mobilmachung begann am nächsten Tag.[51] Dies lieferte Deutschland den notwendigen Vorwand, um seine eigene Mobilmachung nicht nur gegen Rußland, sondern auch gegen Frankreich durchzuführen.[52] Die Idee von österreichisch-russischen Gesprächen war nun vergessen, und es kam zu einem bizarren Taktieren, bei dem Deutsch-land wegen der öffentlichen Meinung daheim versuchte, Rußland dazu zu bringen, zuerst zu mobilisieren. Ein Krieg auf dem gesamten Konti-nent war nun mit Sicherheit unvermeidlich. Selbst wenn Bethmann Holl-weg in allerletzter Minute begriff, daß Großbritannien als Reaktion auf einen Angriff gegen Frankreich möglicherweise sofort eingreifen würde, und er die Österreicher an den Verhandlungstisch zu zwingen suchte, wei-gerte die russische Führung sich, ihre militärischen Operationen zu ver-schieben.[53] Appelle von Monarchen an St. Petersburg, die Mobilmachung zu stoppen, waren ebenfalls vergeblich, da der russische Generalstabschef

General Nikolai Januschkewitsch (wie er Sasonow erzählte) beschlossen hatte: »Danach werde ich fortgehen, werde mein Telephon zertrümmern und überhaupt alle Maßnahmen treffen, damit ich völlig unauffindbar bin, falls man [beispielsweise der Zar] mir etwa entgegengesetzte Befehle im Sinne eines erneuten Widerrufes der allgemeinen Mobilmachung erteilen will.«[54] Und wenn Rußland mit der Mobilisierung fortfuhr, dann bestanden die Deutschen darauf, daß es für sie keine andere Möglichkeit gebe, als das gleiche zu tun. Und dies bedeutete den Angriff auf Belgien und Frankreich.[55] Der »Krieg nach Fahrplan« zwischen den vier kontinentalen Mächten lief in dem Augenblick an, da Rußland sich für eine Gesamtmobilmachung entschloß. Vermeidbar war nur noch ein Engagement Großbritanniens, ebenso die Beteiligung der Türkei und Italiens.

Warum Großbritannien kämpfte

Verständlicherweise schickten sich die französische und die russische Regierung an, Grey dazu zu drängen, die britische Position deutlich zu machen.[56] Die Franzosen argumentierten, falls Grey »verkünde, daß England im Falle eines aus gegenwärtigen österreichisch-serbischen Streitigkeiten entstehenden Konflikts zwischen Deutschland und Frankreich diesem zu Hilfe kommen werde, so würde es zu keinem Kriege kommen«[57]. Aber Grey, der seit einigen Tagen versucht hatte, dies Lichnowsky vertraulich mitzuteilen, wußte, daß er allein gegenüber Frankreich eine solche Verpflichtung nicht eingehen konnte. Es stimmt zwar, daß hinter ihm die Falken im Foreign Office standen, die argumentierten, durch die Ententen sei »ein moralisches Band geschmiedet worden« (Crowe) und daher solle man »unverzüglich der Armee den Befehl zur Mobilmachung geben« (Nicolson).[58] Aber wie seit 1911 wiederholt deutlich geworden war, konnte Grey nicht ohne die Unterstützung seiner Kabinettskollegen und seiner Partei handeln – ganz zu schweigen von dem nebulösen und immer wieder ins Feld geführten Phänomen der »öffentlichen Meinung«. Und es war keineswegs klar, ob er sich darauf verlassen konnte, daß sie ihn bei einer öffentlichen militärischen Verpflichtungserklärung gegenüber Frankreich unterstützen würden. Daher entschied man sich dafür, nichts zu tun, denn – wie Herbert Samuel es formulierte – »wenn beide Seiten nicht wissen, was wir tun werden, dann werden auch beide weniger bereit sein, Risiken einzugehen«.[59] Das Äußerste, was Grey wieder einmal tun konnte, war, Lichnowsky *vertraulich* – »um sich für später den Vorwurf der Unaufrichtigkeit zu ersparen« – zu raten, falls Deutschland »und Frankreich hineingezogen würden, so sei die Lage sofort eine andere und die britische Regierung würde sich unter Umständen zu schnellen Entschlüssen gedrängt sehen. Dann sei es nicht mehr möglich abseits zu stehen und zu warten.«[60] Daß ausgerechnet dies Bethmann Hollweg beeindruckte, während Greys vorangegangene Stellungnahmen es nicht getan hatten, kann damit erklärt werden, daß Grey zum ersten Mal zu verstehen gab, daß irgendeine Art von Handeln Großbritanniens zur Verteidigung Frankreichs sehr bald zu erwarten sei.[61] Ein ebenso tiefer Eindruck wurde in London durch Bethmann Hollwegs Forderung nach britischer Neutralität erzielt – die der Reichskanzler, kurz bevor er von Greys Warnung an Lichnowsky hörte, erhoben hatte –, denn dies offenbarte Deutschlands Absicht, Frankreich anzugreifen.[62] Trotz einer scharfen Zurückweisung dieses Vorschlags legte sich London nicht auf eine Verpflichtung zum Eingreifen fest. Churchills begrenzte Flottenvorbereitungen vom 28./29. Juli hatten gewiß nicht die gleiche Bedeutung wie die Mobilmachungsbefehle an die Heere auf dem Kontinent[63]: Im Gegenteil, nachdem er seine vertrauliche Warnung ausgesprochen hatte, nahm Grey eine auffällig *weichere* offizielle Linie gegenüber Deutschland ein, ein letzter Versuch, die Idee einer Vier-Mächte-Vermittlung wiederzubeleben.[64] Noch am Vormittag des 31. Juli bekannte Grey gegenüber Lichnowsky:

»Wenn Deutschland mit irgendeinem vernünftigen Vorschlag hervortreten könnte, der es deutlich machte, daß Deutschland und Österreich sich um die Erhaltung des europäischen Friedens bemühten, während Frankreich und Rußland den Vorschlag zurückwiesen, so würde ich ihn in St. Petersburg und Paris unterstützen und die Erklärung wagen, daß, wenn Rußland und Frankreich ihn nicht annähmen, Seiner Majestät Regierung mit den Folgen nichts mehr zu tun haben werde.«

Der »vernünftige Vorschlag«, an den Grey dachte, besagte, daß »Deutschland bereit sein würde, Frankreich nicht anzugreifen, falls Frankreich neutral bliebe [oder] im Falle eines Krieges zwischen Rußland und Deutschland seine Truppen auf seinem eigenen Territorium beließe«.[65] Selbst der pessimistische Lichnowsky neigte, als er das hörte, zu der Annahme, daß London in einem möglichen Kriege eine abwartende Haltung einnehmen könne.[66]

Greys Verhalten war in diesen entscheidenden Tagen durch innen-politische Überlegungen bestimmt. Wie wir gesehen haben, gab es eine beträchtliche Gruppierung von liberalen Politikern und Journalisten, die strikt gegen eine englische Verpflichtung waren.[67] Am 30. Juli ließen 22 liberale Hinterbänkler, die dem auswärtigen Ausschuß angehörten, verlautbaren, daß »jede Entscheidung für eine Teilnahme an einem europäischen Krieg nicht nur auf die stärkste Ablehnung stoßen, sondern auch bedeuten würde, daß man sogleich die Regierung nicht mehr unter-stütze«.[68] Der britische Premierminister Herbert H. Asquith schätzte, daß ungefähr drei Viertel der Parlamentsfraktion seiner Partei für »absolutes Nichteingreifen um jeden Preis« eintrat.[69] Im großen und ganzen waren innerhalb des Kabinetts die Ansichten in gleicher Weise wie in der Regie-rungsfraktion verteilt, das heißt, die Befürworter eines Engagements auf dem Kontinent waren immer noch in der Minderheit. Die 19 Männer, die am 31. Juli zur Kabinettssitzung zusammentrafen, zerfielen in drei unglei-che Gruppen: jene, die in Übereinstimmung mit der Mehrheit der Partei für eine sofortige Neutralitätserklärung waren, jene, die für eine Inter-vention waren (dazu zählten nur Grey und Churchill), und jene, die sich noch nicht entschieden hatten.[70] Das Kabinett gelangte zu folgender Übereinstimmung: »Die britische öffentliche Meinung wird es uns jetzt nicht gestatten, Frankreich zu unterstützen (…); wir können im Moment nichts sagen, was uns verpflichtet.«[71]

Die Blockade war auch noch nicht wirklich überwunden, als am Abend des 1. August Churchill das Einverständnis von Asquith erlangte, auf die Nachricht von einer deutschen Kriegserklärung gegen Rußland hin die Marine zu mobilisieren.[72] Aber das Äußerste, worauf man sich in der ersten Sitzung des entscheidenden Sonntags einigen konnte, hieß: »Falls das deutsche Geschwader den Kanal durchqueren oder die Nord-see hinauffahren sollte, um die Britischen Inseln zu umfahren, in der Absicht, die französischen Küsten oder die französische Kriegsflotte anzugreifen und die französische Handelsflotte zu beunruhigen, so würde das englische Geschwader eingreifen, um der französischen Marine seinen vollen Schutz angedeihen zu lassen.«[73] Selbst dies – was ange-sichts der Tatsache, daß ein derartiges Handeln der deutschen Flotte höchst unwahrscheinlich war, bei weitem noch keine Kriegserklärung darstellte – war zuviel für John Burns, den Handelsminister, der darauf-hin zurücktrat.

Bei einem gemeinsamen Lunch bei Beauchamp an jenem Tag brachten sieben Minister, darunter Lloyd George, selbst gegen diese begrenzten Maßnahmen der Marine Bedenken vor. Warum kam es in dieser Situation nicht zu einem Sturz der Regierung? Die traditionelle Antwort auf diese Frage lautet: Belgien.

Ganz gewiß war man sich im Foreign Office seit langem darüber im klaren, daß die Entscheidung, zugunsten Frankreichs einzugreifen, »leichter würde gefällt werden können, falls deutsche Aggressivität (…) eine Verletzung der Neutralität Belgiens einschloß«.[74] Und Lloyd George und andere bezeichneten später die Verletzung der belgischen Neutralität als den ausschlaggebenden Grund für ihren persönlichen Richtungswechsel – und denjenigen der »öffentlichen Meinung« – zugunsten des Krieges.[75] Auf den ersten Blick erscheint dies unwiderlegbar. Am 6. August 1914 bildeten Großbritanniens »feierliche internationale Verpflichtungen«, die belgische Neutralität im Namen von Recht und Ehre aufrechtzuerhalten und »die Verteidigung des Prinzips, (…) daß kleine Nationen nicht vernichtet werden dürfen«, die beiden zentralen Themen von Asquiths Rede im Unterhaus zum Thema: »Wofür kämpfen wir?«[76]

Dennoch gibt es gute Gründe zur Skepsis. Wie wir gesehen haben, hatte das britische Außenministerium im Jahre 1905 die Ansicht vertreten, daß der Vertrag von 1839 Großbritannien nicht verpflichte, die belgische Neutralität »unter allen Umständen und angesichts jeden Risikos« aufrechtzuerhalten. Als das Thema im Jahre 1912 erneut auf die Tagesordnung gekommen war, hatte Lloyd George die Sorge geäußert, im Kriegsfalle könne die Erhaltung der belgischen Neutralität die britische Blockadestrategie unterminieren. Als das Thema am 29. Juli im Kabinett zur Sprache kam, entschied man sich dafür, jede Reaktion auf eine deutsche Invasion gegen Belgien »politisch« und nicht mit »rechtlichen Verpflichtungen« zu begründen.[77] Die politische Linie der Regierung lief darauf zu, die Deutschen indirekt zu warnen, daß eine Verletzung der Souveränität Belgiens die britische öffentliche Meinung zu »einem Umschwenken« veranlassen könne. Somit konnte Grey auf deutsche Winkelzüge mit einer einstimmig vom Kabinett gebilligten Warnung reagieren: »Sollte (…) die belgische Neutralität durch einen der Kriegführenden verletzt werden (…) würde es außerordentlich schwierig sein, die öffentliche Meinung in England zu beschwichtigen.«[78] Damit verpflichtete sich das Kabinett in keiner Weise direkt. Dies überrascht nicht, da eine Reihe der Minister tatsächlich entschieden bestrebt war, sich der Garantieverpflichtung gegenüber Belgien zu entziehen.

Lloyd George zählte zu jenen, die, wie Beaverbrook sich erinnerte, zu argumentieren versuchten, die Deutschen würden »nur die äußerste südliche Ecke [Belgiens] durchqueren«, und dies würde nur »eine geringfügige Verletzung der Neutralität [bedeuten]. ›Sehen Sie‹, würde er sagen [und dabei auf die Karte zeigen], ›das ist nur ein kleines Stückchen, und die Deutschen werden jeden Schaden, den sie anrichten, ersetzten‹.«[79] Es wurde jedenfalls weithin (wenn auch zu Unrecht) erwartet, daß die Belgier nicht nach britischer Hilfe verlangen, sondern einen formalen Protest bei einem Durchbruch der Deutschen durch die Ardennen abgeben würden. Die deutsche Forderung nach Neutralität Großbritanniens vom 29. Juli hatte ganz eindeutig die Absicht angedeutet, nach Belgien einzudringen; aber selbst am Morgen des 2. August, nachdem Jagow sich geweigert hatte, die belgische Neutralität zu garantieren, stimmten viele Minister im britischen Kabinett darin überein, daß sie sich einen Krieg nur im Falle eines »*umfassenden* Angriffs auf Belgien« vorstellen könnten.[80] Von daher wird die vorsichtige Formulierung des Kabinettsbeschlusses an jenem Abend verständlich: »Eine *substantielle* Verletzung der Neutralität [Belgiens] würde uns in eine Situation versetzen, wie sie von Mister Gladstone im Jahre 1870 für möglich gehalten wurde, als wir zu der Ansicht gelangten, daß eine Einmischung uns zum Eingreifen zwingen würde.«[81]

Die Nachricht vom deutschen Ultimatum an Belgien löste folglich eine Art Erleichterung bei Asquith aus, als er am Morgen des 3. August davon erfuhr. Moltke forderte einen ungehinderten Durchzug durch *ganz* Belgien. Der darauffolgende Appell des belgischen Königs Albert, in dem zu verstehen gegeben wurde, daß Belgien beabsichtige, gegen jede Verletzung seiner Neutralität Widerstand zu leisten, und der deutsche Angriff am nächsten Tag trugen, wie es Asquith formulierte, entschieden dazu bei, »die Dinge zu vereinfachen«. Versuche Moltkes und Lichnowskys, in letzter Minute die Integrität Belgiens für die Nachkriegszeit zu garantieren, waren daher ebenso sinnlos wie zynische Lügen von deutscher Seite über französische Vorstöße nach Belgien.[82] Als Bethmann Hollweg sich gegenüber Goschen beklagte, daß »England über [Deutschland] herfalle, um der Neutralität Belgiens willen« – also wegen »*eines Fetzen Papiers*« – da überging er den entscheidenden Punkt. Indem der Schlieffenplan einen deutschen Vorstoß durch ganz Belgien vorsah, trug er dazu bei, die liberale Regierung in London zu retten.[83]

Es war nicht so sehr die deutsche Drohung gegen Belgien, die die Entscheidung für eine Intervention im Kabinett möglich gemacht hatte, als die Bedrohung für Großbritannien, die von Deutschland ausging, wenn Frankreich besiegt sein sollte. Dies geht aus einer schriftlichen Mitteilung von Asquith an seine Geliebte Venetia Stanley vom 2. August hervor, in der er die sechs Prinzipien festhielt, von denen er sich lenken ließ: Nur der sechste dieser Grundsätze bezog sich auf Großbritanniens »Verpflichtung gegenüber Belgien«. Im vierten und fünften Punkt hieß es, zwar habe Großbritannien keine Verpflichtungen, Frankreich zu helfen – aber: »Es verstößt gegen britische Interessen, daß Frankreich als Großmacht verschwindet«; und: »Wir können Deutschland nicht gestatten, den Ärmelkanal als Basis für feindselige Aktionen zu benutzen.«[84] Das war auch das Hauptargument von Grey in seiner berühmten Rede vor dem Unterhaus am 3. August, bevor die Nachricht vom deutschen Ultimatum an Belgien eintraf.[85] Die strategischen Risiken des Nichteingreifens – nämlich isoliert und ohne Freunde dazustehen – überwogen die Gefahren, die mit einem Eingreifen verbunden waren.

Es existierte jedoch ein weiterer und möglicherweise sogar wichtigerer Grund, warum Großbritannien am 4. August 1914 um 23.00 Uhr in den Krieg eintrat. Während der entscheidenden Tage vom 31. Juli bis 4. August gab es vor allem einen Faktor, der dafür sorgte, daß die Einigkeit des liberalen Kabinetts gewahrt blieb: nämlich die Furcht davor, der konservativen Opposition Tür und Tor zu öffnen.[86] Man muß sich in Erinnerung rufen, welche scharfe Zuspitzung die Beziehungen zwischen den beiden wichtigsten Parteien 1914 erfahren hatten: Nach den Schlachten um die Budgets von Lloyd George und die Kompetenzen des Oberhauses erregte die Entscheidung der Liberalen, noch einmal zu versuchen, die auf Selbstverwaltung abzielende »Home Rule« für Irland zu verabschieden, die Gefühle der Unionisten. Der plötzliche Ausbruch einer großen diplomatischen Krise in Europa diente, wie Asquith bemerkte, dazu, Öl auf die stürmischen irischen Wogen zu gießen. Gleichzeitig versorgte die Entwicklung die Tories mit einem neuen Knüppel, mit dem sie auf die Regierung einschlagen konnten. Denn es war seit langem offensichtlich, daß die konservative Führung die deutsche Gefahr ernster nahm als die meisten liberalen Minister. 1912 hatte beispielsweise Balfour einen Artikel über anglo-deutsche Beziehungen veröffentlicht, in dem er die deutsche Regierung explizit anklagte, einen Angriffskrieg zu planen, ihr Ziel sei dabei die Wiedererrichtung des Heiligen Römischen Reiches auf dem Kontinent und die Ausdehnung ihres Imperiums in Übersee.

Das Stichwort für das Handeln der Tories wurde durch die auf Messers Schneide verlaufende Kabinettsitzung vom 2. August geliefert. Am Morgen jenes Tages machten einige Tories ihre Ansichten in einem Schreiben an Asquith deutlich, daß »jedes Zögern im Hinblick darauf, jetzt Frankreich und Rußland zu unterstützen, für die Ehre und die zukünftige Sicherheit des Vereinigten Königreiches fatal sein würde«. Die »politische Gemeinsamkeit«, die der Führer der Konservativen Bonar Law »für alle Maßnahmen [anbot], die durch Englands Eingreifen in den Krieg notwendig werden«, bedeutete nichts weniger als eine verschleierte Drohung, daß die Konservativen willens sein würden, die Geschäfte von den Liberalen zu übernehmen, falls die Regierung sich über derartige Maßnahmen nicht einigen könne.[87] Nach Jahren kampflustiger Kritik von seiten der Torypresse war das genau der richtige Weg, um Asquiths Entschlossenheit zu festigen. Ein Rücktritt, so sagte er dem Kabinett, mochte wohl als der normale Schritt für eine Regierung erscheinen, die in sich derart gespalten sei. Aber, so fuhr er fort, »die Lage der Nation ist vom Normalzustand weit entfernt, und ich kann mich selbst nicht zu der Ansicht durchringen, daß die Gegenpartei von Männern geführt wird oder solche enthält, die in der Lage sind, damit fertig zu werden«.[88]

Die heterogenen politischen Strömungen in der britischen Regierung traten auch in dem von Asquith einberufenen Kriegsrat vom 5. August zutage. Unter den versammelten Generälen und Ministern herrschte Verwirrung, und man wollte keine Entscheidung treffen, solange die Konsultationen mit einem Vertreter des französischen Generalstabs nicht abgeschlossen waren. Am nächsten Tag beschloß das Kabinett, vier Infanteriedivisionen und die Kavalleriedivision nach Amiens zu schicken, während General Sir Henry Wilson, der »Director of Military Operations«, bereits lange zuvor fest entschlossen gewesen war, alle sieben Divisionen nach Maubeuge zu entsenden und den Franzosen zu helfen. Erst sechs Tage später fand Earl Kitchener, der in aller Eile aus Ägypten zurückgerufen und zum Kriegsminister ernannt worden war, sich bereit, Maubeuge stärker zu schützen, und erst am 3. September stimmte das

Kabinett dem Vorschlag zu, die letzte noch verbliebene Division nach Frankreich zu schicken.[89]

Stimmte nun, was Major A. H. Ollivant in einer Denkschrift für Schatzkanzler Lloyd George am 1. August behauptete: »Die Anwesenheit oder Abwesenheit der britischen Armee wird (…) sehr wahrscheinlich das Schicksal Frankreichs entscheiden«?[90] Der Schlieffenplan war selbst ohne das Eingreifen der britischen Expeditionsstreitmacht sowieso zum Scheitern verurteilt, so stark waren die Mängel der Planung Moltkes. Möglicherweise wären die Franzosen daher imstande gewesen, den deutschen Angriff ohne Hilfe von außen zum Stillstand zu bringen, hätten sie selber nicht versucht, ihre eigene beinahe selbstmörderische Offensive einzuleiten, statt sich auf die Verteidigung zu konzentrieren. Selbst angesichts der deutschen Fehler scheint es wahrscheinlich, daß trotz des ursprünglichen verzweifelten Rückzugs aus Mons und des Scheiterns des Ablenkungsangriffs auf Ostende die Gegenwart der britischen Truppen bei Le Cateau am 26. August und an der Marne (6. bis 9. September) *tatsächlich* die Aussichten auf einen deutschen Sieg bedeutend verringerten.[91] All dies reichte aber unglücklicherweise nicht aus, um eine deutsche Niederlage herbeizuführen. Nach dem Fall von Antwerpen und der ersten Schlacht um Ypern (20. Oktober bis 22. November) kam es zu einem blutigen Patt, das an der Westfront dreieinhalb Jahre lang andauern sollte.

Die europäische Union des Kaisers

Die Möglichkeit, das Engagement Großbritanniens in einem Kontinentalkrieg zu begrenzen, bestand durchaus. Asquith und Grey haben dies später selber in ihren Memoiren eingestanden. Beide betonten, daß Großbritannien in keiner Weise vertraglich gegenüber Frankreich verpflichtet gewesen sei. »Wir haben uns die Freiheit vorbehalten, gegebenenfalls zu entscheiden, ob wir in den Krieg eintreten sollten oder nicht«, schrieb Asquith.[92] Und Grey machte kein Geheimnis aus der politischen Opposition innerhalb seiner eigenen Partei, die ihn daran gehindert hatte, im Juli eine Verpflichtung gegenüber Frankreich einzugehen.[93] Was sprach aber gegen die Neutralität? Dagegen sprach nach Grey im Kern: Großbritannien könne einen deutschen Sieg nicht riskieren, weil solch ein Sieg Deutschland zur »Vormacht auf dem gesamten europäischen Kontinent und in Kleinasien« gemacht haben würde.[94]

War das wirklich das Ziel der Deutschen? War der Kaiser wirklich ein Napoleon? Die Antwort auf diese Frage hängt davon ab, welche Ansicht man im Hinblick auf die deutschen »Kriegsziele« von 1914 vertritt. Nach Fritz Fischer und seiner Schule waren diese so radikal, wie es die Feinde Deutschlands in Großbritannien befürchteten. Der Krieg war demnach ein Versuch Deutschlands, seine politischen Ambitionen auf eine Hegemonialrolle in Europa durchzusetzen. Diese Ziele umfaßten nach Fischer Annexionen französischen, belgischen und möglicherweise auch russischen Territoriums, die Gründung einer mitteleuropäischen Zollunion und die Schaffung von neuen polnischen und baltischen Staaten unter direkter oder indirekter Kontrolle Deutschlands. Außerdem sollte Deutschland neue Territorien in Afrika erwerben, so daß seine Kolonialbesitzungen zu einem zusammenhängenden Gebiet in Zentralafrika konsolidiert werden konnten. Darüber hinaus sollte es konzentrierte Bemühungen geben, das Britische und das Russische Reich durch Revolutionen aufzubrechen.[95]

Doch Fischers Gedankengang weist einen fundamentalen Mangel auf, nämlich die Annahme, daß die deutschen Kriegsziele, wie sie nach Kriegsbeginn formuliert worden sind, die gleichen waren, wie die deutschen Ziele vor Beginn des Kampfes.[96] Viele Historiker sind Fischer darin gefolgt. So wird Bethmann Hollwegs »Septemberprogramm« – die »vorläufige Aufzeichnung über die Richtlinien unserer Politik beim Friedensschluß«, dessen Thema ein Separatfrieden mit Frankreich ist und das unter der Voraussetzung eines schnellen deutschen Siegs im Westen formuliert wurde – manchmal so dargestellt, als handele es sich hier um die erste öffentliche Verkündung von Zielen, die bereits vor Ausbruch des Krieges existiert hätten.[97] Wäre dies richtig, dann wäre das Argument, daß der Krieg vermeidbar war, entkräftet, denn es ist unstrittig, daß keine britische Regierung die territorialen und politischen Forderungen des Septemberprogramms gegenüber Frankreich und Belgien hätte akzeptieren können. Diese entsprachen in der Tat dem »napoleonischen Alptraum«, da sie Deutschland die Kontrolle über die belgische Küste verschafft hätten. Aber es ist eine nicht zu leugnende Tatsache, daß Fischer und seine Schüler niemals irgendwelche Quellenbelege dafür gefunden haben, daß diese Ziele *vor* dem Eintritt Großbritanniens in den Krieg existierten. Theoretisch ist es möglich, daß all dies niemals zu Papier gebracht wurde oder daß die in diesem Zusammenhang relevanten Dokumente zerstört wurden oder verlorengingen oder daß die Beteiligten später lieber die Unwahrheit sagten, als die Berechtigung des Kriegsschuldparagraphen des Versailler Vertrags einzugestehen. Aber dies scheint unwahrscheinlich. Alles, auf das Fischer in diesem Zusammenhang verweisen kann, sind ein paar Traumvorstellungen, die in der Vorkriegszeit von den Alldeutschen und Geschäftsleuten ersonnen wurden, von denen keiner irgendeine amtliche Stellung innehatte, hinzu kommt das gelegentliche Säbelrasseln des Kaisers, einer Persönlichkeit, deren Einfluß auf die Politik weder widerspruchsfrei noch so groß war, wie er es selber gerne annahm.[98] Es ist natürlich richtig, daß der Kaiser gelegentlich napoleonischen Phantasien anhing[99] und daß er, als es ihm am 30. Juli allzu spät dämmerte, daß Großbritannien eingreifen würde, den wildesten Welteroberungsplänen freien Lauf ließ:

»Unsere Konsuln in der Türkei und Indien, Agenten usw. müssen die ganze mohammedanische Welt gegen dieses verhaßte, verlogene, gewissenlose Krämervolk zum wilden Aufstande entflammen; denn wenn wir uns verbluten sollen, dann soll England wenigstens Indien verlieren.«[100]

Auch Moltke erwog große Pläne: »Es müssen Versuche gemacht werden, einen Aufstand in Indien zu entfachen, wenn England als unser Gegner auftritt. Dasselbe ist in Ägypten zu versuchen. Ebenso in den südafrikanischen Dominien.«[101]

Das sollte man nicht im Ernst als die deutschen Kriegsziele betrachten. Vor dem Krieg war der Kaiser genauso geneigt, britische Diplomaten an gemeinsame Kämpfe bei Waterloo ein Jahrhundert zuvor zu erinnern.[102] Entscheidend war schließlich Folgendes: Hätte Großbritannien nicht sogleich in den Krieg eingegriffen, dann würden sich Deutschlands Kriegspläne bedeutend von jenen des Septemberprogramms unterschieden haben. Bethmann Hollwegs Stellungnahme gegenüber Goschen vom 29. Juli 1914 zeigt, daß er bereit war, die territoriale Unversehrtheit sowohl Belgiens als auch Frankreichs (sowie Hollands) im Gegenzug zu einer britischen Neutralitätsverpflichtung zu garantieren.[103] Moltkes berüchtigte »Gesichtspunkte militärpolitischer Art« vom 2. August brachten das gleiche zum Ausdruck, nämlich die Versicherung: »Sollte England seine Neutralität in dem deutsch-österreichisch-russisch-französischen Kriege von der Zusicherung Deutschlands, daß es bei einem Siege über Frankreich maßvoll vorgehe (…) abhängig machen, so kann ihm diese Zusicherung unbedingt in bündigster Form gegeben werden« – und dies verbunden mit Garantien für die Integrität Belgiens.[104] Wäre Großbritannien tatsächlich draußen geblieben, dann wäre es verrückt gewesen, solch eine Chance nicht zu ergreifen. Deutschlands Ziele hätten mit der vorangegangenen Entwicklung nicht die territorialen Veränderungen umfaßt, wie sie im Septemberprogramm genannt sind (mit Ausnahme vielleicht jener, die sich auf Luxemburg bezogen, an dem Großbritannien kein Interesse hatte); und sie würden ganz gewiß nicht die Vorschläge für die Kontrolle der belgischen Küste durch Deutschland enthalten haben, die keine britische Regierung hätte tolerieren können. Das Äußerste, was in diesem Fall übriggeblieben wäre, stellten die folgenden Vorschläge dar:

»[1] Frankreich (...). Ferner eine in Raten zahlbare Kriegsentschädigung; sie muß so hoch sein, daß Frankreich nicht imstande ist, in den nächsten achtzehn bis zwanzig Jahren erhebliche Mittel für Rüstung aufzuwenden. Des weiteren: ein Handelsvertrag, der Frankreich in wirtschaftliche Abhängigkeit von Deutschland bringt, es zu unserem Exportland macht (...). Dieser Handelsvertrag muß uns finanzielle und industrielle Bewegungsfreiheit in Frankreich schaffen – so, daß deutsche Unternehmungen nicht mehr anders als französische behandelt werden können.

[2] Es ist zu erreichen die Gründung eines mitteleuropäischen Wirtschaftsverbandes durch gemeinsame Zollabmachungen, unter Einschluß von Frankreich, Belgien, Holland, Dänemark, Österreich-Ungarn, Polen und eventuell Italien, Schweden und Norwegen. Dieser Verband, wohl ohne gemeinsame konstitutionelle Spitze, unter äußerlicher Gleichberechtigung seiner Mitglieder, aber tatsächlich unter deutscher Führung, muß die wirtschaftliche Vorherrschaft Deutschlands über Mitteleuropa stabilisieren.

[3] Die Frage der kolonialen Erwerbungen, unter denen in erster Linie die Schaffung eines zusammenhängenden mittelafrikanischen Kolonialreiches anzusehen ist, desgleichen die Rußland gegenüber zu erreichenden Ziele werden später geprüft (...).

[4] Holland. Es wird zu erwägen sein, durch welche Mittel und Maßnahmen Holland in ein engeres Verhältnis zu dem Deutschen Reich gebracht werden kann. Dies engere Verhältnis müßte bei der Eigenart der Holländer von jedem Gefühl des Zwanges für sie frei sein, an dem Gang des holländischen Lebens nichts ändern, ihnen auch keine veränderten militärischen Pflichten bringen, Holland also äußerlich unabhängig belassen, innerlich aber in Abhängigkeit von uns bringen. Vielleicht ein die Kolonien einschließendes Schutz- und Trutzbündnis, jedenfalls enger Zollanschluß.«[105]

214

Zu diesen Punkten – sie entsprachen praktisch dem Septemberprogramm ohne Annexion französischer und belgischer Gebiete – sollte man die detaillierten Pläne hinzufügen, die später im Hinblick auf Rußland entwickelt wurden: »Rußlands Gesicht muß (...)gewaltsam wieder nach Osten umgewandt und dazu muß es im wesentlichen in die Grenzen vor Peters des Großen Zeit zurückgeworfen werden.« Dies bedeutete die Schaffung eines neuen polnischen Staates (in Verbindung mit dem habsburgischen Galizien) und die Abtrennung der Ostseeprovinzen (die entweder unabhängig oder Teil des neuen Polen oder Deutschland selber angeschlossen werden würden).[106] Selbst diese revidierte Version des Septemberprogramms geht augenscheinlich recht weit über die Vorkriegsziele der deutschen Führung hinaus.

Hätten die oben dargelegten begrenzten Kriegsziele eine direkte Bedrohung britischer Interessen dargestellt? Implizierten sie eine napoleonische Strategie? Das ist wohl kaum zu bejahen. Alles, was die ökonomischen Teile des Septemberprogramms verlangten, war – wohl um etwa 80 Jahre verfrüht – die Schaffung einer von Deutschland beherrschten europäischen Zollunion.

Mit Deutschlands europäischem Projekt hätte Großbritannien mit seinem maritimen Empire leben können.

Natürlich sollte es nicht so kommen: Das Gebot britischer Neutralität wurde verworfen. Doch die deutschen Historiker waren allzu schnell bereit, Bethmann Hollwegs Vorschlag als Fehlkalkulation abzutun; oder sie argumentierten sogar, daß die Deutschen selber nicht wirklich erwarteten, die britische Neutralität abzusichern. Die Quellenlage bestätigt dies nicht. Im Gegenteil zeigt sich, daß Bethmann Hollwegs Berechnungen überhaupt nicht unvernünftig waren. Man kann ihm verzeihen, daß er nicht vorhersah, daß in allerletzter Minute die Argumente von Grey und Churchill über die der zahlenmäßig stärkeren Gruppierung der Nicht-Interventionisten die Oberhand gewinnen würden; und er konnte auch nicht wissen, daß die Mehrheit der britischen Parlamentsabgeordneten akzeptieren würde, was sich als die irreführendste aller Behauptungen des Außenministers erweisen sollte: »Wenn wir uns an einem Krieg beteiligen, dann werden wir nur wenig mehr zu leiden haben, als wir ohnehin zu leiden haben, wenn wir draußen bleiben.«[107]

7 Augusttage: Mythos »Kriegsbegeisterung«

Zwei Freiwillige

Es zählte lange zu den Axiomen der Geschichtsschreibung, daß die Völker Europas den Ausbruch des Weltkrieges mit wilder, patriotischer Begeisterung begrüßten. Die folgende Passage kann man als typisch für die Art von Quellen ansehen, die gewöhnlich als Beleg zitiert werden:

»Der Kampf des Jahres 1914 wurde den Massen, wahrhaftiger Gott, nicht aufgezwungen, sondern von dem gesamten Volke selbst begehrt.

Man wollte einer allgemeinen Unsicherheit endlich ein Ende bereiten. Nur so kann man auch verstehen, daß zu diesem schwersten Ringen sich über zwei Millionen deutscher Männer und Knaben freiwillig zur Fahne stellten, bereit sie zu schirmen mit dem letzten Tropfen Blutes.

Mir selber kamen die damaligen Stunden wie eine Erlösung aus den ärgerlichen Empfindungen der Jugend vor. Ich schäme mich auch heute nicht, es zu sagen, daß ich, überwältigt von stürmischer Begeisterung, in die Knie gesunken war und dem Himmel aus übervollem Herzen dankte, daß er mir das Glück geschenkt, in dieser Zeit leben zu dürfen.

Ein Freiheitskampf war angebrochen, wie die Erde noch keinen gewaltigeren bisher gesehen (...). Die überwältigende Mehrheit der Nation war des ewigen unsicheren Zustandes schon längst überdrüssig (...). Zu diesen Millionen gehörte auch ich (...). So quoll mir, wie Millionen anderen, denn auch das Herz über vor stolzem Glück (...).

So (...) begann nun auch für mich die unvergeßlichste und größte Zeit meines irdischen Lebens. Gegenüber den Ereignissen dieses gewaltigen Ringens fiel alles Vergangene in ein schales Nichts zurück (...). Eine einzige Sorge quälte zu dieser Zeit mich wie so viele andere auch, ob wir nicht zu spät zur Front kommen würden.«[1]

Es ist jedoch unwahrscheinlich, daß irgendein Gefühl, das Adolf Hitler verspürte, so allgemein verbreitet war, wie er es selbst behauptete. Das wenige, was wir über Hitlers Karriere als Soldat in der bayerischen Armee

216

wissen, bestätigt, daß er kein typischer Freiwilliger war; seine Kamera-den in der bayerischen Infanterie empfanden ihn als komischen Kauz – derart humorlos und patriotisch, daß er die inoffizielle »Waffenruhe« von Weihnachten 1914 strikt ablehnte.[2]

Man vergleiche Hitlers rückblickende Darstellung seiner Meldung als Freiwilliger mit jener von Harry Finch, einem englischen Gärtner, der die-sen Vorgang in seinem Tagebuch festhielt:

»1915. 12. Januar, Dienstag. Ich ging an jenem Morgen nach Hastings ins Rekru-tierungsbüro in der Havelock Road und ließ mich für den Kriegsdienst in Kit-cheners Armee eintragen. Ich wurde ärztlich begutachtet, und dann wies man mich in die Erste Kompanie, 12. Bataillon, The Royal Sussex Regiment (2. South Downs) ein. Dann ging ich wieder nach Hause mit dem Befehl, mich am 18. bei meinem Bataillon in Bexhill vorzustellen. Das Rekrutierungsbüro war voller Män-ner, die sich freiwillig meldeten.

18. Januar, Montag. Ich meldete mich heute beim Kompanie-Hauptfeldwebel Carter (…). Erhielt Drahtmatratzen und Strohbett mit drei Decken. Mein erster Eindruck war, daß die Sprache des Kasernenraums ein wenig schlüpfrig klingt. Mein Bett schien sehr hart zu sein, und ich schlief nicht viel. Und da ich ein Anfän-ger war, mußte ich bald feststellen, daß mein Bett kaputt war.«[3]

Die Gegensätzlichkeit dieser beiden Texte soll durchaus keinen Unter-schied der *National*charaktere nahelegen. Obzwar es viele Versuche von Kulturhistorikern gegeben hat, einen Kontrast in der Art und Weise zu suggerieren, wie Deutsche und Briten auf den Ausbruch des Krieges rea-gierten[4], sollen die im folgenden präsentierten Quellen zeigen, wie ver-schiedenartig die Reaktionen innerhalb aller beteiligten Staaten waren. Der Unterschied zwischen Hitler und Finch stellt einen Gegensatz der persönlichen und nicht der nationalen Charaktere dar.

Massen und Impotenz

Es gab gewiß eine Menge Enthusiasmus. Wir mögen das Zeugnis Hitlers mit Vorsicht betrachten, aber es gibt viele weit zuverlässigere Zeugen. Im Jahre 1945 äußerte sich der liberale Historiker Friedrich Meinecke in einer Art und Weise, die gleichsam ein Echo auf Hitlers Erinnerungen darstellt:

»Die Erhebung der Augusttage 1914 gehört für alle, die sie miterlebt haben, zu den unverlierbaren Erinnerungswerten höchster Art (…). Alle Risse, die im deutschen Menschentum sowohl innerhalb des Bürgertums wie zwischen Bürgertum und Arbeiterschaft bisher bestanden hatten, überwölbten sich plötzlich durch die gemeinsame Gefahr.«[5]

1914 hatte Meinicke sogar in aller Eile ein Buch über das Thema »Die deutsche Erhebung« veröffentlicht.[6]

Die beschworene Erhebung war ein Phänomen der Massen.[7] Hitlers Darstellung in »Mein Kampf« wird in einprägsamer Weise durch das Foto einer Menschenmenge auf dem Münchener Odeonsplatz bestätigt, auf dem man sein ekstatisch verzücktes Gesicht erkennen kann. In Wien war Stefan Zweig erschüttert, als er sich als Teil einer patriotischen Masse wiederfand; und am 26. Juli war Josef Redlich von Arbeitern beeindruckt, die für einen Krieg gegen Serbien demonstrierten.[8] Am Abend zuvor hatten in Berlin die ersten nationalistischen Demonstrationen stattgefunden, die am 26. wiederholt wurden.[9] In ähnlicher Weise sammelten sich ab dem 25. Juli in Hamburg Menschenmengen beim Alsterpavillon auf dem Jungfernstieg.[10] Diese Stimmung sollte während der ersten Monate des Kriegs anhalten, die Züge an die Front gingen mit Blumen geschmückt ab, und Menschenmengen versammelten sich vor der Börse, um den Sieg von Tannenberg zu feiern.[11] Es spielte sich, so erinnerte sich Lloyd George auf der anderen Seite das Ärmelkanals, immer wieder »eine Szene der Begeisterung ab, wie sie in neuerer Zeit nicht ihresgleichen hatte«.[12]

Selbst jene, die selber keine Begeisterung verspürten, beobachteten und kommentierten das Geschehen. Karl Kraus' Portrait der Massen in Wien ist besonders zynisch – es bedarf schon der Vorstellungskraft eines Zeitungsreporters, um Horden fremdenfeindlicher Trunkenbolde in eine patriotische Schar zu verwandeln –, aber dies bedeutet nicht, daß diese Masse nicht da war.[13] Sogar der führende SPD-Politiker Friedrich Ebert konnte nicht leugnen, daß die Stimmung der Reservisten, die er beim Besteigen der Züge nach der Mobilmachung beobachtete, von Zuversicht geprägt war und daß die Massen sie mit starker Begeisterung verabschiedeten.[14] Bertrand Russell erlebte »jubelnde Massen (…) in der Nähe des Trafalger Square« und »entdeckte zu meinem Entsetzen, daß Durchschnittsmänner und -frauen angesichts der Aussicht auf einen Krieg erfreut waren«.[15]

Während der Julikrise beriefen sich – insbesondere in Großbritannien – die Politiker immer wieder auf die »öffentliche Meinung«. Am 25. Juli 1914 sagte Sir Edward Grey zu seinem Botschafter in Rußland, »die öffentliche Meinung würde [es nicht] (…) billigen, wenn wir wegen einer Auseinandersetzung um serbische Angelegenheiten in den Krieg zögen«, und diese Ansicht gab auch Francis Bertie in Paris wieder.[16] Sechs Tage später notierte Pease in seinem Tagebuch die Schlußfolgerung des Kabinetts, daß die »öffentliche Meinung uns nicht gestatten würde, Frankreich zu unterstützen«. Doch »eine Vergewaltigung Belgiens könne [jene] Meinung ändern«. Diese Erklärung las Grey dem deutschen Botschafter Lichnowsky vor.[17] Die britische öffentliche Meinung, so berichtete Jules Cambon nach Paris, »spielt eine so wichtige Rolle bei dem, was geschieht, daß jede Anstrengung unternommen werden sollte, es zu vermeiden, vor den Deutschen zu mobilisieren.«[18] Zu einem späteren Zeitpunkt im Jahre 1915 bemerkte Grey, »eines seiner stärksten Gefühle« im Hinblick auf die Ereignisse vom Juli und August des vergangenen Jahres sei gewesen, »daß er selber keine Macht habe, über die Politik zu entscheiden, sondern nur das Sprachrohr Englands sei«.[19] Wenn die öffentliche Meinung so begeistert war, wie es die zahllosen Beschreibungen des Massenverhaltens nahezulegen scheinen, dann beginnen die verschiedenen Entscheidungen für einen Krieg weniger vermeidbar auszusehen, als im vorangegangenen Kapitel angedeutet worden ist.

Doch findet sich zunehmend Quellenmaterial, das die These von der Kriegsbegeisterung der Massen entweder einschränkt oder gar widerlegt. Zwar mag es Menschenmengen gegeben haben, aber ihre Stimmung mit den Begriffen »Begeisterung« oder »Euphorie« zu beschreiben, ist irreführend. Unter den gegebenen Umständen waren Gefühle der Angst, des Entsetzens und selbst chiliastischer Religiosität gleichermaßen verbreitete allgemeine Reaktionen auf den Ausbruch des Krieges.

Es fällt auf, daß auch jene Politiker und Generäle, die den Krieg begannen, nicht sehr viel Kriegsbegeisterung verspürten. Bethmann und Moltke waren – vom Kaiser ganz zu schweigen – sehr pessimistisch. Tatsächlich befand sich Moltke, als die deutsche Offensive begann, immer noch buchstäblich am Rande eines Nervenzusammenbruchs. Als der deutsche Außenminister Jagow am 4. August die Nachricht der englischen Kriegserklärung erhielt, da drückten, so erinnert sich ein Zeuge, seine Gesichtszüge Angst aus.[20]

Am Abend zuvor hatte Grey in einer berühmten Formulierung den Krieg gleichnishaft mit den Worten charakterisiert: »In Europa gehen die Lichter aus«; und er fügte einem Freund gegenüber hinzu: »In unserem

Leben werden wir sie nie wieder brennen sehen.« – Dies war geradezu das Epitaph eines Zeitalters.[21] Als sie zu einem früheren Zeitpunkt dieses Nachmittags in seinem Büro im Unterhaus miteinander allein waren, konnten Asquith und seine Frau »vor lauter Tränen nicht sprechen«, nachdem er ihr gesagt hatte: »Es ist alles vorbei.«[22] Nur Churchill stellte eine Ausnahme dar. Er sagte am 22. Februar 1915 zu Violet Asquith:

«Ich denke, auf mir lastet ein Bannfluch – denn ich liebe diesen Krieg. Ich weiß, er zertrümmert und erschüttert das Leben Tausender in jedem Augenblick – und doch – ich kann nicht anders – ich genieße jede Sekunde davon.«[23]

Churchill war jedoch im Grunde seines Herzens ein unverbesserlicher Optimist, der nie ganz aufhörte zu glauben, man könne den Krieg auf leichte Weise gewinnen. Allem Anschein nach teilte seine Ehefrau seinen Enthusiasmus nicht.[24]

Selbstverständlich betrachteten viele Mitglieder sozialistischer und pazifistischer Organisationen den Ausbruch des Krieges mit Entsetzen – und dies war angesichts der sozialistischen Wahlerfolge von 1914 nicht unerheblich. Doch nach allen Debatten und Resolutionen löste sich die Zweite Internationale im Grunde, als der Krieg kam, in ihre nationalen Bestandteile auf. Die Befürworter eines Generalstreiks gegen den Militarismus fanden sich von Appellen beiseite gedrängt, einen Krieg zu unterstützen, den alle am Kampf beteiligten Regierungen als Verteidigungskrieg darzustellen imstande waren. Der Weg der SPD ist der bekannteste, wenn auch die britische Labour Party sich ähnlich verhielt.

Fast den ganzen Juli über brachte der *Vorwärts*, das Organ des SPD-Parteivorstands, schwere Bedenken gegen die österreichischen Serbienpolitik zum Ausdruck, und das Blatt drängte die Reichsregierung zu einer »Verständigung« mit Frankreich und Großbritannien.[25] Friedrich Ebert und Otto Braun verließen am 30. Juli Deutschland und reisten in die Schweiz aus Angst, daß sich die Regierung dazu entscheiden könnte, gegen die Partei vorzugehen. Am Tage zuvor hatten Ebert und seine Parteigenossen der Regierung versichert, daß von der SPD keine Aktionen (wie etwa ein Generalstreik, Teilstreiks, Sabotage oder dergleichen) geplant oder zu befürchten seien. Am 4. August wurde gar beobachtet, wie eine Anzahl von SPD-Reichstagsabgeordneten – allen voran der Revisionist Eduard David – Bethmann Hollwegs Rede im Reichstag Beifall zollten. Gerade 14 von 110 sozialdemokratischen Abgeordneten waren gegen die Zustimmung der Parlamentsfraktion zu den Kriegskrediten (unter ihnen befand sich der heftigste Widersacher des Militarismus, Karl Liebknecht, der nur zwei Wochen zuvor eine sehr gut aufgenommene Rede – in französischer Sprache – vor ungefähr 10 000 französischen Sozialisten in Condé-sur-Escaut gehalten hatte).[26] Neun Tage später hielt Ebert unkritisch in seinem Tagebuch die Behauptung der deutschen Regierung fest, daß Frankreich und Italien bereits am 23. Juli damit begonnen hätten, gegen Deutschland mobil zu machen.[27] Und wie die meisten anderen SPD-Führer akzeptierte auch er die Regierungslinie, derzufolge der Krieg notwendig sei, um Deutschland gegen die Aggression des autokratischen Rußland zu verteidigen, und auch er ergriff den Ölzweig des *Burgfriedens,* den Bethmann Hollweg angeboten hatte, in der Hoffnung, die inoffiziellen reformistischen Ziele auf diese Weise zu fördern.[28] Im gleichen Geiste handelnd, trat Arthur Henderson – der gemeinsam mit Keir Hardie im August 1914 einen leidenschaftlichen kriegsgegnerischen *Appeal to the Working Class* veröffentlicht hatte – im Mai 1915 zusammen mit zwei anderen Labour-Abgeordneten, die untergeordnete Regierungsämter übernahmen, in die Regierung Asquith als Erziehungsminister ein.

Dennoch waren Vertreter der Linken, die weiterhin trotz allen Geredes von nationaler Einheit gegen den Krieg auftraten, mehr als bloß eine unbedeutende Minderheit. Es ist kaum anzunehmen, daß »fast eine halbe Million Menschen«, die »zwischen dem 26. und 30. Juli an sozialdemokratischen Friedenskundgebungen teilnahmen, die sich in vielen Fällen zu spontanen Straßendemonstrationen ausweiteten«, eine Woche später in einer Wolke von Kanonenrauch verschwanden.[29] Das gleiche gilt für die 10 000 Pariser Sozialisten, die Liebknechts Rede am 13. Juli gehört hatten.[30] Jene deutschen Sozialdemokraten, die im August nicht mit der Parteilinie übereinstimmten, waren nicht ohne Rückhalt in der Bevölkerung.

Als Liebknecht und seine Gesinnungsgenossen 1915 eine gegen den Krieg auftretende Zeitschrift unter dem Titel *Die Internationale* gründeten, waren sie imstande, 5000 Exemplare zu verkaufen, bevor der Staat eingriff, um die noch übriggebliebenen 4000 Stück zu beschlagnahmen.[31] Auch in Großbritannien erfreute sich die Independent Labour Party (ILP) einer bescheidenen, aber entschiedenen Unterstützung in der Bevölkerung – und dies insbesondere in Schottland, wo Führer wie James

Maxton an der Konfrontation mit den Behörden Geschmack gefunden zu haben scheinen, selbst wenn dies Gefängnisstrafen zur Folge hatte. In der Labour Party zählte Ramsay MacDonald zu jenen, die nach Greys Rede am 3. August im Unterhaus ausdrücklich gegen den Krieg auftraten. Der Außenminister, so erklärte MacDonald, habe ihn »nicht überzeugt«, daß »das Land in Gefahr« sei. Er lehnte auch Greys Appell an die Ehre der Nation ab: »Von Staatsmännern dieser Sorte ist noch nie ein Verbrechen begangen worden, ohne daß sie an das Ehrgefühl ihrer Nation appellierten. Wir fochten den Krimkrieg um der Ehre willen aus. Und auch die Ehre brachte uns nach Südafrika.« MacDonald attackierte daraufhin Greys gesamte Bündnispolitik:

»Der sehr ehrenwerte Gentleman hat über Rußland überhaupt nichts gesagt. Wir wollen aber auch zu diesem Punkt Bescheid wissen. Wir wollen versuchen herauszufinden, was im Hinblick auf die Machtstellung Rußlands in Europa passieren wird, wenn all dies vorbei ist (…). Soweit es um Frankreich geht, so sagen wir feierlich und bestimmt, daß keine derartige Freundschaft, wie sie der sehr ehrenwerte Gentlemen beschreibt, zwischen einer Nation und einer anderen, es jemals rechtfertigen könnte, daß eine dieser Nationen im Namen der anderen in einen Krieg eintritt.«

Am 5. August gelang es MacDonald nach der Kriegserklärung gegen Deutschland sogar, in der nationalen Exekutive seiner Partei eine Resolution durchzusetzen, die Greys Handeln verurteilte und den Wunsch der Labour-Bewegung erklärte, »den Frieden im frühestmöglichen Augenblick zu sichern«. Obwohl es ihm nicht gelang, die Parlamentsfraktion der Labour Party auf seine Seite zu ziehen – sie stimmte am gleichen Tag für die Kriegskredite –, applaudierten Mitglieder der Independant Labour Party seinen Angriffen auf Grey.[32]

In Deutschland wurde im Herbst 1914 der *Bund neues Vaterland* als Nachfolgeorganisation der entkräfteten *Deutschen Friedensgesellschaft* gegründet. Deutsche Pazifisten waren auch an einer gesamteuropäischen Organisation für einen dauerhaften Frieden beteiligt, die auf neutralem Territorium zusammentrat.[33] In Großbritannien wurden im Juli 1914 zwei Gruppen geschaffen, die sich der Intervention widersetzten: die *British Neutrality League*, gegründet von Norman Angell und anderen, und das *British Neutrality Committee*, zu dessen Mitgliedern J.A. Hobson zählte.[34].

Später kamen das *Stop the War Committee* und die *No-Conscription*

Fellowship hinzu. Auf seine ganz eigentümliche Weise widersetzte sich George Bernard Shaw dem Krieg aus Gründen, die sich wenig von jenen unterschieden, die von diesen (im weitesten Sinn) radikalen Gruppen propagiert wurden.[35]

Sigmund Freud warf dem Staat vor, er gestatte sich im Kriege Untaten, die über den Einzelmenschen Schande bringen würden:

»Der einzelne Volksangehörige kann in diesem Krieg mit Schrecken feststellen, was sich ihm gelegentlich schon in Friedenszeiten aufdrängen wollte, daß der Staat dem Einzelnen den Gebrauch des Unrechts untersagt hat, nicht weil er es abschaffen, sondern weil er es monopolisieren will wie Salz und Tabak. Der kriegführende Staat gibt sich jedes Unrecht, jede Gewalttätigkeit frei, die den Einzelnen entehren würde.«[36]

In Berlin zählten Albert Einstein und Georg Friedrich Nicolai, der Autor der Biologie des Krieges, zu den Unterzeichnern eines »Manifests an die Europäer«, das eine Zurückweisung der pathetischen, den Krieg begrüßenden Adresse an die Welt der Kultur darstellen sollte und das von 93 deutschen Intellektuellen unterzeichnet wurde.

Von der Schweiz aus kritisierte Romain Rolland den Krieg als »Zusammenbruch der Zivilisation, (…) die größte Katastrophe in der Geschichte, (…) den Ruin unserer heiligsten Hoffnungen auf Brüderlichkeit unter den Menschen«[37]. Das Engagement des Cambridger Philosophen Bertrand Russell für die *Union of Democratic Control* (UDC) und die *No-Conscription Fellowship* fand öffentliche Aufmerksamkeit. Nach Russell war Grey ein »Kriegstreiber«, und der Krieg stellte das Ergebnis des Unvermögens dar, eine rationale Politik der Beschwichtigung gegenüber Deutschland durchzuführen.[38] Professor J.J. Thomson zählte zu jenen, die im Jahre 1914 öffentlich gegen die britische Interventionspolitik auftraten, ebenso der Historiker F.J. Foakers-Jackson, einer der Unterzeichner des Gelehrtenprotests vom 1. August. G.M. Trevelyan war ein weiterer Historiker, der öffentlich gegen »die Teilnahme Englands am europäischen Verbrechen« Stellung nahm.[39] Nur wenige große Universitätslehrer waren von Anfang an so eifrige Feinde der Deutschen wie Henry Jackson vom Trinity College. John Maynard Keynes' Vater Neville war möglicherweise eher typisch für die Stimmung in Cambridge: Traurig spielte er Golf, um sich von den Schrecken »dieses entsetzlichen Krieges« abzulenken.[40] Allerdings änderten viele der frühen Kritiker einer Intervention ihre Einstellung nach dem 4. August.[41] In einem Brief vom

13. August vertrat Trevelyan die Ansicht, daß »der gegenwärtige schreckliche Kampf darum geht, England, Belgien und Frankreich vor den Junkern zu retten und unsere Inselzivilisation mit ihrer feinen Struktur vor dem Zusammenbruch zu schützen«.[42] Aber dies war doch noch weit von jeglicher Kriegsbegeisterung entfernt.

Zwei Dons aus dem eher konservativen Oxford zählten zu jenen, die den Gelehrtenprotest gegen den Krieg mit Deutschland unterzeichneten, der in einem Leserbrief an die *Times* vom 1. August veröffentlicht wurde und in dem es hieß:

»Wir betrachten Deutschland als eine Nation, die in den Geistes- und Naturwissenschaften führend ist, und wir haben alle von deutschen Gelehrten gelernt und lernen weiterhin von ihnen. Ein Krieg gegen dieses Land im Interesse Serbiens und Rußlands würde eine Sünde gegen die Zivilisation darstellen (…). Wir halten uns für berechtigt, dagegen zu protestieren, in den Kampf mit einer Nation hineingezogen zu werden, die der unseren so nahesteht und mit der wir so viel gemeinsam haben.«[43]

Diese Ansicht wurde auch durch Vizekanzler T.B. Strong von Christ Church in seiner Rede zu Beginn des Herbstsemesters 1914 bekräftigt, in der er Deutschland als »diejenige Macht in Europa, der wir am nächsten stehen«, bezeichnete. Das *Oxford Magazine* erwies ehemaligen deutschen Oxford-Studenten, die im Krieg den Tod fanden, die letzte Ehre und veröffentlichte im Januar 1915 einen Brief von Kurt Hahn – einem früheren Christ-Church-Studenten –, in dem Greys Außenpolitik für den Kriegsausbruch verantwortlich gemacht wurde. Gewiß spielten Historiker aus Oxford eine führende Rolle in der antideutschen Propaganda, und das Studentenmagazin *Varsity* entwickelte im weiteren Verlauf des Krieges einen im wachsenden Maße deutschfeindlichen Ton. Aber mehr als hundert Menschen unterzeichneten einen Protestbrief gegen die Hetzjagd des Magazins auf den Deutsch-Professor H.G. Fiedler (die ihren Höhepunkt in einem Boykottaufruf gegen Deutschprüfungen fand).[44] Es lag möglicherweise eine gewisse Ironie darin, daß der Vizekanzler der Universität 1916 verkündete, Oxford würde sich zukünftig »an unseren eigenen Maßstäben orientieren und nicht versuchen, deutsche Methoden und deutsche Strenge in unser System einzuführen«; geschah es doch während des Krieges, daß der akademische Grad des Doktors der Philosophie in bewußter Nachahmung des deutschen Systems eingeführt wurde.[45]

Viele britische Liberale, die den Krieg unterstützten, taten dies ohne jegliche Begeisterung. William Beveridge und John Maynard Keynes engagierten sich für die Dauer des Krieges im Dienste der britischen Kriegswirtschaft; doch persönlich hielten sie beide den Krieg für einen Fehler. Keynes versuchte vergeblich, seinen Bruder Geoffrey und seinen ungarischen Freund Ferenc Békássy davon abzuhalten, Soldaten zu werden. Als sein Freund Freddie Hardman im Oktober 1914 fiel, schrieb er an Duncan Grand: »Ich fühle mich unglaublich erbärmlich und sehne mich danach, daß der Krieg unter fast allen Umständen möglichst schnell enden sollte. Ich kann es einfach nicht ertragen, daß er gestorben sein soll.«[46] Die darauffolgenden Todesfälle von Rupert Brooke, einem anderen Freund aus Cambridge, und Békássy verstärkten noch seinen Schmerz.[47] Im Februar 1916 bestand Keynes trotz seiner Freistellung vom Waffendienst darauf, seine Anerkennung als Kriegsdienstverweigerer zu beantragen. Ottoline Morrell schrieb er, er wünsche »einen Generalstreik und einen wirklichen Aufstand, um diesen blutigen Menschen, die uns wütend machen und erniedrigen, eine Lehre zu erteilen«. Im Dezember 1917 teilte er Duncan Grant mit: »Ich arbeite für eine Regierung, die ich verachte, und für Zwecke, die ich für kriminell halte.«[48]

Wie ernst sollte man die Kriegsgegner nehmen – die fraglos nur eine kleine Minderheit darstellten? Die Regierungen nahmen sie ernst genug. Unter dem preußischen Gesetz über den Belagerungszustand von 1851 (das im ganzen Reich außer in Bayern Anwendung fand und mit dem Ausbruch des Krieges in Kraft trat) wurden in Deutschland unabhängige Sozialisten und Pazifisten systematisch verfolgt. Die Friedensgesellschaft aus der Vorkriegszeit mußte erleben, daß ihre Zeitschrift verboten wurde und ihr Anführer Ludwig Quidde nicht mehr tätig sein durfte. Der Bund Neues Vaterland wurde 1915 der Zensur unterworfen und 1916 verboten.

In Großbritannien verloren jene, die vor dem Krieg für die Gegenspionage zuständig gewesen waren, keine Zeit, ihren Wirkungskreis so auszudehnen, daß er nun auch die Beschäftigung mit den Kriegsgegnern im Inneren des Landes umfaßte. Die Postzensur, die ursprünglich eingeführt worden war, um deutsche Spione zu entlarven, gestattete es, Listen von 34 500 britischen Bürgern mit angeblichen Verbindungen zum Feind zusammenzutragen, hinzu kamen weitere 38 000, die »unter Verdacht wegen einer feindlichen Tätigkeit oder Verbindung zum Feind« standen, sowie schließlich 5246 Briten, die mit »Pazifismus, Antimilitarismus und so weiter zu tun hatten«. Darüber hinaus wurden die ILP, das *Stop the War Committee* und die *No-Conscription Fellowship* Gegenstand offizieller Überwachung.[49] Der Defence of the Realm Act (DORA – Reichsverteidigungsgesetz) wurde nicht nur benutzt, um ILP-Führer wie Maxton hinter Gitter zu bringen, sondern auch einzelne Personen, deren Bedenken gegen den Krieg ethischer oder religiöser und nicht politischer Natur waren. Im Dezember 1915 beispielsweise erhielten zwei Männer eine Haftstrafe von jeweils sechs Monaten für die Veröffentlichung eines Flugblattes, in dem die christliche Auffassung vom Krieg im Sinne der Bergpredigt dargelegt wurde.[50] Bertrand Russell wurde im Juni 1916 angeklagt, da er eine Broschüre gegen die allgemeine Wehrpflicht verfaßt hatte, und 1918 wegen »Beleidigung eines Verbündeten« zu einer Gefängnisstrafe verurteilt. Schließlich wurden einmal 34 Wehrdienstverweigerer nach Frankreich geschickt und dort vom Kriegsgericht zum Tode verurteilt. Die Urteile wurden später nach Protesten von Russell und anderen in Zwangsarbeit umgewandelt.[51] Der einzige Grund, warum es dazu in Deutschland oder Österreich-Ungarn keine Parallelen gab, war der, daß dort keine offizielle Möglichkeit zur Kriegsdienstverweigerung bestand.

Panik

Nicht nur jene, die sich politisch artikulieren konnten, betrachteten den Krieg mit Furcht. In Gegenden, wo die Zivilisten mit dem Eindringen des Feindes zu rechnen hatten, gab es panikartige Reaktionen. Der Massenexodus aus Paris begann bereits vor der ersten Beschießung der Stadt (30. August 1914); es kamen Erinnerungen an die Belagerung von 1870 auf. Bis September waren etwa 700 000 Zivilisten aus Paris geflohen, davon etwa 220 000 Kinder unter 15 Jahren; unter den Erwachsenen war die gesamte Regierung und die Beamtenschaft, die in Bordeaux ein sicheres Unterkommen fanden.[52] Ähnliche Flüchtlingsströme gab es auch an der Ostfront. Die Pionierarbeit des Historikers Jean-Jacques Becker hat gezeigt, wie ambivalent die Stimmung in Frankreich 1914 selbst in jenen Gegenden war, die nicht direkt vom Krieg bedroht wurden.[53] Es ist ein Glücksfall für Historiker, daß der französische Erziehungsminister, Albert Sarraut, an die Lehrer der Grundschulen einiger Departements einen Fragebogen schickte, der unter anderem fragte: »Mobilisierung.

Wie lief das ab? Öffentliche Stimmung, typische Ausdrücke, die man immer wieder hören konnte.« Beckers Analyse der Reaktion der Lehrer aus sechs Departements zeigt, daß Begeisterung nicht die wichtigste Reaktion ganz gewöhnlicher Franzosen auf den Krieg darstellte. Bevor die Nachricht vom Kriegsausbruch einging, bemerkte ein Lehrer in Mansle, »sagte jeder, daß niemand so verrückt oder kriminell sein würde, uns solch eine Heimsuchung aufzubürden«. Die am häufigsten zu hörende Reaktion auf die Nachricht von der Mobilmachung in den mehr als 300 Gemeinden, aus denen Berichte aus dem Departement Charente vorliegen, war »Bestürzung«, darauf folgte »Überraschung«. Aus der Analyse der spezifischen Formulierungen, die benutzt wurden, um die allgemeine Stimmung zu beschreiben, schloß Becker, daß 57 Prozent negativ sowie 20 Prozent »ruhig und gelassen« waren und nur 23 Prozent eine patriotische Begeisterung zum Ausdruck brachten. Innerhalb der negativen Kategorie waren die am häufigsten erwähnten Reaktionen auf die Mobilmachung »Weinen« und »Verzweiflung«.

Trotz alledem gab es keinen Widerstand gegen die Mobilmachung (wie es in Rußland der Fall war); und die Stimmung wurde zweifellos zu dem Zeitpunkt positiver, da die Truppen abzureisen begannen – die Erwähnungen von »Enthusiasmus« stiegen an. Aber selbst hier handelte es sich um eine eingeschränkte Begeisterung, und die Menschen waren kaum von den Motiven für den Krieg bewegt, die die Historiker für Frankreich zu nennen pflegten: Rache für den Krieg von 1870/1871 und der Wunsch nach Rückeroberung von Elsaß-Lothringen. Das wichtigste Grundmotiv war, wie anderswo auch, Verteidigung. Ein typischer Stimmungsbericht formulierte: »Frankreich wollte keinen Krieg; es ist angegriffen worden; wir werden unsere Pflicht tun.« Darüber hinaus deutet der Vergleich mit fünf anderen Departements darauf hin, daß die Begeisterung im Departement Charante möglicherweise überdurchschnittlich war. In Côtes du Nord waren ungefähr 70 Prozent der Reaktionen auf die Mobilmachung negativ.[54] Es gibt keine auf vergleichbarem Material beruhende Untersuchung über die Stimmung in Großbritannien, doch es gibt ähnliche Hinweise auf sehr gemischte Stimmungslagen in Deutschland.[55]

Beckers Quellen beziehen sich größtenteils auf das ländliche Frankreich, während verstreute Berichte eher nahelegen, daß die patriotische Masse im Jahre 1914 ein städtisches Phänomen war. Doch selbst hier gibt es Anlaß zur Skepsis. Die unmittelbarste Auswirkung des Kriegsausbruchs auf die Wirtschaft war in den Städten ein Sturz in die Rezession. In Berlin stieg die Arbeitslosigkeit unter Gewerkschaftsmitgliedern von sechs Prozent im Juli 1914 auf 19 Prozent im August, sie erreichte im folgenden Monat mit beinahe 29 Prozent ihren Höhepunkt. In London stiegen die Arbeitslosenraten für Beschäftigte, die an der staatlichen Versicherung teilhatten, von sieben auf zehn Prozent. Die Unterbeschäftigung war sicherlich noch höher, da Gelegenheitsarbeiter (die meist weder Gewerkschaften angehörten noch versichert waren) früher entlassen wurden. Am schlimmsten betroffen war Paris, und dies nicht zuletzt deshalb, weil so viele Unternehmer aus der Hauptstadt flohen. Die Gesamtzahl der Beschäftigten in der Pariser Region fiel im August um etwa 71 Prozent. Obwohl ein großer Teil dieses Rückgangs auf den Abgang von Arbeitern zur Armee zurückgeführt werden muß, waren dennoch im Oktober mindestens 300 000 Einwohner von Paris als arbeitslos registriert: Dies entsprach 14 Prozent der Gesamtzahl der Arbeitskräfte der Stadt.[56] Während die Arbeitslosigkeit wohl hauptsächlich die Arbeiterklasse tangierte; erwecken fotografische und andere Quellen den Eindruck, daß die Mehrheit der patriotischen Demonstranten im Jahre 1914 den Mittelschichten angehörten. Rund um Hitler sind auf dem Odeonsplatz in der Masse keine Arbeitermützen zu sehen, Strohhüte und Panamahüte herrschen vor. Auch in Berlin bestand die Masse, die nach einem Bericht des *Vorwärts* am 26. und 27. Juli die Straßen beherrschte, meist aus jungen Männern in neuer, modischer Kleidung, was eher auf nationalistische Studenten und Angestellte hindeutet.[57] Zeitungsberichte lassen vermuten, daß die Menge um den Buckingham Palace und Whitehall am 3. August – deren Größe die *Daily Mail* auf 60 000 schätzte, obwohl es eher 20 000 gewesen sein werden – in erster Linie aus Angehörigen der Mittelschichten, die in den Vororten lebten, bestand.[58]

Wenn auch unter den Bankangestellten vom Südufer der Themse im August 1914 einiger Chauvinismus zu beobachten war, so war eine Kriegsbegeisterung auf den Finanzmärkten, wo sie ihre Beschäftigung fanden, nicht festzustellen. Vor 1914 hatten Autoren wie Ivan Bloch und Norman Angell argumentiert, die finanziellen Konsequenzen eines großen europäischen Krieges würden so gewaltig sein, daß sie ihn praktisch unmöglich machten. Bloch hatte die Kosten eines großen Krieges für fünf kriegführende Nationen auf vier Millionen Pfund täglich eingeschätzt:

»Aber könnte man nicht Kredite aufnehmen und Papiergeld in Umlauf bringen?« [wurde Bloch von seinem englischen Herausgeber gefragt]. »Sicherlich«, entgegnete Bloch, »das wird man zweifellos versuchen, aber die unmittelbaren Konsequenzen des Krieges werden dazu führen, daß die Wertpapiere um 25 bis 50 Prozent fallen. Bei solch einem zusammenbrechenden Markt wäre es schwierig, Anleihen unterzubringen. Man müßte also zu Zwangsanleihen und zu nicht konvertierbarem Papiergeld Zuflucht nehmen (...). Die Preise (...) würden enorm steigen.«[59]

Dieses Problem würde für jene Länder besonders drückend sein, die sich teilweise auf ausländische Kreditgeber stützen mußten, um ihre Vorkriegsschulden zu finanzieren. Angell argumentierte, »die tiefen Veränderungen, die durch Kredite ausgelöst wurden« und die »empfindliche gegenseitige Abhängigkeit im internationalen Finanzwesen« führten dazu, daß ein Krieg mehr oder weniger unmöglich werden würde: »Keine physische Gewalt kann die Macht des Kreditwesens beiseite schieben.« Wenn ein Schlachtschiff einer fremden Macht die Themse hinaufdampfe, dann wäre es die Wirtschaft dieses fremden Landes, die leiden würde, und nicht die britische, wenn die Investoren die Staatsanleihe des Angreifers zu Schleuderpreisen verkauften.[60] Und der französische Sozialist Jean Jaurès paraphrasierte Angell, als er erklärte, die »internationale Bewegung des Kapitals sei der größte einzelne Garant des Weltfriedens«.

Die Vorstellung, es gebe ökonomische Hindernisse für einen Krieg, wurde weithin geteilt, und dies nicht nur auf der politischen Linken. Schlieffen hatte seinen Plan genau auf diese Annahme gegründet. 1910 schrieb er dazu, lange Kriege seien zu einer Zeit unmöglich, da die Existenz jeder Nation sich auf den ununterbrochenen Fortschritt des Handels und der Industrie gründe: »Ermattungsstrategie läßt sich nicht treiben, wenn der Unterhalt von Millionen den Aufwand von Milliarden erfordert.«[61]

Der russische Geschäftsträger in Berlin warnte einen deutschen Diplomaten bereits am 22. Juli, daß »deutsche Aktienbesitzer (...) mit ihren eigenen Wertpapieren den Preis für die Methoden zahlen müßten, die von österreichischen Politikern angewandt würden«.[62] Am nächsten Tag sagte Sir Edward Grey (in einem Gespräch mit dem österreichischen Botschafter Graf Mensdorff) voraus, der Krieg werde »die Ausgabe einer so großen Geldsumme und so große Eingriffe in die Wirtschaft notwendig machen, daß er von einem totalen Zusammenbruch des Kreditwesens und der Industrie in Europa begleitet sein oder dieser auf ihn folgen würde«[63]. Ein Krieg auf dem Kontinent, so sagte er Lichnowsky am 24. Juli, würde »absolut unberechenbare (...) Ergebnisse [haben]: totale Erschöpfung und Verarmung; Industrie und Handel würden ruiniert und die Macht des Kapitals zerstört werden. Revolutionäre Bewegungen wie jene des Jahres 1848 werden sich aufgrund des Zusammenbruchs der industriellen Aktivitäten ergeben.«[64] Am 31. Juli ging Grey, wie Paul Cambon nach Paris berichtete, so weit, dieses Argument zugunsten der britischen Nicht-Intervention einzusetzen:

»Man nimmt an, daß der kommende Konflikt die Finanzen Europas erschüttern wird, Großbritannien sich einer ökonomischen und finanziellen Krise ohne Beispiel gegenüber sehen wird und die britische Neutralität der einzige Weg sein könnte, einen totalen Zusammenbruch des europäischen Kreditwesens zu verhindern.«[65]

Obwohl sie sich mittelfristig als falsch erweisen sollten, waren diese Voraussagen sowohl kurzfristig wie auch langfristig richtig. Die Wiener Börse war bereits am 13. Juli ins Taumeln geraten. In Hamburg hatte Max Warburg unmittelbar nach den Attentaten von Sarajevo damit begonnen, zu Geld zu machen, was verkauft werden konnte, und seine Engagements zu reduzieren. Am 20. Juli mußten die wichtigsten Hamburger Banken die ersten Maßnahmen ergreifen, um sich einer Panik an der Börse zu widersetzen.[66] Daß die Krise sich in Hamburg so früh zeigte, war möglicherweise auf eine Reihe offizieller Hinweise, daß der Krieg unmittelbar bevorstehe, zurückzuführen. Am 18. Juli verlangte der Kaiser, daß der Reeder Albert Ballin über die mögliche Mobilmachung informiert werden solle; drei Tage später schrieb die Reichskanzlei an den Hamburger Senat und wies auf die Notwendigkeit hin, daß die örtlichen Arbeitsämter für den Kriegsfall Arbeitskräfte zur Verfügung stellen müßten; und am 23. Juli schickte das Außenministerium einen Beamten mit einer Kopie des österreichischen Ultimatums an Serbien nach Hamburg.[67] Als am 28. Juli die Nachricht Hamburg erreichte, daß die deutsche Regierung Greys Vorschlag einer Außenministerkonferenz in London zurückgewiesen hätte, gab es an der Hamburger Börse eine so deutliche Panik, daß Warburg sich gezwungen sah, Kontakt zur Wilhelmstraße aufzunehmen. Er wurde autorisiert, verlauten zu lassen, wenn auch die deutsche Regierung die vorgeschlagene Konferenz nicht als angemessen erachte, so würden doch die Verhandlungen auf Regierungsebene fortgesetzt, die bereits mit Erfolg eingeleitet worden seien. Obwohl die unaufrichtige Stellungnahme mit Beifall begrüßt wurde, hat man die Börse an jenem Abend nicht wieder eröffnet.[68]

In London wurde die Krise bis zum 27. Juli, dem Tag vor der österreichischen Kriegserklärung an Serbien, nicht deutlich sichtbar, als deutsche Banken begannen, Depots abzuziehen und Positionen zu räumen.[69] Daß dies nur der Beginn war, wurde im Laufe der nächsten Tage deutlich, als Lord Rothschilds Pariser Vettern – für ihn völlig überraschend – ein verschlüsseltes Telegramm schickten, in dem der Verkauf »einer gewaltigen Menge von Konsoln hier für die französische Regierung und die Sparkassen« gefordert wurde. Lord Rothschild weigerte sich zunächst mit der rein technischen Begründung, »daß es beim gegenwärtigen Zustand unserer Märkte ganz unmöglich ist, überhaupt etwas zu unternehmen«; dann fügte er das politische Argument hinzu, daß es eine »beklagenswerte Auswirkung haben würde, (…) falls wir Gold an eine kontinentale Macht schicken würden, um diese in einem Augenblick zu stärken, da ›Krieg‹ in jedermanns Mund ist«[70]. Trotz seiner Versicherung gegenüber den französischen Rothschilds, daß ihre Telegramme mit äußerster Diskretion behandelt würden, warnte Rothschild seinerseits sogleich Asquith vor dem, was geschehen war. Mit geradezu heroischer Untertreibung bezeichnete Asquith dies gegenüber Venetia Stanley als »seltsam«[71]. Und in seinem Tagebuch äußerte er sich offener: »Die City (…) befindet sich in einem schrecklichen Zustand der Depression und der Paralyse (…). Die Aussichten sind sehr finster.«[72]

Das erste wirkliche Krisensymptom bestand in einem heftigen Kurssturz der Staatsschuldverschreibungen – dem üblichen Anzeichen einer internationalen Krise. Am 29. Juli stürzten die Konsoln von über 74 auf 69,5; nach Wiedereröffnung des Marktes fielen sie weiter. Der Absturz um fünf Punkte am 1. August war dem *Economist* zufolge beispiellos, und ebenso außergewöhnlich war die Erweiterung der Kluft zwischen Nachfrage und Angebot (die Differenz zwischen den Preisvorstellungen von Käufern und Verkäufern) um einen ganzen Punkt, verglichen mit dem historischen Durchschnitt von einem achtel Punkt. Die Obligationen der anderen Mächte stürzten noch tiefer.[73] Blochs Vorhersage eines Kurssturzes der Staatspapiere von 25 bis 50 Prozent hatte begonnen, Realität zu werden. Dieser Preissturz wirkte sich auch auf die Aktienkurse aus, selbst auf jene nicht-europäischer Unternehmen. Keynes hatte am 28. Juni einige »mutige« Käufe von Rio-Tinto- und Canadian-Pacific-Aktien auf der Basis der Annahme durchgeführt, daß Rußland und Deutschland sicher nicht in einen österreichisch-serbischen Krieg »eintreten würden«.[74] Er war nun einer unter vielen Investoren, die schwere Verluste zu erwarten hatten.

Da es bis zum 3. August ungewiß blieb, ob Großbritannien wirklich in den Krieg eintreten würde, erlaubt uns die Kursentwicklung bis zum 1. August Schlußfolgerungen darauf, was von der City für den Fall eines rein auf den Kontinent beschränkten Konflikts erwartet wurde. Zwischen dem 18. Juli und 1. August (dem letzten Tag, für den Notierungen veröffentlicht wurden) fielen die Staatspapiere aller großen Mächte sehr stark, aber einige tiefer als andere. Russische Vier-Prozenter fielen um 8,7 Prozent, dreiprozentige französische Anleihen um 7,8 Prozent – doch deutsche dreiprozentige Anleihen fielen nur um vier Prozent. Solange der Eintritt Großbritanniens in den Krieg nicht feststand, setzte die City ihr Geld, so wie sie es 1870 getan hatte, auf Moltke. Doch die britische Entscheidung, zugunsten Frankreichs zu intervenieren, gab allem nun einen anderen Anstrich. Denn sie bedeutete einen lang dauernden und weltweiten Krieg. Wären die europäischen Börsen nach dem 1. August nicht geschlossen worden, dann würden die Preise für alle Staatsanleihen weiter gefallen sein, vermutlich stärker als jemals zuvor in den vergangenen hundert Jahren.

So wie es Jaurès und andere vorhergesagt hatten, versuchten 1914 die Bankiers daher, soweit sie es konnten, einen Krieg zu vermeiden: Sie sahen deutlicher als die Politiker, daß der Ausbruch eines großen Krieges ein finanzielles Chaos herbeiführen würde. So teilte Lord Rothschild am 27. Juli seinen Vettern mit: »Niemand in der City denkt und redet über irgend etwas anderes als über die europäische Lage und die Konsequenzen, die sich ergeben könnten, wenn keine ernsthaften Schritte unternommen werden, um eine europäische Katastrophe zu vermeiden.«[75] Am 30. Juli schrieb er: »So ungeschickt sich Österreich auch gezeigt haben mag, so wäre es doch äußerst verbrecherisch, wenn *Millionen von Menschenleben* geopfert würden, um [den] Mord zu sanktionieren, einen brutalen Mord, den die Serben sich haben zuschulden kommen lassen.«[76] Am nächsten Tag drängte er seine französischen Vettern konkret, dafür zu sorgen, daß »der russischen Regierung folgendes nachdrücklich nahegelegt« werde:

»1. daß das Ergebnis eines Krieges, ein wie mächtiges Land der Verbündete auch sein mag, immer zweifelhaft ist; aber was immer das Ergebnis sein wird, die Opfer und die Leiden, die damit zusammenhängen, werden horrend und unermeßlich sein. In diesem Fall würde das Elend größer als alles je zuvor Erlebte sein. 2. Frankreich ist Rußlands größter Kreditgeber, und tatsächlich sind die finanziellen und ökonomischen Zustände der beiden Länder aufs engste miteinander verbunden, und wir hoffen, Ihr werdet Euer Bestes tun, um allen Einfluß geltend zu machen, den Ihr habt, um Euren Staatsmännern auch in letzter Minute klarzumachen, [daß sie alles zu tun müssen] diesen abscheulichen Kampf zu verhindern und Rußland deutlich zu machen, daß es dies Frankreich schuldig sei.«[77]

Am 31. Juli beschwor Rothschild die *Times,* den Ton ihrer Leitartikel zu mäßigen, die »das Land in den Krieg hetzten«; aber sowohl der Auslandsredakteur Henry Wickham Steed als auch sein Verleger Lord Northcliffe hielten dies für eine »schmutzige deutsch-jüdische internationale Finanzverschwörung, um uns dazu zu zwingen, für Neutralität einzutreten«, und sie gelangten zu dem Schluß, daß »die angemessene Antwort morgen ein noch schärferer Leitartikel sein würde«. Rothschild versuchte über Paul Schwabach seine Kommunikationskanäle nach Berlin offenzuhalten[78]; er schickte sogar einen persönlichen Friedensappell direkt an den Kaiser.[79] Wie Asquith Venetia Stanley mitteilte, strebte man »in der City besonders nachdrücklich [danach], (…) uns um jeden Preis draußen zu halten«.[80] Cambon informierte den Quai d'Orsay über die »außerordentlichen Bemühungen, (…) die durch die Geschäftswelt unternommen werden, die Regierung davon abzuhalten, gegen Deutschland einzugreifen. Die Finanzleute der City, die Gouverneure der Bank von England, die mehr oder weniger unter der Vorherrschaft von Bankiers deutscher Herkunft stehen, führen eine sehr gefährliche Kampagne durch.«[81]

Doch plötzlich wurde deutlich, daß die Bankiers tatsächlich machtlos waren: Die Banken konnten einen Krieg nicht verhindern – aber ein Krieg konnte den Banken Einhalt gebieten. Dies lag an den paralysierenden Auswirkungen, den ein Krieg, an dem Großbritannien beteiligt war, auf den Handel mit dem Kontinent hatte. Man wußte genügend über britische Kriegspläne, um anzunehmen, daß aller Handel wirksam zum Erliegen gebracht würde, und dies bedeutete: keine weitere Lieferung deutscher Güter nach Großbritannien, keine weitere Lieferung britischer Güter nach Deutschland. Doch Zahlungen für die Schiffe, die jetzt nicht mehr in See stechen würden, waren auf die Erstellung von Rechnungen hin im voraus erfolgt. Die Wechselbanken, die diesen Handel durch Diskontierung derartiger Rechnungen finanziert hatten, befanden sich daher in einer ernsten Notlage. Sie hatten ungefähr 350 Millionen Pfund an Außenständen in Form von angenommenen Wechseln und ein beträchtlicher Anteil davon würde mit größter Wahrscheinlichkeit platzen.[82]

Wie Keynes darlegte, hatte dies Rückwirkungen auf das Bankensystem insgesamt: »Die Clearing-Institute hängen von den Wechselbanken und von den Diskonthäusern ab. Die Diskonthäuser hängen von den Wechselbanken ab, und die Wechselbanken sind von ausländischen Klienten abhängig, die nicht imstande sind, Geld zu überweisen.« Nun tauchte die Möglichkeit auf, daß eine von den Wechselbanken ausgehende akute Liquiditätskrise das gesamte britische Finanzsystem bedrohen könnte. Am 30. hatte die Bank von England 14 Millionen Pfund an den Diskontmarkt und einen ähnlichen Betrag an die Banken vorgestreckt. Sie war aber gezwungen, die eigenen Reserven zu schützen (die von 51 Prozent aller Schuldposten auf gerade einmal 14,5 Prozent gefallen waren), indem sie den Diskontsatz von drei auf vier Prozent erhöhte. Bereits am 27. Juli sah sich die russische Zentralbank gezwungen, den Goldstandard vorläufig aufzuheben. Als die Bank von England am 31. Juli versuchte, denselben Schritt durch Verdopplung ihres Diskontsatzes auf acht Prozent zu vermeiden, worauf dann eine weitere zweiprozentige Erhöhung am Tag darauf folgte, brach der Markt zusammen. Zur Vermeidung eines vollständigen Fiaskos mußte die Börse am 31. Juli geschlossen werden, das gleiche ereignete sich auch in Berlin und Paris. Zu Schließungen der Börse war es in Paris schon früher gekommen (beispielsweise 1848); aber nicht einmal die schlimmste Krise des 19. Jahrhunderts hatte es je notwendig gemacht, in London eine derart drastische Maßnahme zu ergreifen. Am nächsten Tag kam es (wie 1847, 1857 und 1866) dazu, daß Lloyd George dem Gouverneur der Bank von England einen Brief zukommen ließ, durch den er ihm gestattete, falls dies notwendig sein sollte, den Notenumlauf, der vom Bank Charter Act begrenzt worden war, zu erhöhen. Zufällig war der 1. August ein Sonntag und der darauffolgende Montag ein Bankfeiertag; weiterer Spielraum wurde dadurch geschaffen, daß man die Bankschließung auf den Rest der Woche ausdehnte. Die Börse blieb »bis auf weiteres« geschlossen. Wie auch in Paris gab es ein vorläufiges Schuldenmoratorium (eine Maßnahme, die in Berlin erfolgreich vermieden wurde).[83]

234

Unter Bankiers herrschte eine düstere Stimmung. In Hamburg trieb der Eintritt Englands in den Krieg Ballin zur Verzweiflung, was selbst Warburg erstaunte. Im September hatte jedoch auch er jede Hoffnung auf einen schnellen Sieg aufgegeben.[84] »Keine Regierung hat sich jemals eine ernstere und schmerzhaftere Aufgabe gestellt«, schrieb Alfred de Rothschild an seine Vettern in Paris am 3. August, als ihm deutlich wurde, daß Großbritannien eingreifen würde. Er konnte überhaupt nicht »ohne Schaudern an das militärische und moralische Schauspiel denken, das wir vor uns liegen haben mit all den schmerzlichen Details, die in der Ferne lauern«[85]. Es mag in der Tat im Jahre 1914 Menschen gegeben haben, die ernsthaft glaubten, daß der Krieg eine kurze und süße Angelegenheit sein würde. Aber die Bankiers zählten nicht dazu – genausowenig wie der deutsche Generalstab.

Soldat werden

Der deutlichste Nachweis einer Kriegsbegeisterung besteht in der Kampfbereitschaft von Männern. Auf dem Kontinent hatten sie kaum eine Wahl. Jene, die ihre Militärdienstzeit gerade absolvierten oder sie unlängst hinter sich gebracht hatten, wurden bei Ausbruch des Krieges sogleich mobilisiert. Es ist jedoch bemerkenswert, daß es wenig Widerstand gegen Mobilmachungen gab, selbst dort nicht, wo sie (wie in Teilen Frankreichs) mit gedämpfter Begeisterung aufgenommen wurden. Nur in Rußland gab es einen gewalttätigen, wenn auch nur sporadischen Widerstand eines Teils der Bauern, die die Einmischung der Militärbehörden am Vorabend der Ernte ablehnten.[86] Darüber hinaus war es auch in jenen Ländern, in denen Militärdienstpflicht bestand, für jene, die nicht in Friedenszeiten »gedient hatten«, noch möglich, sich freiwillig zum Kriegsdienst zu melden, was viele taten, so auch Adolf Hitler und Ernst Jünger. Wie der Schriftsteller sich erinnert, wurden die Kriegsfreiwilligen von den alten Soldaten nicht gerade liebenswürdig behandelt: »Die alten Leute nahmen vielmehr jede Gelegenheit wahr, uns ordentlich hochzunehmen, und jeder lästige oder unerwartete Auftrag wurde selbstverständlich den Kriegsmutwilligen zugeteilt.«[87] In Hamburg und anderswo war es die Mittelklasse, deren Angehörige freiwillig zu den Fahnen eilten: Knaben wie der 15jährige Percy Schramm, der aus einer bedeutenden Hamburger Kaufmannsfamilie stammte[88], oder der junge Frankfurter Jude Herbert Sulzbach, der bereits am 14. Juli 1914 mit dem Gedanken spielte, »mit meinem Militärdienst zu beginnen, statt zur Kaufmannsausbildung nach Hamburg zu gehen«; nach einigem Zögern meldete er sich dann am 1. August freiwillig.[89]

In Großbritannien und im Empire wurde die Militärdienstpflicht nicht vor Beginn des Jahres 1916 eingeführt. Alle, die vorher in das Heer eintraten, taten dies freiwillig. Am 25. August 1914 verkündete Kitchener seine Ziele für die Rekrutierung von Freiwilligen: Er verlangte zunächst 30 Divisionen, und diese Zahl stieg ständig an, bis sie ein Jahr später bei 70 angelangt war. Die Gesamtzahl der Männer, die er in den ersten Monaten des Krieges benötigte, betrug 200 000.[90] Es meldeten sich jedoch nicht weniger als 300 000.

In einer einzigen Woche (30. August bis 5. September) traten 174 901 Männer unter die Fahne.[91] Die tägliche Gesamtzahl stieg von 10 019 am 25. August bis auf ein Maximum von 33 000 am 3. September.[92] Insgesamt meldeten sich etwas weniger als 2,5 Millionen Männer, um in der britischen Armee zu kämpfen. Dies waren etwa 25 Prozent derjenigen, die dafür in Frage kamen. Von diesen traten 29 Prozent in den ersten acht Kriegswochen in die Streitkräfte ein. Beinahe ebenso viele Männer, wie später nach Einführung der Wehrpflicht eintraten, gingen freiwillig zur Armee. Tatsächlich nahm die Gesamtzahl der jährlichen Zugänge trotz Wehrpflicht tendenziell ab.[93] Bei einem Versuch, das frühe »Wettrennen« zu verlangsamen, erhöhte das Kriegsministerium die körperliche Mindestgröße für Rekruten am 11. September, wenn es auch dieses Maß Ende Oktober wieder herabsetzen mußte und man am 14. November zum alten Maß zurückkehrte.[94] Bis zur Schlacht an der Somme kämpften die britischen Soldaten in den meisten Fällen, weil sie dies wünschten, und nicht, weil sie es mußten.

Nicht alle Briten waren jedoch begeistert zum Kämpfen bereit. Es stimmt gewiß nicht, daß (wie nach dem Kriege behauptet wurde) »alle Klassen (…) in gleicher Weise ihren Anteil geleistet haben«[95]. Ebensowenig ist es richtig, daß die neue Armee aus »der gleichen Art von Durchschnittsrekruten [zusammengesetzt war], wie es dem Durchschnittsandrang von regulären Rekruten« vor dem Krieg entsprach.[96] Wie viele Zeitgenossen, darunter der große Rekrutenwerber Lord Derby, bemerkten, meldeten sich viele Männer aus der Mittelschicht – also potentieller Offiziersnachwuchs –, um als einfache Soldaten am Kampfgeschehen teilzuhaben. »Da gab es Anwälte, Bankangestellte, qualifizierte Ingenieure«, erinnerte sich einer, der dem Regiment »City of Birmingham« beitrat, doch entsprach auch eine große Anzahl von Rekruten dem traditionell schlecht ernährten Typus aus der Arbeiterklasse.[97] Innerhalb der Arbeiterschaft waren Textilarbeiter unterrepräsentiert, während Bergarbeiter (vom Standpunkt der Kriegswirtschaft unvernünftigerweise) im Übermaß vertreten waren: 115 000 Bergleute meldeten sich im ersten Kriegsmonat freiwillig, das entsprach etwa 15 Prozent der Mitgliederzahl der Gewerkschaft der Bergleute (Miner's Federation), und im Juni 1915 hatte ihre Zahl 230 000 erreicht. In einigen Bergarbeiterstädten gab es buchstäblich keine jungen Männer mehr.[98] Das auffallendste Ungleichgewicht bestand in dem hohen Anteil der Männer, die im Dienstleistungssektor beschäftigt waren, im Vergleich zu jenen aus der Industrie: 40 Prozent der Männer im Finanzwesen, im Handel und in den qualifizierten freien Berufen hatten sich bis Februar 1916 freiwillig gemeldet, verglichen mit einem Anteil von 28 Prozent der in der Industrie Beschäftigten.[99] Dies hing teilweise damit zusammen, daß die Angestellten in der Regel größer und gesünder waren; teilweise war es aber darauf zurückzuführen, daß versucht wurde, besonders wichtige Industriearbeiter in ihren Stellungen zu halten. Doch insgesamt waren die Mittelschichten auch kriegsbegeisterter.

Auffallend sind die nationalen Unterschiede innerhalb Großbritanniens und des Britischen Empire. Die Schotten, die in der Vorkriegsarmee etwas unterrepräsentiert waren, waren am stärksten dazu bereit, sich für den Krieg zu melden. Im Dezember 1915 hatten sich etwas weniger als 27 Prozent aller schottischen Männer im Alter zwischen 15 und 49 Jahren freiwillig gemeldet.[100] Auch die Australier waren sehr kampflustig: Der »fünfte Kontinent« war der einzige Teil des Empire, wo nicht die Wehrpflicht eingeführt zu werden brauchte.[101] Die Iren waren dagegen verhältnismäßig zögerlich: Nur elf Prozent derjenigen, die in Frage kamen, meldeten sich aus eigenem Antrieb, doch auch hier gab es erhebliche regionale Unterschiede, und insbesondere war man nach 1916 recht zurückhaltend.[102] Ähnliche politische Faktoren beeinflußten die Rekrutierung in Kanada – das von allen Dominions die größte Zahl an Soldaten schickte (641 000). Darunter waren trotz der Tatsache, daß diese 40 Prozent der Bevölkerung ausmachten, nur fünf Prozent französisch sprechende Kanadier.[103]

Warum traten Männer in die Streitkräfte ein? In der Mehrheit der Fälle geschah dies sicher nicht, um die Einhaltung des Vertrages von 1839 über die Neutralität Belgiens durchzusetzen (noch viel weniger, um Serbien wegen des Attentats von Sarajevo gegen habsburgische Vergeltung zu verteidigen). Gewiß berühren einige der berühmten Erinnerungen von Kriegsteilnehmern die belgische Frage. Graves erinnert sich, »wegen der zynischen Verletzung der belgischen Neutralität durch die Deutschen in Wut geraten zu sein«; Sassoon las in den Zeitungen, »daß deutsche Soldaten belgische Babys kreuzigten«[104]. Sir William Lever versicherte einem Mitglied der belgischen Exilregierung, daß »alle Soldaten« der neuen Armee »voller mutiger Bereitschaft seien, an die Front zu gelangen und wegen der Übel, die Belgien zugefügt worden sind, Rache zu üben«.[105]

Eine weniger präzise Form von »Vaterlandsliebe« wird üblicherweise als das typische Motiv der Freiwilligen erachtet.[106] Der patriotische »Geist von 1914« so wird argumentiert, war das Produkt von Jahren der Indoktrination – auf Schulen, Universitäten, in nationalistischen Verbänden und (auf dem Kontinent) im Militär. Die Massen – zumindest die Mittelschichten – waren »nationalisiert« worden, weil sie endlos nationalistischer Musik, nationalistischer Dichtung, nationalistischer Kunst, nationalistischen Denkmälern und nationalistischer Geschichtsschreibung ausgesetzt waren. Selbst einige der kulturellen Tendenzen, die wir heute als »modernistisch« ansehen, trugen zur Kriegsbegeisterung bei, indem sie den Krieg als Triebkraft der spirituellen Erneuerung und eine Form des Widerstands gegen die Vernichtung darstellten.[107]

Kenneth Kershaw beschreibt seinen Eintritt in die Gordon Highlanders im Juni 1915 als »den glücklichsten Tag meines Lebens ohne jede Ausnahme. Ich bin endlich auserwählt, für mein Land zu kämpfen, dies war meine ganze und einzige Bestrebung im Leben.«[108] Es fällt auf, wie nebelhaft diese Vaterlandsliebe war: Was hatte das Kämpfen in Belgien oder Nordfrankreich mit dem Kämpfen für Großbritannien (oder gar für das schottische Hochland) zu tun? Für viele Freiwillige, die aus Privatschulen kamen, führten die Auswirkungen ihrer Erziehung dazu, das Interesse an den Gründen des Krieges zu verkleinern. Sir John Frenchs ideale neue Offiziere – »Männer vom Lande (...) gewohnt an Jagd, Polo und andere Spiele im Freien« – waren geneigt, den Krieg als »das größte Spiel« zu betrachten. In Sassoons Worten: »... ein Picknick zu Pferde bei perfektem Wetter.«[109] Für Männer wie Francis Grenfell waren deutsche

Soldaten nicht mehr als eine Art Füchse oder Bären, die man aus Jagd-leidenschaft hetzte.

Einer von jenen, die freiwillig dienten und nicht privilegierter Spröß-ling einer Privatschule war, erinnerte sich später an seine Annahme, es sei das Ziel der britischen Landungsarmee, die Deutschen daran zu hindern, Großbritannien zu überfallen:

»Wir kämpften nicht für König und Vaterland, weil wir den König nie kennen-gelernt hatten. Ich denke, es war einfach so: Es war Krieg, und jeder hatte das Gefühl, daß wir etwas unternehmen könnten. Es lag uns ein anderes Heer gegenü-ber, und wir wollten nicht, daß dieses nach England eindringe, und wir dachten, der beste Weg, sie aufzuhalten, bestehe darin, sie dort zu festhalten, wo sie sich befanden, nämlich in Frankreich.«[110]

Dies war ebenso plausibel wie irrig, denn es gab keinen deutschen Plan für eine Invasion der Britischen Inseln. Doch wurde das Gefühl der Selbstverteidigung sicherlich ernsthaft verspürt: Der Höhepunkt der Rekrutierungswelle fiel mehr oder minder mit der schweren Krise der britischen Expeditionsstreitkräfte (dem Rückzug aus Mons) zusammen, als die Deutschen nahe daran zu sein schienen, Paris zu nehmen.

Andere wiederum, die aus dem gleichen sozialen Milieu stammten, dachten weniger strategisch. George Coppard, ein 16jähriger Knabe aus Croydon, der nur eine Grundschulausbildung besaß, »wußte nichts« über das, was in Frankreich los war, als er sich am 27. August freiwillig mel-dete.[111] Harry Finch kam nicht einmal auf den Gedanken, irgendein Motiv für seine Entscheidung zu erwähnen, im Januar 1915 ins Heer einzutre-ten; sein Bruder war bereits vor dem Krieg in der Armee gewesen, und daher wäre er möglicherweise selbst dann eingetreten, wenn der Frieden erhalten geblieben wäre.

Warum meldeten sich junge Briten in solch hoher Zahl zum Kriegs-dienst? Fünf Motive sind in diesem Zusammenhang zu nennen:

1. Erfolgreiche Rekrutierungstechniken. Die Bemühungen des Parla-mentarischen Rekrutierungsausschusses (PRC) dürften bei der Steigerung der Rekrutierung durchaus erfolgreich gewesen sein. Man baute eine beeindruckende Organisation von 2000 Freiwilligen auf, der es gelang, 12 000 Veranstaltungen zu organisieren, bei denen etwa 20 000 Reden gehalten wurden. 8 Millionen Briefe wurden verschickt und nicht weni-ger als 54 Millionen Plakate, Broschüren und andere Publikationen ver-teilt. Jedoch wurde das PRC nicht vor dem 27. August gegründet, seine erste Veranstaltung fand nicht vor dem 31. August statt, und es wurde erst nach der größten Rekrutierungswelle wirklich aktiv.[112] Zahlreiche Autobiographien legen nahe, daß die schwungvolle Musik der Militärkapellen, die vor den Rekrutierungsbüros spielten, in den allerersten Stadien des Krieges wirksamer als alle Reden von lokalen Würdenträgern war.[113] Auch gab es ganz sicher zahlreiche Leitartikel wie jenen im *Newcastle Daily Chronicle* vom 1. September, in dem heftig gedrängt wurde: »Wir brauchen mehr Männer aus Großbritannien – unsere Alliierten haben ihre jungen Männer bereits in vollem Ausmaß zur Verfügung gestellt.«[114]

2. *Weiblicher Druck.* Es gibt viele Belege dafür, daß Frauen solchen Männern, die keine Uniform trugen, weiße Federn als Symbol ihrer Feigheit überreichten. Die Regierungspropaganda machte sich dies zunutze. Das clevere Plakat des PRC fragte: »Wenn der Krieg vorbei ist und jemand fragt deinen Gatten oder Sohn, was er während des großen Krieges getan hat, soll er dann seinen Kopf hängen lassen, weil du ihm nicht erlaubt hast davonzuziehen?« Noch gröber, aber vielleicht wirkungsvoller war die Unterstellung, daß jene Männer, die nicht kämpften, wohl auf andere Weise auf die schiefe Bahn geraten würden: »Trägt dein lieber Kerl jetzt eine Khakiuniform? (…) Wenn dein junger Mann seine Pflicht gegenüber König und Vaterland vernachlässigt, dann kommt auch die Zeit, wo er *dich* vernachlässigen wird.«[115] Selbst führende Suffragetten, wie Emmeline und Christabel Pankhurst, schlossen sich der allgemeinen Linie an und argumentierten, daß Deutschland »eine männliche Nation« sei und daß ein deutscher Sieg »ein katastrophaler Schlag gegen die Frauenbewegung« sein würde. Fanatisch drängten sie auf Einführung der Wehrpflicht und begrüßten es, daß Frauen als Arbeitskräfte in die Munitionsfabriken strömten.[116]

3. *Gruppendruck unter Gleichrangigen.* Es gibt keinen Zweifel an der Bedeutung der sogenannten »Kumpelbataillone«, in denen sich Gruppen von Freunden, Nachbarn oder Kollegen gemeinsam zum Wehrdienst meldeten. Die ersten dieser Einheiten – das Börsenmaklerbataillon der Royal Fusiliers (gegründet am 21. August), das »Bataillon der Männer aus kaufmännischen und freien Berufen« des Gloucester Regiments und die drei Bataillone von Büroangestellten aus Liverpool – zeugen von dem Wunsch, nicht nur örtliche und regionale Bindungen, sondern auch zivile Beschäftigungsstrukturen (und vermutlich auch Klassenstrukturen) in das Leben

in der Armee hinein zu übertragen.[117] Als wolle man die britische Grund-these bestätigen, daß der Krieg eine Art Sport oder Spiel darstellte, gab es sogar ein Fußballerbataillon und eine Boxerkompanie.[118] Sogar Exklu-sivität war anfangs möglich: Einige Bataillone verlangten eine Eintrittsge-bühr von bis zu fünf Pfund.[119] Im Frühjahr 1915 hatten Verluste die Ränge der »Kumpels« ausgedünnt, und die Soldaten mußten sich daran gewöh-nen, Seite an Seite mit Fremden zu kämpfen, die aus ganz anderen sozia-len Verhältnissen stammten.[120] Jetzt war das Thema der »Kumpels« weni-ger ein spontanes, sondern eher ein auf subtile Weise zwingender Beiklang der PRC-Propaganda: »Selbstverständlich bist du stolz auf deine Kum-pels in der Armee! Aber was werden deine Kumpels von DIR halten?«[121]

4. *Ökonomische Motive.* Einige Historiker haben sich sehr skeptisch hinsichtlich der Bedeutung ökonomischer Faktoren für die Entscheidung, in die Streitkräfte einzutreten, geäußert. Dewey konnte keinerlei Korre-lation zwischen niedrigen Löhnen und Eintritt in das Heer feststellen; eher war das Gegenteil der Fall.[122] Doch fiel der Gipfel der Einschrei-bungen in Großbritannien mit dem Höhepunkt der Arbeitslosigkeit zusammen, die durch die finanzielle und wirtschaftliche Krise des Monats August verursacht worden war. Neun von zehn Arbeitern, die im ersten Kriegsmonat in Bristol arbeitslos geworden waren, traten ins Heer ein[123]; die Anwerbungsraten waren eindeutig niedriger in jenen Gegenden, wo sich das Wirtschaftsleben sehr schnell wieder erholte. In seinem Pamphlet »How to Help Lord Kitchener«, bemühte sich A.J. Dawson zu zeigen, daß »für viele arbeitende Männer (…) der Eintritt in das Heer ganz gewiß keinen Verlust an Geld bedeuten würde«.[124] Als die Cardiff Railway Company ihren Mitarbeitern Arbeitsplatzsicherheit, Waisen- und Wit-wenrenten versprach, falls sie sich freiwillig meldeten, da war die Reso-nanz so stark, daß das Angebot zurückgenommen werden mußte.[125]

Auch Arbeitgeber konnten, Druck ausüben. Am 3. September verab-schiedete der Verband der Kohlenbergwerksbesitzer von West Yorkshire den Beschluß, unter den Mitarbeitern seiner Mitgliedsunternehmen ein Bataillon auszuheben; dasselbe tat die Handelskammer von Newcastle.[126] Am gleichen Tage verkündete die Börsenmaklerfirma Foster & Braithwaite: »Die Firma erwartet, daß alle unverheirateten Mitarbeiter unter 35 Jahren (…) sogleich dem Heer von Earl Kitchener beitreten, und sie fordert auch jene, die verheiratet und geeignet sind, auf, das gleiche zu tun.«[127]

5. Impulsives Handeln. Schließlich muß man, wie Avner Offer dargelegt hat, auch anerkennen, daß einige Männer sich aus einem Augenblicksentschluß heraus freiwillig meldeten und sich dabei kaum Gedanken über die Konsequenzen für sich persönlich und noch weniger über die Ursachen des Krieges machten.[128]

Offenbarungen

Keine allgemeine Theorie der Motivation im Jahre 1914 wird auf alle Fälle anwendbar sein. Nachdem Ludwig Wittgenstein am 7. August 1914 in die österreichische Armee eingetreten war, schrieb er nach der ersten Feindberührung in sein Tagebuch:

»Jetzt wäre mir Gelegenheit gegeben, ein anständiger Mensch zu sein, denn ich stehe dem Tod Aug in Auge.« Fast zwei Jahre später mußte er zu den Aufklärern an die Front und dachte an den spirituellen Wert der Erfahrung. »Vielleicht bringt mir die Nähe des Todes das Licht des Lebens. Möchte Gott mich erleuchten.«

Wittgenstein erhoffte vom Krieg, ein anderer Mensch zu werden, eine religiöse Erfahrung zu machen, die sein Leben unwiderruflich verändern würde.[129] Wittgenstein zog nicht enthusiastisch, sondern mit tiefem Pessimismus in den Krieg. Bereits am 25. Oktober artikulierte er heimlich seine tiefe Sorge über »unsere - der deutschen Rasse - Lage! Denn daß wir gegen England nicht aufkommen können, scheint mir so gut wie gewiß. Die Engländer - die beste Rasse der Welt - *können* nicht verlieren. Wir aber können verlieren und werden verlieren, wenn nicht in diesem Jahr, so im nächsten! Der Gedanke, daß unsere Rasse geschlagen werden soll, deprimiert mich furchtbar, denn ich bin ganz und gar deutsch!«

Da er sich von seinen groben Mannschaftskameraden an Bord eines Schiffs auf der Weichsel, wo er die erste Kriegsphase verbrachte, abgestoßen fühlte, dachte Wittgenstein zeitweise an Selbstmord.[130]

Der hochintelligente, gepeinigte, in Cambridge ausgebildete Jude Wittgenstein mag als Ausnahme angesehen werden. Er stand jedoch nicht allein, wenn er den Krieg unter religiösen Aspekten betrachtete. Der Kriegsausbruch brachte einen Aufschwung religiöser Aktivitäten in fast allen am Krieg beteiligten Ländern mit sich. Bei einem interkonfessionellen Gottesdienst vor dem Berliner Reichstag sang eine Gemeinde in der Woche der Kriegserklärung gemeinsam protestantische und katholische Kirchenlieder.[131] Selbst in Hamburg wurden die Menschen von religiösem Eifer ergriffen. Percy Schramms Schwester Ruth frohlockte: »Ist es nicht herrlich, daß unser Volk zu Gott gekommen ist?«[132]

In Frankreich, wo der Antiklerikalismus sich jahrelang im politischen Aufstieg befunden hatte (und auch während des Krieges keinesfalls verschwand), begrüßte die katholische Kirche »die große Rückkehr zu Gott unter den Massen und unter den Kämpfenden«.[133]

Bekanntlich förderten viele Geistliche die Vorstellung, daß es sich bei diesem Waffengang um einen Heiligen Krieg handele, auf oftmals groteske Art und Weise. Selbst liberale Theologen wie Otto Baumgarten waren bereit, einen »Jesu Patriotismus« zu beschwören, und es war Martin Rades *Christliche Welt*, die kurz nach Kriegsbeginn eine groteske Verballhornung des Vaterunsers veröffentlichte, in der es hieß:

»Ist auch kärglich des Krieges Brot
Schaff uns täglich den Feinden Tod.«[134]

Auch französische Priester zögerten nicht, ihren Schäflein zu versichern, daß Frankreich einen gerechten Krieg kämpfe.[135] Ein Beispiel militaristischen Priestertums in England ist die Adventspredigt, die A. F. Winnington-Ingram, Bischof von London, 1915 hielt und die 1917 veröffentlicht wurde:

»[Es ist] ein großer Kreuzzug, um – wir können es nicht leugnen – Deutsche zu töten: sie nicht um des Tötens willen zu töten, sondern um die Welt zu erretten; die Guten genauso zu töten wie die Schlechten, die jungen Männer zu töten wie die alten, jene, die sich anständig gegenüber unseren Verwundeten verhalten hatten, genauso wie jene Unholde, die einen kanadischen Sergeanten gekreuzigt haben, die die armenischen Massaker beaufsichtigten, die die Lusitania versenkten und die in Aershott und Löwen Maschinengewehre auf Zivilisten richteten – und sie zu töten, damit nicht die Zivilisation in dieser Welt selber getötet wird.«[136]

Gewiß versuchte Winnington-Ingram in sehr grober Weise deutlich zu machen, daß der Krieg »einen Ausbruch übler Leidenschaften darstelle, übler, als sie die Welt seit 1000 Jahren erlebt hat«; aber er bestand darauf, daß Großbritannien »einen Krieg für Reinheit, für Freiheit, für internationale Ehre und für die Prinzipien des Christentums [kämpfe], (...) und jeder, der dabei stirbt, ist ein Märtyrer.[137] Dies war nicht weit entfernt von Horatio Bottomleys Behauptung, wonach »jeder Soldat ein Heiliger« sei. Gegenüber dem *Guardian* ging Winnington-Ingram noch weiter:

»Die Kirche kann der Nation vor allem helfen, indem sie es ihr ermöglicht zu erkennen, daß sie einen Heiligen Krieg führt (...). Am Karfreitag starb Christus für die Freiheit, für die Ehre und die Ritterlichkeit, und unsere Jungs sterben genau für die gleichen Dinge (...). Sie bitten mich in einem Satz zusammenzufassen, was die Kirche unternehmen soll. Ich antworte: Die Nation für einen Heiligen Krieg mobilisieren.«[138]

Auch Generäle und Politiker stellten den Krieg gern in religiösen Begriffen dar. Für Churchill, darin ein Kind des 19. Jahrhunderts, mußte sich das Wirken der »Vorsehung« hinter der »außerordentlich willkürlichen und zufälligen Art und Weise [verbergen], wie Tod und Zerstörung ausgeteilt werden: Es *kann einfach nicht* soviel ausmachen, wie man annehmen möchte, ob man lebt oder tot ist. Die *absolute* Planlosigkeit läßt einen hier annehmen, daß anderswo ein größerer Plan aufgestellt worden ist.«[139]

Der Protestantismus scheint einige Menschen mit hohen Verlusten versöhnt zu haben. Doch gab es einen ungeheuren Unterschied zwischen dem Kanonen segnenden Christentum eines Winnington-Ingram und der chiliastischen Verzweiflung eines Theosophen wie Moltke. Womöglich war die Haltung des letztgenannten typischer für die religiöse Atmosphäre des Jahres 1914. Die Art und Weise, wie Percy Schramms Tante Emmy auf den Ausbruch des Krieges reagierte, spielte deutlich auf das Kommen der letzten Tage an:

»Es muß ja alles so kommen; denn es ist in der Bibel vorausgesagt, und wir können Gott nur danken, wenn Satans Herrschaft nun in absehbarer Zeit zerbrochen wird. Dann kommt endlich das wahre Friedensreich mit unserem Herrn Jesus Christus als Herrscher.«[140]

»1914« hatte, wie Klaus Vondung behauptet, in Deutschland apokalyptische Eigenschaften. Am 4. August 1914 warnte der Rektor von St. Mary's in Newmarket seine Gemeinde, daß »die Schrecken des Krieges in uralten Zeiten nichts seien, verglichen mit den Schrecken des Krieges von heute (...). Alle Mittel der Wissenschaft sind eingesetzt worden, um die Waffen zur Vernichtung der Menschheit zu perfektionieren. Heutzutage sei England nicht länger isoliert, wie dies einmal der Fall gewesen sei (...). Der Himmel sei offen für Angreifer mit einer Flotte von Flugzeugen. Keine Stadt in England sei länger mehr sicher. Zur Nacht kann sie in rauchende Ruinen und ihre Einwohner in angekohlte Leichen verwandelt werden.«[141]

Vielleicht hatte die Welt in diesem Sinne das biblische Armageddon, die

Offenbarung, die Apokalypse, erreicht. Daß dies der Fall sei, war möglicherweise die machtvollste unter allen »Ideen von 1914«.

»Da geschahen Blitze und Stimmen und Donner, und es gab ein großes Erdbeben, wie es noch nie gewesen war, seitdem Menschen auf der Erde leben – so ein großes Erdbeben! Und aus der großen Stadt wurden drei Teile, und die Städte der Heiden stürzten ein. Und Gott erinnerte sich an Babylon, die große Stadt, und gab ihr den Kelch mit dem Wein seines grimmigen Zorns. Und alle Inseln verschwanden, und es gab keine Berge mehr. Und ein großer Hagel wie Zentnergewichte fiel vom Himmel auf die Menschen; und die Menschen lästerten Gott wegen der Plage des Hagels, denn diese Plage ist sehr groß.«[142]

8 Wirtschaftliche Leistungsfähigkeit: Der vergeudete Vorteil

Das große Ungleichgewicht

Für den Wirtschaftshistoriker stellt sich das Ergebnis des Ersten Weltkriegs so dar, als habe es von dem Augenblick an festgestanden, da das Kabinett Asquith sich zur Intervention entschloß. Ein langer und teurer Krieg hätte durch jedes beliebige Bündnis gewonnen werden müssen, an dessen Seite Großbritannien stand. Frankreich und Rußland verfügten gemeinsam über ein Volkseinkommen, das schätzungsweise um 15 Prozent unter demjenigen von Deutschland und Österreich-Ungarn zusammen lag. Mit Großbritannien sahen die Verhältnisse völlig anders aus: Die Staaten der Triple-Entente verfügten über ein kombiniertes Volkseinkommen, das 60 Prozent höher lag als jenes der Mittelmächte. Auf die Mittelmächte kamen 19 Prozent der Weltindustrieproduktion im Jahre 1913; auf die die Triple-Entente 28 Prozent. In bezug auf Arbeitskräftepotentiale schien die Überlegenheit der alliierten Seite noch erheblicher. Die Gesamtbevölkerung der Mittelmächte (einschließlich der Türkei und Bulgariens) betrug zu Kriegsbeginn etwa 144 Millionen Menschen; die Gesamteinwohnerzahl des British Empire, Frankreichs, Rußlands, Belgiens und Serbiens lag bei etwa 656 Millionen: ein Verhältnis von 4,5 zu 1. Auch in finanzieller Hinsicht stellte Großbritannien den entscheidenden Faktor dar. Im Jahre 1913 waren die kombinierten Militärbudgets von Rußland und Frankreich nicht viel umfangreicher als jene von Deutschland und Österreich-Ungarn zusammengenommen. Kam jedoch Großbritannien hinzu, betrug der Unterschied nahezu 100 Millionen Pfund.[1]

Während des Krieges passierte nichts, was diese Lücke hätte schließen können. Im Gegenteil, die Mittelmächte litten unter wirtschaftlichen Engpässen, während die wichtigsten Volkswirtschaften der Entente Wachstum erzielten. Betrachtet man die inflationsbereinigten Schätzungen des Netto- oder Bruttosozialprodukts vier entscheidend am Krieg beteiligter

Staaten, so zeigt sich, daß Deutschlands Nettosozialprodukt um etwa ein Viertel sank.[2] Österreich-Ungarn erging es vermutlich noch schlechter. Großbritannien und Italien dagegen erreichten zwischen 1914 und 1917 ein reales Wachstum in der Größenordnung von zehn Prozent. Bis zum revolutionären Zusammenbruch stand Rußland sogar noch besser da; im Jahre 1916 war sein gesamter Ertrag mehr als ein Fünftel höher als 1913.

Zwangsläufig schufen die Unterbrechung des Handels und die Umstellung der Produktion auf die Kriegswirtschaft auf beiden Seiten Probleme für die Industrie. Doch in Deutschland wog das Problem fallender Industrieerträge besonders schwer.

Der Index für Großbritannien zeigt einen Fall in der Größenordnung von zehn Prozent zwischen 1914 und 1916; für Deutschland beträgt die entsprechende Zahl 25 Prozent.[3] Rußland dagegen gelang es (im Gegensatz zu der Ansicht, daß der Zarismus ökonomisch zum Untergang verurteilt war), die industrielle Leistung zwischen 1914 und 1916 um 17 Prozent zu steigern.

Von den Nichteisenmetallen (die Deutschland immer schon importiert hatte) abgesehen, sank der Ertrag aller wichtigen deutschen Industrien zwischen 1913 und 1918 – so bei Kohle um 17 Prozent und bei Stahl um 14 Prozent. In Großbritannien dagegen stieg die Stahlproduktion um ein Viertel, obwohl die Kohlenproduktion um etwas mehr als 20 Prozent sank. Darüber hinaus hatte Rußland es bis 1916 zu einem Anstieg der Kohlenproduktion um 16 Prozent gebracht sowie eine siebenprozentige Steigerung der Erträge an Petroleum erzielt (ein Rohstoff, der auf seiten der Mittelmächte stets knapp war); hinzu kam ein minimaler Anstieg der Ausbeute an Stahl. Die Elektrizitätserträge Deutschlands steigerten sich zwischen 1913 und 1916 um beträchtliche 62 Prozent; aber Großbritannien und Italien gelang eine Verdoppelung ihrer Erträge, und sogar Frankreich schaffte einen Anstieg um 50 Prozent.[4]

Zwar verlor Frankreich mehr als die Hälfte seiner Kapazitäten an Kohle und zwei Drittel jener an Stahl, die sich beide im umkämpften Norden des Landes konzentrierten.[5] Doch 1917 betrug die Kohlenproduktion schließlich wieder 71 Prozent des Vorkriegsniveaus und die Stahlproduktion 42 Prozent. Der Zusammenbruch und die Revolution führten in Rußland 1917 zu Rückschlägen, die größer waren als die großen Fortschritte in der Produktion, die seit 1914 erreicht worden waren, aber der Eintritt der Vereinigten Staaten in den Krieg glich diesen Verlust mehr als aus. Die Stahlproduktion in den Vereinigten Staaten stieg zwischen 1913 und 1917 um 235 Prozent.[6] Die Deutschen hatten den Eintritt der Vereinigten Staaten in den Krieg herbeigeführt, indem sie sich auf eine uneingeschränkte Kriegführung einließen. Aber sie konnten nicht so schnell Unterseeboote bauen, wie die Alliierten gesunkene Handelsschiffe ersetzen konnten. 1917 war der Produktionsausstoß der deutschen Werften auf etwa ein Fünftel des Vorkriegsniveaus gefallen; im Vergleich dazu stand er im britischen Empire bei 70 Prozent. In Amerika vervierfachte sich dagegen die Produktion an Schiffen zwischen 1914 und 1917; und im letzten Kriegsjahr hatte sie auf das 14fache zugenommen.[7]

Die deutsche Landwirtschaft erzielte einige Erfolge, jedoch nicht bei den wichtigsten Grundnahrungsmitteln. Die Tabakproduktion stieg, und auch jene von Wein erhöhte sich um 170 Prozent, während die Erträge an Zucker weniger stark fielen als jene an Roheisen.[8] Die Gesamtproduktion an Getreide sank jedoch zwischen 1914 und 1917 nahezu um die Hälfte (die Produktion von Hafer fiel um 62 Prozent).[9] Der Niedergang der Hektarerträge für alle wichtigen Feldfrüchte war in erster Linie auf das Abdrosseln der Lieferung von Düngemitteln durch die britische Blockade zurückzuführen. Die Bedeutung der Düngemittel hatte das Reichsinnenministerium vor dem Krieg weit unterschätzt. Die gesteigerte Verwendung von Pottasche und Nitraten im Rahmen des Haber-Bosch-Verfahrens konnte dies nicht ausgleichen.[10] Es gab in Deutschland auch eine drastische Reduzierung des Bestandes an Schweinen und Geflügel, eine Verringerung der Zahl der Rinder sowie auch Verminderungen der Durchschnittserträge an Schlachtfleisch und Milch.[11] Es handelte sich zwar für die meisten Länder um witterungsmäßig ungünstige Jahre, doch es gelang Ungarn und Großbritannien, die Weizenproduktion zu steigern, und in Rußland und Italien gab es nur geringe Rückgänge.

Die Handelsbeschränkungen führten zu weiteren Nachteilen für die Mittelmächte: Sie waren nicht in der Lage, so viel aus neutralen Ländern zu importieren, wie ihre Gegner dies tun konnten. Das deutsche Schiffahrtsblatt *Hansa* sah bereits am 1. August 1914 voraus: Wenn Großbritannien in den Krieg eintrete, dann werde das Wirtschaftsleben einen geschichtlich einzigartigen Zusammenbruch erleben.[12] Diese Prognose sollte sich bestätigen. Die deutsche Marine war nicht in der Lage mit ihren Überwasserfahrzeugen den Kampf um die Kontrolle über die Nordsee zu führen. Also mußte sich die deutsche Handelsschiffahrt, was jene

Schiffe anging, die sich bei Ausbruch des Krieges in heimischen Häfen befanden, während der gesamten Dauer des Krieges fast ausschließlich auf die Ostsee beschränken.[13] Dies führte dazu, daß die deutschen Importe bereits 1915 auf etwa 55 Prozent des Vorkriegsniveaus gefallen waren.

Trotzdem erwies sich die Seeblockade als weit weniger effektiv, als die britische »Flottenpartei« angenommen hatte. Es wurde zunächst kein Versuch unternommen, dem Strom von Gütern in neutrale Länder Einhalt zu gebieten, die möglicherweise ihren Weg nach Deutschland finden würden. Während der ersten neun Kriegsmonate wuchsen die britischen Exporte und Re-Exporte an neutrale Länder im Norden von zehn auf 24 Prozent aller Exporte.[14] Vieles davon ging nach Deutschland. Die Mächte der Entente brauchten einige Zeit, um ein System auszuarbeiten, das Verkäufe über neutrale Länder an den Feind verhinderte.[15]

Deutschland war, obwohl die Hälfte (nämlich 48 Prozent) seiner Vorkriegsimporte aus Ländern gekommen war, gegen die es nun Krieg führte, imstande, andere Importquellen zu finden; und es gelangte zu einem Gesamthandelsdefizit mit seinen skandinavischen und kontinental-europäischen Nachbarn von 15 Milliarden Mark, das entspricht ungefähr 46 Prozent seiner gesamten Importe in der Kriegszeit.[16]

Während des Krieges konnte Deutschland erheblich weniger Importe finanzieren als Großbritannien, vor allem weil Deutschland nicht im erforderlichen Umfang über die unsichtbaren Einkommen, die Reserven an Anlagen in Übersee und den Kredit im Ausland zur Finanzierung eines großen Handelsdefizits verfügte. Während des Krieges verdiente Großbritannien 2,4 Milliarden Pfund aus »unsichtbaren« Faktoren (hauptsächlich Schiffahrt), veräußerte Anlagen im Ausland im Wert von insgesamt 236 Millionen Pfund und lieh sich dort 1,285 Milliarden. Deutschland konnte dem nichts Entsprechendes entgegensetzen, und dies nicht zuletzt aufgrund von Maßnahmen der gegnerischen Seite, die in vielfacher Hinsicht erfolgreicher als die Blockade selber waren. Im Jahre 1914 verfügte Deutschland über Überseeinvestitionen, deren Wert zwischen 980 Millionen und 1,370 Milliarden Pfund betrug, diese gelangten zu beträchtlichen Teilen nach Kriegsausbruch unter Kontrolle der Gegnermächte. Als Ergebnis gesetzgeberischer Maßnahmen in Großbritannien, Frankreich, Rußland und ab Oktober 1914 den USA wurden mindestens 60 Prozent dieser Vermögenswerte beschlagnahmt.[17] Deutsche Handelshäuser mit

Zweigstellen auf britischem Territorium wurden enteignet. Besonders hart traf es die Schiffahrtslinien. Durch Versenkungen oder Konfiszierungen verloren die deutschen Reeder 639 Schiffe mit einer Gesamttonnage von 2,3 Millionen Bruttoregistertonnen – 44 Prozent der Gesamtstärke der Handelsflotte vor dem Kriege.[18] Deutschland verfügte damit über keine nennenswerten unsichtbaren Einnahmen mehr und reagierte, indem es durch den Verkauf von ausländischen Wertpapieren etwa 147 Millionen Pfund aufbrachte. Auch nahm die Reichsregierung kaum Kredite im Ausland auf, zunächst, weil sie die Notwendigkeit dazu nicht empfand, und später, weil es nicht mehr möglich war. Zur Finanzierung des Zahlungsbilanzdefizits mußte sich Deutschland schließlich dazu entschließen, Edelmetalle im Werte von 48 Millionen Pfund (doppelt soviel wie Großbritannien) zu verkaufen, und kurzfristige Kredite im Ausland aufnehmen.[19]

Hase und Igel

Trotz der massiven ökonomischen Vorteile der Ententemächte während des Krieges haben sich Historiker besonders mit der mangelhaften Organisation der deutschen Kriegswirtschaft beschäftigt. Obwohl die Differenz der Ressourcen bereits eine Erklärung dafür zu sein scheint, warum die Mittelmächte den Krieg nicht gewonnen haben, wurde immer wieder darauf hingewiesen, die deutsche Regierung habe diese auch falsch zugeteilt.

Nach vorherrschender Meinung haben die Deutschen bei der ökonomischen Mobilmachung ein größeres Durcheinander angerichtet als ihre Gegner. Doch deutsche Geschäftsleute und Politiker waren ideologisch stärker als ihre britischen Kollegen darauf vorbereitet, staatliches Eingreifen großen Umfangs ins Wirtschaftsleben zu akzeptieren. Sowohl Zeitgenossen als auch einige Historiker in späterer Zeit versuchten, die deutsche Kriegswirtschaft als eine Art von neuer Wirtschaftsordnung darzustellen: sie sprachen von »Planwirtschaft«, »Staatssozialismus«, »Gemeinwirtschaft«, »staatsmonopolistischem Kapitalismus« oder »organisiertem Kapitalismus«.[20] Doch die Realität war von all diesen Formeln weit entfernt. Tatsächlich wurde die deutsche Kriegswirtschaft durch bürokratisches Ungeschick und mangelnden Realismus auf seiten der militärischen Führung untergraben, was sich exemplarisch am groben und erfolglosen Dirigismus des Hindenburgplans zeigt.[21]

Britische Historiker unterstützten diese Auffassungen durch eigene Ergänzungen. Es stimmt sicher, daß die Briten den Krieg mit fröhlicher Naivität, sozusagen nach dem Motto »business as usual« begannen – eine Haltung, die sich weniger auf das Laissez-faire-Dogma stützte als auf die Annahme, daß Großbritannien eine traditionelle Art von Seekrieg durchzustehen hätte. Weder die Preise noch die Exporte, noch die Schiffahrt sollten kontrolliert werden.[22] Die Erschütterungen des Jahres 1915 hätten die Briten aufgeweckt. Unter Führung von Lloyd George und organisiert durch sein Geschöpf, das Munitionsministerium, paßten sich die Briten in großartiger Weise den Anforderungen des totalen Krieges an – ihre einzige Sünde bestünde in der Eile, mit der sie die sich daraus ergebenden Lehren vergaßen, sobald der Krieg vorbei war.[23] Der angenehm paradoxe Schluß daraus: Britische Amateure ertasteten, erstümperten und erstolperten sich einen improvisierten Sieg über die professionell arbeitenden Deutschen.[24] Jay Winter zufolge unternahmen Großbritannien und Frankreich »ein einzigartiges, ungeplantes Experiment in Staatskapitalismus«, das »relativ erfolgreich« war:

»In Großbritannien war der Staat der Kriegszeit niemals ein ›Unternehmerstaat‹. Denn die Erträge an Kriegsmaterial wurden innerhalb eines Netzwerks gesichert, das nationale Interessen höher als diejenigen von Unternehmern einordnete (…). Für die Masse der britischen Bevölkerung (…) hatte der Staat der Kriegszeit dort Erfolg, wo es entscheidend war, nämlich bei der Bereitstellung der notwendigen Güter sowohl für die Soldaten als auch für die Zivilbevölkerung. [Deutschland dagegen führte ein »korporatistisches« System ein, das] das Management der Wirtschaft einer verwickelten Bürokratie überließ, die über große Unternehmen und das Heer arbeitete. Das Ergebnis war Chaos. Der Mangel an Arbeitskräften blieb chronisch, während die großen Unternehmen blühten (…). Profite wuchsen ins Unermeßliche, (…) und dies führte zu einer fortschreitenden Beschleunigung der Inflationsspirale in Kriegszeiten, einem tiefen Sturz der Reallöhne und einer Versorgungskrise, die die politische Ordnung untergrub. Die deutsche Kriegswirtschaft (…) stellte eines der frühesten und am wenigsten erfolgreichen Beispiele eines ›militärisch-industriellen Komplexes‹ in Aktion dar. Die ›korporatistische‹ Lösung der Probleme der deutschen Wirtschaft stellte überhaupt keine Lösung dar (…). Den führenden Persönlichkeiten Deutschlands gelang es niemals, eine wirksame politische Kontrolle über die Kriegswirtschaft durchzusetzen (…). Sie konnten daher nicht darauf hoffen, die Forderungen konkurrierender Sektoren nach knappen Ressourcen ausbalancieren zu können. Das Ergebnis (…) war eine gewaltige allgemeine ›Rauferei‹. Praktisch löste sich der deutsche Staat unter dem Druck der industriellen Kriegführung auf (…). Die Situation war auf der anderen Seite der Frontlinie ganz anders.«[25]

An anderer Stelle ist Winter sogar so weit gegangen, folgende Vermutung auszusprechen: »Falls deutsche Arbeiter in den Jahren 1917/1918 über die Realeinkommen ihrer britischen Kollegen verfügt hätten und wenn ihre Familien imstande gewesen wären, den Ernährungsstandard [der britischen Familien] zu erreichen, hätte das Ergebnis des Krieges ganz anders aussehen können.«[26] In Deutschland, so argumentierte Winter (auf der Grundlage einer detaillierten Studie über Berlin), habe es einen Mangel »bürgerlicher Partizipation« gegeben. Dagegen sorgte in Paris und London das Vorhandensein staatsbürgerlicher Rechte dafür, daß die sich im Krieg befindlichen Gesellschaften eine ausgeglichene Verteilung notwendiger Güter und Dienstleistungen zwischen zivilen und militärischen Anforderungen durchsetzten (…). In Berlin (…) stand das Militär an allererster Stelle, und die Wirtschaft war ›dazu da‹, ihm zu dienen, und dies zerstörte das komplizierte ökonomische Gleichgewicht in der Heimat vollständig.«

Kurzum: Das alliierte System sei »gerechter und effizienter« zugleich gewesen.[27]

Diese Geschichte erinnert stark an die Fabel von Hase und Igel. Falls die Ententemächte wirklich effizienter als die Mittelmächte gewesen *und gleichzeitig* bei weitem besser mit Ressourcen ausgestattet gewesen wären, dann gäbe es heute keinen Grund, über den Krieg der Jahre 1914 bis 1918 zu schreiben: Der Krieg wäre dann im Winter 1916/1917 vorbei gewesen, als die Knappheit in Deutschland am größten war.

Durch die vergleichende Perspektive wird deutlich, daß die Hypothese von den »Organisationsmängeln« nicht mehr als eine etwas respektablere Version der *Dolchstoßlegende* darstellt, die von der extremen Rechten und der deutschen Militärführung während und nach der deutschen Niederlage verbreitet wurde. Wenn man bloß den Vorwurf von den sogenannten »Novemberverbrechern« (Sozialisten und Juden) auf die deutsche Führung der Kriegszeit verlagert, dann wird die These nicht wahrer, daß der Krieg an der Heimatfront verlorenging. Im Gegenteil: Es gibt Gründe zu der Annahme, daß die Deutschen angesichts der begrenzten Ressourcen, mit denen sie arbeiten mußten, besser als die westlichen Mächte imstande waren, ihre Wirtschaft für den Krieg zu mobilisieren.

Zum Teil ist die negative Beurteilung der deutschen wirtschaftlichen Mobilmachung auf enttäuschte Erwartungen aus jener Zeit zurückzuführen. In der Vorkriegszeit hatte man allgemein angenommen, daß die deutschen Militärbehörden an Effizienz nicht zu übertreffen seien. Erfahrungen mit anderen Teilen des Regierungsapparats erschütterten diese Zuversicht auf der Stelle. Am 6. August wurden Albert Ballin und Max Warburg nach Berlin gebracht, um die Fragen der Nahrungsmittelimporte mit Beamten des Innenministeriums, des Finanzministeriums, des Auswärtigen Amts und der Reichsbank zu erörtern. Dem chaotischen Verlauf dieser Reise (bei der sie mehrfach durch bewaffnete Zivilisten auf der Suche nach Spionen angehalten wurden) entsprach die Verwirrung bei der Besprechung, die sich auf die Annahme des Vertreters des Auswärtigen Amts stützte, daß Deutschland in der Lage sein würde, sich der amerikanischen Handelsmarine zu bedienen.[28] Während der Krieg weiterging, geriet Ballin in immer stärkere Zweifel, als er darum kämpfte, sich einige ökonomische Kompensationen für die gewaltigen Verluste zu sichern, die sein Reedereiunternehmen durch alliierte Hand erlitten hatte. Er war verärgert, als die Regierung es ihm untersagte, Schiffe zu verkaufen, die in neutralen Häfen herumlagen. In einer Ansprache vor Reichstagsabgeordneten der nationalliberalen Partei im Februar 1918 klagte Ballin über »die gefährliche Absicht, Volkswirtschaft und Weltwirtschaft im Kasernenhof zu treiben«. Und er forderte schließlich: »Los von der Berliner Zentralwirtschaft.«[29]

Walther Rathenau hatte sich bereits frühzeitig zu der Auffassung bekannt, der Krieg würde die Umformung der deutschen Wirtschaft von einem System der freien Marktwirtschaft in eine quasi-sozialistische Ordnung erforderlich machen, die sich auf korporatistische Strukturen und Planung gründen müsse. Am 14. August 1914 kritisierte er in seiner Denkschrift, in der er die Schaffung einer Kriegsrohstoffabteilung vorschlug, aufs heftigste den Individualismus und die anderen wirtschaftlichen »Götter (...) welche die Welt vor dem August 1914 anbetete«.[30] Später legte er in seinem Buch »Von kommenden Dingen« (1917) seine utopische Version einer deutschen »Gemeinwirtschaft« dar. Doch als Rathenau im Jahre 1915 in Kaunas mit Hindenburg zusammentraf, war er enttäuscht:

»Hindenburg ist groß, etwas verfettet, seine Hände sind ungewöhnlich dick und weich, der Unterteil des Kopfes entspricht den Bildnissen, der obere weicht vollkommen ab. Die Stirn ist gut, der Nasenansatz und besonders die Nase sehr schwächlich und weichlich, die Augen verschwollen und erloschen(…). Die Unterhaltung wurde in herzlicher und wohlwollender Weise geführt, blieb aber ertraglos. Seine Äußerungen hatten wenig Farbe, und gegen Schluß, als ich ihm von der großen Einmütigkeit der Volksstimmung erzählte, die seit Luthers und Blüchers Zeiten in Deutschland nicht eingetroffen sei, erwiderte er in seiner bescheidenen und freundlichen Art, daß er diese Begeisterung nicht verdiene, wohl aber fürchten müsse, daß sie Neid und Übelwollen im Land erwecken könnte. Ich war über diese Besorgnis etwas erstaunt und suchte abzulenken; er kam nochmals darauf zurück.« [31]

Wie viele andere Geschäftsleute übertrug Rathenau daraufhin seine Heldenverehrung für Hindenburg auf dessen »zweiten Mann«, Ludendorff, der sich aber ebenfalls als dickköpfig erwies. Im Juli 1917 versuchte Rathenau, Ludendorff davon zu überzeugen, daß Deutschland, von einem streng wirtschaftlichen Gesichtspunkt aus betrachtet, sehr bald innenpolitische Reformen und einen Verhandlungsfrieden benötige. Die Machtverhältnisse des Landes, so beklagte sich Rathenau, seien unglaublich chaotisch:

»Die Unterstaatssekretäre können nichts machen, weil vor ihnen der Kanzler steht. Der Kanzler kann nichts machen, wenn er nicht die Bestätigung des Hauptquartiers hat. Im Hauptquartier sei Ludendorff gehemmt durch Hindenburg. Dieser wiederum schwenke ein, sobald ihm der Kaiser auf die Schulter klopfe. Der Kaiser selbst fühlt sich konstitutionell, und somit ist der Zirkel geschlossen.«

Über Annexionen zum Schutz der deutschen Industrie im Rhein-Ruhr-Gebiet bräuchte man sich keine Gedanken zu machen, denn, sollte der Krieg noch zwei Jahre weitergehen, werde die westdeutsche Industrie möglicherweise deshalb keine Sorgen mehr bereiten, weil sie gar nicht mehr existiere. Doch Ludendorff begriff nicht.[32]

Ballin und Rathenau standen nicht allein. Deutsche Unternehmer – insbesondere solche, die nicht in Berlin ihren Sitz hatten – beklagten sich stets und ständig über die Art und Weise, wie der Krieg geführt wurde. Selbst im Lager der Schwerindustrie gab es im letzten Kriegsjahr kritische Stimmen, insbesondere die von Hugo Stinnes.[33] Die deutschen Landwirte hörten niemals auf, darüber zu klagen, wie die Regierung die Verteilung von Nahrungsmittel regelte.[34]

Historiker haben diese Klagen vielfach allzu wörtlich genommen Wenn man die Erfahrungen anderer Kriegswirtschaften in Betracht zieht, dann wird deutlich, daß sie es alle mit ähnlichen Problemen zu tun hatten. Angesichts der beschränkteren Rohstoffbasis, über die die Deutschen verfügten, ist nicht deren Ineffizienz, sondern im Gegenteil ihre Leistungsfähigkeit bemerkenswert. Tatsächlich handelten die Entente-Mächte ineffizient bei der Mobilisierung ihrer Wirtschaft. Gewiß gab es in Deutschland ein beträchtliches Maß an bürokratischem Durcheinander; aber davon war in Großbritannien, Frankreich und Rußland noch mehr vorhanden. Die Tatsache, daß Deutschland am Ende den Krieg verloren hat, verschleiert dies.

Beschaffung und Rohstoffe

In jedem Land verstrich einige Zeit, bis die fundamentale Voraussetzung in Frage gestellt wurde, daß dem gewaltig angewachsenen Bedarf der Streitkräfte genügt werden könne, indem man Verträge mit profitorientierten Privatunternehmen abschloß. Es war typisch für die Probleme, die das deutsche Beschaffungswesen in der Kriegszeit prägten, daß das Kriegsministerium dazu überging, Verträge proportional zu der Bevölkerungszahl der verschiedenen Staaten des Reiches abzuschließen, um die konkurrierenden Interessen der Einzelstaaten auszubalancieren.[35] Das britische und das französische System waren jedoch noch schlechter. Der Geschäftsmann George Booth wollte gar nicht glauben, in welch dilletantischer Weise das Kriegsministerium in der ersten Kriegsphase die Versorgung organisierte, ebensowenig konnte er das Mißtrauen verstehen, mit dem er und andere Geschäftsleute, die ihre Hilfe anboten, von Asquith betrachtet wurden. Zunächst wurden nicht genügend Ausrüstung bestellt, dann zuviel, und dies zu überhöhten Preisen.[36] Am Ende war die Armee wahrscheinlich mit Kleidung überversorgt.[37] Was die Munition anging, so sind die Schwierigkeiten, die das Beschaffungswesen der Entente in den Jahren 1914/1915 beherrschten – die britische »Granatenkrise«, die im Juni 1915 zur Schaffung des Munitionsministeriums führte, ihr russisches Gegenstück und die gleichzeitigen Auseinandersetzungen zwischen Albert Thomas und den französischen Waffenproduzenten –, in der Literatur ausgiebig behandelt worden.[38] Aber die darauffolgenden Verbesserungen beeindrucken nur durch den Vergleich mit den vorherigen Mängeln. Die französische Granatenproduktion übertraf die britische beträchtlich, was die Vermutung nahelegt, daß Großbritannien das Gewicht seiner Industrie immer noch nicht voll einsetzte; aber die Bemühungen Frankreichs um Vergrößerung der staatlichen Produktion durch Errichtung eines riesigen Arsenals in Roanne Ende 1916 sollten zu einem der großen ökonomischen Fiaskos des Krieges führen. 103 Millionen Francs wurden ausgegeben, aber die Anlage lieferte nur brauchbare Produkte im Werte von 15 Millionen Francs.[39]

Bei den Deutschen gab es zu keinem Zeitpunkt eine ernsthafte Knappheit an Granaten[40]; obwohl die Alliierten 1918 schließlich eine Überlegenheit von 30 Prozent in Hinblick auf Schußwaffen aller Kaliber und eine 20prozentige Überlegenheit bei Flugzeugen hatten, waren diese Unterschiede nicht der Grund, warum Ludendorffs Frühjahrsoffensive fehlschlug. Die ernsthaftesten Schwächen der Deutschen bestanden im Mangel an Panzern und gepanzerten Fahrzeugen, von denen sie gerade einmal zehn besaßen gegenüber 800 der Alliierten, und an Lastkraftwagen (23 000 zu 100 000). Es ist nicht ganz sicher, ob dies das Ergebnis von Knappheit an Brennstoff (und Gummi) oder von »Maschinenskepsis« in der Obersten Heeresleitung war.

Besaßen Geschäftsleute, wie behauptet wurde, in der deutschen Kriegswirtschaft besonders viel Macht? Eine der wichtigsten Neuerungen der Kriegsjahre auf der Angebotsseite bestand in der Delegierung monopolistischer Kontrollen über die Verteilung von Rohmaterialien an Trusts, die durch industrielle Abnehmer gebildet wurden, die sogenannten »Kriegsgesellschaften«, über die eine neue offizielle Körperschaft, die Kriegsrohstoffabteilung (KRA), die Oberaufsicht innehatte. Bei Kriegsende gab es schließlich 25 Kriegsgesellschaften, die die Verteilung sämtlicher Rohstoffe von Metallen bis zum Tabak kontrollierten. Mehr Kritik löste die deutsche Praxis aus, die Festsetzung gewisser industrieller Produktionsziele an industrielle Kartelle wie das Rheinisch-Westfälische Kohlesyndikat zu delegieren.[41] Dies gestattete es den Industriekonzernen und ihren Tarnorganisationen nicht nur, die Produktion wichtiger Materialien zu regulieren, sondern auch ihre Preise zu kontrollieren. Es ist keine Frage, daß dieses Verfahren es für die Regierung schwierig machte, Preise von knappen Gütern zu überwachen, und es förderte hohe Unternehmerprofite. Auch wurde Unternehmerverbänden wie dem Central-verband deutscher Industrieller und dem Bund der Industriellen, die während des Krieges eine gemeinsame Dachorganisation bildeten, möglicherweise zuviel Beachtung geschenkt.

Doch gab es überhaupt eine andere Möglichkeit, als sich auf die großen Unternehmer zu stützen? In allen Ländern wurde schnell deutlich, daß die Menschen, die am ehesten imstande waren, mit den organisatorischen Problemen der Kriegswirtschaft fertig zu werden, Geschäftsleute mit Erfahrungen in Großunternehmen waren. Bürokraten wie William Beveridge mochten über die Dominanz von »Amateuren« in der britischen Kriegswirtschaft spötteln[42], doch offenkundig standen Versuche zur direkten staatlichen Kontrolle der Produktion, wo immer sie unternommen wurden, im allgemeinen unter schlechten Vorzeichen. Die Frage lautet, welches Land am ehesten ein Gleichgewicht zwischen den privaten Interessen der Unternehmer und den Notwendigkeiten der Kriegswirtschaft insgesamt erreichte. Dem deutschen System kommt zumindest das Verdienst einer Institutionalisierung der Beziehungen zwischen Unternehmertum und Staat zu.

In Frankreich dagegen betrachteten Geschäftsleute bis zu einem relativ späten Zeitpunkt des Krieges den Staat weiterhin eher als Kunden denn als Partner.[43] Die Kampagne zur Entlassung von Thomas wegen der Roanne-Affaire, die Ende September 1917 zur Ernennung des Geschäftsmanns Louis Loucheur zum Munitionsminister führte, war teilweise ein Reflex der Abneigung, die einige Interessenvertreter des Unternehmertums gegenüber der Idee eines staatlichen Arsenals hegten.[44] Erst Ende 1917 wurden in Frankreich geeignete Institutionen zur Koordinierung der Zuteilung von Rohstoffen eingerichtet, und dies nur, um Frankreichs Verbündete zu beruhigen. Obwohl Clèmentel dies im Juni 1918 leugnete, unterschieden sich die französischen Konsortien zur Verteilung von Rohstoffen kaum von den deutschen Gesellschaften; sie entstanden nur später.[45] In diesem Lichte betrachtet, erscheint die vergleichbare Schnelligkeit, mit dem ein »korporatistisches« System in Deutschland entwickelt wurde, als ein Zeichen von Stärke und nicht von Schwäche.

Auch in Großbritannien wurden Geschäftsleute eher in improvisierter Weise für die Kriegsanstrengungen herangezogen. Statt institutionelle Mechanismen der Zusammenarbeit zu schaffen, zog es Lloyd George vor, Geschäftsleute aus ihren Unternehmen herauszuziehen und ihnen die

Leitung von Ministerien zu übertragen. Eine Art von Legende umgibt diese Rekrutierung von »Männern mit Schwung und Energie« für den Staatsdienst. Zweifellos leisteten Persönlichkeiten wie George Booth oder Alfred Mond auf ihren Gebieten bedeutsames, wenn auch für Beamte haarsträubend. Doch den großen britischen Gesellschaften, die den Waffenmarkt beherrschten, wurden keineswegs in stärkerem Maße als ihren deutschen Konkurrenten in ihrer Preispolitik Zügel angelegt.[46] Während D. A. Thomas (später Lord Rhondda) sich von Anfang an für eine öffentliche Kontrolle der Kohlenindustrie aussprach, teilten nicht alle Grubenbesitzer seine Ansicht, und einige setzten bis 1917 ihren Widerstand gegen Kontrollen fort.[47] Schließlich wurde die Kohle effektiv unter direkte Staatsaufsicht gestellt, als 1917 das Amt des »Coal Controller« geschaffen wurde. Aber es gibt kaum Hinweise darauf, daß dies zur Steigerung der Produktivität beitrug. Das Kontrollsystem auf dem Kohlensektor ist als ein System zur Garantie der Profite der Grubenbesitzer bezeichnet worden.[48]

In den Jahren 1917/1918 ergab sich das gleiche Problem in den Vereinigten Staaten. Der im Juli 1917 unter dem Bankier Bernard M. Baruch gegründete »War Industries Board« erwies sich als unfähig, die Aufgabe zu bewältigen, die Wirtschaft zur direkten Teilnahme am Krieg zu mobilisieren. »Heute«, so beklagte sich eines seiner Mitglieder im Januar 1918, »gibt es keine Körperschaft (...) in unserer Regierung, deren Aufgabe es ist zu entscheiden, was geschehen soll.«[49]

In Rußland hingegen gewann das Großunternehmertum seine Auseinandersetzung mit Kriegsminister Wladimir Suchomlinow, der dem Druck widerstanden hatte, die Waffenproduktion des Privatsektors anzukurbeln: Er wurde entlassen, und im Mai 1915 verhaftet. In Petrograd wurde ein »Sonderkomitee für die Untersuchung und Harmonisierung von Maßnahmen, die zur Verteidigung des Landes erforderlich sind«, gegründet, in dem die Petrograder Industrie dominierte. Wie in Deutschland gab es Klagen, Verschwendung, Mißbrauch und hohe Profite.[50] Doch das System lieferte, was von ihm erwartet wurde, wie die Zahlen der Waffenproduktion bezeugen: Die russische Artillerieproduktion war 1916/1917 nahe daran, die britische und französische zu überflügeln, und bis November 1918 hatte sich eine Reserve von 18 Millionen Granaten angesammelt.[51]

Ein entscheidender Aspekt internationalen Vergleichs ist das Niveau der von den Unternehmen erzielten Profite. Der Bereich des Schiffbaus bietet eine gute Veranschaulichung für die Leistungen der deutschen Industrie während der Kriegszeit. Die Nettoprofite des Werftunternehmens Blohm & Voss (das während des Krieges Aufträge für 97 U-Boote erhielt) stiegen fortwährend von 1,4 Millionen Mark 1914/1915 auf 2,7 Millionen Mark für 1917/1918. Als Prozentsatz vom Gesamtkapital stiegen die Gewinne jedoch nur von 11,4 Prozent auf 13,5 Prozent. Für die deutsche Industrie insgesamt stiegen die Profite als Prozentsatz des Kapitals und der Reserven von acht Prozent im Jahre 1913/1914 auf gerade einmal 10,8 Prozent 1917/1918. Insgesamt hatte die deutsche Eisen- und Stahlindustrie schwere Rückschläge hinzunehmen[52], und den Hansestädten ging es – von den Werften abgesehen – besonders schlecht.[53] Der Wert des Gesamtaktienkapitals im Reich fiel während des Krieges real um 14 Prozent, in Hamburg um über ein Drittel.[54]

Die Lage war in anderen Volkswirtschaften kaum anders. Munitions- und Waffenhersteller in Frankreich, Großbritannien und insbesondere Rußland stellten einen erheblichen Anstieg der nominalen Profite fest, und diese wurden möglicherweise in den veröffentlichten Bilanzen noch heruntergespielt.[55] In Großbritannien verdreifachten sich die Profite des Unternehmens Nobels' Explosives, dagegen schaffte das Chemieunternehmen Brunner, Mond nur einen 50prozentigen Anstieg, und die Profite im Schiffahrtsbereich stiegen nach Steuern nur ein um ein Drittel. Der Bergbau insgesamt erlebte während des Krieges eine Verdreifachung der Profite.[56] In Rußland waren sie möglicherweise noch höher. Die Bruttogewinne in der russischen metallurgischen Industrie wuchsen von 26 Prozent des Kapitals 1913 auf 50 Prozent 1916; entsprechende Zahlen für metallverarbeitende Unternehmen lauten 13,5 und 81 Prozent.[57]

Die Schwierigkeiten der Ententemächte bei der Regelung ihrer gegenseitigen Handelsbeziehungen – dem Schlüssel für ihr ökonomisches Überleben – zeigen besonders deutlich die organisatorische Schwäche, unter der sie litten. In Großbritannien hatte die Handelskontrolle mit der Einschränkung von Kohlenimporten begonnen, die im Sommer 1915 eingeführt wurde. Darauf folgte Ende 1916 die Einführung eines Systems von Importlizenzen, die durch ein neues »Import Restriction Department« beim »Board of Trade« (Handelsministerium) ausgegeben wurden. Bis zu diesem Punkt hatte es eine beinahe unbegrenzte Freiheit für Einkäufe in den Vereinigten Staaten gegeben, wobei die Admiralität und das

Kriegsministerium beide Widerstand gegen Bemühungen der »Treasury« (Finanzministerium) leisteten, diese dem New Yorker Bankunternehmen J.P. Morgan zu unterstellen, das ansonsten auf Anleiheemissionen spezialisiert war. Das Monopol der Firma für die britische Importfinanzierung versprach hohe Profite – zwischen ein und zwei Prozent von 18 Milliarden Dollar, wie sich herausstellte.[58]

Durch seine Handelsflotte und seine überlegenen finanziellen Ressourcen wurde Großbritannien zum Quartiermeister der Ententemächte, und J.P. Morgan diente als sein Bankier.[59] Doch im November 1917 wurde eine integrierte anglo-französische Schiffahrtsgemeinschaft geschaffen. Und erst im letzten Kriegsjahr kam es unter amerikanischem Druck dazu, daß zur Koordinierung aller Importe ein Interalliierter Rat für Kriegseinkäufe und Finanzen gegründet wurde.

Arbeitskräfte: Das britische Problem

Die Zuteilung von Arbeitskräften war vielleicht das schwierigste wirtschaftliche Problem, das die am Krieg beteiligten Staaten zu lösen hatten. Überall erwies es sich als mühsam, ein Gleichgewicht zwischen den Notwendigkeiten der Streitkräfte und den Bedürfnissen der heimischen Produktion an Nahrungsmitteln und Material herzustellen. Viele qualifizierte Arbeiter meldeten sich freiwillig zum Kriegsdienst oder wurden eingezogen. Falls sie getötet wurden, bedeutete dies für die Wirtschaft einen permanenten Schaden; aber selbst wenn sie überlebten, lieferten sie nicht ihren optimalen Beitrag zu den Kriegsanstrengungen.

In Deutschland stieg die Zahl der unter Waffen stehenden Männer von 2,1 Millionen im ersten Kriegsmonat auf 4,4 Millionen zu Jahresbeginn 1915 und auf über sieben Millionen auf dem Höhepunkt dieser Entwicklung Anfang 1918. Insgesamt dienten 13 Millionen Mann in den Streitkräften.[60] Viele der Kämpfenden waren Industriearbeiter. Doch die Deutschen ergriffen rasch Maßnahmen, um wichtige Arbeiter in ihren Stellungen zu belassen. Anfang 1916 waren insgesamt 1,2 Millionen Arbeiter offiziell vom Wehrdienst freigestellt, von diesen hatten sich 740 000 als kriegsverwendungsfähig erwiesen. Zwei Jahre später waren 2,2 Millionen Arbeiter freigestellt, von denen 1,3 Millionen kriegsverwendungsfähig waren.[61] Um die Knappheit an männlichen Arbeitskräften auszugleichen, steigerte man die Beschäftigung von Frauen (von ihnen kamen zusätzlich 5,2 Millionen auf den Arbeitsmarkt). Etwa 900 000 Kriegsgefangene mußten arbeiten, und es wurden bis zu 430 000 ausländische Arbeiter ins Land geholt, darunter viele widerstrebende Belgier.[62] All dies führte dazu, daß die Zahl der zivilen Arbeitstätigen im Juli 1918 nur etwa sieben Prozent niedriger lag als im Jahre 1914.[63]

Die Allokation von Arbeitskräften in den Staaten der Entente gelang nicht besser. Die Gesamtbeschäftigung von Zivilisten in Großbritannien fiel ungefähr im gleichen Maße wie in Deutschland (um 6,5 Prozent), aber es mußten weniger Männer kämpfen: Insgesamt traten 4,9 Millionen ins Heer ein, weniger als die Hälfte der entsprechenden Zahl in Deutschland. Die Arbeitsplätze der Soldaten wurden von 1,7 Millionen Arbeitnehmern übernommen, die erstmalig in den Arbeitsmarkt eintraten, hinzu kam ein Anwachsen der Zahl der weiblichen Arbeitskräfte auf 1,6 Millionen.[64] In Großbritannien und Frankreich machten Frauen gegen Kriegsende etwa 36 bis 37 Prozent der Industriearbeiterschaft aus, im Vergleich zu 26 bis 30 Prozent vor dem August 1914. In Deutschland erhöhte sich der Frauenanteil im entsprechenden Zeitraum von 35 auf 55 Prozent.[65] Das britische Rekrutierungssystem zog nicht nur für den Arbeitsmarkt eher entbehrliche Angestellte und Akademiker an, sondern auch kaum ersetzbare qualifizierte Arbeiter. Ende 1914 waren 16 Prozent aller Arbeitnehmer in Fabriken zur Herstellung von kleinen Waffen und 25 Prozent der Arbeiter in der Chemie- und Sprengstoffindustrie in die Streitkräfte eingetreten. Und dies war nicht zuletzt darauf zurückzuführen, daß viele von ihnen im ersten chaotischen Kriegsmonat entlassen worden waren.[66] Das Kriegsministerium zu veranlassen, qualifizierte Arbeiter wieder vom Militärdienst freizustellen, erwies sich als schwierig, und solche Maßnahmen wie das 1915 eingeführte »Kennzeichnen« der Munitionsfreiwilligen und »kollektive Freistellungen« stellten nur halbherzige Maßnahmen dar.[67] Als im Januar 1916 ein Kabinettsausschuß versuchte, »militärische und finanzielle Bemühungen zu koordinieren«, verwies der Abschlußbericht auf das Problem widersprüchlicher Prioritäten der einzelnen Ministerien.

Aus dem Bereich der Landwirtschaft wurden qualifizierte Arbeiter nicht vor Juli 1917 freigestellt, Bergleute wurden im Januar 1918 immer noch rekrutiert, und im April wurden die Schutzbestimmungen für ganze Gruppen von Beschäftigten im Rahmen der Panik aufgehoben, die durch die deutsche Frühjahrsoffensive ausgelöst worden war.[68]

Was dies kurz- und langfristig zu einem ernsten Problem machte, war die starke Abhängigkeit der britischen Wirtschaft von qualifizierten Arbeitskräften. Zu Kriegsausbruch waren 60 Prozent der Arbeiter in der britischen Maschinenbauindustrie als Facharbeiter klassifiziert. Der Tod eines sehr großen Teils der britischen Facharbeiter hinterließ eine Lücke, die nicht leicht zu schließen war. Dieser Teil der Arbeiterschaft blutete gleichsam aus. Wo zuvor qualifizierte Arbeiter tätig gewesen waren, beschäftigte man nun ungelernte Kräfte.

Gregorys Annahme, das britische Freiwilligensystem habe für eine gleichmäßigere Verteilung der Kriegsopfer gesorgt, als dies bei einem Wehrpflichtsystem der Fall gewesen wäre, ist problematisch; zu behaupten, daß dies »dazu beitrug, politische Stabilität zu sichern«, ist verfehlt.[69] Die wichtigste Konsequenz des britischen Systems war die, daß es zum Tod von Facharbeitern führte, die man besser weiter an ihren normalen Arbeitsplätzen eingesetzt hätte. Diese »verlorene Generation« war eine, die wirklich wichtig war; die bekanntere, die sich aus Adligen, Absolventen von Public Schools und der Universitäten Oxford und Cambridge zusammensetzte[70], war viel leichter zu ersetzen und wurde in Offizierstätigkeiten womöglich nutzbringender eingesetzt als mit jeder anderen Beschäftigung. Angell hatte bereits davor gewarnt, daß der Krieg »das Überleben der Untauglichen« fördere; in Großbritannien waren es die Unqualifizierten und Ungebildeten, die überlebten.[71]

In Frankreich, wo Arbeitskräfte knapper waren als in allen übrigen betroffenen Volkswirtschaften, wurden diese aus anderen Gründen ineffizient eingesetzt, vor allem wegen der Forderung nach der »Gleichheit des Opferns«. Die volkstümliche Ansicht lief darauf hinaus, daß (wie in den 1790er Jahren) die Blutsteuer – *l'impôt du sang* – von allen, also auch von den qualifizierten Arbeitern getragen werden sollte. Jene, die von der Front zurückgeholt wurden, um 1915 über die Knappheit an Granaten hinwegzukommen – und diese Fachleute stellten Ende des Jahres fast die Hälfte aller Munitionsarbeiter dar – wurden als Drückeberger (*embusqués*) verspottet.[72] Männer, die (abgesehen von den Verwundeten) aus den Streitkräften entlassen wurden, sorgten für ungefähr 30 Prozent des Anstiegs der Zahl der Arbeitskräfte in der französischen Rüstungsindustrie während des Krieges.[73]

In den Volkswirtschaften aller am Kriege teilnehmenden Länder löste die Knappheit an Arbeitskräften ähnliche Probleme aus: Arbeiter waren in der Lage, höhere Löhne durchzusetzen und/oder ihre Produktivität durch »langsames Arbeiten« herabzusetzen oder zu streiken, wenn die Betriebsleitungen ihren Lohnforderungen Widerstand entgegensetzten. Die Erfahrungen einer einzigen, nicht untypischen Firma mögen illustrieren, wie sich diese Probleme in Deutschland zeigten. Zunächst versuchte die Unternehmensführung der Hamburger Werft Blohm & Voss die Knappheit an Arbeitskräften durch Verlängerung der Arbeitszeit und Verstärkung der Intensität der Arbeit auszugleichen und machte sich dabei die Schwäche der Gewerkschaften zunutze. Im März 1916 mußte man schließlich Formulierungen verbieten, in denen der »Schützengraben« als Drohmittel gegen ungehorsame Arbeiter eingesetzt wurde. Ein Jahr später wurden Schichten, die 24 Stunden dauerten, als übermäßig verboten.[74] Die Arbeiter reagierten auf unterschiedlichste Art, oftmals entschlossen sie sich eher zu individuellen und spontanen Handlungen als zu kollektiven Streikaktionen.[75] Es gab immer wieder Probleme mit der Disziplin: Frühstückspausen wurden verlängert, man arbeitete nur mit halbem Herzen oder blieb ganz fort, und immer wieder wurden Materialien gestohlen (meistens zur Verwendung als Brennholz). Vor allem machten sich die Arbeiter die Nachfrage nach ihren Leistungen zunutze, um häufig die Stellung zu wechseln: Die traditionell bereits hohe Fluktuation von Arbeitskräften erreichte eine beispiellose Stufe, so daß in dem Jahr nach Oktober 1916 10 000 Arbeiter ersetzt werden mußten – ein Problem, das das *Hilfsdienstgesetz* von Dezember 1916 noch weiter verschärfte, das Arbeitern das Recht zuerkannte, um eines höheren Lohnes willen die Stellung zu wechseln.[76] All dies führte dazu, daß die Vereinbarung, auf Streiks zu verzichten, die im August 1914 geschlossen worden war, sich schrittweise auflöste. Als die Firma Blohm & Voss im Oktober 1916 eine Lohnforderung zurückwies, führte dies zum ersten großen Streik während des Krieges. Vier Monate später und erneut im Mai 1917 gab es große Streiks auf der Vulkanwerft (einen Monat nach dem großen Berliner Streik, der durch eine Reduzierung der Mehlration ausgelöst wurde); und im Januar 1918 ergriff eine das ganze Land umfassende Streikwelle, die in Berlin begonnen hatte, auch die Werften. Diese Streiks werden gewöhnlich als Vorboten der Revolution vom November 1918 betrachtet – als Symptom, wenn nicht eine Ursache für die Unvermeidlichkeit der Niederlage Deutschlands.[77]

Es ist wiederum fraglich, ob die Dinge in den Ententeländern besser lagen. Ein häufig bemühter Indikator für die allgemeine »Qualität« der Kriegführung von Nationen und ihren Volkswirtschaften sind Lohnsteigerungen. Dabei werden Reallohnzuwächse als positiv beurteilt. Auf den Nachweis, daß die Dinge sich in Großbritannien in diesem Sinne »besser« entwickelten als in Deutschland, ist eine Menge Mühe verwendet worden. Doch wäre es eine Katastrophe für die deutsche Kriegswirtschaft gewesen, wenn die Löhne dort genauso schnell gewachsen wären wie in Großbritannien. Bei solchem Vergleich sollte gefragt werden, ob die Reallöhne sich im Gleichschritt mit der Produktivität steigerten oder nicht. Je mehr die Löhne real stärker als die Produktionserträge wuchsen, um so *weniger* effizient arbeitete die Wirtschaft insgesamt, denn höhere Lebensstandards für Arbeiter stellten nicht die erste Priorität für die Wirtschaft im ganzen dar.

In dieser Hinsicht besaß Großbritannien und nicht Deutschland die weniger effektive Kriegswirtschaft. Vorsichtige Schätzungen legen den Schluß nahe, daß britische Arbeiter Lohnzuwächse durchsetzten, die größer als die Produktivitätssteigerung waren, während in Deutschland die Löhne beinahe in Übereinstimmung mit den industriellen Erträgen real fielen.

Solche Durchschnittszahlen sagen jedoch wenig über Lohnunterschiede, die sich während des Krieges stark veränderten. In allen Ländern verlieh Arbeitskräfteknappheit in strategisch entscheidenden Sektoren Gruppen Verhandlungsmacht, die sich traditionell am unteren Ende der Einkommensskala befanden. Vier traditionelle Lohngefälle konnten abnehmen: jene zwischen Arbeitern in verschiedenen Sektoren; diejenige zwischen Hilfsarbeitern und Facharbeitern; die zwischen weiblichen und männlichen Arbeitern; und schließlich jene zwischen jüngeren und älteren Arbeitern. In Deutschland stieg zwischen Juni 1914 und Oktober 1918 der Stundenlohn des männlichen Durchschnittsarbeiters bei Blohm & Voß nominell um 113 Prozent, während ein Jugendlicher, der in der gleichen Werft arbeitete, 85 Prozent mehr verdiente, als er im Frieden erhielt, und ein Textilarbeiter 74 Prozent mehr bekam. Im Vergleich dazu erhielt ein jüngerer Büroangestellter nur 62 Prozent mehr, ein Buchhalter 37 Prozent und ein Chefkassierer lediglich 30 Prozent zusätzlich. Das heißt, daß Arbeiter besser als Angestellte abschnitten.[78] Diese Verringerung von Unterschieden bedeutete, daß nach Berücksichtigung der Inflation ein Werftarbeiter real weit weniger (neun Prozent) als ein höherer

Beamter (52 Prozent) einbüßte.[79] Diese Zahlen berücksichtigen noch nicht die Sonderzahlungen und Kindergeldleistungen, die an bestimmte Kategorien von Arbeitern gingen und die bei Ende des Krieges bis zu einem Drittel des Einkommens eines ungelernten Arbeiters betragen konnten.[80] Vergleiche zwischen den zur Verfügung stehenden Lohnstatistiken verschiedener Länder sind schwierig. Eine Vermutung besagt, daß sich in London die Einkommensunterschiede während des Krieges stärker verringerten als in Berlin; es gibt aber auch Zahlen, die auf das Gegenteil hindeuten.[81]

Änderungen des Lohnniveaus und der Einkommensunterschiede hingen im wesentlichen von der relativen Stärke der organisierten Arbeiterschaft ab. Angesichts der Ereignisse vom November 1918 neigten deutsche Historiker gelegentlich zu der Annahme, daß die Arbeiterbewegung in ihrem Lande besonders militant gewesen sei. Nach 1916 stellte es nur eine leichte Übertreibung dar, wenn man sagte, daß die britischen Unternehmer Schritt für Schritt die Kontrolle in Lohnfragen verloren, entscheidend war nun eine Kombination von Druck der Arbeiterschaft und staatlicher Zustimmung.[82] Eine mögliche Erklärung für diese Entwicklung liegt darin, daß die deutschen Gewerkschaften durch den Krieg schwerer getroffen wurden als die westeuropäischen Arbeitnehmerorganisationen. In Großbritannien, Frankreich und Deutschland unterstützten die Gewerkschaftsführer gleichermaßen die Kriegsbemühungen in der Hoffnung, so ihre Gleichrangigkeit gegenüber den Arbeitgebern zu verankern; und überall waren die gewöhnlichen Gewerkschaftsmitglieder den Konzessionen abgeneigt, die ihre Führer machten. Dennoch zeigt sich, daß die Mitgliederzahlen der Gewerkschaften sich in Großbritannien und Frankreich beinahe verdoppelten, während sie in Deutschland um mehr als ein Viertel sanken. Auch in den Vereinigten Staaten stiegen sie um etwa 85 Prozent.[83]

Schließlich zeigen die Streikstatistiken ebenfalls, daß Deutschland auf diesem Gebiet nicht besonders anfällig war. Es gab beträchtlich mehr Streikaktivitäten in Großbritannien, wo Versuche, Streiks durch Zwangsschlichtungen zu verhindern, fehlschlugen. Keine deutsche Gewerkschaft hielt in der Weise »die Privilegien der qualifizierten Arbeiter beinahe für ein Heiligtum«, wie es etwa die Amalgamated Society of Engineers (ASE) tat.[84] Der große Metallarbeiterstreik von Mai 1917 endete mit einem entscheidenden Sieg für die ASE: Wie sich Beveridge erinnerte, errang die

Gewerkschaft »das wichtigste Zugeständnis, das sie verlangt hatte (...) ohne im Gegenzug irgend etwas von dem zu geben, worum die Regierung gebeten hatte«.[85] Im April 1918 traten 22 000 Metallarbeiter in den Streik, während die Deutschen 80 Kilometer vor Paris standen. Die Instruktionen des Kriegskabinetts an seine Verhandlungsführer waren knapp und bündig: »Falls ein unmittelbarer bevorstehender Streik unvermeidlich erscheint, sollte man alle verlangten Konzessionen machen.«[86] Der Gegensatz zu der Art und Weise, wie die deutsche Regierung im Januar 1918 den Streik in Berlin nach einer Woche brach, könnte nicht stärker sein.[87] Es war eher ein Glücksfall für Großbritannien, daß Lloyd George unrecht hatte, als er den Krieg in einer Kriegsrede vor dem Gewerkschaftsdachverband TUC als einen »Konflikt zwischen den Facharbeitern Deutschlands und Österreichs auf der einen Seite und den Facharbeitern Großbritanniens und Frankreichs auf der anderen« darstellte.[88] Von Rußland abgesehen, waren die Beziehungen zwischen Arbeitgebern und Arbeitnehmern in Großbritannien die schlechtesten des ganzen Krieges: Weder Deutschland noch Italien, noch Frankreich hatte derart viele Streiks zu ertragen.[89]

Hunger, Gesundheit, Ungleichheit

War Hunger Ursache für Deutschlands Niederlage? Diese Vorstellung hält sich in der modernen europäischen Geschichtsschreibung hartnäckig[90], ist jedoch sicherlich unzutreffend.

Der Verbrauch an Nahrungsmitteln in Deutschland sank zwar, aber das geschah auch in Großbritannien. Alternativen Berechnungen zufolge war der deutsche Pro-Kopf-Verbrauch an Kartoffeln und Fisch 1918 höher als 1912/1913.[91] Das deutsche System der Nahrungsmittelrationierung in Kriegszeiten ist kritisiert worden; aber man kann durchaus die These vertreten, daß die uneingeschränkte *Laissez-faire*-Politik der Briten noch verschwenderischer und ineffizienter war. Die Deutschen führten im Januar 1915 die Brotrationierung ein und schufen im Mai 1916 ein Kriegsernährungsamt. Dagegen wurde das britische Ernährungsministerium erst im Dezember 1916 gegründet und war bis Juni 1917 bemerkenswert leistungsschwach. Alarmiert durch das Auftauchen von Schlangen vor Nahrungsmittelgeschäften in vielen Städten führte die Regierung nun die Rationierung von Zucker ein und begann ein System der regionalen und lokalen Nahrungsmittelverteilung aufzubauen; aber erst im April 1918 war ein das ganze Land umfassendes System der Fleischrationierung durchgesetzt. Drei Monate später waren alle Grundnahrungsmittel rationiert.[92] Nachdem Frankreich Mitte 1915 mit derartigen Maßnahmen begonnen hatte, bewegte es sich sehr viel schneller auf die Requirierung von Getreide und die Kontrolle der Verteilung von Nahrungsmittel zu, aber erst unter anglo-amerikanischem Druck wurden Schritte in Richtung auf eine umfassende Rationierung unternommen. Noch im Oktober 1918 gab es einen großen Skandal wegen Wuchergeschäften durch das Konsortium, das für die Versorgung mit pflanzlichen Fetten verantwortlich war.[93] Klagen über Knappheit, Preise und Fehlverteilung von Nahrungsmitteln gab es überall.[94]

Gewiß hungerten viele Deutsche. Aber der Beweis, daß irgend jemand verhungerte, läßt sich nicht erbringen – obwohl immer noch in der Literatur gelegentlich Hunderttausende von Hungertoten auftauchen.[95] Es stimmt, daß die Sterblichkeit unter den Frauen sich von 14,3 Promille im Jahre 1913 auf 21,6 steigerte. Dies war ein auffallend größerer Anstieg als in England (von 12,2 auf 14,6 Promille).[96] Einer Schätzung zufolge starb ungefähr ein Drittel der gesamten Vorkriegspopulation der deutschen psychiatrischen Anstalten an Hunger, Krankheit oder Vernachlässigung.[97] Auch starben mehr Menschen als sonst an Lungenkrankheiten (Zunahme von 1,19 auf 2,46 Promille), und es war ein scharfer Anstieg der Todesfälle im Wochenbett zu registrieren.[98] Aber die Kindersterblichkeit sank deutlich (außer in Bayern, wo sie 1918 anstieg, und unter in Berlin außerehelich geborenen Kindern).[99] In Frankreich hingegen lag die Kindersterblichkeit 1918 21 Prozent über dem Niveau der Jahre 1910 bis 1913.[100] Winter hat vermutlich die Verbesserungen des zivilen Gesundheitszustands in Großbritannien während des Krieges etwas übertrieben. Es gab auch in England und Wales einen 25prozentigen Anstieg von Todesfällen durch Tuberkulose, und das scheint zum Teil die Folge von schlechter Ernährung gewesen zu sein.[101]

Die entscheidende Herausforderung für die Kriegswirtschaften stellte die Aufgabe dar, knappe Ressourcen angemessen zu verteilen. In der klassischen Studie von Kocka wird die deutsche Kriegswirtschaft so dargestellt, als habe sie die Klassenkonflikte und andere soziale Abgrenzungen verschärft und damit den Weg für die Revolution von 1918 geebnet.[102] Der deutsche Staat habe während des Ersten Weltkriegs durch seine Eingriffe die Ungleichheit verstärkt, er habe einige soziale Gruppen bevorzugt, andere benachteiligt.

Doch die Diagnose, Deutschland sei in den Jahren zwischen 1914 und 1918 zu einer weniger gleichen Gesellschaft geworden, ist problematisch. Berechnungen des sogenannten »Pareto-Koeffizienten« für Preußen legen nahe, daß im Jahre 1918 die Einkommensverteilung ungleicher als jemals seit 1850 war.[103] Aber diese Zahlen können durch die hohen Einkommen verzerrt sein, deren sich relativ wenige Unternehmer erfreuten. Andere Quellen deuten darauf hin, daß der stärkste relative Abstieg im Lebensstandard nicht von den Arbeitern, sondern von Gruppen in jenem breiten sozialen Spektrum, das wir die Mittelschichten nennen, erlitten wurde. Darüber hinaus tendierten die Kontrollen während der Kriegszeit dazu, Arbeiterhaushalte auf Kosten der verschiedenen besitzenden Schichten der Gesellschaft zu bevorzugen. In den ersten Monaten des Krieges wurden schnell Gesetze gegen überhöhte Preise verabschiedet, und die ersten Höchstpreise hat man Anfang 1915 festgesetzt. Aber erst im September 1915 erließ der Bundesrat eine Verordnung zur Schaffung von Preisprüfungsstellen, aus der sich eine zusammenhängende Politik der Preiskontrolle ergab.[104] Obwohl eine Reihe neuer Straftatbestände geschaffen wurde (zum Beispiel »Kettenverkäufe«) beschäftigten sich die Preisprüfungsstellen hauptsächlich damit, Ladenbesitzer zu verfolgen, die Höchstpreisregelungen verletzten.[105] Die im Oktober 1916 in Hamburg geschaffene Prüfungsstelle liefert eine gute Illustration der Arbeitsweise dieser Institution. Allein im Jahre 1917 gab es 1538 erfolgreiche Verfahren, die zur Schließung von 5551 Firmen führten, Freiheitsstrafen von insgesamt 12 208 Tagen und Geldstrafen in Gesamthöhe von 92 300 Mark wurden verhängt.[106] Ladeninhaber waren nicht in der Lage, die steigenden Großhandelspreise an die Endverbraucher weiterzugeben. Etwas Ähnliches passierte auf dem Lande, wo die Kontrollen (im sogenannten »Rübenwinter«) 1916/1917 ständig verschärft wurden: Hier waren die Bauern Hausdurchsuchungen und Konfiszierungen ausgesetzt.[107]

Ähnliche Opfer wurden etwa den städtischen Hauseigentümern abverlangt. Trotz des Exodus von Männern an die Front gab es weiterhin Wohnungsmangel, weil der Bau von Häusern wegen des Krieges fast vollständig eingestellt worden war: Zwischen 1915 und 1918 wurden in Hamburg 1923 neue Wohnungen fertiggestellt, verglichen mit 17 780 in den letzten beiden Vorkriegsjahren.[108] Je mehr Menschen in die großen

Städte zogen, um in den Kriegsindustrien zu arbeiten, desto stärker stieg die Nachfrage nach Wohnungen an. Aber eine Kette von Maßnahmen zur Kontrolle von Mieten hinderte die Vermieter daran, Vorteile daraus zu ziehen. Im Gegenteil, die Mieten wurden eingefroren, so daß sie real gesehen sanken. Der Verband der Hamburger Grundeigentümer schätzte die Kosten des Krieges für seine Mitglieder auf 80 Millionen Mark, vor allem als Folge von Zwangsmietsenkungen, die in Hamburg während des Krieges für etwa die Hälfte der bestehenden Mietverträge durchgesetzt wurden. Ende 1918 waren die Monatsmieten auf fast die Hälfte ihres Niveaus von Juli 1914 gesunken.[109] Ähnliche Kontrollen wurden in Großbritannien durchgesetzt, wo die Mieten 1914/1915 zu steigen begannen und sich später eine Knappheit an Wohnraum entwickelte.[110] Die Hausbesitzer in Deutschland waren eine der am stärksten geschädigten Mittelschichten, die nach dem Krieg über ihre »Proletarisierung« klagten.[111]

Es deutet einiges darauf hin, daß der Krieg die sozio-ökonomische Macht von den Mittelschichten und insbesondere dem Mittelstand hin zur Arbeiterklasse und zum Großunternehmertum verlagert hat.[112] Die Kontrolle von Preisen und Mieten wurde benutzt, den Lebensstandard der Arbeiterklasse auf Kosten des Handels und der Vermieter zu subventionieren; die Gehälter der Beamten wurden niedrig gehalten, während die nominellen Löhne der Arbeiter in strategischen Sektoren steigen durften. Die Erfahrungen der Familie Schramm – einer Hamburger Senatorenfamilie – veranschaulicht das Trauma der Verarmung der Bourgeoisie. Für Ruth Schramm bedeutete der Krieg mehr als bloß materielle Verarmung; es war eine Zeit moralischer und kultureller Erniedrigung. Das »schwerfällige und unfreundliche Publikum«, die Kriegsgewinnler, die Korruption des Jahres 1917 – all dies stellte eine groteske Parodie auf die Ideale des drei Jahre zuvor verkündeten Burgfriedens dar. Symbolisch für den Niedergang Hamburgs war der Zwang, Fleischpaste von Alsterschwänen zu essen; Nahrungsmittel auf dem schwarzen Markt kaufen zu müssen, bedeutete einen tiefen Bruch mit »den Grundsätzen, die für mich vor 1914 festgestanden hatten«.[113] Als Ruths Bruder im Dezember 1918 von der Front zur Familie nach Hause zurückkehrte, mußte er feststellen, daß die Eltern im zweiten Stock einen Untermieter aufgenommen und das Erdgeschoß abgeschlossen hatten, um Heizkosten zu sparen. Obwohl man immer noch mit silbernen Löffeln aß, erkannte er, daß dies »das Ende des großbürgerlichen Lebensstils« bedeutete.[114]

Diese Art Verarmung jedoch führt nicht notwendigerweise zu innerem Zusammenbruch und noch weniger zur Revolution. Im Gegenteil: Genau die gesellschaftlichen Gruppen, die relativ gesehen am schwersten durch den Krieg getroffen wurden, waren die entschiedensten Befürworter der offiziellen Kriegsziele. Eine Erklärung der deutschen Niederlage, die zuviel Gewicht auf den Zusammenbruch an der Heimatfront legt, reicht nicht aus. Zu keiner Zeit, einschließlich der Streikphasen im April 1917 und Januar 1918, kam die innere Moral in Deutschland einem Zusammenbruch so nahe, wie er sich in Rußland ereignete und beinahe auch in Frankreich stattgefunden hätte.[115] Rein chronologisch gesehen, war es die Westfront und nicht die Heimatfront, die zuerst zusammenbrach; und als die Revolution im November 1918 ausbrach, da handelte es sich um eine Revolution, die nicht von den ökonomischen Verlierern des Krieges ausging, sondern von seinen relativen Gewinnern: von den Soldaten und Matrosen, die besser verpflegt worden waren als die Zivilisten, und von den Industriearbeitern, deren Reallöhne am wenigsten stark gefallen waren.

9 Strategie, Taktik und Verluste

Strategien

Carl von Clausewitz' Werk »Vom Kriege« enthält jene berühmte Definition des Krieges als Fortsetzung »*des politischen Verkehrs mit Einmischung anderer Mittel*«. Während des Krieges habe die deutsche Führung diese Regel fatalerweise vergessen, wurde oft behauptet. In dem Maße, wie sich Deutschland mehr und mehr zu einer Militärdiktatur entwickelte, wurde die Politik zu einem von vielen Mitteln, die mit der alles überragenden Aktivität der Kriegführung vermischt waren. Daraus ergaben sich strategische Fehler, die letztendlich zur Niederlage des Landes führten.

Die deutsche Strategie war von Beginn der Kämpfe an außerordentlich risikoreich. Man mag dem entgegenhalten, daß die Deutschen selbst von der eigenen relativen Unterlegenheit auf lange Sicht überzeugt waren und sich deshalb auf riskante Strategien verlegten, um schnelle Siege zu erzielen. Zumindest einige der strategischen Spielzüge der Deutschen waren leichtsinnig, denn sie stützten sich auf Kosten-Nutzen-Analysen, die offensichtlich – nicht nur im Rückblick – unrealistisch waren.

Das deutsche Vabanquespiel, das die meiste Kritik auf sich gezogen hat, war die uneingeschränkte U-Boot-Kriegführung. Dazu gehörte, daß man ohne Warnung Schiffe versenkte, von denen man annahm, sie würden kriegswichtige Güter nach Großbritannien bringen. Man hoffte, auf diese Weise Großbritannien besiegen zu können, bevor die Vereinigten Staaten einen wirkungsvollen militärischen Beitrag zum Krieg leisten könnten. Diese Strategie wurde dreimal erprobt: Zwischen März und August 1915, als die *Lusitania* und die *Arabic* versenkt wurden; zwischen Februar und März 1916; und schließlich ab dem 1. Februar 1917, als der Admiralstab versprach, Großbritannien würde innerhalb von fünf Monaten um Frieden bitten. Zwar konnten die U-Boote zu Anfang das ursprüngliche Ziel der Versenkung von 600 000 Tonnen monatlich übertreffen. Aber die Berechnungen der Planer waren in jeder denkbaren Hinsicht falsch. Sie hatten folgende Faktoren unterschätzt:

1. die Fähigkeit Großbritanniens, seine Weizenproduktion zu erhöhen;

2. die normale Größe der amerikanischen Weizenernte (1916 und 1917 waren besonders schlechte Jahre);

3. die Fähigkeit Großbritanniens, knappes Holz vom Hausbau auf die Produktion von Stützbalken für den Bergbau umzudirigieren;

4. die Großbritannien zur Verfügung stehende Tonnage;

5. die Fähigkeit des britischen Staates, knappe Nahrungsmittel zu rationieren;

6. die Effektivität von Konvois; und

7. die Fähigkeit der Royal Navy, Techniken zur Bekämpfung von U-Booten zu entwickeln.

Darüber hinaus hatten die Deutschen sogar die tatsächliche und mögliche Zahl ihrer U-Boote überschätzt: Zwischen Januar 1917 und Januar 1918 wurden 87 neue U-Boote gebaut, aber 78 gingen verloren. Die Gesamtstreitmacht hatte zu Beginn der Schlußkampagne etwa 100 U-Boote betragen, von denen nie mehr als ein Drittel gleichzeitig in britischen Gewässern patrouillieren konnte.[1] 1918 war die Verlustrate unter den Konvois auf unter ein Prozent gesunken. Bei den U-Booten betrug die entsprechende Zahl mehr als sieben Prozent.[2]

Die deutsche Seekriegführung war voller solcher Fehlschlüsse. Es wurde behauptete, der Krieg auf den Ozeanen sei deshalb ergebnislos verlaufen, weil die britische und die deutsche Flotte auf der Wasseroberfläche niemals eine entscheidende Begegnung ausfochten; die Gefechte auf der Doggerbank und um Jütland seien unentschieden verlaufen. Doch der Royal Navy ist es gelungen, ihre Aufgabe zu erfüllen, den Bewegungsraum der deutschen Schlachtflotte auf die Nordsee zu beschränken. Es war Tirpitz und nicht Jellicoe, der bei einer uneingeschränkten Seeschlacht etwas zu gewinnen hatte. Die gesamte Vorkriegsstrategie Tirpitz' war davon abhängig gewesen, daß die britische Flotte Deutschland angriff; Tirpitz realisierte nicht, daß die Briten angesichts der Tatsache, daß sie bereits die hohe See beherrschten, lediglich abwartend in Scapa Flow liegen würden.[3] Darüber hinaus gewann die Royal Navy nach der Niederlage von Coronel die Schlacht bei den Falkland-Inseln. Es gelang ihr, die deutsche Handelsschiffahrt in der ersten Phase des Krieges lahmzulegen, was einen schweren Schlag gegen die deutsche Zahlungsbilanz darstellte. Zwar konnten die deutschen U-Boote vor der Einführung des Konvoi-Systems viele britische und amerikanische Schiffe versenken, aber die Verlustrate war kleiner als der Anteil der deutschen Handelsschiffe, die durch die Briten gekapert oder versenkt wurden.

Es fällt auf, wie wenig Stimmen sich in Deutschland gegen das Vabanquespiel eines uneingeschränkten U-Boot-Krieges erhoben. Max Warburg war einer von wenigen einflußreichen deutschen Geschäfts-leuten, die gegen die Aufhebung der Einschränkung des U-Boot-Kriegs waren, vor allem, weil sie das Risiko, sich die Vereinigten Staaten zum Feind zu machen, als viel zu schwerwiegend ansahen, wie groß auch immer die Auswirkungen auf die britische Nahrungsmittelversorgung sein mochten. Am 26. Januar 1917 brachte Warburg eine Überzeugung zum Ausdruck, die als geradezu prophetisch erscheint: »Kommen wir mit Amerika zum Kriege, so heben wir die moralische, finanzielle und wirt-schaftliche Kraft unseres Feindes derartig, daß wir von der Zukunft nichts mehr zu erhoffen haben; das ist meine feste Überzeugung.«[4]

Doch Warburgs Stimme verhallte ungehört (nicht zuletzt, weil man ihm Voreingenommenheit unterstellte, da zwei seiner Brüder in den Verei-nigten Staaten lebten): Die Einschränkungen des U-Boot-Krieges wur-den aufgehoben, und etwas mehr als zwei Monate später erklärten die Ver-einigten Staaten Deutschland den Krieg. Hier, so läßt sich argumentieren, liegt ein klassisches Beispiel für eine Entscheidung vor, die sich auf eine »Teilrationalität« gründete: Die Deutschen führten ihre Berechnungen der wahrscheinlichen Auswirkungen eines uneingeschränkten U-Boot-Kriegs durch, ohne ungünstige Tatsachen und Möglichkeiten mit ins Kal-kül zu ziehen.[5] Für diesen groben Fehler wurden sie letztendlich durch die Niederlage bestraft; denn nachdem die Vereinigten Staaten in den Krieg eingetreten waren, konnte Deutschland nicht mehr auf einen Sieg hoffen – so lautet jedenfalls die herkömmliche Argumentationsweise.

Auch bei der Landkriegführung, so wird behauptet, hätten sich die Deutschen auf ein riskantes Spiel eingelassen. Im August 1914 setzten sie auf Sieg in einem Zwei-Fronten-Krieg in der Annahme, falls sie länger warten würden, gäbe dies Rußland und Frankreich die Möglichkeit, eine unanfechtbare Überlegenheit zu erreichen. Gleichzeitig gingen die Deut-schen ein Risiko ein, indem sie darauf vertrauten, daß Österreich-Ungarn im Osten einen wirkungsvollen Beitrag zum Krieg liefern würde. Es wurde nichts unternommen, um zu prüfen, ob man sich darauf verlassen könne, oder um festzustellen, welche Form der Beitrag des Habsburgerreiches annehmen würde.[6] Keine dieser Annahmen zahlte sich aus. Der Schlieffenplan, von dem erwartet wurde, daß er einen schnellen militärischen Sieg im Westen gewährleiste, erwies sich als Fehlschlag, der durch die logistischen Mängel des Plans von vornherein unvermeidlich war.[7] Auch das risikoreiche Spiel einer Allianz mit Österreich brachte keinen Erfolg. Immer wieder mußten die Deutschen Soldaten an die Fronten im Osten schicken, um die österreichisch-ungarische Armee vor dem Schlimmsten zu bewahren: so 1915, als die russische Galizienoffensive Falkenhayn zu einem Gegenangriff bei Gorlice zwang, und dann erneut 1916 im Gefolge der Brussilow-Offensive.[8] Ein anderes immer wieder kritisiertes Spekulationsgeschäft stellte Falkenhayns Entscheidung dar, den Versuch zu unternehmen, den Feind an einem »entscheidenden Punkt«, nämlich im »Fleischwolf« von Verdun, »ausbluten zu lassen«. Dies kostete die Deutschen schließlich fast genauso viele Soldaten wie die Franzosen (337 000 Verluste gegenüber 377 000); und das ursprüngliche Ziel geriet völlig außer Sichtweite, als die Deutschen zu der Ansicht gelangten, daß sie tatsächlich die Festung erobern müßten.[9]

Schließlich hat man Ludendorff den Vorwurf gemacht, mit der Operation Michael im Frühjahr 1918 eine Art strategischen Selbstmord begangen zu haben. Mit brillanter Militärtaktik trieb er die Alliierten um etwa 65 Kilometer zurück und eroberte 3100 Quadratkilometer Gelände. Die Offensive der Deutschen war dennoch von vornherein zum Scheitern verurteilt, weil es ihnen an den erforderlichen Reserven und an Versorgungsstrukturen fehlte, um ihre Gewinne zu konsolidieren. Durch Ausdehnung der Frontlinie überbeanspruchten die Deutschen ihre eigenen Streitkräfte bis zum Zerreißen, so daß alliierte Gegenoffensiven fast gewiß mit Erfolg rechnen konnten.[10]

Es hat eine gewisse Plausibilität zu behaupten, daß die Deutschen den Krieg genau deshalb verloren, weil sie ihn bereits beinahe gewonnen hätten. Der Sieg über Rußland führte dazu, daß nach Brest-Litowsk, also zu einer Zeit, da sie im Westen benötigt wurden, ungefähr eine Million Soldaten in dem in Osteuropa herrschenden Chaos nutzlos umherirrten. Es war der gewaltige Raum, der von den Deutschen im Frühjahr 1918 beherrscht wurde, der sie die größten Verluste seit 1914 kostete: Mehr als ein Fünftel der anfangs 1,4 Millionen Mann starken Streitmacht ging zwischen dem 21. März und dem 10. April verloren.[11] Darüber hinaus führte die Offensive im Westen dazu, daß Deutschlands Verbündete im Südosten und Süden in fataler Weise preisgegeben wurden[12]; und so begann am 28. September die Niederlage der Mittelmächte mit der bulgarischen Bitte um einen Sonderwaffenstillstand. Je länger der Krieg andauerte und je größere Opfer er mit sich brachte, um so größer wurden in Deutschland die Erwartungen auf den am Ende stehenden Lohn. Die Formulierung der Kriegsziele, die als ein Vorspiel zu möglichen Verhandlungen begann, weitete sich schnell zu einer öffentlichen Debatte aus, in der es um wirtschaftliche Interessen, Innenpolitik und Strategie ging. Je länger diese Debatte anhielt, desto mehr entfernte sie sich von der Realität. Gleichzeitig griffen die deutschen Generäle wiederholt in die Geschäfte der Diplomatie ein – beispielsweise, indem sie dafür sorgten, daß Jagow als Außenminister 1916 durch Arthur Zimmermann ersetzt wurde, der jenes berüchtigte Telegramm an Mexiko richtete, das Hilfe bei der Rückeroberung von New Mexico, Texas und Arizona anbot. Die deutsche Niederlage kann daher eher als eine Konsequenz von politischen als von materiellen Faktoren angesehen werden.

Die Deutschen versuchten bereits 1915, den Zaren für einen Separatfrieden zu gewinnen[13]; wäre dies gelungen, hätte Deutschland den Krieg gewinnen können (und Rußland wäre sicher der Bolschewismus erspart geblieben). Als die Russen diese Annäherungsversuche zurückwiesen, kämpften die Deutschen weiter und fügten Rußland schließlich eine völlige Niederlage zu. Diese Leistung sollte nicht unterschätzt werden. Der Krieg war vom Generalstab eingeleitet worden, um einer relativen Verschlechterung der strategischen Stellung Deutschlands gegenüber Rußland zuvorzukommen. 1917 war dieses Ziel erreicht worden. Wie Norman Stone einmal gesagt hat, stellte Brest-Litowsk eher eine »Möglichkeit« als eine Phantasie dar, und Großbritannien hätte sich durchaus bereit finden können, die deutsche Hegemonie in Osteuropa als Bollwerk gegen den Bolschewismus zu akzeptieren, wenn Deutschland kein anderes Ziel gehabt hätte. Am 5. November 1916 – nahezu zweieinhalb Monate bevor Woodrow Wilson seine berühmten Forderungen nach »Frieden ohne Sieg« auf der Basis der Selbstbestimmung aussprach – hatten die Deutschen durch die Proklamierung der Unabhängigkeit Polens die Initiative ergriffen. Infolge des Vertrags von Brest-Litowsk gewannen auch Finnland und Litauen ihre Unabhängigkeit, wenn auch Lettland,

Kurland, die Ukraine und Georgien (in Warburgs Worten) unter dem Anschein der nationalen Selbstbestimmung Opfer einer »schlecht verhehlten Annexion [wurden], zu der das Selbstbestimmungsrecht der Völker eine nur zu durchsichtige Fassade abgeben sollte.[14]

Dies war einer der Momente, da die Deutschen die Möglichkeit gehabt hätten, nach einem Verhandlungsfrieden im Westen zu streben, bevor die amerikanischen Streitkräfte zahlenmäßig stark genug waren, das militärische Gleichgewicht umzukippen.

Doch fast von dem Augenblick an, da Bethmann Hollwegs Septemberprogramm die Möglichkeit territorialer Annexionen in Frankreich und Belgien aufwarf, bestand diese Option nicht mehr. Einige der Ziele der deutschen Politik in Westeuropa waren für Großbritannien nicht völlig inakzeptabel, etwa das Projekt eines Mitteleuropäischen Wirtschaftsbundes. Doch das Verlangen nach Territorien im Westen wie im Osten gleichermaßen stellte ein fatales Hindernis für einen Verhandlungsfrieden dar. Tirpitz, sein Stellvertreter Konteradmiral Paul Behncke und andere Angehörige des Reichsmarineamtes sprachen sich bereits im September 1914 für die Annektierung belgischen Gebiets aus, und diese Forderung wurde bei zahllosen Gelegenheiten wiederholt, nachdem Henning von Holtzendorff 1916 Tirpitz' Stellung übernommen hatte.[15] Beginnend mit dem Memorandum von Hermann Schumacher im Herbst 1914 argumentierten die Schwerindustriellen, Deutschland müsse einen Teil Belgiens und das an Eisenerz reiche französische Gebiet um Briey/Longwy erhalten. Im Mai 1915 tauchten diese Forderungen in der Liste der Kriegsziele auf, die von sechs großen Wirtschaftsverbänden vorgelegt wurde und die auch die Annexion der Region Pas-de-Calais, der Festungen Verdun und Belfort und eines Streifens der nordfranzösischen Küste bis zur Mündung der Somme in Betracht zog.[16]

Immer wieder verhinderte die belgische Frage, daß es zu Verhandlungen kommen konnte: so bereits im November 1914, als Falkenhayn in realistischer Sicht der Dinge Bethmann Hollweg warnte, Deutschland könne nicht hoffen, einen Frieden mit größeren Annexionen zu erreichen; im Januar 1916, als Oberst House einen Frieden auf der Basis des *status quo ante* vorschlug; im Dezember 1916, als Bethmann an Konzessionen dachte, aber Hindenburg ihn durch Einschüchterung davon abbrachte; ferner im Juli 1917, als Papst Benedikt XV. zu vermitteln versuchte.[17] Als Außenminister Richard von Kühlmann sich im September 1917 dafür aussprach, Belgien aufzugeben, waren die Generäle und Admiräle dazu nicht bereit. Hugo Stinnes hielt unnachgiebig bis in die allerletzten Wochen des Krieges daran fest, daß Deutschland danach streben müsse, Territorien im Westen zu annektieren, um eine »Pufferzone« zum Schutz der im Westen gelegenen Eisen- und Stahlfabriken zu erhalten.

Daß Stinnes auch nach dem Fehlschlag von Ludendorffs Westoffensive weiterhin diese Haltung vertrat, verdeutlicht, wie sich die deutsche Kriegszieldebatte immer mehr von den diplomatischen und strategischen Realitäten entfernte. Und Stinnes stellte keineswegs eine Ausnahme dar; der Marineoffizier Kapitän von Levetzow schlug noch am 21. September 1918 vor, Deutschland solle nach dem Kriege Konstantinopel, Valona, Alexandrette und Bengasi erwerben.[18]

Die Anhänger einer Annexionspolitik unterschätzten die Vorteile, die Deutschland aus einer Zustimmung zur Wiederherstellung Belgiens hätte ziehen können; es hätte dann sicher durch Verhandlungen ein Ende des Krieges erreichen können, ehe es selber zusammenbrach. Die deutschen Pläne für koloniale Erwerbungen auf Kosten Großbritanniens und Frankreichs – wie sie sich an den zahlreichen Wunschlisten von Hamburger Unternehmerverbänden demonstrieren lassen – waren weniger bedeutsam, zeugten aber ebenfalls angesichts der eindeutigen Unterlegenheit Deutschlands zur See von einem Mangel an Realismus in der Kriegszieldebatte.[19] Das gleiche kann man von den Tagträumen deutscher Admiräle sagen, die sich auf Stützpunkte in Valona (Albanien), Dakar, den Kapverdischen Inseln, den Azoren, Tahiti und Madagaskar richteten; ganz zu schweigen von einem ersehnten afrikanischen Reich.[20]

Die Schwächen in der deutschen Strategie hatten ihre Ursprünge in Mängeln der politischen Struktur des Reiches. Die Autorität sowohl des Reichskanzlers als auch des Kaisers verringerte sich im Laufe des Krieges; das Militär übernahm die Macht, und die Oberste Heeresleitung unter Hindenburg und Ludendorff übte nach 1916 eine »stille« (also inoffizielle) Militärdiktatur aus.[21] In der Praxis bestimmte Ludendorff allein über die deutsche Strategie und viele andere Bereiche. Teilweise aus diesem Grund war es unvermeidlich, daß die Kriegszieldebatte untrennbar mit der Auseinandersetzung über die deutsche Verfassungslage verknüpft war. Jene, die das Gefühl hatten, daß außenpolitische Chancen nicht ausreichend wahrgenommen würden, stellten nicht nur das Niveau des Auswärtigen Amtes in Frage, sondern kritisierten auch das Ausmaß der

Unterwerfung des Reichskanzlers unter das Militär. Jene, für die Bethmann Hollweg ein »Verräter« und ein »Verbrecher gegen das Vaterland«
war, wünschten demgemäß, daß die Macht der Generäle erweitert würde.
Kriegsziele wurden in wachsendem Maße mit innenpolitischen Zielen
verknüpft – mit Diktatur, mit einem bestimmten Grad von Parlamentarisierung oder mit sozialistischer Revolution.

Das Geschehen der Monate Februar bis September 1917 machte die
Alternativen deutlich. Nach der Februarrevolution in Rußland verlieh die
Gründung der USPD in Gotha der Idee eines »Friedens durch Demokratisierung« organisatorische Substanz, und das drängte die Mehrheits-
sozialdemokraten in die gleiche Richtung. Im Reichstag verbanden die
Letztgenannten sich mit der Zentrumspartei und den Fortschrittlern, um
eine Resolution zu verabschieden, die einen »Frieden ohne Zwangs-
abtretungen« forderte. Aber Bethmann Hollweg, der den Kaiser dazu
gebracht hatte, die Demokratisierung des preußischen Wahlrechtes zu
akzeptieren, wurde von Hindenburg und Ludendorff aus dem Amt
gedrängt und durch Georg Michaelis ersetzt.

Es kam zu einer Polarisierung in der deutschen Politik. Jene, die für
einen Verhandlungsfrieden eintraten, mußten sich Gedanken über innenpolitische Reformen, machen, selbst wenn es nur darum ging, die Macht
des Reichskanzlers gegenüber der Militärführung zu stärken und die
Stärke der schwerindustriellen Lobby zu mindern. Doch diese Elemente
gewannen in Deutschland erst im Oktober 1918 die Oberhand, nachdem
Ludendorff auch die Reste deutscher Verhandlungsmöglichkeiten auf der
Grundlage einer militärischen Machtstellung vergeudet hatte.

Ein dritter Aspekt deutscher »Fehlleistung« war die relative Langsam-
keit, mit der das Reich zur Anwendung militärtechnischer Fortschritte
imstande war. Die Deutschen waren die Pioniere bei hochwertigen Gra-
benbefestigungen, bei Geschossen mit Stahlkernen, die feindliche Brustwehren durchdringen konnten, und bei Brandgeschossen gegen Beob-
achtungsballons. Sie waren auch bekanntlich das erste Heer, das Chlor-
gas auf dem Schlachtfeld einsetzte (bei Ypern am 22. April 1915).[22]
Auch Flammenwerfer stellten eine deutsche Erfindung dar (sie wurden
im Juli 1915 bei Hooge erstmals eingesetzt); desgleichen entwickelten sie
Minenwerfer und Stahlhelme.[23] Aber auf drei entscheidenden Gebieten
waren die Deutschen ihren Gegnern unterlegen. Wie Herwig dargelegt
hat, lagen die Deutschen bei den Luftstreitkräften zurück, obwohl das

bloße Zählen der zur Verfügung stehenden Flugzeuge im Frühjahr 1918 (3670 gegenüber 4500) möglicherweise die Leistungsfähigkeit der Zeppelinflotte und der Gotha-Bomber unterschätzt.[24] Das gleiche gilt auf dem Sektor des motorisierten Transports. 1918 verfügten die Deutschen über etwa 30000 Fahrzeuge, überwiegend mit Stahl- oder Holzreifen ausgestattet; dagegen standen 100000 Kraftfahrzeuge auf alliierter Seite, die meist über Gummireifen verfügten. Schließlich produzierten die Deutschen nicht genug Panzer. Von den 20 im Jahre 1918 fertiggestellten waren die meisten defekt; die Alliierten besaßen zu diesem Zeitpunkt bereits 800 Tanks.[25] Es erscheint paradox, daß das vor dem Krieg technisch führende Land mit den besten industriellen Anlagen nicht in der Lage war, die *Materialschlacht* zu gewinnen. Ein anderer technischer Mangel bestand darin, daß die Deutschen nicht fähig waren, der britischen Spionage gleichwertiges entgegenzusetzen. Insbesondere waren die Deutschen sich der Tatsache nicht bewußt, daß die meisten Funksprüche an ihre Flotte von der britischen Admiralität aufgefangen und entschlüsselt wurden.[26]

Die Strategie der Entente und der Alliierten

Verschiedene Autoren behaupten, daß die Strategie der Ententemächte nicht besser als die der Mittelmächte war.[27] Liddell Hart vertrat die Ansicht, Deutschland hätte besiegt werden können, ohne daß Großbritannien in eine lang dauernde und blutige Pattsituation auf dem Kontinent hineingezogen worden wäre, hätte man mehr Truppen für indirekte Aktionen wie ähnlich dem Angriff bei den Dardanellen zur Verfügung gestellt.[28] Alan Clark behauptete, daß Großbritannien es hätte vermeiden können, überhaupt Truppen einzusetzen, statt dessen hätte es sich auf seine Seemacht verlassen können, um Deutschland durch Hunger zum Nachgeben zu zwingen.[29]

Seit dem offiziell bestellten Historiker Edmonds hat keiner seiner Fachkollegen mehr geleistet, diese Auffassung zurückzuweisen, als John Terraine, der nahezu 40 Jahre lang behauptet hat, Großbritannien hätte den Krieg unter den gegebenen Umständen nicht besser führen können. Nach Terraine gab es keine Alternative dazu, die britischen Landungsstreitkräfte über den Ärmelkanal zu schicken; gab es keine anderen Möglichkeiten, als die Offensiven an der Somme und bei Passchendaele einzuleiten; und es sei daher »unergiebig nach Gründen für die [hohen britischen]

Verluste zu suchen, die über die Stärke des Feindes (...) und den technischen Charakter des Krieges selber weit hinausreichen«.[30] Corelli Barnett zählt zu den Anhängern dieser Auffassung, obwohl auch er behauptet, der Sieg habe nichts dazu beigetragen, den langfristigen ökonomischen und strategischen Niedergang Großbritanniens aufzuhalten.[31]

Es ist schwierig, ein plausibles alternatives Szenario zum Sieg der Entente an der Westfront aufzustellen. Vor allem konnte nichts mit größerer Wahrscheinlichkeit zu einem deutschen Sieg in Frankreich beitragen, als die Abzweigung einer großen Menge britischer Streitkräfte für einen langen Feldzug gegen die Türkei. Der Nutznießer eines britischen Sieges bei Gallipoli wäre Rußland gewesen; es wäre der Realisierung seines alten Traums von der Herrschaft über Konstantinopel einen Schritt näher gekommen. In der Zwischenzeit wären die Franzosen ohne genügend britische Soldaten in große Gefahr geraten.[32]

Eine reine Flottenstrategie hätte ebenfalls nicht ausgereicht, den Sieg über Deutschland zu garantieren. Trotz der Tatsache, daß Deutschland den Krieg verlor, gelang es der britischen Seestrategie nicht, die deutschen Zivilisten, wie beabsichtigt, durch Hunger zur Unterwerfung zu zwingen: Die wichtigsten Opfer der Blockade in Deutschland zählten zu jenen gesellschaftlichen Gruppen, die für die Kriegsbemühungen nicht entscheidend waren. Wenn Großbritannien in diesem Kriege nur zur See gekämpft hätte, würde es die Herrschaft über die Gewässer rund um Europa sichergestellt haben, doch ohne die Armeen, die Kitchener aufstellte, würde Deutschland den Landkrieg gewonnen haben.

Der Krieg konnte nur an der Westfront und nirgendwo sonst gewonnen werden. Aber das bedeutet nicht, daß die grundlegende Strategie, die dort angewandt wurde – der Zermürbungskrieg – uneingeschränkt als richtig akzeptiert werden sollte.

Die Ursprünge der Zermürbungstaktik lassen sich bis in den Oktober 1914 zurückverfolgen, als Kitchener zu Esher sagte: »Ehe Deutschland den Kampf aufgibt, wird es jede denkbare Möglichkeit ausschöpfen, Soldaten zu rekrutieren.« Zunächst hoffte Kitchener auf eine lange Kriegsdauer, er baute die New Army in der Absicht auf, (ähnlich Wellington) erst dann entscheidend einzugreifen, wenn die Franzosen die schmutzigerere Arbeit erledigt und die Deutschen zermürbt hätten. Sir Charles Callwell, Director of Military Operations, versetzte im Januar 1915 jedermann auf seiner Seite in Hochstimmung, indem er in einem Bericht

»bewies«, daß bei den Deutschen »in ein paar Monaten« Knappheit an Soldaten herrschen würde. Wenige Monate später sagte Brigadier Frederick Maurice, Callwells Nachfolger, immer noch zuversichtlich voraus, falls die Armee »weiter drauflos hämmern [könne], (…) werden wir Deutschland zermürben, und der Krieg wird in sechs Monaten vorbei sein«. Kitcheners Ansicht lief darauf hinaus, daß die »Zermürbung« die deutschen Reserven an Menschenmaterial nicht vor »etwa Anfang 1917« erschöpfen würde; dennoch trat er dafür ein, die Deutschen »sich durch kostspielige Angriffe gegen unsere Linien gänzlich ausbrennen« zu lassen – daher kam es zwischen Balfour und Churchill im Juli 1915 zu einem Gespräch über eine »aktive Verteidigung, die dem Feind durch ein Nagen und Sich-Einfressen an der ganzen Front so große Verluste wie möglich zufügt«. Der Feind solle »bis zu dem Punkt geschwächt werden, da weiterer Widerstand unmöglich wird« (Selborne); er müsse »erschöpft« und »verbraucht« werden (Robertson und Murray); seine Reserven müßten »aufgebraucht« werden (Robertson). Die Generäle legten sogar Ziele fest: 200 000 Mann Verluste der Deutschen durch Tod, Verwundung oder Gefangenschaft im Monat lautete (im Dezember 1915) eines davon.[33] Die Überlegungen der Franzosen gingen weitgehend in die gleiche Richtung. Im Mai 1915 gelangte ihr Generalstab zu dem Schluß, ein »Durchbruch mit anschließender Ausnutzung« würde nicht möglich sein, »solange der Feind nicht so erschöpft sei (…), daß er über keine Reserven zur Schließung der Bresche mehr verfüge«.[34]

»Aktive Verteidigung« ging allmählich in Angriff über. Sir Henry Rawlinsons Konzept für den Angriff an der Somme verlangte, »so viele Deutsche wie möglich mit den geringsten Verlusten für uns selber zu töten«. Dies sollte erreicht werden, indem man Punkte von taktischer Bedeutung einnahm und auf den deutschen Gegenangriff wartete.[35] »Wir kämpfen hauptsächlich, um die deutschen Armeen und die deutsche Nation zu aufzureiben«, vertraute Brigadegeneral Sir John Charteris am 30. Juni 1915 seinem Tagebuch an. Feldmarschall Haig hielt jedoch weiterhin an der Auffassung, es könne ein Durchbruch zuwege gebracht werden, fest und fürchtete, »durch eine *Zermürbungsschlacht* würden unsere Truppen gleichwohl und möglicherweise stärker als jene des Feindes aufgebraucht werden«.[36] Dies war zwar richtig, aber die von Haig bevorzugte Option bestand in einem massiven Angriff auf die deutschen Frontlinien, und das war noch kostspieliger: Am ersten Tag der Schlacht an der Somme mußte die britische Armee eine Verlustziffer von 60 000 Mann hinnehmen; der volle Stellenwert dieser Zahl wird anschaulich, wenn man sich vor Augen führt, daß die deutschen Verteidiger nur 8000 Mann verloren. Als der Durchbruch schließlich mißlang, zogen sich alle auf das Argument von der Ermattung des Gegners zurück und machten sich Illusionen, daß »die Deutschen nun mit letzter Verzweiflung sowie fast ohne Reserven kämpften und Zweifel daran hätten, ob sie einer Niederlage entgehen können – das gilt selbst für ihre in Gefangenschaft geratenen Offiziere«.[37] Es handelte sich, wenn man die offiziellen britischen Zahlenangaben über die deutschen Verluste an der Somme von 680 000 akzeptiert, gerade einmal um ein Unentschieden (die Briten verloren 419 654, die Franzosen 204 253 Mann). Wenn die deutschen Verlustzahlen (450 000), wie zu vermuten ist, richtig sind, dann hatte die Zermürbungsstrategie zu einer Niederlage der *eigenen* Seite geführt. Selbst Haig begann zu vermuten, die Deutschen seien nun, indem sie in der Defensive blieben, diejenigen, die »unsere Truppen mürbe machen«[38]; das zeigte sich deutlich bei der Nivelle-Offensive von April 1917. Bis 15. Mai hatten die Franzosen 187 000 Mann Verluste erlitten, die Deutschen dagegen 163 000.

Als es bei den Franzosen zur Meuterei kam, bestand Haigs Rezept dagegen in noch mehr Zermürbung: Wenn auch die britische Offensive bei Arras (April und Mai 1917) Gewinne erzielte, sie konnten den Verlust von 159 000 Mann in nur 39 Tagen nicht ausgleichen. Im Mai setzten sich Robertson und Haig immer noch einmütig dafür ein, »den Widerstand des Feindes zu zermürben und zu erschöpfen«; jedoch der Angriff bei Messines im folgenden Monat kostete die Briten 25 000 Tote, Verletzte und Gefangene gegenüber 23 000 Opfern auf deutscher Seite. Die Zermürbungmaxime wurde wiederum zur Rechtfertigung der dritten Schlacht um Ypern in Anspruch genommen.[39] Haig träumte nach wie vor von einem Durchbruch, aber nun gab selbst Robertson zu, daß er an dieser Strategie »festhalte, weil ich nichts Besseres sehe und weil mein Instinkt mir rät, daran festzuhalten«, doch besitze er kein »überzeugendes Argument« für diese Strategie.[40] Beide Seiten verloren jeweils ungefähr 250 000 Mann. Lloyd George urteilte danach: »Haig ist es völlig gleichgültig, wie viele Soldaten er verliert, er verschwendet einfach das Leben dieser Jungs.«[41] Der Premierminister machte einen bitteren und treffenden Witz: »Wenn ich mir diese schreckenerregenden Opferlisten anschaue, dann wünsche ich manchmal, es wäre nicht nötig, so viele [große Siege] zu erzielen.«[42] Die höchsten Opferzahlen, die das deutsche Heer hinzunehmen hatte, gab es im Frühjahr 1918, als Ludendorff *seine* Offensive in Gang setzte. Die deutschen Gesamtverluste am Ende der Operation Michael betrugen 250000 gegenüber 178000 Opfern auf britischer und 77000 auf französischer Seite; Ende April lauteten die entsprechenden Zahlen 348000 respektive 240000 und 92000. Was die Gesamtzahl der Ausfälle anging, so war das Resultat erneut ein »Unentschieden«, aber die Entente konnte ihre Verluste besser verkraften, da ihr nun amerikanische Verstärkungen zur Verfügung standen. Erst im Juni 1918 erkannten britische Befehlshaber, daß »die Bemühung[en] um [die] Zermürbung« des Feindes sich nur rentierten, wenn es »ausreichende Überlegungen und artilleristische Vorbereitungen gab, um einen sparsamen Umgang mit Soldaten zu sichern«.[43]

Eine Auswertung des verfügbaren Zahlenmaterials zeigt, daß die Mittelmächte, obwohl ökonomisch im Nachteil, weit erfolgreicher als die andere Seite waren, wenn es darum ging, ihre Feinde zu töten. Nach den zuverlässigsten verfügbaren Zahlen für militärische Verluste durch Tod während dieses Krieges verloren 5,4 Millionen Soldaten, die für die Ententemächte und ihre Verbündeten kämpften, ihr Leben, und die überwältigende Mehrheit dieser Menschen wurde vom Feind getötet. Dagegen betrug die Gesamtzahl der Verluste der Mittelmächte etwas mehr als vier Millionen.[44] Mit anderen Worten: Wenn es um Massenschlächtereien ging, dann waren die Mittelmächte etwa um ein Drittel effektiver als ihre Gegner.

Eine noch größere Diskrepanz existiert im Hinblick auf das zweite effektive Mittel, den Feind außer Gefecht zu setzen: die Gefangennahme. Zwischen 3,1 und (höchstens) 3,7 Millionen Soldaten, die für die Mittelmächte kämpften, wurden während des Krieges gefangengenommen, dem standen zwischen 3,8 und (höchstens) 5,1 Millionen Soldaten der Entente und ihrer Verbündeten gegenüber. Die »Nettoverlustzählung« fällt hier stark zugunsten der Mittelmächte aus, denen es gelang, zwischen 25 und 38 Prozent mehr Gefangene zu machen als ihre Gegner.

Zugegebenermaßen stellt die bloße Addition der Nettoverluste einen groben Maßstab militärischer Effektivität dar; Michael Howard hat gemeint, daß »das Reduzieren der Kriterien militärischen Erfolgs auf diese Art von Leichenzählerei eine *reductio ad absurdum*« sei.[45] Es gibt jedoch kaum alternative Kriterien zur Beurteilung der Leistungen von Heeren im Ersten Weltkrieg. Wenn man versucht, den Erfolg von Offensiven nach der Größe des eroberten Territoriums einzuschätzen, bestätigt sich nur, daß während des größten Teils der Phase von 1915 bis 1917 der Krieg an der Westfront ein Nullsummenspiel war.

Man könnte natürlich argumentieren, relativ gesehen sei die Ermattungsstrategie wegen der weit größeren Menge an Personal, das den Generälen der Entente zur Verfügung stand, erfolgreich gewesen. Sie konnten sich höhere Verluste als die Mittelmächte leisten: Was zählte, war nicht die absolute Zahl der feindlichen Soldaten, die getötet oder gefangengenommen wurden, sondern deren Anteil an der zur Verfügung stehenden Personalstärke. Betrachtet man die Zahlen, wird deutlich, daß die Mittelmächte relativ betrachtet in der Tat vom Krieg stärker betroffen waren, verloren sie doch 11,5 Prozent all ihrer erwachsenen Männer, und dem steht eine Zahl von gerade einmal 2,7 Prozent auf der anderen Seite gegenüber.

Doch betrachtet man für einen präziseren Vergleich nur die beiden Gegner Deutschland und Frankreich, dann wird deutlich, daß es den Deutschen in jeder Hinsicht gelang, ihren Gegnern schwerere Verluste zuzufügen. Franzosen und Deutsche mobilisierten einen mehr oder weniger gleich hohen Bevölkerungsanteil; aber die Deutschen töteten mehr Franzosen, als die Franzosen imstande waren, Deutsche zu töten. Schlimmer noch: Den Franzosen standen Jahr für Jahr weit weniger junge Männer für den Kampf zur Verfügung als den geburtenreicheren Deutschen.

Die französische Armee brach jedoch nicht zusammen (obwohl sie 1917 eine schwächende Krise der Kampfmoral erlitt). Es war vielmehr die russische Armee – deren relative Verluste im Verhältnis zur Zahl der mobilisierten Soldaten gering und sehr niedrig in Relation zu allen erwachsenen Männern waren –, die zuerst zusammenbrach. Wie bereits dargelegt wurde, stellten die Schotten (nach den Serben und den Türken) jene Soldaten, die die höchste Todesrate erlitten; doch die schottischen Regimenter kämpften bis zum Schluß. Eine mechanistische Erklärung der Niederlage der Mittelmächte von der Art, wie sie Befürworter der Theorie der Zermürbung vertreten, wird daher nicht ausreichen. Die hier vorgelegten Ergebnisse der Nettoverlustberechnung geben wenig Anhaltspunkte dafür, warum und wodurch Deutschland und seine Verbündeten den Ersten Weltkrieg verloren.

Verknüpft man die zur Verfügung stehenden französischen, britischen und deutschen Zahlen für Verluste an der Westfront, so kann man zeigen, daß es von August 1914 bis Juni 1918 keinen Monat gab, in dem es die Deutschen nicht schafften, mehr Soldaten der Entente zu töten oder gefangenzunehmen als sie ihrerseits Kämpfer verloren. Allerdings wuchs während dieser ganzen Zeitspanne die britische Armee an der Westfront zahlenmäßig, so daß die auf die eigene Streitkraft bezogene anteilige Verlustrate sowohl an Offizieren als auch an Soldaten fiel. Wenn man die britischen Zahlen mit den französischen zusammenfügt und mit dem Gesamtverlust der Deutschen an der Westfront vergleicht, so hat es den Anschein, daß die Armeen der Entente ihre Schlagkraft allmählich verbesserten. Doch kehrte sich die Nettoverlustbilanz erst im Sommer 1918 zu ihren Gunsten um; das spiegelte jedoch in erster Linie den starken Anstieg der Zahl jener Deutschen wider, die kapitulierten, und weist keineswegs auf eine bedeutsame Steigerung der Nettotötungszahlen auf seiten der Alliierten hin.

J. E. B. Seely, der Kommandeur der kanadischen Kavalleriebrigade, faßte die Absurdität des Zermürbungskriegs zusammen, als er im Jahre 1930 bemerkte: »Einige dumme Menschen auf alliierter Seite dachten, der Krieg würde an der Westfront beendet, indem man die Deutschen alle umbringt. Natürlich konnte diese Methode nur Erfolg haben, wenn wir sehr viel mehr von ihnen töteten, als wir selber verloren.«[46] Dies gelang den Briten jedoch nur, als sie wegen der Offensive Ludendorffs gezwungen waren, sich selbst zu verteidigen. Ihre eigenen Offensivoperationen offenbarten mit bemerkenswert wenigen Ausnahmen die Tendenz, bei ihren eigenen Streitkräften genau so viele, wenn nicht gar mehr Verluste wie beim Feind herbeizuführen. Kurzum, die Deutschen erreichten am entscheidenden Kriegsschauplatz während der längsten Zeit des Krieges ein höheres Niveau an militärischer Effektivität. Dies läßt die Annahme, sie hätten den Krieg trotz der ökonomischen Mängel auf ihrer Seite gewinnen können, viel weniger phantastisch erscheinen.

Ausreden

Wie können wir die immense Diskrepanz sowohl an Effektivität als auch an Effizienz zwischen der Entente und den Mittelmächten im ausschlaggebenden Landkrieg erklären?

Die noch immer populärste Erklärung ist die, daß die Generäle der Entente »Dummköpfe« waren, die im britischen Fall »als Ergebnis ihrer engstirnigen Erziehung« durch eine »pedantische und eifersüchtige Rigidität der Ansichten [und] eine stumpfsinnige Psychologie« geprägt waren.[47] Derlei Ansichten finden sich auch bei modernen Autoren wie Laffin, für den die britischen Generäle nur »Schlächter und Stümper« wie der berüchtigte Colonel Blimp waren.[48] Stärker wissenschaftlich orientierte Autoren haben in letzter Zeit versucht, diese Kritik zu differenzieren. Die Generäle, so wird behauptet, begriffen die Eigenarten des Grabenkriegs nur sehr langsam, sie befahlen Angriffe, die ungenügend vorbereitet waren oder unzureichend durch die Artillerie unterstützt wurden und denen es an klarer Zielsetzung mangelte; sie setzten die Attacken fort, nachdem jegliche Erfolgschance längst verronnen war; sie strebten stur danach, durch die deutschen Linien zu brechen, statt dem Gegner vor allem maximale Verluste zuzufügen; und sie versuchten unabhängig von dessen taktischem Wert Gelände zu erobern, während es ihnen gleichzeitig nicht gelang, den Wert von Standorten für die Artilleriebeobachtung richtig einzuschätzen. Nach Bidwell und Graham mangelte es der Armee der Vorkriegszeit an einer wirklichen Kriegsdoktrin, und sie brachte es nicht fertig, ihre Taktiken der neuen Technologie des Krieges anzupassen[49]; diese Ansicht ist auch von Travers bestätigt worden.[50]

Zur Verteidigung der immer wieder geschmähten »Kommißköpfe« sind mehrere Erklärungen für die relativ hohen britischen Opferzahlen geliefert worden: Erstens: Die britische Armee mußte angreifen, während die Deutschen (und in Gallipoli die Türken) nur zu verteidigen brauchten. Die moderne Feuerkraft hatte die Soldaten vom Schlachtfeld in Grabensysteme und Erdlöcher hineingetrieben. Verfügte man über genügend Artillerie und Granaten, dann konnten Breschen in diese Verteidigungsstellungen geschlagen werden, aber solche Durchbrüche ließen sich nicht ausnutzen. Die gleiche Artillerie, die diese günstige Konstellation herbeiführte, zerstörte sie auch wieder, indem die Granaten den Boden aufwühlten, wodurch es schwierig wurde, die Kanonen nach vorn zu schaffen und den Vorstoß unter deren Schutzfeuer wieder aufzunehmen. Während Angriffe immer wieder steckenblieben, konnten die feindlichen Reserven rasch per Eisenbahn nach vorne geschafft werden. Terraine hat die angreifende Armee mit einem Berufsboxer, der ein Bein in Gips trägt, verglichen (stark, aber langsam).[51]

Zu den übrigen, eher technisch bedingten Problemen zählten schlechte Führung, Kontrolle und Kommunikation.[52] 1914 mußten die britischen Expeditionsstreitkräfte noch angemessene Methoden der Flugbeobachtung, der Luftfotografie und des Funkverkehrs entwickeln. Die Karten waren ungenau. Die Kommunikationsnetzwerke hörten an der Frontlinie auf; sobald die Truppen sie hinter sich ließen, war ihre Position nicht mehr bekannt. Während der Schlacht wurden die Verbindungen mit hoher Wahrscheinlichkeit durch feindliches Granatfeuer abgeschnitten – trotz sorgfältiger Vorbereitung wie dem Verlegen von Kabeln unter der Erde in dreifacher Ausführung entlang verschiedener Routen. Die Generäle mußten sich daher auf fragmentarische Berichte von Meldegängern stützen.[53] Erst 1918 entwickelten die Armeen ausgefeiltere Funkdienste und konnten drahtlose Übertragungsmittel verwenden. Der Zustand der Fernmeldetechnik ist ein wichtiges Element für die Erklärung der hohen Verluste der angreifenden Seite.[54] Holmes hat dies wie folgt ausgedrückt: »Es war nicht in erster Linie das Anwachsen der Vernichtungskraft, das der Westfront ihren besonderen Charakter verlieh; es war vielmehr die Tatsache, daß die Kommunikation ständig hinter der Bewaffnung her hinkte. Es war für einen Verteidiger, der auf seine eigenen Kommunikationslinien zurückgetrieben wurde, stets leichter, seinen Mißerfolg auszugleichen, als es für einen Angreifer, dessen Kommunikationswege sich über den unübersichtlichen Rand des Schlachtfeldes hinweg erstreckten, war, seinen Erfolg auszubauen.«[55]

Zweitens: Die Briten waren wegen der besonderen Zwänge eines Koalitionskrieges wiederholt zu verfrühten Offensiven gezwungen. Die britischen Expeditionsstreitkräfte würden die voreiligen Offensiven von 1915 nicht begonnen haben, wäre es (nach Kitcheners Worten) nicht »zweifelhaft [erschienen], wieviel länger [die russische Armee] den deutschen Schlägen würde widerstehen können«.[56] Er warnte die Regierung auch, man »könne die Zusammenarbeit, die Joffre erwartet, nicht ohne eine ernsthafte oder vielleicht fatale Schädigung der Allianz zurückweisen«.[57] Als die Franzosen im März 1915 einen Angriff auf Vimy Ridge absagten, der mit dem britischen Angriff auf Neuve Chapelle zusammenfiel, ließ Sir John French dennoch vorstoßen, um seine Bereitschaft zu beweisen, »loyal und in der allerherzlichsten Art und Weise zu kooperieren«.[58] Erst bei Messines (Juni 1917) konnte die britische Armee die strategische Initiative übernehmen und entscheiden, wann und wo man angriff. Aber das Handeln auf eigene Faust war keine geeignete Methode, den Krieg zu gewinnen. Erforderlich war vielmehr eine effektive Koordinierung der alliierten Bemühungen. Erst angesichts der deutschen Offensive von 1918 akzeptierte die britische Armee die notwendigen Konsequenzen eines Engagements auf dem Kontinent, ein einheitliches Kommando unter französischer Führung.[59]

Drittens: Im Unterschied zum deutschen Heer war das britische nicht für einen Kontinentalkrieg geschaffen. Im Juni 1919 erinnerte Haig daran, daß »wir unvorbereitet in diesen Krieg zogen, (…) während des ganzen Verlaufs des Krieges unternahmen wir verzweifelte Nachholbemühungen.«[60] So war während der Friedenszeit nur ein Divisionsstab aufrechterhalten worden, teilweise aufgrund finanzieller Knappheit, hauptsächlich aber, weil es keine Absicht gab, irgendwelche Befehlsstufen zwischen Generalstab und britischen Expeditionsstreitkräften zu haben.[61] Allenby, der die Kavalleriedivision kommandierte, mußte feststellen, daß er nur über zwei Stabsoffiziere verfügte. Er erhielt dann weitere, die jedoch unerfahren waren.[62] Britische Generäle waren daher von Anfang an zur Improvisation gezwungen.

Das wesentliche Problem bestand darin, daß sich die gesamte Kultur der britischen regulären Armee gegen effektive Improvisationen auswirkte. Die Befehlsstruktur basierte auf Gehorsam gegenüber Vorgesetzten und Mißtrauen gegenüber Untergebenen; im Heer konnte man immer noch infolge von Beziehungen vorankommen; und Befehlshaber konnten immer noch wegen persönlicher Auseinandersetzungen »auf den Bauch fallen«.[63] Dies konnte ernsthafte Auswirkungen haben: Als Haig Rawlinsons ursprünglichen Plan für die Sommeschlacht in Zweifel zog, sah sich letzterer außerstande, seinen Standpunkt zu behaupten, was dazu führte, daß Haig auf dem selbstmörderischen Ziel eines Durchbruchs bestehen konnte. Dazu meinte Rawlinson: »Es ist ein Hasardspiel, eine uneingeschränkte Offensive durchzuführen, aber wenn D. H. das wünscht, dann bin ich bereit, in vernünftigem Rahmen alles zu unternehmen.«[64] Ein Armeekommandeur nahm es sich nicht heraus, einen Oberkommandierenden zu korrigieren, selbst wenn es hier um das Leben Zehntausender Soldaten ging.[65] Ähnliche Hemmungen existierten auf allen Ebenen. Befehle wurden ganz oben ausgegeben und dann die Befehlspyramide hinab weitergeleitet; es gab kaum einen Informationsfluß in der Gegenrichtung. Dies führte schließlich dazu, daß Offiziere,

Unteroffiziere und Mannschaften sich daran gewöhnten, »auf Befehle zu warten«. In Kampfsituationen, so hat J.M. Bourne bemerkt, »setzte Lähmung ein, wenn deutsche Granaten die Kommunikation unterbrachen«. Man hat auf Moral, Mut und Disziplin zuviel Gewicht gelegt und die Bedeutung von Feuerkraft und Taktik nicht ausreichend hervorgehoben.[66]

Und diese Probleme wurden nicht geringer, als die Armee durch neue Männer aufgefrischt wurde; eher war das Gegenteil der Fall: Mehr Größe bedeutete mehr Bürokratie. Die Führung selber wurde, wie Martin van Creveld dargelegt hat, bürokratisch: »Die Kriegführung reichte vom Schlachtfeld zurück in die Fabrik und in das Büro«, und unmerklich sickerten »die Methoden des Büros und der Fabrik« retour, »um das Schlachtfeld zu beherrschen«.[67] Nach Dominic Graham war es genau diese organisatorische Tendenz, die dazu führte, daß die Lernkurve der britischen Expeditionsstreitkräfte zwischen Neuve Chapelle und Cambrai so betrüblich flach verlief.[68] So lernten die britischen Streitkräfte auf dem Kontinent zwar aus der Defensive zu kämpfen, doch es gelang ihnen nur ganz langsam zu erkennen, wie man am besten angriff; sie schafften es nicht, den Einsatz ihrer verschiedenen Waffen zu koordinieren; sie scheiterten, wenn es darum ging, das Zusammenspiel von Feuerkraft und Bewegung zu meistern.[69]

Man sah in Waffengattungen wie der Artillerie und den Panzern bloßes Beiwerk zur Infanterie und nicht selbständige Teile eines verbundenen Systems. So kam es dazu, daß 13 Monate vergingen, bis der Prototyp eines Panzers vom Kriegsministerium akzeptiert wurde, es dauerte weitere sieben Monate, bis Panzer im Kampf zum Einsatz kamen (bei Flers-Courcelette im September 1916), und nochmals 14 Monate vergingen bis zum ersten nennenswerten Panzerangriff. Als schließlich einsatzfähige Panzer zur Verfügung standen, tendierten die Armeebefehlshaber dazu, Ratschläge von Experten, wie man denn dieses neue Kampfgerät einsetzen könne, zu ignorieren.[70] Selbst nach Amiens wies Haig die Vorstellung einer mechanisierten Kriegführung zurück und glaubte weiterhin, daß Personalstärke der Schlüssel zum Sieg sei.[71]

Der Einsatz von Artillerie spielte in dem Zermürbungskrieg in vielfacher Hinsicht die Schlüsselrolle.[72] Von 1914 bis zur Schlacht an der Somme waren die Briten einer überlegenen Artillerie des Gegners ausgesetzt. Es fehlte ihnen an Kanonen, die stark genug waren, und angemessenen Vorräten an Granaten (hochexplosiver Sprengstoff war besonders knapp).[73] Die Artillerie stützte sich in erster Linie auf »Beobachtung«, und dies bedeutete, daß Kanoniere ihre Ziele nur treffen konnten, wenn sie sichtbar waren (dies schloß sowohl indirektes als auch Gegenfeuer aus). Es wurden kaum Karten benutzt, und die Batterien standen weit verstreut, so daß eine Konzentration des Feuers schwierig war. Bei der Schlacht von Loos im September 1915 gab es auf britischer Seite etwa 60 000 Tote, Verletzte und Gefangengenommene, nachdem man der Infanterie ohne genügende Artillerieunterstützung den Angriff befohlen hatte. Nur langsam dämmerte es den entscheidenden Militärs, daß Artillerie und Infanterie ihre Bemühungen aufeinander abstimmen mußten.

Ende 1915 hatten britische Kanoniere einiges über indirektes Feuer gelernt, man fing an, von der Luftaufklärung Gebrauch zu machen. Mehr und mehr tauchten schwere Geschütze (insbesondere Haubitzen und Kanonen mit großem Kaliber) auf, ebenso große Mengen von Munition, die dem höheren Feuertempo entsprachen. Zu Beginn der Beschießung wurde die Artillerie zentral kontrolliert. Es wurden die ersten Experimente mit Sperrfeuer unternommen. Doch verblaßten diese wenigen Fortschritte angesichts der Unzulänglichkeiten, die die Sommeoffensive prägten, zur Bedeutungslosigkeit. Die Befehlshaber der Entente waren nun davon überzeugt, daß die Bombardements in die Länge gezogen werden sollten, da das Ziel der Artillerie darin bestehe, die Verteidigungsanlagen des Gegners zu zerstören. Dazu meinte Sir John French: »Wenn genügend Munition herangeschafft wird, dann kann man sich einen Weg durch die [feindliche] Linie freischießen.«[74] Und Pétain formulierte dies so: »Die Artillerie erobert jetzt Stellungen, und die Infanterie besetzt sie dann.« Die Wucht der Granaten sollte den Mangel an Genauigkeit ausgleichen. Doch Haigs Entscheidung, die zweite Linie der Deutschen genauso wie die erste zu beschießen, halbierte die Kraft der Beschießungen. Noch ernsthaftere Folgen hatte es aber, daß die Munition von schlechter Qualität war (bis zu 30 Prozent explodierte nicht), und ein Viertel der Kanonen war durch Überbeanspruchung defekt. Es gab immer noch zu wenig hochexplosive Granaten und zu viele technische Mängel.[75] Die Beschießungen von 1916 verfehlten nicht nur ihr primäres Ziel, Zerstörungen anzurichten (Haig unterschätzte die Stärke der deutschen Verteidigung), sondern behinderten auch das darauffolgende Vorstoßen der Infanterie. Die Notwendigkeit, durch kürzere Beschießungen für

Überraschung zu sorgen, war immer noch nicht erkannt worden, während das Festhalten an einem rigiden Feuerplan die Ausnutzung von Anfangserfolgen verhinderte.[76]

Das deutsche Heer war operativ und taktisch fortschrittlicher. Michael Geyer hat behauptet, die Reorganisation der deutschen Armee durch Ludendorff im Jahre 1916 stelle die Wasserscheide des Ersten Weltkriegs dar. Sie habe »die gut eingeübte hierarchische Kontrolle von Menschen über Menschen durch eine funktionale Organisation der Gewalttätigkeit« ersetzt.[77] Wo die Briten die neuen Waffen einer bestehenden Struktur und ihren unveränderten Konzepten gleichsam bloß aufpfropften und sich in erster Linie mit der Bereitstellung von »Menschenmaterial« beschäftigten, paßten die Deutschen ihre taktische Vorgehensweise einer neuen Technologie an.[78]

Die klassischen Fortschritte der Deutschen bestanden in der Entwicklung einer »Verteidigung in der Tiefe« (das Konzept war einem eroberten französischen Dokument entnommen)[79]; hinzu kamen Oberst Georg Bruchmüllers Entwicklung der »Feuerwalze« und die »Sturmbeschießung«[80]; sowie schließlich der Entwicklung von Stoßtrupps, speziell ausgebildeten, hochmobilen und stark bewaffneten Einheiten, deren Aufgabe es war, in die feindlichen Linien einzusickern und sie auseinanderzureißen. Das Konzept der Verteidigung in der Tiefe lief darauf hinaus, daß die Deutschen das System einer langen Linie, die frontal feuerte, durch kleine Gruppen ersetzten, die die Flanken des Angreifers beschossen.[81] Die Frontlinie (die das erste Ziel der feindlichen Artillerie war) wurde mit relativ schwachen Kräften gehalten, aber dahinter befand sich eine kontinuierlich verteidigte Zone mit verstreuten Außenposten und Maschinengewehrnestern, wodurch Kraft für den Gegenangriff aufgespart wurde.[82] Erst Anfang 1918 begannen die Alliierten, allerdings stets unvollkommen, die Tiefenverteidigung nachzuahmen. Auch bei der Stoßtrupptaktik lag das Schwergewicht auf kleinen Einheiten, die mobil und flexibel agierten.

Die taktischen Stärken der Deutschen wurzelten in einer besonderen militärischen Dogmatik. Martin Samuels weist auf eine spezifisch deutsche Philosophie des Gefechts hin, die dessen chaotische Grundzüge anerkannte.[83] Dies beeinflußte wiederum die Art und Weise, wie sich die Befehlsstrukturen entwickelten. Die Deutschen bevorzugten die Auftragstaktik (eine an Aufgaben orientierte und dezentralisierte, auf allen

Ebenen flexible Entscheidungsfällung), während die Briten der »Befehls-taktik« den Vorzug gaben, die bewußt von jeglicher Initiative ab-schreckte.[84] Daraus ergaben sich unterschiedliche Ausbildungsmethoden. Die »Chaostheorie« der Deutschen machte ein hohes Niveau an Ausbil-dung erforderlich, um das Anpassungsvermögen zu fördern; der britische Ansatz verlangte dagegen nur Gehorsam. Darüber hinaus hörte der deut-sche Offizier nicht zu lernen auf, nachdem er einmal sein Offizierspatent erhalten hatte; das Offizierskorps war nach Leistung und Verdienst geglie-dert, und Versager unter den Offizieren wurden rücksichtslos entfernt.[85] Gudmundsson zeigte in seiner Arbeit über die Stoßtrupptaktik, daß sie nur erfolgreich sein konnte, weil es ein »sich selbst erziehendes Offiziers-korps« gab.[86]

Vor dem Krieg pflegten Kritiker des preußischen Militarismus zu behaupten, dieser trichtere den Soldaten einen *Kadavergehorsam*, also eine zombieartige Unterwerfungshaltung, ein. Lord Northcliffe postu-lierte, der britische Soldat verfüge dank der britischen Tradition des Indi-vidualismus und des Mannschaftssports über einen größeren Sinn für die Initiative als der deutsche. In Wirklichkeit war die größtenteils von Amateuren geprägte britische Armee durch exzessive Rigidität ihrer Befehlsstruktur und eine Kultur gedankenlosen Gehorsams unterhalb der Unteroffizierse bene gekennzeichnet Im Gegensatz dazu ermutigten die Deutschen ihre Soldaten während des gesamten Krieges, auf dem Schlachtfeld die Initiative zu ergreifen, sie hatten (wie Clausewitz es gelehrt hatte) erkannt, daß »Friktion« und Zusammenbrüche des Nach-richtenwesens detaillierte Operationspläne sehr schnell außer Kraft setzten.

Im Felde unbesiegt?

Apologeten der britischen Kriegführung erinnern stets daran, daß »Groß-britannien schließlich den Krieg gewann« (oder zumindest auf der Seite der Sieger stand). Dagegen setzen sich nur wenige Historiker, die sich mit der deutschen Geschichte beschäftigen, rein militärgeschichtlich mit der berühmten Behauptung von Friedrich Ebert auseinander, der am 11. Dezember 1918 zu heimkehrenden Truppen sagte: »Kein Feind hat Euch überwunden.«[87] Doch die vergleichenden Analysen lassen es verständ-licher erscheinen, warum so viele Deutsche dies glaubten.

Die deutsche Niederlage läßt sich schließlich nach Paddy Griffith dadurch erklären, daß die britischen Expeditionsstreitkräfte ihre Kampfweise langsam verbesserten. Bis 1918 hatten die Briten gelernt, Panzer, Flugzeuge und gepanzerte Fahrzeuge einzusetzen und vor allem ihre Infanterie und ihre Artillerie aufeinander abzustimmen. Gleichzeitig hatte sich die Infanterie neue Taktiken angeeignet.[88]

Auch die Artillerie vervollkommnete sich mit der Zeit. Neben technischen und taktischen Fortschritten setzte sich die Erkenntnis durch, daß die Hauptaufgabe der Artillerie nicht in der Vernichtung der feindlichen Verteidigungsanlagen und Geschütze lag, sondern darin, diese lange genug zu neutralisieren, damit die Infanterie vorstoßen könne. Dies verringerte nicht nur das Ausmaß der physischen Zerstörung der Landschaft, sondern bedeutete auch die Wiederherstellung des Elements der Überraschung, das bislang bei den meisten britischen Offensiven vollständig gefehlt hatte.

Der Höhepunkt dieser Fortschritte, so wird behauptet, sei 1918 der Triumph der sogenannten »100 Tage« des Jahres gewesen. Angriffe wie jene bei Beaumont-Hamel und vor allem Amiens zeigten, daß die Briten erfolgreich Infanterie, Artillerie, Panzer und Flugzeuge in einer Weise zu einer Einheit verbanden, die die Militärhistoriker als Präludium zur Kampfweise des Zweiten Weltkriegs betrachten. Griffith sprach von einer »wirklichen Revolution der Technik«.[89] Damit scheint Terraines Aussage gerechtfertigt: »Der Feind wurde im Grunde durch das britische Waffensystem überflügelt.«[90]

Doch der deutsche Rückzug im Sommer 1918 war keine Flucht. Die Deutschen waren immer noch höchst leistungsfähig, wenn es darum ging, den Feind zu töten. Zwar entwickelten sich in den Monaten August bis Oktober 1918 die Nettoverlustzahlen zum erstenmal während des Krieges zuungunsten der Deutschen. Doch ein großer Teil der deutschen Verluste bestand aus Soldaten, die sich ergeben hatten. Offizielle britische Statistiken zeigen, auch wenn sie unvollständig sind, daß die Nettotötungsbilanz immer noch in der Größenordnung von etwa 35 300 Mann zugunsten der Deutschen ausfiel. Nach diesem Maßstab allein betrachtet, lag der Tiefpunkt des Geschicks der deutschen Armee nicht im August, sondern im April 1918, als es nach britischen Schätzungen 28 500 mehr tote Deutsche als Briten gab.

Diese Zahlen sind mit größter Vorsicht zu betrachten, denn viele Soldaten, von denen es heißt, sie seien in den entscheidenden Monaten des Jahres 1918 vermißt gemeldet worden, waren gefallen. Verschiedene Aspekte deuten darauf hin, daß der Schlüssel zum Sieg der Alliierten nicht in der Verbesserung ihrer Fähigkeit lag, Feinde zu töten, sondern eher auf einen plötzlichen Anstieg der Bereitschaft deutscher Soldaten, sich zu ergeben, zurückzuführen ist. Wie in den beiden nächsten Kapiteln noch dargelegt werden wird, ist es nicht eindeutig, daß der Niedergang des Kampfgeistes der Deutschen auf die Verbesserung der britischen Taktik zurückzuführen war; es ist zumindest möglich, daß dieser Niedergang der Moral vielmehr ein endogenes Phänomen war. Ähnliches läßt sich über den österreich-ungarischen Zusammenbruch an Grappa und Piave sagen. Zwischen dem 26. Oktober und dem 3. November 1918 machten die Italiener 500 000 Gefangene, töteten oder verwundeten jedoch nur 30 000 Gegner.[91] Diese Entwicklung ist vermutlich darauf zurückzuführen, daß es auf österreich-ungarischer Seite zu einem Zusammenbruch der Disziplin kam, da nicht-deutsche Soldaten nicht mehr bereit waren, für das kollabierende Habsburgerreich zu kämpfen.

Es wurde lange und beharrlich behauptet, daß die Amerikaner »den Krieg gewannen«. Doch die amerikanischen Landungsstreitkräfte erlitten überdurchschnittlich hohe Verluste, vor allem, weil Pershing immer noch an Frontalangriffe glaubte, die britischen und französischen Trainingsmethoden als übervorsichtig abtat und darauf bestand, große und schwerfällige Divisionen beizubehalten. Die Operationen der Ersten Amerikanischen Armee gegen die Hindenburglinie (Kriemhilde-Stellung) im September/Oktober 1918 waren taktisch rückständig und verschwenderisch. Erst in der letzten Oktoberwoche wurden die deutschen Verteidigungsstellungen nach einer Reihe von Frontalangriffen durchdrungen, die ungefähr 100 000 Opfer kosteten. Trask hat die Schlußfolgerung gezogen, »die wichtigste Leistung der amerikanischen Expeditionsstreitkräfte« habe darin bestanden, »in Frankreich aufzutauchen«; sie waren eher nützlich, wenn es darum ging, britischen und französischen Truppen Erleichterung in ruhigen Frontabschnitten zu verschaffen und den Deutschen die unerschöpflichen Menschenreserven deutlich zu machen, die den Alliierten zur Verfügung standen.[92] Wenn es dies war, was deutsche Soldaten veranlaßte, sich zu ergeben, dann handelte es sich nicht um den Durchbruch einer revolutionären Taktik.

Ende Oktober 1918 wurde das Vordringen der Alliierten immer langsamer; als die Deutschen sich ihrer Heimat näherten, kehrte ihre Kampf-entschlossenheit zurück. Austen Chamberlain fragte seine Frau: »Wieviel weitere Männer werden wir in einem Jahr verloren haben?«[93]

Nicht die taktische Überlegenheit der Alliierten beendete den Krieg, sondern eine Krise der Kampfmoral auf deutscher Seite. Und dies kann nur zum Teil der von außen einwirkenden Kraft der alliierten Infanterie und Artillerie zugeschrieben werden. Jene Deutschen, die weiterhin kämpften, waren immer noch besser imstande, den Gegner zu töten, als umgekehrt. Es waren jene Deutschen, die sich zur Kapitulation – respektive zur Desertion oder zum Streik – entschlossen, die den Krieg beendeten. Zweifellos wurden sie bei ihrer Entscheidung durch die gesteigerte Kampffähigkeit des Feindes beeinflußt; die Ereignisse des 8. August vor den Toren von Amiens waren »die größte Niederlage, die die deutsche Armee seit Kriegsbeginn erlitten hatte«.[94] Darüber hinaus gestand die Oberste Heeresleitung tatsächlich ihre Niederlage ein. Ludendorff gelangte zu dem Schluß, daß das Heer kollabieren würde, wenn er nicht für einen Waffenstillstand sorge; es scheint jedoch eher, daß sein Wunsch nach einem Waffenstillstand gerade das Debakel herbeiführte. Haig glaubte, daß deutsche Heer sei »fähig, sich an [die] Grenzen [des eigenen Landes] zurückzuziehen und diese Linie zu halten«.[95] Dies war auch die Ansicht von Julian Bickersteth, einem britischen Feldgeistlichen an vorderster Front, der am 7. November (dem Tag, da der Waffenstillstand unterzeichnet wurde) schrieb:

»Der Feind (…) kämpft eine schlaue Rückzugsaktion durch, und ich sehe nicht, wie wir ihn dazu bringen können, sich schneller zu bewegen (…). Wir alle, vielleicht mit Ausname der Stabsoffiziere, die nichts von der Kampfweise oder der Moral der Deutschen zu sehen bekommen, erwarten weitere Kämpfe, die zumindest sechs Monate dauern werden.«[96]

10 »Maximales Blutbad zu minimalen Kosten«: Kriegsfinanzierung

Finanzen und Krieg

Bertrand Russell hat einmal das Ziel der Kriegswirtschaft als Durchführung eines »maximalen Blutbads zu minimalen Kosten« definiert. Auch wenn man diesen Maßstab verwendet, ergibt sich für die Mittelmächte im Ersten Weltkrieg eine Überlegenheit.

Will man den Umfang der Überlegenheit der Mittelmächte in diesem Krieg erfassen, dann ist es notwendig, nicht nur die militärische Schlagkraft, sondern auch die ökonomische Effizienz in Betracht zu ziehen. Kapitel 8 orientierte sich an früheren Wirtschaftshistorikern, indem es die Kriegswirtschaft der teilnehmenden Staaten in mehr oder weniger vollständiger Isolation vom tatsächlichen Geschäft der Zerstörung betrachtete. Wie Russell dargelegt hat, besteht das Endziel aller Wirtschaftsaktivitäten zu Kriegszeiten im Niedermetzeln des Feindes. Jede Einschätzung von Effizienz in Kriegszeiten muß daher das Gemetzel in Betracht ziehen, so wie jede Einschätzung von militärischer Schlagkraft die damit verbundenen Kosten berücksichtigen muß.

Auch gegen Kriegsende steuerten die meisten Staaten ihre Wirtschaftstätigkeit immer noch prinzipiell über den Marktmechanismus und verließen sich auf Preisregulierungen, um den schlimmsten Auswüchsen Einhalt zu gebieten. Nirgends handelte der Staat so, als gehörten ihm Materialien, Unternehmen oder Menschen (wie es die Sowjetunion im Zweiten Weltkrieg tun konnte): Alles mußte bezahlt werden. Dies bedeutete, daß traditionelle Methoden der Kriegsfinanzierung ebenso entscheidend für die ökonomische Mobilisierung waren wie andere bürokratische Mittel zur Allokation von Ressourcen.

Vor 1914 ist oft behauptet worden, man könne sich einen Krieg zwischen den großen europäischen Mächten überhaupt nicht leisten; jeder dementsprechende Versuch würde mit einem Zusammenbruch enden.

Als der Krieg ausbrach, schienen die unmittelbaren wirtschaftlichen Auswirkungen diese Voraussagen zu bestätigen. Am 10. August 1914 erklärte Keynes Beatrice Webb aufgeregt:

»Er sei ganz gewiß, daß der Krieg nicht länger als ein Jahr dauern könne (...). Die Welt, so erklärte er, sei enorm reich, aber ihre Reichtümer seien glücklicherweise so beschaffen, daß man sie nicht auf die Schnelle für Kriegszwecke verfügbar machen könne: Die Art der Kapitalausstattung für die Produktion von Gütern sei für die Kriegführung unbrauchbar. Wenn aller zugängliche Reichtum verbraucht sei – was, wie er meinte, ein Jahr dauern würde – dann würden die großen Mächte einfach Frieden schließen müssen.«1

Solches Denken war in London 1914 weit verbreitet. Asquith verbürgte sich gegenüber George Booth, der Krieg werde »in ein paar Monaten« vorbei sein.2 Sir Archibald Murray, der Generalstabschef der britischen Expeditionsstreitkräfte, versicherte Esher, es würde »drei Monate [dauern], wenn alles gutläuft und vielleicht acht Monate, wenn die Dinge sich nicht zufriedenstellend entwickeln. Darüber hinaus, halte er es für unmöglich, die Heere im Feld und die betroffene Bevölkerung zu ernähren. Und die finanzielle Belastung würde erheblicher sein, als Europa sie ertragen könne.«3

Die Finanzkrise vom August 1914 verhinderte oder verkürzte den Ersten Weltkrieg nicht. Der amerikanische Diplomat Lewis Einstein hatte dies bereits im Januar 1913 vorausgesehen. In einem Artikel unter dem Titel »The Anglo-German Rivalry and the United States« im *National Review* argumentierte er scharfsinnig gegen die Ansicht, daß ein finanzieller Zusammenbruch einen Krieg sehr schnell beenden würde:

»Es ist eher anzunehmen, daß eine Auseinandersetzung lange dauert (...) und keine [Seite] dabei einen entscheidenden Sieg erringen kann. Trotz aller Begründungen auf dem Papier, daß ein längerer Krieg heutzutage eine ökonomische Unmöglichkeit darstellt, liegen keine praktischen Belege für diese Theorie vor, und es gibt Ökonomen von hohem Rang, die überzeugt sind, daß das moderne Kreditsystem in besonderer Weise geeignet ist, die Verlängerung eines Kriegs zu erleichtern.«4

Kitchener stellte im August 1914 zur Beunruhigung seiner optimistischer gestimmten Kollegen die gleiche Behauptung auf. Der Krieg, so warnte er Esher, könne »mindestens zwei oder drei Jahre dauern«, weil »kein finanzieller Druck jemals einen Krieg, der bereits im Gange war, aufgehalten hat«.5 So beispiellos hoch die Kriegskosten nominell auch waren, so waren doch die europäischen Steuerzahler und, was wichtiger ist, die internationalen Kapital- und Geldmärkte imstande, drei Jahre der Metzeleien durchzuhalten, bevor schließlich eine Art Zusammenbruch eintrat.

Aber traf dieser Zusammenbruch, wie oft behauptet wurde, Deutschland? Wirtschaftshistoriker kritisierten an der deutschen Kriegsfinanzierung, daß die Reichsregierung die direkten Steuern nicht in genügendem Maße erhöht habe und sich zu stark auf inflationär wirkende Formen der Kreditaufnahme verließ.[6] Selbst Theo Balderston sucht bei seinem Vergleich der britischen und der deutschen Finanzen nach einer Erklärung für das Versagen Deutschlands bei der Kontrolle der Inflation. Balderston macht deutlich, daß Deutschland keinen substantiell kleineren Anteil der öffentlichen Ausgaben in Kriegszeiten als Großbritannien durch Steuern finanzierte. Aber seine Schlußfolgerung gründet sich dennoch in erster Linie auf eine wenig leicht erkennbare deutsche Schwäche: Es war (unter anderem) die relativ geringe Fähigkeit der deutschen Finanzmärkte, den kurzfristigen Kreditaufnahmen der Regierung gewachsen zu sein, die in Deutschland zu einem weit größeren monetären Überhang als in Großbritannien führte.[7] Die unterdrückte Inflation – die nur durch ein komplexes System von Preiskontrollen in Schach gehalten werden konnte – führte zur Entwicklung eines Schwarzmarkts. Dies, so wird behauptet, verschärfte ein bereits bestehendes Problem der Zuteilung von Ressourcen und trug zu jenem Niedergang der Effizienz bei, der der deutschen Kriegswirtschaft insgesamt unterstellt wird.

Die Geschichte der deutschen Kriegsfinanzen wird daher gerne wie folgt erzählt: Der Krieg kostete mehr, als sogar die Pessimisten erwartet hatten. Die öffentlichen Ausgaben, einschließlich jener der Kommunen und des Sozialversicherungssystems steigerten sich von etwa 18 Prozent des Nettosozialprodukts vor dem Krieg auf 76 Prozent auf dem Gipfelpunkt 1917.[8] Nur ein begrenzter Teil dieser Ausgaben wurde durch Steuern gedeckt.[9] Die Unfähigkeit der Regierung, höhere direkte Steuern durchzusetzen, zeugte von der politischen Machtstellung des Unternehmertums; denn es waren die Unternehmen und insbesondere die Industrie, die während des Kriegs die größten Zuwächse an Einkommen und Vermögen verbuchen konnten. Bezeichnend war der Widerstand gegen die Umsatzsteuer, die 1916 eingeführt wurde. Statt dessen wurden die meisten Ausgaben durch Kredite finanziert; und da Deutschland nur einen begrenzten Betrag im Ausland leihen konnte, wurde der größte Teil der Kreditbelastungen dem deutschen Kapitalmarkt aufgebürdet. Als sich das Defizit des öffentlichen Sektors spiralförmig nach oben bewegte, schwand die Bereitschaft des Publikums, der Regierung langfristige Kredite zu gewähren. Im November 1918 hatte die schwebende Schuld des Reiches 51,2 Milliarden Mark erreicht, das sind 34 Prozent der Gesamtschulden des Reiches.[10] Das hohe Niveau öffentlicher Kreditaufnahme führte wiederum zu einer schnellen monetären Expansion infolge der (illegalen) Einstellung von Barzahlungen durch die Reichsbank am 31. Juli 1914. Die gesetzgeberischen Maßnahmen vom 4. August 1914 schufen durch eine Anzahl von Modifizierungen der Bestimmungen der Reichsbank über die Mindestreserven die Möglichkeit eines unbegrenzten Geldwachstums.[11] Danach wuchs das Volumen des im Umlauf befindlichen Bargeldes jährlich um durchschnittlich 38 Prozent.[12] Diese Ausdehnung der Geldmenge führte ihrerseits zur Inflation, doch wurde diese durch Preiskontrollen gedämpft.[13] Doch verzerrten die Preiskontrollen den Markt, da sie künstliche Differenzen schufen[14], dies führte zur Entwicklung von Schwarzmärkten für knappe Güter und verschärfte die Knappheit auf dem offiziellen Markt.[15] Der wachsende Überhang an unbefriedigter Kaufkraft reduzierte seinerseits die ökonomische Effizienz, und dies trieb Deutschland in eine Abwärtsspirale in Richtung auf inneren Zusammenbruch und Niederlage.

Das Pendant zu dieser Argumentationskette besteht in der Behauptung, Großbritanniens finanzielle Überlegenheit habe dem Land den Sieg gesichert. So dachte vor allem Lloyd George. Eine ernste Bankenkrise gleich zu Beginn des Krieges konnte überwunden werden. Die Goldwertkonvertibilität blieb erhalten und die bedrängten Wechselbanken blieben liquide. Auch Keynes, der später ein Erzpessimist wurde, wenn es um dieses Thema ging, vertrat zu Anfang des Krieges die gleiche optimistische Haltung. Im Januar 1915 versicherte er seinen Freunden, Leonard und Virginia Woolf: »Wir sind zum Siegen bestimmt – und das in großartigem Stil, haben wir doch im letzten Augenblick all unseren Verstand und unser Vermögen für dieses Problem eingesetzt.«[16]

Die Kosten des Tötens

Wiederum stellt sich eine einfache Frage: Wenn das deutsche Finanzwesen so unzulänglich war, warum brauchten dann die Mächte der
Entente, die durch das überlegene britische Finanzsystem unterstützt
wurden, so lange, um den Krieg zu gewinnen?

Der Kernpunkt, wenn es um die Finanzierung des Ersten Weltkriegs
geht, ist der, daß es weit mehr – ungefähr das Doppelte – kostete, diesen
Krieg zu gewinnen, als ihn zu verlieren. Es sind verschiedene Versuche
gemacht worden, die Kosten des Krieges für alle an ihm teilnehmenden
Staaten in Dollar zu ermitteln. Nach einer Reihe von Berechnungen belief
sich die Gesamtheit der »Kriegsausgaben« (das heißt, das Anwachsen der
öffentlichen Ausgaben über die Vorkriegs»norm« hinaus) auf 147 Milliarden Dollar für die alliierten Mächte (Frankreich, Großbritannien, das
Britische Empire, Italien, Rußland, die Vereinigten Staaten, Belgien, Griechenland, Japan, Portugal, Rumänien und Serbien) verglichen mit einer
Steigerungssumme von 61,5 Milliarden Dollar für die Mittelmächte
(Deutschland, Österreich-Ungarn, Türkei und Bulgarien).[17] Eine andere
Schätzung gelangt zu unterschiedlichen Zahlen, nämlich 140 Milliarden
und 83 Milliarden Dollar.[18] Meine eigenen groben Berechnungen bestätigen diese Größenordnungen: Großbritannien (45 Milliarden) gab etwa
das Eineinhalbfache wie Deutschland (32 Milliarden) aus.[19]

Indem es sich hauptsächlich auf Kredite verließ, um diese Summen aufzubringen, handelte Deutschland nicht anders als die übrigen am Krieg
beteiligten Staaten. Wie Balderston gezeigt hat, verringern sich die großen
Unterschiede, die von Knauss und anderen festgestellt wurden, beträchtlich, wenn man die Haushalte der deutschen Einzelstaaten zu denen
des Reiches hinzufügt – was angemessen ist, wenn man Vergleiche mit
nicht föderal gegliederten Staaten wie Großbritannien, Frankreich und
Rußland unternimmt.[20] Wenn Deutschland im Kriege zwischen 16 und
18 Prozent der öffentlichen Ausgaben durch Steuern finanzierte, dann
war dieser Anteil nicht bedeutend geringer als in Großbritannien (wo er
23 bis 26 Prozent betrug). Auch war die britische Steuerpolitik nicht
wesentlich progressiver als die deutsche: Der effektive Einkommensteu-
ersatz für Spitzenverdiener und Einkünfte im mittleren Bereich stieg
während des Krieges in beiden Ländern ungefähr im gleichen Maße an,
und Sondersteuern auf exzessive Profite wurden in Großbritannien nur

von Unternehmen verlangt (während in Deutschland auch Einzelpersonen diese zahlen mußten).[21] Durchschnittlich 13,9 Prozent der deutschen Ausgaben während der Kriegszeit wurden aus direkten Steuern beglichen; die entsprechende britische Zahl lag bei 18,2 Prozent.[22] Tatsächlich schneidet die deutsche Steuerpolitik im Vergleich zur französischen, italienischen und russischen eher günstig ab. Preußen besaß wie die meisten der größeren deutschen Staaten bereits vor Kriegsbeginn eine effektive Einkommensteuer, während ihr in Frankreich am Vorabend des Krieges beschlossenes Pendant nicht vor 1916 in Kraft trat und relativ wenig erbrachte.[23] Die französische Kriegsgewinnsteuer war relativ unbeträchtlich und nicht schwer zu umgehen.[24] Im Durchschnitt beglich Frankreich nur 3,7 Prozent der gesamten Ausgaben während der Kriegszeit aus direkten Steuern, eine Zahl, die sogar noch unter jener für Italien (5,7 Prozent) liegt.[25] In Rußland zählte das Wodkamonopol zu den wichtigsten Einkommensquellen des Zarenregimes; aber die Regierung schaffte den Handel mit Spirituosen für die Dauer des Krieges ab. Die Einkommensteuer und die Abgaben auf übermäßige Profite, die 1916 eingeführt wurden, erbrachten zusammen 186 Millionen Rubel: »Weniger als genug, um auch nur für ein Wochenende des Krieges zu zahlen.«[26] Kurzum, alle kriegführenden Staaten gerieten in tiefe Defizite und steigerten ihre jeweiligen Staatsschulden beträchtlich.

Bemerkenswert ist weniger, daß die deutschen Defizite im Verhältnis zu den Staatsausgaben größer waren als jene der Ententemächte, sondern vielmehr, wieviel mehr die Staaten der Entente absolut gesehen an Kredit aufnehmen mußten. Ich habe den Wert der Gesamtnettosumme der Staatsschulden in Dollar bei Kriegsende errechnet. Hier zeigt sich, daß der reale Anstieg der Staatsschulden in Deutschland weniger als halb so groß war wie in Großbritannien.

Alle Länder waren in starkem Maße von der Bereitschaft ihrer Bürger abhängig, den Krieg durch Kredite zu finanzieren, indem sie Kriegsanleihen erwarben. Wie wir gesehen haben, wurde die Aufrechterhaltung dieser Bereitschaft zu einem der Hauptziele der Kriegspropaganda.

Der amerikanische Finanzminister William Gibbs McAdoo erklärte 1917: »Ein Mann, der seiner Regierung nicht 1,25 Dollar zum Zinssatz von vier Prozent leihen kann, hat nicht das Recht, ein amerikanischer Bürger zu sein.«[27] Es gab keine großen Unterschiede zwischen den Staatsanleihen. In Großbritannien gab es drei Kriegsanleihen in den Jahren

1914, 1915 und 1917; 1919 folgte darauf eine »Siegesanleihe«.[28] In Frankreich kam es zu vier nationalen Verteidigungsanleihen.[29] In Rußland gab es unter dem Zarenregime sechs Anleihen und eine siebente, die »Freiheitsanleihe«, unter der provisorischen Regierung[30]; auch in den USA schätzte man die Bezeichnung »Freiheitsanleihe« sehr, da sie die Bürger ermutigte, ihre Tresore zu öffnen. Die neun deutschen Anleihen waren zahlreicher als jene der Entente, aber auch sie erfüllten ihre Aufgabe.[31] In allen Ländern mußten die Investoren im weiteren Verlauf des Krieges durch etwas höhere Erträge angelockt werden. Insbesondere galt dies, wenn der Krieg sich ungünstig entwickelte: Der Rückgang der französischen Anleihezeichnungen Ende 1917 illustriert das.[32] Das deutsche System, bei dem Kriegsanleihen als Sicherheit für Darlehenskassen benutzt werden konnten, so daß diese Anleihen in der Praxis die Liquidität nicht aufsaugen konnten, hatte in Rußland eine exakte Parallele.[33] In Frankreich geschah weitgehend dasselbe.[34]

Es war nicht ungewöhnlich, daß Deutschland nur einen begrenzten Anteil seiner Kredite durch Verkauf langfristiger Anleihen finanzieren konnte. Die Tatsache, daß durchschnittlich 32 Prozent der deutschen Schulden zwischen März 1915 und März 1918 kurzfristige waren, während es bei den Briten gerade einmal 18 Prozent waren, reflektiert[35], wie Balderston dargelegt hat, strukturelle Differenzen der Geldmärkte in Berlin und London; sie ist aber auf die Tatsache zurückzuführen, daß das britische Finanzministerium große Emissionen von mittelfristigen Papieren durchführte. Ungefähr 31 Prozent der britischen Staatsschulden im Dezember 1919 setzten sich aus Anleihen zusammen, die in einem Zeitraum zwischen einem und neun Jahren zur Tilgung fällig waren.[36] Im Vergleich zu den französischen waren die deutschen Behörden beim Verkauf ihrer langfristigen Schuldverschreibungen erfolgreich: möglicherweise weil Frankreichs langfristige Schulden bereits relativ groß waren, bevor der Krieg begann.[37] Durchschnittlich 37 Prozent der französischen Schulden während des Krieges waren kurzfristige (verglichen mit 32 Prozent in Deutschland). Auch Rußland war stärker als Deutschland von kurzfristiger Kreditaufnahme abhängig: Am 23. Oktober 1917 hatte etwa 48 Prozent seiner Gesamtschulden die Form von kurzfristigen Schatzwechseln.[38] Nur die Vereinigten Staaten waren imstande, ihre Kriegsdefizite überwiegend durch Verkauf langfristiger Obligationen zu finanzieren.[39]

Die Dollarpanik

Es wurde behauptet, daß Kreditaufnahme im Ausland eine wichtige Rolle im Hinblick auf das Ergebnis des Ersten Weltkriegs spielte. Die dramatischen Vorgänge im Zusammenhang mit Finanzverhandlungen zwischen Großbritannien und den USA, insbesondere in der Zeit zwischen November 1916 und April 1917, mögen einige Autoren veranlaßt haben, die Bedeutung des amerikanischen Geldes für die alliierten Kriegsanstrengungen aufzubauschen.[40] Diese Übertreibung kann bis auf John Maynard Keynes zurückverfolgt werden, der während des Krieges zu einem der einflußreichsten Berater des britischen Finanzministeriums wurde. Keynes hatte als Optimist hinsichtlich der Aussichten Großbritanniens begonnen. Aber seine Stimmung änderte sich rasch, nicht zuletzt wegen einiger Freunde, die den Krieg stärker »aus dem Bauch heraus« ablehnten, als er es tat. Zwar befriedigte seine Arbeit im Finanzministerium sein Geltungsbedürfnis, der Krieg selber aber machte Keynes zutiefst unglücklich.[41] Im September 1915, acht Monate nach der Voraussage, daß die deutschen Finanzen »zerbröseln« würden, sprach Keynes die Warnung aus, wenn es bis zum folgenden April keinen Frieden geben würde, dann käme es zu einer »Katastrophe«, da »die Ausgaben der kommenden Monate unsere Schwierigkeiten sehr schnell unüberwindlich machen werden«. Als keine Katastrophe eintrat – trotz der Drohungen US-Präsident Wilsons mit einem Verbot von Darlehen nach der Einführung von schwarzen Listen amerikanischer Firmen, die mit Mittelmächten Handel trieben[42] –, versah Keynes seine Prognose mit einem neuen Zeitplan. Ende 1916 entwarf er eine Denkschrift für Finanzminister Reginald McKenna, die die Warnung enthielt: »Im nächsten Juni oder schon früher wird der Präsident der Vereinigten Staaten, wenn er das will, in der Lage sein, uns seine Bedingungen aufzuzwingen.«[43]

Ende 1916 war die Lage beunruhigend, nicht zuletzt wegen der anwachsenden Opposition deutschfreundlicher Kreise innerhalb des Federal Reserve Board gegen die Art und Weise, wie Großbritannien sein amerikanisches Überziehungskonto finanzierte; dies gipfelte in einer »Warnung« an US-Investoren, ihr Geld nicht in britischen Schatzanweisungen anzulegen.[44] Keynes wollte die Bemühungen Woodrow Wilsons unterstützen, einen Verhandlungsfrieden herbeizuführen; und finanzieller Druck war (wie Sir Edward Grey am 28. November 1916 darlegte) eine Methode, dies zu erreichen.[45] Im Februar 1917, nachdem Großbritannien einem heftigen Ansturm auf die Goldreserve der Bank of England widerstanden hatte, versuchte es Keynes erneut, als er behauptete, Großbritanniens Reserven reichten nur aus, um vier Wochen lang weiterzukämpfen. Selbst nach dem amerikanischen Kriegseintritt gab er nicht auf. Am 20. Juli entwarf er eine Denkschrift für Bonar Law, in der er ankündigte, »das gesamte finanzielle Gefüge der Allianz« würde »in einigen Monaten, wenn nicht Tagen zusammenbrechen«.[46] Wilson selber gelangte am nächsten Tag zu dem Schluß, England und Frankreich würden bald »finanziell in unseren Händen« sein.[47]

Ohne Zweifel bedeutete es für Großbritannien eine Hilfe, mit einem zu seinen Gunsten überbewerteten Wechselkurs, der durch Anleihen an der Wall Street gestützt war, kriegswichtige Güter in den Vereinigten Staaten kaufen zu können. Ein Pfundkurs unter 4,70 Dollar wäre nicht nur blamabel, sondern auch inflationsfördernd gewesen.[48] Doch eine Schwächung des Pfundes, das während des größten Teils des Krieges auf einem Kurswert von etwa 4,76 Dollar (zwei Prozent unter dem Nennwert) gehalten wurde, wäre nicht so fatal für die britischen Kriegsanstrengungen gewesen, wie Keynes es darstellte. Großbritannien lieh sich zwar während des Krieges mehr als fünf Milliarden Dollar in den USA, beendete jedoch den Krieg nicht als Nettoschuldner, sondern blieb Gläubigerland. Im März 1919 betrugen Großbritanniens Auslandsschulden vor allem in den USA insgesamt 1 365 Millionen Pfund; aber seine Alliierten, seine Dominions und seine Kolonien schuldeten dem Inselreich 1 841 Millionen Pfund.[49] Großbritannien hatte seine eigene Kreditwürdigkeit (die sich ursprünglich auf die großen Dollarbestände britischer Untertanen gründete) benutzt, um in New York Geld zu leihen, das es dann an seine weniger kreditwürdigen Verbündeten weiter verlieh. Frankreich hatte in Großbritannien und in den USA Kredite aufgenommen, während es solche an Rußland und andere gab.[50] Um den Krieg fortsetzen zu können, war es weniger wichtig, wie viele Kriegsanleihen man in Wall Street absetzen konnte, sondern wie groß das Handelsdefizit war, das auf alle Fälle finanziert werden mußte. In dieser Hinsicht ging es Deutschland, trotz der Behinderungen durch die Blockade, erstaunlich gut. Ein höheres Niveau an Außenfinanzierung ermöglichte es Großbritannien und Frankreich zwar, mehr für die Kriegführung auszugeben als Deutschland und Österreich-Ungarn. Aber eine umfangreiche Außenfinanzierung stellte keine Garantie für einen Sieg dar: Das geschlagene Rußlands hatte Schulden gegenüber seinen Verbündeten von insgesamt 7788 Millionen Rubel (824 Millionen Pfund); das entspricht 30 Prozent der gesamten Kreditaufnahme des Landes während des Krieges.[51]

Es ist bemerkenswert, daß die Kriegsanstrengungen der Entente schließlich wirklich – zumindest in Keynes Augen – von amerikanischen Anleihen *abhängig* sein sollten, während doch die Entente den Krieg mit einer massiven eigenen finanziellen Überlegenheit begonnen hatte. Der Krieg hatte die Grenzen der imperialen Macht Großbritanniens deutlich gemacht: Die großen Guthaben im Ausland, mit denen Großbritannien in den Krieg eintrat, erwiesen sich in weit weniger starkem Maße, wie man erwartet hatte, als finanzielles Ruhekissen, und dies nicht zuletzt (wie George Booth festgehalten hat) aus folgenden Gründen: »Wenn man gezwungen ist zu verkaufen, dann ist man ein schwacher Verkäufer, und diese Position des Verkäufers stellt für den Käufer eine Versuchung dar, das Äußerste aus der Situation herauszuholen. Es fanden viele Verkäufe [von Auslandsanlagen] statt, die sich später als unglaublich niedrig bewertet erwiesen.«[52] Auf der anderen Seite hatten die Briten 1916 schließlich jene vorteilhafte Stellung im Verhältnis zur Wall Street erreicht, deren sich ein großer Schuldner immer erfreut. Anfang 1917 war J. P. Morgan gegenüber Großbritannien und dem Sterling derart verpflichtet, daß eine wirkliche Krise beinahe undenkbar war. Den »Zustand der Erleichterung«, der in Morgans Büro herrschte, als bekanntgegeben wurde, daß die Vereinigten Staaten ihre diplomatischen Beziehungen zu Deutschland abbrechen würden, kann man sich sehr wohl vorstellen.[53] Danach stellte die Drohung mit einer Sterlingkrise nur noch eine Art Rute dar, mit der die Amerikaner versuchten, die Briten dazu zu bringen, die außenpolitischen Ziele Washingtons zu übernehmen.[54] Wilson meinte, finanzielle Druckmittel gegenüber Großbritannien und Frankreich zu besitzen, sei deshalb so schön, weil »wir ihnen unsere Art des Denkens aufzwingen können, wenn der Krieg vorbei ist«.[55]

Papier und Preise

Alle am Kampf beteiligten Staaten veränderten die vor dem Krieg geltenden monetären Regeln. Dies geschah, indem sie informell die Goldkonvertibilität aufhoben (Rußland und Deutschland), indem sie Ausfuhren von Gold einschränkten (Rußland, Deutschland, Großbritannien und Frankreich), indem sie zeitweilige Moratorien gegen eine bestimmte Form von Schulden durchsetzten und sie dann zu einem veränderten Geldwert beglichen (Großbritannien), oder indem sie neue Formen von gesetzlichen Zahlungsmitteln in Papierform schufen (Großbritannien und Deutschland).[56] Das ursprüngliche Ziel dieser Veränderungen bestand darin, eine katastrophale Geldknappheit zu vermeiden. Nachdem die Zuversicht zurückgekehrt war, führte es dazu, in großem Ausmaß – in Verbindung mit einem hohem Niveau kurzfristiger Kreditaufnahmen des Staates und begrenzter neuer Besteuerung – Liquidität zu schaffen. Die Geldversorgung hörte auf, in relevanter Weise zu den Edelmetallvorräten der Zentralbanken in Beziehung zu stehen. Das sich daraus ergebende Anwachsen der Banknotenzirkulation (ausgefeiltere monetäre Indikatoren stehen für einige am Krieg beteiligte Staaten nicht zur Verfügung) war in Deutschland gewiß größer als in England, Frankreich und Italien. In Deutschland wuchs der Bestand an Geld im weitesten Sinne (»Geldmenge M3«) zwischen 1913 und 1918 um 285 Prozent gegenüber 110 Prozent in Großbritannien. Betrachtet man die Monatsdurchschnitte für den Notenumlauf der Zentralbanken in den selben Jahren, lag der Anstieg für Deutschland bei etwa 600 Prozent gegenüber 370 Prozent in Italien und 390 in Frankreich. Doch die Zunahme des Umlaufs von Banknoten war in Österreich-Ungarn und Rußland beträchtlich höher.

Da eine Knappheit bestimmter Güter mit der monetären Expansion zusammenfiel, stellte die Inflation ein universelles Problem dar. Auch hier bildeten die Erfahrungen Deutschlands während der Kriegszeit keineswegs eine Ausnahme. Die Großhandelspreise stiegen in Deutschland zwischen 1914 und 1918 weniger (105 Prozent) als in Großbritannien (127 Prozent), Frankreich (233 Prozent) oder Italien (326 Prozent), obwohl die zur Verfügung stehenden Indizes für die Lebenshaltungskosten nahelegen, daß die Verbraucherpreise in Deutschland etwa doppelt so stark anstiegen (204 Prozent) wie in Großbritannien (110 Prozent) oder Frankreich (113).

Wie oftmals dargelegt worden ist, wirkt sich die Inflation (insbesondere auf diesem Niveau und über einen derartigen Zeitraum) wie eine Art Steuer aus, die leicht einzutreiben ist und nicht allseits als solche erkannt wird. Eine Auswirkung der Geldentwertung bestand darin, die reale Belastung durch die Staatsschulden und daher die Kosten, die der Steuerzahler für Zinszahlungen aufbringen mußte, herabzusetzen. Dies ist eine wichtige Erklärung für die, in Dollar gemessen, geringeren Kosten des Krieges für Deutschland und Österreich, deren Währungen im Vergleich zum Dollar stärker an Wert verloren, insbesondere in der zweiten Hälfte des Jahres 1918, als die Niederlage der Mittelmächte unmittelbar bevorzustehen schien. Man darf Bedeutung und Ausmaß dieses Wertverlustes nicht übertreiben: Der russischen und der italienischen Währung erging es weit schlimmer. Die Lage des deutschen Finanzwesens im Kriege war kaum so »katastrophal« oder »trübselig«, wie oft behauptet worden ist.

Kopfgeld: Der Preis des Todes

Als man ihn im Jahre 1917 fragte, wann seiner Ansicht nach der Krieg enden würde, erwiderte der Kriegskorrespondent der *Times* Charles à Court Repington:

»Da Staaten Geld nicht höher einschätzen als Kieselsteine am Strand und sie alle vielleicht auf die eine oder andere Weise am Ende des Krieges einen Niedergang erleben werden, schien es keinen Grund zu geben, Schluß zu machen, insbesondere da so viele Menschen durch den Krieg reich werden; die Damen schätzen es, ohne ihre Männer zu sein, und alle fürchten die Abrechnung danach in der Industrie, in der Politik, im Finanzwesen und im häuslichen Bereich.«[57]

Für Repington bestand die einzige Art, den Krieg zu beenden, darin, den Mittelmächten eine entscheidende militärische Niederlage beizubringen. Trotz der wirtschaftlichen Überlegenheit war dies auch bis 1917 nicht gelungen. Manche amerikanischen Beobachter begannen im Laufe jenes Jahres zu glauben, daß dies nie zustande kommen würde. Viele Historiker neigten wie Keynes dazu, sich auf Wechselkurse zu fixieren, wenn sie sich die transatlantischen Finanzbeziehungen anschauten. Wenn man jedoch die Erträge von Staatspapieren in Betracht zieht – ein Indikator, der in der Vorkriegswelt weit wichtiger war –, ergibt sich ein anderes Bild. Nachdem Großbritannien und Frankreich begonnen hatten, Staatspapiere in New York unterzubringen, wurden sie den gleichen Untersuchungen durch Investoren unterworfen, denen andere Staaten vor dem Krieg ausgesetzt worden waren, wenn sie Kredite in Paris und London aufnahmen. Eine Aufstellung der Erträge einer der wichtigsten Wertpapieremissionen der Kriegszeit, der anglo-französischen Anleihe von 1915 (einer Anleihe von 500 Millionen Dollar für Großbritannien und

Frankreich), zeigt das Ausmaß dieser Vertrauenskrise gegenüber den alliierten Kriegsanstrengungen.[58] Der Tiefpunkt des Vertrauens Amerikas in die alliierten Kriegsanstrengungen war nach diesem Indikator im Dezember 1917 erreicht – und nicht, wie man erwarten möchte, im Frühjahr 1918. Doch es handelte sich um eine Krise des Vertrauens gegenüber Frankreich und Großbritannien und nicht in die Kriegsanstrengungen der USA.

Ende des Jahres 1917 kam es zu einer jähen Erweiterung der Kluft zwischen den Erträgen anglo-französischer und amerikanischer festverzinslicher Wertpapiere: Am 14. Dezember erreichte dieser Abstand ein Maximum von 3,8 Prozent.[59]

Die Investoren hatten Gründe, sich wegen der westeuropäischen Mächte Sorgen zu machen. Serbien und Rumänien waren geschlagen worden; Italien war nach den Ereignissen von Caporetto (Oktober 1917) ins Wanken geraten. In Rußland kündigte die bolschewistische Revolution im November den vollständigen Sieg Deutschlands an der Ostfront an. In Frankreich befand sich die Moral in der zweiten Hälfte des Jahres 1917 auf dem Tiefpunkt: Weniger als 30 Prozent der von Zensoren in Bordeaux im November 1917 überprüften Briefe unterstützten das Verlangen nach einem uneingeschränkten Siegfrieden; mehr als 17 Prozent sprachen sich ausdrücklich für einen Verhandlungsfrieden aus.[60] Die Amerikaner besaßen Selbstvertrauen; aber ihr Heer befand sich noch im Embryonalzustand, und Ende 1917 standen sie kurz davor, ihr Vertrauen in die Fähigkeit ihrer eigenen Verbündeten weiterzukämpfen, zu verlieren. Vielleicht war es Lord Lansdownes Brief, der für einen Verhandlungsfrieden eintrat (im *Daily Telegraph* vom 29. November veröffentlicht), der die Nervosität in der Wall Street auslöste.

Die Mittelmächte waren bedeutend erfolgreicher im Töten, Verwunden und Gefangennehmen des Feindes als die Entente. Erstaunlicher ist, daß sie dies zu geringeren Kosten erreichten. Eine zugespitzte, wenn nicht gefühllose Methode, die Differenzen zwischen den beiden Seiten in einer Art und Weise zum Ausdruck zu bringen, die nicht nur die militärische Schlagkraft berücksichtigt, sondern auch die wirtschaftliche. Dieser Indikator, der die integrierte Kriegs*effizienz* mißt, zeigt, daß Deutschland mehr Erfolg als die Entente hatte, »maximale Tötungsraten zu minimalen Kosten« zu erzielen. Die Alliierten gaben zwischen 1914 und 1918 140 Milliarden Dollar aus, die Mittelmächte dagegen ungefähr 80 Milliarden. Doch die Mittelmächte töteten mehr Angehörige der Streitkräfte der Alliierten, als es Tote auf ihrer eigenen Seite gab. Daraus ergibt sich folgende Rechnung: Während es die Ententemächte 36 485 Dollar und 48 Cents kostete, einen Soldaten der Mittelmächte zu töten, kostete es die Mittelmächte 11 344 Dollar und 77 Cents, einen Soldaten zu töten, der für die Entente kämpfte.

Um diese makabre Bilanz zu vervollständigen, sollte man diese Zahlen zu Bogarts Einschätzungen des *nominellen* ökonomischen *Werts* eines einzelnen getöteten Soldaten für sein Ursprungsland in Beziehung setzen. Nach Bogart war ein Amerikaner oder Brite 20 Prozent mehr »wert« als ein Deutscher (1 414 Dollar gegenüber 1 354), und er hatte nahezu den doppelten Geldwert als ein Russe oder Türke (700 Dollar). Doch war kein Soldat so viel »wert«, wie aufgebracht werden mußte, um ihn zu töten.[61] Nun kann der Finanzhistoriker den Militärhistoriker fragen: Warum verloren Deutschland und seine Verbündeten – die im Töten des Feindes mehr als dreimal so effizient waren wie Großbritannien und seine Verbündeten – den Krieg? Eine mögliche einfache Antwort lautet, es habe daran gelegen, daß sich die Briten ihrer ökonomischen Überlegenheit sicher gefühlt hätten und sie es sich daher leisten konnten, den Krieg auf verschwenderische Weise zu führen. Dies ist jedoch nicht mit der Furcht vor einer Dollarkrise in Einklang zu bringen, die 1916 und 1917 auftauchte und zur Sparsamkeit hätten ermutigen sollen. Vielleicht war, wie Keynes gegenüber Beatrice Webb im März 1918 vermutete, eher Großbritannien als Deutschland dasjenige Land, dessen Regierung »gewohnheitsmäßig Finanzfragen als allerletztes berücksichtigte und glaubte, daß Handeln, wie kostspielig es auch immer sein mochte, vorzuziehen sei gegenüber Vorsicht und kritischer Haltung, wie gerechtfertigt sie auch immer sein mochten«.[62]

Ein Weg zur Beantwortung der oben gestellten Frage besteht darin, zu ermitteln, ob Großbritannien im Verlauf des Krieges eine wachsende Effizienz entwickelte. Die Schätzung ist nicht unproblematisch, aber um zu einer groben und vorläufigen Hypothese zu gelangen, habe ich das Verhältnis zwischen britischem und deutschem »Abschlachten« und den damit verbundenen Kosten berechnet; bei den Briten liegen Zahlen über gegnerische Soldaten zugrunde, die im britischen Sektor der Westfront permanent außer Gefecht gesetzt wurden; bei den Deutschen die jährlichen Gesamtausgaben auf Dollarbasis. Die Zahlen legen nahe, daß zu der Zeit, da Großbritannien am auffallendsten (im Verhältnis von 1,8 zu 1) mehr als Deutschland ausgab, Deutschland seine günstigsten Nettotötungszahlen im britischen Frontabschnitt erreichte (1,4 zu 1). Dies war 1916 der Fall, dem Jahr sehr teurer, aber selbstzerstörerischer britischer Offensiven. Aber die fortbestehende, wenn auch reduzierte britische Überlegenheit nach finanziellen Maßstäben (1,3 zu 1) mag die folgende Verschlechterung der deutschen Nettotötungszahlen auf 0,7 zu 1 im Jahr 1918 erklären, dem Jahr von Ludendorffs Offensive und der darauffolgenden Massenkapitulationen von Deutschen. Dies scheint auf eine relative Steigerung der militärischen Schlagkraft auf britischer Seite hinzudeuten: 1917 und 1918 waren die Deutschen dabei, die finanzielle Kluft zu überwinden, aber die Nettotötungszahlen kehrten sich gegen sie. Es bleibt jedoch noch zu erklären, wie genau, wenn überhaupt, die Überlegenheit der Alliierten mit dem Zusammenbruch der Moral der Deutschen, die dem Krieg ein Ende bereitete, zusammenhing.

11 Der Todesinstinkt:
Warum Soldaten kämpften

Leben in der Hölle

Im Widerspruch zur Theorie der Ermattung wird der Sieg nicht nur durch das Töten des Feindes errungen: Ebenso wichtig ist es, ihn zur Desertion, zur Meuterei oder zur Kapitulation zu bewegen. In der Tat sind die Gründe für den Sieg der Deutschen über die Russen im Jahre 1917 eher hier zu finden als in den Statistiken über tote Russen. Das gleiche gilt für die österreich-ungarischen und deutschen Niederlagen im Jahre 1918.

Sicherlich liegt die Versuchung nahe, eine direkte Kausalbeziehung zwischen beiden Faktoren anzunehmen: Je höher die Zahl der vom Gegner verursachten Todesfälle ist, desto höher wird die Zahl der Soldaten sein, die das Kämpfen aufgeben. Aber dies war nicht der Fall; ein Autor hat sogar vermutet, daß »hohe Verlustraten dazu beigetragen haben könnten, den Krieg zu verlängern«, weil starker Personalwechsel in der Truppe ausschloß, daß Erschöpfung und Verzweiflung sich zu weit verbreiteten.[1] Wenn das Töten der Schlüssel zur Entscheidung gewesen wäre, dann hätten die Deutschen aus Gründen, die im vorangegangenen Kapitel erörtert worden sind, den Krieg gewonnen. Tatsächlich gehen hohe Verlustraten nicht in jedem Fall mit einem Zusammenbruch der Moral einher. Zu den zuverlässigsten Regimentern auf beiden Seiten zählten jene, die die höchsten Verluste erlitten. Die britische 29. Division mußte während des Krieges Verluste einstecken, die dem Siebenfachen der Originalstärke der Einheit entsprachen, sie wurde dennoch weiterhin als die Eliteeinheit der britischen Expeditionsstreitkräfte angesehen.[2] Die Vitalität der schottischen Regimenter stellt ein weiteres gutes Beispiel dar. Dies führt zu einer Schlußfolgerung, die auf den ersten Blick seltsam erscheinen mag: daß jene belächelten Generäle der Vorkriegszeit recht hatten, die davon überzeugt waren, daß der Krieg nicht durch das Material, sondern durch die Moral entschieden würde – also »den menschlichen Faktor« oder »die Charakterstärke«, wie es Sir John Robertson genannt hat.[3]

Dies bringt uns zum Kern der Angelegenheit. Was veranlaßte die Soldaten, weiter zu kämpfen? Und was neben Tod und Verwundung brachte sie dazu, den Kampf einzustellen? Wie läßt sich die Bereitschaft von Millionen von Soldaten erklären, den Kampf fortzusetzen, obwohl die Chance auf einen raschen Sieg viel geringer war als die Wahrscheinlichkeit, getötet zu werden?

Im Verständnis des modernen Lesers brachte der Kampf im Ersten Weltkrieg ausschließlich Schrecken und Leid mit sich, er sieht: »(…) eine Million Menschen, die sich«, wie Ford Madox Ford im Jahre 1916 schrieb, »getrieben durch eine unsichtbare moralische Kraft gegeneinander in eine Hölle der Angst hineinbewegen, die sicherlich auf dieser Welt nicht Gleichartiges hat.«[4] Es handelte sich wahrlich nicht um einen Spaziergang. Das Gemetzel an den französischen Soldaten in der Eröffnungsphase des Krieges sollte für den Rest des Konflikts nicht mehr seinesgleichen finden: Man zählte 329 000 Gefallene innerhalb von zwei Monaten und eine halbe Million bis zum Ende des Jahres. Die höchste Anzahl an Soldaten, die die Deutschen in einer einzigen Zwei-Monats-Phase verloren, war im März und April 1918 mit 68 397 Gefallenen zu beklagen. Die beiden schlimmsten Monate für die britischen Streitkräfte in Frankreich waren der Juli und der August 1916, als 45 063 Soldaten und Offiziere getötet wurden. In den Kämpfen des Jahres 1914 wurden die Soldaten sinnlos in den Tod geschickt: »Den ganzen Tag liegen sie da, sie sind stark geschwächt und werden schließlich in der Nähe der Leichname der schon früher Gefallenen getötet.«[5] Maschinengewehre – und Gewehre, mit denen man in einer Minute 18 Schüsse abfeuern konnte – mähten die *poilus* nieder, als sie versuchten, den Plan XVII durchzuführen. Nahezu zwei Jahre später hatten die Briten immer noch nicht die Lektion gelernt, daß jeder Vormarsch in geschlossener Formation eine Art des Massenselbstmords bedeutete. Auch nachdem die Gräben ausgehoben waren, stellten die Soldaten immer noch, selbst wenn sie nicht »über den Rand« gingen, verletzliche Ziele für Maschinengewehrschützen und Scharfschützen dar, die im Jahre 1916 etwa alle 20 Meter entlang der britischen Linie postiert waren.[6]

Doch nicht nur bei Großangriffen, also bei Schlachten, wie sie die traditionelle Militärgeschichte stets betrachtet, kamen Soldaten um. Auch

Routinepatrouillen im Niemandsland und die Praxis des »Überfallens« der feindlichen Linie zum Zwecke der Nachrichtengewinnung, der Ausbildung oder der Vernichtung trieb die Zahl der Opfer auf beiden Seiten sogar in »ruhigen« Phasen in die Höhe. Zwischen Dezember 1915 und Juni 1916 kamen 5845 britische Soldaten bei solchen »kleineren Grabenoperationen« ums Leben.[7]

Obwohl erfahrene Soldaten die Richtungen und Typen der feindlichen Granaten zu unterscheiden lernten, gab es bei schweren Beschießungen an der Front kaum sinnvolle Gegenmaßnahmen, und man verfügte nur über einige wenige Schutzbunker, die tief und stark genug waren, um gegen direkte Treffer Sicherheit zu bieten. Das Gefühl der Hilflosigkeit und der Verwundbarkeit, das sich daraus ergab, war beinahe mit Sicherheit die quälendste mentale Belastung, die der Krieg auslöste. Ernst Jünger beschrieb dieses Gefühl:

»Man stelle sich vor, ganz fest an einen Pfahl gebunden und dabei von einem Kerl, der einen schweren Hammer schwingt, ständig bedroht zu sein. Bald ist der Hammer zum Schwung zurückgezogen, bald saust er vor, daß er fast den Schädel berührt, dann wieder trifft er den Pfahl, daß die Splitter fliegen(...). Denn das Gefühl verbindet jeden Einzelton schwirrenden Eisens mit der Idee des Todes, und so hockte ich denn in meinem Erdloch, die Hand vor den Augen, während an meiner Vorstellung alle Möglichkeiten des Getroffenwerdens vorüberzogen.«[8]

Ernst Jünger beschreibt die deutsche Frontlinie bei Guillemont im August 1916: »Der zerwühlte Kampfplatz war grauenhaft. Zwischen den lebenden Verteidigern lagen die toten. Beim Ausgraben von Deckungslöchern bemerkten wir, daß sie in Lagen übereinander geschichtet waren. Eine Kompanie nach der anderen war dicht gedrängt im Trommelfeuer niedergemäht worden.« Diese Erfahrung, so Jünger, habe ihm erstmals ein Bild von den überwältigenden Auswirkungen der »Materialschlacht« vermittelt. Er entging vermutlich nur wegen einer Beinverletzung der Auslöschung seiner Kompanie.[9] Im März 1918 erhielt eine weitere Kompanie unter Jüngers Führung einen direkten Granattreffer, als sie sich am Vorabend der großen Offensive in Richtung Cagnicourt bewegte: 63 von 150 Mann fielen dabei. Jünger, ein auf beinahe psychopathische Art tapferer Offizier, rannte entsetzt davon, brach dann zusammen und weinte vor den Überlebenden.[10]

Angesichts dessen kann es nicht wunder nehmen, daß so viele Soldaten auf beiden Seiten am »Granatenschock« litten, ein Begriff, der benutzt wurde, um eine Vielzahl von geistigen Störungen zu beschreiben, die sich aus der Kampfbelastung ergaben. Nach dem Krieg bezogen etwa 65 000 frühere britische Soldaten Kriegsopferrenten wegen »Nervenschwäche« – dies waren sechs Prozent aller Empfänger von Kriegsopferrenten –, von denen sich 9000 immer noch im Lazarett befanden.[11] Eine Untersuchung über 758 Einzelfälle kam zu der Einschätzung, daß nur etwa jeder Dritte nach dem Krieg in ein »normales« Leben zurückkehrte, und letzteres bedeutete keineswegs eine vollständige Genesung, vielmehr dauerten verschiedene Krankheitsanzeichen fort.[12] Deutsche Soldaten wiesen ähnliche Symptome auf, und wie in Großbritannien gab es eine Tendenz, die Opfer mit Elektroschocks und anderen gleichermaßen schmerzhaften »Heilmitteln« beinahe ebensosehr zu bestrafen wie zu behandeln.

Während des Kampfes litten die Soldaten zudem an extremer Überanstrengung. Der gemeine Soldat John Lucy beschreibt den Rückzug von Mons und gibt einen guten Einblick in diesen Zustand – »Unser Geist und unser Verstand schrien nach Schlaf (…). Jede Zelle (…) flehte nach Ruhe, und dieser eine Gedanke war der dauerhafteste im Kopf der marschierenden Soldaten.«[13]

Selbst wenn etwa Männer aus den Slums von Glasgow an Regen, Kälte, Läuse, Ratten und Gewalt gewöhnt waren[14], wäre es absurd zu behaupten, daß die Gräben nicht schlimmer waren: Die Slums waren entsetzlich genug, aber sie waren nicht aus Matsch errichtet, und die katholischen Bewohner schossen auch nicht mit Granaten auf die Protestanten. »Nicht das Feuer bedeutet die Hölle«, erklärte das französische Soldatenblatt *La Mitraille*: »Die wirkliche Hölle ist der Matsch.« *Le Crapouillot* sah die Dinge etwas anders: Das schlimmste nämlich sei die Kälte.[15] Jünger dachte manchmal, daß Nässe und Kälte sich schädlicher auf die Widerstandskraft der Truppen auswirkten als die Artillerie.[16]

Selbst wenn sie nicht unter Kälte, Schmutz und Nässe litten, hatten die Männer in den Gräben zu leiden. Sie trauerten um gefallene Kameraden (insbesondere wenn sie noch »grün« waren)[17], und ganz im Gegensatz zu Northcliffes Geschichten über ein gesundes Leben im Freien waren sie oft krank (jedoch weniger häufig mit tödlichen Folgen als in vorangegangenen Kriegen). Die deutschen Statistiken zeigen, daß während des Krieges insgesamt durchschnittlich 8,6 Prozent der Gesamtzahl kampffähiger Soldaten krank waren. Dieser Prozentsatz stieg im Sommer 1918 steil nach oben; auch Ludendorffs Heer wurde durch die weltweite Grippeepedemie des Sommers 1918 schwer getroffen.[18]

Auch psychologisch war es schwer, fröhlich zu bleiben, wenn man von »verrostetem Stacheldraht«, »aufgewühlter Erde« und »geisterhaften Bäumen (...) zersplittert von Granatenwunden« umgeben war – doch auch hier zeigte sich, daß die Abneigung gegen die Szenerie sich meist auf Neulinge beschränkte.[19]

Für all diese Strapazen wurde der Soldat mit einem Hungerlohn bezahlt, und dies war für die meisten ein schwerer wiegender Grund zur Klage als die abstoßende Umgebung. Britische Soldaten, die im Jahre 1917 einen Schilling pro Tag erhielten, reagierten mit Entrüstung, als sie hinter der Front mit Kolonialtruppen zusammenkamen, die das Fünf- oder Sechsfache erhielten; noch ärgerlicher war der Anblick von Offizieren, die sich unter den Tisch tranken, während ihre Männer sich kein Glas Wein leisten konnten.[20] Die Memoiren von George Coppard sind voller Hinweise auf das Gefühl der Armut unter britischen Soldaten[21]; und doch war der Tommy besser dran als die französischen Wehrpflichtigen, die mit 25 Centimes am Tag auskommen mußten. All die Heere, die von Anfang an am Krieg teilgenommen hatten, wurden durch den Reichtum der Amerikaner gedemütigt, als diese im Feld auftauchten: In Brest gab es regelrechte Schlachten zwischen *poilus* und den Neuankömmlingen, ausgelöst durch die als unfair empfundenen Vorteile, die gut besoldete Amerikaner genossen, wenn es darum ging, Frauen in ihre Betten zu locken.[22]

Angesichts der Widrigkeit der Umstände, die die Soldaten zu ertragen hatten, ist es erstaunlich, daß die militärische Disziplin nicht viel öfter oder früher zusammenbrach. Große Aufmerksamkeit hat man den berühmten Weihnachtswaffenstillständen von 1914 gewidmet, als britische und deutsche Soldaten miteinander im Niemandsland »fraternisierten«[23]; und noch mehr hat man sich für das sogenannte System des »Leben-und-Leben-Lassens« interessiert, das sich in den Jahren 1914 und 1915 an bestimmten Abschnitten der Westfront entwickelte. Im Prinzip handelte es sich hier um stillschweigend vereinbarte Phasen der Waffenruhe während der Essenszeiten oder wenn man die Verwundeten barg; es entwickelte sich ein System des »Gebens und Nehmens«, bei dem für jeden unprovozierten Schuß als Vergeltung zwei Schüsse zurückgegeben wurden.[24] Gegnerische nächtliche Streifen mieden es sorgfältig, einander im Niemandsland zu begegnen. Scharfschützen hörten auf, Todesschüsse abzugeben, falls sie überhaupt schossen. Wenn Befehle von oben eingingen, die Kämpfe wieder aufzunehmen, verliefen sie in gleichsam »rituell« vorgegebenen Formen.[25] Diese Verhaltensweisen sind von Sozialwissenschaftlern als Beweis für die Bereitschaft des menschlichen Wesens zur Kooperation[26] angeführt worden und von Biologen als Hinweis auf das Bestreben der »egoistischen Gene«, ihr Überleben zu sichern.[27] Es ist ein Unglück für solch elegante Theorien, daß ein derartiges Verhalten nicht lange währte.

Ernst Jünger hat genau beobachtet, wie diese Waffenruhen scheiterten: »Die Besatzung beider Gräben war von dem furchtbaren Schlamm auf die Brustwehren getrieben, und schon hatte sich zwischen den Drahtverhauen ein lebhafter Verkehr und Austausch von Schnaps, Zigaretten, Uniformknöpfen und anderen Dingen angebahnt.« Am Weihnachtstag 1915 wurde einer von Jüngers Soldaten durch einen von der Seite kommenden Schuß getötet: »Gleich darauf versuchten die Engländer eine freundschaftliche Annäherung, indem sie einen Christbaum auf ihre Brustwehr stellten, der jedoch von unseren erbitterten Leuten mit einigen Schüssen heruntergefegt wurde, was der Tommy mit Gewehrgranaten beantwortete.«[28]

Das Vertrauen wuchs auf diese Weise nicht, sondern es schwand dahin. Es überzeugt nicht, wenn man die Schuld für das Ende des »Leben-und-Leben-Lassens« einfach antreiberischen Stabsoffizieren zuschreibt, die »eine aktive Front« wollten, um ihre eigenen Beförderungsaussichten zu verbessern.[29] Fraternisierungsverbote (wie sie etwa im Februar 1917 an die 16. Division ergingen) wurden von den Mannschafen bereitwillig akzeptiert.

Wenn also Verbrüderung nicht zur Regel wurde, wie stand es dann um eine andere Art von Pflichtverletzung – die Desertion? Obwohl Mythen über ganze Heere von Deserteuren existieren, die angeblich im Hinterland umherstreiften, gab es auf beiden Seiten der Westfront relativ wenige Fälle von Fahnenflucht. Zu Anfang des Krieges kam es vor, daß bäuerliche Rekruten und Wehrpflichtige auf beiden Seiten zur Erntezeit nach Hause zu gelangen versuchten; und gegen Ende des Kriegs zerfiel die Moral auf der deutschen Seite. Im November 1917 nutzten immerhin zehn Prozent aller Soldaten Transportzüge zur Fahnenflucht aus, was nach dem Zusammenbruch Rußlands leichter geworden war; im Sommer

1918 ging jedenfalls ein Fünftel der Ersatztruppen auf dem Wege zur Armeegruppe Prinz Rupprecht verloren.[30] Aber während der meisten Zeit des Krieges blieben die Desertionen zahlenmäßig so gering, daß sie die militärische Schlagkraft nicht untergruben: In der britischen Armee betrug die Zahl der wegen Fahnenflucht erschossenen Soldaten nur 266.[31] Zwischen 1914 und 1917 wurde im Jahresdurchschnitt von 15 745 französischen Soldaten berichtet, die sich unerlaubt von der Truppe entfernt hatten; aber in vielen Fällen handelte es sich hier eher um verspätete Rückkehr bei erlaubter Abwesenheit und nicht um Fahnenflucht.[32] Auch in den österreich-ungarischen Einheiten gab es nicht so viele Fälle von Desertion, wie man angesichts des hohen Anteils von Soldaten slawischer Abstammung in ihren Reihen vielleicht annehmen mag; die ethnisch homogenen Italiener waren kaum weniger geneigt, sich davonzustehlen, dies galt insbesondere für Rekruten aus dem *Mezzogiorno,* denen ihre Offiziere aus dem Norden als nicht weniger fremd vorkamen als der Feind. Bis in die letzten Phasen des Krieges hinein desertierten Russen in großer Zahl, vor allem dann, wenn sie von bevorstehenden Offensiven erfuhren. Doch erst 1917 gingen die Fahnenfluchten auf russischer Seite in die Hunderttausende – ja sogar in die Millionen.[33]

Auch Meutereien gab es selten, und zwischen ihnen lagen große Zeitabstände. Die 49 französischen Divisionen, die im Sommer 1917 meuterten[34], sowie die sächsischen und württembergischen Einheiten, die im kleineren Umfang in jenem Sommer den Dienst verweigerten, erscheinen eher als die Ausnahme, die die Regel von einem bemerkenswerten Mangel an Unordnung an der Westfront bestätigen.[35] Ganz gewiß lagen nicht einmal den französischen Meutereien derart revolutionäre Bestrebungen zugrunde, wie das Oberkommando mutmaßte: Sie spiegelten nur den Verlust des Vertrauens der einfachen Soldaten in Nivelles Führungsfähigkeit wider. Jedenfalls handelte es sich hier nicht um Anzeichen einer Absicht, die Deutschen den Krieg gewinnen zu lassen. Dennoch war die Befehlsverweigerung von 30 000 bis 40 000 Soldaten in einer derart kritischen Phase des Krieges eine ernste Angelegenheit.

In der britischen Armee ereignete sich nichts Vergleichbares. Der einzige bedeutsame Zusammenbruch der Disziplin, bei dem im September 1917 Soldaten der 51. Highland Division, der Northumberland Fusiliers und australischer Einheiten beteiligt waren, richtete sich in erster Linie gegen die Militärpolizei, nachdem diese einen lange dienenden regulären

Armeekorporal erschossen hatte, weil er versucht hatte, eine Brücke zu überqueren, die in eine nahe gelegene Stadt führte.[36] Im äußersten Falle nahmen britische Soldaten aus der Arbeiterklasse, wenn sie mit ihrer Behandlung nicht zufrieden waren, hinter den Linien zu den Protesttechniken Zuflucht, die sie aus Friedenszeiten kannten. In einigen Einheiten der 25. Division kam es im Jahre 1916 zu Massenversammlungen, um gegen schlechte Unterkünfte zu protestieren[37]; der Arbeiter- und Soldatenrat, der im Juni 1917 in Tunbridge Wells gebildet wurde, formulierte seine Anliegen wie ein Streikkomitee: Die Vergütungen sollten erhöht werden, um mit den Nahrungsmittelpreisen Schritt zu halten, und Soldaten sollten keinesfalls als »Streikbrecher« benutzt werden und zivile Arbeiten verrichten.[38] Typisch für die britische Disziplin war, daß die Befehle, denen gewöhnlich nicht gehorcht wurde, gegen Ende des Krieges Versetzungen in neue Einheiten betrafen.[39] Doch als es bei der dritten Schlacht von Ypern darum ging, gegen eine gewaltige Übermacht anzutreten, blieb die Moral der britischen Soldaten nach Ansicht von Sir Hubert Gough, der die Fünfte Armee befehligte, »bewundernswert hoch«: »Unsere einfachen Soldaten (...) wußten nur, daß man sie aufgefordert hatte, unter unmöglichen Bedingungen zu kämpfen, wobei ringsum der Tod herrschte (...). Es grenzte ans Wunderbare, daß Soldaten imstande waren, so starke Belastungen zu ertragen.«[40] Zieht man in Betracht, daß sie aus dem Land kamen, wo es die geringste Erfahrung mit der allgemeinen Wehrpflicht gab, dann hatte er recht.

Zwang

Der Krieg bracht eine gewaltige Ausdehnung der Machtmittel des Staates mit sich. Ein beträchtlicher Teil der zwischen 1914 und 1918 anwachsenden Staatsausgaben wurde dafür verwandt, administrative Strukturen zu schaffen, die Hunderttausende von Menschen beschäftigten und deren Aufgabe es war, ihre Mitbürger zum Kämpfen zu zwingen. Diese Expansion der Bürokratie hatte bereits vor dem Krieg begonnen und nicht nur im öffentlichen Sektor stattgefunden, sondern auch bei den privaten Vereinigungen und den Unternehmen: Niemals waren Menschen so gut organisiert gewesen wie im Jahre 1914. Gigantische Industriekonzerne beschäftigten Zehntausende von Menschen und wurden von Managementbürokratien geleitet. Gewerkschaften verfügten über gewaltige

Mitgliederzahlen. All diese Strukturen wurden mit bemerkenswerter Effektivität zum Zwecke des Massengemetzels nutzbar gemacht.

Was den Gebrauch von Zwang zur Aufrechterhaltung militärischer Disziplin betrifft, war die britische Armee härter und unnachsichtiger als jene Armeen, die schließlich einen Zusammenbruch erlitten. Mitglieder der No Conscription Fellowship (ein Verband von Wehrdienstgegnern), die sich weigerten, Kriegszwecken dienende Arbeiten zu verrichten, entgingen nur knapp der Hinrichtung durch militärische Behörden, und von den 1540 Pazifisten, die zu jeweils zwei Jahren Zwangsarbeit verurteilt wurden, starben 71 aufgrund schlechter Behandlung.[41] Insgesamt wurden 3080 britische Soldaten wegen Desertion, Feigheit, Meuterei oder anderer Vergehen zum Tode verurteilt, und 346 dieser Urteile wurden vollstreckt – das waren mehr als bei den Franzosen und ungefähr siebenmal so viele wie bei den Deutschen, dagegen wurden doppelt so viele Italiener exekutiert.[42] Namenslisten der Hingerichteten wurden »zur Abschreckung« bei Paraden vorgelesen.

Im Jahre 1918 gab es einen Militärpolizisten auf jeweils 291 Angehörige der britischen Streitkräfte, verglichen mit einem Verhältnis von eins zu 3306 zu Kriegsbeginn.[43] Die britische Armee besaß auch ein sehr viel höheres Verhältnis von Offizieren zu einfachen Soldaten als das deutsche Heer: 25 pro Bataillon verglichen mit acht oder neun bei den Deutschen.[44] Bedenkt man den Mangel an militärischer Vorkriegserfahrung bei der überwältigenden Mehrheit der britischen Soldaten, dann entwickelte sich die britische Armee am Ende doch zu einer bemerkenswert disziplinierten Organisation. Wie wir gesehen haben, setzte sie ein viel höheres Maß an blindem Gehorsam durch als die deutsche.[45]

In dieser hierarchischen, von Befehlsausführung geprägten Struktur ist die Ursache der Schwäche der britischen Armee im Vergleich zur deutschen militärischen Kultur gesehen worden, die die einfachen Soldaten ermutigte, Initiative zu ergreifen, wenn keine eindeutigen Befehle von oben vorlagen.[46]

Die Disziplin hatte eine Menge mit dem Grad an Respekt zu tun, den die einfachen Soldaten für ihre Unteroffiziere und Offiziere empfanden. Bei den Russen stand es in dieser Hinsicht am schlechtesten – sie behandelten ihre Soldaten wie Leibeigene, Offiziere waren während des Kampfes häufig abwesend[47] –, und bei den Italienern sah es nicht viel besser aus. Das Verhalten der französischen Offiziere lag irgendwo in der

Mitte.[48] Es mag sein, daß der berühmte Respekt vor dem deutschen Offizier ebenfalls nachzulassen begonnen hatte, doch während der Revolution wurde dies zu einer politisch derart sensiblen Angelegenheit, daß es sehr schwierig ist, hier Mythos von Realität zu unterscheiden.[49]

Wie gut die Beziehungen zwischen Offizieren und Soldaten in der britischen Armee tatsächlich waren, muß offenbleiben. Es kam während des Krieges ohne Frage zu einer starken Veränderung der sozialen Zusammensetzung des Offizierskorps: 43 Prozent der ständigen Offiziersstellen gingen an ehemalige Unteroffiziere gegenüber zwei Prozent vor dem Krieg, und ungefähr 40 Prozent der nicht ständigen Offiziere stammten aus der Arbeiterklasse oder der unteren Mittelschicht.[50] Für die Offiziere der alten regulären Armee war dies ein harter Schlag. Auf der anderen Seite überbrückte diese soziale »Verwässerung« im großen Maße die soziale Kluft, die es zwischen Offizieren und Soldaten gegeben hatte – im Unterschied zur deutschen Armee, in der Unteroffiziere nicht über den Rang eines Feldwebelleutnants hinaus befördert wurden.[51]

Jedenfalls scheint es offenkundig, daß die Moral nur teilweise von der Disziplin abhängig war – und sie konnte untergraben werden, wenn die Disziplin die Form eines strapaziösen Drills und sinnloser Knopfpoliererei annahm, vor allem bei Soldaten, die wirkliches Kriegsgeschehen erlebt hatten. Der militärische Durchhaltewillen ist ebenso vom Zuckerbrot der Belohnung und der Auszeichnung wie von der Peitsche der Disziplin abhängig; und noch abhängiger als von diesen beiden Faktoren ist er von Stimmungen und sozialen Bindungen, die ein Heer zusammenhalten.[52]

Bindemittel

Die besten Darstellungen des militärischen Lebens im Ersten Weltkrieg betonen die Bedeutung, die alltägliche Dinge besaßen, um die Soldaten in Gang zu halten. Unmittelbare kurzfristige Bequemlichkeit stand hoch im Kurs. Folgende Annehmlichkeiten und Unannehmlichkeiten waren von Bedeutung:

1. *Warme und ausreichende Kleidung.* Im September 1915 schickten französische Schullehrer aus dem Departement Doubs 4403 handgestrickte Wollmützen als Teil ihres Beitrags zu den Kriegsanstrengungen; im Winter war dieser Kälteschutz hochwillkommen.[53] Während die bri-

tischen Offiziere handgeschneiderte Uniformen trugen, liefen ihre Soldaten in Lumpen umher, sie waren mit Uniformen ausgerüstet, die selten paßten – und dabei stellten sie noch die bestgekleidete aller Armeen dar. Deutsche Uniformen waren weit primitiver, und gute Stiefel stellten ein Objekt der Sehnsucht dar, wie man aus »Im Westen nichts Neues« erfährt. Bei der rumänische Armee herrschte eine derartige Knappheit an Fußbekleidung, daß viele ihrer Soldaten 1914 barfuß in den Krieg zogen. Die schottischen Regimenter aus den Highlands waren zwar stolz darauf, (unter einer Khakischürze) den Kilt zu tragen, aber dieser stellte in vielfacher Hinsicht beim Grabenkrieg ein Hindernis dar und mußte schließlich abgeschafft werden.[54]

2. *Anständige Unterkünfte.* Die deutschen Gräben waren im allgemeinen besser gebaut als die britischen; wenn ein britischer Soldat nach Hause schrieb, lobte er nur sehr selten seinen Unterstand, und die Deutschen wunderten sich über die Schäbigkeit der feindlichen Linien, wenn sie Abschnitte davon eroberten. Umgekehrt waren die britischen Soldaten »erschüttert, den hohen Standard der [deutschen] Gräben« im Vergleich zu ihren eigenen »erbärmlichen Löchern« kennenzulernen.[55] Auf den »Donnerbalken« in ihren Latrinen waren die deutschen Soldaten stolz – mehr als die britischen auf ihre Löcher.

3. *Verpflegung.* Nahezu alle Kriegserinnerungen verdeutlichen, daß die Moral sehr stark von guter Verpflegung abhing. Diese Thematik ist in vielfacher Hinsicht das zentrale Leitmotiv von »Im Westen nichts Neues«. Der Geruch von Speck am Morgen erfreute Soldaten auf beiden Seiten; umgekehrt führten, wie sich George Coppard erinnerte, »kleinere Mängel bei den Rationen zu meuterischem Gemurre«.[56] Wenn Jüngers Erfahrung typisch war, dann wurde die Verpflegung für das deutsche Heer in der zweiten Hälfte des Jahres 1917 merkbar schlechter («schmale Brotportion, wäßrige Suppen und dünne Marmelade«), und dies hatte bedeutsame Konsequenzen: Als die Deutschen im folgenden Frühjahr durch die alliierten Linien brachen, verbrachten sie wertvolle Zeit mit Plünderungen. Generaloberst von Einem klagte, seine 3. Armee sei zu einer »Gruppe von Dieben« herabgesunken.[57] Auch die Briefe französischer Soldaten enthalten zahlreiche Klagen und Beschwerden über schlechte oder unzureichende Ernährung: »Wir bekamen neunmal hintereinander Rindfleisch in Büchsen und Reis aus Saigon zu essen«, beklagte sich einer im Juni 1916. »Sie müssen uns für Hühner halten.«[58]

4. *Narkotika.* Ohne Alkohol und ohne Tabak hätte der Erste Weltkrieg nicht ausgefochten werden können. Als Sergeant Harry Finch vom Royal Sussex Regiment am 31. Juli 1917, am Vorabend der Offensive von Passchendaele, im Niemandsland ankam, überraschte ihn, daß die meisten Soldaten seiner Abteilung »schnell in den Schlaf fielen«, während sie auf den Beginn des Angriffs warteten. Dies war im gleichen Maße Ergebnis einer Ausgabe von Rum wie von Müdigkeit.[59] »Hätte es die Rumration nicht gegeben«, erklärte ein Sanitätsoffizier später, »dann hätten wir den Krieg nicht gewinnen können.«[60] Dies war nur in dem Sinne eine Untertreibung, daß hier die große Menge an scharfen Getränken nicht erwähnt wurde, die die Soldaten konsumierten, wenn sie nicht an der Front waren. Gewöhnliche Soldaten betranken sich bei jeder Gelegenheit; sie hatten dafür, wie ein Offizier der Highland Light Infantry formulierte, ein »außergewöhnliches Talent«.[61]

5. *Ruhe.* Drei Fünftel der Zeit verbrachte ein Infanterist im Hinterland: Das 7. Bataillon des Royal Sussex Regiments war ein typischer Fall. Es stand zwischen 1915 und 1918 42 Prozent seiner Zeit an der Front oder in deren Nähe.[62] Ein einzelner Soldat mußte oft noch weniger aktiven Dienst tun, wenn er krank wurde oder einen »Heimatschuß« erhielt (wie es Harry Finch zu seinem Glück am ersten Tag der Schlacht an der Somme passierte): Sein Tagebuch vermittelt, wie selten die Schreckensphasen der Kämpfe waren.[63] Guy Carrington verbrachte nur etwa ein Drittel des Jahres 1916 unmittelbar unter Feuer und davon 65 Tage an der Frontlinie.[64] Zudem herrschte an einigen Abschnitten dieser Linie Ruhe: Befand man sich nach 1915 bei Festubert, dann war es dort viel sicherer als beispielsweise in der Nähe von Ypern.[65] Zahlreiche Soldaten hatten »angenehme« Aufgaben: Gut 300 000 Mann waren ausschließlich mit der Versorgung der britischen Expeditionsstreitkräfte beschäftigt.[66] »Ruhezonen« bedeuteten gewöhnlich alles andere als Ruhe: Hier herrschte ein endloses Graben, Reparieren, Laden und Entladen, doch der einfache Soldat verstand es, immer nur das gerade noch akzeptierte Minimum an Arbeit zu tun.[67] Viel ernsthafter war die Drückebergerei, wenn Soldaten versuchten, sich den wirklichen Kämpfen zu entziehen: Eine Schätzung der Zahl der deutschen »Drückeberger« im Sommer 1918 beläuft sich auf 750 000 Mann; dies entwickelte sich zu einer Art von »verdecktem militärischen Streik«, wobei Soldaten, die sich zurückzogen, sogar jene, die zur Front marschierten, als »Streikbrecher« beschimpften.[68]

6. *Freizeit.* In einer zeitgenössischen britischen Frontzeitung stand zu lesen: »Gäbe es nicht den Geist der Gutmütigkeit und der Fröhlichkeit, dann würden wir kaum weitermachen können.«[69] Einen guten Einblick in die manchmal recht finsteren Fronthumor liefern komische Namen, mit denen Soldaten die Dinge belegten, die sie umgaben: Ein Friedhof wurde so zu einem »Ruhelager«, während der Ort Foncquevillers zu »Funky Villas« verballhornt wurde.[70] Die englische Sprache war mit ihrem Hang zum Understatement sehr gut für die Schützengräben geeignet.[71] Häufig sammelten Soldaten Souvenirs, darunter feindliche Abzeichen, Knöpfe, Bajonette und Helme.[72] Konzerte von Berufsmusikern und Laien sorgten für Unterhaltung.[73] Die Soldaten sahen sich in Feldkinos Filme an.[74] Sie spielten Fußball, und dies im britischen Heer besonders eifrig und mit Ermutigung von oben: Bezeichnenderweise spielten Offiziere und einfache Soldaten gleichberechtigt im Team zusammen, so wie »Gentlemen« und »Spieler« dies auch im Frieden taten, allerdings hörte die Vertraulichkeit mit dem Schlußpfiff auf. Es fanden auch Baseballspiele für die Kanadier und sogar Pferderennen für die Australier statt.[75] Selbstverständlich gab es auch Sex, und zwar, wenn man nach der Memoirenliteratur urteilt, sehr häufig mit Prostituierten.[76] Dies unterstreichen auch die Statistiken über Geschlechtskrankheiten, denen zufolge es unter britischen Soldaten 1917 48 000 Fälle und 1918 60 000 Fälle einschließlich der Truppen aus den Dominions gab. Nach dem Krieg tauchten beunruhigende Behauptungen auf, daß jeder fünfte Soldat von Syphilis infiziert sei; tatsächlich lag die jährliche Quote für die britische Arme bei 4,83 Prozent, eine leichte Verbesserung gegenüber den Vorkriegszahlen; allerdings waren die Zahlen für die Dominiontruppen höher, sie betrugen im Falle der kanadischen Soldaten 1915 sogar 28,7 Prozent.[77] Außerdem gab es stets Pornographie, Masturbation, und für einige wenige spielte auch Sodomie eine Rolle.

7. *Urlaub.* Nicht zuletzt trug die Aussicht auf Heimaturlaub dazu bei, die Soldaten bei der Stange zu halten. Insbesondere der *poilu* beschäftigte sich, so ist behauptet worden, dauernd mit seinen Visionen von Heim und Familie.[78] Er sah beide nicht oft: Obwohl französische Soldaten eigentlich nach jeweils drei Dienstmonaten sieben freie Tage bekommen sollten, erhielten sie diese nur selten.[79] Britische Soldaten durften noch weniger häufig nach Hause. Während eines großen Teils des Krieges bekam der durchschnittliche Tommy nach je 15 Monaten Dienstzeit nur zehn

Tage Urlaub: Im Sommer 1917 hatten 100 000 britische Soldaten während der letzten 18 Monate überhaupt keinen Urlaub gehabt, und 400 000 hatten ein Jahr lang ohne Urlaub Dienst getan.[80] Für die Australier kam ein Heimaturlaub kaum in Frage.[81] Doch sicher wurde die Freude des Heimaturlaubs für viele Soldaten durch Ressentiments gegenüber Zivilisten getrübt, deren Erfahrungen ihnen gegenüber ihren eigenen harmlos vorkamen und deren Kenntnisse von den Lebensumständen an der Front sich auf manipulierte Presseberichte stützten.

In Wirklichkeit sahen die Zivilisten die Dinge weniger unrealistisch, als die Soldaten argwöhnten: Berichte des Roten Kreuzes über Verwundete und Vermißte wurden nur leicht entschärft, bevor sie an die Angehörigen weitergeleitet wurden.[82] Dennoch fühlten sich viele Frontkämpfer in der Heimat fremd.

Kameradschaft

Das Pendant zu dieser Empfindung der Fremdheit in der Heimat war das Gefühl der Kameradschaft unter den Soldaten. Dies war der Schlüssel zu der Erfahrung, auf die sie später mit Nostalgie als »Fronterlebnis« zurückschauten. Doch darf man die Bedeutung der »Kameradschaft« nicht übertreiben. Viele der literarisch interessierten Offiziere, deren Erfahrungen Fussell so sehr beschäftigen, verschafften sich ebensoviel einsame Freude durch Lesen wie Hochgefühle durch kameradschaftliches Miteinander. Und da Einheiten oftmals kurz nach ihrer Ausbildung in den Kampf geschickt und Freundschaften sehr häufig durch den Tod beendet wurden, zählten individualistische, nach innen gerichtete Praktiken, mit den Dingen fertig zu werden, am Ende ebensoviel, wenn nicht mehr als Kameradschaft. Gleichzeitig identifizierten sich die Soldaten mit den größeren organisatorischen Einheiten, zu denen sie gehörten. Sorgfältig gepflegte Regimenttraditionen dienten dazu, Loyalitätsbande auf einem weniger intimen Niveau herzustellen, so daß diese selbst schwere Verluste überstehen konnten. Obwohl das Wachstum der Armee diese Bindungen auf der Regimentsebene schwächte, war die große Umgruppierung der Bataillone im Jahre 1918 unter den Soldaten äußerst unpopulär, und einige weigerten sich, dem Befehl zu folgen, sich in ihre neue »Heimateinheit« zu begeben.[83]

Patriotismus

Schließlich motivierte eine tiefsitzende Loyalität gegenüber ihrem Heimatland Soldaten zum Kampf (selbst wenn sie die strategischen Ziele ihrer Regierung oft gar nicht genau kannten). Bereits Clausewitz hatte argumentiert, daß militärische Stärke von der Moral abhänge. Für den großen Theoretiker des Krieges war die Mobilisierung des Nationalgefühls ein entscheidendes Element für die moralische Kraft der französischen Armee unter Napoleon gewesen; viele moderne Analytiker würden zustimmen, daß hier der Schlüssel zum Potential einer Armee liegt.[84] Im Ersten Weltkrieg kämpften Männer ebenfalls für *la patrie*, für das *Empire* und für das *Vaterland*. Im französischen Fall war dies wohl am offensichtlichsten: Die Tatsache, daß der Feind auf heimischem Boden stand, ließ, verbunden mit volkstümlichen Erinnerungen an die 1790er Jahre, ein Gefühl der patriotischen Entschlossenheit aufkommen.[85] Ein maßvolleres britisches Überlegenheitsgefühl diente möglicherweise ebenfalls als Bindemittel.[86]

Aber auch hier ist eine Einschränkung angebracht. Wenn die britischen Expeditionsstreitkräfte auch überwiegend aus Engländern bestanden, so stellten sie doch eine multinationale Streitmacht dar. Insbesondere die Schotten besaßen ein starkes Gefühl für ihre eigene besondere Identität und waren darauf aus, diese zu demonstrieren, indem sie, hintern Dudelsack her marschierend, deutlich machten, daß »wir – WIR – den Krieg gewinnen werden«[87]. Auch die Iren brachten, obwohl weit weniger kriegsbegeistert als die Schotten, Regimenter mit einer besonderen Kultur hervor, selbst wenn man Engländer in diese Einheiten versetzen mußte, um die vorgesehene zahlenmäßige Stärke zu erreichen. Allerdings neigten höhere englische Offiziere dazu, die Kampfqualität dieser Einheiten aus bloßem Vorurteil heraus zu unterschätzen.[88] Obwohl ein Großteil der kämpfenden kanadischen und australischen Soldaten in Großbritannien geboren war, besaßen auch sie eindeutige Identitäten; die australischen »diggers« machten britischen Generälen Sorge wegen ihres Mangels an Autoritätsgläubigkeit.[89] Auch auf der deutschen Seite gab es wahrnehmbare Unterschiede zwischen preußischen und süddeutschen Truppen: Vor allem die Sachsen galten als »weniger gefährliche« Gegner als die Preußen. In der österreich-ungarischen Armee zählte die nationale Identität wenig – ebensowenig bedeutsam war sie im russischen Heer, wo viele wehrpflichtige Bauern sich eher als »Leute aus Tambow« denn als Russen betrachteten, Rußland war für sie ein Wort, das »die Welt« bedeutete. Doch beide Heere kämpften beinahe genauso lange ohne innere Krise wie die homogeneren Armeen Frankreichs (die jedenfalls ihre eigenen Probleme mit regionalen Gegensätzen hatten: Die bretonischen Soldaten sprachen sehr verschiedene Dialekte, und nur wenige von ihnen verstanden französisch).[90]

Religion

Wie bereits dargelegt wurde, ließen sich die Soldaten von der chauvinistischen Propaganda in den Zeitungen nicht beeindrucken. Eine alternative »offizielle« Quelle der Motivierung, die subtilere Methoden anbot, mit dem Gemetzel fertig zu werden, war die Religion. Für die Soldaten an der Westfront, die in ihrer überwältigenden Mehrheit Christen waren, konnten ihre eigenen Leiden leicht in einer Rhetorik des Opfers interpretiert werden, die sich aus der christlichen Passionsgeschichte ableitete. Es gab eine häufig wiederholte Geschichte über einen verwundeten kanadischen Soldaten, den die Deutschen vor den Augen seiner Kameraden kreuzigten. Der Krieg war zudem eine Zeit der Erscheinungen. Soldaten sahen in ihrer Phantasie Engel über der Stadt Mons schweben; drei analphabetische portugiesische Kinder sahen im Mai 1915 die Heilige Jungfrau in der Nähe des Dorfes Fatima über die russische Revolution weinen. Desgleichen glaubten Soldaten in Belgien und Nordfrankreich, sie hätten prophetische Worte von den Madonnen in den Heiligtümern am Wegesrand vernommen. Der Spiritualismus blühte in den Gräben, und viele erschöpfte Soldaten glaubten, Geister zu sehen oder zu hören. Die bewegendste Vision der Jungfrau aber war real: die vergoldete Jungfrau auf der Spitze der Basilika von Notre Dame des Brebières in Albert, die sich als Ergebnis des Geschützfeuers in höchst gefährlicher Weise nach vorn neigte; es hieß, daß der Krieg zu Ende wäre, wenn die Statue herabfiele (was sie niemals tat).[91] Das Saarburger Kreuz – eine Figur des gekreuzigten Christus, die eine in die Irre gegangene Granate vom Kreuz gelöst hatte – stellte ein weiteres ambivalentes Bild des zwiespältigen Krieges dar: teils heilig, teils unheilig.

Natürlich kann der Erste Weltkrieg nicht uneingeschränkt als ein Religionskrieg verstanden werden. Robert Graves beispielsweise war erstaunt über den Mangel an religiösen Gefühlen unter britischen Soldaten. Von allem anderen abgesehen, war es selbst für den ungebildetsten Soldaten deutlich, daß es einen Unterschied zwischen der Lehre der Bergpredigt und den Instruktionen des Ausbilders über den Gebrauch des Bajonetts gab. Die 8000 katholischen Priester, die auf beiden Seiten am Krieg teilnahmen, mußten sich mit der schwierigen Gewissenslage auseinandersetzen, in die sie durch die Kriegsgegnerschaft Papst Benedikts XV. geraten waren. Am deutlichsten wurde sie, als das Oberhaupt der Katholiken sich am 1. August 1917 für ein Ende der selbstmörderischen Feindseligkeiten aussprach – dieser Aufruf beeindruckte aber die eher gallikanisch gestimmten Gläubigen in Frankreich und Belgien nicht. Die Gefühle, die die 3480 britischen Feldgeistlichen weckten, waren ebenfalls sehr gemischter Art: »Woodbine Willie« – der Reverend G. A. Studdert Kennedy – stand für den Typus eines kraftvollen, um nicht zu sagen blutdürstigen Christentums, das nicht jeder anziehend fand. Er hielt seine Predigten, nachdem die Gemeinde zuvor durch Boxkämpfe, Ringen und Bajonettfechten unterhalten – und »aufgeheizt« worden war.[92]

Freude am Krieg?

Wenn man nach den Gründen sucht, warum der Kampf weiterging, gibt es noch eine andere Möglichkeit, die in der Geschichtsschreibung über den Ersten Weltkrieg allerdings kaum beachtet worden ist, und dies, weil der Gedanke nicht sehr angenehm ist. Gemeint ist die These, daß die Soldaten weiter kämpften, weil sie weiter kämpfen wollten.

In seiner während des Krieges entstandenen Arbeit »Zeitgemäßes über Krieg und Tod« behauptete Sigmund Freud:

»Wenn das wilde Ringen dieses Krieges seine Entscheidung gefunden hat, wird jeder der siegreichen Kämpfer froh in sein Heim zurückkehren, zu seinem Weibe und Kindern, (…) ungestört durch Gedanken an die Feinde, die er (…) getötet hat (…) So sind wir auch selbst, wenn man uns nach unseren unbewußten Wunschregungen beurteilt, wie die Urmenschen eine Rotte von Mördern (…). Unser Unbewußtes ist (…) gegen den Fremden ebenso mordlustig, gegen die geliebte Person ebenso zwiespältig (ambivalent) wie der Mensch der Urzeit (…). Der Krieg (…) streift uns die späteren Kulturauflagerungen ab und läßt den Urmenschen in uns wieder zum Vorschein kommen.«[93]

Freud entwickelte diese Argumentation nach dem Krieg in seiner Schrift »Jenseits des Lustprinzips« (1920) weiter, in der er die Vermutung aussprach, »es müsse außer dem Trieb, die lebende Substanz zu erhalten und zu immer größeren Einheiten zusammenzufassen, einen anderen, ihm gegensätzlichen, geben, der diese Einheiten aufzulösen und in den uranfänglichen, anorganischen Zustand zurückzuführen strebe. Also außer dem Eros einen Todestrieb; aus dem Zusammen- und Gegeneinanderwirken dieser beiden ließen sich die Phänomene des Lebens erklären.«

Es war das Zusammenspiel von Todestrieb und Liebestrieb, in dem er nun den Schlüssel zum Verständnis der menschlichen Psyche sah:

»Für alles Weitere stelle ich mich also auf den Standpunkt, daß die Aggressionsneigung eine ursprüngliche, selbständige Triebanlage des Menschen ist (…) und (…) daß die Kultur ihr stärkstes Hindernis in ihr findet. Irgendeinmal im Laufe dieser Untersuchung hat sich uns die Einsicht aufgedrängt, die Kultur sei ein besonderer Prozeß, der über die Menschheit abläuft, und wir stehen noch immer unter dem Banne dieser Idee. Wir fügen hinzu, sie sei ein Prozeß im Dienste des Eros, der vereinzelte menschliche Individuen, später Familien, dann Stämme, Völker, Nationen zu einer großen Einheit, der Menschheit, zusammenfassen wolle. Warum das geschehen müsse, wissen wir nicht; das sei eben das Werk des Eros. Diese Menschenmengen sollen libidinös aneinander gebunden werden; die Notwendigkeit allein, die Vorteile der Arbeitsgemeinschaft werden sie nicht zusammenhalten.

Diesem Programm der Kultur widersetzt sich aber der natürliche Aggressionstrieb der Menschen, die Feindseligkeit eines gegen alle und aller gegen einen. Dieser Aggressionstrieb ist der Abkömmling und Hauptvertreter des Todestriebes, den wir neben dem Eros gefunden haben, der sich mit ihm die Weltherrschaft teilt. Und nun, meine ich, ist uns der Sinn der Kulturentwicklung nicht mehr dunkel. Sie muß uns den Kampf zwischen Eros und Tod, Lebenstrieb und Destruktionstrieb zeigen, wie er sich an der Menschenart vollzieht. Dieser Kampf ist der wesentliche Inhalt des Lebens überhaupt und darum ist die Kulturentwicklung kurzweg zu bezeichnen als der Lebenskampf der Menschenart.«[94]

Obwohl es heute geradezu Mode ist, über Freud die Nase zu rümpfen, spricht doch einiges für diese Interpretation – zumindest, soweit es um das Verhalten von Soldaten im Kriege geht. Der aktuelle neo-darwinistische genetische Determinismus mag wissenschaftlich respektabler sein als Freuds Mischung aus Psychoanalyse und Amateuranthropologie, aber die Freudsche Auffassung scheint besser geeignet, die Bereitschaft von

Millionen von Männern zu erklären, viereinhalb Jahre mit Töten und Sterben zu verbringen. Insbesondere sollte man Freuds Äußerungen über den Destruktionstrieb und den Todestrieb ernst nehmen. Und es gibt einige Hinweise, die seine Thesen unterstützen.

Im August 1914 fühlte sich Arthur Annesley, ein Londoner mittleren Alters, durch »den Gedanken, daß man ihn nicht für den Militärdienst tauglich halten werde«, zum Selbstmord getrieben: Er wählte den Tod, weil er nicht töten durfte.[95] Robert Graves pflegte ebenfalls einen authentisch freudianischen Tick: In abergläubischer Weise bewahrte er während des Konflikts seine Keuschheit und stellte damit genau die Art von Verbindung her, die Freud zwischen Eros und Thanatos gezogen hatte.[96] Durch Unterdrückung des Sexualtriebs versuchte Graves den Selbstmordtrieb abzuwehren.

Das entgegengesetzte Extrem trat zutage, als eine französische Frontzeitung darauf anspielte, wie die Depression Soldaten »lebensmüde« machen konnte.[97] Todesängste beschäftigten die Soldaten in den Gräben ständig: Ernst Jünger machte sich am Vorabend einer Schlacht Sorgen, denn er »träumte in der Nacht ein wirres Zeug, in dem ein Totenkopf die Hauptrolle spielte«[98]. Gleichzeitig gab er zu, von den ersten Leichen, auf die er in einem eroberten französischen Graben stieß, fasziniert gewesen zu sein: »Daneben lag ein ganz junger Mensch auf dem Rücken, die glasigen Augen und die Fäuste im Zielen erstarrt. Ein seltsames Gefühl, in solche toten, fragenden Augen zu blicken,– ein Schaudern, das ich im Kriege nie ganz verloren habe.«[99] A. P. Herbert bekannte sich zu der gleichen »schrecklichen Faszination«, die auch Jünger verspürt hatte.[100]

Schließlich gab es nach dem Krieg ein bestimmtes Schuldgefühl unter den Überlebenden, wie sie etwa jene Gestalt in Joseph Roths »Kapuzinergruft« verspürte, die sich als »unfähig zum Sterben« erwiesen hatte.[101] Thomas Mann, der schließlich ein guter Wagnerianer war, fällte nach dem Krieg über das wilhelminische Deutschland das Urteil, dessen Kultur habe zu viel *Todesverbundenheit* besessen, und für dieses schicksalhafte Laster habe der Krieg eine Steigerung zum *Liebestod* hin dargestellt.[102]

Es ist auch denkbar und möglicherweise sogar schlimmer, daß Soldaten deshalb gekämpft haben, weil der Kampf eine Bewährungsprobe war, auf die sie sich mit Freude einließen. Martin van Crefeld (der kein Freudianer ist) schrieb darüber:

»Der Krieg (...) stellt auf keinen Fall nur ein Mittel dar, er ist vielmehr sehr oft als Endzweck betrachtet worden – als eine höchst attraktive Tätigkeit, für die nichts anderes einen angemessenen Ersatz liefern kann (...). Allein der Krieg gibt dem Menschen die Gelegenheit, all seine Fähigkeiten einzusetzen, alles aufs Spiel zu setzen und sein Wertvollstes gegen einen Gegner zu erproben, der genauso stark ist wie er selber (...). Wie unangenehm die Tatsache auch sein mag, der wahre Grund, warum es Krieg gibt, liegt darin, daß Männer gern kämpfen.«[103]

»Der Krieg«, so erinnerte sich ein kanadischer Soldat, »war *das größte Abenteuer meines Lebens*, die Erinnerung daran wird mir bleiben für den Rest meiner Tage, und ich hätte all dies um keinen Preis missen mögen.« Ein anderer Soldat, ein englischer Krankenträger, meinte: »Alles, was danach geschah, war ein enttäuschender Abstieg.«[104] Für Guy Chapman war der Krieg »eine Geliebte«: »Hat man einmal in ihren Armen gelegen, will man keine andere mehr gelten lassen.« Später bekannte er, »das unbeschreibliche Lebensgefühl in jeder Nervenzelle des Körpers und bei jedem geistigen Impuls im Kopf« zu vermissen.[105] Der französische Priester Pierre Teilhard de Chardin brachte das gleiche zum Ausdruck, als er die Erregung beschrieb, die ihn im Feld ergriff: »Man sieht aus dem eigenen Inneren heraus einen unter der Oberfläche liegenden Strom der Klarheit, der Energie und der Freiheit auftauchen, den man im gewöhnlichen Leben kaum irgendwo sonst finden kann.«[106] Und für Ernst Jünger war der Krieg ein stimulierendes Opiat.[107]

Frauen, die in die Nähe des Kriegsgeschehens gerieten, hatten ebenfalls positive Erlebnisse. »Ich hätte diese Zeit um keinen Preis der Welt missen mögen«, lautete May Sinclairs Kommentar in ihrem Tagebuch über ihre Arbeit bei einer belgischen Sanitätseinheit; sie erinnerte sich an »köstliche Augenblicke extremer Gefahr«. Vera Brittain und Violetta Thurstan, die ebenfalls Krankenschwestern wurden, fanden Geschmack an »der Erregung« und »dem großen Spaß« des Lebens in Frontnähe.[108]

Was den Krieg zu einem befriedigenden Abenteuer machte, war gerade seine Gefährlichkeit. Van Crefeld schließt sich unbewußt Freud an, wenn er schreibt: »Das wahre Wesen des Krieges besteht nicht einfach darin, daß eine Gruppe eine andere tötet, sondern in der Bereitschaft ihrer Mitglieder, sich wenn nötig im Gegenzug töten zu lassen.« Töten und Tod lebten im Kopf des Soldaten nebeneinander.

Aus welchem anderen Motiv, wenn nicht aus einer unterbewußten

Todessehnsucht heraus, wollten Soldaten den Feind töten und dabei das eigene Leben riskieren? Einen starken Ansporn stellte die Rache dar. Was motivierte beispielsweise John Lucy an der Aisne im September 1914 und bei Neuve Chapelle? – Es war die Gelegenheit, an den Deutschen Rache zu üben nach dem höllischen Rückzug von Mons und dem Tod seines Bruders.[109] An der Somme war die 9. walisische Division vom gleichen Wunsch motiviert, die Rechnung für ihre Verluste bei Loos zu begleichen.[110] Ein französischer Landarbeiter aus dem Puy-de-Dôme berichtete seinen Eltern, wie er »eine furchtbare Wut gegen diese barbarischen Menschen [verspürte]. Es hätte mir Freude gemacht, möglichst viele vor's Gewehr zu bekommen. Ich garantiere, keiner von ihnen hätte mehr lange gelebt. Ich bin stolz, wenn ich sie auf dem Schlachtfeld fallen sehe.«[111] Jünger berichtet von der gleichen Stimmung unter seinen Soldaten nach dem Tod eines Kameraden: »Seine Kameraden lauerten noch lange Zeit hinter den Schießscharten, um Blutrache zu nehmen. Sie weinten vor Wut. Sie schienen in dem Engländer, der das tödliche Geschoß abfeuerte, einen ganz persönlichen Feind zu sehen.«[112]

Viele Soldaten hatten einfach Spaß am Töten. Julian Grenfell berichtet in seinem Tagebuch von einer »aufregenden« Episode im Oktober 1914, als er ins Niemandsland hinauskroch und dort einen »lachenden und redenden« Deutschen erblickte: »In meinem Visier sah ich seine Zähne blitzen, und ich zog sehr beherrscht den Abzug. Er gab nur ein Grunzen von sich und brach zusammen.«[113] Die Australier bei Gallipoli waren stolz auf ihr Können als Scharfschützen und im Umgang mit dem Bajonett. Sie setzten es ein, um »Rache zu üben«, aber zum anderen auch, um ihre Aufgabe »wunderschön« zu erledigen.[114] Diese Art von professioneller Distanz steht im Gegensatz zu dem gewalttätigen Haß auf den »Boche«, wie ihn andere Soldaten zum Ausdruck brachten. In den Augen zweier Offiziere des Royal Berkshire Regiments waren die Deutschen »unaussprechliche Schädlinge«. »Sie verspüren ihnen gegenüber keinerlei Mitleid oder Gewissensbisse«, bemerkte einer ihrer Offizierskollegen; »je mehr sie töten, um so besser.«[115] Und der Haß blühte auch in den unteren Rängen. Von einem Gefangenen nach seiner Ansicht über die Deutschen gefragt, erwiderte ein einfacher britischer Soldat: »Ihr seid für uns einfach Kotze.«[116]

Beim Töten riskierten all diese Männer, im gleichen Augenblick selbst getötet zu werden. Diese Bereitschaft, es auf den Tod ankommen zu lassen, muß nicht das Ergebnis eines unbewußten Todeswunsches gewesen sein; sie kann auch darauf zurückzuführen sein, daß die Soldaten ihre eigenen Überlebenschancen nicht berechnen konnten (oder wollten). Der durchschnittliche britische Soldat, der in Frankreich diente, hatte eine Wahrscheinlichkeit von etwas mehr als eins zu zwei als Gefallener, Verwundeter oder Gefangener zum Kriegsopfer zu werden; Soldaten, die sich, besonders während einer Offensive, unmittelbar an der Frontlinie befanden, waren einem weit größeren Risiko ausgesetzt. Für die französischen *poilus* standen die Chancen noch schlechter. »Der Tod wartete unaufhörlich, insbesondere vor dem Angriff«, schrieb ein Soldat in der Zeitschrift *L'Argonaute* 1917.[117] Zwar konnten die Soldaten ihre Überlebenschancen nicht genau kennen, denn die Opferzahlen wurden streng geheimgehalten, es war jedoch nicht schwierig, aus der Erfahrung eine Einschätzung zu gewinnen. Einige Soldaten waren sich ihres Todesrisikos deutlich bewußt. Norman Gladden erinnerte sich der »quälenden letzten Stunden vor einer Schlacht«: »Ich konnte keinen Grund sehen, warum ich erneut der Verstümmelung oder dem Tod entgehen sollte.«[118]

Doch derlei Gedanken hielten Soldaten während der längsten Phase des Krieges nicht vom Kämpfen ab. Denn die einzelnen Soldaten überzeugten sich davon, daß ihre persönlichen Chancen nicht schlecht standen. Je länger ein Soldat unversehrt überlebte, je mehr andere Soldaten er sterben sah, um so stärker wuchs in ihm das Gefühl, daß die Gesetze der Wahrscheinlichkeit für ihn keine Geltung hätten.

»Dort auf dem offenen Feld des Todes«, schrieb Patrick McGill von den London Irish, »lag mein Leben nicht mehr in meiner eigenen Hand.«[119] Und ein recht scharfsichtiger Beobachter registrierte: »Nahezu jeder Soldat wird im aktiven Dienst zum Fatalisten; es beruhigt seine Nerven zu glauben, daß die Chancen für ihn günstig stehen oder auch nicht. Aber sein Fatalismus hängt von dem Glauben ab, daß er eine Chance besitzt.«[120] Diese Schicksalsergebenheit äußerte sich manchmal in einer scheinbaren Gleichgültigkeit gegenüber dem Tod anderer Soldaten. Zahllose Augenzeugen berichteten, daß erfahrene Soldaten kaum reagierten, wenn einer ihrer Kameraden plötzlich getötet oder verwundet wurde: Ein toter Soldat war nicht mehr »Anlaß des Entsetzens, sondern des Ersetzens«: »Man gelangte dahin, Soldaten als bloße Materie anzusehen.«[121] Kurzum, jeder einzelne Soldat war davon überzeugt, daß er persönlich

nicht getötet werden würde. Britische Soldaten brachten dies in einem Lied zum Ausdruck, das sie auf dem Weg zur Front sangen:
»Die Glocken der Hölle läuten klinge-linge-ling
für dich, aber nicht für mich.«
Sie sangen dies nicht ohne eine gewisse Ironie, aber während sie kämpften, glaubten sie daran.

Entscheidend für derlei verdrehte Berechnungen war die Verzerrung des Zeithorizonts der Soldaten. Viele gelangten fast zu der Überzeugung, daß der Krieg niemals enden würde. Jean-Jaques Becker hat gezeigt, wie die Erwartungen französischer Soldaten hinsichtlich der Kriegsdauer immer pessimistischer wurden, bis sie 1917 so weit waren, daß ein Ende nicht mehr absehbar schien.[122] Es gab Witze darüber, wie die Front im Jahre 1950 aussehen würde. Und selbst in den 1930er Jahren träumte Sassoon immer noch, dorthin zurückkehren zu müssen. Ivor Gurney starb 1937 in einem Irrenhaus in dem festen Glauben, daß der Krieg noch nicht vorüber sei.[123]

Doch in der Hitze der Schlacht schob sich die Zeit gleichsam nach innen: Soldaten, die die Nacht davor mit Todesfurcht verbracht hatten, dachten, wenn der Angriff einmal begonnen hatte, an nichts anderes mehr als an das unmittelbar vor ihnen Liegende.

Die Ungewißheit ließ jede Art von Handeln als eine Erleichterung erscheinen. Dazu schrieb ein französischer Soldat: »Der Angriff befreite dich von der schrecklichen Qual des Wartens, die sofort verschwand, sobald das Gefecht begann.«[124] Zahllose Soldatenerinnerungen zeugen davon und von den betäubenden Eigenschaften des Kampfes. So beschreibt ein einfacher Soldat der Royal Welsh Fusiliers seinen Anteil am Angriff im Wald von Memetz:

»Es war eher das Leben als der Tod, das in der Ferne verschwand, als ich in einen Zustand des Nichtdenkens, Nichtfühlens, Nichtsehens hineinwuchs. Ich bewegte mich an Bäumen und an anderen Dingen vorbei. Soldaten bewegten sich an mir vorbei, trugen andere Soldaten, einige weinend, einige fluchend, einige schweigend. Sie alle waren Schatten, und ich war nicht größer als sie. Lebende oder Tote, sie alle waren unwirklich (…). Vergangenheit und Zukunft waren gleich weit entfernt und unerreichbar, sie errichteten keine Brücke der Sehnsucht über die Kluft, die mich von meinem früheren Selbst und von allem trennte, was ich zu begreifen erhofft hatte.«[125]

Solche Gefühle, die überspannt und morbid zugleich waren, erklären, warum die Soldaten an den exponiertesten Stellen selten jene waren, deren Moral zusammenbrach. Damit die Moral zusammenbricht, benötigen Menschen Zeit, um ihre Überlebenschancen abzuwägen. Im Kampf gab es keine Gelegenheit, dies zu tun. Statt eine rationale Erwägung von Überlebenschancen vorzunehmen, handelten die Soldaten hier aus plötzlichen Regungen heraus: gewöhnlich kämpften sie einfach und vertrauten darauf, daß sie als Einzelperson Glück haben würden.

12 Kapitulation und Gefangennahme

Das Dilemma der Gefangennahme

Es gab einen weiteren Grund, warum Soldaten weiterkämpften: weil sie keine andere Möglichkeit hatten. So sagte Norman Gladden über den Vorabend der dritten Schlacht von Ypern:»Wenn es nur irgendeine andere Möglichkeit gegeben hätte. Aber ich wußte, ich hatte keine Wahl.« Die extremen Alternativen der Desertion, der Meuterei oder der Selbstverstümmelung kamen für die überwiegende Mehrheit nicht in Betracht. Aber es gab noch eine weitere Option: nämlich sich zu ergeben.

Kapitulation beziehungsweise Nichtkapitulation war der Schlüssel zum Ausgang des Ersten Weltkriegs. Trotz der ungeheuren Gefallenenzahlen konnten die Deutschen das Idealziel der Vorkriegsdoktrin nicht erreichen, nämlich»die Vernichtung des Feindes«: schon allein aus demographischen Gründen gab es jedes Jahr mehr oder weniger genug neue Wehrpflichtige, um die Lücken zu füllen, die durch»Ermattung« entstanden waren. Aus diesem Grunde reichte die»Nettogefallenenbilanz« zugunsten der Mittelmächte nicht aus, um ihren Sieg zu gewährleisten. Andererseits erwies es sich als unmöglich, den Feind in so großer Zahl zur Kapitulation zu veranlassen, daß seine Kampffähigkeit entscheidend geschwächt wurde.

Die Zeitgenossen wußten um die Bedeutung der massenhaften Gefangennahme feindlicher Soldaten. Ungefähr ein Zehntel des britischen Films »The Battle of the Somme« ist Bildern deutscher Kriegsgefangener gewidmet. Interessanterweise gibt es eine Sequenz am Ende des dritten Teils des Films, in der ein britischer Soldat einen deutschen Kriegsgefangenen bedroht, während in anderen Szenen»Verwundete und nervlich zerrüttete deutsche Soldaten« gezeigt werden, die man mit Getränken und Zigaretten versorgt.[1] Die offiziellen Fotografen wurden ermutigt, solche Szenen aufzunehmen. Auch die Deutschen druckten Postkarten und drehten Wochenschauen, auf denen Gefangene beim Marsch durch deutsche Städte gezeigt wurden.[2] Die Bedeutung von Kapitulationen war niemals offensichtlicher als an der Ostfront im Jahre 1917; denn der Hauptgrund für die militärische Niederlage Rußlands lag in der gewaltigen Zahl seiner Soldaten, die sich in jenem Jahr dem Feind ergaben. Insgesamt machten Soldaten, die in Gefangenschaft gerieten, die Hälfte der Gesamtverluste der Russen aus. Österreich und Italien verloren ebenfalls einen großen Teil ihrer Soldaten auf diese Weise: Hier handelte es sich um 32 beziehungsweise 26 Prozent aller Verluste. Doch während der längsten Zeit des Krieges lagen die Kapitulationsraten im britischen, französischen und deutschen Heer sehr viel niedriger. Nur zwölf Prozent der französischen Verluste waren auf Gefangennahmen zurückzuführen, bei den Deutschen waren es neun und bei den Briten sieben Prozent.

Nur ganz zuletzt, in der Endphase des Krieges, ergaben sich deutsche Soldaten in großer Zahl. Einer Schätzung zufolge kapitulierten zwischen dem 18. Juli 1918 und dem Waffenstillstand 340 000 Deutsche.[3] Zwischen dem 30. Juli und dem 21. Oktober – also in weniger als drei Monaten – nahmen allein die Briten 157 047 Deutsche gefangen. Während der gesamten vier Jahre davor hatten sie nur 190 797 Gefangene verzeichnen können. Allein in der letzten Woche des Krieges ergaben sich 10 310 Deutsche.[4] Dies war das wirkliche Zeichen dafür, daß der Krieg zu Ende ging. Die Zahlen der *getöteten* Soldaten erzählen eine ganz andere Geschichte. In den letzten drei Kampfmonaten wurden 4225 britische Offiziere und 59 311 britische Soldaten anderer Ränge getötet, dagegen betrugen die entsprechenden Zahlen für die deutsche Seite (im britischen Frontabschnitt) 1540 und 26 688.[5] Beim Töten also waren mit anderen Worten die Besiegten des Krieges immer noch doppelt so effektiv wie die Sieger. Schaute man aber auf die Gefangenenzahlen, dann gab es keinen Zweifel, daß die Deutschen, den Krieg verlieren würden. Zu sagen, daß die Deutschen »kriegsmüde« oder »demoralisiert« waren oder an Kälte und Hunger litten, reicht als Erklärung nicht aus. Man muß auch ihre Einstellung gegenüber dem Feind, vor dem sie kapitulierten, berücksichtigen; und es ist zu fragen, wie der Feind auf Kapitulationen reagierte.

Es gab einen guten Grund für das allgemeine Zögern von Soldaten an der Westfront, sich zu ergeben – und dieser lag nicht nur in überragender Disziplin und Moral. Die Waffen zu strecken, war vielmehr eine gefährliche Angelegenheit; tatsächlich hatten die meisten Soldaten

19. »Krieg!!!!!«; aus dem Album
eines amerikanischen Soldaten.
Auf amerikanische Soldaten, die
1917/1918 nach Europa kamen,
wirkten die Schlachtfelder
in grausiger Weise faszinierend.

Kameradschaft (20, 21, 22) »Die East
Yorks marschieren vor dem Angriff zu
den Gräben«; aus dem Album von
Richard Harte Butler. Falsche Fröhlichkeit
vor dem Gemetzel — oder wirkliche
Freude auf die Schlacht?

21. »Realistische Reisen, Nr. 4: Ein deutscher Scharfschütze stört die Seaforths, die mit ihrem Maskottchen eine Stunde Pause machen«; reproduziert für stereoskopische Betrachtung. Die Regimenter aus dem schottischen Hochland, »Teufel in Röcken«, waren bei den Deutschen besonders gefürchtet, nicht zuletzt deshalb, weil sie ungern Gefangene machten.

22. »Herbeischaffen der Verwundeten.
Dieser Soldat steht unter Feuer.
Er hat 20 Verwundete auf diese Weise
zurückgeholt«; aus dem Album
von Richard Harte Butler. Soldaten
riskierten ihr Leben eher für ihre
Freunde als für ihr Land.

23. »Schlafend, nur 100 Meter von
Thiepval entfernt«; aus dem Album von
Richard Harte Butler. Dies ist kein
romantisches Bild. Erschöpfte Soldaten
an der Front gewöhnten sich daran,
etwas Schlaf immer dann zu erhaschen,
wenn es möglich war. Während des
Wachdienstes einzuschlafen war
hingegen ein Kapitalvergehen.

Nº 1840 Strassenbild aus d. wiedereroberten Görz 1.

24. »Straßenbild aus dem wiedereroberten Görz [Gorizia], 1. November
1917«; aus dem Album eines Soldaten
des 16. deutschen Korpskommandos.
Die meisten Soldaten tranken soviel
Alkohol, wie sie kriegen konnten.

Gefangene (25, 26, 27, 28)
»Britische Soldaten mit verwundetem
Deutschen«; aus dem Album von
Richard Harte Butler. Gefangennahme
war von entscheidender Bedeutung für den
Ausgang des Krieges. Wenn Soldaten mit
guter Behandlung rechneten, waren sie eher
bereit, sich zu ergeben. In der Hitze des
Gefechts wurden jedoch Soldaten, die
kapitulierten, oft erschossen. Dies ließ
ihre Kameraden weiterkämpfen: das
Dilemma desjenigen, der Gefangene machte.

26. »Dieser Mann kannte London.
Er war ein Kellner und möchte gern
dorthin zurückkehren.« Ein vom Press
Bureau offiziell verbreitetes Foto.

27. »Die Schlacht von Menin Road –
Drei niedergeschlagen dreinschauende
Deutsche – Sie waren in einem Gefecht
durch britisches Artillerie-Trommel-
feuer völlig erschüttert worden«.
Die Briten hofften, die Deutschen in
die Kapitulation bombardieren zu
können. Das Foto wurde offiziell vom
Press Bureau verbreitet.

28. »Einer unser Soldaten wird zurückgebracht. Er hebt die Hand und ruft: ›Ich bin kein Deutscher‹«; aus dem Album von Richard Harte Butler. Man beachte, daß deutsche Gefangene als Krankenträger Dienst tun.

Luftkrieg (29, 30, 31) *folgende Seite)*
»Fallende Bomben östlich von Courtrai, 31. Januar 1918, 9.00 Uhr«; aus dem Album eines britischen Piloten.
Ein US-Pilot meinte dazu: »Aus der Luft ist oft schwer zu erkennen, wo die Frontlinie verlaufen oder was gerade los ist.« (Hynes, »Soldiers Tale«, S. 13).
Das Abwerfen von Bomben aus dieser Höhe war kaum nützlich; Luftaufklärung war jedoch wichtig.

† 57. K. 1251.
29.I.13—34.
31.1.18.—9.

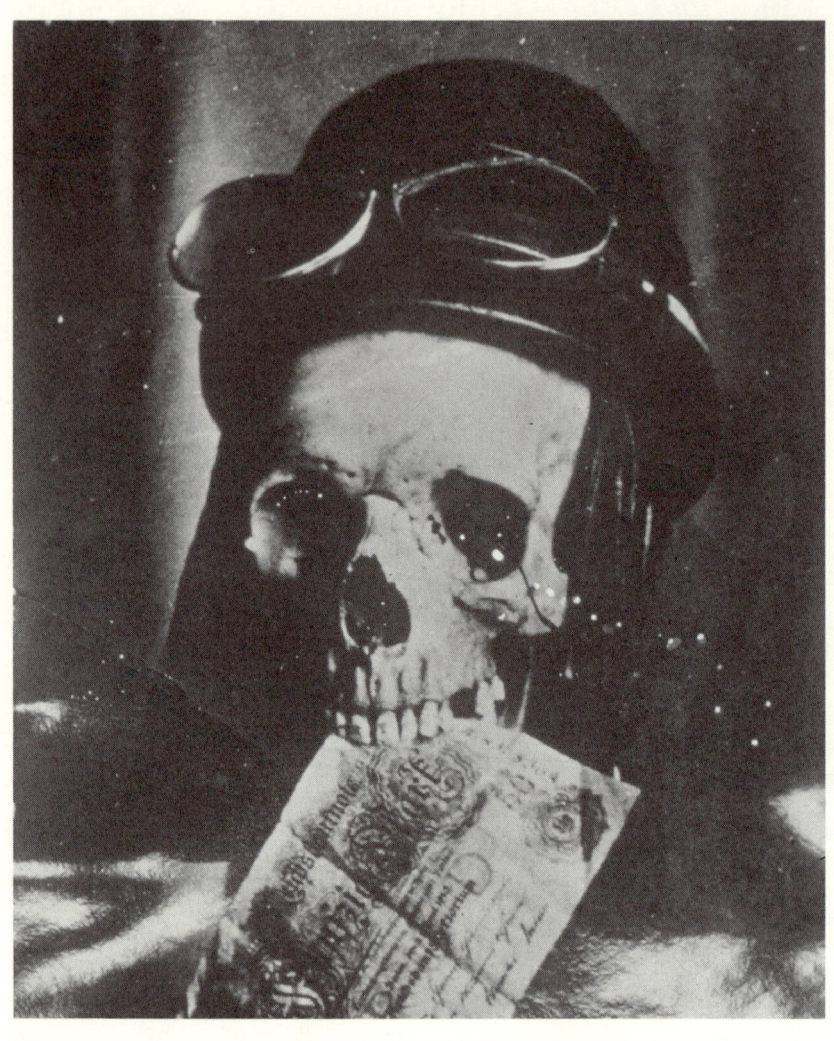

30. Der Protest eines Piloten:
ein Totenschädel mit Fliegerhelm
und einem Fünfzig-Mark-Schein;
aus dem Album eines deutschen
Fliegers. Die Abbildung wurde
zu einer Art fotografischer
Metapher für den geringen Wert
des Lebens eines Piloten.

31. Zeichnung eines deutschen Fliegers, mit
seinem Geschwader als eine Herde von Eseln;
Armeeflugpark »C«, Ostern 1917. Der Gegensatz
zwischen dem Selbstbild der Piloten und ihrem
Ruf als »Ritter der Lüfte« bei den Soldaten im
Graben ist auffallend. Man beachte die Anspielung,
daß die mitgeführten Bomben nichts besseres
als faule Eier seien.

32. Oh! What a lovely War (32, 33)
Aus einem Album mit Fotos von
Frank Hurley. Hier wird nicht das
bekannte Musical mit diesem Titel aus
den 1960er Jahren gegeben, sondern
ein Konzert mitten im Krieg. Offenbar
konnten Soldaten sich damals über
sich selbst lustig machen.

33 »Dichter und Schauspieler in der
Offiziersmesse«; aus dem Album eines
deutschen Offiziers (Westfront).
Auch auf deutscher Seite gab es humor-
volle Augenblicke.

34. »Der große britische Vorstoß im
Westen: Die Deutschen zerstörten das
wunderschöne Schloß von Calincourt
und kippten es in die Somme, und
unsere Männer schufen einen Durchlauf
für das Wasser«; aus dem Album von
Richard Harte Butler. Die deutsche
Politik der verbrannten Erde konnte die
siegreichen Alliierten kaum aufhalten,
erhöhte aber die Reparationsforderungen.

während der überwiegenden Zeit des Krieges das Gefühl, die Risiken, auf die sie sich einließen, wenn sie sich ergaben, seien größer als die Gefahren, die mit einem Weiterkämpfen verbunden waren.

Diese Befürchtung entsprang der Beobachtung, daß bei zahllosen Gelegenheiten auf beiden Seiten Soldaten nicht nur getötet wurden, wenn sie zu kapitulieren versuchten, sondern auch, nachdem sie bereits die Waffen gestreckt hatten. Hier handelt es sich, so könnte man behaupten, um die vergessenen »Greueltaten« des Ersten Weltkriegs. Solange derlei Dinge geschahen – und sie geschahen so häufig, daß sich die Soldaten auf beiden Seiten ihrer bewußt waren –, bestand ein erhebliches Abschreckungspotential gegen eine Kapitulation. Deshalb kämpften Soldaten selbst dann weiter, wenn sie sich in gefährlicher oder gar hoffnungsloser Lage befanden. Wäre das Überlaufen zum Feind 1917/1918 weniger gefährlich gewesen, dann hätten es noch mehr Soldaten gewagt, um den schrecklichen Schlachten jener Jahre zu entfliehen; die Tatsache, daß eine Kapitulation nicht unbedingt Rettung bedeutete, verlängerte somit den Krieg. Sobald die Deutschen ihre Furcht vor dem Überlaufen zu den alliierten Armeen verloren hatten, war der Krieg vorbei. Hätten die Franzosen oder Briten im Frühjahr 1918 in vergleichbaren Massen kapituliert, dann hätte man Ludendorff seine strategischen Unterlassungssünden vergeben.

Um das Problem der Kapitulationen deutlicher zu machen, ist es hilfreich, sich einmal in Position des Gegenübers zu versetzen: Anstelle des Dilemmas des Gefangenen soll hier das Dilemma des Gefangennehmers treten. Entweder akzeptiert er die angebotene Kapitulation des Feindes, oder er tötet ihn. Der »Fänger« hat bislang gegen einen Gegner gekämpft, der ihn töten wollte, und plötzlich erweckt nun dieser Gegner den Anschein, als wolle er sich ergeben. Wenn er es ernst meint, dann ist es richtig, seine Kapitulation anzunehmen und ihn ins Hinterland in ein Kriegsgefangenenlager zu schicken. Dies ist aus vier Gründen eine rationale Handlungsweise. Ein Gefangener läßt sich nämlich verwenden als Informationsquelle, als Arbeitskraft, als Geisel und als Beispiel für seine Kameraden: Wenn man ihn gut behandelt, dann kann man vielleicht auch sie veranlassen, die Waffen niederzulegen.

Von den genannten Punkten galten der erste und der zweite als besonders wichtig. Gefangengenommene Deutsche wurden verhört, um Informationen aus ihnen herauszuholen, und der Oberkommandierende

Douglas Haig verließ sich sehr stark auf die Ergebnisse derartiger Vernehmungen.[6] Darüber hinaus dienten Kriegsgefangene als nutzbringende Quelle billiger Arbeit zu einer Zeit, da Arbeitskräfte knapp waren. Obwohl Haig ursprünglich dagegen war, gefangene Deutsche zu diesem Zweck in Frankreich zu belassen, wurde er vom Kabinett in dieser Hinsicht faktisch überstimmt. Im November 1918 stellten deutsche Kriegsgefangene 44 Prozent des Personals der Arbeitseinheiten der britischen Expeditionsstreitkräfte. An sich durften sie entsprechend der Haager Konvention keine Aufgaben erhalten, die mit militärischen Operationen zusammenhingen. Doch diese Unterscheidung war mehr oder weniger unmöglich aufrechtzuerhalten, und der Begriff »Vorbereitungsarbeit« wurde schließlich sehr flexibel interpretiert (die Franzosen benutzten Kriegsgefangene sogar, um Gräben auszuheben).[7] Tatsächlich veranlaßte der Einsatz von Kriegsgefangenen in Gegenden, die näher als 30 Kilometer an der Front lagen, die Reichsregierung im Jahre 1917 zu einem Protest, der von Vergeltungsaktionen begleitet war, in deren Rahmen britische Gefangene in die Nähe der deutschen Linien in Frankreich und Polen gebracht wurden.[8] Gefangene wurden auch als Geiseln benutzt: Die Deutschen verlegten Kriegsgefangene in Lager in Karlsruhe, Freiburg und Stuttgart, wo sie als »Blitzableiter« dienen, das heißt die Alliierten von Fliegerangriffen abschrecken sollten.[9] Weniger Aufmerksamkeit zollte man dem vierten Argument zugunsten des Gefangennehmens, denn es wurde wenig getan, um die Information zu verbreiten, daß Gefangene einigermaßen anständig behandelt wurden.

Wie lauten auf der anderen Seite die Argumente gegen das Nehmen von Gefangenen? Zum einen kann die angebliche Kapitulation ein Bluff sein. Während des Ersten Weltkriegs wurden Soldaten immer wieder von ihren Vorgesetzten vor derlei Kriegslisten gewarnt: Ein Soldat konnte den Anschein erwecken, sich ergeben zu wollen; die Angreifer ließen in ihren Bemühungen und in ihrer Wachsamkeit nach, worauf dann versteckte feindliche Streitkräfte das Feuer eröffneten. Typisch in dieser Hinsicht war ein Vorfall an der Aisne im September 1914, als britische Soldaten getötet wurden, die eine Scheinkapitulation entgegennahmen.[10] In gleicher Weise wurde Leutnant Louis Dornan von den Dublin Fusiliers an der Somme getötet, als einige Deutsche, die sich dem Anschein nach ergeben hatten, »ihn durchs Herz schossen«.[11] Bei anderen Gelegenheiten war Doppelzüngigkeit nicht beabsichtigt: Während einige

Angehörige einer Gruppe von Soldaten kapitulieren wollten, wollten andere weiterkämpfen. 1917 befahl ein australischer Offizier namens Bowman bei Bullecourt seinen Soldaten zu kapitulieren und ergab sich auch selbst. »Zwei deutsche Soldaten führten den Offizier weg, als unsere Burschen beide erschossen. Sie drohten auch Leutnant Bowman zu erschießen.«[12] Es konnte aber auch andersherum kommen, wie im Fall von Oberstleutnant Graham Seton Hutchison, der dem Vernehmen nach 38 seiner eigenen Soldaten erschoß, weil sie den Versuch unternahmen, sich zu ergeben, bevor er schließlich den Krieg gegen die Deutschen wieder aufnahm.[13]

Es lag also auch ein Risiko darin, Kapitulationen anzunehmen.[14] Es konnte sehr schwierig sein, einen Gefangenen hinter die Linien zu transportieren – während des Ersten Weltkriegs schickte die britische Armee ein bis zwei Bewacher auf je zehn Gefangene mit nach hinten[15] –, und jeder, der eine solche Aufgabe übernahm, schwächte damit die Kraft des Angreifers. Das Problem wird größer, wenn der Soldat, der sich ergibt, verwundet ist oder nicht ohne Hilfe gehen kann. Die einfachste Lösung besteht dann darin, den Gefangenen zu erschießen und die Sache zu vergessen: Hätte er weiter gekämpft, dann wäre der Tod sowieso das Schicksal dieses Gegners gewesen. Nach dem Kriegs- und dem Völkerrecht handelte es sich dabei natürlich um eine illegale Handlung: Sie verstieß gegen die Vorschrift 23(c) der Haager Konvention, die untersagte, einen Gefangenen zu töten oder zu verwunden, der durch Niederlegung seiner Waffe kapituliert hatte. Zudem wurde die Vorschrift 23(b) verletzt, die es verbot, den Befehl zu erteilen, daß Gefangenen keine Unterkunft gewährt werden solle.[16] Abgesehen von rechtlichen und moralischen Erwägungen hatte das Töten von Gefangenen in der Praxis negative Folgen, denn es stärkte den Widerstandswillen anderer feindlicher Soldaten, die sich sonst möglicherweise ergeben hätten. Und hierin besteht das Dilemma desjenigen, der Gefangene macht: Soll er eine Kapitulation mit all den persönlichen Risiken, die damit verbunden sind, akzeptieren; oder soll er den Kapitulierenden erschießen und damit die Wahrscheinlichkeit hinnehmen, daß sich der Widerstand festigen wird und so die Risiken für die eigene Seite insgesamt zunehmen?

Rechnung und Gegenrechnung

Tatsächlich waren es die Deutschen, die mit der illegalen und letztendlich irrationalen Praxis begannen, keine Gefangenen zu machen. So berichtete der Soldat Fahlenstein in seinem Tagebuch, man habe am 24. August 1914 Befehle ausgeführt, verwundete französische Gefangene zu töten. Ungefähr zur gleichen Zeit hörte der Unteroffizier Gottsche vom 85. Infanterieregiment von seinem Hauptmann in der Nähe der Festung Kessel bei Antwerpen, man solle keine englischen Gefangenen machen. Nach dem Tagebuch eines deutschen Arztes wurden am 31. August französische Gefangene von einer Kompanie deutscher Pioniere mit Bajonetten getötet. Eine schlesische Zeitung berichtete sogar öffentlich, daß Ende September französische Gefangene getötet worden seien.[17] Die Soldaten, die hier die Täter waren, folgten mündlichen Befehlen, wie sie etwa dem 112. (badischen) und dem 142. Regiment erteilt wurden. Ein deutscher Soldat berichtet am 27. August jenes Jahres in seinem Tagebuch: »Französische Soldaten und Verwundete werden sämtlich erschossen, weil sie unsere Verwundeten verstümmeln oder mißhandeln«; auf jeden Fall hatte er dies von seinen Vorgesetzten so gehört. Ein anderer Wehrpflichtiger namens Dominik Richert bestätigte, daß sein 112. Infanterieregiment den Befehl erhalten habe, Gefangene zu töten; wobei er hinzufügte, daß die meisten, wenn nicht alle Soldaten diesen Befehl verabscheuten.[18]

Derartige Verfälle gab es während des ganzen Krieges: Im März 1918 beschrieb Ernst Jünger, wie ein Soldat in der Kompanie eines anderen Offiziers etwa ein Dutzend englische Gefangene erschoß: »Pardon wurde nicht gegeben. Die Engländer eilten mit hochgereckten Armen durch die erste Sturmwelle nach hinten (…) Eine Ordonnanz von Gipkens streckte mit seiner zweiunddreißigschüssigen Repetierpistole wohl ein Dutzend von ihnen auf den Sand.«[19]

Es scheint eindeutig, daß es nicht lange dauerte, bis die Entente-Mächte mit gleicher Münze heimzahlten. Karl Kraus verdeutlichte dies in »Die letzten Tage der Menschheit«. In Szene 14 des fünften Aktes befehlen deutsche Offiziere in Saarburg ihren Soldaten, französische Gefangene umzubringen. Im nächsten Auftritt sprechen französische Offiziere in der Nähe von Verdun darüber, 118 deutsche Gefangene mit Bajonetten zu töten.[20] Wie so oft kommt eine Szene in Kraus' Schauspiel der Wahrheit um so näher, je grotesker sie erscheint.

Im Juni 1921 veröffentlichte August Gallinger, ein früherer Sanitäts-offizier, der seit 1920 Professor der Philosophie an der Münchener Universität war, in den *Süddeutschen Monatsheften* eine Abhandlung mit dem Titel »Gegenrechnung. Die Verbrechen an deutschen Kriegsgefangenen«; die Arbeit erschien dann 1922 ebenfalls in München in englischer Sprache als Buch unter dem Titel »Countercharge«. Gallinger trug hier eine Liste von Anklagen vor, die beweisen sollten, daß alliierte Soldaten Greueltaten an deutschen Kriegsgefangenen begangen hätten.[21]

Ein Historiker könnte geneigt sein, ein derartiges Werk als bloße Propagandaschrift abzutun, als wenig überzeugenden Versuch eines Deutschen, in Reaktion auf Vorwürfe aus der Kriegszeit wegen deutscher Greuel zu beweisen, daß »schwarz und schwarz weiß ergibt«. Doch verdienen Gallingers Vorwürfe eine ernsthafte Auseinandersetzung.

Gallinger diente in der Bayerischen Armee und geriet in der letzten Phase des Krieges in französische Gefangenschaft. Er machte nicht viel Aufhebens von der Behandlung, die er persönlich erfahren hatte, wenn er auch ehrlich zugab, daß er selber nicht Zeuge von irgendwelchen Vorfällen war, bei denen Gefangene getötet wurden.

Nach dem Kriege begann Gallinger Aussagen früherer Kriegsgefangener zu sammeln. Ihre Lektüre ist haarsträubend. Gewiß beschreiben manche darunter Vorfälle, wie sie bei den meisten kriegerischen Konflikten in der Hitze des Gefechts vorkommen. Aber andere schildern Taten, die man nur als kaltblütigen Mord bezeichnen kann. Oftmals waren es Verwundete, die von den Franzosen einfach umgebracht wurden. Karl Alfred Mehlhorn beschreibt, was geschah, nachdem der Schützengraben seiner Kompanie vom Gegner gestürmt worden war:

»Als die Franzosen den Graben im Sturm nahmen, wurde ich vierfach verwundet und lag mit anderen Verwundeten auf der Sohle des Grabens (…). Nach einiger Zeit erschienen von rechts und links Franzosen, die rücksichtslos jeden Verwundeten, teils durch Kolbenstöße, teils durch Bajonettstiche töteten. Meine um mich liegenden Kameraden wurden durch Bajonettstiche in den Kopf der Reihe nach niedergemetzelt. Ich stellte mich tot und entging so der Ermordung.«[22]

Johann Sch. aus Dortmund schilderte folgendes Erlebnis:

»Ich kroch mit zwei anderen Kameraden, die ebenfalls verwundet waren, an den Rand eines Granatlochs, in welchem tote Franzosen lagen; alle drei stellten wir uns tot und mußten sehen, wie aus den nach vorn marschierenden französischen

Reserven die Mannschaften schwer verwundete deutsche Soldaten – etwa fünf bis sechs – nebeneinander legten und sich eine Freude daraus machten, diese armen Menschen niederzuschießen. Unter anderem wurde der Kompagnie-Offizier durch zwei Kolbenschläge auf den Kopf getötet.«[23]

Nach Gallinger war solches Verhalten nicht unbedingt spontan. Die 151. französische Division beauftragte bewußt Soldaten mit der Aufgabe, verwundete Feinde zu töten. Der Grund hierfür lautete: »Die ›Nettoyeurs‹ dürfen nicht vergessen, daß zu wiederholten Malen deutsche Soldaten, nachdem sie die Hände hochgehoben und ›Kameraden‹ gerufen hatten, uns nachher in den Rücken geschossen haben.«[24]

Aber es wurden nicht nur Verwundete getötet. Josef Böhm aus Fürth berichtet: »Es kam dann ein französischer Sergeant, fragte uns, welcher Nation wir wären. Als er den ersten frug und dieser ihm die Antwort gab ›Bayer‹, schoß er ihn auf einen Schritt Entfernung in den Kopf, jener war sofort tot. Das gleiche machte er mit den [anderen].«[25]

Im Oktober 1914 geschah nach der eidesstattlichen Erklärung von Unteroffizier Feilgenhauer folgendes:

»Bei Zonnebecke werden am 25.10. 1914 150 Mann des R.I. 240 hinter dem Graben bis auf 36 Mann abgeschlachtet, in Anwesenheit des englischen Majors, der den Zeugen persönlich gefangennimmt.«[26]

Ein anderer Zeuge beschrieb, wie ein französischer Offizier auf ihn und andere Gefangene schoß, während sie durch die französischen Linien marschieren mußten.[27] Max Emil Richter aus Chemnitz erinnerte sich, wie die Franzosen mit ihm und seinen Kameraden nach der Gefangennahme umgingen: »Wir mußten abschnallen und in ein kleines Grabenstück hinuntersteigen, hierbei schoß der Gegner auf uns, so daß wir alle auf einen Haufen zu liegen kamen. Wer von uns noch Lebenszeichen von sich gab, wurde mit heftigen Kolbenschlägen niedergeschlagen und niedergestochen (…). Ich selber hatte einen Lungenschuß und einen Streifschuß am Kopf bekommen.«[28]

Adolf K. aus Düsseldorf berichtet davon, daß er und 31 andere Soldaten im September 1914 von ihrem befehlshabenden Offizier die Order erhielten, sich zu ergeben, nachdem die Franzosen ihren Graben erobert hatten. Dann geschah folgendes: »Auf den Befehl eines Vorgesetzten hin (…) eröffneten die Franzosen das Feuer auf uns. Wir alle zerstreuten uns, und ich fiel in einen Granattrichter, nachdem ich einen Knieschuß erhalten hatte. Von dort aus konnte ich beobachten, wie die Franzosen die übrigen, die auf dem Boden lagen, töteten, und dabei benutzten sie ihre Füße und ihre Gewehrkolben.« Dieser Zeuge war der einzige Überlebende des Vorfalls.[29]

Obwohl sich viele der von Gallinger berichteten Ereignisse auf die französische Armee beziehen, behandelt sein Buch auch andere Kriegsschauplätze und Armeen. Hier finden sich Horrorgeschichten über Afrikaner, Marokkaner und »Hindus«, die Köpfe abschneiden und dergleichen, wie auch Berichte über Gefangenenmorde durch Rumänen.[30]

Es gibt auch Anschuldigungen gegen britische Truppen. Ihnen wirft Gallinger vor: »Deutsche Gefangene, die dem Abtransport nicht folgen konnten, wurden kurzerhand erschossen.«[31] Briten ermordeten auch kaltblütig vollkommen gesunde Kriegsgefangene. Ein Soldat aus Magdeburg unterzeichnete eine eidesstattliche Erklärung, in der geschildert wurde, was im Juli 1916 bei Pozières geschah: »Vier Gefangene I.R. 27 werden von Engländern erschossen und nachher mit Bajonett durchstoßen.«[32] Im 7. Mai 1917 passierte nach Darstellung von Unteroffizier Drewenick aus Posen folgendes: »Ca. 30 Mann vom 4. R.I.R. 98, die sich, in Stollen abgeschnitten, englischen Sergeanten ergeben hatten, werden beim Abtransport getötet.«[33]

Der Infanterist Oberbeck aus Hannover berichtet, was sich vier Monate später ereignete: »Am 20.9.17 bei St. Julien. 40-50 Mann R.I.R. 77 werden gefangen. Zeuge und etwa 8 Mann werden in ein Betonhaus bei 2. englischer Linie geschickt; in diesem wird die Mehrzahl durch Revolverschüsse und Handgranaten ermordet, die Überlebenden verwundet.«[34] Im 26. September 1917 kam es nach der Zeugenaussage eines Infanteristen, der ebenfalls aus Hannover stammte, zur »planmäßigen Tötung von Verwundeten durch Trupps von 3 bis 5 Mann nach Beendigung des Kampfes.«[35]

Englische Soldaten konnten auch gewalttätig werden, wenn sie Kriegsbeute von Gefangenen forderten. Nach Hugo Zimmermann wurde im November 1918 »ein Mann, der in seiner Aufregung nicht mehr imstande war, seinen Gürtel schnell genug auszuziehen, (…) durch Bajonettstiche in den Körper getötet.«[36]

Friedrich Weisbuch aus Ettenheimmünster gab zu Protokoll, er und seine Kameraden hätten sich schon 500 Meter hinter den feindlichen Linien befunden, da »wurde von drei Engländern, trotz Händehochheben, ein Mann erschossen und zwei verwundet«.[37]

Und wieder legt Gallinger nahe, daß in einigen Fällen Soldaten auf Befehl handelten. Er zitiert die Stellungnahme eines gewissen Jack Bryan vom 2. Schottischen Regiment, in der es heißt: »Der Befehl: ›Es dürfen keine Gefangenen gemacht werden‹ wird in der angetretenen Kompanie von Mann zu Mann weitergesagt.«[38] Er erwähnt auch Zwischenfälle, an denen Truppen aus den Dominions des britischen Empire beteiligt waren. Nach Sanitätsunteroffizier Eller von der 17. Bayerischen Reserveinfanterie wußten die Kanadier bei Messines nach Aussage eines gegnerischen Offiziers: »Es sei Befehl, keine Gefangenen zu machen, sondern alle Deutschen zu töten. Die Zahl der Gefangenen sei jedoch zu groß, um diesen Befehl durchführen zu können.«[39]

Handelte es sich hier ausschließlich um freie Erfindungen? Zwar gibt es ausdrückliche Dementis von alliierter Seite, daß solche Dinge überhaupt vorkamen. Generalleutnant Sir John Monash behauptete in seiner Darstellung des Feldzugs der australischen Armee in Frankreich im Jahre 1918, daß »mir nie je ein Fall von Brutalität oder Inhumanität gegenüber Gefangenen bekanntwurde«.[40]

Doch zur Unterstützung seiner Behauptungen konnte Gallinger auch aus englischen Quellen zitieren. In seinen Kriegserinnerungen »A Private in the Guards« beschrieb Stephen Graham, wie ihn ein Ausbilder instruierte: »Der zweite Bajonettträger tötet den Verwundeten (…). Man kann es sich nicht leisten, sich durch verwundete Feinde zu belasten, die zwischen unseren Füßen herumliegen. Seid also nicht zimperlich. Die Armee versorgt euch mit einem Paar guter Stiefel; ihr wißt, wie man sie einsetzen kann.«

Später beschrieb Graham, wie »die Idee, Gefangene zu machen, sehr unbeliebt wurde. Ein guter Soldat war ein solcher, der niemals Gefangene machte. Wenn man den Befehl erhielt, Gefangene ins Lager zu eskortieren, dann war es immer entschuldbar, sie unterwegs zu töten und zu sagen, sie hätten zu fliehen versucht (…). Hauptmann C., der bei Festubert zwei gefangene deutsche Offiziere erschoß, mit denen er einen Streit hatte, galt stets als ein Held, und als ein Mann diese Geschichte erzählte, meinten die erfreuten Zuhörer, das sei die richtige Art und Weise, mit ihnen umzugehen.«

Graham berichtete auch von britischen Soldaten, die »gelobten, niemals Gefangene zu machen«, und fügte hinzu: »Die in der Armee vorherrschende Meinung über die Deutschen lief darauf hinaus, daß es sich hier um eine Art von Ungeziefer wie Pestratten handelte, die man eben ausrotten mußte.« Graham erzählte dazu auch eine Geschichte, die er von anderen erfahren haben wollte:

»Ein altgedienter Unteroffizier geht zu seinem Offizier der, nebenbei bemerkt, ein Dichter war (...). [Er bittet um] ›Urlaub, um die Gefangenen zu erschießen, Sir.‹ ›Warum wollen Sie sie erschießen?‹ fragt der Dichter. ›Um den Tod meines Bruders zu rächen‹, erwidert der Sergeant. Ich vermute, der Dichter forderte ihn auf, seinen Plan durchzuführen. Er durchlöchert die Deutschen einen nach dem anderen, und einige der Burschen sagen ›Bravo‹, und andere spüren, wie ihr Blut in den Adern gefriert.«[41]

Gallinger konnte auch eine ähnliche Geschichte aus Philip Gibbs‹ »Now It Can Be Told« zitieren, die ursprünglich von Oberst Ronald Campbell, dem wegen seiner Blutrünstigkeit berüchtigten Lehrer des Bajonettexerzierens, berichtet wurde:

»Eine Gruppe von Deutschen wurde in einem Unterstand gefangengenommen. Der Sergeant erhielt den Befehl, seine Leute ans Blut zu gewöhnen. Während des Tötens drehte er sich um und fragte: ›Wo ist Arry? (...) Arry macht wohl noch nicht mit.‹ Arry war ein scheuer Knabe, der vor der Metzgerarbeit zurückschreckte, aber er wurde aufgerufen, und man wies ihm einen Mann zu, den er töten sollte. Und danach war Arry in seinem Durst auf das Blut von Deutschen wie ein menschenfressender Tiger.«

Ein »Bonmot« von Campbell, das Gibbs mitteilte, lautet so: »Es kann sein, daß du auf einen Deutschen triffst, der dir sagt: ‹Gnade, ich habe zehn Kinder!› Töte ihn! Er könnte ja noch zehn weitere zeugen.«[42] Gallinger war auch in der Lage, einen französischen Autor namens Vaillant-Courturier zu zitieren, der sich an »Offiziere [erinnerte], die sich rühmten, deutsche Gefangene erschossen zu haben, um ihre Revolver auszuprobieren (...) [und an] Offiziere, die ganze Kompanien von gefangengenommenen, entwaffneten Gegnern niederschossen und wegen dieser Greueltaten befördert wurden«.[43]

All diese Aussagen können jedoch nicht als einwandfreie Beweismittel angesehen werden; tatsächlich muß man die englischen Zitate mit einem ganz bestimmten Sinn für Humor, Ironie und Distanzierung lesen, an dem es Gallinger offensichtlich mangelte. Wären sie früh genug veröffentlicht worden, dann hätte er sicher auch die folgenden Reminiszenzen von Norman Gladden zitiert:

»Die meisten unserer nördlichen Landsleute [gemeint sind die Schotten] waren zu unserem starken Unbehagen dagegen [Gefangene zu machen]. Der Fritz, so behaupteten sie, mache auch keine Gefangenen, warum sollten wir es tun? Ich habe ihnen nicht wirklich geglaubt, doch im Zusammenhang mit einer derartigen Anarchie war eben alles möglich. Gespenstische Geschichten wurden über deutsche Gefangene erzählt, die aus dem einen oder anderen Grund die Gefangenenlager nicht erreichten. Die Lieblingsgeschichte handelte von einer Gruppe sehr kriegerischer Gurkha-Soldaten, die außerordentlich erzürnt waren, weil man ihnen die zeitraubende Arbeit zugeteilt hatte, eine Gruppe von Gefangenen ins Hinterland zu geleiten. Sie entwickelten dann ein eigenes abgekürztes Verfahren, und die höheren Stellen verschlossen die Augen davor. Ob die Geschichte nun wahr ist oder nicht, so wurde diese Erzählung jedenfalls als ein Beispiel rauher Gerechtigkeit mit Befriedigung zur Kenntnis genommen.«[44]

Am 16. Juni 1915 beschrieb Charles Tames, ein einfacher Soldat in der Honourable Artillery Company, einen Vorfall, der sich nach einem Angriff in Bellewaarde in der Nähe von Ypern ereignet hatte:

»Wir befanden uns acht Stunden lang unter Granatfeuer. Es erschien mir eher wie ein Traum, wir müssen zu diesem Zeitpunkt absolut irre gewesen sein, einige der Jungs sahen ganz krank aus, nachdem der Angriff vorbei war. Als wir die deutschen Gräben betraten, fanden wir Hunderte von Deutschen, die durch unser Artilleriefeuer wie aus dem Häuschen waren. Eine große Zahl von ihnen kam heraus und winselte um Gnade. Es ist wohl überflüssig zu sagen, daß wir sie auf der Stelle erschossen haben, was das Äußerste an Gnade war, das wir ihnen gewähren konnten. Die Royal Scots machten etwa 300 Gefangene, ihre Offiziere befahlen ihnen, ihre Rationen mit den Gefangenen zu teilen, aber sobald die Offiziere nicht mehr dabei waren, haben die Schotten sofort diese ganze Gruppe erschossen, und sie brüllten dabei: ›Zur Hölle mit euch allen‹; und nach fünf Minuten war der Boden knöcheltief von deutschem Blut bedeckt (...).«[45]

Robert Graves zweifelte nicht daran, daß »wirkliche Grausamkeiten, also persönliche Verletzungen des Kriegsrechts (...) in der Grauzone zwischen der Kapitulation von Gefangenen und ihrer Ankunft (oder Nichtankunft) im Hauptquartier« immer wieder vorkamen:

»Diese Gelegenheit wurde nur allzu oft ausgenutzt. Nahezu jeder Ausbilder in der Offiziersmesse konnte bestimmte Beispiele nennen, wie Gefangene auf dem Weg nach hinten getötet worden waren (...). In jedem dieser Fälle pflegten die Begleiter bei der Ankunft im Hauptquartier zu berichten, eine deutsche Granate habe die Gefangenen getötet; und es wurden dann keine Fragen gestellt. Wir hatten jeden Grund zu glauben, daß das gleiche auf der deutschen Seite passierte, wo Gefangene als nutzlose Esser [betrachtet wurden], die in einem Lande, in dem die Verpflegungsrationen bereits knapp waren, mit durchgefüttert werden mußten.«[46]

Derartige Berichte, meist mehr oder weniger ausgeschmückt, stellen keine sichere Bestätigung von Gallingers deutschen Zeugenaussagen dar, sie verweisen aber auf die weitverbreitete *Überzeugung* von der Existenz von Morden an Gefangenen. Major F.S. Garwood gab sich erstaunt, als ein in der schwersten Schlacht von Ypern gefangengenommener deutscher Offizier »behauptete, man habe ihm gesagt, wir würden all unsere Gefangenen erschießen«; dies, so erklärte Garwood, »zeigt, was für Lügen die Deutschen unter ihren Soldaten verbreiteten«.[47] Herbert Sulzbach reagierte auf genau die gleiche Weise, als französische Gefangene ihm »Geschichten darüber erzählten, daß wir [Deutschen] Gefangene töteten«; sie brachten »ihre angenehme Überraschung darüber, daß dies nicht geschieht«, zum Ausdruck.[48] Jedoch ist klar, das solche »Geschichten« sich auf beiden Seiten der Front auf Tatsachen stützten.

In diesem Zusammenhang muß zwischen Tötungen, die in der Hitze des Gefechts erfolgten, und kaltblütigen Morden fern vom Schlachtfeld unterschieden werden. Harry Finchs Tagebucheintragungen für den ersten Tag der dritten Schlacht von Ypern liefern ein gutes Beispiel dafür, wie schwierig diese Unterscheidung sein kann: »Wir schickten eine ganze Menge Gefangener zurück«, notierte er. »Sie waren vollkommen zu Tode erschrocken. Einige der armen Teufel wurden *kaltblütig* von unseren *höchst erregten* Leuten erschossen.«[49] In diesem Falle war das Blut der handelnden Soldaten überhaupt nicht »kalt«: Der Vorgang war typisch für jene Art von Hektik und Verwirrung auf dem Schlachtfeld, die John Keegan so gut beschrieben hat, in der angreifende Soldaten ihren Wunsch, den Feind zu töten, auch angesichts einer Geste der Kapitulation nicht zu unterdrücken vermögen. Am 20. September 1917 hatten, um ein anderes Beispiel zu geben, australische Truppen einen zweistöckigen Gefechtsstand umzingelt und überredeten die Männer im Untergeschoß, sich zu ergeben:

»Der Kreis der Australier nahm nun eine entspannte Haltung an, und die Gefangenen kamen heraus, da wurden Schüsse abgegeben, die einen Australier töteten. Der Schuß kam aus dem Obergeschoß, dessen Insassen nichts von der Kapitulation der Männer unten wußten; aber die Belagerer waren viel zu erregt, um dies wahrzunehmen. Für sie handelte es sich um Verrat, und unverzüglich töteten sie die Gefangenen mit ihren Bajonetten. Einer bemerkte, daß sein Bajonett nicht am Gewehr steckte. Während der unglückliche deutsche Soldat um Gnade flehte, befestigte der Gegner erbarmungslos das Bajonett und tötete ihn.«[50]

Geschah dies nun ›kaltblütig‹ oder ›in höchster Erregung‹? Die gleiche Frage kann man angesichts eines anderen Beispiels aus dem Ersten Weltkrieg stellen, das Keegan anführt. Diese Geschichte, die von Chapman überliefert worden ist, handelt von einem Sergeanten an der Somme, der einen deutschen Offizier erschoß, der deutlich gesagt hatte: »Ich ergebe mich« und dabei sogar seinen Feldstecher aushändigte. Chapman meinte, daß dieser Soldat möglicherweise »halb außer sich vor Erregung [war], als er in den Graben gelangte. Ich nehme nicht an, daß er überhaupt darüber nachdachte, was er tat. Wenn ein Mann mit dem Töten beginnt, dann kann man ihn nicht einfach abstellen wie eine Maschine.«[51] Ein Veteran der Kämpfe an der Somme erinnert sich daran, kapitulierende Deutsche in einer beinahe reflexhaften Reaktion getötet zu haben: »Einige kamen aus ihren Gräben heraus, sie hatten die Hände erhoben, um sich zu ergeben; andere liefen zurück zu ihren Reservegräben. Für uns mußten sie einfach getötet werden.«[52]

Wenn derlei einmal *nicht* geschah, dann war dies ein Grund für Kommentare. Ein irischer Leutnant in der 16. Division bei Ginchy war im September 1916 beeindruckt, daß »nicht einer« von 200 »Hunnen, die bis zum allerletzten Moment unsere Männer dahingemetzelt hatten, getötet wurde«, nachdem sie sich ergeben hatten. »Ich kenne kein Beispiel, wo ein Gefangener erschossen oder mit dem Bajonett erstochen worden ist. Wenn man bedenkt, daß unsere Soldaten vor Erregung geradezu in Raserei geraten waren, dann ist der krönende Akt der Gnade für ihre Feinde sicher der ewigen Anerkennung wert.«[53]

Man könnte viele ähnliche Beispiele »unangemessener« Gewalttätigkeit nennen, wie sie im Nahkampf vorkam; möglicherweise entsprach eine Anzahl der Fälle, die Gallinger auflistete, mehr diesem Muster, als seine Darstellung deutlich macht. In seinem Roman »Im Westen nichts Neues« schildert Erich Maria Remarque Entscheidungen in Bruchteilen von Sekunden, die über Leben oder Tod kapitulierender Soldaten bestimmen:

»Wir haben alles Gefühl füreinander verloren, wir kennen uns kaum noch, wenn das Bild des anderen in unseren gejagten Blick fällt. Wir sind gefühllose Tote, die durch einen Trick, einen gefährlichen Zauber noch laufen und töten können.

Ein junger Franzose bleibt zurück, er wird erreicht, hebt die Hände, in einer hat er noch den Revolver – man weiß nicht, will er schießen oder sich ergeben –, ein Spatenschlag spaltet ihm das Gesicht. Ein zweiter sieht es und versucht, weiterzuflüchten, ein Bajonett zischt ihm in den Rücken. Er springt hoch, und die Arme ausgebreitet, den Mund schreiend weit offen, taumelt er davon, in seinem Rücken schwankt das Bajonett. Ein dritter wirft das Gewehr weg, kauert sich nieder, die Hände vor den Augen. Er bleibt zurück mit einigen gefangenen, um Verwundetete fortzutragen.«[54]

Ernst Jünger hat beobachtet: »(...) daß ein Verteidiger, der dem Angreifer bis auf fünf Schritt seine Geschosse durch den Leib jagt, auf Gnade nicht rechnen kann. Der Kämpfer, dem während des Anlaufs ein blutiger Schleier vor den Augen wallte, will nicht gefangennehmen; er will töten. Er hat jedes Ziel aus den Augen verloren und steht im Banne gewaltiger Urtriebe.«[55]

Doch erwähnt Jünger auch einen Fall, da deutsche Gefangene erschossen wurden, und er schildert das Beispiel eines britischen Offiziers, der selber in Gefangenschaft geriet, als er versuchte, einige Deutsche gefangenzunehmen![56] Dies war genau die Art von Vorfällen, die Soldaten wie die Norfolks in Ivor Maxses 18. Division an der Somme veranlaßten, keine Gefangenen zu machen. So erinnert sich ein Subalternoffizier:

»Ich sah Gruppen von Deutschen während des Angriffs auf unsere Burschen schießen, bis sie nur noch wenige Meter von ihnen entfernt waren; dann, sobald sie herausfanden, daß es für sie keine Hoffnung mehr gab, warfen sie ihre Waffen weg und stürmten nach vorn, um unseren Leuten die Hände zu schütteln. Die meisten von ihnen erhielten »Nachtisch« [sic!] und wurden nicht gefangengenommen. Einige der verwundeten Deutschen schossen unseren Leuten in den Rücken, nachdem sie von diesen verbunden worden waren. Sie sind einfach Schweine – glaubt es mir –, ich habe diese Dinge mit eigenen Augen gesehen.«[57]

Es war anscheinend besonders befriedigend, einen Mann zu töten, der vorgeblich kapitulierte, in Wahrheit aber ein falsches Spiel spielte.

»Auf seinem Bauch liegend wandte er seinen Kopf um und bat um Gnade«, schrieb ein Soldat, »aber seine Augen sprachen von Mord. Ich stieß ihm das Bajonett von hinten ins Herz, und er sank mit einem Grunzen in sich zusammen. Ich drehte ihn um. Er hatte einen Revolver in der rechten Hand unter seiner linken Achselhöhle. Er hatte versucht, unter seinem Körper hindurch auf mich zu schießen. Als ich das Bajonett herauszog, drückte ich den Abzug und erschoß ihn, um ganz sicher zu gehen.«[58]

Mißtrauen war jedoch nicht der einzige Grund, den Soldaten für das Töten von Gefangenen erwähnten. Graves nannte als »die verbreitetsten Motive (...) Rache für den Tod von Freunden oder Verwandten, Eifersucht auf die Reise des Gefangenen in ein bequemes Gefangenenlager in England, militärische Begeisterung, Furcht davor, plötzlich von Gefangenen überwältigt zu werden, oder einfach Hektik angesichts der Aufgabe, als Eskorte zu dienen«.[59] Oftmals reichte auch die Gefahr einer Gegenoffensive aus: Im Oktober 1917 soll das 2. Anzac-Korps eine große Zahl von Gefangenen getötet haben, als man dort erfahren hatte: »Der Deutsche sammelt sich zum Gegenangriff.«[60] Die klassische Illustration der Art und Weise, wie die Gewaltspirale sich hochschraubte, lieferte George Coppard, der sich an einen »gemeinen Trick der Preußen« erinnerte:

»300 von ihnen kamen quer durchs Niemandsland und taten so, als wollten sie sich ergeben, sie waren ohne Gewehre oder Ausrüstung, hielten die Hände nach oben gestreckt, hatten aber die Taschen voller Eierhandgranaten. Knapp bevor sie unsere Dränte erreichten, warfen sie sich auf den Boden, schmissen einen Hagel von Bomben in den Graben der B-Kompanie und verursachten starke Verluste. Der Schlag war so schwer, daß die Reste der Kompanie nicht in der Lage waren, nachhaltige Vergeltung zu üben. Der Rest des Bataillons war unversöhnlich und wütend wegen des Tricks und beschimpfte die Preußen als blutige Bastarde. Viele schworen irgendeine Art von dunkler Rache, wenn Gefangene genommen werden sollten. Von da an galt die Annäherung einer Gruppe von Deutschen mit erhobenen Händen als eine Aufforderung, das Feuer zu eröffnen.«[61]

Doch als Coppard die Chance gekommen sah, seine Blutrache auszuüben, indem er einigen sich ergebenden Deutschen am Ufer des Scarpe-Kanals eine »extreme Behandlung« zuteil werden lassen wollte, »*entschied* Leutnant W. D. Garbutt, daß sie gefangengenommen werden sollten«.[62]

Rache wurde manchmal auch für entlegenere Taten der Deutschen geübt, darunter auch für Vorfälle, die die Soldaten nicht selber erlebt hatten.

»Einige [sich ergebende Deutsche] krochen auf ihren Knien«, erinnerte sich ein britischer Soldat, »sie hielten dabei das Bild einer Frau oder eines Kindes über ihren Köpfen in den Händen, aber jeder wurde getötet. Die Erregung war vorbei. Wir töteten kaltblütig, weil es unsere Pflicht war, so viele wir konnten zu töten. Ich dachte oft an die Lusitania. Ich hatte tatsächlich um diesen Tag [der Rache] gebetet.«[63]

Ein anderer Soldat erinnerte sich, wie ein Freund davon abgehalten werden mußte, einen gefangengenommenen deutschen Piloten umzubringen:

»Er versuchte herauszufinden, ob er Bomben über [London] abgeworfen hatte. Er sagte: ›Wenn er [dort] gewesen ist, werde ich ihn erschießen!‹ Er hätte dies wirklich getan. Leben bedeutete nichts mehr für dich. Das Leben war ständig gefährdet, und wenn man eine Ladung von stinkenden Jerris in den Himmel befördern konnte, dann hatte man nicht viel Mitgefühl mit ihrem Kamerad und all diesem kriecherischen Zeug.«[64]

Befehle

Nicht leicht zu beantworten ist die Frage, ob Soldaten, wenn sie Gefangene erschossen, Befehlen gehorchten. Es gibt gewiß viele Beispiele von höheren Offizieren, die ihre Soldaten ermunterten, »Hunnen zu töten«. Der Befehlshaber der 24. Division drängte seine Soldaten im Dezember 1915, »jeden bewaffneten Deutschen bei jeder denkbaren Gelegenheit umzubringen«; aber er sprach ausdrücklich von *bewaffneten* Gegnern.[65] Major John Stewart von den Black Watch teilte seiner Frau mit, daß sein Bataillon bei Loos im Jahre 1915 »SEHR WENIGE GEFANGENE MACHTE«, und er fügte hinzu, »die Hauptsache ist, möglichst viele HUNNEN zu töten und dabei selber so wenige Opfer an Leben wie möglich zu bringen«. Aber dieser Privatbrief stellt keinen Beweis dafür dar, daß der betreffende Offizier seinen Leuten befahl, keine Gefangenen zu machen.[66]

Die Beweislage hinsichtlich der Existenz des Befehls, »keine Gefangenen zu machen«, ist allerdings eindeutig, was die Schlacht an der Somme betrifft, die gewöhnlich als Massenmartyrium der britischen Armee dargestellt wird. Ein Soldat von den Suffolks hörte am Vorabend der Schlacht einen Brigadier sagen: »Und wenn ihr Gefangene macht, dann will ich die nicht sehen.« Ein Soldat der 17. Highland Light Infantry erinnerte sich an den Befehl, »daß man dem Feind keine Unterkünfte zuweisen und keine Gefangenen machen dürfe«.[67] In seinen Notizen über die »jüngsten Kämpfe« des II. Korps, datiert auf den 17. August, drängte General Sir Claud Jacob, daß man keine Gefangenen machen sollte, weil sie beim Aufräumen ein Hindernis darstellten.[68] Oberst Frank Maxwell, Träger des Victoria Cross, befahl seinen Soldaten (dem 18. Bataillon der 12. Midd-

lesex Division), bei ihrem Angriff auf Thiepval am 26. September keinerlei Gefangene zu machen, weil »alle Deutschen vernichtet werden
sollten«.[69] Am 21. Oktober hinterließ Maxwell seinem Bataillon eine
Abschiedsbotschaft, in der er seine Leute lobte, denn sie hätten »begriffen, daß die einzige Art, mit den Deutschen umzugehen, darin besteht,
sie zu töten (...). Ich weiß kaum, wie ein Gefangener aussieht, weil dieses
Bataillon es versteht, den Durst seiner Seelen zu stillen (...). Denkt daran,
daß die 12. ›Dickschädel‹ TÖTEN UND KEINE GEFANGENEN
MACHEN, SOLANGE ES SICH NICHT UM VERWUNDETE
HANDELT.«[70]

Ähnliche Aussagen lassen sich auch für das Jahr 1917 finden. Vor Passchendaele sagte Hugh Quigleys befehlshabender Offizier zu seinen Leuten: »Tötet keine Gefangenen, das ist Mord (...); tötet keine Verwundeten, wenn sie sich in schlechtem oder hilflosem Zustand befinden. Wenn
euch Gefangene im Wege stehen, dann könnt ihr sie erledigen, wie es euch
gefällt. Nicht anders!«[71]

Dies waren, um es vorsichtig auszudrücken, biegsame Richtlinien.
Typisch für die Haltung vieler Frontoffiziere ist das folgende Gespräch
zwischen drei Offizieren in der Messe des Royal Berkshire Regiment:

»L: Es gab eine traurige Geschichte bei diesem Angriff heute nacht.

R und F: Was war los?

L: Nun, sie nahmen einen deutschen Offizier gefangen und wollten ihn nach
hinten zu unseren Linien schaffen, sie hatten ihm die Hände auf dem Rücken
gefesselt. Zufällig traf eine Kugel einen der Leute seiner Eskorte; daraufhin stürzten sie sich auf ihn und töteten ihn.

R: Daran kann ich nichts Falsches sehen, (...) je mehr boches man tötet, desto
besser.

L: Aber (...) er war ein Gefangener; und es war nur eine verirrte Kugel, die den
Mann aus seiner Eskorte traf, und ihm waren die Hände auf dem Rücken gebunden; er konnte sich nicht verteidigen; sie haben ihn einfach auf der Stelle getötet.

R: Und sie haben ihre Aufgabe verdammt gut erledigt.«[72]

Die Ansichten in dieser Frage gingen auseinander. Anthony Brennan
vom Royal Irish Regiment beschreibt den Fall »eines unserer Gefreiten,
der (...) bewußt auf einen Deutschen, der mit erhobenen Händen auf uns
zukam, geschossen und ihn getötet hatte«. Brennan und seine Offiziers-
kameraden »fanden dies höchst abscheulich, und gegen den Mörder wurden alle Arten von Flüchen ausgestoßen«.[73] Auf der anderen Seite erin-

nerte sich Jimmy O'Brien von den 10. Dublin Fusiliers, daß sein Feld-
geistlicher (ein englischer Priester namens Thornton) ihm und seinen
Kameraden sagte:»Nun Jungs, morgen geht's los, und wenn ihr irgendwelche Gefangenen macht, dann wird man eure Rationen halbieren.
Macht also keine Gefangenen. Tötet sie!«[74]

Es stimmt jedoch nicht, daß Haigs Stabschef, Generalleutnant Sir Lancelot Kiggell, zu Verhaltensweisen dieser Art ermutigte.[75] Sein Befehl
vom 28. Juni 1916 erinnerte die Offiziere einfach an bestimmte Kriegslisten der Deutschen (etwa den Gebrauch von britischen Befehlen oder
das Verbergen von Maschinengewehren) und stellte fest:

>Es ist die Pflicht von Angehörigen aller Ränge, ihre Waffen gegen die Kampf-
truppen des Feindes solange einzusetzen, bis es über jeden Zweifel erhaben ist,
daß jener nicht nur jeden Widerstand aufgegeben hat, sondern daß er entweder
freiwillig seine Waffen gestreckt hat oder auf andere Weise definitiv und endgültig alle Hoffnungen oder Absichten, weiter Widerstand zu leisten, aufgegeben hat.
Im Fall einer vermeintlichen Kapitulation ist es Sache des Feindes zu beweisen,
daß seine Absichten über jedes Mißverständnis erhaben sind, bevor die Kapitulation als ernsthaft akzeptiert werden kann.«[76]

Dies bedeutete nicht mehr, als sich exakt den Vorschriften gemäß zu verhalten.

Die Tatsachen scheinen also, was diese Thematik betrifft, eindeutig zu
sein. Bei manchen Gelegenheiten und mit Ermutigung durch einige
Befehlshaber zogen Soldaten mit der Absicht, kein Pardon zu geben, in
die Schlacht. Selbst wenn sie diese Haltung nicht einnahmen, fanden sie
es problematisch, Gefangene zu machen – und das Risiko einzugehen,
einer Hinterlist zum Opfer zu fallen –, wenn sie die Möglichkeit hatten,
sie zu töten.

Insgesamt gab es nur relativ wenige Vorfälle dieser Art im Vergleich zu
Tausenden von Gefangennahmen, die vom Schlachtfeld über den Sammelpunkt, das Divisionsgefangenenlager und das Korpshauptquartier, wo
das Verhör stattfand, bis ins Lager ganz reibungslos verliefen – und
schließlich, als der Krieg vorbei war, zurück nach Hause führten (allerdings gewöhnlich erst Monate später). Hinter den Linien hörten die deutschen Gefangenen auf, ein Objekt des Hasses zu sein, sie wurden eher
Gegenstand der Neugier und sogar der Sympathie[77], so wie die halbver-
hungerten russischen Gefangenen das Mitleid des Helden in dem Roman
»Im Westen nichts Neues« erregten.[78] Doch selbst wenn sie sich bereits

in Lagern befanden, waren Gefangene nicht immer in Sicherheit. Somerset Maugham hat selbst erlebt, wie französische Gendarmen willkürlich eine Gruppe von deutschen Gefangenen niederschossen. Dies ereignete sich 25 Kilometer von der Front entfernt.[79]

Die Zahl der schlimmen Zwischenfälle dieser Art ist dabei weniger wichtig als der Eindruck, den sie auf die Kultur der Schützengräben machten. Die Soldaten stellten diese Episoden in übertriebener Weise dar: Sie gingen in die Mythologie des Grabenkrieges ein. Und je öfter derlei Mythen wiederholt wurden, um so stärker zögerten Soldaten, sich zu ergeben. Keegan irrt daher, wenn er derartige Zwischenfälle als »absolut bedeutungslos (...) in Hinblick auf Gewinn- und Verlustrechnung« abtut, denn *zukünftige* Entscheidungen über Kapitulationen mußten einfach durch die Vorstellung beeinflußt werden, daß die andere Seite keine Gefangenen mache.

Erst in den letzten drei Kriegsmonaten kapitulierten deutsche Soldaten in so großer Zahl, daß der Krieg nicht länger fortgesetzt werden konnte. Dies war der Schlüssel zum Sieg der Alliierten. Aber es ist keineswegs leicht festzustellen, warum die Deutschen nunmehr bereit waren, sich zu ergeben. Die am häufigsten genannte Erklärung verweist auf das Scheitern von Ludendorffs Frühjahrsoffensive nach ihrem anfänglichen Erfolg; schließlich überzeugte dieser Fehlschlag eine große Anzahl von Soldaten davon, daß dieser Krieg nicht mehr gewonnen werden könne.[80] Es ist aber auch möglich, daß die Ankunft amerikanischer Truppen an der Westfront die Deutschen ermutigte, sich zu ergeben, denn die Amerikaner standen in dem Ruf, Gefangene gut zu behandeln. Dafür gibt es jedoch kaum Beweise. Als Elton Mackin vom 21. Bataillon des 5. Marineinfanterieregiments tote deutsche Maschinengewehrschützen sah, während er am 7. November 1918 in Richtung Meuse vorstieß, war er überrascht:

»Der Feind war vor uns aufgebrochen, er ließ hier und da verstreute Maxim-Gewehrschützen zurück, um unseren Vorstoß zu verlangsamen. Ihre tapferen, verzweifelten Bedienungsmannschaften hatten ihr Mögliches getan und dabei den Tod gefunden. Wir haben solche Soldaten niemals wirklich verstehen können. Die Trupps waren winzig, selten mehr als zwei oder drei Mann und immer jung. Die jungen Leute blieben und starben, weil es ihnen befohlen worden war. Ältere Burschen würden ihren Kopf benutzt haben – sie hätten ›Kamerad‹ gerufen, bevor die Gewehre wirklich heiß liefen und es den Männern bitter kalt wurde.«[81]

Die Zahlen beweisen, daß nur eine Minderheit der Deutschen – ungefähr 43 000 Mann – während der letzten Phase des Krieges vor den Amerikanern kapitulierte, Briten und Franzosen nahmen dagegen 330 000 Gegner gefangen.[82] Es war wohl eher die *Vorstellung* von immer stärker anwachsenden amerikanischen Verstärkungen als ihre wirkliche Anwesenheit auf dem Kriegsschauplatz, die zum Zusammenbruch der deutschen Moral beitrug. Jedenfalls ist eindeutig, daß die US-Marineinfanteristen in gleicher Weise wie erfahrenere britische und französische Einheiten keine Gefangenen machen wollten. Mackin selber erinnerte sich daran, von Generalmajor Charles P. Summerall, dem Befehlshaber des V. Korps der amerikanischen Expeditionsstreitkräfte, folgendes gehört zu haben: »Da oben im Norden befindet sich ein Verladebahnhof (…) erledigen Sie den für mich. Übrigens werden Sie Hunger leiden, wenn Sie versuchen, all die Gefangenen durchzufüttern, die Sie dabei machen (…). Nun, denken Sie daran (…) und machen Sie dabei keine Gefangenen.«[83] Mackin beschreibt auch zumindest eine Gelegenheit, bei der keine Gefangenen genommen wurden, und eine andere, bei der man nur einem verwundeten Deutschen Gnade erwies, »aus irgendeinem Grund, den wir jüngeren Burschen nicht verstanden (…). Er war der einzige Gefangene, den wir dort machten – oder sollten wir besser sagen ›akzeptierten‹.«[84]

Es gibt immer noch keine allgemeine Erklärung für die deutschen Massenkapitulationen am Ende des Jahres 1918. Die Behauptung, die Deutschen hätten »gewußt«, daß sie den Krieg verloren hatten, setzt wohl ein größeres Verständnis für das strategische »Gesamtbild« voraus, als es viele Soldaten an der Frontlinie besaßen. Die Entscheidung, ob man weiter kämpfte oder kapitulierte, hatte mehr mit unmittelbaren persönlichen Erwägungen als mit der großen allgemeinen Strategie zu tun. Warum beispielsweise weigerte sich Ernst Jünger zu kapitulieren, als seine Situation in den Wochen vor dem Waffenstillstand einfach hoffnungslos war? Als er es ablehnte, sich mit seinen Leuten zu ergeben, fand er beinahe selber den Tod. Ihm scheint es dabei um seine persönliche Ehre gegangen zu sein; er verhielt sich wohl ähnlich wie jener lebensgefährlich verwundete Deutsche, der sich weigerte, von den Briten ärztliche Hilfe anzunehmen, weil er »nicht als Gefangener sterben« wollte.[85] Warum kämpften die jungen Maschinengewehrschützen sinnlos weiter, die Mackin im November 1918 beobachtet hatte?

Am 8. Juli 1920 erklärte Winston Churchill im Oberhaus:

»Immer wieder haben wir erlebt, wie britische Offiziere und Soldaten Verschanzungen und Schützengräben unter schwerstem Feuer stürmten, wobei die Hälfte von ihnen niedergeschossen wurde, bevor sie in die Stellung des Feindes eindrangen. Angesichts der Gewißheit eines langen blutigen Tages, der vor ihnen lag, angesichts einer gewaltigen Beschießung, die um sie herum donnerte, haben wir erlebt (...) wie sie nicht bloß Gnade, sondern sogar Freundlichkeit gegenüber Gefangenen zeigten, wie sie sich beim Umgang mit ihnen zurückhielten, wie sie jene bestraften, die es verdient hatten, nach den harten Gesetzen des Krieges bestraft zu werden, und jene verschonten, die einen Anspruch auf nachsichtige Behandlung durch den Sieger hatten. Wir haben gesehen, wie sie sich bemühten, Mitleid zu zeigen und den Verwundeten zu helfen, und dies unter Gefahr für sich selbst. Und dies haben sie Tausende von Malen getan.«[86]

Vielleicht taten sie dies wirklich Tausende von Malen; aber sie taten es nicht immer. Wenn beide Seiten mehr unternommen hätten, den Feind zu ermutigen, sich zu ergeben – statt zuzulassen, daß sich in gewissen Einheiten eine Haltung breitmachte, die darauf hinauslief, »keine Gefangenen zu machen«, wobei sich auf beiden Seiten übertriebene Annahmen bezüglich der Risiken bei Kapitulationen entwickelten –, dann hätte der Krieg möglicherweise früher enden können; und dies nicht notwendigerweise mit einer deutschen Niederlage. Wenn aber umgekehrt mehr Soldaten keine Gefangenen gemacht hätten, dann wäre der Krieg möglicherweise noch lange fortgesetzt worden.

Krieg ohne Ende

»Wir waren das Gas satt, die Granaten, die Kälte und den Hunger. Wir hatten keinen Kampfeswillen mehr. Unser Kampfgeist war gebrochen.«[87] So die Aussage eines bayerischen Soldaten namens August Beermann, der sich bei Arras ergab. Zweifellos sprach dieser Mann für viele. Doch es gibt auch ein Paradox: Obwohl sie kriegsmüde waren, scheinen viele Soldaten nicht der Gewalt müde gewesen zu sein. Karl Kraus warnte daher in den »Letzten Tagen der Menschheit«:

»Die heimkehrenden Krieger werden in das Hinterland einbrechen und dort den Krieg erst beginnen. Sie werden die Erfolge, die ihnen versagt waren, an sich reißen, und der Lebensinhalt des Krieges, den Mord, Plünderung und Schändung bilden, wird ein Kinderspiel sein gegen den Frieden, der nun ausbrechen wird.

Vor der Offensive, die dann bevorsteht, bewahre uns der Schlachtengott! Eine furchtbare Aktivität, aus Schützengräben befreit, durch kein Kommando mehr geleitet, wird in allen Lebenslagen nach der Waffe und nach dem Genuß greifen, und es wird mehr Tod und Krankheit in die Welt kommen, als der Krieg ihr selbst zugemutet hat.«[88]

D.H. Lawrence hätte dem zugestimmt. »Der Krieg ist nicht vorbei«, sagte er zu David Garnett am Abend des Waffenstillstands und fuhr fort:

»Der Haß und das Übel sind nun größer als je. Sehr bald wird der Krieg wieder ausbrechen und dich überwältigen(...). Selbst wenn das Kämpfen aufhören sollte, wird das Übel schlimmer sein, weil der Haß in den Herzen der Soldaten aufge-staut ist und sich auf alle möglichen Arten zeigen wird, die schlimmer als der Krieg sein werden. Was immer auch geschieht, es kann keinen Frieden auf Erden geben.«[89]

Dies sollte sich als allzu wahr erweisen. Hermann Hesse sollte recht behalten, wenn er kurz nach dem Krieg meinte, daß die Revolution wie der Krieg eine Fortsetzung der Politik mit anderen Mitteln sei.[90]

Der Krieg wütete in allen Winkeln der »Nachkriegswelt«. Deutsche *Freikorps*, die sich aus Veteranen und Studenten, die zum Kämpfen zu jung gewesen waren, zusammensetzten, schlugen sich an Deutschlands neuen und umstrittenen Grenzen mit Polen und anderswo. Herbert Sulzbach war beeindruckt, als einige seiner Kameraden dem *Grenzschutz Ost* beitraten: »Man muß sich das vorstellen, Soldaten die gerade jahre-lang in schweren Kämpfen gesteckt haben, melden sich auf der Stelle zu Tausenden und Abertausenden freiwillig (...). Könnte es einen glänzen-deren Beweis für Kampfgeist und Überzeugung geben als dies?« Andere irreguläre Einheiten bekämpften Spartakisten und kommunistische »Hundertschaften« in den großen deutschen Städten: Es gab zwischen 1919 und 1923 jedes Jahr Putschversuche von rechts und links. Die Mehr-heitssozialdemokraten setzten 1919 Freikorpseinheiten gegen die extreme Linke ein; ein Jahr später mußten sie sich auch auf radikale Arbeiter stüt-zen, um einem Putsch von konservativen Militärs, geleitet von dem frü-heren Führer der Vaterlandspartei Wolfgang Kapp, Einhalt zu gebieten. 1921 unternahmen die Kommunisten in Hamburg und in Mitteldeutsch-land einen Aufstandsversuch, die sogenannte »Märzaktion«; 1922 gab es eine ganze Serie von Anschlägen von Rechtsextremisten (unter den Opfern befand sich Außenminister Walther Rathenau); und 1923 ver-suchten sowohl die Linke (Hamburger Aufstand) als auch die Rechte

(Bürgerbräuputsch) Staatsstreiche. Das Ausmaß der Gewalttätigkeit in den deutschen Städten ist quantitativ kaum zu erfassen: Es genügt hier, darauf hinzuweisen, daß sich im Jahre 1920 schätzungsweise 1,9 Millionen Gewehre in illegalem Besitz befanden, hinzu kamen etwa 8500 Maschinengewehre; die Demobilisierung war nicht mit einer Entwaffnung verbunden gewesen.[91]

Der egozentrische italienische Dichter Gabriele D'Annunzio besetzte im September 1919 Fiume (das heutige Rijeka), um zu verhindern, daß die Stadt an das neugegründete Jugoslawien abgetreten wurde; diese kurzlebige Episode erfuhr Unterstützung von seiten demobilisierter und frustrierter *arditi* (Sturmtruppen), deren Schwarzhemden kurz darauf zum Kennzeichen der neuen, gewaltbereiten politischen Bewegung des Faschismus wurden. Ziellose Kämpfe setzten sich auch in Albanien fort; und die Italiener landeten andere Truppen in Adalia (dem heutigen Antalya) in Südanatolien. Wenn die italienische Regierung auch Fiume und Albanien im Jahre 1920 aufgab, so führte das nur dazu, daß sie die Gewalttätigkeit ins eigene Land importierte. In der Romagna und in der Toskana blühte das Phänomen des *squadrismo*, als Landeigentümer und Sozialisten einander mit Waffen zu bekämpfen begannen: Der faschistische »Marsch auf Rom« im Oktober 1922 war zwar in Wirklichkeit viel weniger heroisch, als er nach dem Sieg verklärt wurde: Die 25 000 schlecht bewaffneten Faschisten, die sich rund um Rom versammelten, hätten leicht zerstreut werden können, wäre der König nicht in Panik geraten und hätte Mussolini an die Macht gelassen; doch mit ihren Uniformen und ihren Ehrenbezeugungen stützten sich die Faschisten auf eine Tradition, die sich auf den Krieg berief.[92]

Auch auf dem Balkan bedeutete »Frieden« in ländlichen Gebieten Krieg, am schlimmsten war dies im nördlichen Kroatien; es gab auch die ersten Anzeichen, daß die Serben Gewalt einsetzen würden, um ihre Oberherrschaft über die ethnischen Minderheiten im neuen »Königreich der Serben, Kroaten und Slowenen« durchzusetzen: Einem Bericht zufolge wurden in Bosnien im Jahre 1919 nahezu 1000 Muslime getötet und 270 Dörfer zerstört.[93] 1918 schien das Osmanische Reich am Boden zu liegen, und es drohte die Aufteilung zwischen Frankreich, Großbritannien und Italien. Doch die drei Mächte gerieten sehr bald in Streit über die Beute. Von Lloyd George ermutigt, landeten die Griechen Truppen bei Smyrna.[94] Sie unterschätzten jedoch die neu entstandene türkische

Nationalbewegung, die sie unter der Führung von Mustafa Kemal 1921 vertrieb.

Auch im britischen Empire war Gewalt in bestimmten Regionen vorherrschend. In Irland wurden die »Black and Tans« und die »Auxies« – Veteranen der britischen Armee – gegen die Republikaner eingesetzt; nachdem die Briten dann den Kampf aufgegeben hatten, bekämpften die Nationalisten einander in einem Bürgerkrieg, der mindestens 1600 Menschenleben forderte.[95] Im Nahen Osten wurde Großbritanniens neu durchgesetzte Herrschaft durch Unruhen in Ägypten 1919 und Revolten in Palästina und im Irak 1920 herausgefordert.[96] Britische Truppen wandten extreme Gewalt an, um diese Unruhen zu unterdrücken: Innerhalb von acht Wochen wurden etwa 1500 Ägypter getötet, während im Irak General Sir Aylmer Haldane sogar über den Einsatz von Giftgas nachdachte.[97]

Am 11. April 1919 töteten Soldaten in einer der furchtbarsten Greueltaten der Geschichte des britischen Empire bei einer politischen Veranstaltung in Amritsar 379 Menschen. Brigadegeneral Reginald Dyer, der den Schießbefehl erteilt hatte, hätte auch noch mehr Menschen getötet, wäre es ihm gelungen, zwei gepanzerte Wagen mit Maschinengewehren einzusetzen.[98] Auf diese Weise exportierten also Soldaten die Techniken des Massenmords, die an der Westfront erprobt worden waren.

Die Welt war also nicht allgemein kriegsmüde; sie hatte nur vom Ersten Weltkrieg genug. Für viele Männer, die gekämpft hatten, wurde die Gewalt zu einer Sucht; und nachdem die Gewalttaten an der Westfront eingestellt worden waren, suchten sie sie anderswo. Dies gilt auch für Soldaten, die während des Ersten Weltkriegs in Gefangenschaft geraten waren: Die Tschechische Legion in Rußland stellt hierfür das klassische Beispiel dar. Überall fanden die Veteranen bereitwillige Komplizen, unter Bolschewisten, deutschen Studenten oder irischen Republikanern, die nicht gekämpft hatten, aber doch nach Kampf und Blut dürsteten.

Rußland stellte den Extremfall dar. Die russische Armee war als erste zusammengebrochen, der russische Soldat war am ehesten geneigt, sich zu ergeben, statt weiterzukämpfen. Doch nirgends zog sich die Gewalttätigkeit nach dem vermeintlichen Ende des Krieges länger hin als in Rußland. Während des Bürgerkriegs verloren mehr Menschen ihr Leben als während des Weltkriegs. Zwischen Oktober 1917 und Oktober 1922 wurden etwa 875 000 Soldaten, die in den sowjetischen Streitkräften dienten, getötet oder starben an Verwundungen und Krankheiten – das waren etwa 13 Prozent aller Mobilisierten; die glaubwürdigste Schätzung der Verluste der Weißen Armeen spricht von 325 000 Toten. Diese Gesamtzahl von 1,2 Millionen steht einer Gesamtzahl von 1,8 Millionen russischer Soldaten gegenüber, die während des Krieges gefallen waren.

Diese Zahlen über den Bürgerkrieg enthalten noch nicht jene Opfer, die bei Hunderten von Bauernrebellionen oder antisowjetischen Aufständen umkamen, die sich ebenfalls in diesem Zeitabschnitt ereigneten, aber nicht wirklich ein Bestandteil der Kriegführung der Weißen waren: so wurden beispielsweise 250 000 Menschen in verschiedenen »Brotkriegen« getötet, bei denen Bauern versuchten, der Beschlagnahme von Getreide Widerstand entgegenzusetzen. Eine Schätzung der Zahl der Opfer des »Roten Terrors« der Geheimpolizei (Tscheka) gegen politische Gegner des Regimes spricht von 500 000 Toten, darunter 200 000 Menschen, die offiziell hingerichtet wurden; die Zahl kann sogar durchaus höher liegen.[99] Möglicherweise bis zu 34 000 Menschen kamen in Konzentrationslagern und Arbeitslagern, die nach dem Juli 1918 gegründet wurden, oder auf dem Weg dorthin um.[100] Auch sollte man die zahllosen Pogrome nicht vergessen, die sowohl von Weißen als auch von Roten gegen Juden durchgeführt wurden: Ein Bericht von 1920 spricht von insgesamt »mehr als 150 000 bekanntgewordenen Todesfällen«.[101] Schließlich starben ungefähr fünf Millionen Menschen infolge von Hunger und weitere zwei Millionen an Krankheiten. Damit kamen fast ebenso viele Menschen während des Bürgerkriegs um, wie Menschen aller Nationen während des Ersten Weltkriegs den Tod fanden: Eine Schätzung der demographischen Gesamtverluste des Bürgerkriegs kommt auf acht Millionen; ungefähr 40 Prozent dieser Todesfälle können auf die bolschewistische Politik zurückgeführt werden.[102]

In einer Hinsicht jedoch ist Karl Kraus' Annahme falsch, es würden die zurückkehrenden Soldaten sein, die den Bürgerkrieg in Gang setzten. Die Weißen Armeen unter Führung älterer zaristischer Generale waren zwar für einen Großteil der Greuel gegen Zivilisten verantwortlich[103]; das gleiche gilt für Einheiten der Roten Armee unter Führung erfahrener früherer zaristischer Offiziere (am Ende waren drei Viertel der höheren Befehlshaber der Roten Armee frühere Offiziere des Zaren; unter den größeren »Erwerbungen« befand sich Brussilow). Doch die extreme Gewalttätigkeit des Bürgerkriegs entsprang dem Blutdurst von Männern, die während des Krieges gegen Deutschland nicht einen einzigen Schuß abgegeben haben. Insbesondere ist es schockierend, wie Lenin und Trotzki sich rühmten, neue Maßstäbe militärischer Rücksichtslosigkeit zu setzen: Hier handelte es sich um zwei wortreiche Intellektuelle, die den Krieg aus sicherer Warte betrachtet hatten; Wolkogonow zählt sie zum »großen Kreis der russischen Emigranten«.[104] Sie waren 1917 an die Macht gekommen, weil sie den Unmut über die provisorische Regierung wegen der Verlängerung des Krieges ausnutzen konnten; sie hatten versprochen, Rußland den Frieden zu bringen; sie waren willens, einen großen Teil der europäischen Gebiete Rußlands abzutreten, um den Krieg mit Deutschland zu beenden. Doch Lenin beabsichtigte bloß, den imperialistischen Krieg in einen Bürgerkrieg gegen die Bourgeoisie seines eigenen Landes zu verwandeln. Bei der Verfolgung dieses Zieles und ihrem Kampf gegen die Weißen Armeen und andere Gegner der Revolution versuchten er und Trotzki dann das Problem der Fahnenflucht und der Desertion mit terroristischen Mitteln zu lösen. Zwar waren sie während des imperialistischen Krieges »Zivilisten« geblieben, doch ihre Vorstellungskraft war – angeregt durch ihre Lektüre der Geschichte Frankreichs unter den Jakobinern – durchaus imstande, neue Regeln der Kriegführung zu formulieren, die an Brutalität jene weit übertrafen, die an der Westfront bis 1917 geherrscht hatten.

Nachdem sie im Mai 1918 die allgemeine Wehrpflicht wieder eingeführt hatten, mußten sich die Bolschewisten mit einem Ausmaß an Desertionen auseinandersetzen, das höher lag als in der zaristischen Armee. 1920 desertierten mehr als 20 000 Soldaten der Truppen, die an vorderster Front standen, darunter 59 befehlshabende Offiziere. Der Anteil der Soldaten, die kurz nach der Einberufung desertierten, betrug sogar 20 Prozent. Insgesamt entwichen im Jahre 1921 etwa vier Millionen Soldaten aus der Roten Armee; viele bäuerliche Fahnenflüchtige bildeten eigene »grüne« Streitkräfte, um Widerstand gegen die Einberufung zu leisten.[105] Die Bolschewisten reagierten darauf mit Einführung einer drakonischen Disziplin: Im Dezember 1918 wurde ein Provisorischer Zentralausschuß zum Kampf gegen die Desertionen gebildet. Allein in sieben Monaten des Jahres 1919 wurden 95 000 Soldaten wegen Fahnenflucht unter besonders erschwerenden Umständen schuldig gesprochen, und von diesen Männern wurden 4000 zum Tode verurteilt und 600 tatsächlich erschossen.[106] Im Jahre 1921 wurden in Rußland und in der Ukraine 4337 Männer durch

Militärtribunale hingerichtet.[107] Es war Trotzki, der hier das Tempo bestimmte: »Unterdrückung« war sein Schlagwort: Im November 1918 verlangte er »gnadenlose Bestrafung der Deserteure und Drückeberger, die den Willen der 10. Armee lähmen, (…) keine Gnade für Deserteure und Drückeberger«. »Es ist«, so erklärte er im Jahre 1919, »unmöglich, ohne einen Revolver Disziplin durchzusetzen.«[108] Bei Fahnenflucht wurden auch die Familien von Offizieren verhaftet. Vor allem Trotzki befahl im Dezember 1918 die Bildung von »Sperrabteilungen«, diese waren mit Maschinengewehren ausgerüstet, und ihre Aufgabe bestand einfach darin, Frontsoldaten zu erschießen, die sich zurückzuziehen versuchten. So entstand die Grundregel, daß Rotarmisten, die vorstießen, möglicherweise getötet wurden, aber Soldaten, die flohen, mit Sicherheit erschossen wurden.[109]

Lenin war sogar noch stärker von den Möglichkeiten des Terrors berauscht. Im August 1918 telegrafierte er an Trotzki:

»Sollte man sie [die höheren Kommandokader] nicht darauf hinweisen, daß wir uns ab jetzt an das Vorbild der Französischen Revolution halten werden? Das bedeutet, man wird (…) auch den Befehlshaber der Armee und die höheren Kommandeure vor Gericht stellen und sogar erschießen lassen, falls die Gefechte sich in die Länge ziehen und nicht erfolgreich verlaufen.«

Gleichzeitig drängte er den örtlichen Parteichef in Saratow: »Vorläufig empfehle ich, unsere Befehlshaber zu ernennen und die Verschwörer und Überläufer zu erschießen, und zwar ohne zu fragen oder den Amtsschimmel zu bemühen.«[110]

Sein Brief an die Bolschewisten von Pensa aus demselben Monat gibt einen guten Einblick in die neue Ethik der Gewalt gegen Zivilisten, die für die Zeit des Bürgerkriegs typisch war:

»Genossen! Der Kulakenaufstand in den fünf Amtsbezirken muß erbarmungslos niedergeschlagen werden. Das Interesse der Revolution erfordert dies. Wir befinden uns gegenwärtig in der ›letzten und entscheidenden Schlacht‹ mit den Kulaken. Man muß ein Exempel statuieren.
1) Unverzüglich mindestens 100 führende Kulaken, Reiche und Blutsauger aufhängen (unbedingt hängen, damit das Volk es auch sieht)
2) Ihre Namen öffentlich bekanntmachen
3) Ihr gesamtes Geld konfiszieren
4) Gemäß dem gestrigen Telegramm Geiseln nehmen

Alles so organisieren, daß das Volk im Umkreis von Hunderten von Werst es sieht und herausschreit: Sie erdrosseln die Kulaken und Blutsauger!
Bestätigen Sie Empfang und Ausführung
Lenin
PS: Finden Sie die geeigneten Leute.«[111]

Überraschenderweise untersagten die führenden Bolschewisten dagegen das Töten von Gefangenen. Trotzki gab 1919 einen Befehl heraus, in dem dies ausdrücklich verboten wurde.[112] Aber die Tatsache, daß dieser Befehl erteilt werden mußte, deutet darauf hin, daß es weithin üblich war, gefangene Weiße zu erschießen. Im August jenes Jahres befahl der Oberkommandierende der Roten Armee S.S. Kamenew, daß beim Zurückschlagen eines Angriffs von Donkosaken »keine Gefangenen gemacht« werden sollten: »Verwundete oder gefangengenommene [Weiße] Offiziere wurden nicht nur getötet und erschossen, sondern auch in jeder erdenklichen Art gefoltert. Offizieren trieb man Nägel in die Schultern entsprechend der Anzahl der Sterne auf ihren Epauletten; Orden wurden ihnen in die nackte Brust und Streifen in die Beine geritzt. Ihnen wurden die Geschlechtsteile abgeschnitten und in den Mund gestopft.«[113]

Figes druckt in seinem Buch das Bild eines polnischen Offiziers, der 1920 bei der Roten Armee in Gefangenschaft geriet, er wurde mit den Beinen nach oben aufgehängt und zu Tode geprügelt.[114] Diese Art von barbarischem Verhalten mag sich gegen wenig disziplinierte, verstreute und zahlenmäßig schwächere Weiße Armeen als effektiv erwiesen haben; im Kampf gegen die Polen jedoch wurde der Widerstand der anderen Seite dadurch nur verstärkt. Der Bürgerkrieg stellte also gegenüber den Terrortaktiken des vorangegangenen Weltkriegs eine beträchtliche »Weiterentwicklung« dar. Der nächste große Krieg an der Ostfront sollte diesen neuen »Regeln« entsprechend ausgefochten werden: Tod für Deserteure, exemplarische Gewalt gegen Zivilisten und kein Pardon für Gefangene. Hier handelte es sich dann wirklich um den »totalen« Krieg: Und für Hitler und Stalin, die beide Befehle mit dieser Wirkung herausgaben, schien es die logische Konsequenz zu sein, die aus der deutschen und der russischen Niederlage im Ersten Weltkrieg zu ziehen war. Damit wurde dieser Krieg zu einer beispiellosen Orgie der Gewalttätigkeit, wobei die Soldaten beider Seiten bis zum Allerletzten kämpften, weil es für sie überhaupt keine Alternative mehr gab.

Schluß

Alternativen zum letzten Gefecht

Am Ende von Dostojewskis Roman »Schuld und Sühne« träumt der nihilistische Mörder Raskolnikow einen fiebrigen und deutlich allegorischen Traum in dem »die ganze Welt dazu verurteilt war, einer schrecklichen, unerhörten und nie dagewesenen Pestilenz (...) zum Opfer zu fallen«:

»Die Menschen, die sie in sich aufgenommen hatten, gebärdeten sich sofort wie Besessene und Wahnsinnige. Aber noch nie, noch nie hatten Menschen sich für so klug gehalten und für so unerschütterlich in der Wahrheit, wie es diese Angesteckten taten. Nie hatten sie ihre Urteile, ihre wissenschaftlichen Ergebnisse, ihre sittlichen Überzeugungen und Glaubenssätze für unumstößlicher gehalten. Ganze Ortschaften, ganze Städte und Völker wurden angesteckt und gebärdeten sich wie Wahnsinnige. Alle waren in Aufregung und verstanden einander nicht, ein jeder meinte, nur er allein sei im Besitz der Wahrheit, und es quälte ihn der Anblick der anderen, er schlug sich an die Brust, weinte und rang die Hände. Man wußte nicht, wen und wie man richten sollte, man konnte nicht übereinkommen, was für böse und was für gut zu halten sei. Man wußte nicht, wen man anklagen, wen man freisprechen sollte. Die Menschen erschlugen einander in einer gleichsam sinnlosen Wut. Ganze Heere sammelten sich gegeneinander, aber die Heere begannen schon auf dem Marsch plötzlich sich selbst zu bekriegen, die Reihen gerieten in Unordnung, die Kämpfer stürzten sich aufeinander, stachen und mordeten, bissen sich gegenseitig und fraßen einander auf. In den Städten wurde den ganzen Tag die Sturmglocke geläutet: Alle wurden zusammengerufen, aber wer da rief und wozu man rief, das wußte niemand, jedoch alle waren in Aufregung. Man ließ das einfachste Handwerk im Stich, denn jeder kam mit seinen Gedanken, mit seinen Verbesserungen, die er vorschlug, und man konnte sich nicht einigen; der Ackerbau wurde eingestellt. Hier und da liefen Menschen zu Haufen zusammen, einigten sich über etwas, schwuren, einander nicht zu verlassen – aber gleich danach begannen sie etwas ganz anderes zu tun, als was sie soeben beschlossen hatten, begannen sie einander zu beschuldigen, wurden handgemein, fochten und schlugen sich gegenseitig tot. Feuersbrünste entstanden, Hungersnot trat ein. Alle und alles ging zugrunde.«[1]

Diese Vision wurde in Europa zwischen 1914 und 1918 mehr oder weniger Wirklichkeit. Was aber, wenn überhaupt irgend etwas, wurde durch diesen Weltenbrand erreicht? Belgien und Nordfrankreich wurden von deutschen Truppen befreit; ebenso Rumänien, Polen, die Ukraine und die Baltischen Staaten. Das deutsche, russische und türkische Reich wurden verkleinert; das österreichische zerstört. Ungarn schrumpfte zusammen; ebenso Bulgarien – und Großbritannien, das schrittweise den größten Teil Irlands verlor. Neue Staaten wurden gebildet: Österreich und Ungarn gingen getrennte Wege; die Serben erreichten ihr Ziel eines südslawischen Staats – der sich ab 1929 »Jugoslawien« nannte – zusammen mit den Kroaten und Slowenen (wie auch den bosnischen Muslimen); die Tschechoslowakei, Polen, Litauen, Lettland, Estland und Finnland wurden unabhängig. Italien vergrößerte sich, doch weniger stark, als seine Führer gehofft hatten, es erwarb Südtirol, Istrien, Teile Dalmatiens und (1923) die Inseln des Dodekanes. Frankreich erhielt das 1871 verlorene Elsaß-Lothringen zurück. Dieses Land und Großbritannien vergrößerten außerdem ihre Kolonialreiche in Form von »Mandaten« über frühere Besitztümer der Feindländer: Syrien und der Libanon gingen an Frankreich, der Irak und Palästina an Großbritannien, das sich zur Schaffung einer jüdischen nationalen Heimstätte im letztgenannten Land verpflichtet hatte. Auch Kamerun und Togo wurden zwischen den beiden Siegern geteilt, darüber hinaus gingen Deutsch-Südwest-Afrika an Südafrika, Deutsch-Samoa an Neuseeland und Deutsch-Neuguinea an Australien. Großbritannien sicherte sich außerdem Deutsch-Ostafrika zum Ärger Belgiens und Portugals (sie wurden mit weniger attraktiven afrikanischen Territorien abgefunden). Sassoon hatte recht, als er im Juli 1917 meinte, die Ereignisse hätten sich zu »einem Eroberungskrieg« entwickelt; die Weltkarte hatte, wie Balfour sagte, noch »mehr Rot aufzuweisen«.[2] Bei der letzten Sitzung des britischen Kriegskabinetts vor der Konferenz von Versailles hatte Edwin Montagu trocken bemerkt, er würde gern einige Argumente *dagegen* hören, daß Großbritannien sich die gesamte Welt einverleibe.[3] Amerika war nun der Rivale Großbritanniens als Bankier der Welt; es stand kurz vor dem Erreichen einer weltweiten wirtschaftlichen Vormachtstellung. Präsident Wilsons Vision einer »neuen Weltordnung«, die sich auf den Völkerbund und das Völkerrecht stützte, wurde realisiert, wenn auch nicht in den utopischen Formen, wie er es sich erträumt hatte. Wenig Aufmerksamkeit widmete man den Absichten Japans, das Shantung, einen anderen Rest des deutschen Kolonialreichs, als seinen Anteil an der Beute verlangte. Auch erhob man keine ernsthaften Einwände, als die Türkei und Rußland unter Bruch des Vertrages von Sèvres das für kurze Zeit unabhängige Armenien untereinander aufteilten.

Die Romanows, die Habsburger und die Hohenzollern wurden gestürzt an die Stelle ihrer Monarchien traten nun Republiken. In dieser Hinsicht stellte sich der Erste Weltkrieg als Wendepunkt im lange währenden Konflikt zwischen Monarchismus und Republikanismus heraus. Zwar waren im Jahre 1911 zwei monarchische Ordnungen gestürzt worden – die chinesische und die portugiesische –, doch war der Republikanismus 1914 relativ schwach; einige Konservative meinten, der Krieg werde dazu beitragen, ihn weiter zurückzudrängen. Am Vorabend des Krieges saßen Abkömmlinge und andere Verwandte von Königin Victoria nicht nur auf dem Thron von Großbritannien und Irland, sondern auch auf den Thronen von Österreich-Ungarn, Rußland, Deutschland, Belgien, Rumänien, Griechenland und Bulgarien. In Europa waren nur die Schweiz, Frankreich und Portugal Republiken. Trotz der imperialen Rivalitäten der Vorkriegsdiplomatie blieben die persönlichen Beziehungen zwischen den Herrschern beinahe freundlich: Die Briefe zwischen »George«, »Willy« und »Nicky« bezeugen die fortwährende Existenz einer kosmopolitischen monarchischen Elite.

Obwohl die Macht der Monarchen gegenüber professionellen Politikern und Soldaten unterschiedlich groß war, hatten sie alle gezögert, in einen uneingeschränkten Krieg miteinander einzutreten, und erkannten, daß der Krieg auch ihre Throne gefährdete. Die Stellung der Monarchen würde bedroht werden, wenn Millionen von Soldaten mobilisiert würden: An seinen Wurzeln war der Erste Weltkrieg demokratisch.

Die Monarchie gehörte, als das Geschlecht der Krieger sich zu artikulieren begann, zu den ersten etablierten Institutionen, die an Legitimität verloren. Der Krieg führte zu einem Triumph des Republikanismus, von dem man nicht einmal in den 1790er Jahren geträumt hatte. Im Juli 1918 wurden Nikolaus II. und seine Familie in Jekaterinburg ermordet, der Kaiser verschwand ins holländische Exil, die dortige Regierung setzte Forderungen nach seiner Auslieferung als Kriegsverbrecher Widerstand entgegen; der letzte Habsburger, Kaiser Karl I., ging zunächst in die Schweiz, dann nach Madeira; der letzte osmanische Sultan wurde aus Konstantinopel fort auf ein wartendes britisches Schiff getrieben. Zwar überlebte die Institution der Monarchie in Großbritannien, Belgien, Rumänien, Bulgarien, Italien, Jugoslawien, Griechenland und Albanien, ebenso in Holland und Skandinavien, die sich am Krieg nicht beteiligten, und es wurden auf den Trümmern des Osmanischen Reiches neue Monarchien etabliert. Doch zeigte die Landkarte Nachkriegseuropas neue Republiken in Rußland, Deutschland, Österreich, Ungarn, Tschechoslowakei, Polen und den drei baltischen Staaten sowie auch in Weißrußland, der Westukraine, Georgien, Armenien, Aserbeidschan (die dann in den Jahren 1919 bis 1921 unter Zwang zu Bestandteilen der Union der Sozialistischen Sowjetrepubliken gemacht wurden) und schließlich in Süd-Irland.

In Rußland war die neue Republik eine Tyrannei, die weit blutdürstiger und weniger liberal als jene der Zaren war. Rußlands Absinken in den Bürgerkrieg konnte den Eindruck erwecken, als sei das ursprüngliche Kriegsziel Deutschlands erreicht worden: die Zerschlagung der militärischen Bedrohung im Osten. Alle am Kampf beteiligten Länder (einschließlich Deutschlands) sollten den Triumph Lenins noch bedauern. Zwar gab es revolutionäre Manifestationen von Glasgow bis Beijing, von Córdoba bis Seattle, doch Befürchtungen, daß der Bolschewismus sich wie die spanische Grippe ausbreiten würde, erwiesen sich als übertrieben.[4] Allmählich wurde deutlich, daß Sowjetrußland das Potential besaß, eine größere militärische Macht als das Zarenreich darzustellen, wenn es auch bis in die 1940er Jahre dauerte, bis das Ausmaß des Potentials des neuen Regimes einer neuen Generation deutscher Soldaten deutlich wurde.

Die Sieger des Ersten Weltkriegs hatten einen Preis bezahlt, der weit höher war als der Wert all ihrer Gewinne; einen Preis, der so hoch war, daß sie sehr bald nicht mehr in der Lage sein würden, die meisten dieser Gewinne zu halten. Der Krieg forderte auf beiden Seiten mehr als neun Millionen Menschenleben, mehr als einen von jeweils acht der 65,8 Millionen am Kampf beteiligten Soldaten. In viereinhalb Jahren mechanisierter Schlächterei wurden tagtäglich ungefähr 6046 Soldaten getötet. 1919 bemühte sich Ernest Bogart, den Vermögenswert zu errechnen, den die Toten darstellten; er schätzte die Gesamtkosten für Deutschland auf sieben Milliarden, für Frankreich auf vier, für Großbritannien auf drei Milliarden Dollar.[5] In demographischer Hinsicht wurden die Toten (allerdings nicht immer ihr fachliches Können) schnell ersetzt. Im gesamten Krieg wurden weniger britische Männer getötet als im Jahrzehnt zuvor ausgewandert waren.[6] Obwohl die deutsche Geburtenrate nach 1902 scharf abgesunken war, gab es unmittelbar nach dem Kriege keine Knappheit an jungen Männern; eher war das Gegenteil der Fall. Der Anteil von Männern im Alter zwischen 15 und 45 Jahren an der Gesamtbevölkerung stieg von 22,8 Prozent 1910 auf 23,5 Prozent 1925.[7] In Großbritannien war die Zahl der Männer zwischen 15 und 24 im Jahre 1921 ebenfalls höher, als sie es 1911 gewesen war. Ihr Anteil an der Gesamtbevölkerung fiel nur ein wenig (von 18,2 auf 17,6 Prozent).[8]

Ein größeres Problem waren jene unter den 15 Millionen Kriegsverletzten, die dauerhaft verkrüppelt waren. Von den 13 Millionen deutschen Männern, die zu irgendeiner Zeit »Dienst taten«, waren schließlich 2,7 Millionen wegen ihrer Verwundungen permanent behindert, und 800 000 von ihnen erhielten Invalidenrenten.[9] In Frankreich gab es mindestens 1,1 Millionen Kriegsversehrte, von denen 100 000 vollkommen erwerbsunfähig waren.[10] Über 41 000 britischen Soldaten waren als Folge des Krieges Gliedmaßen amputiert worden; zwei Drittel von ihnen verloren ein Bein und 28 Prozent einen Arm; darüber hinaus erlitten 272 000 Verletzungen, die keine Amputation notwendig machten. In den späten 30er Jahren erhielten immer noch 220 000 Offiziere und 419 000 Soldaten Invalidenrenten.[11]

Vielen blieb nur die Trauer. In jüngster Zeit haben Historiker ihre Aufmerksamkeit auf die Vielzahl von Arten gerichtet, wie Überlebende – Eltern, Gatten, Geschwister und Freunde – versuchten, mit dem Verlust jener, die gestorben waren, fertig zu werden. Zweifellos gewannen, wie Jay Winter argumentiert hat, viele Trost aus den symbolischen Trauerhilfen, die die Kriegerdenkmäler darstellten. Möglicherweise half auch die Religion – einschließlich der modischen, wenn auch unorthodoxen Praxis des Kommunizierens mit dem »Geist« der Toten. Doch kein Symbol – weder der Graben der Bajonette in Verdun noch Käthe Kollwitz' Gestalten trauernder Eltern, noch die Namen von 73 367 Toten in Thiepval, noch auch nur das einfache Pathos des Cenotaph in Whitehall – konnte mehr leisten als einen Brennpunkt für persönlichen Schmerz darzustellen. Diese Denkmäler hatten vor allem den Zweck, jenen den

Schmerz zu vermitteln, die das Glück hatten, keinen Verlust in ihrer unmittelbaren Umgebung erlitten zu haben.

Neben den Menschen zerstörte der Krieg die Errungenschaften eines Jahrhunderts voller ökonomischen Fortschritts. Die bereits erwähnte Schätzung der Kosten des Krieges von 208 Milliarden US-Dollar erfaßt bei weitem nicht den gesamten Umfang des ökonomischen Schadens. Die ökonomische Misere der Nachkriegsjahrzehnte – einer Zeit von Inflation, Deflation und Arbeitslosigkeit, von abnehmendem Handel und Schuldenkrisen – stellte den Gegensatz zu der Wirtschaftsblüte der Jahre 1896 bis 1914 dar, einer Zeit rapiden Wachstums, der Vollbeschäftigung auf der Basis von Preisstabilität, wachsenden Handels und freien Kapitalflusses. Der Erste Weltkrieg zerstörte das erste goldene Zeitalter wirtschaftlicher »Globalisierung«. Die Menschen waren erstaunt darüber, daß es nach soviel Schlächterei noch Arbeitslosigkeit geben konnte; daß es nach soviel Zerstörung so wenig Arbeit gab – und wenn es sich auch nur um Reparaturarbeiten gehandelt hätte. Das wesentliche Problem bestand in der Wiederherstellung fiskalischer und monetärer Stabilität. Im nachhinein mögen Keynesianer die Regierungen kritisieren, weil sie danach strebten, ausgeglichene Haushalte vorzulegen, statt Kredite aufzunehmen, um Arbeitsplätze zu schaffen; aber die am Krieg beteiligten Mächte hatten bereits zu viele Schulden gemacht, und es ist sehr zu bezweifeln, ob die Vorteile der Aufnahme neuer Schulden deren Kosten übertroffen haben würden. Eichengreen hat argumentiert, daß die Probleme der Wirtschaft der Zwischenkriegszeit weitgehend auf den Versuch zurückzuführen seien, den nicht länger mehr angemessenen Goldstandard wiederherzustellen.[12] Demokratische Parlamente leisteten Widerstand gegen die Durchsetzung der alten Regeln der Goldkernwährung. Doch war das die Alternative? Jene Länder, die versuchten, ihren Kriegsschulden aus dem Wege zu gehen, indem sie ihre Währungen abwerteten, erging es schließlich wirtschaftlich schlechter als jenen, die unter Schmerzen zum Gold zurückgekehrt waren. Es ist auch zweifelhaft, ob ein System flexibler Wechselkurse besser funktioniert hätte.

Zeitgenössische Kritiker der Pariser Friedensschlüsse beklagten deren finanzielle Bedingungen. Die Wirtschaft der Weimarer Republik wurde nicht durch Reparationen zerstört; sie zerstörte sich vielmehr selbst. Die wirklichen Mängel des Friedens lagen anderswo: in dem naiven Glauben, daß Entwaffnung genügen könne, um den Militarismus auszurotten (die

Begrenzung der Reichswehr auf 100 000 Mann durch den Versailler Vertrag veranlaßte diese nur zur Rationalisierung); noch schwereren Schaden richtete die Berufung auf das Prinzip der »Selbstbestimmung« an.

Bereits im Dezember 1914 hatte Woodrow Wilson argumentiert, jegliche Art von Friedensregelung »sollte zum Vorteil der europäischen Nationalstaaten wirken und nicht zugunsten irgendeines Staates, der fremden Völkern seinen Regierungswillen auferlegt«[13]. Am 27. Mai 1915 stellte er in einer Rede unzweideutig fest, daß »jedes Volk das Recht hat zu bestimmen, unter welcher Souveränität es leben will«[14]. Am 22. Januar 1917 wiederholte er dieses Prinzip: »Jedes Volk sollte die Freiheit besitzen, über seine eigene politische Ordnung zu bestimmen«[15]; er arbeitete die Konsequenzen in den Punkten 5 bis 13 seiner 14 Punkte (vom 8. Januar 1918) aus, die zu dieser Zeit – allerdings unterschiedlich aufrichtig – von den Bolschewisten, den Deutschen und Lloyd George akzeptiert wurden.[16] Auf Wilsons Rat sollte der Völkerbund nicht nur die territoriale Integrität der Mitgliedsstaaten garantieren, sondern sollte zukünftige territoriale Regelungen »in Übereinstimmung mit den Prinzipien der Selbstbestimmung« bringen können.[17] Dem entgegen stand jedoch die ethnischen Heterogenität Mittel- und Osteuropas.

Es gab mindestens 9,5 Millionen Deutsche außerhalb der Grenzen des Reiches, wie sie nach dem Ersten Weltkrieg existierten – dies waren ungefähr 13 Prozent der gesamten deutschsprachigen Bevölkerung. Diese Zahlen wären noch höher, schlösse man die Deutschen in Elsaß-Lothringen und in der Sowjetunion (die sogenannten Wolgadeutschen) ein. Die Annahme des Prinzips der »Selbstbestimmung« als Grundsatz des Friedensschlusses war fatal, weil er nicht auf Deutschland angewandt werden konnte, ohne dieses weit über die Reichsgrenzen von vor 1919 hinaus zu vergrößern. Man stellte sich vor die Alternative einer organisierten Heuchelei, die den Deutschen das Recht auf Selbstbestimmung absprach, das anderen gewährt wurde, und andererseits eines Revisionismus, der letztlich Deutschland einen beträchtlichen Teil seiner annexionistischen Ziele aus der Zeit von 1914 bis 1918 zugestehen würde. Von Anbeginn an gab es eine Inkonsequenz: ein *Anschluß* Rumpfösterreichs an das Reich war nicht gestattet, wohl aber Plebiszite, um über das Schicksal von Schleswig, dem südlichen Ostpreußen und Oberschlesien zu entscheiden. Die Friedensmacher beschworen den Geist der Selbstbestimmung, ein Prinzip, was ohne Gewalt nicht anwendbar war. Was bevorstand, zeigte sich auf dem Balkan und in Anatolien, wo 1,2 Millionen Griechen und eine halbe Million Türken »repatriiert« – das heißt, aus ihrer Heimat vertrieben – wurden. Die Bevölkerung Griechenlands erhöhte sich um ein Viertel, damit verschoben sich die ethnischen Kräfteverhältnisse in Griechisch-Mazedonien.[18] Ähnliche Bevölkerungstransfers ereigneten sich auch anderswo: 770000 deutschsprechende Menschen hatten die »abgetretenen Landesteile« bis 1925 zu verlassen, um ins Reich zu ziehen. Dies war mehr als ein Fünftel derjenigen, die 1910 in jenen Gegenden gelebt hatten.[19] Die Kriterien waren im griechischen Falle religiöser Art, spätere Massenausweisungen sollten sich auf die weniger eindeutigen ethnischen Kategorien beziehen. Besonders verwundbar waren jene schätzungsweise zwei Millionen Flüchtlinge, die offiziell »staatenlos« waren, die meisten von ihnen Flüchtlinge vor dem Russischen Bürgerkrieg, vielfach Juden, die vor den Weißen und Roten Pogromen flohen.[20]

Zusammenfassung

Zu Beginn dieses Buches wurden acht Fragen in Hinblick auf den Ersten Weltkrieg gestellt:

1. War der Krieg aufgrund des Militarismus, des Imperialismus, der Geheimdiplomatie oder des Rüstungswettlaufs unvermeidbar?

2. Warum setzte die deutsche Führung 1914 auf Risiko?

3. Warum entschied sich die britische Führung zum Eingreifen, als der Krieg auf dem Kontinent ausbrach?

4. Wurde der Krieg, wie oftmals behauptet wird, wirklich allseits mit Begeisterung begrüßt?

5. Warum reichte die wirtschaftliche Überlegenheit des British Empire nicht aus, den Mittelmächten schneller und ohne amerikanisches Eingreifen eine Niederlage beizubringen?

6. Warum gelang es dem deutschen Heer trotz seiner militärischen Überlegenheit nicht, die britischen und französischen Armeen an der Westfront ebenso zu besiegen, wie es den Sieg über Serbien, Rumänien und Rußland errang?

7. Was veranlaßte die Soldaten, weiter zu kämpfen, wenn die Lebensumstände auf dem Schlachtfeld so erbärmlich waren, wie die Kriegsdichter sie beschrieben?

8. Warum hörten Soldaten schließlich zu kämpfen auf?

Die Antworten, die ich zu geben versucht habe, lassen sich wie folgt zusammenfassen:

1. Weder Militarismus noch Imperialismus, noch Geheimdiplomatie machten den Krieg unvermeidlich. Überall in Europa befand sich im Jahre 1914 der Antimilitarismus politisch im Aufstieg. Geschäftsleute – selbst »Krämer des Todes« wie Krupp – hatten kein Interesse an einem größeren europäischen Krieg. Diplomatie, ob geheim oder offen, war erfolgreich bei der Lösung imperialer Konflikte zwischen den Mächten. In Kolonialfragen und in bezug auf die Flotten konnten Großbritannien und Deutschland ihre Differenzen regeln. Die Beziehung zwischen Großbritannien und Deutschland führte nicht zu einem formalen Bündnis, weil Deutschland im Unterschied zu Frankreich, Rußland, Japan und den USA keine ernsthafte Bedrohung für das Empire darzustellen schien.

2. Die deutsche Entscheidung, im Jahre 1914 einen europäischen Krieg zu riskieren, resultierte nicht aus Hybris: Es gab keinen Griff nach der Weltmacht. Die führenden deutschen Politiker und Militärs handelten aus einem Schwächegefühl heraus. Sie hatten den Rüstungswettbewerb zur See oder zu Lande nicht gewinnen können. Das Verhältnis der britischen zur deutschen Tonnage an Kriegsschiffen am Vorabend des Krieges betrug 2,1 zu 1; das Verhältnis der Personenstärke in einem Krieg, bei dem Rußland, Frankreich, Serbien und Belgien gegen Deutschland und Österreich-Ungarn standen, war 2,5 zu 1. Dieser Unterschied war nicht auf einen Mangel ökonomischer Ressourcen zurückzuführen. Er war Ergebnis politischer und insbesondere fiskalischer Zwänge: Die Kombination zwischen einem relativ dezentralisierten bundesstaatlichen System und einem demokratischen Reichstag machte es für die deutsche Regierung mehr oder weniger unmöglich, mit den Verteidigungsausgaben ihrer stärker zentralisierten Nachbarn gleichzuziehen. Darüber hinaus wurde es 1913/1914 immer schwieriger, das Kreditvolumen für das Reich noch zu vergrößern, nachdem sich die Staatsschulden im Laufe von eineinhalb Jahrzehnten um 150 Prozent erhöht hatten. So gab Deutschland 1913/1914 3,5 Prozent seines Bruttosozialprodukts für die Verteidigung aus, dagegen Frankreich 3,9 und Rußland 4,6 Prozent. Wenn Deutschland in der Praxis so militaristisch wie Frankreich und Rußland gewesen wäre, würde es weniger Grund gehabt haben, sich unsicher zu fühlen und mit einem riskanten Präventivschlag zu liebäugeln, solange es dazu noch imstande war, wie Moltke es ausdrückte.

3. Die Entscheidung Großbritanniens zur Intervention war das Ergebnis von geheimen Planungen seiner Generäle und Diplomaten, die bis Ende 1905 zurückreichten. Formal hatte Großbritannien gegenüber Frankreich keine »Verpflichtungen auf dem Kontinent«; dies wurde wiederholt von Grey und anderen Ministern im Unterhaus festgestellt und von der Presse zwischen 1907 und 1914 bestätigt. Auch fühlte sich die liberale Regierung nicht durch den Vertrag von 1839 gebunden, die belgische Neutralität um jeden Preis zu garantieren. Wenn Deutschland diese 1914 nicht verletzt hätte, würde Großbritannien es getan haben. Der Schlüssel zum Verständnis des Geschehens besteht in der Überzeugung einer Minderheit von Generälen, Diplomaten und Politikern, daß Großbritannien im Falle eines Krieges auf dem Kontinent ein Heer hinüberschicken müsse, um Frankreich zu unterstützen. Diese Auffassung gründete sich auf eine Fehlinterpretation der deutschen Absichten, die die Anhänger einer Interventionspolitik als »napoleonisch« betrachteten. Die Verantwortlichen führten das Unterhaus irre, taten aber gleichzeitig nichts, um das britische Heer auf die vorgesehene Strategie vorzubereiten. Als am 2. August 1914 der Augenblick der Entscheidung kam, war es keineswegs von vornherein sicher, daß Großbritannien gegen Deutschland eingreifen würde; die Mehrheit der Kabinettsmitglieder zögerte. Am Schluß einigten sie sich darauf, Grey zu unterstützen zum Teil aus der Angst heraus, aus ihren Ämtern verdrängt zu werden und die Geschäfte den Tories übergeben zu müssen. Es war eine historische Katastrophe – allerdings nicht für seine eigene Karriere –, daß Lloyd George in diesem entscheidenden Augenblick nicht die Gegner der Intervention unterstützte, denn ein Beiseitestehen würde einer Intervention vorzuziehen gewesen sein, die mangels einer schlagkräftigen britischen Armee nicht entscheidend sein konnte. Die deutschen Kriegsziele würden, wäre Großbritannien draußen geblieben, keine direkte Bedrohung des Empire bedeutet haben; die Verringerung der russischen Macht in Osteuropa, die Schaffung eines »Mitteleuropäischen Wirtschaftsbundes« und die Übernahme französischer Kolonien waren Ziele, die mit britischen Interessen nicht im Widerspruch standen.

4. Großbritannien ist nicht durch eine Welle volkstümlicher Begeisterung für das »kleine Belgien« in den Krieg hineingeraten. Viele Männer meldeten sich in den ersten Wochen des Krieges freiwillig, weil die Arbeitslosigkeit durch die Wirtschaftskrise, die der Krieg ausgelöst hatte,

in die Höhe schoß. Die Finanzkrise von 1914 stellt den besten Beweis für die Existenz eines Kriegspessimismus dar. Viele Menschen sahen im Krieg keinen Grund zum Jubeln, sondern zur Besorgnis: Apokalyptische Vorstellungen waren ebenso häufig wie patriotisches Gerede. Die Menschen blickten einer gewaltigen politischen Katastrophe ins Auge.

5. Die Entente-Mächte erfreuten sich einer deutlichen wirtschaftlichen Überlegenheit über die Mittelmächte: Sie verfügten über ein gemeinsames Volkseinkommen, das 60 Prozent größer war, über 4,5mal so viele Menschen und 28 Prozent mehr mobilisierte Soldaten. Hinzu kam, daß die britische Wirtschaft während des Krieges wuchs, während die deutsche schrumpfte. Die wirtschaftliche Kriegführung konnte diese großen ökonomischen Unterschiede nicht ausgleichen. Es ist jedoch ein Mythos, daß die Deutschen ihre Kriegswirtschaft schlecht organisierten. Zieht man die unterschiedliche Ausstattung mit Ressourcen in Betracht, dann war es die andere Seite – Großbritannien und die Vereinigten Staaten –, die den Krieg ineffizient führte. Großbritannien brachte den Arbeitskräftemarkt durcheinander, was dazu führte, daß ein hoher Anteil der qualifizierten Arbeiter, von denen seine Industrie abhing, eingezogen und viele von ihnen getötet oder verwundet wurden. Gleichzeitig wurden höhere Löhne bezahlt, als durch die Produktivität gerechtfertigt war. Dies spiegelte die gewachsene Macht der Gewerkschaften wider, die in Großbritannien und Frankreich während des Krieges ihre Mitgliederzahlen ungefähr verdoppelten; in Deutschland dagegen fiel die Zahl der Gewerkschaftsmitglieder um mehr als 25 Prozent. Zwischen 1914 und 1918 gingen in Großbritannien ungefähr 27 Millionen Arbeitstage durch Streiks verloren, in Deutschland lediglich 5,3 Millionen. Schließlich läßt sich die Behauptung nicht halten, daß eine falsche Verteilung von Einkommen und knappen Nahrungsmitteln die deutschen Kriegsanstrengungen untergrub, da die Gruppen, die am stärksten darunter zu leiden hatten, relativ unwichtig waren: Immobilienbesitzer, höhere Beamte, Frauen, Kranke und uneheliche Kleinkinder. Diese Gruppen verloren keinen Krieg und machten auch keine Revolution.

6. Die Mittelmächte waren erfolgreicher im Töten des Feindes als die Heere der Entente und ihrer Verbündeten; sie töteten mindestens 35 Prozent mehr Soldaten, als sie verloren. Es gelang ihnen auch, 25 bis 28 Prozent mehr Gefangene zu machen als die Gegenseite. Die Mittelmächte setzten auf Dauer 10,3 Millionen feindliche Soldaten außer Gefecht; sie

verloren nur 7,1 Millionen. Gewiß hatten die Mittelmächte kleinere Armeen; aber ihre Todesrate betrug nur 15,7 Prozent der mobilisierten Soldaten, nur wenig mehr als die entsprechende Zahl auf der anderen Seite (zwölf Prozent). Zwischen August 1914 und Juni 1918 gelang es den Deutschen ständig, mehr britische und französische Soldaten, als sie selber an Kämpfern verloren, zu töten oder gefangenzunehmen. Selbst als der Wind sich im Sommer 1918 zu ihren Ungunsten drehte, hatte dies mehr mit Fehlern der deutschen Strategie zu tun als mit Fortschritten auf alliierter Seite. Es kostete die Mittelmächte 11 345 Dollar, einen feindlichen Soldaten zu töten; die entsprechende Zahl betrug für die Ententeund alliierten Mächte 36 485 Dollar. Auf jeden Fall erklären hohe Todesraten nicht das Ergebnis des Krieges: Andernfalls wäre Frankreich und nicht Rußland zusammengebrochen, und die schottischen Regimenter hätten gemeutert. Dies bedeutet, daß die Entente-Mächte den Zermürbungskrieg verloren: Ihr wichtigstes strategisches Prinzip erwies sich als Fehlschlag, ebenso wie der Versuch, Deutschland durch eine Seeblockade auszuhungern und so zur Unterwerfung zu zwingen.

7. Die Lebensumstände an der Front waren ohne Zweifel erbärmlich. Tod und Verwundung wurden Tag für Tag durch Maschinengewehre, Scharfschützen, Granaten, Bajonette und andere Tötungsinstrumente verbreitet. Zusätzlich zu dem Schmerz, der damit verbunden war, wenn man getroffen wurde, verspürten die Soldaten Furcht, Entsetzen, Trauer, Müdigkeit und Ekel. Die Gräben waren feuchter, schmutziger und von Ungeziefer stärker infiziert als der schlimmste Slum. Doch gab es nur relativ wenig Fraternisierung mit dem Feind; Fahnenflucht war, während der längsten Zeit des Krieges, insbesondere an der Westfront, relativ selten; es gab nur wenige Meutereien.

Es wäre in vielfacher Hinsicht beruhigend, wenn wir beweisen könnten, daß Soldaten kämpften, weil sie durch Staatsbürokratien, die vor und während der Auseinandersetzung entstanden, dazu gezwungen wurden. Für einige Soldaten galt das zweifellos; aber viele Quellen belegen, daß jene, die zum Kämpfen gezwungen werden mußten, eine winzige Minderheit ausmachten. Bei der militärischen Disziplin ging es nicht darum, Männer zum Kämpfen zu zwingen, sondern sie zu ermutigen.

Die Kampfmoral war von ganz gewöhnlichen Annehmlichkeiten beziehungsweise deren Fehlen abhängig: warme Kleidung, bewohnbare Unterkünfte, Verpflegung, Alkohol, Tabak, Ruhepausen, Freizeit, Sex und Urlaub. Die Kameradschaft auf der Basis des Truppenteils festigte die innere soziale Stabilität. Derartige Kameradschaft fand man jedoch auf allen Seiten. Größere kollektive Identitätszusammenhänge (gegenüber Regimentern, Regionen und Staaten) waren in einigen Heeren besonders wichtig, weil sie dort stärker als in anderen betont wurden – französische Soldaten fühlten sich stärker als Franzosen als sich russische Soldaten als Russen fühlten. Einiges deutet auch daraufhin, daß die Religion dazu beitrug, die einander bekämpfenden Armeen zu motivieren. Das Motiv des Heiligen Kriegs und der christlichen Selbstaufopferung, das von Geistlichen auf beiden Seiten instrumentalisiert wurde, versetzte die Soldaten trotz der Tatsache, daß es an der Westfront zwischen den beiden kämpfenden Seiten keine bedeutsamen religiösen Unterschiede gab, in die Lage, die Schlächterei zu bejahen, an der sie sich selbst als Täter und Leidende beteiligten.

Entscheidend ist, daß Soldaten kämpften, weil sie nichts gegen das Kämpfen hatten. Für die meisten von ihnen war es weit weniger unerträglich, zu töten und Todesrisiken einzugehen, als wir heute im allgemeinen annehmen. Viele Kriegsautoren liefern genügend Hinweise darauf, daß Mord und Tod nicht die Dinge waren, die den Soldaten am Krieg am meisten verhaßt waren. Das Töten weckte nur wenig Abscheu, und die Furcht vor dem Tode wurde unterdrückt, während nicht-tödliche »Heimatschüsse« sogar höchst begehrt waren. Freud kam dem Kern der Dinge sehr nahe, als er die Vermutung äußerte, daß sich im Kriege eine Art »Todestrieb« zeige. Für einige war Vergeltung ein Motiv. Andere liebten das Töten um seiner selbst willen: Sie waren von Gewalt berauscht. Gleichzeitig unterschätzten die Soldaten ständig das eigene Todesrisiko. Obwohl die Chancen eines britischen Soldaten, in Frankreich getötet, verwundet oder gefangengenommen zu werden, etwa 50 zu 50 betrug, nahmen die meisten Soldaten an, gerade sie seien nicht dem Tod geweiht. Die Zeithorizonte verzerrten sich: Im Kampf lebten die Soldaten von Sekunde zu Sekunde, es entlastete sie, das lange Warten der vorangegangenen Nacht hinter sich zu haben. Als es schließlich so schien, als würde der Krieg niemals enden, setzte Fatalismus ein.

8. Dies bringt uns zu der letzten und schwierigsten Frage: Warum hörten manche Soldaten schließlich, falls der Krieg für sie erträglich war, doch zu kämpfen auf? Die beste Antwort auf diese Frage liegt in dem komplexen Kalkül der Kapitulation; denn es war die Massenkapitulation des

Feindes, nicht die Massentötung, die an allen Fronten den Sieg ankündigte. Der Zusammenbruch der Deutschen begann im August 1918 mit einem großen Anwachsen der Zahl an deutschen Soldaten, die in Gefangenschaft gerieten. Diese Veränderung ist nicht leicht zu erklären, aber der Schlüssel liegt möglicherweise in der Tatsache, daß es gefährlich war, sich zu ergeben (und auch Gefangene zu nehmen). Es gab auf beiden Seiten viele Vorfälle von Tötungen Gefangener einschließlich einer unbekannten Anzahl von Fällen, in denen Gefangene fern der unmittelbaren Kampfzone ermordet wurden. Teilweise war das Töten von Gefangenen ein Nebenprodukt einer blutrünstigen Frontkultur. Einige Soldaten töteten Gefangene aus Vergeltung. Aber es gibt auch Belege dafür, daß manche Offiziere die Politik, keine Gefangenen zu machen, unterstützten, um die Aggressivität ihrer Männer zu steigern. Möglicherweise wurden derlei Vorfälle 1918 seltener, aber das scheint unwahrscheinlich. Eher ist anzunehmen, daß ein allgemeines Sinken der Kampfmoral aufgrund des offensichtlichen Fehlschlags der Frühjahrsoffensive, Ludendorffs Bitte um Waffenstillstand und das wachsende Problem von Krankheiten deutsche Soldaten veranlaßten, das Kämpfen als kostspieliger anzusehen, als sie es 1917 getan hatten. Es wäre jedoch falsch, diese Bereitschaft zur Kapitulation als Ausdruck allgemeinen Überdrusses an der Gewalt zu betrachten.

Kontrafaktische Überlegungen

Im Jahr 1932, zu einem Zeitpunkt also, da Reparationen und Schulden eingefroren waren und die Welt tief in der Wirtschaftskrise steckte, gab der Autor J.C. Squire eine unterhaltsame (doch inzwischen weitgehend vergessene) Sammlung dessen heraus, was er als »Abschweifungen in die imaginäre Geschichte« bezeichnete. Drei seiner elf Beiträger schrieben die Geschichte so um, daß der Erste Weltkrieg »vermieden« wurde. André Maurois ließ die französische Revolution nicht ausbrechen. Wie sein allwissender »Erzengel« erklärt, ist die Welt der Phantasie nach eineinhalb Jahrhunderten Bourbonenherrschaft in Frankreich »etwas anders aufgeteilt. Die Vereinigten Staaten haben sich nicht von England gelöst, sondern sie sind so stark geworden, daß sie inzwischen das Britische Empire beherrschen (...). Das Parlament des Empire sitzt in Kansas City, (...) die Hauptstadt der (...) Vereinigten Staaten von Europa (...) in Wien.« Es hat keinen »Krieg von 1914 bis 1918« gegeben.[21] Winston Churchill entwickelte eine ähnliche Phantasievorstellung, indem er einen Sieg der Konföderierten in der Entscheidungsschlacht von Gettysburg im amerikanischen Bürgerkrieg und im Jahre 1905 eine »englischsprechende Assoziation« von Großbritannien, den Konföderierten und dem Norden der Vereinigten Staaten annahm:

»Nachdem die Gefahren des Jahres 1914 erfolgreich abgewendet worden waren und die Entwaffnung Europas dem angepaßt worden war, was bereits von der englischsprechenden Assoziation durchgesetzt wurde, tauchte immer wieder der Gedanke an die ›Vereinigten Staaten von Europa‹ auf. Das glänzende Beispiel des großen englischsprechenden Zusammenschlusses, seine ungefährdete Sicherheit, seine grenzenlose Macht, die Schnelligkeit, mit der innerhalb seiner Grenzen Reichtümer geschaffen und weitläufig verteilt wurden, ein Gefühl von Lebensfreude und Hoffnung, das alle Völker zu durchdringen schien; all dies führte vor europäischen Augen zu einer Beurteilung, die nur die Beschränktesten ignorieren konnten. Ob es Kaiser Wilhelm II. gelingen wird, die europäische Einheit bei der für 1932 bevorstehenden Pan-europäischen Konferenz in Berlin auf eine höhere Stufe zu bringen, ist noch eine Frage der Zukunft.«[22]

In einer etwas realistischeren Manier vertrat Emil Ludwig die Ansicht, wäre der deutsche Kaiser Friedrich III. 1888 nicht (nach 99 Tagen auf dem Thron) an Krebs gestorben, dann hätte die politische Entwicklung in Deutschland einen liberaleren Verlauf nehmen können. Ein länger lebender Friedrich hätte eine parlamentarische Verfassung durchgesetzt, einen deutsch-englischen Bündnisvertrag abgeschlossen und wäre am 1. August 1914 zufrieden im Alter von 83 Jahren gestorben.[23] Hilaire Belloc stellte sich ein kontrafaktisches Ergebnis vor, das noch schlimmer als die historische Wirklichkeit war. Wie Maurois eleminierte auch er die französische Revolution aus der Geschichte; aber diesmal wird Frankreichs Niedergang als Großmacht beschleunigt, weil es zuläßt, daß das Heilige Römische Reich sich zu einer europäischen Föderation fortentwickelt, die sich »von der Ostsee bis Sizilien, von Königsberg bis Ostende erstreckt«. Wenn dann 1914 der Krieg mit diesem Großdeutschland ausbricht, ist Großbritannien, das verliert und am Ende als eine »Provinz des europäischen Commonwealth« dasteht.[24]

Abgesehen von der gemeinsamen vorrangigen Beschäftigung mit der

Vorstellung einer europäischen Vereinigung, ist das Auffallende an diesen Aufsätzen, wie weit zurück die Autoren meinten gehen zu müssen, um einen Wendepunkt zu finden, an dem die europäische Geschichte in glaubhafter Weise einen anderen Weg eingeschlagen haben könnte. Doch 80 Jahre nach dem Waffenstillstand von 1918 sind weniger fernliegende kontrafaktische Verläufe plausibler. Was wäre gewesen, wenn Deutschland eine weniger riskante Verteidigungsstrategie verfolgt hätte, mehr Geld für seine Verteidigung in Friedenszeiten ausgegeben hätte, statt ganz und gar auf den Schlieffenplan zu setzen? Was wäre gewesen, wenn Großbritannien sich 1914 aus dem Krieg herausgehalten hätte?

Wäre der Erste Weltkrieg nie ausgefochten worden, dann hätte die Konsequenz schlimmstenfalls so etwas wie ein erster kalter Krieg sein können, in dem die fünf Großmächte weiterhin große Streitkräfte unterhielten, ohne jedoch ihr eigenes nachhaltiges ökonomisches Wachstum zu bedrohen. Wenn man andererseits einen Krieg geführt hätte, aber ohne Beteiligung Großbritanniens und der Vereinigten Staaten, dann hätten die siegreichen Deutschen wohl acht Jahrzehnte vor der Zeit eine Version der Europäischen Union geschaffen.

Wären die britischen Expeditionsstreitkräfte nicht über den Kanal geschickt worden, dann hätten die Deutschen ohne Zweifel den Krieg gewonnen. Selbst wenn man sie an der Marne hätte zum Stehen bringen können, würden sie es fast sicher geschafft haben, die französische Armee in Abwesenheit substantieller britischer Verstärkungen zu überwältigen. Selbst wenn die britischen Landungsstreitkräfte angekommen *wären*, dies aber infolge einer politischen Krise in London eine Woche später oder an einem anderen Ort, dann hätte es immer noch sein können, daß Moltke den Triumph seines Vorfahren hätte wiederholen können. Und was wäre dann passiert? Zweifellos hätte es weiter Bestrebungen für eine britische Intervention zur Zügelung der deutschen Ambitionen gegeben – insbesondere unter einem Premierminister Bonar Law. Es wäre jedoch eine ganz andere Intervention geworden. Die Expeditionsstreitkräfte würden sich durch die französische Niederlage als überflüssig erwiesen haben; hätte man sie dennoch geschickt, hätte möglicherweise eine Evakuierung im Stile von Dünkirchen am Ende gestanden. Die alten Pläne der »Flottenpartei« für Landungen an der deutschen Küste wären ebenfalls nur noch als Makulatur angesehen worden, was sie ohnehin waren. Vielleicht wäre auch eine Variante der Dardanellen-Offensive als glaubwürdigste

Strategie für das britische Heer aufgetaucht (insbesondere wenn Churchill an der Spitze der Admiralität geblieben wäre, was höchstwahrscheinlich passiert wäre). Neben solch einem riskanten Unternehmen – das gewiß weit besser gelaufen wäre, wenn die gesamten britischen Expeditionsstreitkräfte dafür zur Verfügung gestanden hätten – hätte das Äußerste, was Großbritannien hätte tun können, darin bestanden, seine Seemacht einzusetzen, um die Art von Seekrieg gegen Deutschland zu führen, für die Fisher stets eingetreten war: Zusammentreiben der deutschen Handelsflotte, Stören von Neutralen, die Handel mit dem Feind treiben und Konfiszierung deutscher Vermögenswerte in Übersee.

Eine derartige Doppelstrategie wäre gewiß für Berlin störend gewesen, aber sie hätte nicht zu einer deutschen Niederlage geführt. Denn die Quellenlage deutet stark darauf hin, daß Deutschland nicht durch Hunger zur Unterwerfung gebracht wurde, worauf die Befürworter dieser Politik ihre Hoffnung gesetzt hatten. Auch hätte ein britischer Sieg über die Türkei die Stellung Deutschlands geschwächt, wenn es im Westen gesiegt hätte, doch würde er den Russen genützt haben, die schon lange nach Konstantinopel gestrebt hatten. Ohne den Zermürbungskrieg an der Westfront konnten die Personalstärke Großbritanniens, seine Wirtschaft und seine überlegenen Finanzkräfte nicht entscheidend gegen Deutschland zum Einsatz gebracht werden. Eine wahrscheinlichere Entwicklung wäre ein diplomatischer Kompromiß (von der Art, wie ihn Lord Lansdowne befürwortete) gewesen, durch den Großbritannien die Feindseligkeiten im Austausch gegen deutsche Garantien für die Integrität und Neutralität Belgiens beendet hätte. Dies war schließlich Bethmann Hollwegs Ziel gewesen. Mit einem geschlagenen Frankreich und dem deutschen Angebot, im Hinblick auf Belgien den *status quo ante* wieder herzustellen, ist schwer zu erkennen, wie eine britische Regierung die Fortsetzung eines Seekriegs und vielleicht auch eines Landkriegs im Nahen Osten von unvorhersehbarer Dauer hätte rechtfertigen können. Man könnte sich vorstellen, daß verbitterte Liberale immer noch nach einem Krieg gegen die deutsche »Militärkaste« riefen, obwohl dieses Argument Haig nicht beeindrucken konnte und schwer durchzuhalten gewesen wäre, wenn, wie anzunehmen, Bethmann Hollweg jene Politik der Zusammenarbeit mit den Sozialdemokraten fortgesetzt hätte, die mit dem Haushaltsgesetz von 1913 begonnen worden und deren Früchte mit der Abstimmung über die Kriegskredite zur Reife gelangt waren.[25] Wollte man einen Krieg um die Erhaltung der russischen Herrschaft über Polen? Oder für die Übergabe Konstantinopels an den Zaren? Obwohl Grey zeitweise bereit zu sein schien, einen derartigen Krieg zu führen, wäre er sicher von jenen überstimmt worden, die wie Sir William Robertson im August 1916 immer noch für die Erhaltung »einer starken (…) teutonischen (…) mitteleuropäischen Macht« als Gegengewicht zu Rußland eintreten konnten.[26] Der von Deutschland vorgeschlagene »Mitteleuropäische Wirtschaftsbund« wäre kaum abzulehnen gewesen.

Wäre Großbritannien – auch nur für ein paar Wochen – im Abseits geblieben, hätte Kontinentaleuropa in etwas umgebildet werden können, das der Europäischen Union, wie wir sie heute kennen, nicht unähnlich gewesen wäre, jedoch ohne die massive Schwächung der britischen Macht in Übersee als Konsequenz der Beteiligung an zwei Weltkriegen. Vielleicht hätten sich auch der Zusammenbruch Rußlands, die Schrecken des Bürgerkriegs und der Bolschewismus vermeiden lassen. Es hätte dort immer noch beträchtliche Unruhen auf dem Lande und in den Städten gegeben, doch für eine konstitutionelle Monarchie oder für eine parlamentarische Republik hätte es nach einem kürzeren Krieg mehr Erfolgschancen gegeben. Es wäre darüber hinaus nicht zu dem Eindringen amerikanischer finanzieller und militärischer Macht in europäische Angelegenheiten gekommen. Selbst wenn man zugesteht, daß es unter diesen Umständen dennoch in Europa in den 20er Jahren einen Faschismus gegeben hätte, dann hätte der eher in Frankreich als in Deutschland erfolgreich sein können. Die französische Rechte war vor 1914 weit schärfer antisemitisch als die deutsche – das zeigte etwa die Dreyfus-Affäre. Vielleicht wären ohne die ökonomischen Belastungen durch einen Weltkrieg Inflation und Deflation der frühen 20er und frühen 30er Jahre nicht so schwerwiegend gewesen.

Nach einem deutschen Sieg hätte Adolf Hitler sein Leben wohl als mittelmäßiger Postkartenmaler oder bescheidener alter Soldat in einem von Deutschland beherrschten Mitteleuropa beendet, über das es in seinen Augen wenig Grund zu Beschwerden gegeben hätte. Lenin hätte sein Wirken in Zürich fortsetzen und ewig darauf warten können, daß der Kapitalismus zusammenbräche – und wäre enttäuscht geblieben. Es war das deutsche Heer, das Hitler nicht nur sein geliebtes »Fronterlebnis« verschaffte, sondern ihn auch unmittelbar nach dem Krieg in die Politik und in die Betätigung als öffentlicher Redner einführte. Es war ebenfalls die deutsche Armee, die Lenin nach Petrograd zurückbeförderte, um 1917 die russischen Kriegsbemühungen zu untergraben. Und es war auf den Krieg zurückzuführen, daß diese beiden Männer imstande waren, ihren Aufstieg zu vollziehen, um barbarische Tyraneien zu erschaffen, die noch mehr Massenmorde verübten.

Letztendlich stellt sich die Frage, ob das Akzeptieren eines deutschen Siegs auf dem Kontinent für die britischen Interessen ebenso zerstörerisch gewesen wäre, wie es Grey und andere Germanophoben zu jener Zeit behaupteten und wie es die Mehrheit der Historiker seitdem akzeptiert hat. Ich vermute, daß dies nicht der Fall gewesen wäre. Eyre Crowes Frage hatte immer gelautet: »Sollte es zum Krieg kommen und Großbritannien draußen bleiben (...) [und] Deutschland und Österreich gewinnen, Frankreich zerschmettert und Rußland gedemütigt werden, wie sähe dann die Lage eines England ohne Freunde aus?«[27] Meine Antwort als Historiker lautet: Sie hätte besser ausgesehen als jene des erschöpften England im Jahre 1919.

Immanuel Geiss hat kürzlich behauptet:

»Theoretisch stimmte auch die politische Konsequenz aus der deutschen ›Welt-Anschauung‹ zu Beginn der deutschen ›Weltpolitik‹: Deutschland und der europäische Kontinent westlich von Rußland würden sich gegenüber den schon bestehenden und hinter ihnen aufsteigenden Weltmächten nur durch einen Zusammenschluß behaupten können. Die Führung eines geeinten Europas aber würde automatisch der stärksten Macht auf dem Kontinent zufallen – Deutschland (...).

Vielleicht war es die zentrale Schwäche der Folgerungen, die die ›Weltpolitik‹ aus der deutschen ›Welt-Analyse‹ zog, daß sie den traditionellen Widerwillen des Europäischen Systems gegen jede aus Europa kommende hegemoniale oder imperiale Zusammenfassung des Kontinents souverän übersah. Eine Führung Europas als kommende Weltmacht zur europäischen Selbstbehauptung gegenüber den in die Zukunft projizierten gegenwärtigen und kommenden Weltmächten durch Deutschland hätte den seit Jahrhunderten eingebauten Widerstand Europas gegen eine damit implizierte Hegemonie des Reichs – offene oder versteckte Vorherrschaft – konstruktiv überwinden oder ausräumen müssen. Deutschland hätte Europa vorher vom gesamteuropäischen Nutzen einer deutschen Führung überzeugen müssen (...). Vor allem hätte Deutschland beweisen müssen, daß seine Welt-Analyse in sich stimmig war, daß ein nicht zu leugnendes deutsches Interesse mit den aufgeklärten Interessen aller Kontinentaleuropäer zusammenfiel, daß der gedachte Hegemon Deutschland sie als im Prinzip gleichberechtigte Partner, große wie kleine, behandeln würde.«

All dies, so heißt es explizit nur in der englischen Ausgabe dieses Aufsatzes von Geiss, hätte schließlich dazu führen können, daß Deutschland in den Jahren nach der Jahrhundertwende, »etwas erreicht hätte, was der Stellung der Bundesrepublik heute entspricht«.[28]

Obwohl seine Annahmen möglicherweise unbewußt die etwas anmaßende Euphorie der Phase unmittelbar nach der Wiedervereinigung widerspiegeln, hat Geiss in einem bestimmten Sinne absolut recht: Es wäre uneingeschränkt vorzuziehen gewesen, wenn Deutschland seine Hegemonialstellung auf dem Kontinent ohne die beiden Weltkriege hätte erreichen können. Es lag nicht nur an Deutschlands Versagen, daß dies nicht passierte. Es war Deutschland, das 1914 einem unwilligen Frankreich (und einem nicht ganz so unwilligen Rußland) einen Kontinentalkrieg aufzwang. Aber es war die britische Regierung, die sich schließlich dafür entschied, den Kontinentalkrieg in einen Weltkrieg zu verwandeln, einen Konflikt, der doppelt so lange dauerte und weit mehr Menschenleben kostete, als Deutschlands erster »Griff nach der europäischen Union« gefordert hätte, wäre dieser »nach Plan« verlaufen. Indem sie 1914 gegen Deutschland in den Kampf zogen, halfen Asquith, Grey und ihre Kollegen, dafür zu sorgen, daß Großbritannien, als Deutschland schließlich die Vorherrschaft auf dem Kontinent erreichte, nicht mehr stark genug war, dazu ein Gegengewicht zu bilden.

Anhang

Anmerkungen

Einleitung

1 Er wurde damals nicht so genannt: Weltkrieg oder Europäischer Krieg waren die üblichen Bezeichnungen; später sprach man dann vom »Großen Krieg«; der Name »Erster Weltkrieg« wird üblicherweise auf den Kriegskorrespondenten der Times, Charles á Court Repington, zurückgeführt, der bereits im September 1918 erkannte, daß eine so optimistische Bezeichnung wie diejenige von H.G. Wells – »Der Krieg, der alle Kriege beenden wird« - sich nicht durchsetzen würde.

2 Spiers, »Scottish soldier«, S. 314. Für eine niedrigere Schätzung, siehe Harvie, No Gods, S. 24.

3 PRO WO 95/1483, History of the 2nd Battalion, Seaforth Highlanders, 1916-1918, Kriegstagebuch.

4 Die meisten Soldaten wurden erst in jenem Jahr mobilisiert.

5 Dies ist selbstverständlich eine andere Art und Weise zu sagen »Ihr Name lebt in Ewigkeit«, jene biblische Formulierung also, die Kipling für die Gedenksteine vorschlug, die die »Imperial War Graves Commission« errichtete.

6 Ungefähr 732.000 britische Militärangehörige dienten während des Ersten Weltkrieges; im Zweiten betrug deren Zahl 264.443. Jedoch kamen im Zweiten Weltkrieg mehr Zivilisten um, nämlich 92.573; bei deutschen Luft- und Seeangriffen auf Großbritannien fanden im Ersten Weltkrieg etwa 1570 Menschen den Tod: Davies, Europe, S. 1328; Banks, Military Atlas, S. 296.

7 Ferguson, Paper and Iron.

8 Ferguson, »Food and the First World War«, S. 188-195; derselbe, »Germany and the Origins of the First World War«, S. 725-752; derselbe, »Public Finance and National Security«, S. 141-168; derselbe, »Keynes and the German Inflation«, S. 368-391.

9 Eine nützliche Chronik liefert Gilbert, First World War. Andere exzellente Leitfäden sind: Ferro, Great War, eine anregende Mischung aus Kriegs- und Sozialgeschichte; Robbins, First World War; ferner schließlich Warner, World War One. Taylor, First World War, bleibt immer noch die lebhafteste, wenn auch von unüberwindlicher Abneigung erfüllte kurze Darstellung.

10 Ein bemerkenswert breit angeleg-
tes Portrait des Krieges auf britischer Seite liefert Wilson, Myriad
Faces. Siehe auch Bourne, Britain
and the Great War; DeGroot,
Blighty. Beachtung verdienen auch
die entsprechenden Teile von
Taylor, English History, S. 1-119.
Woodward, Great Britain, hat sich
als weniger dauerhaft erwiesen.

11 Siehe auch das ansonsten ausge-
zeichnete Werk von Hardach, First
World War, das über militärische
Leistungsfähigkeit buchstäblich
nichts sagt, und Kocka, Klassengesellschaft im Krieg. Vgl. Chicke-
rings hervorragende neue Synthese, Imperial Germany, und Herwig, First World War, ein Werk,
das militärischen Angelegenheiten
den angemessenen Vorrang zuer-
kennt sowie in geschickter Weise
deutsche und österreich-ungarische
Aspekte verwebt. Exzentrischer,
aber reich an Einzelheiten ist
Moyer, Victory Must Be Ours.

12 Fussell, Great War; Hynes, War
Imagined.

13 Unter den vielen in letzter Zeit
erschienenen Sammelbänden habe
ich die folgenden als nützlich empfunden: Liddle (Hrsg.) Home
Fires; Mommsen (Hrsg.), Kultur
und Krieg; Michalka (Hrsg.), Der
Erste Weltkrieg; Cecil und Liddle
(Hrsg.), Facing Armageddon.
Erwähnenswert sind auch: Becker
und Audoin-Rouzeau (Hrsg.),
Sociétés européennes et la Guerre;
derselbe et al. (Hrsg.), Guerre et
Cultures; sowie Hirschfeld et al.

(Hrsg.), Keiner fühlt sich mehr als
Mensch.

14 Siehe auch die ergiebige Diskussion in Winter, Great War,
S. 289-300.

15 Sassoon, War Poems, S. 22.

16 Hynes, War Imagined, S. 239.

17 Als Owen eine Woche vor dem
Waffenstillstand fiel, waren erst
vier seiner Gedichte veröffentlicht
worden; weitere sieben erschienen
dann 1919 in Edith Sitwells Zeitschrift Wheels; im Jahr danach
wurden von Sassoon 23 seiner
Gedichte publiziert; vgl. Owen,
Poems.

18 Blunden, Undertones, S. 256-260.

19 Zu jenen, die eindeutig gegen den
Krieg gerichtete Gedichte schrie-
ben, zählten auch Herbert Read,
David Jones und Isaac Rosenberg.
Siehe die Beispiele in Silkin
(Hrsg.), Penguin Book.

20 Willett, New Sobriety, S. 22.
Alfred Lichtenstein, Gebet vor der
Schlacht, in: Dichtungen, Zürich
1989, S. 120.

21 Siehe im allgemeinen, Marsland,
Nation's Cause.

22 Silkin, (Hrsg.), Penguin Book.

23 Holroyd, Shaw, Band II, S. 348ff.

24 Hynes, War Imagined, S. 83ff.

25 Ibid., S. 106. Er änderte seinen
Namen 1919, zuvor hatte er Ford
Madox Hueffer geheißen; zu den
»Opfern« des Kriegs zählten sehr
viele deutsche Nachnamen.

26 Ibid., S. 131, 169.

27 Agnus Hamilton, Dead Yesterday
(1916); Rose Allatini, Despised and
Rejected (1918); das letztgenannte

Werk verband Pazifismus mit Homosexualität und wurde verboten.

28 Hynes, War Imagined, S. 137, 326. Siehe auch S. 347f.

29 Ibid., S. 286f.

30 Ibid., S. 318ff.

31 Ibid., S. 432f.

32 Ibid., S. 351.

33 Ibid., S. 344ff.

34 Buchan, Prince of the Captivity.

35 Gibbon, Scots Quair, beispielsweise S. 147-182.

36 Forester, The General, beispielsweise Kapitel 16 und 17.

37 Herbert, Secret Battle. Tatsächlich wurde Dyetts Fall von dem am wenigsten kriegsgegnerischen Journalisten Horatio Bottomley aufgegriffen.

38 Grieves, »Montague«, S. 49, 54.

39 Ibid., S. 424f.; Cecil, »British War Novelists«, S. 809. Vgl. Barnett, »Military Historian's View«, S. 1-18.

40 Céline, Voyage au bout de la nuit. Vgl. Field, »French War Novel«, S. 831-840.

41 Weber, Hollow Years, S. 19.

42 Kraus, Die letzten Tage der Menschheit. Vgl. Timms, Kraus, S. 371ff.

43 Marwick, Deluge, S. 221.

44 Kahn, »Art from the Front«, S. 192-208.

45 Cork, Bitter Truth, S. 171.

46 Ibid., S. 175.

47 Danchev, »Bunking and Debunking«, S. 263f.

48 Taylor, First World War, S. 11, 62.

49 Wolff, In Flanders Fields; Tuchman, August 1914; Clar, Donkeys; Horne, Alistair, Price of Glory. Zum hintergründigen Einfluß von Liddell Hart auf diese Werke siehe Bond, »Editor's Introduction«, S. 6; Danchev, »Bunking and Debunking«, S. 278.

50 Danchev, »Bunking and Debunking«, S. 268.

51 Macdonald, Passchendaele; Roses of No Man's Land; Somme; 1914; Voices and Images; 1915.

52 Laffin, British Butchers and Bunglers.

53 Ministère des Affaires Ètrangères [Belgien], Corréspondance Diplomatique; Ministerium des k. und k. Hauses und des Äussern, Diplomatische Aktenstücke; Marchand (Hrsg.), Un livre noir; Auswärtiges Amt, German Whithe Book.

54 Hynes, War Imagined, S. 47, 278.

55 Edmonds (Hrsg.), France and Belgium. Es existieren auch gehaltvolle offizielle Geschichtsdarstellungen über alle Kriegsschauplätze, an denen britische Soldaten kämpften, darunter Ost-Afrika, Ägypten und Palästina, Italien, Mazedonien, Mesopotamien, Togo und Kamerun - das wichtigste davon bleibt Aspinall-Oglanders zweibändiges Werk über Gallipoli. Die Admiralität produzierte Corbetts und Newbolts fünfbändiges Werk, Naval Operations (1920 bis 1931); die Rolle des Royal Flying Corps wird dargelegt in Raleigh and Jones sechsteiligem Werk, War in the Air (1922 bis 1927). Es existieren auch offizielle Geschichten des

Transportwesens an der Westfront, der Handelsmarine, des Seehandels, der Blockade sowie zwölf Bände über das Munitionsministerium. Darüber hinaus veröffentlichte die Carnegie-Stiftung eine Reihe halbamtlicher Bände, die für den Wirtschaftshistoriker von größtem Nutzen sind: Beveridge, British Food Control (1928), und Stampf, Taxation during the War (1932), sind besonders brauchbar.

56 Reichsarchiv, Weltkrieg. Das Wiener Gegenstück ist Österreichisches Bundesministerium für Heereswesen und Kriegsarchiv (Hrsg.), Österreich-Ungarns letzter Krieg.

57 Anon. (Hrsg.), Documents dipolmatiques secrets russes; Hoetzsch (Hrsg.), Internationale Beziehungen im Zeitalter des Imperialismus.

58 Die deutschen Dokumente zum Kriegsausbruch 1914, zusammengestellt von Karl Kautsky, hrsg. von Max Graf von Montgelas und Walter Schücking, 2. erweiterte Auflage, Berlin 1922, 4 Bände. Siehe aber auch die Dokumente, die von den führenden deutschen Militärs der Kriegszeit herausgegeben wurden: Ludendorff (Hrsg.), Urkunden der Obersten Heeresleitung über ihre Tätigkeit 1916/18, Berlin 1920; Tirpitz, Deutsche Ohnmachtspolitik.

59 Fischer, Bloch und Philipp (Hrsg.), Ursachen des Deutschen Zusammenbruches.

60 Lepsius, Mendelssohn-Bartholdy und Thimme (Hrsg.), Große Poli-

tik. Siehe auch von österreichischer Seite, Bittner und Übersberger (Hrsg.), Österreich-Ungarns Außenpolitik.

61 Gooch und Temperley (Hrsg.), British Documents.

62 Commission de publication, Documents diplomatiques français.

63 Außerdem veröffentlichte Haig, Despatches, 1919; Jellicoe, The Grand Fleet, 1914-1916, erschien im gleichen Jahre, später folgte dann sein Werk The Crisis of the Naval War, 1920.

64 Ludendorff, Kriegserinnerungen; Tirpitz, Erinnerungen; Falkenhayn, Oberste Heeresleitung.

65 Bethmann, Betrachtungen.

66 Wilhelm II., Ereignisse und Gestalten. Monarchen, die nicht abgesetzt wurden, hielten im allgemeinen den Mund: Teilweise eine Ausnahme bildet: Galet, Albert King of the Belgians.

67 Darauf folgte viel später: Men and Power.

68 Diese Bücher waren im allgemeinen Verkaufserfolge: Von Greys Twenty-five Years wurden im ersten Jahr fast 12.000 Exemplare verkauft; beinahe ebenso viele Exemplare wurden von Churchills World Crisis innerhalb von einem Monat nach ihrem Erscheinen gedruckt. Bis 1937 waren nahezu 55.000 Exemplare aller sechs Bände von Lloyd Georges Erinnerungen verkauft: Bond, »Editor's Introduction«, S. 7.

69 Lloyd George, War Memoirs, Band I, S. 32, 34f., 47f.

70 Churchill, World Crisis, Band I, S. 45, 55, 188.

71 Hitler, Mein Kampf, S. 173.

72 Grey, Twenty-Five Years, Band I, S. 143, 277; Band II, S. 20, 30.

73 Hazlehurst, Politicians at War, S. 52.

74 Trevelyan, Grey of Falloden, S. 250.

75 Jarausch, Enigmatic Chancellor, S. 149.

76 Hobsbawm, Age of Empire, S. 321f.; Barnett, Collapse of British Power, S. 55; Davies, Europe, S. 900.

77 Joll, Origins, S. 186. Feldmarschall Franz Conrad von Hötzendorf, Aus meiner Dienstzeit 1006-1918, Wien 1923, Band IV, S. 128f.

78 Siehe zum Beispiel Oncken, Das Deutsche Reich; und aus jüngerer Zeit, Calleo, German Problem.

79 Fay, Origins of the World War. Kritischer gegenüber Rußland und Frankreich ist: Barnes, Genesis of the World War.

80 Lenin, Imperialismus. Vgl. Hobson, Imperialism. Eine gute Erörterung der geistigen Anpassung der Linken an den Krieg bieten Cain und Hopkins, British Imperialism, Band I, S. 454f.

81 Siehe als Beispiel aus allerjüngster Zeit, Hobsbawm, Age of Empire, S. 312-314, 323-327.

82 Taylor, First World War; derselbe, War by Timetable.

83 Mayer, Persistence of the Old Regime. Siehe auch derselbe, »Domestic Causes of the First World War«, S. 286-300; Gordon, »Domestic Conflict and the Origins of the First World War«, S. 191-226. Eine kritische Ansicht dazu bietet Loewenberg, »Arno Mayer's ›Internal causes‹«, S. 628-636.

84 McNeill, Pursuit of Power, S. 310-314.

85 Zu den jüngsten Beispielen zählen Eksteins, Rites of Spring; Wohl, Generation of 1914.

86 Kaiser, »Germany and the Origins of the First World War«, S. 442-474.

87 Jarausch, Enigmatic Chancellor, S. 149.

88 Asquith, Genesis, S. 216.

89 Lloyd George, War Memoirs, Band I, S. 43f.

90 Siehe beispielsweise Taylor, Struggle for Mastery, S. 527; Joll, Europe since 1870, S. 184ff. Siehe auch Brock, »Britain enters the War«, S. 145-178.

91 Churchill, World Crisis, Band I, S. 202f.

92 Ibid., Band I, S. 228f.

93 Grey, Twenty-Five Years, Band II, S. 46. Siehe auch S. 9f.

94 Ibid., Band I, S. 77, 312.

95 Ibid., Band II, S. 28.

96 Ibid., Band I, S. 335ff.

97 Wilson, Entente, beispielsweise S. 96f., 115. Siehe auch Wilson, »Britain's ›Moral Commitment‹ to France«, S. 382-390.

98 French, British Planning, S. 87.

99 Siehe zum Beispiel Howard, »Europe on the Eve of World War I«, S. 119; Martel, Origins, S. 69; Thompson, Europe since Napoleon, S. 552.

100 Kennedy, Anglo-German Antagonism, S. 458.

101 Wilson, Myriad Faces of War,
S. 12-16.

102 Fischer, »Kontinuität des Irrtums«,
S. 83-101; derselbe, Griff nach der
Weltmacht.

103 Zur Geschichte der »Fischer-Kon-
troverse«, siehe Moses, Politics of
Illusion; Droz, Causes de la Pre-
miere Guerre Mondiale. Siehe auch
Jäger, Historische Forschung,
S. 135ff.

104 Kehr, Primat der Innenpolitik.

105 Fischer, Krieg der Illusionen.
Siehe auch Schulte, Europäische
Krise.

106 Siehe Erdmann, »Zur Beurteilung
Bethmann Hollwegs«, S. 525-540;
Zechlin, »Deutschland zwischen
Kabinettskrieg und Wirtschafts-
krieg«, S. 347-458; Jarausch, »Illu-
sion of Limited War«, S. 48-76.
Siehe auch Zechlin, Krieg und
Kriegsrisiko; derselbe, »July 1914:
Reply to a Polemic«, S. 371-385;
Erdmann, »War Guilt 1914 Recon-
sidered«, S. 334-370.

107 Kaiser, »Germany and the Origins
of the First World War«.

108 Berghahn, Germany and the
Approach of War; Steiner, Britain
and the Origins of the First World
War; Keiger, France and the Origins of the First World War; Bosworth, Italy and the Approach of
the First World War; Lieven, Russia and the Origins of the First
World War; Williamson, Austria-
Hungary and the Coming of the
First World War.

109 Turner, Origins of the First World
War; Remak, »1914 – The Third
Balkan War«; Lee, Europe's Crucial Years; Langhorne, Collapse of
the Concert of Europe; Barraclough, From Agadir to Armageddon. Immer noch wertvoll ist:
Albertini, Origins.

110 Siehe beispielsweise Hildebrand,
»Julikrise 1914«; derselbe, Das
Vergangene Reich, S. 302-315.

111 Geiss, Juli 1914, S. 376. Siehe auch
derselbe, Das Deutsche Reich und
die Vorgeschichte des Ersten Weltkrieges; derselbe, Das Deutsche
Reich und der Erste Weltkrieg.

112 Geiss, Der lange Weg, S. 23f., 54,
123.

113 Ibid., S. 123, 128.

114 Ibid., S. 128, 187.

115 Ibid., S. 214.

116 Schöllgen, »Introduction«, S. 1-17;
derselbe, »Germany's Foreign
Policy in the Age of Imperialism«,
S. 121-133.

117 Parker, Old Lie, S. 203.

118 The Lion: Hampton School Magazine (1914), S. 23. Ich danke Glen
O'Hara für diesen Hinweis.

119 Eine gute Darstellung eines britischen Denkmals bietet: Inglis,
»Homecoming«, S. 583.

120 Prost, »Monuments aux Morts«,
S. 202.

121 Siehe im allgemeinen Winter, Sites
of Memory.

122 Ferguson (Hrsg.), Virtual History,
beispielsweise S. 1-90.

1 Die Mythen

1 Dieser Abschnitt stützt sich weitgehend auf I. Clarke, Great War. Siehe auch dessen Werke »Tale of the Next Great War« und »Voices Prophesying War«.

2 I. Clarke, Great War, S. 129-139.

3 Childers, Riddle of the Sands, S. 248 [deutsch: Erskine Childers, Das Rätsel der Sandbank. Ein Bericht des Geheimdienstes, Zürich 1975, S. 311].

4 I. Clarke, Great War, S. 326ff.

5 Ibid., S. 139-152. Einer Quelle zufolge wurden mehr als eine Million Exemplare dieses Buches verkauft.

6 Ibid., S. 339-354.

7 Andrew, Secret Service, S. 77.

8 Le Queux, Spies of the Kaiser.

9 I. Clarke, Great War, S. 356-363.

10 Saki, When William Came, S. 691-814 [deutsch: Als Wilhelm kam. Eine Geschichte aus dem London unter den Hohenzollern, München 1992].

11 Ibid., insbesondere S. 706-711. Die Vorstellung, die Juden seien besonders deutschfreundlich eingestellt, kommt uns heute etwas überraschend vor, doch auf der englischen Rechten war sie vor 1914 allgemein verbreitet. Es erübrigt sich zu betonen, daß die Bewegung der Boy Scouts sich defätistischen Stimmungen widersetzte.

12 I. Clarke, Great War, S. 364-369.

13 Ibid., S. 87-98.

14 Ibid., S. 183-201, 390-398.

15 Ibid., S. 399-408.

16 Ibid., S. 385-390.

17 Ibid., S. 408ff.

18 Ibid., S. 233-247.

19 Ibid., S. 214.

20 Ibid., S. 296-313.

21 Ibid., S. 233.

22 Ibid., S. 202-225; Seestern (Ferdinand H. Grautoff), Der Zusammenbruch der alten Welt, Leipzig 1906, S. 199.

23 Steinberg, »Copenhagen Complex«. 1801 hat Lord Nelson die dänische Flotte durch einen Überraschungsangriff im Hafen von Kopenhagen vernichtet.

24 I. Clarke, Great War, S. 226-232.

25 Marx/Engels, Werke, Band 21, Berlin 1962, S. 350ff.; Förster, »Dreams and Nightmares«, S. 4.

26 Helmuth von Moltke, Gesammelte Schriften und Denkwürdigkeiten, Band VII, Berlin 1892, S. 137ff.

27 Bloch, Is War Now Impossible.

28 Ibid., S. XXXVII.

29 Ibid., S. LX.

30 Ibid., S. LII.

31 Ibid., S. LVI-LIX.

32 Ibid., S. X-XI.

33 Ibid., S. XXXI.

34 Zur Rolle der Presse, siehe Morris, Scaremongers.

35 Lasswell, Propaganda Technique, S. 192.

36 Innis, Press, S. 31.

37 Andrew, Secret Service, S. 77.

38 D. French, »Spy Fever«, S. 355-365; Hiley, »Failure of British Counter-Espionage«, S. 867-889; Hiley, »Counter-Espionage«, S. 635-670; Hiley, »Introduction«,

S. vii-xxxvi; Andrew, Secret Ser-
vice, S. 90ff. Die Freigabe der
Akten von MI5 (zuvor MO5) im
Jahre 1997 hat weitere Einzelheiten
über die wahrhaft possenhafte
Frühzeit der britischen Gegenspionage enthüllt.
39 Public Record Office (PRO) KV
1/7, List of Persons Arrested,
4. August 1914. Siehe auch PRO
KV 1/9, Report, 31. Juli 1912; Kell
Report, 16. August 1912; Report,
29. Oktober 1913; PRO KV 1/46,
M.I.5 Historical Reports, G
Branch Report, »The investigation
of espionage«, Band VIII (1921),
Appendix C; Major R. J. Dake
Memorandum, 4. Januar 1917.
Siehe auch Andrew, Secret Service,
S. 105-116, hier findet sich ein
sarkastischer Überblick über die
verschiedenen Fälle.
40 Andrew, Secret Service, S. 115ff.
41 Ibid., S. 120.
42 Hiley, »Counter-Espionage«,
Anhang C und D.
43 Trumpener, »War Premeditated«,
S. 58-85.
44 Hiley, »Introduction«, S. xix-xxi.
45 Andrew, Secret Service, S. 89f.
46 PRO KV 1/9, Kell Report,
7. November 1910. Vgl. Andrew,
Secret Service, S. 121ff.
47 Andrew, Secret Service, S. 127-133.
Siehe auch D. French, »Spy
Fever«, S. 363; Andrew, »Secret
Intelligence«, S. 12ff.
48 Andrew, Secret Service, S. 133ff.
49 PRO CAB 38/4/9, W. R.
Robertson, »The Military Resour-
ces of Germany, and Probable

Method of their Employment in
a War Between Germany and England«, 7. Februar 1903.
50 Andrew, Secret Service, S. 88.
51 Morris, Scaremongers, S. 158.
52 PRO FO 800/61, Grey an Lascel-
les, 22. Februar 1908. Vgl. D.
French, »Spy Fever«, S. 363.
53 Einzelheiten über die Kampagne
zur Schaffung eines solchen Büros
finden sich in PRO KV 1/1, Orga-
nization of Secret Service: note
prepared for DMO, 4.Oktober
1908; War Office note for Chief of
the General Staff, »Espionage in
Time of Peace«, 1909. Vgl. Public
Record Office, M.I.5.
54 PRO CAB 3/2/1/47A, Report of
CID sub-committee: »The Que-
stion of Foreign Espionage in the
United Kingdom«, 24. Juli 1909.
Siehe auch PRO KV 1/3, Memorandum über eine Besprechung zur
Gründung eines Geheimdienst-
büros, 26. Aug. 1909.
55 Hiley, »Introduction«, S. xxi. Vgl.
Andrew, Secret Intelligence, S. 14.
56 PRO KV 1/9, Kell Report, 25.
März 1910; PRO KV 1/10, Kell
Tagebuch, Juni-Juli 1911; PRO KV
1/9, Kell Report, 22. November
1911; Kell Report, 9. April 1913;
PRO KV 1/8, William Melville
Erinnerungen, 1917 (ein – unge-
wollt – höchst aufschlußreiches
Dokument). Melville, ein früherer
Kriminalpolizist, hatte bereits 1903
damit begonnen, für das britische
Außenministerium verdächtige
Ausländer zu beobachten.
57 PRO KV 1/9, Kell Report,

30. April 1914. Vgl. D. French, »Spy Fever«, S. 365; Hiley, »Counter-Espionage«, S. 637.

58 Hiley, »Introduction«, S. xxvii.

59 Friedrich von Bernhardi, Deutschland und der nächste Krieg, Stuttgart 1912.

60 Searle, Quest; Searle, »Critics of Edwardian Society«, S. 79-96.

61 Summers, »Militarism in Britain«, S. 106, 113.

62 Bond, War and Society, S. 75.

63 Summers, »Militarism in Britain«, S. 120. Siehe auch Hendley, »›Help Us to Secure‹«, S. 262-288.

64 E. Weber, Nationalist Revival in France.

65 Sumler, »Domestic Influences«, S. 517-537.

66 Eley, Reshaping the German Right; Eley, »Wilhelmine Right«, S. 112-135. Siehe auch Chickering, We Men.

67 Eley, »Conservatives and Radical Nationalists«, S. 50-70.

68 Coetzee, German Army League, S. 4.

69 Coetzee, German Army League, S. 55-58, 65.

70 Der Beitritt zum Wehrverein kostete eine Mark, dafür erhielt man regelmäßig das Verbandsblatt Die Wehr, konnte an Lichtbildervorträgen und Exkursionen sowie alljährlich an einer dreitägigen Wiedersehensfeier teilnehmen.

71 Coetzee, German Army League, S. 76-104. Coetzees Versuch, anhand der Liste der im Ersten Weltkrieg gefallenen Mitglieder ein exaktes soziologisches Profil herzuleiten, führt zu einem ähnlichen Ergebnis: 29,4 Prozent waren Berufssoldaten; 16,2 Prozent Beamte; 11,4 Prozent Akademiker oder Lehrer; 7,7 Prozent Geschäftsleute; 8,9 Prozent gehörten anderen qualifizierten oder freien Berufen an; nur 6,5 Prozent waren Büroangestellte (S. 90f.). Unglücklicherweise werfen diese Zahlen methodologische Probleme auf, denn ohne Zweifel sind hier die jüngeren Mitglieder überrepräsentiert; dagegen zeigt eine andere Stichprobe, daß von 195 Mitgliedern in der Vorkriegszeit 90 Prozent über 40 Jahre alt waren.

72 Chickering, We Men.

73 Düding, »Die Kriegsvereine im wilhelminischen Reich«, S. 108. Siehe auch Showalter, »Army, State and Society«, S. 1-18.

74 Greschat, »Krieg und Kriegsbereitschaft«, S. 33-55.

75 Leugers »Einstellungen zu Krieg und Frieden«, S. 62. Es ist von Bedeutung, daß die Massen in Berlin am 1. und 2. August 1914 nicht nur die protestantische Hymne »Eine feste Burg ist unser Gott«, sondern auch das katholische Kirchenlied »Großer Gott wir loben Dich« sangen. Eksteins, »Rites of Spring«, S. 61.

76 Chickering, »Die Alldeutschen«, S. 25.

77 Bucholz, Moltke, Schlieffen, S. 109-114, 217-220, 273.

78 Bruch, »Krieg und Frieden«, S. 74-98. Max Weber dachte an Dietrich Schäfer, als er die Gelehrten auffor-

derte, sich im Vorlesungssaal der Politik zu enthalten.

79 Berghahn, Germany and the Approach of War, S. 203f.

80 Geiss, July 1914, S. 22, 43.

81 Bruch, »Krieg und Frieden«, S. 85f.

82 Coetzee, German Army League, S. 85f.

83 Ibid., S. 52.

84 Coetzee, German Army League, S. 116.

85 Mann, Betrachtungen eines Unpolitischen.

86 Vgl. Hildebrand, »Opportunities and Limits«, S. 91; Hillgruber, »Historical Significance«, S. 163.

87 Wolfgang J. Mommsen, Max Weber und die deutsche Politik, Tübingen 1959.

88 Siehe F. Fischer, Der Krieg der Illusionen, S. 24ff., 30ff., 324-354, 459-480; vgl. Meyer, Mitteleuropa.

89 Kroboth, »Finanzpolitik«, S. 278; Eksteins, »Rites of Spring«, S. 91.

90 Förster, Der doppelte Militarismus, S. 279.

91 Coetzee, German Army League, S. 45-50; Chickering, »Die Alldeutschen«, S. 30.

92 Coetzee, German Army League, S. 119f.

93 Geiss, July 1914, S. 21f.; Berghahn, Germany and the Approach of War, S. 144.

94 Eksteins, »Rites of Spring«, S. IV; Geiss, Juli 1914, S. 48.

95 Siehe im allgemeinen Nicolls und Kennedy, Nationalist and Racialist Movements.

96 Siehe insbesondere Chickering, Imperial Germany.

97 Bentley, Liberal Mind, S. 11-15; Barnett, Collapse of British Power, S. 24ff.

98 Weinroth, »British Radicals«, S. 659-664.

99 Norman Angell, Die große Täuschung. Eine Studie über das Verhältnis zwischen Militärmacht und Wohlstand der Völker, Leipzig 1910.

100 Ibid., S. 220.

101 Ibid., S. 129, 132.

102 Offer, First World War, S. 261.

103 Ibid., S. 250.

104 Morris, Scaremongers, S. 266.

105 Hynes, War Imagined, S. 80.

106 Marquand, Ramsay MacDonald, S. 164ff.

107 Mackenzie und Mackenzie, Diary of Beatrice Webb, Band III, S. 203f.

108 Holroyd, Bernard Shaw, Band II, S. 341ff.

109 T. Weber, »Stormy Romance«.

110 Winter, »Oxford and the First World War«, S. 3.

111 Pogge von Strandmann, »Germany and the Coming of War«, S. 87f.

112 Ferguson, World's Banker, Kapitel 30.

113 Groh, Negative Integration.

114 Winzen, »Der Krieg«, S. 180.

115 Geiss, Der lange Weg, S. 269.

116 Man vergleiche die Quellen in Eksteins »Rites of Spring«, S. 55-63, 193-197, mit jenen in Ullrich, »Kriegsalltag«, S. 10-21.

117 Dukes und Remak, Another Germany, insbesondere S. 207-219. Bei

dem Versuch, das Reich als »ein Land wie jedes andere auch« darzustellen, geht Remak viel weiter als andere Kritiker der Vorstellung von einem deutschen »Sonderweg«: vergleiche Blackbourn und Eley, Peculiarities of German History.

118 Liebknecht, Militarismus und Antimilitarismus aus: Gesammelte Reden und Schriften, Bd 1, Berlin 1958 S. 277f.

119 Neben Ritter, Staatskunst und Kriegshandwerk, Band II: Die Hauptmächte Europas und das wilhelmische Reich, siehe Vagts, History of Militarism; Berghahn, Militarism. Erst kürzlich erschien Stargardt, German Idea of Militarism.

120 Zilch, »Die Reichsbank«, S. 40.

121 F. Fischer, Krieg der Illusionen, S. 17-34; F. Fischer, Bündnis der Eliten.

122 Wehler, Das deutsche Kaiserreich 1871-1914, S. 158-163; Berghahn, Germany and the Approach of War, S. 4, 41, 213.

123 Siehe Mayer, »Domestic Causes of the First World War«, S. 286-300; Groh, »Je eher, desto besser!«, S. 501-521; Gordon, »Domestic Conflict and the Origins of the First World War«, S. 191-226; Witt, »Innenpolitik und Imperialismus«, S. 24ff. Siehe auch Wehler, Das deutsche Kaiserreich, S. 193-200. Vgl. die Kritik in Mommsen, »Domestic Factors in German Foreign Policy«, S. 3-43.

124 Eley, »Army, State and Civil Society«, S. 85-109.

125 Zu der wachsenden Kluft zwischen der Regierung und der radikalen Rechten, siehe Eley, Reshaping the German Right, S. 316-334; Mommsen, »Public Opinion and Foreign Policy«.

126 Bülow, Denkwürdigkeiten, Band II, Berlin 1930, S. 412.

127 Geiss, Juli 1914, S. 44.

128 Davies, Europe, S. 895.

129 Ferro, Great War, S. 179.

2 Imperien, Bündnisse und das Vorkriegs-Appeasement

1 Kongreß-Protokolle der Zweiten Internationale, Band II, Glashütten im Taunus 1976, S. 85, 102.

2 Lenin, Imperialismus, passim.

3 Willibald Gutsche, »Die Außenpolitik des Kaiserreichs und der Kriegsausbruch in der Geschichtsschreibung der DDR«, in: Schöllgen, Gregor (Hrsg.), Flucht in den Krieg? Die Außenpolitik des kaiserlichen Deutschland, Darmstadt, 1991, S.84.

4 Zilch, Die Reichsbank, S. 79.

5 Ferguson, World's Banker, Kapitel 29.

6 Ferguson, Paper and Iron, S. 84.

7 Steed, Through Thirty Years, Band II, S. 8f.

8 Jahresbericht 1914, S. 1f., Hamburg, Brinckmann, Wirtz und Co.-M. M. Warburg (MMW), Max Warburg Nachlaß, »Jahresbericht 1914«. Vgl. Warburg, Aus meinen Aufzeichnungen, S. 29.

9 J. Williamson, Karl Helfferich, S. 105ff., 111f. Siehe auch Feldman,

413

»Deutsche Bank«, S. 129ff. Allgemein zum Thema deutsche Banken und Außenpolitik: Barth, Die deutsche Hochfinanz.

10 Pogge von Strandmann, Walther Rathenau, S. 183. Siehe auch Rathenau, Briefe, Band I., S. 156ff.

11 Vgl. Zilch, Die Reichsbank.

12 Feldman, »War Aims«, S. 2f.

13 Kennedy, Rise and Fall of the Great Powers, insbesondere S. 269-277; Kennedy, »First World War«, S. 7-40.

14 Siehe bezeichnenderweise Henig, Origins, S. 8ff.

15 Geiss, Imanuel, Der lange Weg in die Katastrophe, München, 1990, S. 54, 116, 123.

16 Geiss, Imanuel, »Weltpolitik«: Die deutsche Version des Imperialismus, in: Schöllgen, Flucht in den Krieg, S. 157, 161.

17 Berechnet nach Statistiken in: Mitchell, European Historical Statistics; Economist, Economic Statistics; Bairoch, »Europe's Gross National Product«, S. 281, 303.

18 E. Morgan und Thomas, Stock Exchange, S. 88f.

19 Financial Times, 6. Mai 1997, S. 18: Bruttodirekt- und Portefeuilleinvestitionen lagen im Zeitraum von 1990 bis 1995 knapp unter zwölf Prozent des Bruttonationalprodukts.

20 Pollard, »Capital Exports«, S. 491f.

21 Vgl.Gutsche, Außenpolitik und Kriegsausbruch, S. 75.

22 Siehe Buchheim, »Aspects of Nineteenth-Century Anglo-German Trade Policy«, S. 275-289. Siehe auch Kennedy, Rise of the Anglo-German Antagonism, S. 46ff., 262ff.; Cain und Hopkins, British Imperialism, Band I, S. 461f.; Steiner, Britain and the Origins of the First World War, S. 60-63.

23 Eine gute Erörterung dieser Fragestellung liefert Pollard, Britain's Prime; Floud, »Britain 1860-1914«, S. 1-26.

24 Offer, First World War, S. 121.

25 Eichengreen, Golden Fetters, S. 29-66; Eichengreen und Flandreau, »Geography of the Gold Standard«.

26 Reader, At Duty's Call, S. 71.

27 Siehe insbesondere Hentschel, Wirtschaft und Wirtschaftspolitik, S. 134. Vgl. Sommariva und Tullio, German Macroeconomic History, S. 41-50.

28 Offer, First World War, S. 121-135.

29 Geiss, Der lange Weg, S. 188f.

30 E. Dugdale, German Diplomatic Documents, Band I, S. 284.

31 A.J.P. Taylor, Struggle for Mastery, S. 342.

32 Kennan, Fatefull Alliance.

33 Stern, Gold and Iron, S. 442.

34 Girault, Emprunts russes, S. 159-162; Kennan, Franco-Russian Relations, S. 382f.; Stern, Gold and Iron, S. 446f.; vgl. Kynaston, City, Band I, S. 312.

35 Kennan, Decline of Bismarck's European Order, S. 387-390; Poidevin, Relations économiques, S. 46-50. Vgl. Davis, English Rothschilds, S. 230ff.

36 Poidevin, Relations économiques, S. 46-50.

37 Girault, Emprunts russes, S. 314-320.

38 Ibid., S. 73f.

39 Poidevin, Relations économiques, S. 46-50; Girault, Emprunts russes, S. 73.

40 Lyashchenko, History of the National Economy, S. 714.

41 Zahlen nach Mitchell, European Historical Statistics, S. 218, 253-255, 318.

42 Reader, At Duty's Call, S. 61. Siehe auch S. 67 für H.M. Stanleys Anspielungen auf diesen »Alptraum von Krieg« mit Rußland und Frankreich.

43 Monger, End of Isolation, S. 10.

44 Kennedy, Rise of the Anglo-German Antagonism, S. 47f.

45 Koch, »Anglo-German Alliance Negotiations«, S. 392; Kennedy, »German World Policy«, S. 625. Siehe auch Grey, Twenty-Five Years, Band I, S. 245.

46 Siehe beispielsweise Eckardstein, Lebenserinnerungen; Meinecke, Die Geschichte.

47 Kynaston, City, Band I, S. 351.

48 Barth, Die deutsche Hochfinanz, S. 39f.

49 Ibid., S. 142ff.; Kynaston, City, Band II, S. 125ff.

50 Poidevin, Relations économiques, S. 77-79.

51 Garvin, Life of Joseph Chamberlain, Band III, S. 248f.; Barth, Die deutsche Hochfinanz, S. 160f.

52 Barth, Die deutsche Hochfinanz, S. 163.

53 Ibid., S. 166f.

54 Amery, Life of Joseph Chamberlain, Band IV, S. 139f., 150; Monger, End of Isolation, S. 15, 19f.

55 Barth, Die deutsche Hochfinanz, S. 280f. Siehe auch G. Gooch und Temperley, British Documents, Band II, S. 72.

56 B. Dugdale, Arthur James Balfour, Band I, S. 258f. Zu Chamberlains eigenen Aufzeichnungen über diese Gespräche, siehe Garvin, Life of Joseph Chamberlain, Band III, S. 259-264.

57 Garvin, Life of Joseph Chamberlain, Band III, S. 270-280.

58 Amery, Life of Joseph Chamberlain, Band IV, S. 144ff., 153ff.; Monger, End of Isolation, S. 30, 35-38.

59 Rich und Fisher, Holstein Papers, Band IV, S. 275.

60 Garvin, Life of Joseph Chamberlain, Band II, S. 503ff.; Amery, Life of Joseph Chamberlain, Band IV, S. 147ff.

61 Garvin, Life of Joseph Chamberlain, Band III, S. 281, 340f., 505; Amery, Life of Joseph Chamberlain, Band IV, S. 138; E. Dugdale, German Diplomatic Documents, Band III, S. 50; Monger, End of Isolation, S. 37.

62 Jay, Chamberlain, S. 219.

63 Penzler, Johannes (Hrsg.), Fürst Bülows Reden, Berlin, 1907, Band I, S. 91.

64 Garvin, Life of Joseph Chamberlain, Band III, S. 498, 507f., 510-515.

65 Amery, Life of Joseph Chamber-

lain, Band IV, S. 157. Siehe auch
S. 169-180, 191f., 199.

66 Steinberg, Jonathan, »Der Kopenhagen-Komplex«, in: Kriegsausbruch 1914, München, 1967,
S. 35.

67 Langhorne, »Anglo-German
Negotiations«, S. 364ff.; G. Gooch
und Temperley, British Docu-
ments, Band I, S. 44-48; Egremont,
Balfour, S. 139; Steiner, Foreign
Office, S. 38f.

68 Rich und Fisher, Holstein Papers,
Band IV, S. 71.

69 Garvin, Life of Joseph Chamberlain, Band III, S. 331-339.

70 Amery, Life of Joseph Chamberlain, Band IV, S. 201; Monger, End
of Isolation, S. 105ff.; Kennedy,
Rise of the Anglo-German Antagonism, S. 259.

71 Barth, Die deutsche Hochfinanz,
S. 134; Gall, »Deutsche Bank«,
S. 67-77.

72 Monger, End of Isolation, S. 119-
123. Vgl. Steiner, Foreign Office,
S. 186f. Für jene, deren Erinnerungen bis in die 1870er Jahre zurückreichten, war dies eine eigenartige
Entscheidung: Auf dieser Basis
hätte man den Kauf der Suezkana-
laktien des ägyptischen Monarchen
durch Disraeli in Abrede stellen
können, weil die Mehrheit in den
Händen französischer Aktionäre
lag.

73 Monger, End of Isolation, S. 13.
Vgl. Trebilcock, »War and the Failure of Industrial Mobilisation«,
S. 141ff.; Cain und Hopkins, British Imperialism, Band I, S. 452;

Barnett, Collapse of British Power,
S. 75-83.

74 J. Gooch, Plans of War, S. 42-90;
d'Ombrain, War Machinery, S. 5f.,
9f., 14, 76.

75 Amery, Life of Joseph Chamberlain, Band IV, S. 144.

76 Rich und Fisher, Holstein Papers,
Band IV, S. 257, 260; Monger, End
of Isolation, S. 39-42; Amery, Life
of Joseph Chamberlain, Band IV,
S. 163, 182 Anmerkung.

77 Kennedy, »German World Policy«,
S. 613.

78 K. Wilson, Policy of the Entente,
S. 5.

79 Amery, Life of Joseph Chamberlain, Band IV, S. 151; Monger, End
of Isolation, S. 23-34.

80 Monger, End of Isolation, S. 17,
39f., 113, 129, 132ff., 144f.; Andrew, »Entente Cordiale«, S. 11,
19ff.

81 Garvin, Life of Joseph Chamberlain, Band III, S. 275; Amery, Life
of Joseph Chamberlain, Band IV,
S. 180, 184ff., 202-206.

82 Monger, End of Isolation, S. 186-
198, 223.

83 K. Wilson, Policy of the Entente,
S. 71, 74; Andrew, »Entente Cor-
diale«, S. 20ff., Monger, End of
Isolation, S. 129-133, 192.

84 B. Williams, »Strategic Backgro-
und«, S. 360-366; Monger, End of
Isolation, S. 2, 5ff., 33f., 108ff.,
115ff., 123f., 132, 140ff., 185, 216-
220; J. Gooch, Plans of War,
S. 171, 175.

3 Großbritanniens Krieg der Illusionen

1 K. Wilson, »Grey«, S. 173. Lloyd George erinnerte an Roseberys prophetische Warnung: »Ihr habt alle unrecht. Am Ende bedeutet dies Krieg.«: Lloyd George, War Memoirs, Band I, S. 1. Salisbury und Lansdowne hatten ebenfalls Zweifel: Monger, End of Isolation, S. 135, 212, 226; das gleiche gilt von dem Bankier Lord Avebury: Reader, At Duty's Call, S. 69. Zu den Zweifeln des radikalen Speaker, siehe Weinroth, »British Radicals«, S. 659f.

2 Howard, »Edwardian Arms Race«, S. 82f.

3 K. Wilson, Policy of the Entente, S. 18-22; Monger, End of Isolation, S. 259. Zum ständigen Anstieg des Einflusses der Liberal Leaguers, insbesondere nachdem Asquith Premierminister geworden war, siehe Steiner, Britain and the Origins of the First World War, S. 140.

4 Rowland, Last Liberal Governments, Band II, S. 361.

5 Lloyd George, War Memoirs, Band I, S. 56-60.

6 Albertini, Origins, Band III, S. 368; Barnett, Collapse of British Power, S. 54; Steiner, Britain and the Origins of the First World War, S. 255.

7 K. Wilson, Policy of the Entente, S. 10ff.

8 Semmel, Imperialism, S. 75; Russell, Portraits from Memory, S. 77.

Siehe auch O'Hara, »Britain's War of Illusions«.

9 Bernstein, Liberalism and Liberal Politics, S. 182.

10 K. Wilson, Policy of the Entente, S. 35.

11 Monger, End of Isolation, S. 260.

12 Lloyd George, War Memoirs, Band I, S. 28f., 60; W. S. Churchill, World Crisis, S. 203.

13 Bentley, Liberal Mind, S. 12; Hazlehurst, Politicians at War, S. 26f.

14 Monger, End of Isolation, S. 257, 287; K. Wilson, Policy of the Entente, S. 34ff.; Steiner, Britain and the Origins of the First World War, S. 56, 128f., 143, 186.

15 K. Wilson, Policy of the Entente, S. 17, 30ff. Vgl. Searle, Quest, S. 232.

16 Morris, Scaremongers, S. 301-304.

17 Zu Greys Jugend, siehe Trevelyan, Grey of Falloden, S. 7-20; Robbins, Sir Edward Grey, beispielsweise S. 1, 7, 12.

18 Doch mag dies von einer gewissen Ängstlichkeit zeugen. Die zwei Brüder Greys waren beide mutige Großwildjäger. Der eine wurde von einem Löwen und der andere von einem Büffel umgebracht: Davies, Europe, S. 882.

19 Grey, »Fly Fishing«. Ich danke Herrn Sandy Sempliner für den Hinweis auf dieses Werk.

20 Grey, Twenty-Five Years, Band I, S. 152-159. Vgl. Asquith, Genesis, S. 53.

21 PRO Cab 2/2, CID Meeting, 9. März 1906; PRO CAB 38/11/9, Notiz von Lord Esher, 26. Februar

1907; PRO CAB 2/2, Sub-commit-
tee on the military requirements of
the Empire, 30. Mai 1907; PRO
FO 800/100, Grey an Campbell-
Bannerman, 31. August 1907. Vgl.
B. Williams, »Strategic Backgro-
und«, S. 365-373; K. Wilson,
Policy of the Entente, S. 6f., 25,
76ff.; Monger, End of Isolation,
S. 285-291.

22 PRO FO 800/102, Denkschrift
Robertson über Bündnis mit Rußland, 29. März 1906.

23 Sweet und Langhorne, »Great Bri-
tain and Russia«, S. 236, 253f.;
K. Wilson, Policy of the Entente,
S. 83. Siehe auch PRO FO 800/90,
Ellbank an Grey, 21. Januar 1909.

24 Grey, Twenty-Five Years, Band I,
S. 163f.

25 A.J.P. Taylor, Struggle for Mastery,
S. 443.

26 PRO FO 800/92, Grey über sein
Gespräch mit Clemenceau,
28. April 1908.

27 Sweet und Langhorne, »Great Britain and Russia«, S. 243ff.; Grey,
Twenty-Five Years, Band I, S. 176-
179, 182-189.

28 PRO FO 800/61, Grey an Goshen,
5. November 1908. Siehe auch
Hardinges Furcht vor einer vom
Balkan ausgehenden »allgemeinen
europäischen Katastrophe«,
K. Wilson, »Foreign Office«,
S. 404. Siehe auch Butterfield, »Sir
Edward Grey«, S. 4f., 20f.

29 A.J.P. Taylor, Struggle for Mastery,
S. 463.

30 Ibid., S. 464.

31 Ibid., S. 475.

32 Renzi, »Great Britain, Russia«,
S. 2f.; Stone, Europe Transformed,
S. 327.

33 Zum Vergleich der Reaktion der
Times mit jener von anderen Blät-
tern wie Nation, Daily News und
Guardian, siehe Morris, Scaremon-
gers, S. 86, 256f.; Weinroth, »Bri-
tish Radicals«, S. 665. Vgl. auch
Bernstein, Liberalism and Liberal
Politics, S. 186. Zu den amerikani-
schen Vorwürfen gegen Rußland
im Jahre 1911, siehe: G. Owen,
»Dollar Diplomacy in Default«,
S. 255.

34 Monger, End of Isolation, S. 278.

35 Offer, First World War, S. 223f.,
226, 230, 291; Monger, End of Iso-
lation, S. 188f., 206ff.; d'Ombrain,
War Machinery, S. 78ff.; D. French,
British Economic and Strategic
Planning, S. 22f.

36 PRO CAB 38/10/73, General-
stabsvorlage zur belgischen Neutralität während eines deutsch-
französischen Krieges, 29. September 1905.

37 Monger, End of Isolation, S. 238.
Die Sitzungen fanden am 16. oder
18. sowie am 21. Dezember statt;
am 5. hatte sich Campbell-Bannerman bereit erklärt, eine Regierung
zu bilden, und am 10. wurde Grey
Außenminister.

38 PRO CAB 38/11/4, militärische
Konferenz über das Handeln im
Falle eines Krieges mit Deutschland, 19. Dezember 1905; 1. Juni
1906. Vgl. d'Ombrain, War Machinery, S. 8f.; Monger, End of Isolation, S. 240f.

39 Monger, End of Isolation, S. 209f., 229. Hervorhebung durch den Autor.

40 PRO CAB 38/11/4, militärische Konferenz über das Handeln im Falle eines Krieges mit Deutschland, 19. Dezember 1905. Vgl. Mackay, Fisher of Kilverstone, S. 353ff., mit McDermott, »Revolution in British Military Thinking«, S. 174f.; und siehe auch d'Ombrain, War Machinery, S. 84f.; Howard, Continental Commitment, S. 32, 43.

41 PRO FO 800/100, Grey an Campbell-Bannerman, 9. Januar 1906; PRO FO 800/49, Grey an Bertie, 15. Januar 1906. Siehe auch Grey, Twenty-Five Years, Band I, S. 78-83.

42 Monger, End of Isolation, S. 248-251. Vgl. PRO FO 800/49, Grey an Cambon, 21. Juni 1906. Selbst ein Jahr später wußten nur zwei oder drei Kabinettsmitglieder darüber Bescheid: d'Ombrain, War Machinery, S. 90.

43 K. Wilson, Policy of the Entente, S. 88f.; Monger, End of Isolation, S. 271. Er war der Ansicht, ein derartiges Versprechen würde seines Abschreckungseffekts wegen nie eingelöst werden müssen.

44 PRO FO 800/87, Grey an Tweedmouth, 16. Januar 1906; K. Wilson, Policy of the Entente, S. 65.

45 Monger, End of Isolation, S. 282; d'Ombrain, War Machinery, S. 89.

46 PRO FO 800/92, Grey Memorandum, 20. Februar 1906. Vgl. Grey, Twenty-Five Years, Band I, S. 114.

47 PRO CAB 38/11/4, militärische Konferenz über das Handeln im Falle eines Krieges mit Deutschland, 1. Juni 1906.

48 Hamilton, »Great Britain and France«, S. 331. Vgl. K. Wilson, Policy of the Entente, S. 88f.; Monger, End of Isolation, S. 271.

49 Einzelheiten bei d'Ombrain, War Machinery, S. 75-96, 103-109; Monger, End of Isolation, S. 238-252; K. Wilson, Policy of the Entente, S. 63-67.

50 PRO FO 800/100, Grey an Asquith, 16. April 1911. »Was sie [die militärischen Fachleute] vereinbarten, habe ich nie erfahren – die Lage war so, daß die Regierung vollkommen frei war, aber die Militärs wußten nun, was sie auf ein bestimmtes Stichwort hin zu tun hatten.«

51 PRO CAB 16/5 XL/A/035374, CID Dokument E-3, 27. November 1908; CID Sub-committee on the military needs of the Empire, 3. Dezember 1908; 2. Konferenz, 17. Dezember 1908; CID Dokument E-8 (11), Denkschrift der Admiralität, 4. Februar 1909; CID Dokument E-11 (B), 5. März 1909; 3. Konferenz, 23. März 1909. Vgl. Howard, Continental Commitment, S. 46; d'Ombrain, War Machinery, S. 93ff., 103; Mackay, Fisher of Kilverstone, S. 405ff.

52 PRO CAB 38/19/50, Denkschrift Churchills über »militärische Aspekte des Kontinentalproblems«, 1. August 1911. In seinen Erinnerungen behauptete

Churchill, es seien die »Militärs«
und nicht er gewesen, die »die relative Kraft der französischen Armee
überschätzt« hätten: W. S.
Churchill, World Crisis, Band I,
S. 59.
53 PRO CAB 38/19/47, Denkschrift
des Generalstabs über »militärische Aspekte des Kontinentalproblems«, 15. August 1911.
54 PRO CAB 2/2, CID, Protokoll
der 114. Kabinettsitzung,
23. August 1911. Vgl. Collier,
Brasshat, S. 117-121.
55 PRO CAB 38/19/48, Kommentare
der Admiralität über »militärische
Aspekte des Kontinentalproblems,
21. August 1911; und PRO CAB
2/2, CID, Protokoll der 114. Kabinettsitzung, 23. August 1911.
56 Ibid. Vgl. Hankey, Supreme Command, Band I, S. 81; Nicolson,
»Edwardian England«, S. 149;
d'Ombrain, War Machinery,
S. 102; D. French, British Economic and Strategic Planning, S. 32ff.;
K. Wilson, Policy of the Entente,
S. 64.
57 Mackintosh, »Committee of Imperial Defence«, S. 499.
58 Hankey, Supreme Command,
Band I, S. 82; d'Ombrain, War
Machinery, S. 108; Offer, First
World War, S. 295.
59 K. Wilson, Policy of the Entente,
S. 123.
60 Ibid., S. 65-68; Hankey, Supreme
Command, Band I, S. 77; Offer,
First World War, S. 296.
61 PRO CAB 2/3, CID Konferenz,
6. Dezember 1912. Vgl. Lloyd

George, War Memoirs, Band I,
S. 30f.
62 Kossmann, Low Countries, S. 435.
Vgl. Cammaerts, Keystone of
Europe; Johannson, Small State;
Thomas, Guarantee of Belgian
Independence.
63 Geiss, Der lange Weg, S. 249.
64 F. Fischer, Krieg der Illusionen,
S. 232-234; Berghahn, Germany
and the Approach of War in 1914,
S. 170; Schulte, Europäische Krise,
S. 17ff., 23-31.
65 W.S. Churchill, World Crisis, Band
I, S. 94.
66 Langhorne, »Colonies«, S. 366f.
67 Wilson, Entente, S. 10; Langhorne,
»Anglo-German Negotiations«,
S. 369. Siehe Vincent-Smith,
»Anglo-German Negotiations«,
S. 621f.
68 PRO CAB 41/33/71, Asquith an
George V., 21. November 1912;
PRO FO 800/55, Berti an Grey,
12. Februar 1914; Grey an Bertie,
13. Februar 1914 und 4. März
1914. Vgl. Langhorne, »Anglo-
German Negotiations«, S. 370-385;
Vincent-Smith, »Anglo-German
Negotiations«, S. 623-629. Vgl.
Warburg, Aus meinen Aufzeich-
nungen, S. 27f.; Steiner, Britain and
the Origins of the First World War,
S. 105.
69 Grey, Twenty-Five Years, Band I,
S. 117f.; Monger, End of Isolation,
S. 266f., 275-278. Dies war trotz
Tweedmouth' Warnung so, »die
Erwerbung und Befestigung von
Häfen in Marokko durch Deutsch-
land würde eine große Gefahr für

unsere Überlegenheit zur See darstellen«: PRO FO 800/87.

70 Lloyd George, War Memoirs, Band I, S. 25ff. Vgl. W.S. Churchill World Crisis, Band I, S. 46-50; Grey, Twenty-Five Years, Band I, S. 219, 222-240; Asquith, Genesis, S. 91-95.

71 PRO FO 800/52, Grey an Bertie, 12. Juli 1911; PRO FO 800/100, Grey an Asquith, 13. Juli 1911; PRO FO 800/52, Bertie an Grey, 17. Juli 1911; PRO FO 800/100, Grey an Asquith, 19. Juli 1911; PRO FO 800/52, grey an Bertie, 20. Juli 1911; PRO FO 800/93, Nicolson an Grey, 21. Juli 1911; PRO FO 800/52, Bertie an Grey, 21. Juli 1911; PRO FO 800/62, Grey an Goschen, 24. und 25. Juli 1911; PRO FO 800/52, Grey an Bertie, 28. Juli 1911; PRO FO 800/62, Grey an Goschen, 8. und 26. August 1911; PRO FO 800/52, Grey an Bertie, 4. September 1911; Bertie an Grey, 6. September 1911; Grey an Bertie, 8. September 1911. Siehe auch Greys Stellungnahme vor dem Unterhaus, Hansard, V, 32, S. 49-59, 27. November. Vgl. Steiner, Britain and the Origins of the First World War, S. 72-75.

72 F. Fischer, Germany's Aims, S. 45f.; Grey, Twenty-Five Years, Band I, S. 272-275; Butterfield, »Sir Edward Grey«, S. 4.

73 A.J.P. Taylor, Struggle of Mastery, S. 506.

74 Rothschild Archive, London (RAL), XI/130A/8, Natty in Lon-

don an seine Vettern in Paris, 16. März 1914.

75 Rosenbaum und Sherman, M.M. Warburg & Co., S. 111.

76 Espostio, »Public Opinion«, S. 11.

77 Steiner, Britain and the Origins of the First World War, S. 123; J. Gooch, »Soldiers, Strategy and War Aims«, S. 23.

78 Pohl, Hamburger Bankengeschichte, S. 110.

79 Ibid., S. 513.

80 Grey, Twenty-Five Years, Band I, S. 149.

81 Berghahn, Germany and the Approach of War, S. 67; Morris, Scaremongers, S. 142f.

82 PRO FO 800/92, Grey Denkschrift, 23. Juli 1908. Vgl. Lloyd George, War Memoirs, Band I, S. 7; A.J.P. Taylor, Struggle for Mastery, S. 448; Berghahn, Germany and the Approach of War, S. 68.

83 PRO FO 800/61, Goschen an Grey, 21. August 1909; Grey an Goschen, 23. August 1909; PRO FO 800/100, Asquith an Grey, 25. August 1909; PRO FO 800/93, Hardinge an Grey, 25. August 1909; Mallet an Grey, 26. August 1909; Tyrrell an Grey, 27. August 1909; Drummond an Grey, 29. Dezember 1909; Grey, Notiz vom 29. Dezember 1909; PRO FO 800/61, Grey an Goschen, 31. Dezember 1909; PRO FO 800/87, Grey an McKenna, 27. Januar 1910; PRO FO 800/52, Grey an Bertie, 13. April 1910; PRO FO 800/62, Goschen an Grey,

6. August 1910; Grey an Goschen, 11. und 16. August 1910; Goschen an Grey, 19. August 1910; PRO FO 800/100, Grey an Asquith, 21. Oktober 1910; Asquith an Grey, 27. Oktober 1910; PRO FO 800/62. Grey an Goschen, 26. Oktober 1910. Vgl. Sweet, »Great Britain and Germany«, S. 229ff.

84 G. Gooch und Temperley, British Documents, Band VI, Nr. 442, 446.

85 PRO CAB 41/33/34, Asquith an George V., 3. Februar 1912. Vgl. W. S. Churchill, World Crisis, S. 96ff.; Langhorne, »Great Britain and Germany«, S. 290-293. Zur deutschen Seite der Angelegenheit: Steinberg, »Diplomatie als Wille und Vorstellung«. Siehe auch L. Cecil, Albert Ballin, S. 163ff., 180-200.

86 PRO FO 800/62, Goschen an Grey, 3. Juli 1913; PRO FO 800/87, Churchill an Grey und Asquith, 8. Juli 1913; Churchill an Grey, 17. Juli und 24. Oktober 1913; PRO FO 800/62, Grey an Goschen, 28. Oktober 1913; Goschen an Grey, 8. November 1913; Grey an Goschen, 5. Februar 1914; PRO FO 800/87, Grey an Churchill, 5. Februar 1914.

87 PRO FO 800/87, Churchill an Grey, 20. Mai 1914. Vgl. R. Churchill, Winston S. Churchill, Band II, Teil III, S. 1978-1981.

88 Langhorne, »Great Britain and Germany«, S. 293f. Hervorhebung durch den Autor. Vgl. Asquiths irreführende Darstellung in: Genesis, S. 55f., 100.

89 PRO CAB 41/33/41, Asquith an George V., 16. und 30. März 1912; PRO FO 800/94, Tyrrell Gedenkschrift, 3. April 1912; PRO FO 800/100, Asquith an Grey, 10. April 1912; PRO FO 800/87, Grey an Churchill, 12. April 1912; PRO FO 800/62, Grey an Goschen, 27. Juni und 4. Juli 1912. Vgl. Langhorne, »Great Britain and Germany«, S. 299, 303f.; Kennedy, Rise of the Anglo-German Antagonism, S. 451; Steiner, Britain and the Origins of the First World War, S. 96.

90 Berghahn, Germany and the Approach of War, S. 120ff.; Geiss, »›Weltpolitik‹: Die deutsche Version des Imperialismus«, in Gregor Schöllgen (Hg.), Flucht in den Krieg, Darmstadt 1991, S. 167.

91 PRO CAB 41/33/36, Asquith an George V., 15. und 21. Februar 1912. Vgl. W. S. Churchill, World Crisis, Band I, S. 103, 109; Grey, Twenty-Five Years, Band I, S. 249-252; Asquith, Genesis, S. 77f., 97, 100; Rowland, Last Liberal Governments, Band II, S. 241.

92 K. Wilson, Policy of the Entente, S. 8.

93 PRO FO 800/92, Tyrrell an Grey, 27. August 1909; G. Gooch und Temperley, British Documents, Band VI, Nr. 456, S. 611. Vgl. Cain und Hopkins, British Imperialism, Band I, S. 458.

94 Monger, End of Isolation, S. 260, 267ff.

95 Gooch und Temperley, Britisch Documents, Band VI, Nr. 344,

S. 461. Vgl. Grey, Twenty-Five Years, Band I, S. 254f.

96 Sweet, »Great Britain and Germany«, S. 229f.

97 PRO FO 800/62, Grey an Goschen, 27. Juni 1912.

98 K. Wilson, Policy of the Entente, S. 93. Siehe auch Pro FO 800/93, Nicolson an Grey, 21. Juli 1911. Vgl. Langhorne, »Great Britain and Germany«, S. 290f.; Grey, Twenty-Five Years, Band I, S. 251; Steiner, Britain and the Origins of the First World War, S. 97.

99 Trevelyan, Grey of Falloden, S. 114f.; Sweet und Langhorne, »Great Britain and Russia«, S. 243f.

100 K. Wilson, Policy of the Entente, S. 101, 108.

101 So Nicolsons Formulierung, wiedergegeben in ibid., S. 38. Grey mag ursprünglich von der Befürchtung beeinflußt gewesen sein, daß Russen und Deutsche ein Bündnis schließen mochten, worum sich der Kaiser und der Zar 1905 erfolglos bemühten. Vgl. Butterfield, »Sir Edward Grey«, S. 2; K. Wilson, »Grey«, S. 193; Monger, End of Isolation, S. 293.

102 K. Wilson, Policy of the Entente, S. 39, 42f., 94, 111, 114f.; Andrew, »Entente Cordiale«, S. 25; Hansard, V, 32, S. 60, 27. November 1911; Howard, Continental Commitment, S. 57; Grey, Twenty-Five Years, Band I, S. 252. Siehe auch Butterfield, »Sir Edward Grey«, S. 2.

103 Trevelyan, Grey of Falloden, S. 114f.

104 Gustav Schmidt, »Die Julikrise: Unvereinbare Ausgangslagen und innerstaatliche Zielkonflikte«, in: Schöllgen (Hg.), Flucht in den Krieg, S. 195.

105 Geiss, July 1914, S. 29ff.

106 PRO FO 800/62, Goschen an Grey, 22. Oktober 1910; K. Wilson, Policy of the Entente, S. 100.

107 PRO CAB 2/2, CID Konferenz, 26. Mai 1911; Langhorne, »Great Britain and Germany«, S. 298; Steiner, Britain and the Origins of the First World War, S. 42.

108 K. Wilson, Policy of the Entente, S. 66f.

109 PRO CAB 38/19/47, Denkschrift des Generalstabs zu den militärischen Aspekten des Kontinentalproblems, 15. August 1911.

110 J. Gooch, Plans of War, S. 25.

111 Monger, End of Isolation, S. 248-255, 273, 279.

112 PRO CAB 16/5 XL/A/035374, CID Dokument E-2, 11. November 1908. Hervörhebung durch den Autor.

113 Pro CAB 16/5 XL/A/035374, 23. März 1909. Hervorhebung durch den Autor. Vgl. d'Ombrain, War Machinery, S. 95-98.

114 Pro CAB 2/2, CID Konferenz, 20. Mai 1911.

115 PRO FO 800/52, Grey an Bertie, 16. April 1911.

116 Weinroth, »British Radicals«, S. 674ff.

117 Steiner, Britain and the Origins of the First World War, S. 141.

118 PRO FO 800/90, Tyrrell an Grey, 25. Januar 1912.

119 Grey an Asquith, 16. April 1911, zitiert in Grey, Twenty-Five Years, Band I, S. 94. Er wiederholte diese Ansicht im folgenden Monat gegenüber dem CID. K. Wilson, Policy of the Entente, S. 85.

120 K. Wilson, Policy of the Entente, S. 57, 69.

121 Steiner, Britain and the Origins of the First World War, S. 76; D. French, British Economic and Strategic Planning, S. 33; D. French, »Edwardian Crisis«, S. 9.

122 PRO FO 800/100, Asquith an Grey, 5. September 1911. Vgl. d'Ombrain, War Machinery, S. 106.

123 PRO FO 800/100, Grey an Asquith, 8. September 1911. Vgl. Grey, Twenty-Five Years, Band I, S. 95. K. Wilson, »British Cabinet's Decision for War«, S. 149, 156f.; K. Wilson, Policy of the Entente, S. 28f., 124.

124 PRO CAB 41/33/28, Asquith an George V., 2. November 1911. Vgl. Morley, »Memorandum«, S. 17; K. Wilson, »Policy of the Entente«, S. 28.

125 d'Ombrain, War Machinery, S. 106f.; K. Wilson, Policy of the Entente, S. 28.

126 Hansard, V, 32, S. 58, 27. November 1911. Vgl. Trevelyan, Grey of Falloden, S. 113.

127 Morris, Scaremongers, S. 303.

128 Grey, Twenty-Five Years, Band I, S. 297ff.

129 Ibid., Band I, S. 97f. Vgl. Monger, End of Isolation, S. 197.

130 Hansard V, 63, S. 458, 11. Juni 1914. Vgl. Grey, Twenty-Five Years, Band I, S. 289ff.

131 PRO FO 800/92, Grey Denkschrift, 29. Februar 1906. Vgl. Monger, End of Isolation, S. 281f.; Schmidt, »Contradictory Postures«, S. 141f. Zu Crowes Version der gleichen Abschreckungstheorie, siehe Monger, End of Isolation, S. 271. Zu Nicolson, siehe K. Wilson, Policy of the Entente, S. 40.

132 Langhorne, »Great Britain and France«, S. 298, 306; K. Wilson, Policy of the Entente, S. 92, 98; F. Fischer, Griff nach der Weltmacht, S. 46.

133 K. Wilson, Policy of the Entente, S. 29, 39f., 42f., 52f.; Rowland, Last Liberal Governments, Band II, S. 250. Vgl. W. S. Churchill, »World Crisis«, Band I, S. 65, 203; Grey, Twenty-Five Years, Band I, S. 73-81, 95, 281.

134 PRO FO 800/55, Bertie an Grey, 8. März 1914. Vgl. K. Wilson, Policy of the Entente, S. 92.

135 Andrew, »Entente Cordiale«; S. 27.

136 Grey, Twenty-Five Years, Band I, S. 324f.; K. Wilson, Policy of the Entente, S. 36. Bereits im Dezember 1911 bezeichnete C.P. Scott Lloyd George, Churchill und Haldane als die Regierungsmitglieder, die sich Grey im Falle seines Rücktritts anschließen würden.

137 Grey, Twenty-Five Years, Band I, S. 81; Band II, S. 44; Asquith, Genesis, S. 57f., 63f., 83.

138 Steiner, Britain and the Origins of the First World War, S. 124, 148, 245, 253. Siehe auch Nicolson,

»Edwardian England«, S. 145-148.
Diese Möglichkeit wurde von Bertie erörtert, aber abgelehnt: K. Wilson, The Policy of the Entente, S. 46ff.; Monger, End of Isolation, S. 279.

4 Waffen und Soldaten

1 Grey, Twenty-Five Years, Band I, S. 90.
2 Stevenson, Armaments, S. 412, 415, 421.
3 Herrmann, Arming of Europe, S. 228ff.
4 Steinberg, »Copenhagen Complex«, S. 27ff.; Kennedy, »German World Policy«, S. 610f., 619f.
5 Monger, End of Isolation, S. 12.
6 Amery, Life of Joseph Chamberlain, Band IV, S. 197.
7 F. Fischer, »Weltpolitik«, in: Gregor Schöllgen (Hg.), Flucht in den Krieg, S. 21.
8 Offer, First World War, S. 291. Siehe dazu Steinberg, »Copenhagen Complex«, S. 32-38.
9 Berghahn, Germany and the Approach of War, S. 40f., 53.
10 Kennedy, »German World Policy«, S. 618, 621, 625.
11 Marder, British Naval Policy, S. 503.
12 Steinberg, »Copenhagen Complex«, S. 31-38; Monger, End of Isolation, S. 189.
13 Die 1906 vom Stapel gelassenen Dreadnoughts waren die ersten turbinengetriebenen, nur mit großen Geschützen ausgestatteten Schlachtschiffe. Zur Panik von 1908/1909 siehe Stevenson, Armaments, S. 166f.
14 Howard, »Edwardian Arms Race«, S. 91f.; Berghahn, Germany and the Approach of War, S. 59f.; Mackay, Fisher of Kilverstone, S. 398f.
15 Bond, War and Society, S. 103. Rußland verfügte jedoch über keine echten Dreadnoughts.
16 I. Clarke, Great War, S. 295.
17 Berghahn, Germany and the Approach of War, S. 254.
18 Offer, First World War, S. 252. Siehe auch Mackay, Fisher of Kilvertone, S. 370.
19 Offer, First World War, S. 237f.; D. French, British Economic and Strategic Planning, S. 28.
20 PRO FO 800/87, Tweedmouth an Grey, 17. August und 24. August 1907; 1. Januar 1909; Beresford an Grey, 26. Juni 1911; Grey an Churchill, 23. Dezember 1911. Vgl. Hankey, Supreme Command, Band I, S. 88, 91, 97-100; Offer, First World War, S. 252, 274-280, und den Bericht der britischen Delegation in G. Gooch und Temperley, British Documents, Band VIII, S. 295f. Fisher sagte geringschätzig voraus, die Resolutionen würden »zusammenbrechen, sobald die Kanonen zu schießen begännen«.
21 Offer, First World War, S. 232.
22 Ibid., S. 298f.
23 Förster, »Dreams and Nightmares«, S. 19.
24 Langhorne, »Great Britain and Germany«, S. 293.

25 W. S. Churchill, World Crisis, Band I, S. 100.
26 Churchill meinte die Triple-Allianz, nicht den Rest der Welt. Siehe die skeptischen Kommentare von McKenna: PRO CAB 2/2, CID-Meeting, 4. July 1912: »Diese Schätzung gründete sich auf die Annahme, daß eine 60prozentige Überlegenheit gegenüber Deutschland und praktisch eine Parität mit Österreich und Italien im Mittelmeer notwendig seien, mit anderen Worten, ein Dreimächtestandard plus einem Vorsprung von 60 Prozent.«
27 PRO FO 800/87, Churchill an Grey, 24. Oktober 1913.
28 W. S. Churchill, World Crisis, Band I, S. 168; R. Churchill, Winston S. Churchill, Band II, Teil III, S. 1820, 1825-1837, 1856f. Vgl. Morgan, Lloyd George Family Letters, S. 165f.; Lloyd George, War Memoirs, Band I, S. 5.
29 W. S. Churchill, World Crisis, Band I, S. 178f.
30 Asquith, Genesis, S. 143f.
31 Rowland, Last Liberal Governments, Band II, S. 278f. Das war nicht so genial, wie es klingt: Lloyd George versuchte bewußt, Churchills Kostenvoranschläge für die Marine zu unterbieten (siehe Kapitel 05). Vgl. PRO FO 800/87, Churchill an Grey, 8. Januar 1914; PRO FO 800/55, Bertie an Grey, 8. Januar 1914.
32 PRO CAB 38/11/15, Generalstabsarbeit über die »Möglichkeit der Landung einer feindlichen Streitmacht an der britischen Küste«, 26. März 1906. Vgl. d'Ombrain, Military Machinery, S. 86f.
33 PRO CAB 38/13/27, CID »Subcommittee secretary's notes«, »Invasion«, 20. Juli 1907; PRO CAB 3/14/7, Balfor Stellungnahme, 29. Mai 1908; PRO CAB 3/2/1/44A, CID Sub-committee Bericht, 22. Oktober 1908.
34 PRO CAB 38/26/13, CID Subcommittee Bericht, »Attack on the British Isles from Overseas«, 15. April 1914; PRO CAB 38/28/40, CID Secretary's note, »Attack on the British Isles from Overseas«, 14. September 1914.
35 Andrew, Secret Service, S. 71.
36 Förster, »Dreams and Nightmares«, S. 8.
37 Ibid., S. 9.
38 Ibid., 11.
39 Obwohl die Möglichkeit eines Ostaufmarsches gegen Rußland allein bis 1913 nicht ganz aufgegeben wurde.
40 Ritter, Der Schlieffenplan; Turner, »Significance of the Schlieffen Plan«, S. 199-221; Rothenberg, »Moltke, Schlieffen«, S. 296-325.
41 Kehr, Klassenkämpfe und Rüstungspolitik, insbesondere S. 98f., 110.
42 Förster, Der doppelte Militarismus, S. 1-10, 297-300; Förster, »Alter und neuer Militarismus«, S. 122-145.
43 Förster, Der doppelte Militarismus, S. 92.
44 Ibid., S. 26f., 91f., 133, 147.

45 Bucholz, Moltke, Schlieffen, S. 133.

46 Siehe Craig, Politics of the Prussian Army, S. 332-338. Trumpener, »Junkers and Others«, S. 29-47. Vgl. Demeter, Das deutsche Offizierskorps; Kitchen, German Officer Corps.

47 Berghahn, Germany and the Approach of War, S. 113. Zitat nach Ritter, Staatskunst und Kriegshandwerk, Band 2, S. 274.

48 Förster, Der doppelte Militarismus, S. 251.

49 F. Fischer, Krieg der Illusionen, S. 252ff.

50 Jarausch, Enigmatic Chancellor, S. 96.

51 Förster, Der doppelte Militarismus, S. 268f.

52 Kroboth, Finanzpolitik, S. 211.

53 Dukes, »Militarism and Arms Policy«, S. 19-35.

54 Zahlen aus Reichsarchiv, Weltkrieg, erste Reihe, Band I, S. 38f.; Statistisches Jahrbuch, S. 343. Siehe auch Förster, Der doppelte Militarismus. S. 28, 37, 96f., 129, 190, 248; Bucholz, Moltke, Schlieffen, S. 62, 67, 159; Joll, Origins, S. 72; Snyder, Ideology of the Offensive, S. 42, 107.

55 Reichsarchiv, Weltkrieg, erste Reihe, Band I, S. 22.

56 Förster, Der doppelte Militarismus, S. 205.

57 Stone, Eastern Front, S. 39; Kennedy, Rise and Fall of the Great Powers, insbesondere S. 261, 307. Vgl. Rothenberg, Army of Francis Joseph; Rutherford, Russian Army.

58 Förster, Der doppelte Militarismus, S. 164.

59 Ritter, Staatskunst und Kriegshandwerk, Band 2, S. 307.

60 Siehe E. Weber, Nationalist Revival in France.

61 Angell, Great Illusion, S. 153. Siehe auch S. 190f. über »den Trend des deutschen Sozialismus«.

62 Bucholz, Moltke, Schlieffen, S. 106, 128, Anmerkung 40.

63 Ibid., S. 316.

64 Siehe Jagows Kommentar vom Juli 1914, zitiert in Geiss, July 1914, Dokument 30.

65 Bucholz, Moltke, Schlieffen, S. 306f.; Stone, Eastern Front, S. 17-42.

66 Stone. Europe Transformed, S. 334.

67 Porch, »French Army«, Band I, S. 117-143.

68 Herrmann, Arming of Europe, S. 25. Joffre was als Generalissimus eine Fehlbesetzung: sein Vorgänger General Michel hatte eine weit realistischere Strategie gegen den Schlieffenplan ausgearbeitet. Es ist dennoch richtig, daß nur sehr wenige französische Offiziere eine wirklichkeitsgerechte Ansicht über den bevorstehenden Krieg besaßen: Henri Mordacq zählte zu den seltenen Pessimisten, die glaubten, der Krieg würde länger als ein paar Wochen dauern. Bond, War and Society, S. 83. Der beste Weg zum Verständnis der unterschiedlichen Pläne führt über das Studium der Karten in Banks, Arthur, Military Atlas, S. 16-32.

69 Siehe im allgemeinen Challender, French Theory.

70 Creveld, »Supplying War«, S. 119-124, 138-141.

71 Förster, »Dreams and Nightmares«, S. 17f., 24. Hervorhebung durch den Autor.

72 Ibid., S. 23. Siehe auch Förster, »Der deutsche Generalstab«, S. 61-95.

73 M. Gilbert, First World War, S. 7; Geiss, July 1914, S. 36f.

74 Jonathan Steinberg, »Der Kopenhagen Komplex«, in: Walter Laqueur, Kriegsausbruch 1914, München 1967, S. 41.

75 Förster, »Dreams and Nightmares«, S. 20.

76 Moltke, Erinnerungen und Dokumente, S. 13f.

77 Joll, Origins, S. 186.

78 Siehe Bernhardi, Deutschland und der nächste Krieg.

79 Stern, »Bethmann Hollweg«, S. 97. Vgl. Afflerbach, Falkenhayn, S. 147-171.

80 Jarausch, Enigmatic Chancellor, S. 96.

81 Ibid., S. 99.

82 Mommsen, »Topos of Inevitable War«, S. 23-44.

83 Erdmann, »Zur Beurteilung Bethmann Hollwegs«, S. 536f.; Stern, »Bethman Hollweg«, S. 91. Es sind Zweifel an der Zuverlässigkeit der Riezler-Tagebücher für diesen Zeitraum vorgebracht worden.

84 Berghahn, Germany and the Approach of War, S. 203.

85 F. Fischer, Krieg der Illusionen, S. 245.

86 Schulte, Europäische Krise, S. 22f., 48.

87 Stone, Eastern Front, S. 73-82; Stone, »Moltke and Conrad«, S. 222-251; Herwig, First World War, S. 87ff.

88 Bond, War and Society, S. 86, 94.

89 K. Wilson, Policy of the Entente, S. 112.

90 F. Fischer, Krieg der Illusionen, S. 242ff.

91 Förster, »Facing ›People's War‹«, S. 209-230.

92 Förster, »Dreams and Nightmares«, S. 16 Anmerkung.

93 F. Fischer, Krieg der Illusionen, S. 244; Bond, War and Society, S. 86.

94 Seligmann, »Germany and the Origins«, S. 317.

95 F. Fischer, Krieg der Illusionen, S. 584; Geiss, Juli 1914, Dokumente 3, 4.

96 Max Warburg Nachlaß, »Jahresbericht 1914«, S. 1f.; Warburg, Aus meinen Aufzeichnungen, S. 29.

97 Weinroth, »British Radicals«, S. 680.

98 Ibid., S. 512.

99 T. Wilson, »Lord Bryce's Investigation«, S. 370f.

100 Trumpener, »War Premeditated«, S. 84.

101 L. Farrar, Short-War Illusion.

102 Kossmann, Low Countries, S. 518f.; Stevenson, Armaments, S. 301.

103 Summers, »Militarism in Britain«, S. 111.

104 Offer, »Going to War«, S. 231.

105 Beckett, »Nation in Arms«, S. 5ff.; Reader, At Duty's Call, S. 107.

106 Collier, Brasshat, S. 117.

107 K. Wilson, Policy of the Entente, S. 69.

108 Metternichs Formulierung, zitiert in Amery, Life of Joseph Chamberlain, Band IV, S. 151.

109 Dallas und Gill, Unknown Army, S. 17, 24; Bourne, »British Working Man in Arms«, S. 338; Beckett, »Nation in Arms«, S. 7; Fuller, Troop Morale, S. 47; Sheffield, »Officer Man Relations«, S. 413. Vgl. Morris, Scaremongers, S. 225-232.

110 J. Gooch, Plans of War, S. 47, 71-89.

111 Travers, »Offensive«, S. 531-553; Travers, »Technology«, S. 264-286.

112 Trebilcock, »War and the Failure of Industrial Mobilization«, S. 150-161. Zum Mangel an Vorbereitungen auf dem Gebiet der Artillerie, siehe Adams, Arms and the Wizard, S. 170.

113 K. Wilson, Policy of the Entente, S. 63f. Vgl. J. Gooch, Plans of War, S. 289; d'Ombrain, War Machinery, S. 102.

114 PRO CAB 4/3, CID Vorlage 121-B, 4. November 1910; PRO CAB 2/2, CID Meeting, 25. April 1912; PRO CAB 2/3, CID Meeting, 5. August 1913. Vgl. J. Gooch, Plans of War, S. 97ff., 265, 289, 294f.; d'Ombrain, War Machinery, S. 17, 109ff., 265, 271ff.; D. French, British Economic and Strategic Planning, S. 18, 74-84. Vgl. Hankey, Supreme Command, Band I, S. 122, 178.

115 Albertini, Origins, Band III. S. 331, 368, 644; Lloyd George,

War Memoirs, Band I, S. 57f.; Hazlehurst, Politicians at War, S. 41. Für ähnliche Ansichten, siehe Gordon, »Domestic Conflicts and the Origins of the First World War«, S. 195ff.

116 Grey, Twenty-Five Years, Band II, S. 42; Asquith, Genesis, S. 202; Trevelyan, Grey of Falloden, S. 257. Siehe Nicolson, »Edwardian England«, S. 145-148.

117 J. M. Hobson, »Military-Extraction Gap«, S. 461-506. Die gleiche Behauptung findet sich in Friedberg, Weary Titan, S. 301f.

118 McKeown, »Foreign Policy«, S. 259-272.

119 D. French, British Economic and Strategic Planning, S. 10.

120 Hazlehurst, Politicians at War, S. 301.

121 K. Wilson, Grey, S. 177.

5 Öffentliche Finanzen und nationale Sicherheit

1 Howard, »Edwardian Arms Race«, S. 95.

2 Siehe Zahlenmaterial in Statistisches Jahrbuch, S. 348-355; Andic und Veverka, »Growth of Government Expenditure«, S. 189, 205, 263; Roesler, Finanzpolitik, S. 195; Witt, Finanzpolitik, S. 380f.; Hentschel, Wirtschaft und Wirtschaftpolitik, S. 149; Schremmer, »Taxation and Public Finance«, S. 474.

3 Siehe J. M. Hobson, »Military Extraction Gap«, passim; Stevenson, Armaments, S. 1-14. Meine eigenen Berechnungen finden sich

in Ferguson, »Public Finance and National Security«, S. 141-168. Die Daten von N. Choucri, R. C. North, J. D. Singer und M. Small an der Michigan University werden zusammengefaßt in Offer, »The British Empire«, S. 215-238. Obwohl es kleinere Differenzen zwischen all den Zahlenreihen, die aufgestellt worden sind, gibt, so besteht doch Übereinstimmung im Hinblick auf das »Gesamtbild«.

4 Ferguson, »Public Finance and National Security«.

5 Zu einigen früheren Versuchen, dies zu berechnen, siehe Q. Wright, Study of War, S. 670f.; A. J. P. Taylor, Struggle for Mastery, S. XXVIII; und Richardson, Arms and Insecurity, S. 87.

6 Zahlen für 1995 nach Economist, Britain in Figures 1997.

7 Zahlen nach Stockholm International Peace Research Institute, Yearbook 1992, S. 264-268; International Institute of Strategic Studies, Military Balance, S. 218-221.

8 Andic und Veverka, »Growth of Government Expenditure«, S. 262f.; Berghahn, Modern Germany, S. 296.

9 Ferguson, »Public Finance and National Security«. Indem er Hobsons Zahlen leicht modifiziert, gelangt Stevenson wiederum zu leicht abweichenden Zahlen (für den prozentuellen Anteil vom Bruttosozialprodukt): Deutschland - 4,9 Prozent; Großbritannien - 3,4 Prozent; Österreich - 3,5 Prozent; Frankreich - 4,3 Prozent;

Rußland - 5,1 Prozent: Armaments, S. 6.

10 O'Brien, »Power with Profit«.

11 Wagner, Grundlegung, S. 895; Timm, »Das Gesetz«, S. 201-247.

12 F. Fischer, »Die Außenpolitik des kaiserlichen Deutschland und der Ausbruch des Ersten Weltkriegs«, in: Gregor Schöllgen (Hg.), Flucht in den Krieg, S. 21.

13 Peacock und Wiseman, Growth of Public Expenditure, S. 151-201. Vgl. Kennedy, »Strategy Versus Finance«, S. 45-52.

14 Als Schatzkanzler besaß Lloyd George selbstverständlich einen Ansporn, seine Kollegen an diese Zusicherungen zu erinnern: K. Wilson, Policy of the Entente, S. 7; Howard, »Edwardian Arms Race«, S. 81. Asquith ist es gelungen, den Kostenansatz für die Marine im Jahre 1906 zu reduzieren: Bernstein, Liberalism and Liberal Politics, S. 174f.

15 PRO FO 800/87, Churchill an Grey und Asquith, 8. Juli 1913; Grey an Churchill, 31. Oktober 1913. Vgl. R. Churchill, Winston S. Churchill, Band II, Teil 3, S. 1820; Steiner, Britain and the Origins of the First World War, S. 164; Rowland, Last Liberal Governments, Band II, S. 271-280.

16 PRO CAB 41/35/3, Asquith an George V., 11. Februar 1914. Vgl. W. S. Churchill, World Crisis, Band I, S. 174-177; Lloyd George, War Memoirs, Band 1, S. 5; R. Churchill, Winston S. Churchill, Band II, Teil 3, S. 1856f., 1861,

1873; Rowland, Last Liberal
Governments, Band II, S. 280-286;
K. Morgan, Lloyd George Family
Letters, S. 165f. Beide Männer
spürten, daß sie Schlachten des
19. Jahrhunderts wieder aufführten:
Churchill die seines Vaters; Lloyd
George diejenigen Gladstones.

17 Rowland, Last Liberal Governments, Band II, S. 283.

18 Delarme und André, L'Etat, S. 50,
721-727, 733.

19 Bankers Trust Company, French
Public Finance, (New York, 1920),
S. 4, 182; Schremmer, »Taxation
and Public Finance«, Tabelle 55.

20 Bankers, Trust Company, French
Public Finance, S. 210; Schremmer,
»Taxation and Public Finance«,
Tabelle 58.

21 P Gregory, Russian National
Income, S. 58f., 252, 261ff.; Gatrell,
Tsarist Economy, S. 214-222.

22 Gatrell, Government, Industry,
S. 139f.

23 PRO CAB 38/16/6, Edgar Cram-
mond, Thesen zur Kriegsfinanzierung, dem Institute of Bankers
vorgelegt, 20. April 1910.

24 Gall, Bismarck, Frankfurt/Berlin/
Wien 1980, S. 449.

25 Eine Maximalschätzung des
Anteils des öffentlichen Sektors
am Nettosozialprodukt – einschließlich Einnahmen aus Unternehmen des öffentlichen Bereichs,
öffentliche Kreditaufnahme und
Sozialversicherung – ergibt einen
Anstieg desselben von 13,8 Prozent 1890 auf 18,8 Prozent 1913:
Hentschel, Wirtschaft und Wirt-

schaftspolitik, S. 148. Vgl. Witt,
»Finanzpolitik und sozialer Wandel«, S. 565-574.

26 Schremmer, »Taxation and Public
Finance«, S. 468-494.

27 Witt, Finanzpolitik, S. 1-31; Witt,
»Reichsfinanzen«, S. 146-177.

28 Wehler, Das deutsche Kaiserreich,
S. 30-40, 60-71; Berghahn, »Politik
und Gesellschaft«, S. 168-173;
Witt, »Innenpolitik und Imperia-
lismus«; und eine ganz anders
geartete Ansicht findet sich in
Rauh, Föderalismus, Rauh, Die
Parlamentarisierung.

29 Crothers, German Elections.

30 Zur ständig anwachsenden Mittel-
standsorientierung des Zentrums,
siehe Blackbourn, Class, Religion.

31 Hentschel schätzt, daß die Belastung mit indirekten Steuern von
fünf Prozent auf Einkommen von
bis zu 800 Mark auf gerade einmal
ein Prozent bei Einkommen über
10.000 Mark fiel. Allein die Ein-
fuhrzölle kosteten eine Durch-
schnittsfamilie bis zu 1,5 Prozent
des Jahreseinkommens: Wirtschaft
und Wirtschaftspolitik, Tabelle 37.

32 Wysocki, »Die österreichische
Finanzpolitik«, S. 68-104.

33 J. M. Hobson, »Military-Extraction Gap«, S. 495f., 499f. Für ähnliche Vorschläge, siehe Friedberg,
Weary Titan, S. 301f. Aber siehe
auch McKeown, »Foreign Policy«,
S. 259-278.

34 Butler und Butler, British Political
Facts.

35 Schremmer, »Taxation and Public
Finance«, Tabellen 51, 52, 54 und

55; Bankers Trust Company,
French Public Finance, S. 184-189.
Die Stempelsteuern dienten als
quasi-direkte Steuern, denn sie
waren in den meisten Fällen von
den wohlhabenderen Bürgern zu
entrichten.

36 Kruedener, »Franckenstein Paradox«, S. 111-123; Witt, Finanzpolitik, S. 15ff.; Hentschel, Wirtschaft
und Wirtschaftspolitik, S. 174ff.,
Vgl. Terhalle, »Geschichte«,
S. 174-189.

37 Dies geschah in Sachsen 1874,
Baden 1884, Preußen 1892, Württemberg 1903 und Bayern 1912:
Schremmer, »Taxation and Public
Finance«, S. 488ff. 1913 hingen die
Bundesstaaten für 40 bis 75 Prozent ihrer Einnahmen von der Einkommensteuer ab. Die Kommunen, die 1913 für etwa 40 Prozent
aller öffentlichen Ausgaben
zuständig waren, waren ebenfalls
in wachsendem Maße auf die Einkommensteuer angewiesen: 1910
stammten 52 Prozent der Einnahmen der preußischen Kommunen
aus Zuschlägen zur staatlichen
Einkommensteuer: Hentschel,
»German Economic and Social
Policy«, S. 163f.

38 Kroboth, Finanzpolitik, S. 29.

39 Es paßte den Sozialdemokraten,
wie es auch vielen Historikern
gefallen hat, nur von den Reichsfinanzen zu sprechen, wenn sie den
regressiven und militaristischen
Charakter des deutschen Finanzsystems unterstreichen wollten.
Viel weniger sprachen sie vom

immer progressiver werdenden
Steuersystem der Länder und
Gemeinden, deren Einnahmen im
Zeitraum von 1910 bis 1913 ungefähr zur Hälfte in die »Sozialpoli-
tik« (zum Beispiel Gesundheits-
wesen und Erziehung) flossen.
Zwischen 1907 und 1913 stieg der
Prozentsatz der gesamten öffentlichen Einnahmen, der aus direkten
Steuern hervorging, von 49 auf
57 Prozent; der Prozentsatz der
gesamten öffentlichen Ausgaben,
der für »soziale«- und Erziehungs-
zwecke ausgegeben wurde, wuchs
von 13,3 Prozent (1891) auf
28 Prozent: siehe Kroboth,
Finanzpolitik, S. 301-305; Hentschel, Wirtschaft und Wirtschaftspolitik, S. 150; Schremmer,
»Taxation and Public Finance«,
Tabelle 95.

40 Berghahn, »Das Kaiserreich«;
Mommsen, »Die latente Krise«.
Siehe auch Schmidt, »Innenpoliti-
sche Blockbildungen«, S. 3-32.

41 Kroboth, Finanzpolitik, S. 115.

42 Der Regierung gelang es, den
zweiten und den dritten Antrag zu
unterdrücken, ibid., S. 170-181.

43 Ibid., S. 181-273.

44 Groh, »›Je eher, desto besser!‹«;
Wehler, Das deutsche Kaiserreich,
S. 192-201.

45 Westarp und Heydebrand hatten
sich wegen der Taktik der Konservativen entzweit; Erzbergers
Begeisterung wurde nicht von allen
Znetrumsabgeordneten geteilt,
viele von ihnen stimmten vielmehr
für die Kapitalertragssteuer; zahl-

reiche Sozialdemokraten waren dagegen, für irgendwelche Gesetzentwürfe zu stimmen, die mit Rüstungsausgaben verbunden waren; dagegen war eine beträchtliche Anzahl von Nationalliberalen über die Einführung eines progressiv gestaffelten Verteidigungsbeitrags betrübt: Kroboth, Finanzpolitik, S. 272ff.

46 Stegmann, Erben Bismarcks, S. 356; Eley, Reshaping the German Right, S. 330-334.

47 Kehr, »Klassenkämpfe und Rüstungspolitik«, insbesondere S. 98f., 110.

48 Delarme und André, L'Etat, S. 50, 721-727, 733; Lévy-Leboyer und Bourgignon, L'Économie française, S. 320ff.; Straus, »Le Financement«, S. 50, 97.

49 P. Gregory, Russian National Income, S. 58f., 252, 261ff.; Gatrell, Tsarist Economy, S. 214-222.

50 Kroboth, Finanzpolitik, S. 122, Anmerkung 65.

51 Kroboth schätzt den Anteil an der gesamten Reichsschuld, der durch Heer, Flotte und Kolonien verursacht worden ist, für 1913/1914 auf 65,3 Prozent: ibid., S. 33 Anmerkung.

52 Berechnet nach Zahlenmaterial in Witt, Finanzpolitik, S. 378.

53 Kroboth, Finanzpolitik, S. 33.

54 Hentschel, Wirtschaft und Wirtschaftspolitik, S. 144; Kroboth, Finanzpolitik, S. 489.

55 Zahlen aus Kroboth, Finanzpolitik, S. 489ff. Vgl. Stuebel, Das Verhältnis.

56 Paulinyi, »Die sogenannte gemeinsame Wirtschaftspolitik«, S. 567-604; März, Austrian Banking, S. 26-30, 99; Bordes, Austrian Crown, S. 232f.; Komlos, Habsburg Monarchy, S. 153, 176.

57 Kroboth, Finanzpolitik, S. 235.

58 Ibid., S. 98.

59 Ferguson, Paper and Iron, S. 91ff.

60 Warburg, Aus meinen Aufzeichnungen, S. 29f.

61 MMW, Max M. Warburg Papers, »Geeignete und ungeeignete Mittel zur Hebung des Kurses der Staatspapiere«. Warburg betrachtete Deutschlands Bloßstellung auf dem internationalen Markt als Teil des Problems und trat dafür ein, daß die Staatsverschuldung eine innere Angelegenheit bleiben sollte.

62 F. Fischer, Krieg der Illusionen, S. 519, 543.

63 Kennedy, Rise of the Anglo-German Antagonism, S. 304.

64 Kroboth, Finanzpolitik, S. 188.

65 H. Schottelius und W. Deist (Hrsg.), Marine und Marinepolitik im kaiserlichen Deutschland, 1871-1914, Düsseldorf 1972, S. 162; Berghahn, Germany and the Approach of War, S. 83.

66 Sterling Library, Yale University, Paul M. Warburg Papers, Series II, box 8, Folder 118, Max M. Warburg, »Die geplante Reichsfinanzreform: Wie vermeiden wir, daß aus der Beseitigung der Reichsfinanznot eine Bundesstaatsfinanznot entsteht [?]«, November 1908.

67 L. Cecil, Albert Ballin, S. 159f.

68 Zitiert bei Ropponen, Die russische Gefahr, S. 98f.
69 Berghahn, Germany and the Approach of War, S. 77f.
70 Ibid., S. 82f.
71 Förster, Der doppelte Militarismus, S. 253.
72 Kroboth, Finanzpolitik, S. 210f.
73 Bodleian Library, Oxford, Harcourt MSS, 577, Churchill Memorandum, 3. November 1909. Ich danke Edward Lipman für den Hinweis auf dieses Dokument.
74 Siehe O'Hara, »Britain's War of Illusions«.
75 G. Gooch und Temperley, British Documents, Band VI, Nr. 430, 437.
76 PRO FO 371/10281, Goschen an Grey, 3. März 1913.
77 RAL, XI/130A/0, Lord Rothschild in London an seine Vettern in Paris, 5. April 1906.
78 RAL, XI/130A/1, Lord Rothschild in London an seine Vettern in Paris, 3. Januar 1907.
79 RAL, XI/130A/1, Lord Rothschild in London an seine Vettern in Paris, 17. April 1907.
80 RAL, XI/130A/2, Lord Rothschild in London an seine Vettern in Paris, 2. April 1908; RAL, XI/130A/3, Lord Rothschild in London an seine Vettern, 7. Januar 1909.
81 Siehe e.g., E. Dugdale, German Diplomatic Documents, Band III, S. 407.
82 Poidevin, Relations économiques, S. 635, 655-659.
83 Seligmann, »Germany and the Origins«, S. 315f.
84 RAL, XI/130A/1, Lord Rothschild, London, an seine Vettern, Paris, 28. Januar 1907.
85 Zitat nach Stenographische Berichte des Reichstags, Band 268, S. 7730C. Siehe Mommsen, »Topos of Inevitable War«, S. 23-44.
86 Ferro, Great War, S. 32.
87 Siehe beispielsweise, Hildebrand, Deutsche Außenpolitik, S. 1.
88 Zilch, Die Reichsbank, S. 69-133; Hentschel, Wirtschaft und Wirtschaftspolitik, S. 136-143.
89 Roesler, Finanzpolitik, passim.

6 Die letzten Tage der Menschheit: 28. Juni bis 4. August 1914

1 Malcolm, Bosnia, S. 133-155. A.J.P. Taylor hat dies einprägsam dargelegt: »Wenn ein Mitglied des britischen Königshauses auf dem Höhepunkt der Unruhen am St. Patrick's Day offiziell nach Dublin gereist wäre, hätte es auch damit rechnen müssen, erschossen zu werden.«: Struggle for Mastery, S. 520. Tatsächlich hatte die serbische Regierung die Österreicher vor dem Besuch gewarnt, was nicht gerade typisch für den Rädelsführer einer Verschwörung ist. Siehe auch die Darstellung in Davies, Europe, S. 877f.
2 G. Gooch und Temperley, British Documents, Band I, S. 220.
3 A. J. P. Taylor, Struggle for Mastery, S. 485.
4 Zum österreich-ungarischen Hintergrund, siehe auch S. Williamson, Austria-Hungary and the Coming

of the First World War, Leslie, »Antecedents of Austria-Hungary's War Aims«, S. 307-394.

5 A. J. P. Taylor, Struggle for Mastery, S. 453.

6 Davies, Europe, S. 881.

7 A. J. P. Taylor, Struggle for Mastery, S. 495.

8 Ibid., S. 521. Vgl. S. Williamson, Austria-Hungary and the Coming of the First World War, S. 195f.

9 Unter vielen Beispielen, siehe Biedermanns Bericht nach Dresden am 17. Juli in Geiss, Juli 1914, Dokument 28.

10 Geiss, July 1914, S. 44. Vgl. die sehr pessimistischen Einschätzungen von Schoen am 18. Juli 1914: Geiss, Juli 1914, Dokument 33.

11 Ibid., Dokumente 97, 98, 99, 122, 130.

12 Ibid., Dokumente 100, 108, 128, 129, 130, 135, 163, 173, 174.

13 Ibid., Dokument 95.

14 Ibid., Dokumente 96, 101, 110, 165.

15 Ibid., Dokumente 112, 131; Schmidt, »Contradictory Postures«, S. 149.

16 Geiss, Juli 1914, Dokumente, 130, 133, 134, 143.

17 July1914, Dokumente 125, 168, 171, S. 266, 270, 364; Ritter, Staatskunst und Kriegshandwerk, Band II, S. 329-343; Berghahn, Germany and the Approach of War, S. 207.

18 Turner, »Russian Mobilization«, S. 252-268.

19 Berghahn, Germany and the Approach of War, S. 206; Geiss, Der lange Weg, S. 320; Pogge von Strandmann, »Germany and the Coming of War«, S. 120.

20 Albertini, Origins, Band II, S. 343.

21 Trumpener, »War Premeditated«, S. 69f., 80ff. General Hermann von François, einer der drei in West- und Ostpreußen stationierten Korpskommandeure, warnte seine Frau am Vormittag des 30., daß die »Musik« bald zu spielen beginne. Der Agent, der ein russisches Mobilisierungsplakat über die Grenze schmuggelte, war ein polnischer Kaufmann namens Pinkus Urwicz. [...] Etwa gleichzeitig ging ein Telegramm von der deutschen Botschaft in St. Petersburg ein, das diese Nachricht bestätigte.

22 Schmidt, »Contradictory Postures«, S. 143ff. Vgl. Berghahn, Germany and the Approach of War, S. 139f., 191f., 200; Geiss, Juli 1914, Dokument 30.

23 Geiss, Juli 1914, Dokumente 162, 170.

24 Seligmann, »Germany and the Origins«, S. 315.

25 Geiss, Juli 1914, Dokumente 148, 176.

26 Kroboth, Finanzpolitik, S. 279.

27 Erdmann, »Zur Beurteilung Bethmann Hollwegs; Erdmann, »War Guilt 1914 Reconsidered«, S. 334-370; Zechlin, »Deutschland zwischen Kabinettskrieg und Wirtschaftskrieg«, S. 347-458; Jarausch, »Illusion of Limited War«; Hildebrand, »Julikrise 1914«. Siehe auch Erdmann, »Hat Deutschland auch den Ersten Weltkrieg entfesselt«, und Zechlin,

»Julikrise und Kriegsausbruch 1914«.

28 Berghahn, Germany and the Approach of War, S. 180.

29 Ibid., S. 203; Schmidt, »Contradictory Postures«, S. 144.

30 Geiss, Julikrise, Band I, Dok. 75.

31 Geiss, Julikrise, Band I, Dokument 135.

32 T. Wolff, Tagebücher, Band I, S. 64.

33 Ibid., S. 64f.

34 Berghahn, Germany and the Approach of War, S. 203.

35 A. J. P. Taylor, Struggle for Mastery, S. 522.

36 Geiss, Juli 1914, Dokument 125.

37 Schmidt, »Contradictory Postures«, S. 144; Trevelyan, Grey of Falloden, S. 244.

38 Seligmann, »Germany and the Origins«, S. 320.

39 Ibid., S. 322, 330f.

40 Fischer, »Foreign Policy of Imperial Germany«, S. 37.

41 F. Fischer, Krieg der Illusionen, S. 663-682; Pogge von Strandmann, »Germany and the Coming of War«, S. 118f.

42 Offer, »Going to War«, S. 213-241. Moltke war kein Instetten.

43 Albertini, Origins, Band II, S. 429, 497, 687.

44 Geiss, Juli 1914, Dokumente 95, 96; Grey, Twenty-Five Years, Band I, S. 319f.

45 Albertini, Origins, Band II, S. 329-334, 340; Geiss, Juli 1914, Dokumente 50, 79; W. S. Churchill, World Crisis, Band I, S. 193f.

46 Geiss, Juli 1914, Dokumente 103, 110, 112, 114.

47 Ibid., Dokumente 108, 119, 120; Albertini, Origins, Band II, S. 509; Grey, Twenty-Five Years, Band I, S. 319; Asquith, Genesis, S. 190ff.

48 Geiss, Juli 1914, Dokumente 90, 100.

49 Ibid., Dokumente 121, 122, 123, 128; Albertini, Origins, Band II, S. 510ff.

50 Geiss, Juli 1914, Dokumente 101, 140, 141a, 153.

51 Ibid., Dokumente 118, 123, 124, 137, 138, 147.

52 Ibid., Dokumente 91, 111, 114, 115, 125.

53 Ibid., Dokumente 133, 134, 143, 145, 154; Albertini, Origins, Band II, S. 523-526.

54 Geiss, Juli 1914, Dokument 147; Albertini, Origins, Band II, S. 635-638, 645; Band III, S. 378f., 390f.

55 Geiss, Juli 1914, Dokument 158; Albertini, Origins, Band II, S. 634f.; Band III, S. 373, 378, 386.

56 Geiss, Juli 1914, Dokumente 107, 148, 149.

57 Ibid., Dokument 152.

58 Ibid., Dokument 164; PRO FO 800/94, Nicolson an Grey, 31. Juli 1914. Vgl. Hazlehurst, Politicians at War, S. 52; Andrew, »Entente Cordiale«, S. 33; K. Wilson, Policy of the Entente, S. 95; Albertini, Origins, Band III, S. 374.

59 Hazlehurst, Politicians at War, S. 78f. Siehe auch Greys Wiederholung derselben Formel gegenüber Ponsonby: ibid., S. 37. Vgl. K. Wilson, »British Cabinet's Decision for War«, S. 149.

60 Geiss, Juli 1914, Dokumente 130, 133.

61 Albertini, Origins, Band II, S. 501, 514, 523-525.

62 Dem deutschen Angebot, die territoriale Integrität Frankreichs zu garantieren (nicht aber den französischen Kolonialbesitz) war tatsächlich durch den deutschen Reeder Albert Ballin bei einem Dinnergespräch mit Churchill am 24. Juli der Weg bereitet worden: W. S. Churchill, World Crisis, S. 196; L. Cecil, Albert Ballin, S. 207. Zu Bethmanns Angebot siehe Geiss, Juli 1914, Dokumente 139, 167; Albertini, Origins, Band II, S. 506; Grey, Twenty-Five Years, Band I, S. 325f.

63 Geiss, Juli 1914, Dokument 151; Albertini, Origins, Band II, S. 507, 519, 633; Grey, Twenty-Five Years, Band I, S. 327f.; R. Churchill, Winston S. Churchill, Band II, Teil 3, S. 1989, 1993; K. Wilson, »British Cabinet's Decision for War«, S. 153; W. S. Churchill, World Crisis, Band I, S. 213ff.; Offer, First World War, S. 308; Hazlehurst, Politicians at War, S. 23.

64 Albertini, Origins, Band II, S. 511ff., 521ff.; Asquith, Genesis, S. 198.

65 Geiss, Juli 1914, Dokumente, 170, 173, 177. Vgl. Albertini, Origins, Band III, S. 380-385. Zu Moltkes Verzweiflung meinte der Kaiser, dies bedeute, daß der Angriff im Westen abgeblasen werden könne; er bestellte sogar Champagner, um dies zu feiern: M. Gilbert, First World War, S. 30.

66 Albertini, Origins, Band II, S. 639.

67 Kennedy, Rise of the Anglo-German Antagonism, S. 458f.

68 Hazlehurst, Politicians at War, S. 36-39; R. Churchill, Winston S. Churchill, Band II, Teil 3, S. 1990f.

69 Hazlehurst, Politicians at War, S. 33; Bentley, Liberal Mind, S. 17.

70 Beaverbrook, Politicians and the War, S. 19ff. Vgl. Trevelyan, Grey of Falloden, S. 254; Hazlehurst, Politicians at War, S. 49, 73, 84-91; K. Wilson, »British Cabinet's Decision for War«, S. 150ff.; K. Wilson, Policy of the Entente, S. 136-139. Es ist ein Irrtum zu meinen, Lloyd George habe sich durch seine Rede im Mansion House von 1911 in irgendeiner Weise auf eine Intervention festgelegt. Lloyd George war stets nur einem verpflichtet: nämlich Lloyd George.

71 K. Wilson, »British Cabinet's Decision for War«, S. 150.

72 Beaverbrook, Politicians and the War, S. 28f.; W. S. Churchill, World Crisis, Band I, S. 216f.; R. Churchill, Winston S. Churchill, Band II, Teil 3, S. 1997.

73 K. Wilson, Policy of the Entente, S. 138ff.; Hazlehurst, Politicians at War, S. 94; Geiss, Juli 1914, Dokument 183; Albertini, Origins, Band III, S. 406f. Vgl. Grey, Twenty-Five Years, Band II, S. 2; Offer, First World War, S. 317.

74 PRO CAB 16/5XC/A/035374, Foreign Office Memorandum

(CID paper E-2), 11. Nov. 1908.
Vgl. K. Wilson, »Foreign Office«,
S. 409.

75 Lloyd George, War Memoirs,
Band I, S. 30f., 40; W. S. Churchill,
World Crisis, Band I, S. 65, 199,
219.

76 Albertini, Origins, Band III,
S. 513; Asquith, Genesis, S. 211.

77 Hazlehurst, Politicians at War,
S. 73; K. Wilson, Policy of the
Entente, S. 136; K. Wilson, »British
Cabinet's Decision for War«,
S. 149.

78 R. Churchill, Winston S. Chur-
chill, Band II, Teil 3, S. 1991, 1996;
Geiss, Juli 1914, Dokumente 166,
174; Albertini, Origins, Band III,
S. 388f., 399f. Vgl. Grey, Twenty-
Five Years, Band I, S. 329f.; Band
II, S. 10; Asquith, Genesis, S. 209.

79 Beaverbrook, Politicians and the
War, S. 22f.; M. Brock, »Britain
Enters the War«, S. 149f.

80 K. Wilson, »British Cabinet's
Decision for War«, S. 153; Brock,
»Britain Enters the War«, S. 151;
B. Gilbert, Lloyd George, S. 110;
Hazlehurst, Politicians at War,
S. 70f.

81 PRO CAB 41/35/23, Crewe an
George V., 2. August 1914. Vgl.
Albertini, Origins, S. 409f. (Her-
vorhebung des Autors). Einen
anschaulichen Nachweis für Lloyd
Georges Ringen um dieses Thema
gibt K. Morgan, Lloyd George
Family Letters, S. 167. Siehe auch
Lloyd Georges Bemerkungen zu
C.P. Scott in B. Gilbert, Lloyd
George, S. 112.

82 Geiss, Juli 1914, Dokumente 179,
184, 188; Albertini, Origins, Band
III, S. 479, 489, 492, 497.

83 Die Aussage, »hätte Deutschland
nicht [Belgien] überfallen, dürfte es
noch einige weitere Rücktritte
gegeben haben«, stellt eine Untertreibung der Brüchigkeit der
Regierung insgesamt dar: Martel,
»Origins, S. 69.

84 Brock, »Britain Enters the War«,
S. 145.

85 Albertini, Origins, Band III,
S. 486f.; Grey, Twenty-Five Years,
Band II, S. 14f.; K. Wilson, Policy
of the Entente, S. 144.

86 K. Wilson, »British Cabinet's
Decision for War«, S. 154.

87 Beaverbrook, Politicians and the
War, S. 31; Albertini, Origins,
Band III, S. 399-404; K. Wilson,
Policy of the Entente, S. 141.

88 Lammers, »Arno Mayer«, S. 159;
K. Wilson, »British Cabinet's
Decision for War«, S. 155. Vgl.
Woodward, Great Britain, S. 46,
zur Erwiderung dieses Gefühls
von seiten der Tories.

89 Beaverbrook, Politicians and the
War, S. 36; Hankey, Supreme
Command, S. 169ff., 187, 192;
Albertini, Origins, Band III,
S. 510f.; K. Wilson, Policy of the
Entente, S. 125; J. Gooch, Plans of
War, S. 301ff.; Collier, Brasshat,
S. 162f.; K. Morgan, Lloyd George
Family Letters, S. 169; d'Ombrain,
War Machinery, S. 113f.

90 Hazlehurst, Politicians at War,
S. 63f.

91 Woodward, Great Britain, S. 32-

35; Hankey, Supreme Command, S. 187-197; Collier, Brasshat, S. 166f., 172-190. Siehe auch Guinn, British Strategy, S. 37ff.

92 Asquith, Genesis, S. 57f., 60, 63f., 83.

93 Grey, Twenty-Five Years, Band I, S. 75, 81, 85, 313, 334f. Vgl. Trevelyan, Grey of Falloden, S. 254, 260.

94 Ibid., Band II, S. 28.

95 F. Fischer, Krieg der Illusionen, S. 369-383.

96 Butterfield, »Sir Edward Grey«, S. 1f.; Hatton, »Britain and Germany«, S. 143.

97 F. Fischer, Griff nach der Weltmacht, S. 107-117.

98 F. Fischer, Griff nach der Weltmacht, S. 15, 36, 41ff., 106f.; Berghahn, Germany and the Approach of War, S. 138ff.

99 Zum Beispiel im Jahre 1892: Geiss, July 1914, S. 21f.

100 Geiss, Juli 1914, Dokument 135.

101 Ibid., Dokument 179.

102 G. Gooch und Temperley, British Documents, Band VI, Anmerkung 442.

103 Siehe Grey, Twenty-Five Years, Band I, S. 325; Albertini, Origins, Band II, S. 506. Man sollte jedoch festhalten, daß die Integrität Belgiens nur für den Fall garantiert war, daß »Belgien nicht gegen uns Partei ergreift« und daß im Hinblick auf die französischen Kolonien keine Zusicherung gegeben wurde. Daraus kann man wohl ableiten, daß Moltkes Entwurf 87, der den Angriff gegen Belgien rechtfertigte, nicht nur die Souveränität im Austausch für seine Neutralität garantierte, sondern auch die Räumung des Landes sofort nach Kriegsende und Kompensation für sämtliche Kriegsschäden. Geiss, Juli 1914, Dokument 91. Während des Krieges war die Zukunft Belgiens in Berlin ein Zankapfel, und es erwies sich als unmöglich, eine ausreichend eindeutige Verpflichtung zur Wiederherstellung der Integrität Belgiens abzugeben, um die öffentliche Meinung in Großbritannien zufriedenzustellen; allerdings sollte man festhalten, daß der Streitpunkt sich beinahe erledigt hätte, wären die Deutschen imstande gewesen – was sie beinahe geschafft hätten –, König Albert zu veranlassen, die Neutralitätsverpflichtung seines Landes fallenzulassen. F. Fischer, Griff nach der Weltmacht, 331-335, 577-586.

104 Geiss, Juli 1914, Dokument 179.

105 F. Fischer, Griff nach der Weltmacht, S. 111f.

106 Ibid., S. 114ff.

107 Offer, »Going to War«, S. 228.

7 Augusttage: Mythos »Kriegs-begeisterung«

1 Hitler, Mein Kampf, 176ff.

2 Vgl. Kershaw, Hitler 1889-1936, S. 133.

3 Finch, Diary, 12. Januar 1915; 18. Januar 1915.

4 Siehe beispielsweise Eksteins, Rites of Spring, beispielsweise S. 55-93, 193-197. Siehe auch, Wohl, Generation of 1914.

5 Meinecke, Die deutsche Katastrophe, S. 43.
6 Meinecke, Die deutsche Erhebung.
7 Siehe im allgemeinen, Joll, Origins, S. 171-200.
8 Coker, War and the Twentieth Century, S. 91; Sösemann, »Medien«, S. 212. Es kann sich bei diesem Foto um eine Fälschung handeln.
9 Sösemann, »Medien«, S. 220f.
10 Ullrich, Kriegsalltag, S. 10-14. Siehe auch Schramm, Neun Generationen, Band II, S. 480f.
11 Schramm, Neun Generationen, Band II, S. 480.
12 Lloyd George, War Memoirs, Band I, S. 41.
13 Kraus, Die letzten Tage, S. 69-83.
14 Buse, »Ebert«, S. 443f.
15 Joll, Origins, S. 184.
16 Grey, Twenty-Five Years, S. 316f. Butterfield, »Sir Edward Grey«, S. 14.
17 Hazlehurst, Politicians at War, S. 84,; Geiss, Juli 1914, Dokument 174; Albertini, Origins, Band III, S. 388f. Siehe auch Asquith, Genesis, S. 209; R. Churchill, Winston S. Churchill, Band II, Teil 3, S. 1996.
18 Geiss, Juli 1914, Dokument 149.
19 Hazlehurst, Politicians at War, S. 52.
20 Albertini, Origins, Band III, S. 524.
21 Grey, Twenty-Five Years, Band II, S. 20.
22 Davies, Europe, S. 885.
23 Pottle, Champion Redoubtable, S. 25.
24 Davies, Europe, S. 885.

25 Koszyk, Zwischen Kaiserreich und Diktatur, S. 31; Sösemann, »Medien«, S. 200.
26 Sösemann, »Medien«, S. 207.
27 Buse, »Ebert«, S. 433, 435.
28 Siehe im allgemeinen Miller, Burgfrieden und Klassenkampf.
29 Ibid., S. 40; Buse, »Ebert«, S. 440 Anmerkung.
30 Sösemann, »Medien«, S. 207.
31 Carsten, War against War, S. 48f.
32 Marquand, Ramsay MacDonald, S. 167ff.
33 Shand, »Doves«, S. 97ff..
34 Marwick, Deluge, S. 71f.
35 Holroyd, Bernard Shaw, S. 348ff.
36 Freud, »Zeitgemäßes über Krieg und Tod«, in: Gesammelte Werke, Band 10, (3. Aufl.) Frankfurt 1963, S. 329f.
37 Davies, Europe, S. 895.
38 Ryan, Bertrand Russell, S. 55-80.
39 Butterfield, »Sir Edward Grey«, S. 1.
40 Skidelsky, John Maynard Keynes, Band I, S. 297.
41 Pogge von Strandmann, »Historians«, S. 9, 14.
42 Cannadine, G. M. Trevelyan, S. 78.
43 Hynes, War Imagined, S. 68.
44 Winter, »Oxford«, S. 16.
45 T. Weber, »Stormy Romance«, S. 14-22.
46 Skidelsky, John Maynard Keynes, Band I, S. 295ff.
47 Ibid., S. 302f.
48 Ibid., S. 317-321.
49 Hiley, »Counter-Espionage«, S. 637-650.
50 Hynes, War Imagined, S. 81.
51 Ryan, Bertrand Russell, S. 56.

52 J. Lawrence, Dean und Robert, »Outbreak of War«, S. 582f.

53 Becker, 1914.

54 Becker, »›That's the death knell...‹«, S. 18ff.

55 Krumeich, »L'Entrée«, S. 65-74.

56 J. Lawrence, Dean und Robert, »Outbreak of War«, S. 571ff., 581-587.

57 Sösemann, »Medien«, S. 220.

58 A. Gregory, »British Public Opinion«, S. 13f.

59 Bloch, Is War Now Impossible?, S. XLV.

60 Angell, Great Illusion, S. 209.

61 Förster, »Dreams and Nightmares«, S. 14; Schlieffen, Gesammelte Schriften, Band I, S. 17.

62 Geiss, Juli 1914, Dokument 43.

63 Albertini, Origins, Band II, S. 214; K. Wilson, Policy of the Entente, S. 13. Morley hat einen ähnlichen Vergleich mit 1848 gezogen, siehe D. French, British Economic and Strategic Planning, S. 87.

64 Geiss, Juli 1914, Dokument 57.

65 Geiss, Juli 1914, Dokument 162.

66 MMW, Max M. Warburg Nachlaß, »Jahresbericht 1914«, S. 2f.

67 Geiss, Juli 1914, S. 134; Staatsarchiv Hamburg, Deputation für Handel, Schiffahrt und Gewerbe II Spez. XXXIV 23a, Reichskanzler an Senat, 21. Juli 1914, MMW, Max M. Warburg Nachlaß, »Jahresbericht 1914«, S. 3.

68 Hamburger Börsenhalle, 28. Juli 1914.

69 RAL, XI/130A/8, Lord Rothschild, London, an seine Vettern in Paris, 27. Juli 1914.

70 RAL, XI/130A/8, Lord Rothschild, London, an seine Vettern in Paris, 28. Juli (zwei Briefe) und 29. Juli 1914.

71 M. Brock und E. Brock, H.H. Asquith, S. 131.

72 Albertini, Origins, Band III, S. 378.

73 Lipman, »City«, S. 68ff. Ich danke dem Autor für seine Hilfe an dieser Stelle.

74 Skidelsky, John Maynard Keynes, Band I, S. 285.

75 RAL, XI/130A/8, Lord Rothschild, London, an seine Vettern in Paris, 27. Juli 1914.

76 RAL, XI/130A/8, Lord Rothschild, London, an seine Vettern in Paris, 30. Juli 1914 [Hervorhebung durch den Autor].

77 RAL, XI/130A/8, Lord Rothschild, London, an seine Vettern in Paris, 31. Juli 1914.

78 Barth, Die deutsche Hochfinanz, S. 448.

79 Joll, Origins, S. 30. Auch dies war umsonst; bevor eine Antwort erfolgen konnte, wurde die Kommunikation mit Berlin unterbrochen.

80 Hazlehurst, Politicians at War, S. 85.

81 Albertini, Origins, Band III, S. 376.

82 RAL, XI/130A/8, Lord Rothschild, London, an seine Vettern in Paris, 31. Juli 1914.

83 RAL, XI/130A/8, Lord Rothschild, London, an seine Vettern in Paris, 4. August 1914. Siehe auch J. Lawrence, Dean und Robert,

»Outbreak of War«, S. 564ff.;
Hardach, First World War, S. 140.

84 L. Cecil, Albert Ballin, S. 210-214;
Warburg, Aus meinen Aufzeichnungen, S. 34.

85 Archives Nationales, Paris, 132
AQ 5594/IM192, Alfred de Roth-
schild, London, an seine Vettern in
Paris, 3. August 1914.

86 Dahlmann, »Russia at the Outbreak«, S. 53ff.

87 Ernst Jünger, In Stahlgewittern,
Berlin 1926, S. 7f.

88 Schramm, Neun Generationen,
Band II, S. 467ff.

89 Sulzbach, With the German Guns,
S. 21ff.

90 Beckett, »Nation in Arms«, S. 12;
Reader, At Duty's Call, S. 107.

91 J. Winter, Great War, S. 30.

92 Simkins, Kitchener's Army, S. 59,
65f.

93 J. Winter, Great War, S. 27; D.
Winter, Death's Men, S. 29.

94 Reader, At Duty's Call, S. 107.
Dieser Punkt wird mißverstanden
von Fussell, Great War, S. 9.

95 H. Wolfe, zitiert bei Dewey, »Military Recruitment«, S. 200.

96 Zitiert bei Hughes, »New
Armies«, S. 104.

97 J. Winter, Great War, S. 30ff. Vgl.
Dallas und Gill, Unknown Army,
S. 33; Beckett, »Nation in Arms«,
S. 10.

98 Siehe Dewey, »Military Recruitment«, S. 200-219; J. Winter, Great
War, S. 33ff.

99 J. Winter, Great War, S. 36ff. Siehe
auch A. Gregory, »Lost Generations«, S. 79f.

100 Spiers, »Scottish Soldier«, S. 315.

101 Offner, »Going to War«, S. 234.

102 J. Winter, Great War, S. 27.

103 Armstrong, Crisis of Quebec,
S. 250.

104 Graves, Goodbye, S. 60f.; Sassoon,
Memoirs of a Fox-Hunting Man,
S. 244.

105 Reader, At Duty's Call, S. 110.

106 Churchills Formulierung, zitiert in
Englander und Osborne, »Jack,
Tommy and Henry Dubb«, S. 593.

107 Wohl, Generation of 1914, passim;
Eksteins, Rites of Spring, passim;
Mosse, Gefallen für das Vaterland,
S. XX-YY; Hynes. War Imagined,
S. 7f., 59.

108 Spiers, »Scottish Soldier«, S. 315.

109 Dallas und Gill, Unknown Army,
S. 28; Sassoon, Memoirs of a Fox-
Hunting Man, S. 244.

110 Hodgson, People's Century, S. 29f.

111 Coppard, With a Machine Gun,
S. 1.

112 Reader, At Duty's Call, S. 111-118.

113 Coppard, With a Machine Gun,
S. 1; Offer, »Going to War«, S. 232.

114 Esposito, »Public Opinion«, S. 54.

115 Reader, At Duty's Call, S. 115;
Offer, »Going to War«, S. 232.
Siehe auch Hynes, War Imagined,
S. 92.

116 Hynes, War Imagined, S. 88f.

117 J. Winter, Great War, S. 32;
Beckett, »Nation in Arms«, S. 7;
Reader, At Duty's Call, S. 109f.,
132f.

118 Reader, At Duty's Call, S. 110.

119 Offer, »Going to War«, S. 233.

120 Hughes, »New Armies«, S. 103ff.
Spiers, »Scottish Soldier«, be-

schreibt, wie man damit begann, Engländer in die Regimenter aus den Highlands zu schicken, die meist besonders hohe Verluste hatten.

121 Reader, At Duty's Call, S. 114.
122 Dewey, »Military Recruitment«, S. 206f., 211, 218. Deweys recht mechanistische Analyse gelangt zu dem Ergebnis, daß Alter der wichtigere Faktor war, der Schlüsselfaktor für den Krieg insgesamt sei aber das System der Freistellungen gewesen – was kaum überrascht.
123 Beckett, »Nation in Arms«, S. 10.
124 Reader, At Duty's Call, S. 119.
125 Hughes, »New Armies«, S. 102; Reader, At Duty's Call, S. 121.
126 Esposito, »Public Opinion«, S. 54.
127 Reader, At Duty's Call, S. 120f.
128 Offer, »Going to War, S. 232.
129 Monk, Wittgenstein, Stuttgart 1992, S. 130.
130 Ibid., S. 131f.
131 Eksteins, Rites of Spring, S. 61.
132 Schramm, Neun Generationen, Band II, S. 486.
133 Mayeur, »Le Catholicisme français«, S. 379ff.
134 Siehe auch Greschat, »Krieg und Kriegsbereitschaft«, S. 33-55.
135 Mayeur, »Le Catholicisme français«, S. 383.
136 Mews, »Spiritual Mobilization«, S. 258. Siehe auch die nicht ganz überzeugende Apologie von Diane Y. Thompson, S. 264f.
137 Mews, »Spiritual Mobilization«, S. 259.
138 Ibid., S. 260.
139 Pottle, Champion Redoubtable, S. 25f.
140 Schramm, Neun Generationen, Band II, S. 486ff. Vgl. Vondung, »Deutsche Apokalypse«; Greschat, »Krieg und Kriegsbereitschaft«, S. 33-55.
141 A. Gregory, »British Public Opinion«, S. 9, 11.
142 Bibel, Offenbarung, 16: 18-21. [Lutherbibel, rev. Text 1975, Stuttgart 1979, NT, S. 326]

8 Wirtschaftliche Leistungsfähigkeit: Der vergeudete Vorteil

1 J.M. Hobson, »Military-Extraction Gap«, S. 464f.
2 Witt, »Finanzpolitik und sozialer Wandel im Krieg«, S. 425.
3 Wagenführ, »Die Industriewirtschaft«, S. 23.
4 Mitchell, European Historical Statistics, S. 186ff., 199ff., 225ff., 290f.; Hardach, First World War, S. 91.
5 Godfrey, Capitalism at War, S. 47; Kemp, French Economy, S. 31 Anmerkung.
6 Glaser, »American War Effort«, S. 22.
7 Wagenführ, »Die Industriewirtschaft«, S. 23; Hardach, First World War, S. 45.
8 Berechnet von Hoffman, Grumbach und Hesse, Wachstum, S. 358f., 383ff., 390-393; Wagenführ, »Die Industriewirtschaft«, S. 23ff.; Feldman, Iron and Steel, S. 474f.; Mitchell, European Historical Statistics, S. 141ff. Der Anstieg der Weinproduktion (zu

dem es auch in Ungarn und Bulgarien kam) ist Folge einer Substitution von Importen. Die Produktion in Italien und Frankreich ging etwas zurück.

9 Burchard, »Impact of the War Economy«, S. 42, 47. Vgl. Bertold, »Die Entwicklung«.

10 J. Lee, »Administrators and Agriculture«, S. 232ff.

11 J. Lee, »Administrators and Agriculture«, S. 235.

12 Hansa, 1. August 1914.

13 Offer, First World War, S. 300-309; Hardach, First World War, S. 11-19. Vgl. Vincent, Politics of Hunger.

14 Hardach, First World War, S. 19.

15 M. Farrar, »Preclusive Purchases«, S. 117-133.

16 Hardach, First World War, S. 33.

17 Siehe verschiedene Schätzungen in Keynes, Economic Consequences, S. 161, 165 (deutsche Vorkriegsschätzungen); Economist, »Reparations Supplement«, 31. Mai 1924, S. 6 (Schätzung des McKenna-Ausschusses); Hoffmann, Grumbach und Hesse, Wachstum, S. 262; Kindleberger, Financial History, S. 225.

18 Bundesarchiv Potsdam, Reichswirtschaftsministerium, 764/268-301, »Verluste der deutschen Handelsflotte«.

19 Eichengreen, Golden Fetters, S. 82ff. Zu Einzelheiten der deutschen Zahlungsbilanz, siehe Bresciani-Turroni, Economics of Inflation, S. 83-93; zur britischen: E. Morgan, Studies in British Financial Policy, S. 341.

20 Zunkel, Industrie; Ehlert, Die wirtschaftliche Zentralbehörde; Feldman, »Der deutsche organisierte Kapitalismus«, S. 150-171.

21 Die klassische Untersuchung bleibt: Feldman, Army, Industry and Labour. Zu Reaktionen siehe beispielsweise W. Fischer, »Die deutsche Wirtschaft«; Bessel, »Mobilizing German Society«.

22 D. French, British Economic and Strategic Planning, S. 6-27; Marwick, Deluge, S. 79.

23 Adams, Arms and the Wizard; Wrigley, »Ministry of Munitions«, S. 32-56; Beveridge, Power and Influence, S. 117. Vgl. Dewey, »New Warfare«; Chickering, »World War«.

24 Hurwitz, State Intervention, S. 62. Vgl. McNeill, Pursuit of Power, S. 327.

25 J. Winter, »Public Health«, S. 170ff.

26 J. Winter, Great War, S. 279ff., 305.

27 J. Winter, Capital Cities, S. 10f. Siehe auch Offer, First World War, passim.

28 Warburg, Aus meinen Aufzeichnungen, S. 34f.

29 Ferguson, Paper and Iron, S. 146.

30 Pogge von Strandmann (Hrsg.), Walther Rathenau, Tagebuch, S. 189.

31 Ibid., S. 200.

32 Feldmann, »War Aims«, S. 22f. Rathenau, Tagebuch, S. 223

33 Feldman, Iron and Steel, S. 80.

34 Moeller, »Dimensions of Social Conflict«, S. 142-168.

35 Ferguson, Paper and Iron, S. 105.

36 Crow, Man of Push and Go,
S. 69-85.
37 Dewey, »New Warfare«, S. 78f.
38 D. French, British Economic and
Strategic Planning, S. 11-25;
Adams, Arms and the Wizard,
S. 14-69, 83, 90, 164-179; T. Wilson,
Myriad Faces, S. 217-236; Wrigley,
»Ministry of Munition«, S. 34-38,
43-49; Wrigley, David Lloyd
George, S. 83f.; Crow, Man of
Push and Go, S. 86-92; Beveridge,
Power and Influence, S. 124ff.
Vgl. Marwick, Deluge, S. 99. Über
Rußland: Stone, Eastern Front,
S. 196f. Über Frankreich: Godfrey,
Capitalism at War, S. 45-48, 107,
184-210, 259f.
39 Godfrey, Capitalism at War, S. 186,
261-284.
40 McNeill, Pursuit of Power, S. 340.
41 Hardach, First World War, S. 58-
61; Feldman, Iron and Steel, S. 67f.;
Feldman, Great Disorder, S. 52ff.
42 J. Harris, William Beveridge,
S. 235.
43 Kemp, French Economy, S. 45;
Godfrey, Capitalism at War, S. 49f.;
McNeill, Pursuit of Power, S. 320.
44 Godfrey, Capitalism at War, S.197f.
45 Ibid., S. 107-122.
46 Boswell und John, »Patriots or
Profiteers«, S. 427-434; Alford,
»Lost Opportunities«, S. 222f. Vgl.
Wrigley, »Ministry of Munitions«,
S. 42f.
47 Boswell und John, »Patriots or
Profiteers«, S. 435f.; Hurwitz, State
Intervention, S. 174-179. Vgl.
C. Holmes, »First World War«,
S. 212-214.
48 Hurwitz, State Intervention,
S. 179.
49 Glaser, »American War Effort«,
S. 16.
50 Stone, Eastern Front, S. 197-209.
51 Ibid., S. 210f.
52 Feldman, Iron and Steel, S. 11f.
53 Bresciani-Turroni, Economics of
Inflation. S. 288.
54 Berechnet nach: Vierteljahreshefte
zur Statistik des Deutschen
Reiches, Ergänzungsheft II (1914),
S. 11; (1915), S. 9; (1916), S. 9;
(1917), S. 11; (1918), S. 11; (1920),
S. 106.
55 Hardach, First World War, S. 106.
56 Boswell und John, »Patriots or
Profiteers«, S. 443; Marwick,
Deluge, S. 164; G. Holmes, »First
World War«, S. 211; Alford, »Lost
Opportunities«, S. 210-218.
57 Lyashchenko, History of the
National Economy, S. 751. Siehe
auch Stone, Eastern Front.
58 Burk, Britain, America and the
Sinews of War, S. 14-42. Siehe auch
Burk, »Mobilization of Anglo-
American Finance«, S. 25-42.
59 Hurwitz, State Intervention,
S. 173; G. Holmes, »First World
War«, S. 208ff.; Godfrey, Capita-
lism at War, S. 72-80; 94-101.
60 Bessel, Germany, S. 5, 73, 79.
61 A. Gregory, »Lost Generations«,
S. 71.
62 A. Jackson, »Germany, the Home
Front«, S. 569; Petzina, Abelshauser und Foust, Sozialgeschichtliches Arbeitsbuch, Band III, S. 27.
63 Henning, Das industrialisierte
Deutschland, S. 34f.

64 Dewey, »Military Recruitment«, S. 204-221; Dewey, »New Warfare«, S. 75; Hurwitz, State Intervention, S. 135.

65 J. Horne, Labour at War, S. 401; Henning, Das industrialisierte Deutschland, S. 34.

66 Dewey, »Military Recruitment«, S. 204; Chickering, »Word War I«, S. 13. Vgl. Hurwitz, State Intervention, S. 169; McNeill, Pursuit of Power, S. 326; Marwick, Deluge, S. 96.

67 Adams, Arms and the Wizard, S. 77, 93-97; Wrigley, David Lloyd George, S. 113f., 169; J. Harris, William Beveridge, S. 210.

68 Wrigley, David Lloyd George, S. 226; Marwick., Deluge, S. 249; Grieves, »Lloyd George«.

69 A. Gregory, »Lost Generations«, S. 83f.

70 P. Parker, Old Lie, S. 16.

71 Angell, Great Illusion, S. 174.

72 J. Horne, »L'Impôt du sang«, S. 201-223. Siehe auch Godfrey, Capitalism at War, S. 49; Kemp, French Economy, S. 38-43; Becker, Great War, S. 26f., 126, 202.

73 McNeill, Pursuit of Power, S. 321 Anmerkung; Godfrey, Capitalism at War, S 257.

74 Bieber, »Die Entwicklung«, S. 77-153. Die Einberufungsdrohung wurde auch von britischen Unternehmern eingesetzt. Rubin, War, Law and Labour, S. 221, 225.

75 Ullrich, »Massenbewegung«, S. 407-418.

76 Hardach, First World War, S. 63-69, 179f.

77 Ullrich, »Der Januarstreik 1918«, S. 45-74.

78 Ferguson, Paper and Iron, S. 126. Vgl. Kocka, Facing Total War, S. 17-22; Burchardt, »Impact of the War Economy«, S. 54f.

79 Siehe im allgemeinen Zimmermann, Günther und Meerwarth, Die Einwirkung.

80 Manning, »Wages«, S. 276f.

81 J. Winter, Great War, S. 232ff.; Manning, »Wages«, S. 261-276. Siehe auch Phillips, »Social Impact«, S. 118f.

82 Ibid., S. 232.

83 Gerber, »Corporatism«, S. 93-127.

84 Wrigley, David Lloyd George, S. 147 (Asquiths Formulierung).

85 Beveridge, Power and Influence, S. 129. Vgl. Marwick. Deluge, S. 246.

86 Lowe, »Ministry of Labour«, S. 116.

87 Bailey, »Berlin Strike«, S. 158-174.

88 Wrigley, David Lloyd George, S. 137.

89 Ferro, Great War, S. 178f.

90 Burchardt, »Impact of the War Economy«; Offer, First World War, passim. Vgl. A. Jackson, »Germany, the Home Front«, S. 563-576.

91 Holtfrerich, German Inflation, S. 255.

92 Beveridge, Power and Influence, S. 143f.; D. French, British Economic and Strategic Planning, S. 19f.; J. Harris, William Beveridge, S. 234-241.; Wrigley, David Lloyd George, S. 180, 218; Dewey, »British Farming Profits«, S. 373, 381; Marwick, Deluge, S. 231-240.

93 Godfrey, Capitalism at War, S. 61, 66f., 79, 83f., 129ff.
94 Becker, Great War, S. 132-137, 145, 206-218, 233, 303.
95 Blackbourn, Fontana History, S. 475. Vgl. A. Jackson, »Germany, the Home Front«, S. 575. Bei Kraus lautet die Zahl 800.000, und die Quelle ist ein »Irrsinniger«. Kraus, Die letzten Tage, S. 439. Eine amüsante Parodie auf Namen von Ersatzprodukten findet sich: ibid., S. 398f.
96 Offer, First World War, S. 35.
97 Burleigh, Death and Deliverance, S. 11.
98 Offer, First World War, S. 32f., 155.
99 J. Winter und Cole, »Fluctuations«, S. 243.
100 Voth, »Civilian Health«, S. 291.
101 Die These hat er zuerst in seinem Werk: Great War entwickelt, beispielsweise S. 105-115, 140, 148, 187f., und er hat sie verteidigt in: »Public Health«, S. 163-173; zur Kritik daran, siehe Bryder, »First World War«, S. 141-157; und Voth, »Civilian Health«. Siehe auch Marwick, Deluge, S. 64f.
102 Kocka, Klassengesellschaft im Krieg.
103 Hoffmann, Grumbach und Hesse, Wachstum, S. 515. Dieser Koeffizient ist ein grober Indikator des Maßes Einkommensgleichheit.
104 Feldman, Army, Industry and Labour, S. 97-117, 471f.; Hardach, First World War, S. 115, 129.
105 Siehe Kraus, Die letzten Tage, S. 334f.: »Viktualienhändler Vinzenz Chramosta wird vom Markt-amtskommissär der Preistreiberei bezichtigt.« Der Händler verteidigt sich mit der Behauptung, daß er Kriegsanleihen gezeichnet und seine Steuern bezahlt habe.
106 Ferguson, Paper and Iron, S. 132.
107 Moeller, »Dimensions of Social Conflict«, S. 157f.
108 Petzina, Abelshauser und Foust, Sozialgeschichtliches Arbeitsbuch, Band III, S. 124.
109 Lyth, Inflation, S. 158.
110 J. Winter, Great War, S. 229, 242ff.; Marwick, Deluge, S. 167, 243f.; Harrison, »War Emergency Workers' Committee«, S. 233.
111 Auf ähnliche Klagen in Großbritannien geht ein: Waites, »Effect«, S. 51.
112 Siehe Kocka, »First World War«. Vgl. Günther, Die Folgen.
113 Schramm, Neun Generationen, Band II, S. 495.
114 Ibid., S. 501.
115 Becker, Great War, S. 226-231.

9 Strategie, Taktik und Verluste

1 Herwig, »»How ›Total‹ was Germany's U-Boat Campaign«, passim.
2 Herwig, »Dynamics of Necessity«, S. 104.
3 Kennedy, »Britain in the First World War«, S. 48, 54, 57f., 60f.; Herwig, »Dynamics of Necessity«, S. 90f., 98.
4 Warburg Archiv, M.M. Warburg & Co., »Jahresbericht 1917«, Warburg an Langwerth von Simmern, 26. Januar 1917; Ferguson, Paper and Iron, S. 139.

5 Offer, First World War, S. 15-18. Vgl. Simon, »Alternative Visions of Rationality«, S. 189-204.

6 Herwig, »Dynamics of Necessity«, S. 89.

7 Ibid., S. 93f.

8 Siehe dazu aus jüngster Zeit, Herwig, First World War, passim.

9 Herwig, »Dynamics of Necessity«, S. 95. Bei Verdun kämpften insgesamt 65 französische Divisionen gegen 47 deutsche, so daß die französischen Verluste sich über einen weiteren Bereich erstreckten. Die durchschnittliche deutsche Division erlitt einen stärkeren Blutverlust. Siehe auch Millett et al., »Effectiveness«, S. 12.

10 Deist, »Military Collapse«, S. 186-207.

11 Ibid., S. 197.

12 Ibid., S. 190.

13 Maier, »Wargames«, S. 266f.

14 Ferguson, Paper and Iron, S. 138.

15 Herwig, »Admirals versus Generals«, S. 212-215, 219, 224, 228. Einer der pittoreskeren Vorschläge Holtzendorffs lief darauf hinaus, Belgien zwischen den Hohenzollern und den Bourbonen, von denen er annahm, daß sie den französischen Thron wieder besteigen würden, aufzuteilen.

16 Außer Fischer, Griff nach der Weltmacht, siehe Glatzke, Germany's Drive to the West, und das grundlegende Werk von Soutou, L'Or et le sang.

17 Herwig, »Admirals versus Generals«, S. 219.

18 Ibid., S. 231.

19 Kersten, »Kriegsziele«, passim.

20 Herwig, »Admirals versus Generals«, S. 215ff.

21 Kitchen, Silent Dictatorship, passim.

22 Trumpener, »Road to Ypres«, S. 460-480. Siehe auch H. Harris, »To Serve Mankind«, S. 31f.

23 Herwig, »Dynamics of Necessity«, S. 96.

24 Ferro, Great War, S. 93f.; Banks, Military Atlas, S. 281-301. Bombenangriffe mit Zeppelinen und Flugzeugen töteten 1.413 Briten und fügten 3.409 Verletzungen zu; die Zahl der Opfer von Flächenbombardements auf deutscher Seite betrug 740 Tote und 1.900 Verwundete.

25 Herwig, »Dynamics of Necessity«, S. 85, 94.

26 Andrew, Secret Service, S. 139-194.

27 Die Ansicht, Großbritannien habe die richtige Strategie entwickelt, vertritt Kennedy, »Britain in the First World War«, S. 37-49; Kennedy, »Military Effectiveness«, beispielsweise S. 344f.

28 Liddle Hard, British Way, S. 12f., 29f.

29 Clark, Donkeys, passim.

30 Siehe Terraine, Douglas Haig; Terraine, Western Front; Terraine, Road to Passchendaele; Terraine, To Win a War; Terraine, Smoke and the Fire; Terraine, Frist World War.

31 Barnett, Swordbearers.

32 Howard, »British Grand Strategy«, S. 36.

33 D. French, »Meaning of Attrition«, S. 385-405.

34 Edmonds, Short History, S. 94.

35 D. French, »Meaning of Attrition«, S. 403.

36 Terraine, First World War, S. 122.

37 T. Wilson, Myriad Faces, S. 331.

38 Terraine, First World War, S. 172.

39 Guinn, British Strategy, S. 230; Woodward, Great Britain, S. 276ff.

40 J. Gooch, Plans of War, S. 31.

41 T. Wilson, Myriad Faces, S. 441.

42 Ibid., S. 547.

43 Edmonds, Short History, S. 335. Die Formulierung stammt von Generalleutnant Godley, Befehlshaber des 21. Korps.

44 G. Parker, Times Atlas of World History, S. 248f.; Davies, Europe, S. 1328.

45 Howard, Crisis of the Anglo-German Antagonism, S. 14.

46 D. French, »Meaning of Attrition«, S. 386.

47 Cruttwell, History of the Great War, S. 627.

48 Laffin, British Butchers, passim.

49 Bidwell und Graham, Fire-Power, S. 2f.

50 Siehe beispielsweise Travers, Killing Ground, insbesondere S. 66, 250.

51 Terraine, White Heat, S. 93.

52 Ibid., Smoke and the Fire, S. 179.

53 Edmonds, Official History: Military Operations, Band I, S. 355; Terraine, Smoke and the Fire, S. 118.

54 Terraine, White Heat, S. 148.

55 Holmes, »Last Hurrah«, S. 284.

56 Maier, »Wargames«, S. 267.

57 R. Williams, »Lord Kitchener«, S. 118.

58 Edmonds, Short History, S. 89.

59 Philpott, Anglo-French Relations, S. 163f.

60 Hussey, »Without an Army«, S. 76, 81.

61 Edmonds, Official History: Military Operations, Band I, S. 7.

62 Terraine, »British Military Leadership«, S. 48.

63 Travers. Killing Ground, S. XX, 23.

64 T. Wilson, Myriad Faces, S. 309.

65 Prior und Wilson, Command on the Western Front, S. 150f.

66 Travers, Killing Ground, S. 49.

67 Creveld, Command in War, S. 186; auch S. 262.

68 D. Graham, »Sans Doctrine«, S. 75f.

69 Bidwell und Graham, Fire-Power, S. 3.

70 Travers, Killing Ground, S. 73, siehe auch S. 62, 75.

71 Travers, How the War Was Won, S. 175-180. Vgl. Travers, Killing Ground, S. 111.

72 Terraine, »Substance of the War«, S. 8.

73 Edmonds, Official History: Military Operations, Band I, S. 313.

74 Kennedy, »Britain in the First World War«, S. 50.

75 Prior und Wilson, Command, S. 153, 163-166. Sulzbach, With the German Guns, macht deutlich, daß der Autor sich erst zu einem späten Zeitpunkt des Krieges durch das Gegenfeuer der anderen Seite gefährdet fühlte.

76 Vgl. Farndale, History of the Royal Regiment of Artillery, S. 178.

77 Geyer, »German Strategy«, S. 541.
78 Strachan, »Morale«, S. 383.
79 Herwig, »Dynamics of Necessity«, S. 95.
80 Siehe beispielsweise Griffith, Forward, into Battle, S. 78.
81 Wynne, If Germany Attacks, S. 5.
82 Travers, How the War Was Won, S. 176.
83 Samuels, Command or Control?, S. 3.
84 Ibid., S. 5.
85 Siehe im allgemeinen Samuels, Doctrine and Dogma, S. 175.
86 Gudmunsson, Stormtroop Tactics, S. 172ff.
87 Zit. nach Winkler, Weimar, S. 50; Bessel, »Great War«, S. 21.
88 Griffith, »Tactical Problem«, S. 71.
89 Griffith, British Fighting Methods, S. XII. Vgl. Griffith, Battle Tactics.
90 Prior und Wilson, Command, S. 339.
91 Wawro, »Morale in the Austro-Hungarian Army«, S. 409.
92 Trask, AEF und Coalition Warmaking, S. 171-174.
93 Maier, »Wargames«, S. 273.
94 Johnson, 1918, S. 94.
95 Strachan, »Morale«, S. 391.
96 Bickersteth, Bickersteth Diaries, S. 295.

10 »Maximales Blutbad zu minimalen Kosten«: Kriegsfinanzierung

1 Harvey, Collision of Empires, S. 279.
2 Crow, Man of Push and Go, S. 69.
3 Harvey, Collision of Empires, S. 279.
4 Seligmann, »Germany and the Origins«, S. 321f.
5 D. French, »Meaning of Attrition«, S. 387f.
6 Siehe beispielsweise Kindleberger, Financial History, S. 291f.; Holtfrerich, German Inflation, S. 118ff.
7 Balderston, »War Finance«, S. 222-244.
8 Witt, »Finanzpolitik und sozialer Wandel im Krieg«, S. 425. Siehe auch Lotz, Die deutsche Staatsfinanzwirtschaft, S. 104; Roesler, Finanzpolitik, S. 197ff.; Bresciani-Turroni, Economics of Inflation, S. 47; F. Graham, Exchange, S. 7.
9 Roesler, Finanzpolitik, S. 196-201; Hardach, First World War, S. 157f.
10 Roesler, Finanzpolitik, S. 206f.; Holtfrerich, German Inflation, S. 117.
11 Feldman, Great Disorder, S. 26-51.
12 Roesler, Finanzpolitik, S. 208ff., 216; F. Graham, Exchange, S. 216.
13 Feldman, Army, Industry and Labour, S. 97-117, 471f.
14 Roesler, Finanzpolitik, S. 225ff.; Bresciani-Turroni, Economics of Inflation, S. 442.
15 Holtfrerich, German Inflation, S. 79-94.
16 Skidelsky, John Maynard Keynes, Band II, S. 302.
17 Hardach, First World War, S. 153.
18 Bankers Trust Company, French Public Finance, S. 11.
19 Berechnet nach Zahlenmaterial in Balderston, »War Finance«, S. 225.
20 Knauss, Die deutsche, englische und französische Kriegsfinanzierung. Vgl. Eichengreen, Golden Fetters, S. 75ff.

21 Balderston, »War Finance«, S. 225, 230-237. Vgl. Kirkaldy, British Finance; Taxation during the War; E. Morgan, Studies in British Financial Policy.

22 Berechnet nach Zahlenangaben in Roesler, Finanzpolitik, S. 196, 201; E. Morgan, Studies in British Financial Policy, S. 41; Balderston, »War Finance«, S. 225. Viele Details über die Besteuerung im Großbritannien der Kriegszeit bieten Mallet und George, British Budgets, S. 394-407.

23 Kemp, French Economy, S. 46f. Vgl. Truchy, Finances de Guerre; Jèze, Dépenses de guerre.

24 Godfrey, Capitalism at War, S. 215f.

25 Bankers Trust Company, French Public Finance, S. 120, 187. Zu den Finanzen Italiens, siehe Fausto, »Politica fiscale«, S. 4-138.

26 Stone, Eastern Front, S. 289f. Siehe auch Lyashchenko, History of the National Economy, S. 768f.

27 Nägler, »Pandora's Box«, S. 14.

28 Einzelheiten in Kirkaldy, British Finance, S. 125-149.

29 Bankers Trust Company, French Public Finance, S. 18.

30 Apostol, Bernatzky und Michelson, Russian Public Finance, S. 249, 252, 263.

31 Einzelheiten in Roesler, Finanzpolitik, S. 206.

32 Becker, Great War, S. 147f. (geht auf das Beispiel des Unternehmens Le Creuset ein).

33 Stone, Eastern Front, S. 290f.

34 Kemp, French Economy, S. 47.

35 Berechnet nach Zahlenangaben in Bankers Trust Company, French Public Finance, S. 138f.; Balderston, »War Finance«, S. 227.

36 E. Morgan, Studies in British Financial Policy, S. 140. Vgl. Bankers Trust Company, English Public Finance, S. 30.

37 Hardach, First World War, S. 162; Bankers Trust Company, French Public Finance, S. 18; Schremmer, »Taxation and Public Finance«, S. 398.

38 Apostol, Bernatzky und Michelson, Russian Public Finance, S. 282.

39 Hardach, First World War, S. 167ff.

40 Siehe beispielsweise Burk, Britain, America and the Sinews of War. Siehe auch Burk, »Mobilization of Anglo-American Finance«, S. 24-42.

41 Moggridge, Maynard Keynes, Tafel 9.

42 Burk, Britain, America and the Sinews of War, S. 80.

43 Skidelsky, John Maynard Keynes, Band II, S. 314f.

44 Burk, Britain, America and the Sinews of War, S. 83ff.

45 Ibid., S. 88.

46 Skidelsky, John Maynard Keynes, Band II, S. 340. Siehe auch Burk, Britain, America and the Sinews of War, S. 203.

47 Burk, »Mobilization of Anglo-American Finance«, S. 37.

48 Burk, Britain, America and the Sinews of War, S. 64.

49 E. Morgan, Studies in British Financial Policy, S. 317, 320f. Vgl.

Kirkaldy, British Finance, S. 175-183; Mallet and George, British Budgets, Tafel CVIII.

50 Bankers Trust Company, French Public Finance; Hardach, First World War, S. 148; Eichengreen, Golden Fetters, S. 72f., 84.

51 Apostol, Bernatzky und Michelson, Russian Public Finance, S. 320ff.

52 Crow, Man of Push and Go, S. 121f. Einzelheiten über Verkäufe und Deponierungen von Wertpapieren in Kirkaldy, British Finance, S. 183-197.

53 Crow, Man of Push and Go, S. 149.

54 Siehe beispielsweise Burk, Britain, America and the Sinews of War, S. 198f.

55 Burk, »Mobilization of Anglo-American Finance«, S. 37.

56 Eichengreen, Golden Fetters, S. 68-71; Hardach, First World War, S. 140.

57 Hynes, War Imagined, S. 289.

58 Einzelheiten in Kirkaldy, British Finance, S. 176; Burk, Britain, America and the Sinews of War, S. 74f.

59 E. Morgan, Studies in British Financial Policy, S. 152.

60 Becker, Great War, S. 224ff.

61 Bogart, Direct and Indirect Costs. Vgl. die Erörterung in Milward, Economic Effects, S. 12f.

62 Skidelsky, John Maynard Keynes, Band I, S. 348.

11 Der Todesinstinkt: warum Soldaten kämpften

1 Zitiert bei Fuller, Troop Morale, S. 30.

2 Ibid.

3 Selbst ein derart überzeugter Gläubiger des »Maschinenkrieges« wie Pétain kam im Dezember 1917 auf den Primat der Moral zurück: Strachan, »Morale«, S. 385.

4 Hynes, War Imagined, S. 106.

5 Audoin-Rouzeau, »French Soldier«, S. 225.

6 Ashworth, Trench Warfare, S. 57f., 116.

7 D. Winter, Death's Men, S. 92ff.; Fuller, Troop Morale, S. 65. Vgl. Axelrod, Evolution, S. 82f.

8 Jünger, In Stahlgewittern, S. 85f.

9 Ibid., S. 105ff.

10 Ibid., S. 248-283.

11 Englander und Osborne, »Jack, Tommy and Henry Dubb«, S. 599; E. Brown, »Between Cowardice and Insanity«, S. 323-345; Bogacz, »War Neurosis«, S. 227-256; Talbot, »Soldiers«, S. 437-454.

12 Leese, »Problems Returning Home«, S. 1055-1067.

13 T. Wilson, Myriad Faces, S. 56; D. Winter, Death's Men, S. 42; Hynes, War Imagined, S. 204.

14 Barnett, »Military Historian's View«. Siehe auch Bourne, »British Working Man in Arms«, S. 341f.: »In einem gewissen Sinne war der Soldat von 1918 sogar wie ein Fabrikarbeiter angezogen.«

15 Audouin-Rouzeau, »French Soldier«, S. 224.

16 Jünger, In Stahlgewittern, S. 191.
17 Dallas und Gill, Unknown Army, S. 30.
18 Reichswehrministerium, Sanitäts-bericht, S. 140-143.
19 Cooke, »American Soldier«, S. 250.
20 Englander und Osborne, »Jack, Tommy and Henry Dubb«, S. 601; Fuller, Troop Morale, S. 76; K. Simpson, »Officers«, S. 77.
21 Coppard, With a Machine Gun, S. 17f., 24, 77, 134f.
22 Englander, »French Soldier«, S. 57f.
23 M. Brown und Seaton, Christmas Truce; Ashworth, Trench Warfare, S. 32; D. Winter, Death's Men, S. 220f.
24 Jünger, In Stahlgewittern, S. 59.
25 Ashworth, Trench Warfare, bei-spielsweise S. 19, 24-48, 99-115.
26 Axelrod, Evolution, S. 73-86.
27 Dawkins, Selfish Gene, S. 225-228.
28 Jünger, In Stahlgewittern, S. 58-61.
29 Ashworth, Trench Warfare, S. 90, 105; Fuller, Troop Morale, S. 64.
30 Deist, »Military Collapse«, S. 195, 201; Strachan, »Morale«, S. 394.
31 Englander und Osborne, »Jack, Tommy and Henry Dubb«, S. 595; Simkins, »Everyman at War«, S. 300.
32 Englander, »French Soldier«, S. 54.
33 Stone, Eastern Front, S. 240f.
34 Englander, »French Soldier«, S. 53ff. Die klassische Untersu-chung dazu ist: Pedroncini, Les Mutineries.
35 Westbrook, »Potential for Military Disintegration«, S. 244f.; Strachan, »Morale«, S. 387.
36 Dallas und Gill, Unknown Army,

S. 67-76; Fuller, Troop Morale, S. 1f., 161f.
37 Hughes, »New Armies«, S. 108f.
38 Englander und Osborne, »Jack, Tommy and Henry Dubb«, S. 604.
39 Fuller, Troop Morale, S. 24, 51f.
40 Ibid., S. 67.
41 Carsten, War against War, S. 205.
42 Hynes, War Imagined, S. 214; Eng-lander, »French Soldier«, S. 54. Etwa zehn Prozent aller durch Erschießen hingerichteten briti-schen Soldaten waren wegen Mor-des verurteilt.
43 Englander und Osborne, »Jack, Tommy and Henry Dubb«, S. 595.
44 K. Simpson, »Officers«, S. 87.
45 D. Winter, Death's Men, S. 44.
46 Simkins, »Everyman at War«, S. 299.
47 Figes, People's Tragedy, S. 264f.
48 Englander, »French Soldier«, S. 55, 59, 67.
49 Deist, »Military Collapse«, S. 192f.
50 K. Simpson, »Officers«, S. 71, 81; Sheffield, »Officer Man Relati-ons«, S. 416.
51 Strachan, »Morale«, S. 389.
52 Westbrook, »Potential for Military Disintegration«, S. 244-278.
53 Becker, Great War, S. 159; Mar-wick, Deluge, S. 78.
54 Spiers, »Scottish Soldier«, S. 317f.
55 Coppard, With a Machine Gun, S. 83-87.
56 D. Winter, Death's Men, S. 56. Vgl. Jünger, In Stahlgewittern, S. 8f., 14; Ashworth, Trench Warfare, S. 25; Englander und Osborne, »Jack, Tommy and Henry Dubb«, S. 600; Fuller; Troop Morale, S. 59ff., 81f.

57 Jünger, In Stahlgewittern, S. 270;
   Strachan, »Morale«, S. 391.
58 Englander, »French Soldier«, S. 56.
59 Finch, »Diary«, 31. Juli 1917.
60 Fussell, Great War, S. 46f.
61 Spiers, »Scottish Soldier«, S. 321.
   Siehe auch Hughes, »New
   Armies«, S. 104.
62 Fuller, Troop Morale, S. 6, 58;
   Bond, »British ›Anti-War‹ Writers«, S. 824f.
63 Finch, »Diary«, 30. Juni 1916.
64 D. Winter, Death's Men, S. 81.
65 Ibid., S. 82.
66 Dallas und Gill, Unknown Army,
   S. 63.
67 Fuller, Troop Morale, S. 47f., 77f.;
   Bourne, »British Working Man in
   Arms«, S. 345; Englander und
   Osborne, »Jack, Tommy and
   Henry Dubb«, S. 598.
68 Deist, »Military Collapse«, S. 204.
69 Fuller, Troop Morale, S. 64, 144-153.
70 Fussell, Great War, S. 178f. Vgl.
   Coppard, With a Machine Gun,
   S. 62, zur Bedeutung schlüpfriger
   Witze.
71 Fussell, Great War, S. 159, 162ff.
72 Coppard, With a Machine Gun,
   S. 88.
73 Simkins, »Everyman at War«,
   S. 301f.; Fuller, Troop Morale,
   S. 95-98.
74 Fuller, Troop Morale, S. 110-113.
75 Englander und Osborne, »Jack,
   Tommy and Henry Dubb«, S. 595;
   Fuller, Troop Morale, S. 85-93;
   Dallas und Gill, Unknown Army,
   S. 20.
76 Coppard, With a Machine Gun,
   S. 56.

77 Buckley, »Failure to Resolve«,
   S. 71ff. Vgl. Beckett, »Nation in
   Arms«, S. 19; Cooke, »American
   Soldier's, S. 247f.; D. Winter, Death's Men, S. 99; Hynes, War Imagined, S. 371.
78 Becker, Great War, S. 155;
   Audouin-Rouzeau, »French Soldier«, S. 226; Englander, »French
   Soldier«, S. 63f.
79 Englander, »French Soldier«, S. 57.
80 Fuller, Troop Morale, S. 72.
81 Ibid., S. 23.
82 Schneider, »British Red Cross«,
   S. 296-315.
83 Fuller Troop Morale, S. 45, 70. Vgl.
   Dallas und Gill, Unknown Army,
   S. 39f.; Cooke, »American Soldier«, S. 246.
84 Westbrook, »Potential for Military
   Disintegration«, S. 254ff.
85 Audoin-Rouzeau, »French Soldier«, S. 228.
86 Fuller, Troop Morale, S. 35ff.
87 Spiers, »Scottish Soldier«, S. 323.
88 Perry, »Maintaining Regimental
   Identity«, S. 5-11. Siehe Kipling,
   Irish Guards.
89 Fuller, Troop Morale, S. 23, 50,
   171; Englander und Osborne,
   »Jack, Tommy and Henry Dubb«,
   S. 601; Dallas und Gill, Unknown
   Army, S. 31; Simkins, »Everyman
   at War«, S. 306ff.
90 Englander, »French Soldier«, S. 55.
91 Fussell, Great War, S. 40f., 116f.,
   131f., 137f. Siehe auch Mosse, Fallen Soldiers, S. 74f.
92 Robbins, First World War, S. 155ff.
   Vgl. Moynihan, God on Our Side.
93 Freud, Zeitgemäßes über Krieg

und Tod, in: Gesammelte Werke, Band 10, Frankfurt a. M. 1963, S. 349-354.

94 Freud, Das Unbehagen in der Kultur, in: Gesammelte Werke, Band 14, Frankfurt a. M. 1963 , S. 419-506; Zitate auf S. 477, 481.

95 Fussell, Great War, S. 19, 27.

96 Graves, Goodbye, S. 151.

97 Audoin-Rouzeau, »French Soldier«, S. 225.

98 Jünger, In Stahlgewittern, S. 19.

99 Ibid., S. 23.

100 J. Winter, Great War, S. 296; Hynes, War Imagined, S. 201.

101 Coker, War in the Twentieth Century, S. 67.

102 Ibid., S. 34.

103 Creveld, Transformation of War, S. 218-233.

104 Macdonald, They Called it Passchendaele, S. XIII.

105 J. Winter, Great War, S. 292; Bond, »British ›Anti-War‹ Writers«, S. 826.

106 Coker, War in the Twentieth Century, S. 162.

107 Jünger, In Stahlgewittern, passim.

108 S. Gilbert, »Soldier's Heart«, S. 216ff.

109 T. Wilson, Myriad Faces, S. 57-64.

110 D. Winter, Death's Men, S. 210.

111 Audoin-Rouzeau, »French Soldier«, S. 227.

112 Jünger, In Stahlgewittern, S. 56.

113 Hynes, Soldier's Tale, S. 40.

114 Gammage, Broken Years, S. 90.

115 A. Simpson, Hot Blood, S. 168.

116 D. Winter, Death's Men, S. 211.

117 Audoin-Rouzeau, »French Soldier«, S. 222.

118 Fussell, Great War, S. 171.

119 Ellis, Eye-Deep in Hell, S. 100.

120 Hynes, Soldier's Tale, S. 56f.

121 Ibid., S. 294; D. Winter, Death's Men, S. 82f.; Audoin-Rouzeau, »French Soldier«, S. 223.

122 Becker, Great War, S. 107-11.

123 Fussell, Great War, S. 71-74.

124 Audoin-Rouzeau, »French Soldier«, S. 222.

125 Ellis, Eye-Deep in Hell, S. 98-101.

12 Kapitulation und Gefangennahme

1 Reeves, »Film Propaganda«, S. 469.

2 Welch, »Cinema and Society«, S. 34, 39.

3 Deist, »Military Collapse«, S. 203.

4 Sheffield, Redcaps, S. 56.

5 War Office, Statistics of the Military Effort, S. 358-362.

6 Hussey, »Kiggell and the Prisoners«, S. 46.

7 Scott, »Captive Labour«, S. 44-52.

8 R. Jackson, Prisoners, S. 77-82.

9 Ibid., S. 78f.

10 Ibid., S. 48.

11 Dungan, They Shall Not Grow Old, S. 137.

12 Noble, »Raising the White Flag«, S. 75.

13 Fussel, Great War, S. 177.

14 Keegan, Face of Battle, S. 48ff.

15 Hussey, »Kiggell and the Prisoners«, S. 47; Sheffield, Redcaps, S. 56.

16 Hussey, »Kiggell and the Prisoners«, S. 48. Diese waren ausdrücklich im britischen »Manual of Military Law« enthalten.

17 J. Horne und Kramer, »German ›Atrocities‹«, S. 8, 26.
18 Ibid., S. 28, 32f.
19 Jünger, In Stahlgewittern, S. 265.
20 Kraus, Die letzten Tage, S. 579-582.
21 Gallinger, Gegenrechnung. Die Verbrechen an deutschen Kriegs-gefangenen, Süddeutsche Monats-hefte, 18. Jahrgang. Juni 1921, eng-lische Ausgabe: Countercharge, München 1922.
22 Gallinger, Gegenrechnung, S. 169.
23 Ibid., S. 169.
24 Ibid., S. 170.
25 Ibid., S. 169.
26 Ibid., S. 174f.
27 Gallinger, Countercharge., S. 39.
28 Gallinger, Gegenrechnung, S. 168.
29 Ibid., S. 168.
30 Ibid., 173 und passim.
31 Ibid., S. 176.
32 Ibid., S. 175.
33 Ibid., S. 175.
34 Ibid., S. 175.
35 Ibid., S. 175.
36 Gallinger, Countercharge, S. 26ff.
37 Gallinger, Gegenrechnung, S. 175.
38 Ibid., S. 174.
39 Ibid., S. 174.
40 Monash, Australian Victories, S. 209-213.
41 Gallinger, Countercharge, S. 45.
42 Ibid., S. 46f. Vgl. Gibbs, Realities, S. 79.
43 Ibid., S. 37.
44 Hussey, »Kiggell and the Priso-ners«, S. 47.
45 M. Brown, Imperial War Museum Book of the Western Front, S. 177f.
46 Graves, Goodbye, S. 153.
47 M. Brown, Imperial War Museum Book of the Western Front, S. 31.
48 Sulzbach, With the German Guns, S. 187.
49 Finch, »Diary«, 31. Juli 1917, Her-vorhebung durch den Autor.
50 Keegan, Face of Battle, S. 49. Vgl. Bean, Australian Imperial Force, S. 772.
51 Keegan, Face of Battle, S. 49f., Vgl. A. Simpson, Hot Blood, S. 169.
52 Kellet, Combat Motivation, S. 190.
53 Dungan, They Shall Not Grow Old, S. 137.
54 Remarque, Im Westen nichts Neues, S.110.
55 Jünger, In Stahlgewittern, S. 265.
56 Ibid., S. 218f.
57 Liddle, 1916 Battle, S. 42.
58 D. Winter, Death's Men, S. 214.
59 Graves, Goodbye, S. 153.
60 M. Brown, Imperial War Museum Book of the Western Front, S. 178f.
61 Coppard, With a Machine Gun, S. 71.
62 Ibid., S. 106f. Hervorhebung durch den Autor.
63 D. Winter, Death's Men, S. 210.
64 Macdonald, Somme, S. 290.
65 Ashworth, Trench Warfare, S. 93.
66 Spiers, »Scottish Soldier«, S. 326.
67 Hussey, »Kiggell and the Priso-ners«, S. 47.
68 Griffith, Battle Tactics, S. 72.
69 Ibid.
70 M. Brown, Imperial War Museum Book of the Somme, S. 220.
71 A. Simpson, Hot Blood, S. 168.
72 Ibid.
73 Dungan, They Shall Not Grow Old, S. 137.

74 Ibid., S. 136.
75 Diesen Schluß legt nahe: Macdonald, Somme, S. 228f.
76 Hussey, »Kiggell and the Prisoners«, S. 46.
77 D. Winter, Death's Men, S. 215.
78 Remarque, Im Westen nichts Neues, S. 175ff.
79 Maugham, Writer's Notebook, S. 87.
80 Deist, »Military Collapse«.
81 Mackin, Suddenly, S. 246.
82 Trask, AEF and Coalition Warmaking, S. 177.
83 Mackin, Suddenly, S. 227f.
84 Ibid., S. 201f.
85 D. Winter, Death's Men, S. 212.
86 M. Gilbert, First World War, S. 526.
87 Nicholls, Cherful Sacrifice, S. 101.
88 Kraus, Die letzten Tage, S. 207.
89 Hynes, War Imagined, S. 266.
90 Coker, War and the Twentieth Century, S. 11.
91 Bessel, Germany, S. 81, 261.
92 Mack Smith, Italy, S. 333-372.
93 Malcolm, Bosnia, S. 162.
94 Fromkin, Peace to End All Peace, S. 393.
95 Foster, Modern Ireland, S. 512.
96 Fromkin, Peace to End All Peace, S. 415ff.
97 L. James, Rise and Fall of the British Empire, S. 389, 400.
98 Ibid., S. 417.
99 Rummel, Lethal Politics, S. 39.
100 Ibid., S. 41.
101 Figes, People's Tragedy, S. 679.
102 Rummel, Lethal Politics, S. 47.
103 Figes, People's Tragedy, S. 563f.
104 Wolkogonow, Lenin, S. 103.

105 Figes, People's Tragedy, S. 599f.
106 Krovosheev, Soviet Casualties, S. 24f.
107 Wolkogonow, Trotzki, S. 181.
108 Ibid., S. 175f.
109 Ibid., S. 178ff.
110 Wolkogonow, Lenin, S. 213.
111 Ibid., S. 73.
112 Wolkogonow, Trotzki, S. 185.
113 Pipes, Russia, S. 86. Siehe auch S. 134f.
114 Figes, People's Tragedy, Abbildung gegenüber S. 579.

Schluß

1 Dostojewski, Rodion Raskolnikoff, Schuld und Sühne, (übersetzt von E.K. Rahsin), München 1980, S. 735f.
2 M. Gilbert, First World War, S. 509.
3 Siehe Goldstein, Winning the Peace.
4 Hobsbawm, Age of Extremes, S. 65f.
5 Bogart, Direct and Indirect Costs.
6 Cannadine, »War and Death«, S. 200.
7 Petzina, Abelshauser und Foust, Sozialgeschichtliches Arbeitsbuch, Bd. III, S. 28.
8 Mitchell, European Historical Statistics, S. 62.
9 Bessel, Germany, S. 5, 73, 79. Vgl. Whalen, Bitter Wounds.
10 Kemp, French Economy, S. 59.
11 Bourke, Dismembering the Male, S. 33.
12 Eichengreen, Golden Fetters, passim.

13 Knock, To End all Wars, S. 35.
14 Ibid., S. 77.
15 Ibid., S. 113.
16 Ibid., S. 143ff.
17 Ibid., S. 152.
18 Mazower, Dark Continent, S. 61.
19 Petzina, Abelshauser und Foust, Sozialgeschichtliches Arbeitsbuch, Bd. III, S. 23.
20 Hobsbawm, Age of Extremes, S. 51.
21 Squire, If It Had Happened Otherwise, S. 76f.
22 Ibid., S. 195.
23 Ibid., S. 244, 248.
24 Ibid., S. 110ff.
25 Guinn, British Strategy, S. 122, 171, 238; J. Gooch, Plans of War, S. 30, 35, 278. Es ist wichtig festzuhalten, daß ein deutscher Sieg über Frankreich nicht – wie oft angenommen – die deutsche Politik nach rechts verschoben hätte. Die Alldeutschen und der Kaiser mögen dies vielleicht gemeint haben; doch wußten Bülow und Bethmann Hollweg sehr wohl, daß der Preis eines Krieges, ob er nun gewonnen oder verloren wurde, eine weitere Bewegung in Richtung auf eine parlamentarische Demokratie sein würde.
26 Woodward, Great Britain, S. 227. Robertson sah die italienischen und französischen Ambitionen dennoch nicht ohne Argwohn.
27 K. Wilson, Policy of the Entente, S. 79.
28 Geiss, »German Version of Imperialism«, S. 114f; deutsch: »›Weltpolitik‹: Die deutsche Version des Imperialismus«, in: Schöllgen (Hrsg.), Flucht in den Krieg, S. 161f.

Bibliographie

Übersetzte Texte, die mit dem Original nicht identisch sind, werden doppelt bibliographiert

Adams, R. J. Q., Arms and the Wizard: Lloyd George and the Ministry of Munitions, 1915-1916, London 1978

Afflerbach, Holger, Falkenhayn: Politisches Denken und Handeln im Kaiserreich, München 1994

Albert, Pierre, Histoire de la presse, Paris 1990

Albertini, Luigi, The Origins of the War of 1914, 3 Bände, Oxford 1953

Aldcroft, D. H., The Twenties: From Versailles to Wall Street, 1919-1929, Harmondsworth 1987

Alford, B. W. E., »Lost Opportunities: British Business and Businessmen during the First World War«, in N. McKendrick (Hg.), Business Life and Public Policy: Essays in Honour of D. C. Coleman, Cambridge 1986

Amery, J. L., The Life of Joseph Chamberlain, Band IV: 1901-1903, London 1951

Andic, S. und J. Veverka, »The Growth of Government Expenditure in Germany since the Unification«, *Finanzarchiv*, 1964

Andrew, Christopher, »The Entente Cordiale from its Origins to 1914«, in N. Waites (Hg.), Troubled Neighbours: Franco-British Relations in the Twentieth Century, London 1971

Andrew, Christopher, »Secret Intelligence and British Foreign Policy 1900-1939«, in C. Andrew und J. Noakes (Hgg.), Intelligence and International Relations, 1900-1945, Exeter 1987

Andrew, Christopher, Secret Service: The Making of the British Intelligence Community, London 1985

Angell, Norman, The Great Illusion: A Study of the Relation of Military Power to National Advantage, London 1913

Angell, Norman, Die grosse Täuschung, Leipzig 1910

Anonym, Documents diplomatiques secrets russes, 1914-1917: D'après les archives du Ministère des Affaires Étrangères à Petrograd, Paris 1926

Apostol, P. N., M. W. Bernatzky und A. M. Michelson, Russian Public Finances during the War, New Haven 1928

Armstrong, Elizabeth, The Crisis of Quebec, New York 1937

Ashworth, T., Trench Warfare 1914-1918: The Live and Let Live System, London 1980

459

Aspinall-Oglander, C. F. (Hg.), Galli-
poli, 2 Bände, London 1929-1932
Asquith, Herbert M., The Genesis of
the War, London 1923
Asquith, Herbert M., Memories and
Reflections, 1852-1927, London
1928
Audoin-Rouzeau, Stéphane, »The
French soldier in the Trenches«, in
H. Cecil und P. H. Liddle (Hgg.),
Facing Armageddon
Audoin-Rouzeau, Stéphane, La Guerre
des enfants (1914-1918): Essai
d'histoire culturelle, Paris 1993
Audoin-Rouzeau, Stéphane und
Annette Becker, »Vers une histoire
culturelle de la Première Guerre
Mondiale«, XXe. Siècle, 1994
Auswärtiges Amt, German White
Book Concerning the Responsibility
of the Authors of the War, New
York 1924
Axelrod. R., The Evolution of Co-ope-
ration, London 1984

Bailey, J. B. A., Field Artillery and
Firepower, Oxford 1989
Bailey, J. B. A., »The First World War
and the Birth of the Modern Style of
Warfare«, Strategic and Combat
Studies Institute, 1996
Bailey, Stephen, »The Berlin Strike of
1918«, Central European History,
1980
Bairoch, Paul, »Europe's Gross
National Product: 1800-1975«,
Journal of European Economic
History, 1976
Balcon, Jill (Hg.), The Pity of War:
Poems of the First World War,
Walwyn 1985

Balderston, Theo, The German Econo-
mic Crisis, 1923-1932, Berlin 1993
Balderston, Theo, »War Finance and
Inflation in Britain and Germany,
1914-1918«, Economic History
Review, 1989
Bankers Trust Company, English
Public Finance, New York 1920
Bankers Trust Company, French Public
Finance, New York 1920
Banks, Arthur, A Military Atlas of the
First World War, London 1989
Barker, Pat, The Ghost Road, London
1995
Barnes, Harry E., The Genesis of the
World War, New York 1925
Barnett, C., The Collapse of British
Power, London 1973
Barnett, C., »A Military Historian's
View of the Great War«, Trans-
actions of the Royal Historical
Society, 1970
Barnett, C., The Swordbearers, Lon-
don 1963
Barraclough, G., From Agadir to
Armageddon: Anatomy of a Crisis,
London 1982
Barth, Boris, Die deutsche Hochfinanz
und die Imperialismen: Banken und
Außenpolitik vor 1914, Stuttgart
1995
Bean, C. E. W., The Australian Imperial
Force in France 1917, Sydney 1933
Beaverbrook, Lord, Men and Power,
1917-1918, London 1956
Beaverbrook, Lord, Politicians and the
War, 2 Bände, London 1928
Becker, Jean-Jacques, The Great War
and the French People, Leamington
Spa 1985
Becker, Jean-Jacques, 1914: Comment

les Français sont entrés dans la guerre, Paris 1977

Becker, Jean-Jacques, »›That's the death knell of our boys ...‹«, in P. Fridenson (Hg.), The French Home Front, Oxford 1992

Becker, Jean-Jacques und Stéphane Audoin-Rouzeau (Hgg.), Les Sociétés européennes et la Guerre de 1914-1918, Paris 1990

Becker, Jean-Jacques u.a. (Hgg.), Guerre et Cultures, 1914-1918, Paris 1994

Beckett, I., »The Nation in Arms, 1914-1918«, in I. Beckett und K. Simpson (Hgg.), A Nation in Arms: A Social Study of the British Army in the First World War, Manchester 1985

Bellanger, Claude u. a. (Hgg.), Histoire générale de la presse française, Band III: De 1871 à 1940, Paris 1972

Bentley, Michael, The Liberal Mind, 1914-1929, Cambridge 1977

Berger, Meyer, The Story of the New York Times, 1851-1951, New York 1951

Berghahn, Volker R., Germany and the Approach of War in 1914, London 1973

Berghahn, Volker R., »Das Kaiserreich in der Sackgasse«, Neue Politische Literatur, 1971

Berghahn, Volker R., Militarism: The History of an International Debate, 1861-1979, Leamington Spa 1981

Berghahn, Volker R., Modern Germany: Economics and Politics in the Twentieth Century, Cambridge 1982

Berghahn, Volker R., »Politik und Gesellschaft im wilhelminischen Deutschland«, Neue Politische Literatur, 1979

Bernhardi, General Friedrich von, Deutschland und der nächste Krieg, Stuttgart/Berlin 1912

Bernhardi, General Friedrich von, Germany and the Next War, London 1912

Bernstein, G. L., Liberalism and Liberal politics in Edwardian England, London 1986

Bertold, R., »Die Entwicklung der deutschen Agrarproduktion und der Ernährungswirtschaft zwischen 1907 und 1925«, Jahrbuch für Wirtschaftsgeschichte, 1974

Bertrand, F., La Presse francophone de tranchée au front belge, 1914-1918, Brüssel 1971

Bessel, Richard, Germay after the First World War, Oxford 1993

Bessel, Richard, »The Great War in German Memory: The Soldiers of the First World War, Demobilization and Weimar Politics Culture«, German History, 1988

Bessel, Richard, »Mobilising German Society for War«, Papier für die Tagung in Münchenwiler über den totalen Krieg, 1997

Bethmann Hollweg, Theobald von, Betrachtungen zum Weltkrieg, 2 Bände, Berlin 1919-1921

Beveridge, W. H., British Food Control, London 1928

Beveridge, W. H., Power and Influence, London 1953

Bickersteth, John, The Bickersteth Diaries, 1914-1918, London 1995

Bidwell, S., und D. Graham, Fire-Power, London 1982

Bieber, H.-J., »Die Entwicklung der Arbeitsbeziehungen auf den Hamburger Großwerften (Blohm & Voss, Vulcanswerft) zwischen Hilfsdienstgesetz und Begtriebsrätegesetz«, in G. Mai (Hg.), Arbeiterschaft in Deutschland 1914-1918: Studien zu Arbeitskampf und Arbeitsmarkt im Ersten Weltkrieg, Düsseldorf 1985

Bittner, Ludwig und Hans Übersberger (Hgg.), Österreich-Ungarns Außenpolitik von der bosnischen Krise 1908 bis zum Kriegsausbruch 1914, 9 Bände, Wien 1930

Blackbourn, David, Class, Religion and Local Politics in Wilhelmine Germany: The Centre Party in Württemberg before 1914, New Haven/London 1980

Blackbourn, David, The Fontana History of Germany, 1790-1918: The Long Nineteenth Century, London 1997

Blackbourn, David und Geoff Eley, Mythen deutscher Geschichtsschreibung. Die gescheiterte bürgerliche Revolution von 1848, Frankfurt/Berlin/Wien 1980.

Blackbourn, David und Geoff Eley, The Peculiarities of German History: Bourgeois Society and Politics in Nineteenth-Century Germany, Oxford, 1984

Bloch, Ivan S., Is War Now Impossible? Being an Abridgment of »The War of the Future in its Technical, Economic and Political Relations«, London 1899

Bloch, Jan Gotlib, Der Krieg: Der zukünftige Krieg in seiner technischen, volkswirthschaftlichen und politischen Bedeutung, 6 Bände, Berlin 1899

Blunden, Edmund, Undertones of War, London 1982

Bogacz, Ted, »›A Tyranny of Words‹: Language, Poetry, and Antimodernism in England in the First World War«, *Journal of Modern History*, 1986

Bogacz, Ted, »War Neurosis and Cultural Change in England, 1914-1922«, *Journal of Contemporary History*, 1989

Bogart, E.L., Direct and Indirect Costs of the Great World War, Oxford 1920

Boghitchevitch, M. (Hg.), Die auswärtige Politik Serbiens, 1903-1914, 3 Bände, Berlin 1928-1931

Bond, Brian, »British ›Anti-War‹ Writers and their Critics«, in H. Cecil and P.H. Liddle (Hgg.), Facing Armageddon

Bond, Brian, »Editor's Introduction«, in B. Bond (Hg.), The First World War and British Military History, Oxford 1991

Bond, Brian, War und Society in Europe, 1870-1970, London 1984

Bordes, W. de, The Austrian Crown: Its Depreciation and Stabilisation, London 1924

Born, Karl Erich, Geld und Banken im 19. und 20. Jahrhundert, Stuttgart 1977

Boswell, J., und B. John, »Patriots or Profiteers? British Businessmen and the First World War«, *Journal of European Economic History*, 1982

Bosworth, R.J.B., Italy and the

Approach of the First World War, London 1983

Bourke, Joanna, Dismembering the Male: Men's Bodies, Britain and the Great War, London 1996

Bourne, J. M., Britain and the Great War, 1914-1918, London 1989

Bourne, J. M., »The British Working Man in Arms«, in H. Cecil and P. H. Liddle (Hgg.), Facing Armageddon

Bravo, G. F., »›In the Name of our Mutual Friend‹: The Keynes - Cuno Affair«, *Journal of Contemporary History*, 1989

Bresciani-Turroni, Costantino, The Economics of Inflation: A Study of Currency Depreciation in Post-War Germany, London 1937

Broch, Hermann, Die Schlafwandler, München 1931

Brock, M., »Britain Enters the War«, in R. J. W. Evans und H. Pogge von Strandmann (Hgg.), The Coming of the First World War, Oxford 1988

Brock, M. und Eleanor Brock (Hg.), H. H. Asquith, Letters to Venetia Stanley, Oxford 1982

Brooke, Rupert, Poetical Works, London 1946

Brown, Edward D., »Between Cowardice and Insanity: Shell Shock and the Legitimation of the Neuroses in Great Britain«, in E. Mendelsohn, M. R. Smith und P. Weingart (Hgg.), Science, Technology and the Military, New York 1988

Brown, Gordon, Maxton, Edinburgh 1986

Brown, Malcolm, The Imperial War Museum Book of the Somme, London 1996

Brown, Malcolm, The Imperial War Museum Book of the Western Front, London 1993

Brown, Malcolm, und Shirley Seaton, Christmas Truce: The Western Front, December 1914, London 1984

Bruch, R. vom, »Krieg und Frieden: Zur Frage der Militarisierung deutscher Hochschullehrer und Universitäten im späten Kaiserreich«, in Jost Dülffer und Karl Holl (Hgg.), Bereit zum Krieg: Kriegsmentalität im wilhelminischen Deutschland 1890-1914. Beiträge zur historischen Friedensforschung, Göttingen 1986

Bruntz, George G. Allied Propaganda and the Collapse of the German Empire in 1918, Stanford/Oxford 1938

Bry, G., Wages in Germany, 1871-1945, Princeton 1960

Bryder, L., »The First World War: Healthy or Hungry?«, *History Workshop Journal*, 1987

Buchan, John, A Prince of the Captivity, Edinburgh 1996

Buchheim, C., »Aspects of Nineteenth-Century Anglo-German Trade Policy Reconsidered«, *Journal of European Economic History*, 1981

Bucholz, Arden, Moltke, Schlieffen and Prussian War Planning, New York/Oxford 1991

Buckley, Suzann, »The Failue to Resolve the Problem of Venereal Disease among the Troops of Britain during World War I«, *War and Society*, 1977

Bullock, Alan, Hitler und Stalin: Parallele Leben, Berlin 1991

Bullock, Alan, Hitler and Stalin: Parallel Lives, London 1994

Bülow, Bernhard Fürst von, Denkwürdigkeiten, 4 Bände, Berlin 1930/31

Bunselmeyer, R., The Cost of the War, 1914-1918: British Economic War Aims and the Origins of Reparations, Hamden, Conn. 1975

Burchardt, L., »The Impact of the War Exonomiy on the Civilian Population of Germany during the First and Second World Wars«, in W. Deist (Hg.), The German Military in the Age of Total War, Leamington Spa 1985

Burk, K., Britain, America and the Sinews of War, 1914-1918, London 1985

Burk, K., »John Maynard Keynes and the Exchange Rate Crisis of July 1917«, Economic History Review, 1979

Burk, K., »The Mobilisation of Anglo-American Finance during World War I«, in N.F. Dreisziger (Hg.), Mobilization for Total War: The Canadian, American and British Experience 1914-1918, 1939-1945, Waterloo, Ontario 1981

Burk, K. »The Treasury: From Impotence to Power«, in K. Burk (Hg.), War and the State, London 1982

Burleigh, Michael, Death and Deliverance: Euthanasia in Germany, c. 1900-1945, Cambridge 1994

Burnett, P.M., Reparation at the Paris Peace Conference, 2 Bände, New York, 1940

Buse, D. K., »Ebert and the Coming of World War I: A Month from his Diary«, Central European History, 1968

Butler, David und Gareth Butler, British Political Facts, 1900-1994, London 1994

Butterfield, Herbert, »Sir Edward Grey in July 1914«, Historical Studies, 1965

Cain, P.J., Economic Foundations of British Overseas Expansion, 1815-1914, London 1980

Cain, P.J. und A.G. Hopkins, British Imperialism, Band I: Innovation and Expansion, 1688-1914, London 1993

Calleo, David, The German Problem Reconsidered: Germany and the World Order, 1870 to the Present, Cambridge 1978

Calleo, David Patrick, Legende und Wirklichkeit der deutschen Gefahr: Neue Aspekte zur Rolle Deutschlands in der Weltgeschichte von Bismarck bis heute, Bonn 1980

Cammaerts, Emile, The Keystone of Europe: History of the Belgian Dynasty, London 1939

Canetti, Elias, Masse und Macht, Hamburg 1960

Canetti, Elias, Die gerettete Zunge: Geschichte einer Jugend, München 1977

Cannadine, David, G. M. Trevelyan: A Life in History, London 1992

Cannadine, David, »War and Death, Grief and Mourning in Modern Britain«, in J. Whaley (Hg.), Mirrors of Mortality: Studies in the Social History of Death, London 1981

Capie, F. und A. Webber, A Survey of Estimates of UK Money Supply and

Components: 1870-1982, London 1984

Carr, E. H., The Bolshevik Revolution, Band III, London 1983

Carsten, Francis L., War against War: British and German Radical Movements in the First World War, London 1982

Cassimatis, Louis P., American Influence in Greece, 1917-1929, Kent, Ohio 1988

Cattani, Alfred, Albert Meyer: Chefredaktor der Neuen Zürcher Zeitung von 1915 bis 1930, Bundesrat von 1930 bis 1938, Zürich 1992

Cecil, Hugh, »British War Novelists«, in H. Cecil und P. H. Liddle (Hgg.), Facing Armageddon

Cecil, Hugh und Peter H. Liddle (Hgg.), Facing Armageddon: The First World War Experienced, London 1996

Cecil, Lamar, Albert Ballin, Business and Politics in Imperial Germany, Princeton 1967

Cecil, Lamar, Albert Ballin, Wirtschaft und Politik im deutschen Kaiserreich 1888-1918, Hamburg 1969

Céline, Louis-Ferdinand, Voyage au bout de la nuit, Paris 1932

Céline, Louis-Ferdinand, Reise ans Ende der Nacht, Leipzig 1933

Challender, R. D., The French Theory of the Nation in Arms, London 1955

Chickering, Roger, »Die Alldeutschen erwarten den Krieg«, in Jost Dülffer und Karl Holl (Hgg.), Bereit zum Krieg: Kriegsmentalität im wilhelminischen Deutschland 1890-1914. Beiträge zur historischen Friedensforschung, Göttingen 1986

Chickering, Roger, Imperial Germany and a World without War, Princeton 1975

Chickering, Roger, Imperial Germany and the Great War, 1914-1918, Cambridge 1998

Chickering, Roger, We Men Who Feel Most German: A Cultural Study of the Pan-German League, 1886-1914, London 1984

Chickering, Roger, »World War I and the Theory of Total War: Reflections on the British and German Cases, 1914-1915«, Papier zur Tagung in Münchenwiler über den totalen Krieg, 1997

Childers, Erskine, The Riddle of the Sands, (1903) Reprint London 1984

Churchill, R. S., Winston S. Churchill, Band II: Companion, Teil III: 1911-1914, London 1969

Churchill, Winston S., The World Crisis, 1911-1918, 5 Bände, London 1912-1929

Clark, Alan, The Donkeys, London 1961

Clarke, I. F. (Hg.), The Great War with Germany, 1890-1914, Liverpool 1997

Clarke, I. F. (Hg.), The Tale of the Next Great War, 1871-1914, Liverpool 1995

Clarke, I. F., Voices Prophesying War, 1763-1984, London/New York 1992

Clarke, Tom, My Northcliffe Diary, London 1931

Clausewitz, Carl von, Vom Kriege, Frankfurt/Berlin/Wien 1980

Cline, D., »Winding Down the State«, in K. Burk (Hg.), War and the State, London 1982

Coetzee, M. S., The German Army League: Popular Nationalism in Wilhelmine Germany, Oxford/New York 1990

Coker, Christopher, War and the Twentieth Century: The Impact of War on Modern Consciousness, London/Washington 1994

Coleman, James, S., »A Rational Choice Perspective on Economic Sociology«, in N. Smelser und P. Swedberg, The Handbook of Economic Sociology, Princeton 1994

Colin, G. und J-J. Becker, »Les Écrivains, la guerre de 1914 et l'opinion publique«, *Relations Internationales*, 1980

Collier, B., Brasshat: A Biography of Field Marshal Sir Henry Wilson, London 1961

Commission de publication des documents relatifs aux origines de la guerre de 1914, Documents diplomatiques français, 1871-1914, 41 Bände, Paris 1929-1959

Cook, Chris und John Paxton, European Political Facts, 1900-1996, London 1998

Cooke, J., »The American Soldier in France, 1917-1919«, in H. Cecil und P. H. Liddle (Hgg.), Facing Armageddon

Coppard, George, With a Machine Gun to Cambrai: The Tale of a Young Tommy in Kitchener's Army, 1914-1918, London 1969

Corbett, Sir Julian und Sir Henry Newbolt (Hgg.), Naval Operations, 5 Bände, London 1920-1931

Cork, Richard, A Bitter Truth: Avant-Garde Art and the Great War, New Haven/London 1994

Craig, Gordon A., Germany 1866-1945, Oxford 1981

Craig, Gordon A., Deutsche Geschichte 1866-1945: Vom Norddeutschen Bund bis zum Ende des Dritten Reiches, München 1980

Craig, Gordon A., The Politics of the Prussian Army, 1640-1945, Oxford 1955

Craig, Gordon A., Die preussisch-deutsche Armee, 1640-1945, Düsseldorf 1960

Crefeld, Martin van, Command in War, Cambridge, Mass. 1985

Crefeld, Martin van, Supplying War: Logistics from Wallenstein to Patton, London 1977

Crefeld, Martin van, The Transformation of War, New York 1991

Crothers, C. G., The German Elections of 1907, New York 1941

Crow, D., A Man of Push and Go: The Life of Geroge Macaulay Booth, London 1965

Cruttwell, C. R. M. F., A History of the Great War, 1914-1918, Oxford 1964

Cunningham, Hugh, »The Language of Patriotism, 1750-1914«, *History Workshop Journal*, 1981

D'Abernon, Viscount, An Ambassador of Peace, 2 Bände, London 1929

Dahlmann, Dittmar, »Russia at the Outbreak of the First World War«, in Jean-Jacques Becker und Stéphane Audoin-Rouzeau (Hgg.), Les Sociétés européennes et la Guerre de 1914-1918, Paris 1990

Dallas, G. und D. Gill, The Unknown Army, London 1985

Danchev, A., »Bunking and Debunking: The Controversies of the 1960s', in B. Bond (Hg.), The First World War and British Military History, Oxford 1991

Dangerfield, George, The Strange Death of Liberal England, London 1935

Davidson, R., »The Board of Trade and Industrial Relations«, Historical Journal, 1978

Davies, Norman, Europe: A History, Oxford 1996

Davis, L. E., und R. A. Huttenback, Mammon and the Pursuit of Empire: The Political Economy of British Imperialism, 1860-1912, Cambridge 1986

Davis, Richard, The English Rothschilds, London 1983

Dawkins, Richard, Das egoistische Gen, Berlin 1978

DeGroot, Gerard J., Blighty: British Society in the Era of the Great War, London/New York 1996

Deist, Wilhelm, »The Military Collapse of the German Empire: The Reality behind the Stab-in-the-Back Myth«, War in History, 1996,

Delarme, R., und C. André, L'État et l'économie: Un Essai d'explication de l'évolution des dépenses publiques en France, Paris 1983

Demeter, K., Das deutsche Offizierskorps in Gesellschaft und Staat 1650-1645, Frankfurt 1965

Deutschlands Wirtschaft, Währung und Finanzen, Berlin 1924

Dewey, P., »British Farming Profits and Government Policy during the First World War«, Economic History Review, 1984

Dewey, P., »Military Recruitment and the British Labour Force during the First World War«, Historical Journal, 1984

Dewey, P., »The New Warfare and Economic Mobilisation«, in J. Turner (Hg.), Britain and the First World War, London 1988

Diehl, James M., »Victors or Victims? Disabled Veterans in the Third Reich«, Journal of Modern History, 1987

Dockrill, M. L. und J. D. Gould, Peace without Promise: Britain and the Peace Conference, 1919-1923, London 1981

d'Ombrain, N., War Machinery and High Policy: Defence Administration in Peacetime Britain, Oxford 1973

Dostojewski, Fjodor, Rodion Raskolnikoff, Schuld und Sühne (übersetzt von E.K. Rahsin), München 1980

Dowie, J. A., »1919-1920 is in Need of Attention«, Economic History Review, 1975

Dresler, Adolf, Geschichte der italienischen Presse, Band III: Von 1900 bis 1935, München 1934

Droz, J., Les Causes de la premiere guerre mondiale: Essai d'historiographie, Paris 1973

Düding, D., »Die Kriegsvereine im wilhelminischen Reich und ihr Beitrag zur Militarisierung der deutschen Gesellschaft«, in Jost Dülffer und Karl Holl (Hgg.), Bereit zum Krieg: Kriegsmentalität im wilhelminischen Deutschland 1890-1914. Beiträge zur historischen Friedensforschung, Göttingen 1986

Dugdale, Blanche E. C., Arthur James Balfour, 1st Earl of Balfour, 1906-1930, 2 Bände, London 1936

Dugdale, E.T.S. (Hg.), German Diplomatic Documents, 1871-1914, 4 Bände, London 1928

Dukes, J.R., »Militarism and Arms Policy Revisited: The Origins of the German Army Law of 1913«, in J.R. Dukes und J. Remak (Hgg.), Another Germany: A Reconsideration of the Imperial Era, Boulder 1988

Dukes, J.R., und J. Remak (Hgg.), Another Germany: A Reconsideration of the Imperial Era, Boulder 1988

Dungan, Myles, They Shall Not Grow Old: Irish Soldiers and the Great War, Dublin 1997

Dupuy, T.N., A Genius for War: The German Army and Staff, 1807-1945, London 1977

Eberle, M., World War I and the Weimar Artists: Dix; Grosz, Beckmann, Schlemmer, New Haven 1985

Eckardstein, Freiherr von, Lebenserinnerungen, 3 Bände, Leipzig 1919-1920

Eckart, Wolfgang U., »›The Most Extensive Experiment That Imagination Can Produce‹: Violence of War, Emotional Stress and German Medicine, 1914-1918«, Papier für die Tagung in Münchenwiler über den totalen Krieg, 1997

Economist, The, Britain in Figures, 1997, London 1997

Economist, The, Economic Statistics, 1900-1983, London 1981

Edelstein, M., Overseas Investment in the Age of High Imperialism, London 1982

Edmonds, Sir James (Hg.), Official History: Military Operations, France and Belgium, 14 Bände, London 1922-1948

Edmonds, Sir James, A Short History of World War I, London 1951

Egremont, Max, Balfour, London 1980

Ehlert, H. G., Die wirtschatliche Zentralbehörde des Deutschen Reiches, 1914-1919: Das Problem der Gemeinwirtschaft in Krieg und Frieden, Wiesbaden 1982

Eichengreen, Barry, Golden Fetters: The Gold Standard and the Great Depression, 1919-1939, New York/Oxford 1992

Eichengreen, Barry und Marc Flandreau, »The Geography of the Gold Standard«, International Macroeconomics, Oktober 1994

Eksteins, Modris, Rites of Spring: The Great War and the Modern Age, London 1989

Eksteins, Modris, Tanz über Gräben, Reinbek bei Hamburg 1990

Eley, Geoff, »Army, State and Civil Society: Revisiting the Problem of German Militarism«, in Eley, From Unification to Nazism: Reinterpreting the German Past, Boston 1986

Eley, Geoff, »Conservatives and Radical Nationalists in Germany: The Production of Fascist Potentials, 1912-1928«, in M. Blinkhorn (Hg.), Fascists and Conservatives, London 1990

Eley, Geoff, Reshaping the German Right: Radical Nationalism and Political Change after Bismarck, New Haven 1979

Eley, Geoff, »Sammlungspolitik, Social Imperialism and the German Navy Law of 1898«, Militärgeschichtliche Mitteilungen, 1974

Eley, Geoff, »The Wilhelmine Right: How It Changed«, in R.J. Evans (Hg.), Society and Politics in Wilhelmine Germany, New York 1978

Ellis, J., Eye-Deep in Hell, London 1976

Englander, D., »The French Soldier, 1914-1918«, French History, 1987

Englander, D. und J. Osborne, »Jack, Tommy and Henry Dubb: The Armed Forces and the UK«, Historical Journal, 1978

Erdmann, Karl Dietrich (Hg.), Kurt Riezler, Tagebücher, Göttingen 1972

Erdmann, Karl Dietrich, »Hat Deutschland auch den Ersten Weltkrieg entfesselt? Kontroversen zur Politik der Mächte im Juli 1914«, in Erdmann und E. Zechlin (Hgg.), Politik und Geschichte: Europa 1914 - Krieg oder Frieden?, Kiel 1985

Erdmann, Karl Dietrich, »War Guilt 1914 Reconsidered: A Balance of New Research«, in H. W. Koch (Hg.), The Origins of the First World War, London 1984

Erdmann, Karl Dietrich, »Zur Beurteilung Bethmann Hollwegs«, Geschichte in Wissenschaft und Unterricht, 1964

Esposito, Patrick, »Public Opinion and the Outbreak of the First World War: Germany, Austria-Hungary and the War in the Newspapers of Northern England«, unveröffentlichte »Master of studies thesis«, Oxford, 1997

Falkenhayn, Erich von, Die oberste Heeresleitung 1914-1916, Berlin 1920

Farndale, M., History of the Royal Regiment of Artillery: Western Front, 1914-1918, London 1986

Farrar, L. L., The Short-War Illusion: German Policy, Strategy and Domestic Affairs, August-December 1914, Oxford 1973

Farrar, M. M., »Preclusive Purchases: Politics and Economic Warfare in France during the First World War«, Economic History Review, 1973

Faulks, Sebastian, Birdsong, London 1994

Fausto, Domenicantonio, »La politica fiscale dalla prima guerra mondiale al regime fascista«, Ricerche per la Storia della Banca d'Italia, Band II, Rom 1993

Fey, Sidney B., The Origins of the World War, 2 Bände, New York 1930

Feldman, Gerald D., Army, Industry and Labour in Germany, 1914-1918, Princeton 1966

Feldman, Gerald D., Armee, Industrie und Arbeiterschaft in Deutschland 1914 bis 1918, Berlin 1985

Feldman, Gerald D., »The Deutsche Bank from World War to World Economic Crisis, 1914-1933«, in L. Gall u.a. (Hgg.), The Deutsche Bank, 1870-1995, London 1995

Feldman, Gerald D., »Der deutsche organisierte Kapitalismus während der Kriegs- und Inflationsjahre 1914-1923«, in H.-A. Winkler (Hg.), Organisierter Kapitalismus, Göttingen 1974

Feldman, Gerald D., The Great Disorder: Politics, Economics and Society in the German Inflation, New York/Oxford 1993

Feldman, Gerald D., Iron and Steel in the German Inflation, 1916-1923, Princeton 1977

Feldman, Gerald D., »The Political Economy of Germany's Relative Stabilisation during the 1920/21 Depression«, in Feldman u. a. (Hgg.), Die deutsche Inflation: Eine Zwischenbilanz, Berlin/New York 1982

Feldman, Gerald D., »War Aims, State Intervention and Business Leadership in Germany: The Case of Hugo Stinnes«, Papier für die Tagung in Münchenwiler über den totalen Krieg, 1997

Ferguson, Niall, »The Balance of Payments Questions: Versailles and After«, Centre for German and European Studies Working Paper, Berkeley, 1994

Ferguson, Niall, »Constraints and Room for Manoeuvre in der German Inflation of the Early 1920s«, Economic History Review, 1996

Ferguson, Niall, »Food and the First World War«, Twentieth Century British History, 1991

Ferguson, Niall, »Germany and the Origins of the First World War: New Perspectives«, Historical Journal, 1992

Ferguson, Niall, »The Kaiser's European Union: What If Britain Had Stood Aside in August 1914?« in Ferguson (Hg.), Virtual History

Ferguson, Niall, »Keynes and the German Inflation«, English Historical Review, 1995

Ferguson, Niall, »Public Finance and National Security: The Domestic Origins of the First World War Revisited«, Past and Present, 1994

Ferguson, Niall, Paper and Iron: Hamburg Business and German Politics in the Era of Inflation, 1897-1927, Cambridge 1995

Ferguson, Niall (Hg.), Virtual History: Alternatives and Counterfactuals, London 1997

Ferguson, Niall, The World's Banker: A History of the House of Rothschild, London 1998

Ferro, Marc, The Great War, 1914-1918, London 1973

Field, Frank, »The French War Novel: The Case of Louis-Ferdinand Céline«, in H. Cecil and P.H. Liddle (Hgg.), Facing Armageddon

Figes, Orlando, A People's Tragedy: The Russian Revolution, 1891-1924, London 1996

Figes, Orlando, Die Tragödie eines Volkes: die Epoche der russischen Revolution 1891 bis 1924, Berlin 1998

Finch, A.H., »A Diary of the Great War«, MS in Privatbesitz

Fischer, E., W. Bloch und A. Philipp (Hgg.), Das Werk des Untersuchungsausschusses der Verfassunggebenden Deutschen Nationalversammlung und des Deutschen

Reichstages 1919-1928: Die Ursachen des deutschen Zusammenbruches im Jahre 1918, 8 Bände, Berlin 1928

Fischer, Fritz, Bündnis der Eliten: Zur Kontinuität der Machtstrukturen in Deutschland, 1871-1945, Düsseldorf 1979

Fischer, Fritz, »Die Außenpolitik des kaiserlichen Deutschland und der Ausbruch des Ersten Weltkriegs«, in: Schöllgen, Gregor (Hg.), Flucht in den Krieg, Darmstadt 1991

Fischer, Fritz, Griff nach der Weltmacht: Die Kriegszielpolitik des kaiserlichen Deutschland 1914-1918, Düsseldorf 1961

Fischer, Fritz, »Kontinuität des Irrtums: Zum Problem der deutschen Kriegszielpolitik im Ersten Weltkrieg«, *Historische Zeitschrift*, 1960

Fischer, Fritz, Krieg der Illusionen: Die deutsche Politik von 1911 bis 1914, Düsseldorf 1969

Fischer, Fritz, Weltmacht oder Niedergang, Frankfurt a. M. 1965

Fischer, Heinz-Dietrich (Hg.), Handbuch der politischen Presse in Deutschland, 1480-1980: Synopse rechtlicher, struktureller und wirtschaftlicher Grundlagen der Tendenzpublizistik im Kommunikationsfeld, Düsseldorf 1981

Fischer, Heinz-Dietrich, Pressekonzentration und Zensurpraxis im Ersten Weltkrieg: Texte und Quellen, Berlin 1973

Fischer, Wolfram, »Die deutsche Wirtschaft im Ersten Weltkrieg«, in N. Walter (Hg.), Deutschland: Porträt einer Nation, Band III: Wirtschaft, Gütersloh 1985

Floud, R. C., »Britain 1860-1914: A Survey'«, in Floud und McCloskey (Hgg.), The Economic History of Britain since 1700, Band II, Cambridge 1981

Fontaine, A., French Industry during the War, New Haven 1926

Forester, C. S., The General, London 1936

Förster, Stig, »Alter und neuer Militarismus im Kaiserreich: Heeresrüstungspolitik und Dispositionen zum Krieg zwischen Status-quo-Sicherung und imperialistischer Expansion, 1890-1913«, in Jost Dülffer und Karl Holl (Hgg.), Bereit zum Krieg: Kriegsmentalität im wilhelminischen Deutschland 1890-1914. Beiträge zur historischen Friedensforschung, Göttingen 1986

Förster, Stig, »Der deutsche Generalstab und die Illusion des kurzen Krieges, 1971-1914. Metakritik eines Mythos'«, *Militärgeschichtliche Mitteilungen*, 1995

Förster, Stig, Der doppelte Militarismus: Die deutsche Heeresrüstungspolitik zwischen Status-quo-Sicherung und Aggression, 1890-1913, Stuttgart 1985

Förster, Stig, »Dreams and Nightmares: German Military Leadership and the Images of Future Warfare, 1971-1914«, unveröffentlichter Beitrag zur Tagung in Augsburg, 1994

Förster, Stig, »Facing ›People's War‹: Moltke the Elder and Germany's Military options after 1871«, *Journal of Strategic Studies*, 1987

Foster, Roy, Modern Ireland, 1600-1972, Oxford 1988

Frank, Robert, Thomas Gilovich und Dennis Regan, »Does Studying Economics Inhibit Co-operation?«, *Journal of Economic Perspectives*, 1993

Frauendienst, Werner (Hg.), Die Geheimen Papiere Friedrich von Holsteins, 4 Bände, Göttingen/Berlin/Frankfurt 1963

French, David, British Economic and Strategic Planning, 1905-1915, London 1982

French, David, »The Edwardian Crisis and the Origins of the First World War«, *International History Review*, 1982

French, David, »The Meaning of Attrition«, *English Historical Review*, 1986

French, David, »The Rise and Fall of ›Business as Usual‹«, in K. Burk (Hg.), War and the State, London 1982

French, David, »Spy Fever in Britain, 1900-1915«, *Historical Journal*, 1978

French, Sir John, 1914, London 1919

Freud, Sigmund, »Zeitgemäßes über Krieg und Tod«, in: Gesammelte Werke, Band 10, Frankfurt a. M. 1963 (3. Aufl.)

Freud, Sigmund, Das Unbehagen in der Kultur, in: Gesammelte Werke, Band 14, Frankfurt a.M. 1963 (3. Aufl.)

Freud, Sigmund, Warum Krieg? [Brief an Albert Einstein], in: Sigmund Freud, Gesammelte Schriften, Band 12, Leipzig/Wien/Zürich, 1924-1934

Friedberg, A.L., The Weary Titan: Britain and the Experience of Relative Decline, 1895-1905, Princeton 1988

Fromkin, David, A Peace to End All Peace: Creating the Modern Middle East, 1914-1922, London 1991

Fuller, J.F.C., The Conduct of War, London 1972

Fuller, J. G., Troop Morale and Popular Culture in the British and Dominion Armies, 1914-1918, Oxford 1990

Fussell, Paul, The Great War and Modern Memory, Oxford 1975

Fyfe, Henry Hamilton, Northcliffe: An Intimate Biography, London o.J. [um 1930]

Galet, E. J., Albert King of the Belgians in the Great War: His Military Activities and Experiences Set Down with his Approval, London 1931

Gall, Lothar, Bismarck: Der weiße Revolutionär, Frankfurt/Berlin/Wien 1980

Gall, Lothar (Hg.), Die Deutsche Bank, 1870-1995, München 1995

Gallinger, August, »Gegenrechnung. Die Verbrechen an deutschen Kriegsgefangenen«, in: *Süddeutsche Monatshefte*, 18. Jahrgang, Juni 1921

Gallinger, August, The Countercharge: The Matter of War Criminals from the German Side, München 1922

Gammage, B., The Broken Years: Australian Soldiers in the Great War, Canberra 1974

Garvin, J.L., The Life of Joseph Chamberlain, Band III: 1895-1900, London 1934

Gatrell, P., Government, Industry and Rearmament, 1900-1914: The Last

Argument of Tsarism, Cambridge 1994

Gatrell, P., The Tsarist Economy, 1850-1917, London 1986

Gatzke, Hans, German's Drive to the West: A Study of Germany's Western War Aims during the First World War, Baltimore 1966

Gebele, Hubert, Die Probleme von Krieg und Frieden in Großbritannien während des Ersten Weltkrieges: Regierung, Parteien und öffentliche Meinung in der Auseinandersetzung über Kriegs- und Friedensziele, Frankfurt 1987

Geiss, Immanuel, Das Deutsche Reich und der Erste Weltkrieg, München 1985

Geiss, Immanuel, Das Deutsche Reich und die Vorgeschichte des Ersten Weltkrieges München 1978

Geiss, Immanuel, The German Version of Imperialism: Weltpolitik, in Gregor Schöllgen (Hg.), Escape into War? The Foreign Policy of Imperial Germany, Oxford/New York/München 1990

Geiss, Immanuel, »Weltpolitik«: Die deutsche Version des Imperialismus, in: Gregor Schöllgen (Hg.), Flucht in den Krieg, Darmstadt 1991

Geiss, Immanuel, Julikrise und Kriegsausbruch 1914, 2 Bände, Hannover 1963

Geiss, Immanuel, Juli 1914: Die europäische Krise und der Ausbruch des Ersten Weltkriegs, München 1965

Geiss, Immanuel, July 1914: The Outbreak of the First World War - Selected Documents, London 1967

Geiss, Immanuel, Der lange Weg in die Katastrophe: Die Vorgeschichte des Ersten Weltkrieges, 1815-1914, München/Zürich 1990

Gerber, L.-G., »Corporatism in Comparative Perspective: The Impact of the First World War on American and British Labour Relations«, *Business History Review*, 1988

Geyer, Michael, »German Strategy in the Age of Machine Warfare, 1914-1945«, in P. Paret (Hg.), Makers of Modern Strategy from Machiavelli to the Nuclear Age, Oxford 1986

Gibbon, Lewis Grassic, A Scots Quair, London 1986

Gibbs, Philip, Realities of War, London 1929

Gilbert, B.B., David Lloyd George: A Political life - Organiser of Victory, 1912-1916, London 1992

Gilbert, Martin, First World War, London 1994

Gilbert, Sandra M., »Soldier's Heart: Literary Men, Literary Women and the Great War«, in M. Higgonet (Hg.), Behind the Lines, New Haven 1987

Girault, René, Emprunts russes et investissements français en Russie, Paris 1973

Glaser, Elisabeth, »The American War Effort: Money and Material Aid, 1917-1918«, Papier für die Tagung in Münchenwiler über den totalen Krieg, 1997

Godfrey, John F., Capitalism at War: Industrial Policy and Bureaucracy in France, 1914-1918, Leamington Spa 1987

Goldstein, Erik, Winning the Peace:

British Diplomatic Strategy, Peace Planning and the Paris Peace Conference, 1916-1920, Oxford 1991

Gombrich, Ernst H., Aby Warburg: Eine intellektuelle Biographie, Frankfurt 1981

Gooch, G. P., und Harold Temperley (Hgg.), British Documents on the Origins of the War, 1898-1914, 11 Bände, London 1926-1938

Gooch, J., The Plans of War: The General Staff and British Military Strategy, c. 1900-1916, London 1974

Gooch, J., »Soldiers, Strategy and War Aims in Britain, 1914-1918«, in B. Hunt und A. Preston (Hgg.), War Aims and Strategic Policy in the Great War, London 1977

Gordon, M. R., »Domestic Conflict and the Origins of the First World War: The British and German Cases«, *Journal of Modern History*, 1974

Gough, Paul, »The experience of British Artists in the Grat War«, in H. Cecil und P.H. Liddle (Hgg.), Facing Armageddon

Grady, H. F., British War Finance, 1914-1919, New York 1968

Graham, Dominic, »Sans Doctrine: British Army Tactics in the First World War«, in T. Travers und C. Archer (Hgg.), Men At War: Politics, Technology and Innovation in the Twentieth Century, Chicago 1982

Graham, F.D., Exchange, Prices and Production in Hyperinflation Germany, 1920-1923, Princeton 1930

Graves, Robert, Goodbye to All That, London 1960

Greasley, D., und L. Oxley, »Discontinuities in Competitiveness: The Impact of the First World War on British Industry«, *Economic History Review*, 1966

Gregory, A., »British Public Opinion and the Descent into War«, unveröffentliches Ms.

Gregory, A., »Lost Generations: The impact of Military Casualties on Paris, London and Berlin«, in J. Winter (Hg.), Capital Cities

Gregory, P. R., Russian National Income, 1885-1913, Cambridge, 1982

Greschat, M., »Krieg und Kriegsbereitschaft im deutschen Protestantismus«, in Jost Dülffer und Karl Holl (Hgg.), Bereit zum Krieg: Kriegsmentalität im wilhelminischen Deutschland 1890-1914. Beiträge zur historischen Friedensforschung, Göttingen 1986

Grey of Falloden, Viscount, Fly Fishing, Stocksfield, 1990

Grey of Falloden, Viscount, Twenty-Five Years, 2 Bände, London, 1925

Grieves, Keith, »C. E. Montague and the Making of Disenchantment, 1914-1921«, *War in History*, 1997

Grieves, Keith, »Lloyd George and the Management of the British War Economy«, Papier für die Tagung in Münchenwiler über den totalen Krieg, 1997

Griffith, Paddy, Battle Tactics of the Western Front: The British Army's Art of Attack, 1916-1918, New Haven/London 1994

Griffith, Paddy (Hg.), British Fighting

Methods in the Great War, London 1996

Griffith, Paddy, Forward into Battle: Fighting Tactics from Waterloo to Vietnam, Chichester 1981

Griffith, Paddy, »The Tactical Problem: Infantry, Artillery and the Salient«, in P. H. Liddle (Hg.), Passchendaele in Perspective: The Third Battle of Ypres, London 1997

Groh, Dieter, »›Je eher, desto besser!‹ Innenpolitische Faktoren für die Präventivkriegsbereitschaft des Deutschen Reiches 1913/14«, in Politische Vierteljahresschrift, 1972

Groh, Dieter, Negative Integration und revolutionärer Attentismus, 1909-1914, Frankfurt/Berlin/Wien 1973

Grünbeck, Max, Die Presse Großbritanniens, ihr geistiger und wirtschaftlicher Aufbau: Wesen und Wirkungen der Publizistik - Arbeiten über die Volksbeeinflussung und geistige Volksführung aller Zeiten und Völker, Leipzig 1936

Gudmundsson, Bruce I., Stormtroop Tactics: Innovation in the German Army, 1914-1918, Westport, Conn. 1995

Guinard, Pierre, Inventaire sommaire des archives de la Guerre, Série N, 1872-1919, Troyes 1975

Guinn, P., British Strategy and Politics, 1914-1918, Oxford 1965

Gullace, Nicoletta F., »Sexual Violence and Family Honor: British Propaganda and International Law during the First World War«, American Historical Review, 1997

Günther, A., Die Folgen des Krieges für Einkommen nd Lebenshaltung der mittleren Volksschichten Deutschlands, Stuttgart/Berlin/Leipzig 1932

Gutsche, Willibald, »Die Außenpolitik des Kaiserreichs und der Kriegsausbruch in der Geschichtsschreibung der DDR«, in: Schöllgen, Gregor (Hg.), Flucht in den Krieg, Darmstadt 1991

Haller, H., »Die Rolle der Staatsfinanzen für den Inflationsprozeß«, in Deutsche Bundesbank (Hg.), Währung und Wirtschaft in Deutschland, 1876-1975, Frankfurt am Main 1976

Hamilton, Sir Ian, Gallipoli Diary, 2 Bände, London 1920

Hamilton, K. A., »Great Britain and France, 1911-1914«, in F. Hinsley (Hg.), British Foreign Policy under Sir Edward Grey, Cambridge 1977

Hankey, Baron, The Supreme Command, 1914-1918, 2 Bände, London 1961

Hansard, The Parliamentary Debates (Authorized Edition), 4. Reihe, 1892-1908 und 5. Reihe, 1909-1980

Hansen, Ferdinand, The Unrepentant Northcliffe: A Reply to the London »Times« vom 19. Oktober 1920, Hamburg 1921

Hardach, Gerd, The First World War, 1914-1918, Harmondsworth 1987

Harris, Henry, »›To Serve Mankind in Peace and the Fatherland at War‹: The Case of Fritz Haber«, German History, 1992

Harris, J., William Beveridge: A Biography, Oxford 1977

Harris, Ruth, »The ›Child of the Bar-

barian‹: Rape, Race and Nationalism in France during the First World War«, *Past and Present*, 1994

Harrison, R., »The War Emergency Workers' Committee«, in A. Briggs and J. Saville (Hgg.), Essays in Labour History, London 1971

Harrod, R.F., The Life of John Maynard Keynes, London 1951

Harvey, A. D., Collision of Empires: Britain in Three World Wars, 1792-1945, London 1992

Harvie, Christopher, No Gods and Precious Few Heroes: Scotland, 1914-1980, London 1981

Hasek, Jaroslav, Die Abenteuer des braven Soldaten Schwejk, Frankfurt 1968

Hatton, R. H. S., »Britain and Germany in 1914: The July Crisis and War Aims«, *Past and Present*, 1967

Haupts, L., Deutsche Friedenspolitik: Eine Alternative zur Machtpolitik des Ersten Weltkrieges, Düsseldorf, 1976

Hazlehurst, Cameron, Politicians at War, July 1914 to May 1915: A Prologue to the Triumph of Lloyd George , London 1971

Heenemann, Horst, »Die Auflagenhöhe der deutschen Zeitungen: Ihre Entwicklung und ihre Probleme«, Phil. Diss, Leipzig, 1929

Helfferich, Karl, Deutschlands Volkswohlstand 1888-1913, Berlin 1914

Hendley, Matthew, »›Help us to secure a strong, healthy, prosperous and peaceful Britain‹: The Social Arguments of the Campaign for Compulsory Military Service in Britain, 1988-1914«, *Canadian Journal of History*, 1995

Henig, Ruth, The Origins of the First World War, London 1989

Henning, F.-W., Das industrialisierte Deutschland, 1914 bis 1972, Paderborn 1974

Hentschel, V., »German Economic and Social Policy, 1815-1939«, in P. Mathias und S. Pollard (Hgg.), The Cambridge Economic History of Europe, Band VIII: The Industrial Economies: The Development of Economic and Social Policies, Cambridge 1989

Hentschel, V., Wirtschaft und Wirtschaftspolitik im wilhelminischen Deutschland: Organisierter Kapitalismus und Interventionsstaat?, Stuttgart 1978

Hentschel, V., »Zahlen und Anmerkungen zum deutschen Außenhandel zwischen dem Ersten Weltkrieg und der Weltwirtschaftskrise«, *Zeitschrift für Unternehmensgeschichte*, 1986

Herbert, A.P., The Secret Battle, London 1976

Herrmann, David G., The Arming of Europe and the Making of the First World War, Princeton 1996

Herwig, Holger H., »Admirals *versus* Generals: The War Aims of the Imperial German Navy, 1914-1918«, *Central European History*, 1972

Herwig, Holger H., »The Dynamics of Necessity: German Military Policy during the First World War«, in Williamson Murray und Allan R. Millett (Hgg.), Military Effectiveness, Winchester, Mass. 1988

Herwig, Holger H., The First World War: Germany and Austria-Hungary, London 1997

Herwig, Holger H., »How ›Total‹ Was Germany's U-Boat Campaign in the Great War?«, Papier für die Tagung in Münchenwiler über den totalen Krieg, 1997

Hibberd, D. und J. Onions (Hgg.), Poetry of the Great War: An Anthology, London 1986

Hildebrand, Klaus, Deutsche Außenpolitik, 1871-1918, München 1989

Hildebrand, Klaus, »Julikrise 1914: Das europäische Sicherheitsdilemma. Betrachtungen über den Ausbruch des Ersten Weltkrieges«, Geschichte in Wissenschaft und Unterricht, 1985

Hildebrand, Klaus, »›System der Aushilfen‹«? Chancen und Grenzen deutscher Außenpolitik im Zeitalter Bismarcks, in: Gregor Schöllgen, (Hg.), Flucht in den Krieg? Die Außenpolitik des kaiserlichen Deutschland, Darmstadt 1991

Hildebrand, Klaus, Das vergangene Reich: Deutsche Außenpolitik von Bismarck bis Hitler, 1871-1945, Stuttgart 1995

Hiley, N., ›The British Army Film‹, ›You!‹ und ›For the Empire‹: Reconstructed Propaganda Films 1914-1916«, Historical Journal of Film, Radio and Television, 1985

Hiley, N., »Counter-Espionage and Security in Great Britain during the First World War«, English Historical Review, 1986

Hiley, N., »The Failure of British Counter-Espionage against Germany, 1907-1914«, Historical Journal, 1983

Hiley, N., »Introduction«, in William Le Queux, Spies of the Kaiser, London 1996

Hiley, N., »›Kitchener Wants You‹ and ›Daddy, what did you do in the War?‹:The Myth of British Recruiting Posters«, Imperial War Museum Review, 1997

Hillgruber, Andreas, »Der historische Ort des Ersten Weltkriegs: Eine Urkatastrophe?«, in: Gregor Schöllgen (Hg.), Flucht in den Krieg? Die Außenpolitik des kaiserlichen Deutschland, Darmstadt 1991

Hirschfeld, Gerhard, Gerd Krumeich und Irina Den (Hgg.), Keiner fühlt sich mehr als Mensch: Erlebnis und Wirkung des Ersten Weltkriegs, Essen 1993

Hitler, Adolf, Mein Kampf, Band 1, München (1925) 1933

Hobsbawm, Eric J., The Age of Empire, 1875-1914, London 1987

Hobsbawm, Eric J., Das imperiale Zeitalter, 1875-1914, Frankfurt 1989

Hobsbawm, Eric J., The Age of Extremes: The Short Twentieth Century, 1914-1991, London 1994

Hobsbawm, Eric J., Das Zeitalter der Extreme. Weltgeschichte des 20. Jahrhunderts, München/Wien 1995

Hobson, John A., Der Imperialismus, Köln/Berlin 1968

Hobson, J.M., »The Military-Extraction Gap and the Wary Titan: The Fiscal Sociology of British Defence Policy 1870-1913«, Journal of European Economic History, 1993

Hodgson, Geoffrey, People's Century: From the Dawn of the Century to the Start of the Cold War, London 1995

Hoetzsch, Otto (Hg.), Die internationalen Beziehungen im Zeitalter des Imperialismus: Dokumente aus den Archiven der Zarischen und der Provisorischen Regierung, 5 Bände, Berlin 1931

Hoffmann, W. G., F. Grumbach und H. Hesse, Das Wachstum der deutschen Wirtschaft seit der Mitte des 19. Jahrhunderts, Berlin 1965

Holmes, G., »The First World War and Government Coal Control«, in C. Barber und L. J. Williams (Hgg.), Modern South Wales: Essays in Economic History, Cardiff 1986

Holmes, Richard, »The Last Hurrah: Cavalry on the Western Front, August-September 1914«, in H. Cecil und P.H. Liddle (Hgg.), Facing Armageddon

Holmes, Richard, War Walks from Agincourt to Normandy, London 1996

Holroyd, Michael, Bernard Shaw, Magier der Vernunft, Frankfurt 1995

Holt, Tonie und Valmahai, Battlefields of the First World War: A Traveller's Guide, London 1995

Holtfrerich, C.-L., »Die deutsche Inflation 1918 bis 1923 in internationaler Perspektive. Entscheidungsrahmen und Verteilungsfolgen«, in O. Büsch und G.D. Feldman (Hgg.), Historische Prozesse der deutschen Inflation, 1914 bis 1923: Ein Tagungsbericht, Berlin 1978

Holtfrerich, C.-L., The German Inflation, 1914-1923, Berlin/New York 1986

Hoover, A.J., God, Germany and Britain in the Great War: A Study in Clerical Nationalism, New York 1989

Horne, Alistair, The Price of Glory, London 1962

Horne, John »›L'Impôt du sang‹: Republican Rhetoric and Industrial Warfare in France, 1914-1918«, Social History, 1989

Horne, John, Labour at War: France and Britain, 1914-1918, Oxford 1991

Horne, John, und Alan Kramer, »German ›Atrocities‹ and Franco-German Opinion, 1914: The Evidence of German Soldiers' Diaries«, Journal of Modern History, 1994

Horne, John, und A. Kramer, »War between Soldiers and Enemy Civilians, 1914-1915«, Papier für die Tagung in Münchenwiler über den totalen Krieg, 1997

Howard, Michael, »British Grand Strategy in World War I«, in P. Kennedy (Hg.), Grand Strategies in War and Peace, New Haven/London 1991

Howard, Michael, The Continental Commitment, London 1972

Howard, Michael, The Crisis of the Anglo-German Antagonism, 1916-1917, London 1996

Howard, Michael, »The Edwardian Arms Race«, in Howard, The Lessons of History, Oxford 1993

Howard, Michael, »Europe on the Eve of World War I«, in Howard, The Lessons of History, Oxford 1993

Huber, Max, Geschichte der politischen Presse im Kanton Luzern 1914-1945, Luzern 1989

Hughes, C., »The New Armies«, in I. Beckett und K. Simpson (Hgg.), A Nation in Arms: A Social Study of the British Army in the First World War, Manchester 1985

Hurwitz, S. J., State Intervention in Great Britain: A Study of Economic Control and Social Response, 1914-1918, New York 1949

Hussey, John, »Kiggell and the Prisoners: Was He Guilty of a War Crime?«, *British Army Review*, 1993

Hussey, John, »›Without an Army, and Without Any Preparation to Equip One‹: The Financial and Industrial Background to 1914«, *British Army Review*, 1995.

Hynes, Samuel, The Soldier's Tale: Bearing Witness to Modern War, London 1998

Hynes, Samuel, A War Imagined: The First World War and English Culture, London 1990

Inglis, K., »The Homecoming: The War Memorial Movement in Cambridge, England«, *Journal of Contemporary History*, 1992

Innis, H. A., The Press: A Neglected Factor in the Economic History of the Twentieth Century, Oxford, 1949,

International Institute of Strategic Studies, The Military Balance 1992-1993, London 1992

Jackson, A., »Germany, the Home Front: Blockade, Government and Revolution«, in H. Cecil und P. H. Liddle (Hgg.), Facing Armageddon

Jackson, Alvin, »British Ireland: ›What If Home Rule Had Been Enacted in 1912?‹«, in Niall Ferguson (Hg.), Virtual History

Jackson, Robert, The Prisoners, 1914-1918, London/New York 1989

Jäger, Wolfgang, Historische Forschung und politische Kultur in Deutschland: die Debatte 1914-1980 über den Ausbruch des Ersten Weltkrieges, Göttingen 1984

James, Harold, The German Slump: Politics and Economics, 1924-1936, Oxford 1986

James, Harold, Deutschland in der Weltwirtschaftskrise, 1924-1936, Stuttgart 1988

James, Lawrence, The Rise and Fall of the British Empire, London 1994

Janowitz, M. und E. A. Shils, »Cohesion and Disintegration in the Wehrmacht in World War Two«, in Janowitz (Hg.), Military Conflict: Essays in the Institutional Analysis of War and Peace, Los Angeles 1975

Jarausch, Konrad H., The Enigmatic Chancellor: Bethmann Hollweg and the Hubris of Imperial Germany, New Haven/London 1973

Jarausch, Konrad H., »The Illusion of Limited War: Chancellor Bethmann Hollweg's Calculated Risk, July 1914«, *Central European History*, 1969

Jay, Richard, Joseph Chamberlain: A Political Study, Oxford 1981

Jèze, G., Les dépenses de guerre de la France, Paris 1926

Johansson, Rune, Small State in

Boundary Conflict: Belgium and the Belgian-German Border, 1914-1919, Lund 1988

Johnson, J. H., 1918: The Unexpected Victory, London 1997

Johnson, Paul, The Offshore Islanders, London 1972

Joll, James, Europe since 1870: An International History, London 1973

Joll, James, The Origins of the First World War, London/New York 1984

Joll, James, Die Ursprünge des Ersten Weltkriegs, München 1984

Joll, James, The Second International, 1889-1914, London 1955

Jones, Larry E., »›The Dying Middle‹: Weimar Germany and the Fragmentation of Bourgeois Politics«, Central European History, 1972

Jones, Larry E., German Liberalism and the Dissolution of the Weimar Party System, 1918-1933, Chapel Hill/London 1988

Jones, Larry E., »Inflation, Revaluation and the Crisis of Middle Class Politics: A Study of the Dissolution of the German Party System, 1923-1928«, Central European History, 1979

Jones, Maldwyn A., The Limits of Liberty: American History, 1607-1980, Oxford 1993

Jünger, Ernst, In Stahlgewittern: Aus dem Tagebuch eines Stoßtruppführers, Berlin 1921

Kahan, A., »Government Policis and the Industrialization of Russia«, Journal of Economic History, 1967

Kahn, Elizabeth Louise, »Art from the Front, Death Imagined and the Neglected Majority«, Art History, 1985

Kaiser, David E., »Germany and the Origins of the First World War«, Journal of Modern History, 1983

Keegan, John, The Face of Battle, London 1993

Keegan, John, Das Antlitz des Krieges, Düsseldorf 1978

Keegan, John und R. Holmes, Soldiers: A History of Men in Battle, London 1985

Kehr, Eckart, »Klassenkämpfe und Rüstungspolitik im kaiserlichen Deutschland«, in Kehr, Der Primat der Innenpolitik: Gesammelte Aufsätze zur preußisch-deutschen Sozialgeschichte im 19. und 20. Jahrhundert, hg. von Hans-Ulrich Wehler, Berlin 1970

Keiger, J. F. V., France and the Origins of the First World War, London 1983

Kellett, A., Combat Motivation: The Behaviour of Soldiers in Battle, Boston 1982

Kemp, T., The French Economy 1913-1939, London 1972

Kennan, George F., The Fateful Alliance: France, Russia, and the Comming of the First World War, Manchester 1984

Kennan, George F., Die schicksalhafte Allianz: Frankreich und Rußland am Vorabend des Ersten Weltkrieges, Köln 1990

Kennan, George F., The Decline of Bismarck's European Order: Franco-Russian Relations 1875-1890, Princeton 1974

Kennan, George F., Bismarcks europäisches System in der Auflösung: Die französisch-russische Annäherung 1875 bis 1890, Frankfurt a. M. 1981

Kennedy, Paul M., »Britain in the First World War«, in Williamson Murray and Allan R. Millett (Hgg.), Military Effectiveness, Winchester, Mass. 1988

Kennedy, Paul M., »The First World War and the International power System«, International Security, 1984-1985

Kennedy, Paul M., »German World Policy and the Alliance Negotiations with England 1897-1900«, Journal of Modern History, 1973

Kennedy, Paul M., »Military Effectiveness and the First World War«, in Williamson Murray und Allan R. Millett (Hgg.), Military Effectiveness, Winchester, Mass. 1988

Kennedy, Paul M., The Rise and Fall of the Great Powers: Economic Change and Military Conflict from 1500 to 2000, London 1988

Kennedy, Paul M., Aufstieg und Fall der großen Mächte: Ökonomischer Wandel und militärischer Konflikt von 1500 bis 2000, Frankfurt a. M. 1989

Kennedy, Paul M., The Rise of the Anglo-Grman Antagonism, 1860-1914, London 1980

Kennedy, Paul M., »Strategy Versus Finance in Twentieth Century Britain«, International History Review, 1981

Kennedy, Paul M., und P. K. O'Brien, »Debate: The Costs and Benefits of British Imperialism, 1846-1914«, Past and Present, 1989

Kent, Bruce, The Spoils of War: The Politics, Economics and Diplomacy of Reparations, 1918-1932, Oxford 1989

Kershaw, Ian, Hitler 1889-1936, Stuttgart 1998

Kersten, D., »Die Kriegsziele der Hamburger Kaufmannschaft im Ersten Weltkrieg, 1914-1918«, unveröffentlichte Diss., Hamburg 1962

Keynes, J. M., The Collected Writings of John Maynard Keynes, Band XI: Economic Articles and Correspondence, hg. von D. Moggridge, London 1972

Keynes, J. M., The Collected Writings of John Maynard Keynes, Band XVI: Activities 1914-1919, The Treasury and Versailles, hg. von E. Johnson, London 1977

Keynes, J. M., The Collected Writings of John Maynard Keynes, Band XVII: Activities 1920-1922, Treaty Revision and Reconstruction, hg. von E. Johnson, London 1977

Keynes, J. M., The Collected Writings of John Maynard Keynes, Band XVIII: Activities 1922-1932, The End of Reparations, hg. von E. Johnson, London 1977

Keynes, J. M., The Collected Writings of John Maynard Keynes, Band XXI: Activities 1931-1939, World Crises an Policies in Britain and America, hg. von D. Moggridge, London 1982

Keynes, J. M., »Dr. Melchior: A Defeated Enemy«, in Two Memoirs, London 1949, Reprint in Collected Writings, Band X: Essays in Biography, hg. von A. Robinson und D. Moggridge, London 1972

Keynes, J. M., The Economic Consequences of the Peace, London 1919

Keynes, J. M., How to Pay for the War, London 1940

Keynes, J. M., A Revision of the Treaty, London 1921

Keynes, J. M., A Tract on Monetary Reform, London, 1923, Reprint in Collected Writings, Band IV, Cambridge, 1971

Kiernan, T. J., British War Finance and the Consequences, London 1920

Kindleberer, Charles P., A Financial History of Western Europe, London 1984

Kipling, Rudyard, The Irish Guards in the Great War, Band I: The First Battalion, Staplehurst 1997; Band II: The Second Battalion, Staplehurst 1997

Kirkaldy, A. W., British Finance during and after the War, London 1921

Kitchen, M., The German Officer Corps 1890-1914, Oxford 1968

Kitchen, M., »Ludendorff and Germany's Defeat«, in H. Cecil und P. H. Liddle (Hgg.), Facing Armageddon

Kitchen, M., The Silent Dictatorship: The Politics of the German High Command under Hindenburg and Ludendorff, 1916-1918, New York 1976

Klemperer, Victor, Ich will Zeugnis ablegen bis zum letzten: Tagebücher 1933-1941, Berlin 1995

Knauss, R., Die deutsche, englische

und französische Kriegsfinanzierung, Berlin/Leipzig 1923

Knightley, P., The First Casualty: The War Correspondent as a Hero, Protagonist and Mythmaker from the Crimea to Vietnam, London 1975

Knock, Thomas jr., To End All Wars: Woodrow Wilson and the Quest for a New World Order, New York/Oxford 1992

Koch, H. W., »The Anglo-German Alliance Negotiations: Missed Opportunity or Myth?«, History, 1968

Kocka, Jürgen, Klassengesellschaft im Krieg: Deutsche Sozialgeschichte 1914-1918, Göttingen 1973

Kocka, Jürgen, Facing Total War: German Society, 1914-1918, Leamington Spa 1984

Kocka, Jürgen, »The First World War and the Mittelstand: German Artisans and White Collar Workers«, Journal of Contemporary History, 1973

Komlos, J., The Habsburg Monarchy as a Customs Union: Economic Development in Ausria-Hungary in the Nineteenth Century, Princeton 1983

Kongreß-Protokolle der Zweiten Internationale, Band II (1907-1912), Glashütten im Taunus 1976

Koss, Stephen, Fleet Street Radical: A. G. Gardiner and the Daily News, London 1973

Koss, Stephen, The Rise and Fall of the Political Press in Britain, Band II: The Twentieth Century, Chapel Hill/London 1984

Kossmann, E. H., The Low Countries, 1780-1940, Oxford 1978

Koszyk, Kurt, Deutsche Presse, 1914-1945: Geschichte der deutschen Presse, Band III: Abhandlungen und Materialien zur Publizistik, Berlin 1972

Koszyk, Kurt, Deutsche Pressepolitik im Ersten Weltkrieg, Düsseldorf 1968

Koszyk, Kurt, Zwischen Kaiserreich und Diktatur: Die sozialdemokratische Presse von 1914 bis 1933, Heidelberg 1958

Kraus, Karl, In These Great Times: A Karl Kraus Reader, hg. von Harry Zorn, Manchester 1984

Kraus, Karl, Die Letzten Tage der Menschheit: Tragödie in fünf Akten mit Vorspiel und Epilog, Frankfurt 1986

Krivosheev, Generaloberst G. G. (Hg.), Soviet Casualties and Combat Losses in the Twentieth Century, London/Mechanicsburg, Penn. 1977

Kroboth, Rolf, Die Finanzpolitik des Deutschen Reiches während der Reichskanzlerschaft Bethmann Hollwegs und die Geld- und Kapitalmarktverhältnisse (1909-1913/14), Frankfurt 1986

Krohn, C.-D., Wirtschaftstheorien als politische Interessen: Die akademische Nationalökonomie in Deutschland, 1918-1933, Frankfurt am Main 1981

Kruedener, J. Baron von, »The Franckenstein Paradox in the Intergovernmental Fiscal Relations of Imperial Germany«, in P.-C. Witt (Hg.), Wealth and Taxation in Central Europe: The History and Sociology of Public Finance, Leamington Spa 1987

Krüger, P., Deutschland und die Reparationen 1918/1919: Die Genesis des Reparationsproblems in Deutschland zwischen Waffenstillstand und Versailler Friedensschluß, Stuttgart 1973

Krüger, P., »Die Rolle der Banken und der Industrie in den deutschen reparationspolitischen Entscheidungen nach dem Ersten Weltkrieg«, in H. Mommsen u.a. (Hgg.), Industrielles System und politische Entwicklung in der Weimarer Republik, Band II, Düsseldorf 1977

Krumeich, Gerd, »L'Entrée en guerre en Allemagne', in Becker und S. Audoin-Rouzeau (Hgg.), Les Sociétés européennes et la Guerre de 1914-1918, Paris 1990

Kynaston, David, The City of London, Band I: A World of Its Own, 1815-1890, London 1994

Kynaston, David, The City of London, Band II: Golden Years, 1890-1914, London 1996

Laffin, John, British Butchers and Bunglers of World War One, London, 1988

Lammers, D., »Arno Mayer and the British Decision for War in 1914«, *Journal of British Studies*, 1973

Langhorne, R.T.B., »Anglo-German Negotiations Concerning the Future of the Portuguese Colonies, 1911-1914«, *Historical Journal*, 1973

Langhorne, R.T.B., The Collapse of the

Concert of Europe: International Politics 1890-1914, London 1981

Langhorne, R.T.B., »Great Britain and Germany, 1911-1914«, in F. Hinsley (Hg.), British Foreign Policy under Sir Edward Grey, Cambridge 1977

Lasswell, H.D., Propaganda Technique in the World War, London 1927

Latzko, Andreas, Menschen im Krieg, Zürich 1917

Laursen, K. und J. Pedersen, The German Inflation, 1918-1923, Amsterdam 1964

Lawrence, J., M. Dean und J.-L. Robert, »The Outbreak of War and the Urban Economy: Paris, Berlin und London in 1914«, *Economic History Review*, 1992

Lawrence, T.E., Seven Pillars of Wisdom, Harmondsworth, 1962

Lawrence, T.E., Die sieben Säulen der Weisheit, Stuttgart 1931

League of Nations, Memorandum on Production and Trade, 1923-1926, Genf 1928

Lee, D.E., Europe's Crucial Years: The Diplomatic Background of World War I, 1902-1914, Hanover, New Hampshire 1974

Lee, Joe, »Administrators and Agriculture: Aspects of German Agricultural Policy in the First World War«, in J. Winter (Hg.), War and Economic Development, Cambridge 1975

Leese, P., »Problems Returning Home; The British Psychological Casualties of the Great War«, *Historical Journal*, 1997

Lenin, Wladimir I., »Der Imperialismus als höchstes Stadium des Kapitalismus«, in Lenin, Ausgewählte Werke, Band I, S. 763-873, Berlin 1966

Leontaritis, George B., Greece and the First World War, 1917-1918, New York 1990

Lepsius, J., A. Mendelssohn-Bartholdy und F.W.K. Thimme (Hgg.), Die große Politik der europäischen Kabinette, 1871-1914: Sammlung der diplomatischen Akten des Auswärtigen Amtes, 40 Bände, Berlin 1922-1927

Le Queux, William, Spies of the Kaiser: Plotting the Downfall of England, hg. von Nicholas Hiley, London 1996

Leslie, John, »The Antecedents of Austria-Hungary's War Aims: Politics and Policy-Makers in Vienna and Budapest before and during 1914«, in Elisabeth Springer und Leopold Kammerhofer (Hgg.), Archiv und Forschung: Das Haus-, Hof- und Staatsarchiv in seiner Bedeutung für die Geschichte Österreichs und Europas, Wien/München 1993

Leugers, A.H., »Einstellungen zu Krieg und Frieden im deutschen Katholizismus vor 1914«, in Jost Dülffer und Karl Holl (Hgg.), Bereit zum Krieg: Kriegsmentalität im wilhelminischen Deutschland 1890-1914. Beiträge zur historischen Friedensforschung, Göttingen 1986

Leunig, T., »Lancashire at its Zenith: Transport Costs and the Slow Adoption of Ring Spinning in the Lancashire Cotton Industry, 1900-1913«, in I. Blanchard (Hg.), New Directions in Economic and Social History, Edinburgh 1995

Lévy-Leboyer, M. und F. Bourguignon, L'Économie française au XIXᵉ. Siècle: Analyse macro-économique, Paris 1985

Liddell Hart, Basil, The British Way in Warfare, London 1942

Liddle, Peter H., The 1916 Battle of the Somme, London 1992

Liddle, Peter H. (Hg.), Home Fires and Foreign Fields, London 1985

Liebknecht, Karl, »Militarismus und Anti-Militarismus«, in Liebknecht, Gesammelte Reden und Schriften, Band I, Berlin 1958

Lieven, D., Russia and the Origins of the First World War, London, 1983

Lindenlaub, D., Maschinenbauunternehmen in der Inflation 1919 bis 1923: Unternehmenshistorische Untersuchungen zu einigen Inflationstheorien, Berlin/New York 1985

Lipman, Edward, »The City and the ›People's Budget‹«, unveröffentlichtes Ms., 1995

Lissauer, Ernst, Haßgesang gegen England, Göttingen/Berlin 1915

Livois, René de, Histoire de la presse française, Band II: De 1881 à nos jours, Lausanne 1965

Lloyd George, David, War Memoirs, 6 Bände, London 1933-1936

Loewenberg, P., »Arno Mayer ›Internal Causes and Purposes of War in Europe, 1870-1956‹: An Inadequate Model of Human Behaviour, National Conflict, and Historical Change«, Journal of Modern History, 1970

Lotz, W., Die deutsche Staatsfinanzwirtschaft im Kriege, Stuttgart 1927

Lowe, R., »The Ministry of Labour, 1916-1919: A Still, Small Voice?«, in K. Burk (Hg.), War and the State, London 1982

Lowe, R., »Welfare Legislation and the Unions during and after the First World War«, Historical Journal, 1982

Luckau, A., The German Peace Delegation at the Paris Peace Conference, New York 1941

Ludendorff, Erich von, The General Staff and Its Problems: The History of the Relations between the High Command and the Imperial Government as Revealed by Official Documents, 2 Bände, London 1920

Ludendorff, Erich von, Meine Kriegserinnerungen, Berlin 1920

Lyashchenko, P. L., History of the National Economy of Russia to the 1917 Revolution, New York 1949

Lyth, Peter J., Inflation and the Merchant Economy: The Hamburg Mittelstand 1914-1924, New York/Oxford/München 1990

McDermott, J., »The Revolution in British Military Thinking, from the Boer War to the Moroccan Crisis«, Canadian Journal of History, 1974

MacDonald, Lyn, 1914: The Dawn of Hope, London 1987

MacDonald, Lyn, 1914-1918: Voices and Images of the Great War, London 1988

MacDonald, Lyn, 1915: The Death of Innocence, London 1993

MacDonald, Lyn, The Roses of No Man's Land, London 1980

MacDonald, Lyn, Somme, London 1983

MacDonald, Lyn, They Called It Passchendaele: The Story of Ypres and of the Men Who Fought in It, London 1978

McEwen, John M., »The National Press during the First World War: Ownership and Circulation«, *Journal of Contemporary History*, 1982

Mack Smith, Dennis, Italy: A Modern History, Ann Arbor 1959

Mackay, R. F., Fisher of Kilvertone, Oxford 1973

Mackenzie, Norman und Jeanne Mackenzie (Hgg.), The Diary of Beatrice Webb, Band III, 1905-1924: The Power to Alter Things, London 1984

McKeown, T. J., »The Foreign Policy of a Declining Power«, *International Organisation*, 1991

McKibbin, Ross, »Class and Conventional Wisdom: The Conservative Party and the ›Public‹ in Inter-war Britain«, in McKibbin, The Ideologies of Class: Social Relations in Britain, 1880-1950, Oxford 1990

Mackin, Elton E., Suddenly We Didn't Want to Die: Memoirs of a World War I Marine, Novato, California 1993

Mackintosh, »The Role of the committee of Imperial Defence before 1914«. *English Historical Review*, 1962

McNeill, William H., Krieg und Macht: Militär, Wirtschaft und Gesellschaft vom Altertum bis heute, München 1984

Maddison, Angus, Phases of Capitalist Development, Oxford 1982

Maier, Charles S., Recasting Bourgeois Europe: Stabilisation in France, Germany and Italy in the Decade after World War I, Princeton 1975

Maier, Charles S. »The Truth about the Treaties«, *Journal of Modern History*, 1979

Maier, Charles S., »Wargames: 1914-1919«, in Robert I. Rotberg und Theodore K. Rabb (Hgg.), The Origin and Prevention of Major Wars, Cambridge, 1989

Malcolm, Noel, Geschichte Bosniens, Frankfurt 1996

Mallet, B. und C. O. George, British Budgets, 2nd series: 1913/14 to 1920/21, London 1929

Manevy, Raymond, La Presse de la IIIᵉ. République, Paris 1955

Mann, Thomas, Betrachtungen eines Unpolitischen, Berlin 1918

Manning, J., »Wages and Purchasing, Power«, in J. Winter (Hg.), Capital Cities

Marchand, R. (Hg.), Un Livre noir: Diplomatie d'avant-guerre et de guerre d'après les documents des archives russes, 1910-1917, 3 Bände, Paris 1922

Marder, A. J., British Naval Policy, 1880-1905: The Anatomy of British Sea Power, London 1964

Marks, Sally, »Reparations Reconsidered: A Reminder«, *Central European History*, 1969

Marquand, David, Ramsay MacDonald, London 1997

Marquis, Alice Goldfarb, »Words as Weapons: Propaganda in Britain and Germany during the First World War«, *Journal of Contemporary History*, 1978

Marsland, Elizabeth, The Nation's Cause: French, English and German Poetry of the First World War, London 1991

Martel, Gordon, The Origins of the First World War, London, 1987

Martin, Gregory, »German Strategy and Military Assessments of the American Expeditionary Force (AEF), 1917-1918«, War in History, 1994

Marwick, Arthur, The Deluge: British Society and the First World War, London 1991

Marwick, Arthur, »War and the Arts«, Papier für die Tagung in Münchenwiler über den totalen Krieg, 1997

März, E., Austrian Banking and Financial Policy: Creditanstalt at a Turning Point, 1913-1923, London 1984

Matthews, W. C., »The Continuity of Social Democratic Economic Policy, 1919-1920: The Bauer-Schmidt policy« in G. Feldman u.a. (Hgg.), Die Anpassung an die Inflation, Berlin/New York 1986

Maugham W. Somerset, A Writer's Notebook, London, 1978

Mayer, Arno J., »Domestic Causes of the First World War«, in L. Krieger und F. Stern (Hgg.), The Responsibility of Power: Historical Essays in Honour of Hajo Holborn, New York 1967

Mayer, Arno J., The Persistence of the Old Regime, New York 1971

Mayer, Arno J., Adelsmacht und Bürgertum: Die Krise der europäischen Gesellschaft 1848-1914, München 1984

Mayeur, Jean-Marie, »Le Catholicisme français et la premiére guerre mondiale«, Francia, 1974

Mazower, Mark, Dark Continent: Europe's Twentieth Century, London 1998

Meinecke, Friedrich, Die deutsche Erhebung von 1914, Stuttgart 1914

Meinecke, Friedrich, Die deutsche Katastrophe, Wiesbaden 1946

Meinecke, Fridrich, Die Geschichte des deutsch-englischen Bündnisproblems, München 1927

Messinger, Gary S., British Propaganda and the State in the First World War, Manchester 1992

Mews, Stuart, »Spiritual Mobilisation in the First World War«, Theology, 1971

Meyer, H.C., Mitteleuropa in German Thought and Action, 1815-1945, Den Haag 1955

Michalka, Wolfgang (Hg.), Der Erste Weltkrieg: Wirkung, Wahrnehmung, Analyse, München 1994

Middlemas, Keith, Politics in Industrial Society, London 1979

Miller, S., Burgfrieden und Klassenkampf: Die deutsche Sozialdemokratie im Ersten Weltkrieg, Düsseldorf 1974

Millet, Allan R., Williamson Murray und Kenneth Watman, »The Effectiveness of Military Organizations«, in Williamson Murray and Millett (Hgg.), Military Effectiveness, Winchester, Mass. 1988

Milward, Alan S., The Economic Effects of the Two World Wars on Britain, London 1984

Ministère des Affaires Étrangères [Belgien], Correspondance Diplomatique relative à la Guerre de 1914, Paris 1915

Ministerium des k. und k. Hauses und des Äusseren, Diplomatische Aktenstücke zur Vorgeschichte des Krieges 1914, 3 Bände, London 1920

Mitchell, B. R., European Historical Statistics, 1750-1975, London 1981

Mitchell, B. R. und P. Deane, Abstract of British Historical Statistics, Cambridge 1976

Moeller, Robert G., »Dimensions of Social Conflict in the Great War: The View from the German Countryside«, *Central European History*, 1981

Moeller, Robert G., »Winners as Losers in the German Inflation: Peasant Protest over the Controlled Economy«, in G. Feldman u.a. (Hgg.), Die deutsche Inflation. Eine Zwischenbilanz, Berlin/New York 1982

Moggridge, D. E., Maynard Keynes: An Economist's Biography, London 1992

Moltke, E. von, Generaloberst Helmuth von Moltke, Erinnerungen, Briefe, Dokumente 1877-1916, Stuttgart 1922

Mommsen, Wolfgang J., »Domestic Factors in German Foreign Policy before 1914«, *Central European History*, 1973

Mommsen, Wolfgang J., Innenpolitische Bestimmungsfaktoren der deutschen Außenpolitik vor 1914, in: Mommsen, Wolfgang J., Der autoritäre Nationalstaat. Verfassung, Gesellschaft und Kultur im deutschen Kaiserreich, Frankfurt 1990

Mommsen, Wolfgang J. (Hg.), Kultur und Krieg: Die Rolle der Intellektuellen, Künstler und Schriftsteller im Ersten Weltkrieg, München 1996

Mommsen, Wolfgang J., »Die latente Krise des Deutschen Reiches«, *Militärgeschichtliche Mitteilungen*, 1974

Mommsen, Wolfgang J., Max Weber und die deutsche Politik 1890-1920, Tübingen 1959

Mommsen, Wolfgang J., Max Weber and German Politics, 1890-1920, Chicago 1984

Mommsen, Wolfgang J., »Public Opinion and Foreign Policy in Wilhelmian Germany, 1897-1914«, *Central European History*, 1991

Mommsen, Wolfgang J., Außenpolitik und öffentliche Meinung im Wilhelminischen Deutschland 1897-1914, in: Mommsen, Wolfgang J., Der autoritäre Nationalstaat. Verfassung, Gesellschaft und Kultur im deutschen Kaiserreich, Frankfurt 1990

Mommsen, Wolfgang J., »The Topos of Inevitable War in Germany in the Decade before 1914«, in V. R. Berghahn und M. Kitchen (Hgg.), Germany in the Age of Total War, London 1981

Mommsen, Wolfgang J., Der Topos vom unvermeidlichen Krieg: Außenpolitik und öffentliche Meinung im Deutschen Reich im letzten Jahrzehnt vor 1914, in: Mommsen, Wolfgang J., Der autoritäre Nationalstaat. Verfassung, Gesellschaft und Kultur im deutschen Kaiserreich, Frankfurt 1990

Monash, Sir John, The Australian Victories in France in 1918, London 1920

Monger, G.W., The End of Isolation: British Foreign Policy, 1900-1907, London 1963

Monk, Ray, Wittgenstein, Stuttgart 1992

Montgelas, M. und W. Schücking (Hgg.), The Outbreak of the World War: German Documents Collected by Karl Kautsky, New York 1924

Morgan, E.V., Studies in British Financial Policy, 1914-1925, London 1952

Morgan, E. V. und W. A. Thomas, The Stock Exchange, London 1962

Morgan, K. O. (Hg.), Lloyd George Family Letters, 1885-1936, Oxford 1973

Morgenbrod, Birgitt, Wiener Großbürgertum im Ersten Weltkrieg: Die Geschichte der »Österreichischen Politischen Gesellschaft« (1916-1918), Wien 1994

Morley, Viscount, Memorandum on Resignation, London 1928

Morris, A.J.A., The Scaremongers: The Advocacy of War and Rearmament, 1896-1914, London/Boston,Melbourne/Henley 1984

Morton, Frederic, Thunder at Twilight: Vienna 1913-1914, London 1991

Moses, J. A., The Politics of Illusion: The Fischer Controversy in German Historiography, London 1975

Mosse, George L., Gefallen für das Vaterland. Nationales Heldentum und namenloses Sterben, Stuttgart 1993

Moyer, Laurence V., Victory Must Be Ours: Germany in the Great War, 1914-1918, London 1995

Moynihan, M. (Hg.), God on Our Side: The British Padres in World War One, London 1983

Murray, B. K., The People's Budget, 1909-1910: Lloyd George and Liberal Politics, Oxford 1980

Nägler, Jörg, »Pandora's Box: Propaganda and War Hysteria in the United States during the First World War«, Papier für die Tagung in Münchenwiler über den totalen Krieg, 1997

Nicholls, A.J. und P.M. Kennedy (Hgg.), Nationalist and Racialist Movements in Britain and Germany before 1914, London/Oxford 1981

Nicholls, Jonathan, Cheerful Sacrifice: The Battle of Arras, 1917, London 1990

Nicolson, C., »Edwardian England and the Coming of the First World War«, in A. O'Day (Hg.), The Edwardian Age: Conflict and Stability, 1902-1914, London 1979

Noble, Roger, »Raising the White Flag: The Surrender of Australian Soldiers on the Western Front«, Revue Internationale d'Histoire Militaire, 1990

Nottingham, Christopher J., »Recasting Bourgeois Britain: The British State in the Years Which Followed the First World War«, International Review of Social History, 1986

O'Brien, P.K., »The Costs and Benefits of British Imperialism, 1846-1914«, Past and Present, 1988

O'Brien, P.K., »Power with Profit: The State and the Economy, 1688-1815«, Inaugural lecture, University of London, 1991

O'Brien Twohig, Sara, »Dix and Nietzsche«, in Tate Gallery, Otto Dix, 1891-1961, London 1992

Offer, Avner, »The British Empire, 1870-1914: A Waste of Money?«, *Economic History Review*, 1993

Offer, Avner, The First World War: An Agrarian Interpretaion, Oxford 1989

Offer, Avner, »Going to War in 1914: A matter of Honour?«, *Politics and Society*, 1995

O'Hara, Glen, »Britain's War of Illusions: Sir Edward Grey and the Crisis of Liberal Diplomacy«, unveröffentliche B.A. These, Oxford, 1995

Oncken, H., Das Deutsche Reich und die Vorgeschichte des Weltkriegs, 2 Bände, Berlin 1933

O'Shea, Stephen, Back to the Front: An Accidental Historian Walks the Trenches of World War I, London 1997

Österreichisches Bundesministerium für Heereswesen und Kriegsarchiv (Hg.), Österreich-Ungarns letzter Krieg, 1914-1918, 7 Bände, Wien, 1930-1938

Overy, Richard, Why the Allies Won, London 1995

Owen, G., »Dollar Diplomacy in Default: The Economics of Russian-American Relations, 1910-1917«, *Historical Journal*, 1970.

Owen, Wilfred, The Poems of Wilfred Owen, hg. von Jon Stallworthy, London 1990.

Paddags, Norbert, »The Weimar Inflation: Possibilities of Stabilisation before 1921?«, unveröffentlichte Diss., Oxford, 1995

Parker, Geoffrey (Hg.), The Times Atlas of World History, London 1993

Parker, P., The Old Lie: The Great War and the Public School Ethos, London 1987

Paulinyi, A., »Die sogenannte gemeinsame Wirtschaftspolitik Österreich-Ungarns«, in A. Wandruszka und P. Urbanitsch (Hgg.), Die Habsburgermonarchie, 1848-1918, Band I, Wien 1973

Peacock, A. T. und J. Wiseman, The Growth of Public Expenditure in the United Kingdom, Princeton 1961

Pedroncini, G., Les Mutineries de 1917, Paris 1967

Perry, Nicholas, »Maintaining Regimental Identity in the Great War: The Case of the Irish Infantry Regiments', in *Stand To*, 1998

Perile, Lino, »Fascism and Literature«, in David Forgacs (Hg.), Rethinking Italian Fascism, London 1986

Petzina, D., W. Abelshauser und A. Foust (Hgg.), Sozialgeschichtliches Arbeitsbuch, Band III: Materialien zur Statistik des Deutschen Reiches, 1914-1945, München 1978

Phillips, G., »The Social Impact«, in S. Constantine, M. W. Kirby und M. Rose (Hgg.), The First World War in British History, 1995

Philpott, W. J., Anglo-French Relations and Strategy on the Western Front, London 1996

Pipes, Richard, Russia under the Bolshevik Regime, 1919-1924, London 1994

Pipes, Richard, The Russian Revolution 1899-1919, London 1990

Pogge von Strandmann, Hartmut, und R. J. W. Evans (Hgg.), The Coming of the First World War, Oxford 1988

Pogge von Strandmann, Hartmut, »Historians, Nationalism and War: The Mobilisation of Public Opinion in Britain and Germany«, unveröffentlichtes Ms., 1998

Pogge von Strandmann, Hartmut, Walter Rathenau: Tagebuch, 1907-1922, Düsseldorf 1967

Pohl, M., Hamburger Bankengeschichte, Mainz 1986

Poidevin, Raymond, Les Relations économiques et financières entre la France et l'Allemagne de 1898 à 1914, Paris 1969

Pollard, Sidney, Britain's Prime and Britain's Decline: The British Economy, 1870-1914, London 1989

Pollard, Sidney, »Capital Exports, 1870-1914: Harmful or Beneficial?«, Economic History Review, 1985

Porch, D. »The French Amy and the Spirit of the Offensive, 1900-1914«, War and Society, 1976

Pottle, Mark (Hg.), Champion Redoubtable: The Diaries and Letters of Violet Bonham Carter, 1914-1945, London 1998

Prakke, Henk, Wilfried B. Lerg und Michael Schmolke, Handbuch der Weltpresse, Köln 1970

Prete, Roy A., »French Military War Aims, 1914-1916«, Historical Journal, 1985

Price, Richard, An Imperial War and the British Working Class, London 1972

Prior, R. und Trevor Wilson, Command on the Western Front, Oxford 1992

Prost, Antoine, »Les Monuments aux Morts: Culte républicain? Culte civique? Culte patriotique?', in P. Nora (Hg.), Les Lieux de Mémoire, Band I: La République, Paris 1984

Public Record Office, M.I.5: The First Ten Years, 1909-1919, Kew 1997

Raleigh, Sir Walter und H. A. Jones (Hgg.), The War in the Air, 6 Bände, London 1922-1937

Rathenau, Walther, Briefe, 2 Bände, Dresden 1926

Rauh, M., Föderalismus und Parlamentarismus im wilhelminischen Reich, Düsseldorf 1972

Rau, M., Die Parlamentarisierung des Deutschen Reiches, Düsseldorf 1977

Rawling, B., Surviving Trench Warfare: Technology and the Canadian Corps, 1914-1918, Toronto 1992

Reader, W. J., At Duty's Call: A Study in Obsolete Patriotism, Manchester 1988

Reeves, Nicholas, »Film Propaganda and Its Audience: The Example of Britain's Official Films during the First World War', Journal of Contemporary History, 1983

Reichsarchiv, Der Weltkrieg 1914 bis 1918, 14 Bände, Berlin/Koblenz 1925-1956

Reichswehrministerium, Sanitätsbericht über das Deutsche Heer (deutsches Feld- und Besatzungsheer) im Welkriege 1914-1918 (Deutscher Kriegssanitätsbericht, 1914-1918), 4 Bände, Berlin 1934, 1938

Reid, A., »Dilution, Trade Unionism

and the State in Britain during the First World War«, in S. Tolliday and J. Zeitlin (Hgg.), Shop Floor Bargaining and the State: Historical and Comparative Perspectives, Cambridge 1985

Remak, J. »1914 - the Third Balkan War: Origins Reconsidered«, *Journal of Modern History*, 1971

Remarque, Erich Maria, Im Westen nichts Neues, Köln 1984

Renzi, W. A., »Great Britain, Russia and the Straits, 1914-1915«, *Journal of Modern History*, 1970

Rich, N. und M. H. Fisher (Hgg.), The Holstein Papers: The Memoirs, Diaries and Correspondence of Friedrich von Holstein, 1837-1909, Band IV: Correspondence, 1897-1909, Cambridge 1961

Richardson L. F., Arms and Insecurity, London 1960

Riegel, L., Guerre et Littérature: Le Bouleversement des consciences dans la littérature romanesque inspirée par la Grande Guerre, Paris 1978

Ritter, Gerhard, Der Schlieffenplan: Kritik eines Mythos, München 1956

Ritter, Gerhard, Staatskunst und Kriegshandwerk: Das Problem des »Militarismus« in Deutschland, 4 Bände, München, 1956-1968

Ritter, Gerhard, The Sword and the Sceptre: The Problem of Militarism in Germany, Band II: The European Powers and the Wilhelminian Empire 1890-1914, Coral Gables 1970

Robbins, K., The First World War, Oxford 1984

Robbins, K., Sir Edward Grey: A Biography of Grey of Falloden, London 1971

Robert, Daniel, »Les Protestants français et la guerre de 1914-1918«, *Francia*, 1974

Robertson, Sir William, Soldiers and Statesmen, 2 Bände, London 1926

Roesler, K., Die Finanzpolitik des Deutschen Reiches im Ersten Weltkrieg, Berlin 1967

Ropponen, R., Die russische Gefahr: Das Verhalten der öffentlichen Meinung Deutschlands und Österreich-Ungarns gegenüber der Außenpolitik Rußlands in der Zeit zwischen dem Frieden von Portsmouth und dem Ausbruch des Ersten Weltkrieges, Helsinki 1976

Rosenbaum, E. und A. J. Sherman, M. M. Warburg & Co., 1798-1938: Merchant Bankers of Hamburg, London 1979

Rothenberg, G. E., The Army of Francis Joseph, West Lafayette 1976

Rothenberg, G. E., »Moltke, Schlieffen and die Doctrine of Strategic Envelopment«, in Peter Paret (Hg.), Makers of Modern Strategy from Machiavelli to the Nuclear Age, Princeton 1986

Roucoux, Michel (Hg.), English Literature of the Great War Revisited, Picardie 1988

Rowland, P., The Last Liberal Governments, Band II: Unfinished Business, 1911-1914, London 1971

Rubin, G.R., War, Law and Labour: The Munitions Acts, State Regulation and the Unions 1915-1921, Oxford 1987

Rummel, R. J., Lethal Politics: Soviet Genocide and Mass Murder since 1917, New Brunswick 1990

Rupieper, H. J., The Cuno Government and Reparations, 1922-1923: Politics and Economics, Den Haag/London/Boston 1976

Russell, Bertrand, Portraits from Memory, London 1958

Rutherford, W., The Russian Army in World War I, London 1975

Ryan, Alan, Bertrand Russell: A Political Life, London 1988

Saad El-Din, The Modern Egyptian Press, London o. J.

Saki, »When William Came: A Story of London under the Hohenzollerns«, in: The Complete Works of Saki, London/Sydney/Toronto 1980

Samuels, M., Command or Control? Command, Training and Tactics in the British and German Armies, 1888-1918, London 1995

Samuels, M., Doctrine and Dogma. German and British Infantry Tactics in the First World War, New York 1992

Sassoon, Siegfried, The Complete Memoirs of George Sherston, London 1972

Sassoon, Siegfried, Memoirs of a Fox-hunting Man, London 1978

Sassoon, Siegfried, Memoirs of an Infantry Officer, London 1997

Sassoon, Siegfried, The War Poems, hg. von Rupert Hart-Davis, London/Boston, 1983

Sazonov, S., Fateful Years, 1909-1916: The Reminiscences of Count Sazonow, London 1928

Schlieffen, Graf Alfred von, Gesammelte Schriften, 2 Bände, Berlin 1913

Schmidt, Gustav, »Die Julikrise: Unvereinbare Ausgangslagen und innerstaatliche Zielkonflikte«, in: Gregor Schöllgen, (Hg.), Flucht in den Krieg, Darmstadt 1991

Schmidt, G., »Innenpolitische Blockbildungen in Deutschland am Vorabend des Ersten Weltkrieges«, Aus Politik und Zeitgeschichte, 1972

Schneider, Eric, »The British Red Cross Wounded and Missing Enquiry Bureau: A Case of Truth-Telling in the Great War«, War in History, 1997

Schöllgen, Gregor, Einführung: Das Thema in Spiegel der neueren deutschen Forschung, in: Gregor Schöllgen, (Hg.), Flucht in den Krieg? Die Außenpolitik des kaiserlichen Deutschland, Darmstadt 1991

Schöllgen, Gregor, Imperialismus und Gleichgewicht: Deutschland, England und die orientalische Frage, 1871-1914, München 1984

Schramm, Percy Ernst, Neun Generationen: 300 Jahre deutscher »Kulturgeschichte« im Lichte der Schicksale einer Hamburger Bürgerfamilie, 2 Bände, Göttingen 1963-1965

Schremmer, D. E., »Taxation and Public Finance: Britain, France and Germany«, in P. Mathias und S. Pollard (Hgg.), The Cambridge Economic History of Europe, Band VIII: The Industrial Economies: The Development of Economic and Social Policies, Cambridge 1989

Schuker, S., »American ›Reparations‹

to Germany, 1919-1933«, in G. Feldman und E. Müller-Luckner (Hgg.), Die Nachwirkungen der Inflation auf die deutsche Geschichte, 1924-1933, München 1985

Schulte, B. F., Europäische Krise und Erster Weltkrieg: Beiträge zur Militärpolitik des Kaiserreichs, 1871-1914, Frankfurt am Main 1983

Schulte, B. F., Vor dem Kriegsausbruch 1914: Deutschland, die Türkei und der Balkan, Düsseldorf 1980

Schuster, Peter-Klaus, George Grosz: Berlin-New York, Berlin 1994

Schwabe, K., Deutsche Revolution und Wilson-Frieden: Die amerikanische und deutsche Friedensstrategie zwischen Ideologie und Machtpolitik, 1918/1919, Düsseldorf 1971

Scott, Peter T., »Captive Labour: The German Companies of the BEF«, The Great War: The Illustrated Journal of First World War History, 1991

Searle, G. R., »Critics of Edwardian Society: The Case of the Radical Right«, in A. O'Dey (Hg.), The Edwardian Age, Conflict and Stability, 1902-1914, London 1979

Searle, G. R., The Quest for National Efficiency, Oxford 1971

Seligmann, Matthew, »Germany and the Origins of the First World War«, German History, 1997

Semmel, B., Imperialism and Social Reform: English Social-Imperial Thought, 1895-1914, London 1960

Shand, James D., »Doves among the Eagles«, German Pacifists and their Government during World War I«, Journal of Contemporary History, 1975

Shannon, R. The Crisis of Imperialism 1865-1915, London 1974

Sheffield, Gary, »Officer - Man Relations, Discipline and Morale in the British Army of the Great War«, in H. Cecil und P. H. Liddle (Hgg.), Facing Armageddon

Sheffield, Gary, The Redcaps: A History of the Royal Military Police and Its Antecedents from the Middle Ages to the Gulf War, London/New York 1994

Showalter, D., »Army, State and Society in Germany, 1871-1914: An Interpretation«, in Dukes and Remak (Hgg.), Another Germany: A Reconsideration of the Imperial Era, Boulder 1988

Silkin, Jon (Hg.), The Penguin Book of First World War Poetry, London 1996

Simkins, P., »Everyman at War: Recent Interpretations of the Front Line Experience«, in B. Bond (Hg.), The First World War and British Military History, Oxford 1991

Simkins, P., Kitchener's Army: The Raising of the New Armies, 1914-1916, Manchester 1988

Simon, Herbert A., »Alternative Visions of Rationality«, in Paul K. Moser (Hg.), Rationality in Action: Contemporary Approaches, Cambridge 1990

Simpson, A., Hot Blood and Cold Steel: Life and Death in the Trenches of the First World War, London 1993

Simpson, K., »The Officers«, in I. Beckett und K. Simpson (Hgg.), A Nation in Arms: A Social Study

of the British Army in the First
World War, Manchester 1985

Simpson, K., »The Reputation of Sir
Douglas Haig«, in B. Bond (Hg.),
The First World War and British
Military History, Oxford 1991

Skidelsky, R., John Maynard Keynes,
Band I: Hopes Betrayed 1883-1920,
London 1983

Skidelsky, R., John Maynard Keynes,
Band II: The Economist as Saviour,
1920-1937, London 1992

Snyder, J., The Ideology of the Offensive: Military Decision-Making and
the Disasters of 1914, Ithaca/Lon-
don 1984

Sommariva, A. und G. Tullio, German
Macroeconomic History 1880-1979:
A Study of the Effects of Economic
Policy on Inflation, Currency
Depreciation and Growth, London
1986

Sösemann, Bernd, »Medien und
Öffentlichkeit in der Julikrise 1914«,
in Stephan Kronenburg und Horst
Schichtel (Hgg.), Die Aktualität der
Geschichte: Historische Orientie-
rung in der Mediengesellschaft -
Siegfried Quandt zum 60. Geburts-
tag, Gießen 1996

Sösemann, Bernd (Hg.), Theodor
Wolff: Tagebücher, 1914-1919, 2
Bände, Boppard am Rhein 1984

Soutou, Georges-Henri, L'Or et le
sang: Les Buts de guerre économi-
que de la Première Guerre mondiale,
Paris 1989

Specht, A. von, Politische und wirtschaftliche Hintergründe der deutschen Inflation, 1918-1923, Frankfurt am Main 1982

Spiers, E., »The Scottish Soldier at
War«, in H. Cecil und P.H. Liddle
(Hgg.), Facing Armageddon

Squire, J. C. (Hg.), If It Happened
Otherwise: Lapses into Imaginary
History, London/New
York/Toronto 1932

Squires, James Duane, British Propaganda at Home and in the United
States from 1914 to 1917, Cambridge, Mass. 1935

Stamp, J., Taxation during the War,
London 1932

Stargardt, Nicholas, The German Idea
of Militarism: Radical and Socialist
Critiques, 1886-1914, Cambridge
1994

Statistisches Jahrbuch für das Deutsche
Reich, Berlin, 1914

Statistisches Reichsamt (Hg.), Zahlen
zur Geldentwertung in Deutschland
1914 bis 1924, *Sonderhefte zu Wirtschaft und Statistik,* 5. Jg., I, Berlin,
1925

Steed, Henry Wickham, Through
Thirty Years, 1892-1922, 2 Bände,
London 1924

Stegmann, D., Die Erben Bismarcks:
Parteien und Verbände in der Spät-
phase des wilhelminischen Deutschlands - Sammlungspolitik, 1897-
1918, Köln 1970

Stegmann, D., »Wirtschaft und Politik
nach Bismarcks Sturz: Zur Genesis
der Miquelschen Sammlungspolitik
1890-1897«, in I. Geiss und B.J.
Wendt (Hgg.), Deutschland in der
Weltpolitik des 19. und 20. Jahrhunderts: Fritz Fischer zum 65. Ge-
burtstag, Düsseldorf 1973

Steinberg, Jonathan, »Der Kopenhagen-Komplex«, in: Walter Laqueur, (Hg.), Kriegsausbruch 1914, München 1967

Steinberg, Jonathan »Diplomatie als Wille und Vorstellung: Die Berliner Mission Lord Haldanes im Februar 1912«, in H. Schottelius und W. Deist (Hgg.), Marine und Marinepolitik im kaiserlichen Deutschland, Düsseldorf 1972

Steiner, Zara S., Britain and the Origins of the First World War, London 1977

Steiner, Zara S., The Foreign Office and Foreign Policy, 1898-1914, Cambridge 1969

Stern, Fritz, Das Scheitern illiberaler Politik, Frankfurt/Berlin/Wien 1974

Stern, Fritz, Gold und Eisen: Bismarck und sein Bankier Bleichröder, Frankfurt/Berlin/Wien 1978

Stevenson, David, Armaments and the Coming of War: Europe 1904-1914, Oxford 1996

Stockholm International Peace Research Institute, Yearbook 1992: World Armaments and Disarmament, Oxford 1992

Stone, Norman, The Eastern Front 1914-1917, London 1975

Stone, Norman, Europe Transformed, 1878-1919, London 1983

Stone, Norman, »Moltke and Conrad: Relations between the Austro-Hungarian and German General Staffs, 1909-1914«, in P. Kennedy (Hg.), The War plans of the Great Powers, London 1979

Strachan, H., »The Morale of the German Army 1917-1918«, in H. Cecil und P.H. Liddle (Hgg.), Facing Armageddon

Straus, A., »Le Financement des dépenses publiques dans l'entre-deux-guerres«, in Straus und P. Fridenson (Hgg.), Le Capitalisme français au 19e et 20e siècle: Blocage et dynamismes d'une croissance, Paris 1987

Stuebel, H., Das Verhältnis zwischen Staat und Banken auf dem Gebiet des preussischen Anleihewesens von 1871 bis 1913, Berlin 1935

Stummvoll, Josef, Tagespresse und Technik: Die technische Berichterstattung der deutschen Tageszeitung mit besonderer Berücksichtigung der technischen Beilagen, Dresden 1935

Sulzbach, Herbert, With the German Guns: Four Years on the Western front, Barnsley 1998

Sumler, Davie E., »Domestic Influences on the Nationalist Revival in France, 1909-1914«, *French Historical Studies,* 1970

Summers, A., »Militarism in Britain before the Great War«, *History Workshop,* 1976

Sweet, D.W., »Great Britain and Germany, 1905-1911«, in F.H. Hinsley (Hg.), British Foreign Policy under Sir Edward Grey, Cambridge 1977

Sweet, D.W. und R.T.B. Langhorne, »Great Britain and Russia, 1907-1914«, in F.H. Hinsley (Hg.), British Foreign Policy under Sir Edward Grey, Cambridge 1977

Talbott, John E., »Soldiers, Psychiatrists and Combat Trauma«, *Journal of Interdisciplinary History,* 1997

Tawney, R.H., »The Abolition of Economic Controls, 1918-1921«, *Economic History Review*, 1943

Taylor, A.J.P., Beaverbrook, London 1972

Taylor, A.J.P., English History, 1914-1945, Oxford 1975

Taylor, A.J.P., The First World War, Harmondsworth 1966

Taylor, A.J.P., The Struggle fo Mastery in Europe, 1848-1918, Oxford 1954

Taylor, A.J.P., War by Timetable: How the First World War Began, London 1969

Taylor, Brandon, Art and Literature under the Bolsheviks, Band II: Authority and Revolution, 1924-1932, London/Boulder, Colorado 1992

Taylor, Sally, The Great Outsiders: Northcliffe, Rothermere and the Daily Mail, London 1996

Terhalle, F., »Geschichte der deutschen Finanzwirtschaft vom Beginn des 19. Jahrhunderts bis zum Schluß des Zweiten Weltkrieges«, in W. Gerloff und F. Neumark (Hgg.), Handbuch der Finanzwissenschaft, Tübingen 1952

Terraine, John, »British Military Leadership in the First World War«, in P.H. Liddle (Hg.), Home Fires

Terraine, John, Douglas Haig: The Educated Soldier, London 1963

Terraine, John, The First World War, London 1983

Terraine, John, The Road to Passchendaele, London 1977

Terraine, John, The Smoke and the Fire, London 1980

Terraine, John, »The Substance of the War«, in H. Cecil und P.H. Liddle (Hgg.), Facing Armageddon

Terraine, John, The Western Front, London 1964

Terraine, John, White Heat: The New Warfare, 1914-1918, London 1982

Terraine, John, To Win a War, London 1978

Theweleit, Klaus, Männerphantasien, Band I: Frauen, Fluten, Körper, Geschichte, Frankfurt 1977

Thomas, Daniel H., The Guarantee of Belgian Independence and Neutrality in European Diplomacy from the 1830s to the 1930s, Kingston 1983

Thompson, J.M., Europe since Napoleon, London 1957

(The) Times, The History of The Times, Band IV: The 150th Anniversary and Beyond, 1912-1948, London 1952

Timm, H., »Das Gesetz der wachsenden Staatsausgaben«, *Finanzarchiv*, 1961

Timms, Edward, Karl Kraus: Apocalyptic Satirist, New Haven/London, 1986

Tirpitz, Alfred von, Deutsche Ohnmachtspolitik im Weltkriege, Hamburg/Berlin 1926

Tirpitz, Alfred von, Erinnerungen, Leipzig 1919

Trachtenberg, Marc, »Reparation at the Paris Peace Conference«, *Journal of Modern History*, 1979

Trask, David F., The AEF and Coalition Warmaking, 1917-1918, Lawrence, Kansas 1993

Travers, T.H.E., How the War Was Won, London 1992

Travers, T.H.E., The Killing Ground: Command and Technology on the

Western Front, 1900-1918, London 1990

Travers, T. H. E., »The Offensive and the Problem of Innovation in British Military Thought«, *Journal of Contemporary History*, 1978

Travers, T. H. E., »Technology, Tactics and Morale: Jean de Bloch, the Boer War and British Military Theory, 1900-1914«, *Journal of Modern History*, 1979

Trebilcock, Clive, »War and the Failure of Industrial Mobilisation: 1899 and 1914«, in J. Winter (Hg.), War and Economic Development, Cambridge 1975

Trevelyan, G. M., Grey of Falloden, London 1937

Truchy, H., Les Finances de guerre de la France, Paris 1926

Trumpener, Ulrich, »Junkers and Others: The Rise of Commoners in the Prussian Army, 1871-1914«, *Canadian Journal of History*, 1979

Trumpener, Ulrich, »The Road to Ypres: The Beginnings of Gas Warfare in World War I«, *Central European History*, 1975

Trumpener, Ulrich, »War Premeditated? German Intelligence Operations in July 1914«, *Central European History*, 1976

Tuchman, Barbara, August 1914, London, 1962

Tuchman, Barbara, August 1914, Bern, 1964

Turner, L. C. F., Origins of the First World War, New York 1970

Turner, L. C. F., »The Russian Mobilisation in 1914«, in P. Kennedy (Hg.), The War Plans of the Great Powers, 1880-1914, London 1979

Turner, L. C. F., »The Significance of the Schlieffen Plan«, in P. Kennedy (Hg.), The War Plans of the Great Powers, 1880-1914, London 1979

Ullrich, V., »Der Januarstreik 1918 in Hamburg, Kiel und Bremen: Eine vergleichende Studie zur Geschichte der Streikbewegung im Ersten Weltkrieg«, *Zeitschrift des Vereins für hamburgische Geschichte*, 1985

Ullrich, V., Kriegsalltag: Hamburg im Ersten Weltkrieg, Köln 1982

Ullrich, V., »Massenbewegung in der Hamburger Arbeiterschaft im Ersten Weltkrieg«, in A. Herzig, D. Langewiesche und A. Sywottek (Hgg.), Arbeiter in Hamburg: Unterschichten, Arbeiter und Arbeiterbewegung seit dem ausgehenden 18. Jahrhundert, Hamburg 1982

Vagts, Alfred, A History of Militarism: Civilian and Military, New York 1959

Vierteljahreshefte zur Statistik des Deutschen Reiches, 1914-1920

Vincent, C. P., The Politics of Hugner: The Allied Blockade of Germany, 1915-1919, Athens, Ohio 1985

Vincent-Smith, J. D., »Anglo-German Negotiations over the Portuguese Colonies in Africa 1911-1914«, *Historical Journal*, 1974

Vondung, V., »Deutsche Apokalypse 1914«, in Vondung, Das wilhelminische Bildungsbürgertum, Göttingen 1976

Voth, H.-J., »Civilian Health during

World War One and the Causes of German Defeat: A Re-examination of the Winter Hypothesis«, *Annales de Demographie Historique*, 1995

Wagenführ, R., »Die Industriewirtschaft: Entwicklungstendenzen der deutschen und internationalen Industrieproduktion, 1860-1932«, *Vierteljahreshefte zur Konjunkturforschung*, Sonderheft 31, 1933

Wagner, Adolf, Grundlegung der politischen Ökonomie, Leipzig 1893

Waites, B., A Class Society at War: England, 1914-1918, Leamington Spa 1987

Waites, B., »The Effect of the First World War on Class and Status in England, 1910-1920«, *Journal of Contemporary History*, 1976

Wake, Jehanne, Kleinwort Benson: The History of Two Families in Banking, Oxford 1997

Wallace, Stuart, War and the Image of Germany: British Academics, 1914-1918, Edinburgh 1988

War Office, Statistics of the Military Effort of the British Empire during the Great War, 1914-1920, London 1922

Warburg, Max M., Aus meinen Aufzeichnungen, Privatdruck, o. J.

Warner, Philip, World War One, London 1995

Wawro, Geoffrey, »Morale in the Austro-Hungarian Army: The Evidence of Habsburg Army Campaign Reports and Allied Intelligence Officers«, in H. Cecil und P. H. Liddle (Hgg.), Facing Armageddon

Webb, S. B., Hyperinflation and Stabilisation in Weimar Germany, New York/Oxford 1989

Weber, Eugen, The Hollow Years: France in the 1930s, London 1995

Weber, Eugen, The Nationalist Revival in France, Berkeley 1959

Weber, Thomas, »A Stormy Romance: Germans at Oxford between 1900 und 1938«, unveröffentlichte Master of Studies Thesis, Oxford, 1998

Wehler, Hans-Ulrich, Das Deutsche Kaiserreich, 1871-1918, Göttingen 1973

Wehler, Hans-Ulrich, The German Empire, 1871-1918, Leamington Spa, 1985

Weinroth, H., »The British Radicals and the Balance of Power, 1902-1914«, *Historical Journal*, 1970

Weiss, Linda, und John M. Hobson, States and Economic Development: A Comparative Economic Analysis, Cambridge 1995

Welch, David, »Cinema and Society in Imperial Germany, 1905-1918«, *German History*, 1990

Westbrook, S. D., »The Potential for Military Disintegration«, in S. C. Sarkesian (Hg.), Combat Effectiveness, Los Angeles 1980

Whalen, Robert Weldon, Bitter Wounds: German Victims of the Great War, 1914-1939, Ithaca/London 1984

Wheeler-Bennett, J. W., Brest-Litovsk: The Forgotten Peace, London 1956

Whiteside, N., »Industrial Labour and Welfare Legislation after the First World War: A Reply«, *Historical Journal*, 1982

Whiteside, N., »Welfare Legislation and the Unions during the First World War, *Historical Journal*, 1982

Whitford, Frank, »The Revolutionary Reactionary«, in Tate Gallery, Otto Dix, 1891-1961, London 1992

Wilhelm II., Ereignisse und Gestalten aus den Jahren 1878-1918, Leipzig/Berlin 1922

Willett, John, The New Sobriety, 1917-1933: Art and Politics in the Weimar Period, London 1978

Willett, John, Explosion der Mitte: Kunst und Politik 1917-1933, München 1978

Williams, B., »The Strategic background to the Anglo-Russian Entente of 1907«, *Historical Journal*, 1966

Williams, R., Defending the Empire: The Conservative Party and British Defence Policy, 1899-1915, London 1991

Williams, R., »Lord Kitchener and the Battle of Loos: French Politics and British Strategy in the Summer of 1915«, in L. Freedman, P. Hayes und R. O'Neill (Hgg.), War, Strategy and International Politics, Oxford 1992

Williamson, John G., Karl Helfferich, 1872-1924: Economist, Financier, Politician, Princeton 1971

Williamson, S. R. Jr., Austria-Hungary and the Coming of the First World War, London 1990

Wilson, K. M., »The British Cabinet's Decision for War, 2. August 1914«, *British Journal of International Studies*, 1975

Wilson K. M., »The Foreign Office and the ›Education‹ of Publc Opi-

nion before the First World War«, *Historical Journal*, 1983

Wilson, K. M., »Grey«, in K. Wilson (Hg.), British Foreign Secretaries and Foreign Policy from the Crimean War to the First World War, London 1987

Wilson, K. M., »In Pursuit of the Editorship of British Documents on the Origins of the War, 1898-1914: J. W. Headlam-Morley before Gooch und Temperley«, *Archives*, 1995

Wilson K. M., The Policy of the Entente: Essays on the Determinants of British Foreign Policy, Cambridge 1985

Wilson, Trevor, »Britain's ›Moral Commitment‹ to France in July 1914«, *History*, 1979

Wilson, Trevor, »Lord Bryce's Investigation into Alleged German Atrocities in Belgium, 1914-1915«, *Journal of Contemporary History*, 1979

Wilson, Trevor, The Myriad Faces of War: Britain and the Geat War, 1914-1918, Cambridge 1986

Winter, Denis, Death's Men: Soldiers of the Great War, London 1978

Winter, J. M. (Hg.), Capital Cities at War: Paris, London, Berlin, 1914-1919, Cambridge 1997

Winter, J. M., The Great War and the British People, London 1985

Winter, J. M., »Oxford and the First World War«, in Brian Harrison (Hg.), The History of the University of Oxford, Band VIII: The Twentieth Century, Oxford 1994

Winter, J. M., »Painting Armageddon: Some Aspects of the Apocalyptic

Imagination in Art: From Anticipation to Allegory«, H. Cecil und P. H. Liddle (Hgg.), Facing Armageddon

Winter, J. M., »Public Health and the Political Economy of War, 1914-1918«, *History Workshop Journal*, 1988

Winter, J. M., Sites of Memory, Sites of Mourning: The Great War in European Cultural History, Cambridge 1995

Winter, J. M., und Blaine Baggett, 1914-1918: The Great War and the Shaping of the 20th Century, London 1996

Winter, J. M., und Joshua Cole, »Fluctuation in Infant Mortality Rates in Berlin during and after the First World War«, *European Journal of Population*, 1993

Winzen, P., »Der Krieg in Bülow's Kalkül. Katastrophe der Diplomatie oder Chance zur Machtexpansion«, in Jost Dülffer und Karl Holl (Hgg.), Bereit zum Krieg. Kriegsmentalität im wilhelminischen Deutschland 1890-1914. Beiträge zur historischen Friedensforschung, Göttingen 1986

Witt, Peter-Christian, Die Finanzpolitik des Deutschen Reichs, 1903-1913, Lübeck 1970

Witt, Peter-Christian, »Finanzpolitik und sozialer Wandel im Krieg und Inflation 1918-1924«, in H. Mommsen u.a. (Hgg.), Industrielles System und politische Entwicklung in der Weimarer Republik, Band I, Düsseldorf 1977

Witt, Peter-Christian, »Finanzpolitik und Sozialer Wandel: Wachstum und Funktionswandel der Staatsausgaben in Deutschland, 1871-1933«, in H.-U. Wehler (Hg.), Sozialgeschichte heute: Festschrift für Hans Rosenberg, Göttingen 1974

Witt, Peter-Christian, »Innenpolitik und Imperialismus in der Vorgschichte des Ersten Weltkrieges«, in Karl Holl und G. List (Hgg.), Liberalismus und imperialistischer Staat, Göttingen 1975

Witt, Peter-Christian, »Reichsfinanzen und Rüstungspolitik«, in H. Schottelius und W. Deist (Hgg.), Marine und Marinepolitik im kaiserlichen Deutschland 1871-1914, Düsseldorf 1981

Witt, Peter-Christian, »Tax Policies, Tax Assessment and Inflation: Towards a Sociology of Public Finances in the German Inflation, 1914 to 1923«, in Witt (Hg.), Wealth and Taxation in Central Europe: The History and Sociology of Public Finance, Leamington Spa/Hamburg/New York 1987

Wohl, Robert, The Generation of 1914, London 1980

Wolff, Leon, In Flanders Fields, London 1959

Wolff, Theodor, The Eve of 1914, London 1935

Wolff, Theodor, Der Marsch durch zwei Jahrzehnte, Amsterdam 1936

Wolff, Theodor, Das Vorspiel, München, 1924

Wolff, Theodor, Der Krieg des Pontius Pilatus, Zürich 1934

Wolff, Theodor, Tagebücher, 2 Bände,

hg. von Bernd Sösemann, Boppard am Rhein 1984

Wolkogonow, Dimitri, Lenin: Utopie und Terror, Düsseldorf 1994

Wolkogonow, Dimitri, Trotzki: Das Janusgesicht der Revolution, Düsseldorf 1992

Woodward, Sir Llewellyn, Great Britain and the War of 1914-1918, London 1967

Wright, D. G., »The Great War, Government Propaganda and English ›Men of Letters‹«, *Literature and History*, 1978

Wright, Q., A Study of War, Chicago 1942

Wrigley, C., David Lloyd George and the British Labour Movement, London 1976

Wrigley, C., »The Ministry of Munitions: An Innovatory Department«, in K. Burk (Hg.), War and the State, London 1982

Wynne, G. C., If Germany Attacks, London 1940

Wysocki, J., »Die österreichische Finanzpolitik«, in A. Wandruszka und P. Urbanitsch (Hgg.), Die Habsburgermonarchie, 1848-1918, Band I, Wien 1973

Zechlin, E., »Deutschland zwischen Kabinettskrieg und Wirtschaftskrieg: Politik und Kriegsführung in den ersten Monaten des Weltkrieges 1914«, *Historische Zeitschrift*, 1965

Zechlin, E., »Julikrise und Kriegsausbruch 1914«, in K. D. Erdmann und E. Zechlin (Hgg.), Politik und Geschichte: Europa 1914 - Krieg oder Frieden?, Kiel 1985

Zechlin, E., »July 1914: Reply to a polemic«, in H. W. Koch (Hg.), The Origins of the First World War, London 1984

Zechlin, E., Krieg und Kriegsrisiko: Zur deutschen Politik im Ersten Weltkrieg, Düsseldorf 1979

Zeidler, Manfred, »Die deutsche Kriegsfinanzierung 1914 bis 1918 und ihre Folgen«, in Wolfgang Michalka (Hg.), Der Erste Weltkrieg: Wirkung, Wahrnehmung, Analyse, München 1994

Zeitlin, J., »The Labour Strategies of British Engineering Employers, 1890-1922«, in H. Gospel und C. Littler (Hgg.), Managerial Strategies and Industrial Relations: An Historical and Comparative Study, London 1983

Zilch, Die Reichsbank und die finanziellen Kriegsvorbereitungen von 1907 bis 1914, Berlin 1987

Zimmermann, W., A. Günther und R. Meerwarth, Die Einwirkung des Krieges auf Bevölkerungsbewegung, Einkommen und Lebenshaltung in Deutschland, Stuttgart/Berlin/Leipzig 1932

Zunkel, F., Industrie und Staatssozialismus: Der Kampf um die Wirtschaftsordnung in Deutschland. 1914-1918, Düsseldorf 1974

Personenregister

A

Aehrenthal, Alois Baron Lexa von 192
Aldington, Richard 13
Allatini, Rose 15
Allenby, *General* E. 288
Angell, Norman 39, 56-57, 132, 222, 228-229, 262
Annesley, Arthur 329
Apis (Oberst) 191
Arlen, Michael 16
Asquith, Herbert Henry 22, 26, 47, 58, 92, 95, 103-104, 109, 116-118, 126, 142, 206-211, 220-221, 231, 233, 246, 255, 297, 399
Asquith, Violet 220

B

Baden-Powell, Robert 49
Balfour, Arthur J. 40, 84, 87-88, 92, 142, 209, 281, 381
Ballin, Albert 68, 109, 181, 230, 235, 253-254
Barbusse, Henri 18
Baruch, Bernard M. 258
Bassermann, Ernst 54, 136, 156
Battenberg, Heinrich von 60
Baumgarten, Otto 52, 243
Beauchamp, Earl 207
Beaverbrook, Lord 22, 208
Bebel, August 184
Beckmann, Max 19
Beermann, August 372

Begbie, Harold 16
Behncke, Paul 276
Békássy, Ferenc 225
Bell, Clive 15
Belloc, Hilaire 67, 394
Benedikt XV. 276, 327
Berchtold, Graf Leopold 192-193, 195, 197
Bernhardi, Friedrich von 48, 135
Bertie, Francis 89, 101, 107, 219
Bethmann Hollweg, Theobald von 22, 24-26, 28, 53, 59, 63-64, 68, 71, 106, 108-111, 121, 130, 135-136, 146, 156-157, 193-198, 200, 202-203, 205, 208, 212-213, 215, 219-221, 276, 278, 396
Beveridge, William 225, 257, 265
Bickersteth, Julian 295
Bismarck, Herbert von 75
Bismarck, Otto von 29, 54, 63, 75-77, 81, 137, 148-151, 154, 188, 190
Bleibtreu, Karl 40
Bloch, Ivan S. 41-43, 228-229, 231
Blunden, Edmund 14
Booth, George 255, 258, 297, 305
Bottomley, Horatio 243
Bowman (Leutnant) 355
Böhm, Josef 358
Brailsford, Henry Noel 58
Braun, Otto 220
Brennan, Anthony 368
Bridges (Oberstleutnant) 105
Brittain, Vera 10, 330

Brockway, Fenner 58
Brooke, Rupert 225
Bruchmüller, Georg 291
Bryan, Jack 360
Bryce, Lord 138
Buchan, John 17, 21
Bülow, Fürst Bernhard Heinrich 60, 63-64, 84-85, 89, 106, 123-124, 130, 154, 180-181
Burns, John 206
Buxton, Noel 117

C

Caillaux, Joseph 50
Callwell, Sir Charles 280-281
Cambon, Jules 115, 219
Cambon, Paul 230, 233
Campbell, Ronald 361
Campbell-Bannemann, Sir Henry 92, 95, 101, 115
Caprivi, Leo von 77, 129
Carrington, Guy 322
Cassel, Sir Ernest 87, 109
Céline, Louis-Ferdinand 18
Chamberlain, Austen 295
Chamberlain, Joseph 73, 79, 84-85, 88
Chamberlain, Neville 85
Chapman, Guy 330, 364
Charteris, Sir John 281
Childers, Erskine 35, 72
Christian, Prinz von Schleswig-Hol-stein 60
Chrurchill, Winston S. 22-23, 26, 47, 103-104, 106, 109, 114-115, 119, 126, 142, 147, 182, 184, 205-206, 215, 220, 244, 281, 372, 394, 396
Class, Heinrich 52, 55
Clausewitz, Carl von 271, 292, 325
Clemenceau, Georges 50
Cole, G. D. H. 58
Conan Doyle, Sir Arthur 21

Crowe, Eyre 47, 97, 101, 113, 115, 119, 140, 204, 398
Curties (Hauptmann) 36

D

D'Annunzio, Gabriele 374
David, Eduard 220
Davis, Jefferson 190
Dawson, A. J. 36, 241
Delbrück, Hans von 86, 134
Delcassé, Théophile 50, 90
Dilke, Sir Charles 79
Dornan, Louis 354
Dostojewski, Fjodr 380
Dyer, Reginald 375

E

Ebert, Friedrich 218, 220-221, 292
Eckardstein, Baron Hermann von 84-85
Edmonds, Sir James 21, 44-45, 279
Edward VII. 47, 85
Einem (Generaloberst) 321
Einstein, Albert 223
Einstein, Lewis 297
Eisenhart, Karl 37
Elgar, Edward 59
Engels, Friedrich 40
Erzberger, Mathias 156
Esher, Viscount 57, 102, 104, 141, 280, 297
Ewart, John Spencer 101, 103

F

Fahlenstein (Soldat) 356
Falkenhayn, Erich von 22, 135, 274, 276
Fay, Sidney 24
Feilgenhauer (Unteroffizier) 358
Ferguson, John Gilmour 7
Fiedler, H. G. 224

Finch, Harry 217, 239, 322, 363
Fischer, David 27-29, 62, 103, 199, 212-213
Fisher, Sir John 57, 100, 102, 124-125, 396
Foakers-Jackson, F. J. 223
Ford, Ford Madox 15-16, 312
Forester, C. S. 17
Franz Ferdinand, Erzherzog 121-122, 191, 193
Franz Joseph, Kaiser 193
French, David 27
French, Sir John 22, 105, 238, 287, 290
Freud, Sigmund 223, 327-330, 392
Friedrich August, König von Sachsen 157
Friedrich III. 60, 394

G

Gallinger, August 357-361, 363-364
Garbutt, W. D. 366
Gardiner, A. G. 93
Garnett, David 373
Garvin, J. L. 72
Garwood, F. S. 363
Geiss, Immanuel 29, 69, 110, 398-399
George V. 37, 382
Gerloff, Wilhelm 181
Gibbon, Lewis Grassic 17
Gibbs, Philip 16, 361
Gladden, Norman 332, 335, 361
Gladstone, W. E. 56, 74, 152, 208
Goltz, Colmar von der 127
Goschen, Sir William 98, 109, 111, 113, 183, 208, 213
Gough, Sir Hubert 318
Graham, Dominic 289
Graham, Stephen 286, 360-361
Grant, Duncan 225
Grauthoff, Ferdinand 39-40

Graves, Robert 10, 238, 326, 329, 362, 366
Grenfell, Francis 238
Grenfell, Julian 331
Grew, Joseph 137, 139
Grey, Sir Edward 22-24, 26, 47, 58, 75, 92-104, 106-108, 110-121, 126, 138, 141-143, 182-183, 194-195, 198-202, 204-207, 209, 211, 215, 218-219, 222-224, 229-230, 303, 389, 397-399
Grierson, James 100
Groener, Wilhelm 132-133
Grosz, Georg 19
Gurney, Ivor 14, 333
Gwinner, Arthur von 87

H

Haber, Fritz 248
Hahn, Kurt 224
Haig, Douglas 281-282, 288-290, 295, 354, 369, 396
Haldane, Richard 47, 92, 106, 109-110, 116, 118-119, 126, 140
Haldane, Sir Aylmer 375
Hamilton, Agnes 15
Hamilton, Sir Ian 22
Hankey, Sir Maurice 48, 104
Hansemann, Adolph 82-83
Harcourt, Lewis 110, 117
Hardie, Keir 58, 221
Hardinge, Sir Charles 47, 109, 116
Hardman, Freddie 225
Hardy, Thomas 59
Hart, Lidell 279
Hatzfeld, Paul von 81, 84
Havenstein, Rudolf 67-68, 181
Heeringen, Josias von 130-131
Heeringen, Moritz von 59
Heinrich, Kronprinz 60
Heinrichka, Max 38
Helfferich, Karl 68

Hemingway, Ernest 10
Henderson, Arthur 221
Herbert, A. P. 17, 329
Herbert-Spottiswood, Herbert 45
Hill, Headon 35
Hindenburg, Paul von 38, 250, 253-254, 276-278, 294
Hirst, F. W. 116
Hitler, Adolf 23-24, 27, 122, 216-218, 228, 235, 379, 397
Hobson, J. A. 25, 56, 222
Hobson, J. M. 142
Hohenlohe, Fürst 59
Holstein, Friedrich von 82, 85
House, Edward 196, 199, 276
Hoyos, Graf 193
Hötzendorf, Franz Conrad von 24, 131
Hugenberg, Alfred 68
Huguet (Militärattaché) 100

J

Jackson, Henry 223
Jacob, Claud 367
Jagow, Gottlieb von 138, 196-198, 202, 208, 219, 275
Januschkewitsch, Nikolai 204
Jaurès, Jean 64, 229, 232
Jellicoe, John R. 272
Joffre, Joseph 49, 133, 196, 200, 287
Jünger, Ernst 235, 313-314, 316, 321, 329-331, 356, 365, 371

K

Kamenew, S. S. 379
Kapp, Wolfgang 373
Karl I. 383
Kautsky, Karl 21, 25
Kehr, Eckart 28, 62-63, 129, 158
Keim, August 48, 54
Kell, Vernon 44-45, 48

Kemal, Mustafa 375
Kennedy, G. A. Studdert 327
Kennedy, Paul 27, 69
Kershaw, Kenneth 238
Kessler, Harry Graf 59
Keynes, Geoffrey 225
Keynes, John Maynard 11, 223, 225, 231, 234, 297, 299, 303-305, 307, 309
Keynes, Neville 223
Kiderlen-Wächter, Alfred von 63, 192
Kiggell, Sir Lancelot 369
Kitchener, Earl 210, 217, 236, 241, 280-281, 287, 297
Klemm, Wilhelm 14
Koester, von (Admiral) 108
Köpke (Generalmajor) 128
Kraus, Karl 11, 18, 218, 356, 372, 376
Kühlmann, Richard von 276

L

Lammasch, Heinrich 59
Langlois, Hippolyte 133
Lansdowne, Lord 88, 90, 95, 100, 125, 141, 308, 396
Latzko, Andreas 18
Lawrence, D. H. 16, 373
Lawrence, T. E. 18
Le Queux, William 21, 36, 38, 43-44, 47-48, 79
Leishman, John 183-184
Lenin, Wladimir I. 25, 66, 377-378, 383, 397-398
Leroux, George 19
Lever, Sir William 238
Levetzow, von 277
Lichnowsky, Fürst 59, 195, 197, 202, 204-205, 208, 219, 230
Lichtenstein, Alfred 14
Liebknecht, Karl 61-62, 221
Lloyd George, David 22-23, 26, 93, 95, 104-105, 107-108, 116, 126, 141-

142, 147, 153, 207-209, 211, 218, 234, 251, 257, 266, 282, 299, 374, 386, 389

Loreburn, Lord Chancellor 117, 141

Loucheur, Louis 257

Lucy, John 314, 331

Ludendorff, Erich 22, 34, 130-131, 134, 143, 158, 180, 185-186, 254, 256, 274, 277-278, 283, 285, 291, 295, 310, 315, 353, 370, 393

Ludwig, Emil 394

Lyttleton, Neville 116

M

MacDonald, Ramsay 58, 222

Mackin, Elton 370-371

Mallet, L. 119

Mann, Thomas 53, 329

Martin du Gard, Roger 18

Martin, Rudolf 38-39

Massingham, H. W. 56

Maurice, Frederick 281

Maurois, André 393-394

Maxton, James 222, 226

Maxwell, Frank 367-368

Mayer, Arno 25

McAdoo, William Gibbs 301

McGill, Patrick 332

McKenna, Reginald 104, 303

Meinicke, Friedrich 218

Mensdorff, Graf 229

Metternich, Graf 101, 183

Michaelis, Georg 278

Miquel, Johannes 63

Mitteis, Ludwig 59

Moltke, Helmuth von (d. Ä.) 41, 127-128, 137, 395

Moltke, Helmuth von (d. J.) 52, 124-125, 131, 134-138, 181, 185, 192, 195, 197-198, 202, 208, 211, 213, 219, 232, 244, 388, 395

Mond, Alfred 258

Montagu, Edwin 381

Montague, C. E. 17

Morley, John 117-118

Müller, Georg von 53, 123, 195

Murray, Gilbert 281

Murray, Sir Archibald 297

N

Nash, Paul 18

Newbolt, Sir Henry 94

Nicholson, Sir William 104-105

Nicolai, Georg Friedrich 223

Nicolson, Sir Arthur 98, 111, 113, 119, 202, 204

Niemann, August 38

Nikolaus II. 64, 203, 382

Nivelle, Robert 282, 317

Northcliffe, Lord 43, 58, 233, 292, 314

O

Oldmeadow, Ernest 37

Ollivant, A. H. 211

Oppenheim, E. Phillips 36, 44

Ottley, Sir Charles 125

Owen, Wilfred 9, 13-15

P

Page, Walter 184

Paléologue, Maurice 196

Pease, Joseph 219

Pétain, Philippe 290

Poincaré, Raymond 49-50, 64, 192

Ponsonby, Arthur 117

Princip, Gavrilo 191

Q

Quidde, Ludwig 225

Quigley, Hugh 368

R

Rade, Martin 243
Ranke, Leopold von 189
Rathenau, Walther 68, 253-254, 373
Rawlinson, Sir Henry 281, 288
Read, Herbert 18
Rebmann, Edmund 54
Redlich, Josef 218
Remarque, Erich Maria 18, 364
Renn, Ludwig 18
Repington, Charles à Court 307
Revelstoke, Lord 87
Richert, Dominik 356
Richter, Max Emil 358
Riezler, Kurt 53, 121-122, 136, 197
Roberts, Lord 127, 141
Robertson, Sir John 312
Robertson, Sir William 22, 46, 97, 101, 114, 127, 281-282, 397
Rolland, Romain 223
Roosevelt, Theodore 112
Rosebery, Earl of 75
Roth, Joseph 329
Rothschild, Alfred de 235
Rothschild, Lord 60, 82, 108, 183, 231-233
Rowntree, Arnold 117
Runciman, Sir Walter 117
Russell, Bertrand 59, 94, 218, 223, 226, 296

S

Sachsen-Coburg-Gotha, Albert von 60
Sachsen-Coburg-Gotha, Herzog von 59
Saki (Hector Hugh Munro) 37
Salisbury, Marquess of 83, 85, 89, 146
Samuel, Herbert 204
Sanderson, Sir Thomas 100, 115

Sasonow, Sergej 98-99, 118, 193-194, 202-204
Sassoon, Siegfried 10, 13-14, 18, 238, 333, 381
Schäfer, Dietrich 53
Schlieffen, Graf Alfred von 52-53, 128, 131-132, 135, 137, 229
Schmidt-Gibichenfels, Otto 53
Schramm, Percy 235, 243-244, 269
Schramm, Ruth 243, 269
Schultz, Max 45
Schumacher, Hermann 276
Scott, C.P. 112
Seely, J.E.B. 285
Selborne, Earl of 79, 89, 123, 281
Seton Hutchinson, Graham 355
Shaw, George Bernard 15, 58, 223
Shee, George 49
Siemens, Georg von 86-87
Sinclair, May 330
Siwinna, Carl 39
Slevogt, Max 19
Smith, Septimus 17
Smith-Cumming, Mansfield 45
Somerset Maughan, William 370
Sophie, Herzogin von Hohenberg 191
Squire, J. C. 393
Steed, Henry Wickham 67, 233
Steiner, Rudolf 52
Steinhauer, Gustav 45
Stewart, John 367
Stinnes, Hugo 68, 254, 277
Strauss, Richard 59
Strong, T.B. 224
Stumm, Wilhelm von 198
Suchomlinow, Wladimir 258
Sulzbach, Herbert 236, 363, 373
Summerall, Charles P. 371
Szögyéni-Marich, Graf 193

T

Tames, Charles 362
Taylor, A. J. P. 19-20, 31
Teilhard de Chardin, Pierre 330
Thomas, Albert 255, 257
Thomas, D.A. (Lord Rhondda) 258
Thompson, D. C. 43
Thomson, J. J. 223
Thurstan, Violetta 330
Tirpitz, Alfred von 22, 67, 109-110,
  122-125, 129, 135, 160, 272, 276
Trevelyan, G. M. 223-224
Trotzki, Leon 377-379
Tweedmouth, Lord 101, 104, 109
Tyrrell, William 110, 113

V

Van Creveld, Martin 289
Victoria, Königin von England 47, 60,
  382
Viviani, René 64
Vondung, Klaus 244

W

Waldersee, Alfred Graf von 128-129
Waldersee, Georg Graf von 137, 197
Wandel, Franz von 130
Warburg, Max 68, 108, 138, 180-181,
  194, 230, 235, 253, 273, 276

Webb, Sidney und Beatrice 58, 297,
  309
Weber, Max 54
Weisbuch, Friedrich 359
Wells, H. G. 15, 39
Wermuth, Adolf 180
Westarp, Kuno Graf 157
Wilhelm I. 149
Wilhelm II. 22, 60, 77, 87, 130, 138,
  382, 394
Wilson, Arthur 104
Wilson, H. W. 57
Wilson, Henry 103-104, 140-141, 143,
  210
Wilson, K. M. 26
Wilson, Trevor 27
Wilson, Woodrow 25, 55, 196, 199,
  275, 303-305, 381, 386
Winnington-Ingram, A. F. 243-244
Wittgenstein, Ludwig 242
Wolff, Theodor 197-198
Woolf, Leonard 299
Woolf, Virginia 17, 299

Z

Zimmermann, Arthur 275
Zimmermann, Hugo 359
Zuckmayer, Carl 14-15
Zweig, Stefan 218

Ian Kershaw

Hitler 1889–1936

Aus dem Englischen von Jürgen Peter Krause
und Jörg W. Rademacher
972 Seiten, 58 Abbildungen
ISBN 3-421-05131-3
DM 88,—

Kershaws Buch stellt »an Dichte des Materials
und Breite der Perspektiven alle bisherigen Hitler-
biographien in den Schatten«.
    Hans Mommsen in der Frankfurter Rundschau

»So scharf wie selten zuvor werden die Kräfte
und Konstellationen in den Blick gerückt, deren
Produkt Hitler war.« *Volker Ullrich in der ZEIT*

Ein »modernes Meisterwerk«
    Rudolf Augstein im SPIEGEL

»… maßgeblich für die Debatte der kommenden
Jahre« — »Kershaws Werk ist ein Zentralmassiv«
    Frank Schirrmacher in der F. A. Z

»Ein lange vermisstes Buch«
    Brigitte Hammann in der WELTWOCHE

»Kurz gesagt: Kershaw bietet, was man heute über
Hitler und den Nationalsozialismus wissen kann.«
    Nobert Frei in der NZZ